일상생활 속에서
성경의 진리

그러나 너희 눈은 봄으로, 너희 귀는 들음으로 복이 있도다.(마 13장 16절)
청함을 받은 자는 많되 택함을 입은 자는 적으니라.(마 22장 14절)

일상생활 속에서 성경의 진리

이광묵 지음

『"하나님께서 인류를 창조하신 다음, 인간에게도 천국과 같이 행복하고 평화로운 지경에 이를 수 있도록 하는 비밀의 열쇠를 주려고 했다. 그래서 천사를 불러 이 비밀의 열쇠를 가장 적당한 곳에 감추어 두고 인간이 스스로 자기 힘으로 찾아낼 수 있도록 하게 하라고 명령을 했다. 이 명령을 받은 천사가 이 지상에 내려와서 하나님의 비밀의 열쇠를 감추어 둘 곳을 찾아 다녔으나 도무지 적당한 장소를 찾아내지 못하고 지쳐서 큰 나무 그늘 밑에 누워서 쉬고 있었다. 이때 갑자기 생각난 것이 하나 있었다. 그것은 이 비밀의 열쇠를 바로 인간들 자신의 마음속에 감추어 두는 것이 가장 안전하고 또 효과적이라고 생각했다. 그리고 곧 인간의 마음속에다 천국처럼 평화롭고 행복한 마음을 만들 수 있는 귀하고 복된 이 비밀의 열쇠를 감추어 두었다."』

KSI 한국학술정보(주)

그러나 너희 눈은 봄으로, 너희 귀는 들음으로 복이 있도다

(마 13장 16절)

청함을 받은 자는 많되 택함을 입은 자는 적으니라

(마 22장 14절)

머리말

"하나님께서 인류를 창조하신 다음, 인간에게도 천국과 같이 행복하고 평화로운 지경에 이를 수 있도록 하는 비밀의 열쇠를 주려고 했다. 그래서 천사를 불러 이 비밀의 열쇠를 가장 적당한 곳에 감추어 두고 인간이 스스로 자기 힘으로 찾아낼 수 있도록 하게 하라고 명령을 했다. 이 명령을 받은 천사가 이 지상에 내려와서 하나님의 비밀의 열쇠를 감추어 둘 곳을 찾아다녔으나 도무지 적당한 장소를 찾아내지 못하고 지쳐서 큰 나무 그늘 밑에 누워서 쉬고 있었다. 이때 갑자기 생각난 것이 하나 있었다. 그것은 이 비밀의 열쇠를 바로 인간들 자신의 마음속에 감추어 두는 것이 가장 안전하고 또 효과적이라고 생각했다. 그리고 곧 인간의 마음속에다 천국처럼 평화롭고 행복한 마음을 만들 수 있는 귀하고 복된 이 비밀의 열쇠를 감추어 두었다."

위의 글은 스웨덴이나 노르웨이 같은 북유럽에서 옛날부터 전해 내려오는 신화(神話)다. 하나님께서는 사람을 정직하게 지으시고 그 마음속에 평화와 행복과 건강을 주셨는데 사람들이 많은 꾀를 내어 자기 힘으로 자기 혼자서 건강하고 장수해 보려고 애를 쓰고 있다. 특히 입에서 나오는 말은 정직하게 하는 것 같으면서 행위는 정반대로 가기 때문에 말과 행동이 달라 많은 죄악의 씨를 뿌리게 되었음은 성경에서는 말씀하고 있다. 그러므로 사람들은 하나님께서 정직하게 지어 주신(전 7:29) 대로 하나님 말씀대로 정직하게 살아야만 우리들 마음속에 감추어 둔 이 보배로운 비밀의 열쇠를 발견하여 항상 평화롭고 행복하고 건강하게 살아갈 수가 있을 것이다.

사람은 누구나 할 것 없이 자유와 행복을 누리면서 한평생을 존엄하고 빛나게 살기를 바라는데 그 희망과 소원은 저절로 이루어지는 것은 아니다. 이것은 무엇보다 그것을 누릴 만한 풍부한 정신적 자양분을 가져야 하고, 또한 이 세상의 모든 것을 올바로 보고 정확히 분별할 수 있는 지혜와 안목이 있어야만 하며 그리고 참뜻을 지켜 어려움을 헤치면서 자기를 이끌 만한 정직한 마음가짐이 있어야 한다. 이러기 위해서는 오로지 자기의 꾸준한 기도와 성경(하나님 말씀)을 가까이 함으로써 키울 수 있다고 본다. 바로 여기에서 긴요한 것의 하나가 하나님을 향한 믿음이라고 말할 수 있다. 종교의 목적은 여러 가지가 있을 수 있으나 단적으로 표현한다면 안심입명(安心立命)과 만민구제(萬民救濟)로 요약할 수 있는데 이는 정신, 영혼의 구원뿐만 아니라 육체의 구원, 즉 건강, 장수와 이러한 것들을 위한 예수 그리스도의 복음 전도 등 성경을 바탕으로 한 가르침으로 은혜를 얻고자 함이 그리스도인의 참된 진리라 생각한다. "사람이 떡으로만 살 것이 아니요 하나님의 입으로 나오는 모든 말씀으로 살 것이라(마 4: 4)"고 기록되어 있으므로 혼과 육체와의 구원이 하나의 복음으로 베풀어진 구약 39권, 신약 27권 총 66권의 성경을 기본으로 하여 정직하게 창조된 인간들의 삶은 말씀대로 살아가야 옳은 방법이 아니겠느냐 하는 심정으로 작은 마음의 씨앗을 갖고 뿌려 결실의 열매를 맺도록 하기 위해 이 글을 모으게 되었다.

우리들은 '산다는 의미', '늙는다는 의미', '죽음에 대한 의미'를 음미하며 하나님께서 허락해 주신 귀한 몸과 마음을 즐거움이 동반되는 행복감을 곁들어 건강하게 유지 · 보존하는 것이 얼마나 중요한 일인지 알아야 할 것이다. 이 글을 모은 나 자신은 성경에 나타난 귀한 하나님의 말씀을 가까이하여 언제 어디서나 탐독하다 보니 보이지 않는 영(靈)의 세계뿐만 아니라 볼 수 있는 정신과 육체에 대한 깊은 지혜까지도 나타내고 있음을 알 수 있었다. 그래서 부족한 나 자신의 경험을 토대로 내 가슴에 찾아오는 새로운 손님을 위해 성경에 나오는 용어와 일상생활에서 부딪힐 수 있는 일에 하나님께서 가르쳐 주신 진리의 말씀으로 대처할 수 있는 방법과 또한 하나님을 사랑하고 하나님으로부터 사랑받고 있는 사람은 하나님께서 떡과 물로 축복해 주셔서 어떠한 병에도 걸리지 않도록 해 주심을 널리 알리고 싶었다. 이러한 하나님의 말씀을 가까이하고 세속의 마음을 비워 두고 다시 한번 성경을 통독함으로써 하나님께서 우리들에게 허락하신 무한한 사랑의 뜻을 헤아릴 수 있음을 고마운 마음으로 기원한다.

2007. 8월

農學博士　李光默

추 천 사

오랜 기간 학문에 매진하여 영양학에 관한 논문을 쓰시어 학위를 받으셨고 식품에 관한 학문에 대해서는 해박한 지식을 갖고 계신 이광묵 박사님께서 본인의 전공을 뛰어 넘어 『일상생활 속에서 성경의 진리』라는 책을 발간하게 됨을 주님께 감사드립니다. 특히 기능식품에 대해서도 많은 지식을 가지고 대학에서 후학들을 지도하는 등 교수생활을 하면서 이번에는 식품학자로서 하나님의 오묘한 진리를 다룬 하나님의 말씀에 관한 글을 발췌하여 저술하시게 되었습니다.

이광묵 박사님은 신학이 전공은 아니지만 신학교에서 얼마 동안 공부를 하신 분이십니다. 현재 교역자나 신학자가 아니지만 성경 교리에 대해 글을 쓴 것은 오히려 큰 의미가 있습니다.

책 내용은 아주 건전합니다. 평신도로서 꼭 알아야 할 것을 명료하게 잘 갖춰 놓은 책입니다. 일반 신자가 꼭 알아야 할 것을 평신도가 저술한 것입니다. 교역자나 신학자가 저술한 책은 일반 신자에게 초점이 맞지 않을 수 있습니다. 그러나 평신도가 평신도에게 필요한 것을 저술했기 때문에 아주 좋은 재료가 되며 꼭 알아야 할 진리가 될 것입니다. 신자가 기본적으로 알아야 할 것이니 읽는 사람마다 만족하게 될 것입니다.

하나님께서 성실하고 근면하며 학구적인 이광묵 박사님을 사용하시어 이 책을 발간하였으니 본 교회 목사로서 하나님 은혜에 감사드리며 기쁘게 추천하고자 합니다. 많은 성도가 이 책을 통해 은혜 받고 감사하기를 기원합니다.

2007년 5월 17일

부산 거성교회 담임목사 고 은 태

자신을 향한 정상적인 그리스도인의 삶

"사랑엔 거짓이 없나니 악을 미워하고 선에 속하라, 형제를 사랑하여 서로 우애하고 존경하기를 서로 먼저하며, 부지런하여 게으르지 말고 열심을 품고 주를 섬기라, 소망 중에 즐거워하며 환난 중에 참으며 기도에 항상 힘쓰며(롬 12: 9~12)"

우리 그리스도인들은 항상 주님의 누림을 가지고 있기 때문에 기쁜 사람들이 되어야 합니다. 우리가 그분의 풍성 가운데서 주님의 사랑을 누린다면, 우리는 단지 내적으로 즐거울 뿐만 아니라 외적으로도 기뻐할 것입니다. 힘든 시기에도 우리는 소망 가운데서 기뻐해야 하고 기뻐할 수 있습니다. 우리는 하나님도 없고, 그리스도도 없고, 소망도 없는(에베소서 2장 12절) 사람들이 아닙니다. 우리에게는 하나님이 있고, 우리에게는 그리스도가 있습니다. 그러므로 상황에 상관없이, 우리는 소망이 있고 소망 가운데서 기뻐할 수 있습니다.

우리 그리스도인들은 또한 환난을 견딜 수 있습니다. 우리는 견디는 사람들이 되어야 합니다. 소망 가운데서 기뻐함으로써 우리는 어떤 종류의 환난도 견딜 수 있습니다. 로마서 5장 3절은 환난 중에도 즐거워한다고 말합니다. 우리는 단지 견딜 뿐만 아니라, 환난 중에 즐거워합니다. 환난을 견디기 위해서 우리는 기도 가운데 보존되어야 합니다. 우리는 끊임없이 기도할 필요가 있습니다. 이것은 우리로 환난을 견디게 할 뿐만 아니라 주님의 누림 안에, 그분의 임재 안에, 그분의 뜻 안에 남아 있도록 합니다.

이 모든 것에 더하여, 하나님의 거룩한 사람들로서 우리는 악한 것들에 대해서는 피하고 정복하며, 선한 것들에 대해서는 충실해야 합니다. 우리 그리스도인들은 하나님께로 분별된 사람들이며, 높은 기준의 행실, 도덕적이고 윤리적인 사람들보다 더 높은 기준의 행실을 유지해야 합니다.

가장 중요한 약속

친구와의 약속을 어기면 우정에 금이 간다.
자식과의 약속을 어기면 존경이 사라진다.
기업과의 약속을 어기면 거래가 끊어진다.
그래서 우리는 메모를 해 가며 약속을 지킨다.
하지만 꼭 지키지 않아도 크게 문제가
되지 않는 약속도 있다.
그것은 바로 나 자신과의 약속이다.
약속을 어겼다는 사실을 아무도 모르기에
우리는 자기 자신과의 약속엔 부담을 느끼지 않는다.
그러나 내가 나를 못 믿는다면 세상엔
나를 믿어 줄 사람이 단 한 사람도 없다.
나 자신과의 약속을 맨 먼저 지켜라.
어쩌면 가장 중요한 약속인지도 모른다.

목 차

Ⅲ. 일상생활에서 성경의 가르침 ・◆・◆・ 83

Ⅰ. 회개(悔改)의 글

◎ 하나님의 말씀에 순종하는 삶을 살겠습니다

나는 자연과학을 전공한 학자(농학박사·영양학을 전공한 교수)로서의 자만과 특히 머릿속에 들어 있는 아주 미미한 지식만을 가지고 있으면서 자칭 대단한 지식의 소유자로 착각하여 교만함 속에 거들먹거리면서 내 위에는 아무도 없는 것처럼 거만한 행위 속에서 살아온 죄인인 줄 모르는 죄인, 겸손을 가장한 위선자, 회개할 줄 모르는 세속적인 사람이었습니다. 또한 한 알의 겨자씨만큼도 안 된 미미한 신앙을 가졌던 지난날을 돌이켜 보면 머리로만 믿는 체하다가 의혹으로 얼룩져 "믿음은 인간의 지혜가 아니라 하나님의 힘에 바탕을 둔 것(고전 1: 2~5)"인데도 하나님을 안다고 스스로 자부하면서 하나님의 말씀을 거역하고, 스스로 마음의 문을 굳게 걸어 잠근 상태에서 믿음의 형제들과의 교제를 단절하였고, 아쉬울 때나 분위기가 여의치 아니할 때에는 체면상 입으로만 하나님을 찾으면서 온갖 고통이나 불행이 올 때면 하나님을 비방하고 원망하는 삶 자체가 허위로 가득 차 주님을 속이고 자신마저 속이는 비열한 삶을 살아왔습니다. 그러나 하나님과 그리스도인들에게 많은 죄를 지은 죄인임을 나는 늦게나마 이제야 알게 되었습니다. 또한 자신에게 지혜와 지식을 가지면 가질수록 모든 인간사의 불완전하고 불만스런 본질에 대해 번뇌도 깊어지고 근심도 더 깊어져 평안한 삶과 온전한 인격을 가지지 못하는 것과, 진정한 지식의 추구는 자신의 무지를 인식하는 데서부터 시작된다는 것도 알고 있으면서 더욱 지혜 있는 체 교만한 인생을 살아왔습니다. 특히 "적은 우매가 지혜와 존귀로 패한다."는 전도서의 말씀(전 10: 1)과 같이 나의 주장만 내세우고 나의 과신에 빠져 진실보다는 허위와 가식에 사로잡혀서 나의 참모습을 보지 못하고 스스로 높이는 인식 속에서 살아왔기 때문에 이렇게 이 죄인한 사람의 무분별한 행위로 인하여 그리스도를 접한 지식인들에게 해를 끼친다는 사실에 대해서는 아무런 죄의식을 깨닫지 못하고 살아왔습니다. 또한 인간의 지혜가 아무리 크다고 하여도 인간의 지혜로서는 그 어떤 문제도 완전히 해결할 수 없으려니와 오히려 더욱 고민만 가중시키고 있다는 것을 체험으로 느꼈는데도 반성은커녕 회개하지 못하였습니다. 얼마나 못되고 이기주의자의 행동을 하였던가요. 용서하여 주십시오. 용서를 받고 싶습니다. 제 안에 살아 계신 당신의 뜻대로 살아가게 하고 진정으로 지혜로운 자는 바보가 되어야 함을 깨닫게 하여 주소서. 이제는 하나님의 말씀에 순종하면서 나의 마음에 하나님과 같이 거하여 겸손한 자세로 늘 배우려는 마음 상태에서 시작되는 참다운 지식과 마음으로 지금까지 잘못 살아온 생활을 회개하며, '의인 백 명보다 회개하는 죄인 하나를 더 기뻐하시는 분'이므로 저는 당신께 달려가기 위하여 이 글을 작성하고, 나와 같은 탕자의 길을 가고 있는 하나님의 자녀에게 전함으로써 "하나님 말씀과 그 계명을 지키는 자는 참으로 복 있는 사람"이라고 시편 기자의 말씀(시 112: 1~3)과 같이 빨리 하나님께 돌아와서 욥이 회개한 것과 같이(욥 42: 3) 사랑으로 이끌 수 있는 지식을 바탕으로 하나님의 섭리하시는 방법이 우리의 이해를 초월한 불가해(不可

解)한 것이라 하더라도 하나님의 선하신 경륜(經綸)을 무시하는 발언을 삼가고, 하나님의 뜻을 살피는 지혜를 갖는 인생을 살아가기를 원하는 마음에서 참된 회개를 하여 죄에 대한 올바른 견해를 가져야 되고 또 이러한 견해의 변화에 부응하여 죄에 대한 올바른 감정을 갖게 되어 진정으로 참다운 회개를 이룰 수 있도록 그 심령의 밑바닥에서부터 솟구쳐 오를 수 있는 고백이 되게 하여 주소서.

◎ 하나님의 놀라운 말씀은 태초부터 있었는데 왜 그 말씀을 외면하고 살아왔을까요

우리가 하나님의 말씀과 그 명령을 듣고 그 말씀대로 살았다면 "우리의 평강이 강과 같았겠다."고 하셨으며 하나님의 명령과 그의 말씀을 듣지 않는 "악인에게는 평강이 없다."고 말씀하고 계십니다(아사야 48: 18, 22). 그런데 오늘날 인간을 위시하여 우주만물을 돌아보면 하나님께서 만드신 모든 창조물이 하나님의 말씀에 순종하는데 오직 우리 인간들만이 하나님 말씀에 순종하지 않고 제 마음대로 살아가고 있다는 것을 알았습니다. 그중에 대표적인 한 사람이 바로 '나'라는 사실도 말입니다. 우리 인간의 조상으로 최초의 인간인 아담과 하와가 가장 먼저 하나님 명령에 순종하지 않았던 첫 번째 사람인 것 같습니다. 하나님께서 따 먹지 말라고 명령하신 선악을 알게 하는 나무의 실과를 따 먹고 처음으로 하나님의 명령에 불순종했음이 창세기에 기록되어 있습니다(창세기 2: 15~17). 이 배신할 수 없는 하나님의 명령을 뱀의 꾐에 빠져 배신의 죄를 짓게 되었습니다(창 3: 1~6). 그러나 성경은 우리에게 사람 이외의 모든 창조물은 하나도 예외 없이 하나님의 명령에 순종한다는 것을 보여주고 있습니다. 심지어 생명이 없는 바닷물까지 하나님의 명령에 순종한다는 사실을, 우리는 이스라엘 백성이 홍해를 건널 때 바닷물이 갈라져 무사히 홍해를 건널 수 있었다는 역사적인 사실로도 잘 알 수 있습니다(출 14: 21~29). 또한 예수님의 한 마디 말씀에 바람과 바다도 순종했다는 성경의 말씀도 있습니다(마 8: 23~27). 바람이나 바다뿐만 아니라 말 못하는 나무까지도 예수님의 말씀 한 마디에 순종한 사실도 볼 수 있습니다(마 21: 18~20, 막 11: 20~21). 더욱이 우리가 놀라는 것은 하늘의 달과 해까지도 하나님의 말씀에 순종하였다는 성경의 기록입니다(수 10: 12~14, 왕하 20: 8~11). 또한 다니엘서를 보면 불까지도 하나님의 말씀에 순종하여 사드락, 메삭, 아벳느고를 태울 수 없었다고 했습니다(단 3: 21~27). 여기서 우리는 성경을 통해서 참으로 미물이라고 부르는 모든 동물까지도 하나님의 말씀에 순종하고 있는 것을 볼 수 있었습니다. 우선 나귀에 대한 기록을 (민 22: 21~35), 그리고 우리가 잘 알고 있는 사자도(왕상 13: 20~28, 단 6: 16~24) 하나님 말씀에 순종하였습니다. 또한 성경은 우리에게 하나님의 명령에 순종하고 심부름까지 할 수 있었던 까마귀까지도 보여주고 있습니다(왕상 17: 1~7). 그뿐만 아니라 엘리사를 조롱하는 아이들을 처벌하라는 말씀에 순종한 암곰의 이야기도 볼 수 있고(왕하 2: 23~24) 우리가 잘 아는 요나 이야기에서도 하나님의 말씀대로 순종한 큰 물고기에 대해서 볼 수 있습니다(욘 1: 15~17, 욘 2: 10). 참으로 까마귀나 사자나 큰 물고기보다도 못난 것이 사람인가 봅니다. 사람이라는 최고의 영물(靈物)이 하찮은 동물보다 못나서 하나님의 말씀과 그 명령을 지키지 않고 자기 마음대로 살다가 갑자기 중병에 걸려 고생을 하게 됩니다. 정말로 하나님을 믿고 낙심하지 말고 동요와 방황하지 말고 살아가야 하겠습니다. 아니 꼭 그렇게 살아야 합니다. 나는 우연한 기회에 한국의 어느 학자가 쓴 자연치유력에 대한 책에서 충격적인 글을 읽고 항상 나에게 희망과 용기를 주는 것으로 생각하고 있습니다. 그 책에서는 대충 이런 글이 적혀 있었습니다.

"오늘은 금요일입니다. 예수께서 십자가에 잡혀 죽던 날 세상은 캄캄하고 모든 희망은 사라졌습니다. 예수님의 제자들까지도 모두 도망했습니다. 참으로 절망뿐입니다. 앞이 캄캄하여 일어설 기력조차 없었습니다. 눈물과 괴로움만이 내 가슴을 억누르고 있습니다. 내가 믿었던 예수도 죽임을 당하셨습니다. 이제 누구를 믿고 살아갑니까. 아무런 장래 희망도 없습니다. 모든 것이 다 끝난 것 같습니다. 소망을 잃어버린 채 세상의 모든 것이 모두 헛되어 허공을 치는 허무감과 허탈감 속에서 또 하루하루가 지났습니다.

오늘은 부활에 대해서 생각해 봅니다. 죽었다고 생각했던 예수님께서 다시 살아나셔서 부활하신 날을 부활절이라 합니다. 이날에 살아나신 예수님을 바라볼 때에 마음에 새로운 광명과 희망이 생겨나옵니다. 어쩌면 세상이 이렇게 밝을 수가 있습니까. 어둠은 사라졌습니다. 이제는 희망과 소망을 갖고 굳세게 살아갈 수 있게 되었습니다. 절망감은 사라졌습니다. 마음엔 약동하는 즐거운 희망뿐입니다. 저 맑고 아름다운 하늘에 부활하신 능력의 예수님을 바라보면서……, 그리고 모든 실패와 어려움을 당할 때라도 3일만 기다립시다. 3일만 기다리면 부활의 날이 옵니다. 3일만 기다리면 다시 희망과 소망이 찾아옵니다. 눈을 감고 3일만 기도하면서 꼭 참읍시다. 제발 3일만."

그렇습니다. 우리가 살아가는 중에 뜻하지 않게 사업의 실패 등 고통을 당하여 스트레스에 의한 질병이라는 하나님의 채찍을 맞는 일이 있을 겁니다. 그렇더라도 실망하지 말고 용기를 내어 참으로 3일만 참고 지내면서 명상과 기도의 생활을 시작하여 α-상태로 내 몸의 상태를 바꾸어 하나님의 말씀을 지키면서 살아가면 꼭 부활의 날이 올 것입니다. 실망하지 않고 희망과 소망을 바라보면서 살면 엔도르핀(체내 마약으로 인간에게 최고의 쾌감을 느끼게 하는 호르몬) 분비로 참으로 유쾌하고 기쁜 일생이 될 것이란 확신을 가지게 되었습니다.

◎ 하나님만을 사랑하면서 마음 문을 열고 살아가겠습니다

하나님의 말씀을 믿고 하나님만 사랑하면 됩니다. 지금도 하나님께서는 성경을 통하여 우리들에게 하나님을 사랑하라고 명령하고 계십니다(신 6: 5, 마 22: 37, 눅 10: 27, 수 23: 11).

하나님을 사랑하는 구체적인 방법은 오직 하나님의 말씀을 지키면서 살아가는 것이라고 성경은 우리에게 똑똑히 말하고 있습니다. 내가 하나님을 사랑하며 살아간다면 하나님께서도 나를 사랑해 주시면서 나의 기도를 들어주시고 나에게 희망과 소망을 주실 줄 믿고 살아가야겠습니다(요일 5: 3~4, 요 14: 21, 요 14: 21).

하나님만 믿고 그의 계명과 말씀을 지키면서 살아간다면 자신의 모든 것을 지켜 주실 겁니다. 지금 이 시간에도 이사야를 통하여 오직 하나님만 믿고 인생을 의지하지 말라고 우리에게 말씀하시고 계십니다. 즉, 인생은 단지 한순간의 호흡처럼 순간적인 존재에 불과하여 가치가 없기 때문에 허무한 인생보다 영원하신 하나님만 믿고 하나님만 사랑하며 살면 된다는 것입니다(사 2: 22). 하나님을 사랑하는 사람들에게는 참으로 모든 것이 협력하여 선을 이룬다고 성경은 우리에게 말하고 있습니다(롬 8: 28). 하나님만 믿읍시다. 예수님의 말씀이십니다(막 11: 22).

이것은 예수님의 명령입니다. 인생을 의지하지 말고 하나님을 믿으셔야 되는데 나 또한 그러하지를 못했습니다. 예수님의 말씀을 들어 보면, 세상엔 문들이 많이 있다고 봅니다. 우리가 사용하는 문들은 모두 손잡이가 밖에 달려 있으므로 밖에서도 쉽게 문을 열고 들어갈 수가 있습니다. 그런데 손잡이가 없어서 밖에서는 절대로 열 수 없는 문이 오직 하나 있습니다. 그것은 바로 우리네 사람들의 마음 문입니다. 우리네 사람들이 가지고 있는 마음 문은 박에 손잡이가 없으므로 밖에서는 아무도 열 수가 없고 안에서 꼭 열어 주어야만 열리게 되어 있습니다. 이제 예수님께서 이런 우리의 마음 문 밖에서 두드리고 계십니다. 내가 나의 마음의 문을 열어 주면 예수님께서 나에게 들어오실 수가 있습니다만 내가 나의 마음 문을 안에서 열어 주지 않으면 손잡이가 없으므로 아무도 나의 마음 문을 열 수가 없습니다. 하나님이나 예수님도 열 수 없습니다. 요한계시록 3장 20절에 "볼지어다 내가 문밖에 서서 두드리노니 누구든지 내 음성을 듣고 문을 열면 내가 그에게로 들어가 그로 더불어 먹고 그는 나로 더불어 먹으리라"고 말씀하셨다. 좀 이상하게 들릴지 모르겠으나 하나님께서도 할 수 없는 일이 하나 있는 것 같습니다. 아니할 수 없는 것보다 하지 않으시는 것이 하나 있습니다. 무소불능(無所不能)하시고 전지전능하셔서 능치 못하시는 것이 하나도 없는 분이신 하나님께서도 우리들의 마음 문만은 열지 못하십니다. 내가 안에서 열어야만 합니다. 나 자신이 경험자이기 때문에 더 잘 알고 있습니다. 요한계시록 3장 20절의 말씀은 문을 열면 예수님께서 내 마음에 들어올 수 있지만 문을 열어 주지 않으면 예수님께서 내 마음에 들어올 수 없다고 교훈하고 계십니다. 그것은 하나님께서 사람을 창조하실 때부터 사람에게 자유를 허락해 주셨는데 이 자유만은 하나님께서도 간섭하지 않고 그대로 우리들에게 맡겨 두셨기 때문이 아닌가 봅니다. 그러므로 우리가 우리의 마음 문을 열지 않으면 하나님께서도 어떻게 할 수가 없다는 것입니다. 인간이 하나님의 말씀과 명령을 지키지 않고 죄를 짓는 길로 향해 하나님을 배신하더라도 하나님께서는 어떻게 할 수가 없고 오직 많은 선지자들을 통해서 인간들로

하여금 회개하고 하나님께로 다시 돌아오기만 기다리고 계실 뿐입니다. 심지어는 독생자 예수님을 보내 시면서까지 인간들이 회개하고 다시 돌아오기를 기다리고 계십니다. 회개하고 하나님께로 다시 돌아와서 하나님의 말씀과 하나님의 명령을 지키지 않고 끝까지 인간이 자기의 자유대로 하나님을 배신하고 죄만 짓고 있으면 하나님께서는 참으로 애통해 하시고만 계실 뿐입니다. 마침내는 땅 위에 사람을 지으셨음을 한탄하시고 마음에 근심하시고 계실 뿐이라는 말씀이 구약성서 창세기에 기록되어 있습니다(창 6: 5~7).

하나님께서 나를 세상에 지으시고 지금 하늘에서 나를 보시고 후회하시고 한탄하시고 계시지 않는지 두렵고 떨리는 마음입니다. 하나님께로 다시 돌아가든 돌아가지 않고 끝까지 하나님을 배신하고 내 마음대로 살든 그것은 완전히 내게 있으며 나의 자유이며 나의 책임입니다. 나는 지금까지 지은 그 많은 죄로 인해 부끄러워 감히 하나님을 향해 얼굴을 들 수 없어 무릎을 꿇고 나의 잘못된 자유생활을 후회하며 다만 사죄할 뿐입니다. 구약성경 에스라의 말씀대로 다만 얼굴을 숙여 부끄러움을 금할 길이 없습니다(스 9: 5~7).

주님 저의 참회의 눈물을 보시고 어여삐 여기시어 저의 죄를 용서하시고 저의 아픈 가슴을 어루만져 죄를 멀리하게 하시고 죄에 떨어졌더라도 곧 주께 돌아오는 가슴으로 믿고 주님과 이웃을 사랑하는 자가 되게 하여 주소서.

◎ 하나님의 자녀답게 섬기는 자로 살겠습니다

성결한 삶이란 특별한 삶이 아니라 바로 하나님의 자녀답게 사는 것입니다. 나는 전에 세상에 속하여 어둠과 죄악 가운데서 마음대로 살았는데 이제는 예수 그리스도를 통하여 하나님의 거룩한 자녀가 됐고 새 생명을 얻었으니 지난날의 모든 어둠의 삶을 벗어버리고 예수 그리스도와 더불어서 다음과 같이 새롭게 살아가겠습니다.

첫째는 죄에서 떠난 생활입니다. 우리 몸 안에는 거룩하신 성령이 내주하여 계시기 때문에 함부로 행동하고 더럽혀서 안 되고 특히 죄를 멀리하고 죄의 모양이라도 전부 버리겠습니다.

둘째는 나의 정과 욕심을 십자가에 못 박는 삶을 살겠습니다. 많은 사람들이 죄를 마음대로 짓고 회개하는 일을 반복하는 것은 자신의 정과 욕심을 십자가에 못 박지 못했기 때문일 것입니다. 나는 이성과 인격이 있으니 심사숙고해서 자제하면서 살아가겠습니다. 패역한 세상에서 쉽지 않지만 성결한 삶을 유지하기 위해 힘쓰고 노력하는 것이 고상하고 보람된 생애이기 때문입니다.

셋째는 성령의 열매를 맺는 생활로 살아가겠습니다. 죄를 짓지 않으려는 소극적인 생활보다 선을 행하려는 적극적인 생활이 더 바람직하기 때문에 성결한 삶을 추구하는 나 자신은 언제나 친절한 언동과 희락이 넘치는 삶을 살아서 모든 사람과 화평을 누리겠습니다. 미워하고 시기하고 저주하는 삶 대신 사랑하고 용서하며 이해하고 받아들이면서 관용을 베풀 수 있는 자가 되겠습니다.

넷째는 하나님을 사랑하고 이웃을 내 몸과 같이 사랑하는 삶을 살아가겠습니다. 진정 성결한 성도로서 사랑을 베푸는 성령의 열매이고 성령을 좇아 행하는 삶을 추구하면서 살아가겠습니다.

끝으로 예수님을 푯대 삼고 좇아가는 삶입니다. 이제는 모르는 것을 모른다고 말할 수 있는 솔직함과 아는 것을 애써 난 척하지 않고도 자신의 지식을 나눌 수 있는 겸손함(빌 2: 3)과 진실된 마음과 생각으로 자신을 정갈하게 다듬을 줄 아는 지혜를 가지도록 노력하며, 있는 모습 그대로 그리고 남에게 있는 소중한 것을 아름답게 볼 줄 아는 선한 눈을 가지고, 화를 내거나 과장해 보이지 않는 온유함과 자신의 유익을 헤아려 손해 보지 않으려는 이기적인 마음보다 약간의 손해를 감수하고서라도 남의 행복을 기뻐할 줄 아는 넉넉한 마음과 잔꾀를 부리지 않으며 나 아닌 다른 사람의 입장에서 생각할 줄 아는 깊은 배려가 있는 사람으로 소박한 마음을 가진 거듭난 사람이 되어야겠다는 소망을 하나님께 기도하면서 살아가겠습니다. 특히 사욕을 버리고 교만을 버리고 남을 먼저 생각하고 남에게 봉사하고 남에게 친절하고 진리를 보고 기뻐하고 목말라하고 남의 잘못을 덮어 주고 모든 것을 인내하고 가진 것을 나누고 굳셈과 용기를 가지고 세상을 살게 하실 줄로 믿겠습니다.

나는 이렇게 참된 회개를 할 수 있었던 것은 하나님 말씀을 거듭 봉독하면서 깨달음을 알게 되었고(롬 12: 2) 늦게나마 성령의 열매로 나 자신에 대한 마음의 문을 열었기 때문에 이런 회개를 하는 참회의 글을 쓸 수 있었을 것입니다. 따라서 이제는 진리이자 우리에게 주는 교훈의 말씀을 항상 가까이해야 되겠다는 굳은 신념뿐입니다. 성결한 삶의 습성을 유지하고 예수님의 인격을 본받기 위해서 나는 예수님을 좇아 예배생활, 기도생활 그리고 하나님의 말씀대로 선한 일에 힘쓰면서 그리스도의 분량에 이르기까지 성숙한 신앙인이 되도록 주님의 이름으로 주님 앞에서 진심으로 참회합니다.

2006년 1 월

회개자 이광묵

Ⅱ. 성경의 용어 풀이

◎ 하나님은 어떠한 분이시가

"주 곧 주는 경외할 자시니 주께서 한 번 노하실 때 누가 주의 목전에 서리이까(시 76: 7)"

하나님은 세상의 모든 인간들이 '경외(敬畏)해야 할 대상입니다. 하나님 이외의 그 어느 누구도 '경외'의 대상이 될 수는 없습니다. 왜냐하면 하나님께서 한 번 진노하시면 어느 누구도 주의 앞에 설 자가 없기 때문입니다. 여기에서 경외(敬畏)라는 것은 "여호와를 경외하는 것은 악을 미워하는 것이라 나는 교만과 거만과 악한 행실과 패역한 입을 미워하느니라(잠 8: 13)"는 말씀과 같이 악을 미워하는 것이며 하나님을 우리 인생의 주인으로 모시는 것입니다. 이는 말씀과 같이 "온 땅은 여호와를 두려워하며 세상의 모든 거민은 그를 경외할지어다(시 33: 8)"라고 한 것같이 우리 인생의 주인으로 모시는 것입니다. 그리하여 하나님께서는 말씀을 통하여 당신을 경외하는 자들에게 즉 "주를 두려워하는 자를 위하여 쌓아 두신 은혜 곧 인생 앞에서 주께 피하는 자를 위하여 베푸신 은혜가 어찌 그리 큰지요(시 31: 19)" "긍휼하심이 두려워하는 자에게 대대로 이르는도다(눅

1: 50)" "각 나라 중 하나님을 경외하며 의를 행하는 사람은 하나님이 받으시는 줄 깨달았도다(행 10: 35)"와 같이 은혜와 긍휼을 베푸실 것을 약속하셨던 것입니다. 그러므로 "여호와를 경외하는 것이 지식의 근본이어 늘 미련한 자는 지혜와 훈계를 멸시하느니라(잠 1: 7)"의 교훈같이 우리는 진심으로 하나님을 경외하는 삶을 살아야 합니다. 그것이 참지혜의 삶입니다.

◎ 성경에 나타난 하나님의 이름

▶ 야훼(Yahweh), 여호와(Jehova), 자존하시는 자
'나는-이다'라는 뜻, 자존자요, 영존자(중국어 번역) '나는-이다'는 스스로 존재하시는 분, 그분 자신을 떠나 아무것도 의지하지 않는 분임을 가리킵니다. 이 이름에는 하나님이 우리에게 필요한 모든 것이 됨을 보여줍니다. 하나님은 '참 포도나무'요, '생명의 떡'이요, '빛'이요, …… 모든 것의 모든 것이시다. 이 이름은 하나님의 인격을 나타내는 적절한 이름입니다(출 3: 14~15, 창 12: 8, 13: 4, 26: 25, 출 6: 3, 20: 2, 33: 19, 34: 5~7, 시 68: 4, 76: 1, 렘 31: 31~34, 요 8: 24, 28, 58).

▶ 여호와 이레(Yahweh Yireh): 여호와께서 준비하신다(창 22: 8~14).

▶ 여호와 닛시(Yahweh Nissi): 여호와는 나의 기(旗)이시다(출 17: 15).

▶ 여호와 샬롬(Yahweh Shalom): 여호와는 평강이시다(삿 6: 24).

▶ 여호와 사바오트(Yahweh Sabbaoth): 만군(군대들)의 여호와(삼상 1: 3, 17: 45, 시 24: 10, 46: 7, 11).

▶ 여호와 마카데쉠(Yahweh Maccaddeshem): 너희를 거룩케 하시는 하나님(출 31: 13).

▶ 여호와 라아(Yahweh Raah): 여호와는 나의 목자(시 23: 1).

▶ 여호와 치드케누(Yahweh Tsidkenu): 여호와 우리의 의(義)(렘 23: 6, 33: 16).

▶ 여호와 엘 게몰라(Yahweh El Gemola): 여호와는 보복의 하나님(렘 51: 56).

▶ 여호와 나케(Yahweh Nakeh): 치시는 여호와(겔 7: 9).

▶ 여호와 삼마(Yahweh Shamma): 여호와는 거기 계시다(겔 48: 35).

▶ 여호와 라파(Yahweh Rapha): 치료하시는 여호와(출 15: 26).

▶ 여호와 엘로힘(Yahweh Elohim): 여호와, 전능하신 하나님(삿 5: 3, 사 117: 6).

▶ 아도나이(Adonai): 주, 주인, 여호와 대신 사용된 하나님의 이름(출 4: 10~12, 수 7: 8~11).

▶ 엘로힘(Elohim): 전능하신 하나님(복수형)(창 1: 1, 26: 27, 3: 5, 31: 13, 신 5: 9, 6: 4, 시 5: 7, 86: 15, 100: 3).

▶ 엘 엘리온(El Elyon): 지극히 높으신 분, 분자적으로는 아주 강력한 전능자의 의미함(창 14: 18, 민 24: 16, 사 14: 13~14).

▶ 엘 로이(El Roi): 감찰하시는 전능자(창 16: 13).

▶ 엘 샤다이(El Shaddai): 모든 것을 충족케 하시는 하나님, 엘(El)은 강한 자, 능한 자를 뜻하고, 샤다이(Shaddai)는 유방, 가슴, 곧 모든 것을 충족케 함을 뜻한다. 유방은 젖을 내며, 젖은 물과 무기질과 많은 비타민과 우리의 일상생활에 필요한 모든 것을 포함한 모든 것을 충족케 하는 공급이다(창 17: 1~20).

▶ 엘 올람(El Olam): 영원하신 하나님, 영생하시는 하나님(창 21: 33, 사 40: 28).

▶ 엘 엘로헤 이스라엘(El Elohe Israel): 하나님, 이스라엘의 하나님(창 33: 20).

▶ 예수(Yeshua): 여호와 구원자, 이 이름은 하나님이 사람 되신 이

름으로 신성과 인성을 포함한 이름이며 우리를 구원하시는 이름이다(마 16: 13~16, 요 6: 42, 행 2: 36, 딛 2: 13, 벧후 1: 11).

- ▶ 임마누엘(Emmanuel): 하나님이 우리와 함께하시다(사 8: 8, 10, 마 1: 23).
- ▶ 크리스토스(Christos): 그리스도, 메시아, 기름 부은 자(마 16: 13~16, 요 1: 41, 20: 23, 행 2: 36, 롬 6: 23, 딛 2: 13, 벧후 1: 11).
- ▶ 퀴리오스(Kurios): 주(主), 주인(눅 1: 46, 행 2: 36).
- ▶ 소테르(Soter): 구주, 사망에서 우리를 구원하시는 분(눅 1: 46, 2: 11).
- ▶ 데오스(Theos): 하나님, 유일하신 참하나님을 말하는 보통명사(눅 1: 47, 요 20: 28, 딛 2: 13, 벧후 1: 11).

◎ 하나님의 존재를 증명하는 논증

- 성경이 증명함(시 19: 1, 롬 1: 20)
- 사람의 양심이 증명함(롬 2: 15, 행 17: 23)
- 결과는 반드시 원인이 있다는 우주론적 논증이 증명함
- 만들어진 것은 반드시 목적을 갖고 있다는 목적론적 논증이 증명함
- 인간은 지적이고 도덕적인 본성을 가지고 있다는 인간론적 논증이 증명함(창 1: 26, 시 94: 9)
- 생명은 생명에서 나온다는 생명논증이 증명함(시 36: 9 요 11: 25, 요 10: 28)
- 성경의 사실과 계시, 지식, 과학, 역사가 서로 일치하는 일치성이 증명함

◎ '예수'란 이름의 뜻

예수의 뜻은 '여호와는 구원이시다'란 의미입니다. 구약에서 이와 동일한 이름을 가진 사람은 모세의 후계자(수 1: 1)와 스룹바벨 시대의 대제사장(슥 3: 1)이다. 이들은 백성을 위하여 최선의 삶을 살았을 뿐만 아니라 오실 예수 그리스도를 예표하는 인물입니다. 예수께서는 그 이름에서도 그가 오신 목적을 투영(投影)하고 계십니다. 인간의 죄악을 용서하시며 구원의 길을 허락하신 하나님의 사랑에 우리는 감히 감사만 올릴 뿐입니다(요 3: 16, 살전 5: 18).

◎ 예수 그리스도의 칭호

▶ 하나님의 아들

하나님의 아들이란 예수의 칭호는 마태복음 4: 3, 4: 6, 마 8: 29, 마 14: 33, 마 16: 16, 마 26: 63, 마 27: 54, 마가복음 3: 11, 5: 7, 9: 7, 15: 39, 누가복음 1: 35, 눅 4: 41, 눅 8: 28에서 잘 묘사되고 있습니다.

▶ 그리스도

그리스도(메시아)란 칭호는 마태복음 1: 1, 1: 16~18, 마 2: 4, 마 16: 16, 11: 2, 16: 20~21, 마 22: 42, 마 23: 10, 마 26: 63, 26: 68, 마 27: 17, 27: 22, 마가복음 8: 29, 9: 41, 누가복음 2: 11, 9: 20에 잘 나타나 있습니다.

▶ 인자(人子: the Son of man)

인자(사람의 아들)는 마태복음 8: 20, 마 9: 6, 마 10: 23, 마 11: 19, 마 12: 32, 12: 40, 마 13: 37, 13: 41, 마 16: 13, 16: 27~28, 마 17: 9, 17: 12, 17: 22, 마 19: 28, 마 20: 18, 20: 28, 마 24: 27, 24: 30, 24: 33, 24: 37, 24: 39, 24: 44, 마 25: 31, 마 26: 2, 26: 24, 26: 45, 26: 64, 마가복음 2: 10, 2: 28, 막 8: 31, 8: 38, 막 9: 9, 9: 12, 9: 31, 막 10: 33, 10: 45, 막 13: 26, 막 14: 21, 14: 41, 14: 62, 누가복음 5: 24, 6: 56, 눅 7: 34, 눅 9: 22, 9: 26, 9: 44, 9: 58, 눅 11: 30, 눅 12: 8, 12: 10, 12: 40, 눅 17: 22, 17: 24, 17: 26, 17: 30, 눅 18: 8, 18: 31~32, 눅 19: 10, 21: 27, 21: 36, 눅 22: 22, 22: 48, 22: 69, 눅 24: 7에 잘 묘사되어 있다.

사람들이 일반적으로 갖고 있는 '인자'에 대한 개념은 '인간으로 오신 그리스도', 즉 겸손하신 예수, 또는 인간을 구원하시는 예수 등이다(마 11: 19, 17: 9, 18: 11). 그도 그럴 것이 인자로서의 모습이 주로 그려져 있는 누가복음에는 유대인뿐만 아니라 이방인까지 대상으로 하는 구원의 길이 제시되어 있기 때문이다. 누가복음의 수신자 데오빌로(눅 1: 3)는 이방인이었고, 누가복음의 기록 목적은 데오빌로에게 예수 그리스도가 구원자이심을 알려 주는 것이다. 그러나 성경에서 '인자'라는 말은 단지 구원자라는 뜻만을 내포하지는 않습니다. 특별히 마태복음에서 그 의미는 좀 달라지는데, 마태는 그 이름을 '다윗의 아들'이라는 이름과 거의 동일시한다. '인자'라는 말이 일반적으로 예수 그리스도의 인성을 말할 때 사용된다면, '다윗의 아들'은 예수 그리스도의 왕 되심을 나타날 때 사용된다. '인자(the Son of man)'는 예수 그리스도를 가리키는 하나님의 이름에 속한다. '인자(the Son of man)'와 단순한 '사람의 아들(a son of man)'을 구분하지 못하고 혼동하면 예수님을 하나님이 아닌 단순한 인간으로 오해하게 된다. 유대인들은 하나님은 사람의 아들(the son of man)이 아니심을 나타내는 민수기 23:19를 예수님께 잘못 적용하여 하나님이신 그분을 십자가에 못 박은 것이다. 이 '인자(the Son of man)'라는 용어는 예수님께서 자신을 가리켜 즐겨 사용하신 독특한 용어이기 때문에 성경 전체에 87번 나오지만 사복음서에만 83이나 언급된다. 구약에서는 이 용어가 단 한 번 언급되는데, 이것이 이 의미를 알 수 있는 열쇠가 된다(성경에 나오는 모든 다른 용어도 그렇다시피 그 단어가 성경에서 처음 발견되는 곳을 주의 깊게 봐야 한다. 그렇게 함으로써 성령님께서 그 단어를 어떤 의미로 계속 사용하실지 우리는 알 수 있다). "내가 밤의 환상들을 보았더니, 보라, 인자 같은 분이 하늘의 구름들과 함께 오셔서 옛날부터 계신 분에게 오시니 그들이 인자 같은 분을 그분 앞에 안내하였더라. 거기에서 그분께 다스림과 영광과 왕국이 주어졌으니, 이는 모든 백성과 민족들과 언어들이 그분을 섬기게 하려 함이더라. 그분의 다스림은 사라지지 않을 영원한 다스림이며 그분의 왕국은 멸망하지 않으리라(단 7:13, 14)" 여기 다니엘 7장을 읽어 보면 알겠지만 이 '인자 같은 분'은 옛날부터 계신 분(하나님)으로부터 다스림과 영광과 왕국을 이어받으실 분인데 모든 백성과 민족들과 언어들이 그분을 섬길 것이며, 그분의 왕국은 멸망하지 않는 영원한 왕국이 될 것이다. 이 '인자 같은 분'은 초림 때 오셨지만 그 백성(유대인들)이 그분을 받아들이지 않았기 때문에 이 일은 재림 때 일어날 것이다. 특히 마태복음 25: 31~46에서는 '인자'라는 말이 심판자와 연결되어 설명되었는데, 그 '인자'는 또한 다윗의 보좌인 '영광의 보좌'에 앉으신다. 그러므로 '다윗의 아들'과 '인자'라는 말은 각각 분리해서 생각할 수 없는 말이다. '인자'라는 말이 예수 그리스도의 인성을 나타낸다고 할 때 우리가 분명하게 기억해야 할 점은, 인자라는 말이 예수 그리스도께서 육신을 입으시고 땅에 계시던 동안 쓰이던 말이라는 것이다. 지금 교회 시대에 하늘에 계시는 예수님을 가리켜 인자라고 부르지 않는다. 우리는 그분이 인자가 되셨다고 말하지 그분이 지금 인자라고는 말하지 않는다. 사도 바울도 그의 서신들에서 예수 그리스도를 가리켜 이 용어를 사용하지 않았다. 그분이 육신을 입으시고 땅에 계시는 것은 초림 때와 재림 때, 두 경우가 다 포함된다(마 12: 8, 32, 16: 13). 결코 초림만 해당되지는 않는다. 오히려 마태복음에서 더 강조되고 있는 것은 왕으로서 오시는 재림이다. 특히 마태복음에서는 재림하시는 예수 그리스도를 가리켜 인자라고 묘사할 때가 많다(마 10: 23, 13: 41, 16: 27, 19: 28, 24: 27, 30, 37, 39, 44, 25: 13, 31) 초림 때에도 예수 그리스도께서는 왕 되심의 표적을 행사하셨다. 그래서 '인자'라는 말은 땅에 속한 예수 그리스도의 사역을 묘사한다는 점에서 '다윗의 아들'과 공통점이 있다. 그러나 '인자'가 '다윗의 아들'과 구별되는 것은, '인자'는 온 인류를 다루면서 사용된다는 것이다. '인자'라는 말은 구원과 관련해서 사용될 때에도 온 인류의 구원자로서 사용되고, 심판과 관련해서 사용될 때에도 온 인류의 심판자로서 사용된다. 그에 반해 '다윗의 아들'은 이스라엘과 좀더 직접적으로 연관된다. 다윗의 아들은 이스라엘의 약속된 메시아로서, 사무엘하 7: 12~16에 제시된 다윗의 언약을 이루시는 이스라엘의 왕이시다. 그러나 이 두 용어의 미묘한 차이에도 불구하고, 두 용어는 재림하시어 '왕'이 되시는 메시아라는 같은 의미로 쓰이곤 한다. 그러므로 예수 그리스도를 가리켜 인자라는 표현을 사용해서 말하거나 또는 찬양할 때마다 우리는 항상 그분의 재림을 기억해야 할 것이다.(성경용어사전)

▶ 주(主)

주라는 칭호는 마태복음 7: 21~22, 마 8: 2, 8: 6, 8: 8, 8: 25, 마 9: 28, 마 14: 28, 14: 30, 마 15: 22, 마 16: 16, 16: 22, 마 17: 4, 17: 15, 17: 16, 마 18: 21, 마 19: 27, 마 20: 30, 20: 33, 마 21: 3, 21_19, 마 24: 42, 마 25: 11, 25: 20, 25: 22, 25: 24, 25: 44, 마 26: 22, 26: 33, 26: 35, 마가복음 1: 17, 8: 29, 막 10: 28, 막 11: 3, 막 14: 31, 누가복음 2: 11, 눅 5: 8, 8: 24, 8: 45, 눅 9: 33, 9: 49, 9: 54, 9: 61, 눅 10: 17, 눅 11: 1, 눅 12: 41, 눅 13: 23, 눅 17: 37, 눅 18: 28, 18: 41, 눅 19: 8, 19: 25, 눅 22: 33, 22: 38, 22: 49에 잘 표현되어 있다.

▶ 다윗의 자손

다윗의 자손은 마태복음 9: 27, 마 12: 23, 마 15: 22, 마 20: 30~31, 마 21: 9, 21: 15, 마 22: 42, 마가복음 10: 47~48, 누가복음 18: 38~39에 잘 나타나 있다.

▶ 하나님의 사자(使者)

마 21: 37, 요 6: 38, 요 7: 29, 요 8: 42, 요 9: 4, 요 10: 36, 요 17: 8, 21.

◎ 예수님은 나에게 어떤 분이 되시는가

- 나의 하나님이신 예수님(요 1: 1)
- 나의 창조주이신 예수님(요 1: 3)
- 성육신하신 예수님(요 1: 14, 20: 27)

- 나의 구주이신 예수님(요 1: 36, 요 3: 1~21)
- 기적을 베푸시는 예수님(요 2: 11, 요 6장)
- 나의 선한 목자이신 예수님(요 10: 11)
- 나를 다스리시는 예수님(마 2: 6)
- 나의 부활하신 예수님(요 11: 25, 요 20: 1~8)
- 나의 선생이신 예수님(요 13: 13)
- 나의 생명이신 예수님(요 15: 4~5)
- 나의 친구이신 예수님(요 15: 14)
- 나의 대제사장이신 예수님(요 17: 9)
- 나의 왕이신 예수님(요 17: 9, 마 2: 1~6)
- 나의 모퉁이 돌이신 예수님(마 21: 42)
- 나의 반석이신 예수님(고전 10: 4)
- 나의 대언자 이신 예수님(요일 2: 1)
- 나를 온전케 하시는 예수님(히 12: 2)
- 은혜의 주인(벧전 5:10)
- 소망의 주(롬 8:24)

◎ 하나님과 예수님의 차이가 무엇인가요

하나님은 인간과 천사를 포함한 천지와 우주만물을 창조하시고, 섭리하시며, 통치하시는 오직 한 분이시며, 참신이십니다. 그분은 인간에게 성경을 통하여 자신을 스스로 존재하시는 분으로 계시해 주셨습니다. "태초에 하나님이 천지를 창조하시니라(창 1: 1)" "하나님이 모세에게 이르시되 나는 스스로 있는 자니라(출 3: 14)" 하나님은 또한 성경에 아버지와 아들과 성령 하나님으로 계시해 주셨습니다.

이것을 신학적으로 삼위일체라고 합니다. 삼위일체란 하나님은 존재양식에 있어서 아버지와 아들과 성령이라는 각각 독립된 세분의 실재적 개체이며, 본질에 있어서는 완전히 동일한 일체라는 것입니다. 따라서 우리가 기독교의 신앙의 대상을 유일신이라 할 때 그것은 하나님과 같은 존재와 품성, 능력을 가지신 분이 없으며, 또 하나님만이 구원의 유일한 근거라는 점에서의 유일성을 말하는 것이지 하나님의 숫자적 단일성을 말하는 것이 아닙니다. 삼위일체 교리에 대한 대표적인 오류는 하나님을 숫자적인 하나로만 강조하려는 '단일신론'과 각 삼위 하나님의 독립적 존재를 마치 어느 한 인간이 집에서는 가장이고 교회에서는 장로이고 회사에서는 사장이듯이 하나님은 각 상황에 따라 다른 모양으로 나타난다고 보는 '양태론'입니다. 이것은 둘 다 인본주의적 사고에 젖은 것으로서 성경이 제시하는 완전히 상호 독립된 세 분의 실재이면서도 또한 서로 간의 본질이 서로 완벽히 동일한 일체이시라는 신비한 진리를 왜곡한 것입니다. 삼위일체의 신비는 분명히 세 개체이면서도 독립된 세 개체의 모든 본질이 완전히 일치됨에 따라서 그 본체가 하나임을 말하는 것으로 물질세계에서는 그 유례를 찾아볼 수 없는 오묘한 진리입니다. 성경은 성부 하나님과 성자 예수님과 성령 하나님의 일체성과 동시에 개체성을 동일하게 강조하고 있습니다. 또한 삼위 하나님은 인간의 구원과 관련하여 성부 하나님은 계획하시고 성자 예수님은 성취하시고 성령 하나님은 적용하십니다. 또한 삼위 하나님은 항상 협력하심을 성경을 통해 알 수 있습니다. 따라서 요약하면 다음과 같습니다.

- 하나님은 한 분이십니다.
- 하나님은 성부와 예수님과 성령, 삼위로 계십니다.
- 삼위 하나님은 그 본질과 능력과 영광이 동등하십니다.
- 성부는 영원한 자존자이십니다. 예수님은 성부에게서 영원히 탄생

하셨습니다. 성령은 영원토록 성부와 성자에게서 나오십니다.

- 삼위 중 한 분이라도 부인하면 하나님을 모두 부인하는 것이 됩니다.
- 예수님은 참하나님이시요, 인간의 구원을 위해 오신 참사람이십니다. 그는 세상에 오시기 전에 하나님과 함께 계셨습니다. 그는 세상에 계실 동안에도 참하나님이셨습니다. 그가 신성과 인성을 가지신 분이 아니라면 우리의 구원자로서 자격을 잃게 됩니다. 그는 참사람이셨지만 죄는 없는 분이셨습니다. 예수님의 신성과 인성 중 어느 한 가지만 부인해도 적그리스도입니다. 하나님께서는 인간의 죄를 해결하기 위해서 외아들이신 예수님을 보내셔서 십자가에 죽게 하심으로 우리의 속죄의 근거를 마련해 주시고 누구든지 예수님이 나의 죄를 위해 돌아가신 하나님의 아들이심을 믿고 그분을 마음에 구주와 하나님으로 영접하면 모든 죄를 용서해 주시고, 하나님의 자녀로 삼아 주시며, 영생을 주십니다.

이것을 생각할 때 우리는 하나님 아버지의 사랑과 나를 위해 십자가에 못 박히신 예수님의 희생에 대해 감격하게 됩니다. 성령님은 우리를 이 하나님의 사랑을 개인적으로 깨닫고 적용하게 도와주십니다. 여기서 우리는 삼위 하나님의 인간의 구원을 위한 놀라운 사랑과 협력의 섭리를 이해하며 감동하게 됩니다.

◎ 하나님과 하느님의 차이점

우리가 믿는 신을 개신교에서는 '하나님'이라고 부른다. 개신교의 경우 '하나님'의 유일성, 즉 하나님은 한 분밖에 없다는 점을 강조해서 '하나님'이라고 부릅니다. 이 말은 우리말의 수사 '하나'에 존칭

접미사 '님'을 붙여서 된 명칭입니다. 그러나 가톨릭에서 우리가 믿는 신을 '하느님'이라고 부르고 있습니다. '하느님'이란 명칭은 '하늘'의 옛 형태인 '하늘'에 '님'이 붙이되 'ㄹ' 탈락현상이 일어나서 생긴 말입니다. 이것은 마치 현대어에서 '아들'과 '딸'에 '님'을 붙이는 경우에 'ㄹ'이 탈락해서 '아드님', '따님'이 되는 것과 같습니다. 즉, 하느님은 '하늘님'이란 뜻을 가진 말입니다. 이 용어는 단순히 하늘에 살고 있는 신이라는 뜻이 아니고 세상 모든 것을 창조하시고 주관하시는 신을 의미합니다.

◎ 개신교의 성경과 천주교의 성서의 차이점

천주교와 기독교는 성경 66권(구약 39권과 신약 27권)을 동일하게 믿습니다. 천주교는 1546년 트리엔트 공의회에서 유대인들의 외경 7권을 인정하여 성경을 73권으로 믿습니다. 그러므로 기독교의 성경은 66권이고 천주교의 성경은 73권입니다.

성경 66권은 그 번역에 어떤 용어를 선택하여 번역용어상에 차이가 있을지라도 내용에 있어서 그 원내용은 동일합니다. 구약의 원본은 히브리어와 아람어 성서이고 신약은 헬라어입니다.

구약은 율법과 선지자들을 통하여 죄인들을 구원하는 메시아가 오리라는 것을 예언한 책입니다.

신약은 구약의 예언이 이루어져 예수 그리스도께서 오시고 우리 죄를 위해 죽으셨다가 부활·승천하셨고 믿는 자들을 구원하시고 성도들이 어떻게 살아야 할 지침을 주고 예수님께서 성도들을 데리러 오시려고 재림하신다는 것과 마지막 심판에 대하여 기록된 책입니다. 성경은 성령의 감동하심을 받은 사람들에 의해 기록된 하나님 말씀입니다. 성경은 하나님의 말씀이므로 사람의 머리로 이해하기 어려운 부분들이 있지만 모두 다 믿어야 하는 이유입니다.

◎ 천주교와 기독교의 차이점은

천주교는 성경 66권 외에도 외경이나 전승이나 유전이 모두 다 진리라고 믿습니다. 기독교는 오직 성경 66권만이 하나님 말씀임을 믿습니다. 천주교는 교황이 신앙이나 윤리도덕의 선포에 있어서 오류를 범하지 않는다고 교리로 믿습니다. 한마디로 교황의 선포는 하나님의 말씀과 동일한 것입니다. 기독교는 교황도 사람이므로 신앙이나 윤리에 있어서 오류를 범할 수 있다고 생각하며 실제 역사를 통하여 교황의 오류는 수도 없이 많이 드러나 있습니다. 천주교는 신부에게 사죄권이 있다고 믿습니다. 그래서 신부에게 고해성사를 하고 신부가 죄를 사해 주고 보속이라는 것을 시킵니다. 기독교는 사람은 죄를 용서해 줄 수 없다고 믿습니다. 죄를 용서해 주시는 분은 죄도 없고 거룩하시고 전지전능하신 하나님 한 분밖에 없습니다. 그래서 죄를 지었을 때 하나님 앞에 직접 회개하고 예수님이 흘리신 피로 죄를 씻음 받습니다. 천주교는 마리아를 하나님의 어머니, 창조주의 어머니, 성령의 배필, 무염시태, 평생 동정녀, 몽소승천, 기도의 중보자, 교회의 어머니, 구원으로 인도하는 분……으로 신적인 권위를 부여하여 믿고 마리아상을 만들어 절하고 섬기는 우상숭배의 행위를 합니다. 기독교는 마리아를 예수님 육신의 어머니(창조주 하나님에게는 어머니가 없습니다, 성령님에게는 배필이 없습니다. 마리아는 예수님의 신성에 있어서는 어머니가 될 수 없습니다. 성자 하나님은 시작도 끝도 없고 어머니도 없는 분인데 마리아가 성자 하나님

—하나님의 어머니나 창조주의 어머니—의 어머니가 될 수 없는 것입니다.)라고 믿습니다. 마리아는 우리와 성정이 같은 죄인, 동정녀로서 예수를 낳은 이후에 요셉과의 부부관계를 통하여 야고보, 요셉, 시몬, 유다, 그 누이들을 낳음, 죽어서 장사됨, 기도의 중보는 오직 예수님 한 분이심, 우리를 구원으로 인도하시는 분은 성령님이심, 교회에는 어떤 형상도 세워 절하고 기도할 수 없는 것입니다. 천주교는 천국과 지옥 외에 연옥이 있습니다. 천국에 들어갈 만한 공로가 부족한 사람들이 연옥이라는 곳에서 남은 죄를 불로써 고통받고 정화받는 장소라는 곳으로서 성경에는 연옥이라는 말이 한 번도 나오지 않습니다. 고린도서에서 성경 한 구절을 가지고 상상하고 추측하고 비약하여 만든 가상의 장소가 연옥입니다. 언제 연옥에서 천국으로 구원받을지 아는 사람은 하나도 없습니다. 연옥에 있다고 추측되는 천주교 죽은 자들을 위하여 헌금하고 위령미사를 계속 드리는 것입니다. 기독교는 성경에 기록된 대로 천국과 지옥 두 장소만이 있습니다. 예수를 그리스도로 믿고 거듭난 하나님의 자녀는 하나님의 나라인 천국을 상속받습니다. 예수를 믿지 않은 사람들은 죄로 인하여 심판받고 지옥에 들어갑니다.

천주교는 예수 외에도 착하고 선하게 살면 구원받을 수도 있다고 가르칩니다. 기독교는 예수 외에는 어느 종교로도 구원받을 수 없습니다. 다른 종교에서는 죄의 문제를 해결받을 수 없기 때문입니다. 이 외에도 천주교와 기독교의 차이는 수도 없이 많습니다. 천주교건 기독교건 모두 천국에 가는 것이 아닙니다. 예수님을 진정 자신의 구세주로 믿어 예수님 피로 거듭난 하나님의 자녀만이 천국에 들어갑니다.

◎ 아멘(Amen):

아멘이란 히브리어로 '진실로 그렇게 되옵소서', '그대로 이루어지이다'라는 뜻으로 기도의 마지막에 주로 붙이는 동의의 표시이다. '기도하는 것을 꼭 이루어 주실 줄 믿습니다.'라는 확인의 뜻이 있으므로 타인이 기도할 때도 아멘으로 응답해야 한다. 좀더 자세히 말하면 히브리어에 그 기원을 둔 것으로 '진실로 그렇습니다' 또는 '그렇게 될 것을 확신합니다'라는 뜻으로 영어나 라틴어, 독일어 등 대부분의 번역 성경에서 자기 나라 말로 번역하지 않은 채 그대로 사용하고 있다. 이 말은 구약에서 모세 율법이 선포될 때(신 5: 22, 27: 15~26), 하나님의 영광을 찬양할 때(대상 16: 36, 시 41: 13, 72: 19, 89: 52, 106: 48) 주로 사용되었다. 한편 신약에서는 예수께서 문두(文頭)에서 '진실로' 혹은 '진실로 진실로'라는 말로 사용하였고(마 5: 18, 막 9: 1, 요 10: 10), 사도들은 서신서의 송영으로 대부분 '아멘'이라는 단어를 사용하였다(롬 15: 33, 16: 27, 고전 16: 24, 갈 6: 18). 결국 하나님의 모든 작정과 경륜의 종결은 아멘이신 그리스도에 의해 완성되어 참되게 이루어질 것이다(계 3: 14, 5: 14, 7: 12, 19: 4, 22: 20~21).

◎ 할렐루야의 뜻은

뜻은 '자랑하다', '칭찬하다'라는 뜻의 히브리어 '할랄'에서 온 말로 '여호와를 찬양하라'이다. '할렐루야'는 존경, 경외, 겸손을 나타내는 인간의 가장 고상한 표현으로 하나님을 찬송하는 최고의 찬양의 환호이다. 그런 까닭에 '할렐루야'라는 말은 전적으로 찬양의 노래에만 국한되어 있다. 구약에서는 단지 시편에만 15곳에 언급되어 있으며 신약에서는 요한계시록에만 나타나 있다.

* 146편부터 150편까지 다섯 개의 시를 가리켜 '할렐루야 시'라고 부른다.

할렐루야가 처음에만 있는 시	111, 112편
할렐루야가 처음과 끝에 다 있는 시	106, 113, 135, 146, 147, 148, 149, 150편
할렐루야가 끝에만 있는 시	104, 105, 115, 116, 117편

시편 111편 1절에서 "할렐루야, 내가 정직한 자의 공회 중에서 전심으로 여호와께 감사하리로다"는 다윗이 하나님의 위대하심을 자기만 아니라 남들도 찬송하기를 원했던 것이다. 이처럼 우리의 생활에 있어서도 여러 환경 가운데 하나님을 찬양하기 위한 조건을 찾아야 하며 우리 전 생애를 통해 주님의 영광을 위해서 헌신하는 자세가 있어야 한다. 특히 어떤 곳에서든지 정직한 자와 더불어 하나님께 찬양드린다는 것은 자신뿐만 아니라 모든 자들에게 기쁨과 위로를 줄 것이며 아울러 하나님의 자녀 된 우리들도 어느 곳에 있든지 자기가 소속된 곳에서 마음을 다하여 주님을 찬양하여 믿지 않는 자들에게까지 하나님의 선한 뜻을 깨닫게 해야 한다.

◎ 임마누엘

'하나님이 우리와 함께 계신다'라는 뜻으로(마 1: 23) 예수 그리스도를 마음속에 영접한 사람에게는 언제 어디서나 하나님이 함께하신다.

◎ 샬 롬

'평안, 평가'라는 이스라엘 백성의 인사말이다. '평안하십니까?'라는 의미이다(삿 6: 24).

◎ 여호와 이레

'여호와께서 준비하신다'라는 뜻으로 하나님께 순종하면 우리의 필요한 것을 준비해 주시고 채워 주신다(창 22: 14).

◎ 계시(Revelation)

'덮어두었던 것을 벗겨 보여준다'라는 뜻으로 하나님의 깊은 비밀을 인간이 이해할 수 있도록 나타내 주는 것을 말한다. 가장 완전한 계시는 예수님을 이 세상에 보내주신 사건이다(히 1: 1~2). 기독교에서는 자연계시(자연의 만물을 통하여 하나님을 알 수 있는 것)와 특별계시(예수님, 성경)라는 두 가지 계시가 있다.

◎ 알파와 오메가(A, Ω)

헬라어의 첫 글자와 마지막 글자를 말한 것으로 하나님 자신이 처음과 나중에 된다는 뜻이다(계 1: 8, 21: 6). 즉, 만물의 시작과 끝이 됨을 말한다.

◎ 아담이라는 이름의 뜻은

'아담'은 흙이란 뜻의 히브리어 '아다마'와 동일한 어원을 갖고 있는 말로서 그 뜻은 '사람'이다(창 1: 27). 이 아담을 하나님께서 흙으로 만드셨다. 그래서 아담, 곧 사람은 하나님께서 창조하신 피조물임을 가리킨다(창 2: 7). 이 아담, 곧 사람에게 하나님은 "생육하고 번성하여 땅에 충만하라…… 바다의 고기와 공중의 새와 땅에 움직이는 모든 생물을 다스리라(창 1: 28)"고 말씀하셨다.

◎ 메시아(Messiah) 또는 그리스도

'기름부음을 받은 자'라는 뜻이며 예수님을 가리킨다. 구약에서는 '메시아'라고 했고 신약에서는 '그리스도'라고 쓰이는데 이 두 말은 같은 뜻으로 '메시아'는 히브리어이고 '그리스도'는 헬라어이다.

◎ 보혜사(Counsellor)

'위로 자, 도우시는 이, 상담 자'의 뜻으로 하나님께서는 예수님이 가신 후에 보내주신 성령을 가리킨다(요 14: 16). 복음을 믿게 하고 환난과 핍박을 이기고 참게 하시는 하나님 영이다.

◎ 벧 엘

'하나님의 집'이란 뜻으로 성경에 많이 나오는 땅 이름이다.

◎ 세례란

자신의 지난 삶이 모두 죄악된 것임을 알고 그리스도와 더불어 옛 인간은 십자가에서 죽고 이제 새로운 인격으로 다시 살아나 하나님의 자녀가 되었다는 사실을 공적으로 드러내는 하나의 예식.

◎ 중보자

서로 대립되는 두 사람 사이에 서서 서로 원수된 것을 제거해 주고 사랑을 회복, 또 언약의 체결을 위해 도와주고 알선하는 사람이다. 구약에서는 제사장이 중보자였으나 신약에 와서는 예수 그리스도 자신이 하나님과 인간 사이를 화목케 하시는 중보자로 오셨다. 그러므로 중보자는 예수 그리스도를 지칭하는 말이다(딤전 2: 5~6).

◎ 중 생

'거듭남, 새로 지음 받은 사람, 새로 태어남'이란 뜻으로 하나님을 모르고 하나님을 떠나 있던 인간이 예수 그리스도를 통해 하나님께 돌아오고 하나님의 은혜로 영적으로 새로운 사람이 된 것을 말한다.

중생할 때 하나님의 자녀가 된다(고후 5: 17).

◎ 여호와 닛시

'주는 나의 기'란 뜻이다(출 17: 15~16).

◎ 에벤에셀

'돕는 돌'이란 뜻이다(삼상 7: 12).

◎ 여호와 삼마

'주가 저곳에 거하신다'라는 뜻이다(겔 48: 35).

◎ 셀 라

시편에 나오는 말로 '올림'이라는 음악용어이다(시 76: 9).

◎ 음 부

음부는 하나님과 교통이 단절된 곳으로(시 6: 5) 믿지 않는 사람들이 가는 곳을 말한다.

◎ 묵은 누룩(고전 5: 8)

성도들이 그리스도께 속하기 이전에 지니고 있던 죄의 습성을 가리킨다. 이 같은 죄의 습성은 음란과 정욕, 술 취함과 방탕, 연락(宴樂)과 무법한 우상숭배 등(벧전 4: 3)과 같은 참으로 괴악하고 악독한 죄악을 탐하는 마음이다.

◎ 교회를 지칭하는 여러 용어

▶ 그리스도의 몸: 이것은 교회의 통일성과 교인들 간의 상호 의존성, 그리고 교회의 머리 되신 예수 그리스도와의 관계성을 강조하는 용어이다(고전 27절, 엡 1: 22～23).

▶ 성령(하나님)의 전: 구약에서 성전은 하나님께서 자기 백성들 가운데 거하시는 장소였다(왕상 8: 10～11). 따라서 교회를 가리켜 '성령의 전'이라 함은 하나님의 성령이 교인 개개인과 연합체로서의 교회 가운데 내주하고 계심을 의미한다(고전 3: 16).

▶ 새(하늘의) 예루살렘: 구약 시대부터 예루살렘은 하나님이 현존하시는 장소로 이해되어 왔다(히 12: 22).

▶ 새 이스라엘: 이스라엘 백성은 하나님의 유업을 받을 자들이었다. 그러나 범죄한 이스라엘 백성은 더 이상 유업을 상속하지 못하고 이제는 인종에 관계없이 하나님 나라에 합당한 열매를 맺는 자마다 그 유업을 차지하는 새 이스라엘 백성이 되게 되었다(마 21: 43).

▶ 진리의 기둥과 터: 이는 교회가 진리 위에 서 있으며 또한 하나님의 진리를 지켜 보호하는 모임을 의미한다(딤전 3: 15).

▶ 하나님의 권속: 성도들은 모두 한 아버지이신 하나님을 모시고 사는 형제자매들이다(갈 6: 10).

▶ 그리스도의 신부: 이것은 성도들이 그리스도와 연합하여 새롭고 영원한 관계로 들어가는 것을 강조하고 있다(계 19: 7).

◎ 종려주일과 호산나

예수님이 마지막으로 예루살렘에 입성하신 것을 기념하는 주일이다. 여기 '호산나'란 '지금 우리를 구원하소서'이다. 한마디로 종려주일은 십자가 수난을 위한 예수 그리스도의 예루살렘 공식 입성(入城)을 축하하는 날로, 사순절의 6번째 주일이며 고난 주간이 시작되는 첫날이기도 하다.

◎ 사순절의 유래

사순절을 뜻하는 영어 렌트(Lent)는 고대 앵글로 색슨어 Lang에서 유래된 말로, 독일어의 Lenz와 함께 '봄'이란 뜻을 갖는 명칭이다. 그러나 우리나라에서는 '40일간의 기념일'이라는 뜻의 희랍어인 '테살코스테'를 따라 사순절로 번역한다. 이는 부활 주일을 기점으로 역산하여 도중에 들어 있는 주일을 뺀 40일간을 주의 고난과 부활을 기념, 묵상하며 경건히 보내고자 하는 절기이다. 한편 '40'이란 수는 예수께서 40일 동안 광야에서 시험 받으심, 40일간 시내산에서의 모세의 금식, 이스라엘의 40년간의 광야생활, 예수의 부활에서 승천까지의 40일 등과 같이 성경에 여러 번 고난과 갱신의 상징적 기간으로 등장한다. 이에 고난 주간을 포함하여 그리스도께서 우리 죄인의 구속을 위해 수난을 당하신 사건에 담긴 구속사적 의의를 살펴보며 자신의 신앙을 재각성하고자 비교적 긴 40일간의 절제 기간을 갖는 것이 바로 사순절이다. 오늘날에 이르러서 사순절은 금식보다는 구제와 경건 훈련을 더욱 강조하는 경향이 지배적으로 되어 가고 있다. 자선을 베풀고, 경건한 삶을 지향하는 긍정적이고 적극적인 측면으로 그 의미가 변천되어 가고 있다. 그것은 예수 그리스도의 고난에 동참한다는 개념에 대한 새로운 이해를 우리에게 요구하고 있다. 예수 그리스도의 고난은 다른 측면에서 볼 때 우리를 향한 절대적인 사랑의 표현이었다. 사순절에 우리는 다시금 그 무한한 사랑에 붙잡혀야 하고, 나의 몸을 고난에 담그는 것이 아니라, 그 고난의 중심에서 있는 그분의 무한하신 사랑이 어떻게 나타났고, 그것을 우리의 삶을 통해 어떻게 나타낼 수 있을 것인가를 찾는 일에 사순절 교회교육의 중심을 맞추어야 할 것이다. 우리는 이 기간 동안 사순절이라는 형식에 매달리기보다는 주님의 고난을 기억하며 경건을 생활화하는 것이 필요하다. 그렇다고 다른 기간에는 경건치 말라는 뜻이 아니라 바쁜 생활에서 잊기 쉬운 경건의 모습들이 이 기간 동안만이라도 염두에 두고 생활하면 사순절의 참의미가 살아날 것이다.

• 시 기

사순절(四旬節)은 대속 사역을 이루시기 위해 그리스도가 겪으신 고난과 부활을 기억하기 위한 것으로, 부활절 전 40일간의 경건하게 지내는 기간을 말한다. 이는 부활 주일부터 거슬러 올라가기 시작하여 주일을 뺀 40일간의 기간이며, 특별히 사순절 절기가 시작되는 날은 '재의 수요일(Ash Wednesday)'이라 불린다. 사순절 기간이 40

일로 처음 결정된 것은 A.D. 325년 니케아 회의(council of Nicaea)에서였다. 따라서 교회 역사 가운데는 꼭 40일이 아닌 기간 동안 사순절의 의미를 갖는 절기가 지켜지는 경우도 많았다. 과거 동로마 교회에서는 부활절 준비 기간으로 7주를 지키되 토요일은 제외하고 일요일도 그리스도께서 예루살렘에 왕으로 입성하신 '성 주일'만을 포함해 36일을 이 기간으로 지켰었다. 서로마 교회도 6주간을 지키되 주일을 제외한 36일을 그리스도의 고난과 부활을 기념하는 기간으로 정했다. 이러한 관습은 니케아 회의 후에도 계속되어 얼마 동안은 오늘날과 같은 40일간의 절기로 지켜지지 않았다. 그 후 7세기 무렵 서로마 교회가 재의 수요일부터 사순절의 첫 주일까지의 4일을 포함하면서부터 오늘날과 동일한 40일간의 사순절을 철저히 지키게 되었다. 한편 사순절은 항상 수요일부터 시작되는데, 이날은 재의 수요일, 성회 수요일, 속죄일 등으로 불린다.

• 유 래

사순절은 초대 교회 성도들이 그리스도의 인간의 죄를 대속하기 위해 찢기신 살과 흘리신 피를 기념하는 성찬식을 준비하며, 주님이 겪은 수난에 동참한다는 의미를 가진 금식을 행하던 것으로부터 유래되었다. 유대인들은 유월절을 준비하기 위해 유월절 전에 금식을 행했는데, 초대 교회 성도들도 신앙의 성장과 회개를 통한 영적 준비라는 차원에서 구약의 유월절 만찬을 새롭게 해석하여, 주님께서 제공하신 성찬식에 앞서 금식을 행했던 것이다. 또한 사순절이 끝나는 부활절에는 새로 영접되는 성도의 성례식이 있게 되는데, 세례 예비자들은 이때 세례와 입교(入敎)를 받기 위하여 2주간의 준비기를 두고 금식과 기도로 신령한 훈련에 참여하기도 했다. 이때 부활절에 있을 세례식을 준비하는 세례 예비자들은 물론 이미 성도로 영접된 사람들 모두 금식과 기도생활에 힘썼다. 사순절 행사로서의 금식은 수세기 동안 매우 엄격하게 지켜졌다. 사순절의 식사로는 저녁 전에 한 끼 식사만이 허용되었으며, 물고기와 고기 등의 육류는 물론 우유와 달걀로 만든 음식까지도 금지되었었다. 그러나 8세기 이후로 가면서 이 규정은 많이 완화되기 시작해 14세기에는 금식 기도 대신에 절식 기도가 행해졌으며, 15세기에 와서는 정오에 식사하는 것이 일반적인 종교관습이 되었고, 저녁 시간에도 간단한 식사인 콜레이션(collation)이 허용되었다. 그러나 사순절 기간 동안에 연극, 무용, 연애 소설 읽는 것과 같은 오락행위는 여전히 금지되었으며, 화려한 옷을 입는 것, 좋은 음식을 먹는 것 등 호화생활도 자제되었다. 대신 자선과 예배 참석, 기도 등이 권장되었다. 한편 어떤 곳에서는 사순절이 시작되기 전에 3일 정도의 '사육제'(carnival)가 거행되었었다. 이 사육제는 원래 '육이여(carni)', '안녕(vale)'이라는 의미를 가지고 있는데, 이교적인 영향을 받은 이 축제의 기간 동안에는 금식하는 사순절과는 대조적으로 술과 고기를 먹었으며, 가장 행렬 등의 인간의 쾌락 본능을 자극하는 행사들이 행해졌다. 그러다가 1517년 종교 개혁 이후 종교 개혁자들은 형식적이며 지나치게 많은 교회의 의식 절차들을 폐지했는데, 이때 사순절에 관계된 많은 의식들도 간소화 내지는 폐지되었다. 그러나 회개의 시기로 지켰던 중세 교회의 사상은 받아들여 공동 기도문 중 사순절 기도문의 주제를 회개로 삼는 등, 계속해서 이 절기를 기념하고 있다.

• 풍 습

(1) 종려나무의 재로 이마에 십자가 그리기, 종려나무를 태운 재 혹은 숯으로 이마에 십자가를 그리는 풍습은 사순절이 시작되는 재의 수요일(Ash Wednesday)에 행해지던 풍습이다. 이때 사용되는 재는 지난해 종려주일에 사용했던 종려나무를 태워 만든 것으로 사람들은 그리스도를 대속의 죽음으로 이끌었던 인간의 죄에 대한 참회

의 표시로 이마에 십자가를 그렸다. 이는 또한 아름다운 풀과 꽃이 잠깐 후면 마르고 시들 듯 세상의 모든 부귀와 영화도 잠깐 후면 사라지고, 한 줌의 흙에서 왔던 우리도 또다시 흙으로 돌아가게 된다는 엄숙한 인생의 교훈을 담고 있다. 또한 언젠가는 하나님 앞에 서게 될 우리의 삶의 자세를 정비한다는 점에서도 그 의미를 가지고 있다.

(2) 금식 기도는 사순절의 가장 중요한 관습이었다. 시기와 장소에 따라 금식의 기간과 그 엄격성의 정도의 차이는 있지만, 예수 그리스도의 고난과 구속 사역을 기리고 하늘나라의 백성 됨을 감사하며 그 백성 된 자로서의 삶의 자세를 돌이키게 하는 금식 기도는 초대 교회 시대부터 행해졌었다. 오늘날 행해지는 금식 기도는 엄격했던 초기의 형태에서 많이 변형되어 절식(節食) 기도의 형태로 행해지고 있다.

(3) 구제와 선행 베풀기: 사순절에는 죄를 범한 인류를 위해 고난 받으신 그리스도를 기억하는 의미에서 불우한 이웃을 위한 구제와 자선이 행해졌다. 특히 사순절에 행해지는 금식 기도를 통해 주님의 고난에의 동참, 불의한 자신에 대한 회개뿐만 아니라 불우한 이웃의 배고픔과 가난을 생각하기도 하였던 것이다. 하나님의 나라는 말에 있는 것이 아니라 그 말의 실천에 있음을 기억할 때, 하나님의 백성으로서 그리스도의 대속적인 사랑을 본받아 이를 실천함은 성도의 마땅한 자세라 할 것이다.

◎ 목사의 칭호와 유래

목사를 지칭하는 영어 호칭은 몇 가지가 있다. pastor라는 호칭은 비감독 교회에서 주로 사용하는 용어로서 라틴어로는 목자(shepherd)

를 의미한다. clergy라는 호칭도 사용되는데 이 단어는 서기(clerk)에서 유래했다. 시골에서 대부분의 사람들은 문맹이었다. 그러나 목회자는 일정 정도의 교육을 받아 읽기와 쓰기가 무난하여 마을 사람들의 요청에 의해 문서작업에 도움을 줄 수 있었다. 이런 배경에서 목사를 가리켜 clergy라는 표현을 사용하기도 한다.

목사를 호칭하는 또 다른 용어로는 minister가 있다. 일반적으로 minister는 몇 가지 경우에 사용된다. 첫째, 정부의 부처장을 지칭할 때, 둘째, 본국에서 파송되어 외국에 주재하는 대사, 셋째, 장로교회와 비국교회에서 사용되는 목회자, 넷째, 어떤 것을 관리하고 조사하는 일 혹은 그 일을 행하는 사람을 일컫던 고어. 교회 안에서 일반적으로 목사를 의미하는 minister는 성도를 돌보고 봉사한다는 의미(servant)에서 사용된다. 종교 개혁기에—특히 영국에서—이 어휘는 교회의 기능적 측면에서 부교역자와 구별되는 의미로서 사용되었다. 그렇지만 minister라는 어휘는 종래의 희생 제사를 집례하는 직임을 지칭하던 사제(priest)라는 어휘와 구별하기 위해 칼빈이 사용하면서 일반화되었다. 이러한 칼빈의 견해가 영국 교회에 영향을 주었다. 그리하여 영국 성공회 기도서(Book of Common Prayer)에서 이 단어는 예배 집례자의 의미로 사용되었다.

한편, 가톨릭에서도 minister라는 호칭이 사용되기도 한다. 가톨릭에서는 일반적으로 수도회의 수장을 일컬을 때 사용하기도 하는데 특히 프랜시스 수도회, 삼위일체 수도회 등에서 사용된다. 예수회에서는 내부 규율을 담당하는 제2인자를 일컬을 때 사용된다.

—기독교대한성결교회 기둥 교회 목사 박찬희—

◎ '택하심'이라는 말은(데살로니가전서 1: 4)

'택하심'이라는 말의 헬라어는 '……로부터 선택하다'라는 의미를 가진 말로서 하나님의 주권적인 선택을 가리킨다(행 9: 15, 롬 9: 11, 11: 5, 7, 28, 벧후 1: 10). 한편 구약 시대에는 이 말이 이스라엘 백성 전체에서 사용되었으나(신 4: 37) 신약 시대에 와서는 구원받은 성도들을 가리키는 말로 사용되었다(골 3: 12). 결국 이 말은 하나님의 구원을 가리키는 말로서 구원은 전적으로 하나님의 역할이지 인간의 노력과는 무관하다는 것을 의미한다. 그러나 어떤 사람들은 구원이 인간의 행위와 노력에 의해서 이루어지는 것으로 착각하고 하나님의 은혜를 무시하기도 한다. 그러므로 성도들은 택함을 받은 것이 자기의 공로가 아니라 하나님의 은혜인 줄 알아 항상 주께 복종하며 두렵고 떨리는 마음으로 구원을 이루어 나가야 한다(빌 2: 12).

◎ 새 언약(New Testament)이란(고후 3: 6)

새 언약은 옛 언약의 갱신이라는 의미가 아니라 속죄의 방법을 제시해 준다는 점에서 옛 언약과는 완전히 다르다(렘 31: 31~34). 그래서 새 언약은 '영원한 언약(사 55: 3), 화평의 언약(겔 34: 25), 생명과 평강의 언약(말 2: 5)'이라고도 불린다. 먼저 옛 언약이란 하나님께서 이스라엘을 애굽 땅에서 인도해 내신 후에 시내산에서 모세를 통해 그들과 맺으신 언약을 가리키는데 광범위하게는 구약 전체를 의미하기도 한다. 이 언약의 골자는 하나님 말씀을 잘 듣고 그 언약을 지키면 하나님께서도 이스라엘의 하나님이 되어 주실 뿐만 아니라 이스라엘을 당신의 제사장 나라가 되게 하며 거룩한 백성으로 삼아 주시겠다는 것이다(출 19: 5~6). 하지만 이 첫 언약은 이스라엘의 불순종으로 인해 꺼져 버리고 말았다(히 7: 11, 8: 7). 그러나 하나님께서는 당신의 백성들을 사랑하셨기 때문에 옛 언약을 능가하는 완전한 언약을 세우셨고 그 근거로 이 땅에 중보자 되신 예수 그리스도를 보내셨다(마 26: 28, 눅 22: 20). 그러면서 새 언약의 근거인 그리스도의 피 흘리심을 믿고 그분을 마음속에 영접하는 모든 자에게 "저희 죄를 다시 기억하지 아니하리라(히 8: 12)"는 약속과 함께 영적 이스라엘이라는 특전을 허락하셨다. 그러므로 영적 이스라엘인 성도는 그리스도를 통해 하나님께로부터 의롭다 칭함을 받았기 때문에 더 이상 죄의식에 사로잡혀 있거나 죄의 노예가 되어서는 안 된다(롬 5: 8~21).

◎ 벨리•알•이란

구약에서 '벨리알'이라는 단어가 단독으로 사용될 때에는 매우 불량하거나 방탕하고 거친 사람들에게 적용되었고(삿 19: 22, 삼상 10: 27) 다른 단어와 함께 등장할 때는 매우 나쁜 의미를 나타냈다. 예를 들면 '벨리알의 말'은 악심을 품은 허위 선전을(신 15: 9, 시 41: 8, 101: 3), '벨리알의 증인'은 거짓증거 하는 자를(잠 19: 28), '벨리알의 충고자'는 음모를 꾸미는 자(나 1: 11)를 의미하는 따위이다. 한편 위경에서는 '벨리알'이 인간의 본능을 근본적으로 교묘히 조작해서 인간을 노예로 만들지만 메시아에 의해 패배당하는 '악마의 제왕'으로 간주되었다. 따라서 '벨리알'은 사단을 가리킨다고 할 수 있다.

◎ 속량한다는 말의 의미

'속량하셨으니'로 번역한 헬라어 '엑사고라조'는 대가를 지불하고 '노예를 사서 풀어준다'는 뜻이다.

◎ 은혜, 믿음, 구원은 각각 어떤 관계인가

'은혜'는 하나님의 풍성하신 사랑의 표시이며 '믿음'은 구원에 이르는 통로이고 '구원'은 은혜가 원인이 되고 믿음이 그 수단이 되어 나타난 결과라고 할 수 있다. 혹자는 "은혜는 하나님께로부터 나오지만 믿음은 인간의 산물이다."라고 말하기도 한다. 그러나 성경은 믿음이란 결코 인간에 의해 자생될 수 없고 오직 성령의 능력에 의해서만 나타난다고 교훈하고 있다(고전 2: 5). 그러므로 하나님께서는 적어도 믿음만큼은 인간의 공로로 돌리려는 사람의 여하한 착각에도 쐐기를 박으시는 것이다. 이 사실을 망각하여 하나님의 값없는 은총의 아주 작은 일부나마 그 공로를 사람에게 돌리려 한다면 그는 참으로 배은망덕한 성도일 것이다.

◎ 속사람이란 무엇을 가리키는가

'속사람(the inner man)'은 인간 내부의 중심지로서 영혼을 가리키기도 하며 혹은 이성과 양심 그리고 의지가 활동하는 인격의 주체를 뜻하기도 한다. 그런데 에베소서 3장 16절에 제시된 이 속사람은 인간의 저속한 욕구와 대조되는 이성적인 인간을 가리키지 않고 성령에 의해서 새 삶의 원리가 뿌리박힌 믿는 자들의 마음을 지칭한다(요 3: 5, 고후 5: 17). 한편 성경은 '속사람'을 육체적이며 일시적인 면을 가리키는 '겉사람'과 대조하고 있다(롬 7: 22, 고후 4: 16). 이 세상 사람들이 성도를 얼핏 보기에는 이 세상에서 가장 악하고 쉽게 쇠하는 것처럼 보이지만 그럴수록 성도가 지닌 속사람의 영적 생명력은 강건하고 점점 더 활기차게 된다(고후 1: 19, 6: 10, 딤후 4: 17, 요삼 1: 2).

◎ 번제란

번제란 히브리어로 '올라'인데 이 말은 '올라간다', '상승한다'는 뜻을 가진 말에서 유래되었다. 70인역에는 번제라는 말이 헬라어로 '호로카우토마'로 표기되었다. 즉, '전체를 태워 드리는 제사(whole burnt offering)'라는 뜻이다.

◎ 소제의 원어적 의미는

소제에 해당하는 히브리어는 '민하'이며 이 말의 뜻은 '선물', '헌물'이다. 본래 소제를 가리키는 '민하'는 동물제사와 식물을 드리는 제사에 같이 사용되었으나 후에는(모세의 율법 이후) 피 흘리지 않은 제사(식물 제사)에만 적용되었다. 소제의 세 가지 예물은 ① 고운 가루에 기름을 섞은, 즉 기름 섞인 가루와 유향을 소제물로 드릴 수 있었다. 이것이 일반적으로 소제물의 주종을 이루었다. ② 기름 섞인 가루와 기름으로만 만든 무교병 또는 무교전병을 드릴 수 있었다. 이 경우에는 유향이 첨가되지 않았다. ③ 첫 이삭의 곡식 알맹이와 기름과 유향을 제단에서 화제로 드릴 수 있었다. 이 세 가지는 모두 이스라엘 백성들이 일상생활에서 쉽게 구할 수 있으며 즐겨 먹을 수 있는 것들이었다.

◎ 화제(火祭, fire offering)는 무엇인가

화제는 제사의 종류를 가리키는 것이 아니라 제사의 한 방법을 의미한다. 즉, 번제, 소제, 화목제, 속죄제, 속건제, 전제 등은 제사의 종류이지만 화제(offering by fire)는 단순히 '불에 태워 드리는 제사'라는 뜻이다. 그러므로 모든 종류의 제사에 있어서 제물을 불에 태워 드리는 제사는 화제가 된다.

◎ 거제(擧祭, 히-테루마: 그리스도께서 생명의 양식으로 주어지심 상징)

'거제'를 뜻하는 히브리어 '테루마'는 '높이 쳐듦', '높이 올린다'는 의미를 가진 제사법으로, 하나님께 제사드리는 제물을 높이 쳐든 후 하나님께 드린 데서 유래된 말이다. 거제는 그리스도께서 하나님의 기뻐하시는 제물로 바쳐진 것을 의미하며(골 1: 22, 히 9: 24~25), 생명의 양식으로 우리에게 주어지심(요 6: 33~58, 롬 8: 32)을 상징하는 것으로, 우리에게 풍성하게 주어지는 영의 양식과 축복을 상징한다. '화목제'(레 7: 14, 32), '땅의 처음 익은 소산물을 드릴 때', '십일조를 드릴 때', '전리품을 드릴 때' 거제라는 방법으로 제사를 드렸다. 거제를 드리기 위해서 경배자는 화목제 희생제물의 우편 뒷다리와 처음 익은 곡식가루와 떡, 타작마당의 곡식, 십일조, 포도주, 기름 등(레 7: 32, 민 15: 20, 18: 24, 31: 50~53, 느 10: 39)을 하나님께 제물로 드렸다. 제사장들은 경배자가 화목제 희생제물을 가져오면 제사장이 여호와 앞에서 화목제 희생제물의 우편 뒷다리를 높이 들어 내린 후 바쳤고 하나님은 이를 기뻐 받으셨다. "하나님의 떡은 하늘에서 내려 세상에게 생명을 주는 것이니라 저희가 가로되 주여 이 떡을 항상 우리에게 주소서 예수께서 가라사대 내가 곧 생명의 떡이니 내게 오는 자는 결코 주리지 아니할 터이요 나를 믿는 자는 영원히 목마르지 아니하리라(요 6: 33~35)" "이제는 그의 육체의 죽음으로 말미암아 화목케 하사 너희를 거룩하고 흠 없고 책망할 것이 없는 자로 그 앞에 세우고자 하셨으니(골 1: 22)"

◎ 요제(搖祭, 히-테누파: 주께서 생명의 양식으로 주어지심 상징)

'요제'를 뜻하는 히브리어 '테누파'는 '위아래로 흔들다', '좌우로 흔들다'는 뜻을 가진 말로, 경배자가 하나님께 드리는 예물을 흔들어 드렸던 것에서 유래한다. 요제에는 '화목제'(레 7: 30), '속건제'(레 14: 12, 14), '땅의 처음 익은 곡식을 바칠 때' 드려졌으며, 그리스도께서 하나님의 기뻐하시는 제물로 바쳐짐을 의미한다(골 1: 22, 히 9: 24~25). 또한 그리스도께서 생명의 양식으로 성도에게 주어지심을 상징하기도 한다(요 6: 33~58, 롬 8: 32). 요제를 드릴 때는 경배자가 화목제로 드려질 희생제물을 가져온 후에 제사장이 화목제물을 잡고 그 제물의 가슴 부분을 구분해 하나님 앞에 드렸다. 이때 제사장은 화목제물의 가슴 부분을 높이 들어 흔들어 하나님께 바쳤다(출 29: 24, 26). 또한 추수한 곡식 단을 하나님께 드릴 경우에는 제사장이 여호와 앞에서 흔들어 바쳤다. 요제로 드려지는 제물은 화목제 희생제물의 가슴 부분과, 백성들이 농사를 지어 수확한 첫 곡식의 단(레 23: 15), 그리고 첫 이삭으로 만든 떡(레 23: 20), 레위인(민 8: 11~15) 등이었다. "이제는 그의 육체의 죽음으르 말미암아 화목케 하사 너희를 거룩하고 흠 없고 책망할 것이 없는 자로 그 앞에 세우고자 하셨으니(골 1: 22)" "그리스도께서는 참 것의 그림자인 손으로 만든 성소에 들어가지 아니하시고 오직 참 하늘데 들어가사 이제 우리를 위하여 하나님 앞에 나타나시고, 대제사장이 해마다 다른 것의 피로써 성소에 들어가는 것같이 자주 자기를 드리려고 아니하실지니(히 9: 22~23)"

◎ 속건제(贖愆祭, 히-아샴: 세상에 대한 그리스도의 속죄 의미)

'속건제'를 뜻하는 히브리어 '아샴'은 '죄과', '과오'를 듯하는 것으로, 그리스도께서 우리와 세상에 대한 속죄를 위해 피 흘리심을 의미한다(요 19: 34, 히 9: 12~14). 또한 성도들이 받아야 할 고난과 형벌을 그리스도께서 대신 당하시고 죽으신 것(사 53: 3~12, 벧전 2: 21~24)과 성도들의 추하고 더러운 온갖 허물을 사하심(엡 5: 1, 5)을 의미한다. 속건제는 의무제로 드려졌으며, 하나님의 성물이나 남의 물건을 범한 죄를 속하되, 배상의 의미까지 첨가됐다(레 7: 1~7). 속건제를 위해서는 흠 없는 수양(레 5: 15, 6: 6)이 드려졌으며, 죄를 범한 성물 또는 물건의 1 / 5을 배상해야 했다. 하나님께 드려진 흠 없는 수양은 그 피를 단 사면에 뿌렸고(레 7: 2), 기름진 꼬리와 내장에 덮인 기름, 두 콩팥과 그 위의 기름을 불살라 드렸다(레 7: 3~4). 또한 범죄자가 범한 성물 또는 물건의 1/5을 더 내야 했다(레 5: 16, 6: 5). 속건제가 드려진 후에는 하나님께 불살라 드린 부분과 1/5 배상 부분에 대해서는 제사장이 가질 수 있었다. 또한 하나님께 불살라 드린 부분 외의 나머지 부분을 성막 안에서만 먹을 수 있었다(레 7: 6). "욕을 받으시되 대신 욕하지 아니하시고 고난을 받으시되 위협하지 아니하시고 오직 공의로 심판하시는 자에게 부탁하시며 친히 나무에 달려 그 몸으로 우리 죄를 담당하셨으니 이는 우리로 죄에 대하여 죽고 의에 대하여 살게 하려 하심이라 저가 채찍에 맞음으로 너희는 나음을 얻었나니 너희가 전에는 양과 같이 길을 잃었더니 이제는 너희 영혼의 목자와 감독 되신 이에게 돌아왔느니라(벧전 2: 23~25)"

◎ '백향목'은 무엇을 상징하는가

'백향목'은 팔레스타인 지역에 없는 레비논의 특산물로서 여기서(레위기 14장)는 생명력을 상징한다. 문둥병은 그 환자의 피부에 부패를 유발시키는데 이 부패는 죽음을 나타내는 외형적인 한 현상이다. 따라서 백향목은 죽음을 나타내는 부패를 제거하고 새 생명을 부여하는 의미로 사용되었다.

◎ 감람나무

성경에 자주 등장하는 감람나무는 대략 높이가 6m 정도이며 줄기는 뒤틀려 있고 가지는 매우 많습니다. 팔레스타인에서 흔히 볼 수 있는 감람 열매, 올리브는 처음에는 녹색이고 흰빛을 띠었다가 그 후에 완전히 익으면 검은색이 됩니다. 감람 열매를 딸 때는 나무를 때리거나 흔들어서 따며 열매 중 일부는 가난한 자들을 위해 남겨두게 한 것이 구약의 방법입니다(신 24: 20).

노아는 비둘기로부터 평화와 풍요의 상징인 감람나무 잎을 받아 본 후에 물이 빠진 것을 알았고(창 8: 11) 감람나무 가지는 초막을 짓는 데 사용되기도 하였습니다. 감람유를 짤 때에는 '각 쉐멘'이라고 불리는 무거운 돌로 된 압착기로 기름을 짜내었는데 출애굽기 27: 20에서는 성막에 불을 밝히는 데 사용된 것이 바로 순전한 감람유라고 말합니다. 바울은 로마서 11장 17절 이하에서 유대인과 이방인의 관계를 설명할 때 감람나무의 접목에 대한 비유를 했습니다. 이 비유에서 참감람나무는 유대인을 말하고 그 뿌리는 유대인의 조상이며 꺾인 가지는 예수님을 믿지 않는 유대인을 말합니다. 그리고 접붙인 돌감람나무는 예수님을 믿게 된 이방인들을 말합니다. 돌감람나무인 이방인들이 참감람나무인 유대인들에게 접붙임이 되어 참감람나무가 되었으니 돌감람나무인 이방인들이 자랑할 것이 없다는 것입니다. 늦게 믿었지만 뜨거운 신앙생활을 하던 이방인 크리스천들이 유대인들을 향해 비난할 수 없다는 것을 비유적으로 말한 것입니다. 이것은 원래 뿌리가 튼튼하지만 열매가 시원치 않은 돌감람나무에 참감람나무를 접붙이기하는 방법과 반대의 방법이지만 사도 바울은 이것을 통해 유대인을 향한 사도 바울의 애정과 안타까움을 표현함과 동시에 이방인이었지만 크리스천이 된 사람들이 교만하지 말 것을 말하고 있습니다.

◎ 음풍이란

‘음풍(淫風)’이란 말은 육체적인 음란, 즉 성도덕의 타락현상이 강력하게 퍼지는 것을 나타낸다. 이와 비슷하게 영적 타락인 우상숭배 현상도 주위에 미치는 현상이 대단히 큰 것을 상정한다. 그러므로 사도 바울은 ‘악한 것은 모양이라도 버리라’고 교훈하였다(살전 5: 22).

◎ 십일조에 대하여

십일조는 모세가 이스라엘 백성에게 율법을 가르치기 이전부터 시행되었다. 즉, 아브라함은 제사장 멜기세덱에게 자기의 전리품 가운데 십분의 일을 주었으며(창 14: 17～20) 야곱도 벧엘에서 하나님께 자기 소득의 십분의 일을 바치겠다고 약속하였다(창 28: 22). 이처럼 십일조는 율법을 통하여 확정되기 이전에도 시행되었던 것이다. 이와 같은 십일조의 의미는 인간의 소득이 되는 모든 근원이 하나님께 속한 것임을 인정하며 더불어 더 많은 축복을 바란다는 것이다(레 27: 30～33, 말 3: 8～10). 이러한 십일조에는 세 가지 종류가 있었다.

① 제일의 십일조(민수기 18: 21～24): 이 십일조는 성전에서 봉사의 책임을 맡고 있는 레위인의 생활을 뒷받침하는 것으로 농산물 소출의 십분의 일을 바치는 것이다.

② 제이의 십일조(신 14: 23～27): 사람들은 이것을 하나님께서 지정하신 성소에 가지고 가 일부는 잔치 비용으로 사용했으며 또한 성경에 분명한 언급은 없으나 성전의 제단이나 화로 같은 기구가 낡았을 때 제이의 십일조로 그런 기구들을 수리한 것으로 보인다.

③ 제삼의 십일조(신 14: 28, 29, 신 26: 12, 13): 유대인들은 안식년을 기준으로 하여 제3년과 제6년에는 제이의 십일조로 잔치를 벌이지 아니하고 이것을 각 성에 모아 가난한 자와 고아 그리고 과부를 돕는 구제비로 사용하였다(신 26: 12~15). 이를 곧 '제삼의 십일조'라고 부르는데 이것은 용도만 다를 뿐 본질적으로는 제이의 십일조와 동일한 것이다. 한편 예수 그리스도께서도 올바른 십일조에 관하여 말씀하셨다. 즉, 올바른 십일조란 땅의 소산의 십일조만 바침으로써 끝나는 것이 아니고 의(義)와 인(仁)과 신(信)이 병행되어야 한다고 하셨다(마 23: 23). 이는 물질을 바치는 것으로 신앙생활이 끝나는 것이 아니라 하나님께 대한 사랑과 참된 헌신의 자세를 가지고 드리는 십일조가 올바른 것이라는 뜻이다(눅 11: 42). 이 같은 그리스도의 말씀 가운데서 십일조의 진정한 의미를 발견할 수 있다. 그것은 십일조를 바치는 것이 곧 내 재산 중 일부를 주님께 희사(喜捨)하는 것이 아니고 오히려 십일조를 바침으로 자신이 갖고 있는 재산이 주님의 허락으로 인한 것임과 또한 주님은 모든 것의 주인이시며 자신은 단지 그것을 맡은 청지기에 불과한 자라고 신앙고백하는 것과 같다. 따라서 성도들은 바른 십일조를 드리기에 힘쓸 뿐만 아니라 나머지 십분의 구(9 / 10)도 정당하고 올바른 용도에 사용하도록 힘써야 한다.

▶ 십일조를 드리는 올바른 태도

십일조는 자신에게 있는 모든 것이 하나님께로부터 왔음을 고백하고(요 1: 21) 그 은혜에 감사하여 즐거운 마음으로 드려야 한다(롬 11: 26). 또 십일조는 복받기 위해 드려지는 축복의 수단이 아니라 이미 허락하신 축복에 대하여 하나님을 경배하며 감사하는 신앙 표시이다. 또한 십일조를 드림에 있어서 10분의 1만이 하나님의 몫이고 10분의 9는 자신의 몫이라고 착각해서도 안 된다. 이 세상의 모든 것(생명까지도)은 하나님의 소유이다. 다만 성도들은 하나님의 물질을 관리하는 청지기에 불과하다(마 25: 14~30).

◎ 성경에서 '팔'은 무엇을 상징하는 단어인가

성경에서 '팔'은 주로 하나님의 능력을 상징하는 단어로 사용되었다(욥 40: 9, 출 15: 16, 시 77: 15, 시 89: 10, 사 53: 1, 요 12: 38). 모든 인간의 힘을 합친다고 해도 하나님의 팔의 힘을 결코 꺾을 수는 없을 것이다. 그러므로 자신의 힘의 유한함을 깨닫는 자는 무한한 능력의 소유자이신 하나님께 의지함이 마땅한 처사이다(시 89: 13, 사 51: 9).

◎ '심령이 가난한 자'란 어떤 자인가

자기 자신이 의롭다고 여기지 않는 자를 말한다. 즉, 영적 가난을 자각하게 된 자들이다. 또한 이러한 자는 자신의 칭의(稱義)를 위하여 그리스도의 공로만을 의지할 수 있으며 또한 자신의 성화(聖化)를 위해 그리스도의 영광과 은혜를 의존할 수 있는 자이다.

◎ 구원에 관한 아홉 가지 용어들

구원 / 구속 / 중생 / 전가 / 의롭게 됨 / 화목제물 / 화해 / 양자 됨 / 거룩하게 됨

그리스도인의 신앙생활은 구원받은 것으로 시작한다. 죄인이 예수 그리스도의 보혈로 구원받아 새사람이 되고 하나님의 백성이 되어 새로운 삶을 시작한다. 그런데 성경에는 이 구원에 관한 용어가 다양하게 등장한다. 많은 그리스도인들은 구원은 받았지만 여러 가지 형태로 등장하는 이 용어들을 정확히 알지 못하고 있다. 그래서 구원에 관한 몇 가지 용어들을 정리하여 그리스도인들로 하여금 구원의 지식을 더욱 분명하게 갖도록 하고자 한다.

• **구원(Salvation!):** 구원이라는 말은 일반적인 광의의 개념으로 구속, 중생, 의롭게 됨(칭의), 전가, 양자 됨, 거룩하게 됨(성화), 화목, 화해 등의 의미를 포괄하여 사용되나, 일반적으로 죄인이 예수 그리스도를 믿을 때 그의 혼이 구원받아 지옥에 가지 않게 되는 것을 말할 때 사용된다. 야고보서 1: 21에서 우리는 "너희 혼들을 구원할 수 있는"이란 표현을 볼 수 있으며, 시편 49: 8에서는 "이는 그들의 혼의 구속은 귀한 것이요"라는 말씀을 본다. 구원받은 것은 혼이요 거듭나는 것은 영이다. 지옥이 있다는 것은 죄인들이 구원받아야 한다는 당위성을 더욱더 강하게 제시한다. 누가복음 16장은 사람의 혼이 지옥에서 고통받는 다는 것을 분명하게 말해 주고 있다.

• **구속(Redemption!):** 구속은 죄인이 노예 상태에 있었는데 하나님께서 값을 치르고 사셨다는 뜻이다. 우리는 예수 그리스도의 죽음으로 완전히 값이 지불되어 속박에서 풀려나 자유롭게 된 것이다. 여기서 속박이란 죄악의 속박이다. 그러므로 예수 그리스도께서 우리를 위하여 자신을 주신 것은 '모든 죄악'에서 우리를 구속하시그자 하심이다(딛 2: 14). 그래서 예수 그리스도의 죽음을 '몸값(ransom)'이라고도 한다. 마태복음 20: 28에서 주 예수 그리스도께서는 직접 이렇게 말씀하셨다. "인자도 섬김을 받으려고 온 것이 아니라 섬기러 왔

고, 또 많은 사람을 위하여 자기 생명을 몸값으로 주려고 온 것이라." 구속은 예수 그리스도께서 자신을 몸값으로 지불하심으로써 이루어지는 것이다. 이 구속은 '흠도 없고 점도 없는 어린 양 같은 그리스도의 보배로운 피로 된' 것이며(벧전 1: 19), '구속, 곧 죄들의 용서함'은 '그의 보혈'을 통해서만 가능하다(엡 1: 7, 골 1: 14). 이 피는 염소와 송아지의 피와는 달리 단번에 우리를 위하여 '영원한 구속'(히 9: 12)을 이루셨다.

• **중생(Regeneraion!):** 이것은 거듭남, 새로운 출생, 두 번째 출생 등을 의미한다. 중생이란 성령에 의해 옛사람 안에 새사람이 창조되는 것을 말한다. 그래서 그는 새사람이라 불리게 된다. 한 죄인이 거듭날 수 있는 유일한 길은 성령의 능력에 의해서이다. 이 새로운 출생은 구원에 이르는 문이요, 하늘나라로 이끄는 문이다. 이것은 죽어있던 영을(엡 2: 1) 하나님의 영이 살리는 것으로, 영적 소생이요 새로운 출생이며 새로운 창조이다.

첫 번째 출생인 육체적 출생이 한순간에 이루어지듯이 이 영적 출생도 한순간에 이루어진다. 한 번 태어나면 두 번 죽고 두 번 태어나면 한 번 죽는다. 이 변화는 새로운 출생으로만 가능하다. 요한복음 3: 5에서는 이렇게 말한다. "진실로 진실로 내가 너에게 말하노니, 사람이 물과(육신으로 난 것은 육이요) 성령으로(성령으로 난 것은 영이니) 태어나지 아니하면 하나님의 나라에 들어갈 수 없느니라." 따라서 영적 생명은 성령에 의해 태어나며 육적인 출생, 즉 물로부터의 출생과는 관계가 없다. 성경에 따르면 새로운 출생이란 혼을 구원하는 하나님의 말씀을 들음으로써 생겨난 믿음에 의해 이루어진다.

• **전가(Imputaion!):** 전가라는 용어는 누군가에게 무엇을 넘겨주는

것, 혹은 어떤 것을 누군가의 계좌에 넣어 주는 것이다. 성경에서 이 단어는 하나님께서 죄인의 죄를 다른 누군가에게 넘기시고 다른 누군가의 의를 그 죄인에게 넘기시는 법률적인 행위를 말한다. 전가를 통하여 죄인은 그리스도의 의를 부여받았고 예수 그리스도께서는 죄들을 받은 것이다. 그분은 우리의 모든 죄를 옮겨 짊어지셨다. 하나님께서는 우리가 쌓은 죄와 지옥에서의 형벌을 하나님의 아들에게로 돌리셨다. 이것이 '전가'이다. "하나님께서 죄를 알지도 못하는 그를 우리를 위하여 죄로 삼으신 것은 우리로 하여금 그 안에서 하나님의 의가 되게 하려 하심이라(고후 5: 21)" 예수님께서는 십자가 위에서 '죄'가 되신 것이다.

• **의롭게 됨(칭의, Justification!):** 이 용어는 죄인이 자기에게 전가된 예수 그리스도의 의를 신뢰할 때 하나님께서 그를 의롭다고 '선언'하시는 하나님의 법률적 행위를 말한다. 그러므로 '의롭게 됨'은 예수 그리스도의 의를 전가받는 것이다. 아무리 사악한 죄인이라도 예수 그리스도를 믿을 때 의롭게 된다. "행함이 없어도 불경건한 자를 의롭다 하시는 그분을 믿는 사람에게는 그의 믿음이 의로 여겨지느니라(롬 4: 5)" "그리스도 예수 안에 있는 구속을 통하여 그의 은혜로 값없이 의롭게 되었음이라(롬 3: 24)" "이는 우리가 그의 은혜로 인하여 의롭게 되어 영원한 생명의 소망을 따라 상속자들이 되게 하려 하심이라(딛 3: 7)" 그리스도께서는 우리의 범법함을 인하여 드려지셨고, 우리의 의롭게 하심을 위하여 부활하셨다(롬 4: 25). 우리는 하나님에 의해 법적으로 의롭게 되었으며(롬 8: 33), 믿음으로 의롭게 되었고(롬 5: 1), 그리스도의 공로로 의롭게 되었다(사 53: 11).

• **화목제물(Propitiation!):** **화목제물**이라는 개념은 죄를 범한 부분에 대해서 노여움을 푸는 특별한 보상을 말한다. 즉, 화목제물은 거룩하

시며 정의로우신 하나님께로부터 사법상의 불쾌함을 제거하는 것인데, 다시 말해서 그것은 죄에 대한 의로우신 진노를 완전히 충족시킬 대속물이신 그리스도의 죽으심을 하나님께서 받아들이심으로 진노를 가라앉히고 얼굴을 돌이키시는 것을 의미한다. 또한 이 용어는 주님께서 그 제물에 만족하셨다는 것을 의미한다. 그러므로 화목제물은 우리의 죄들을 위한 것이다. "그는 우리의 죄들을 위한 화목제물이시니, 우리뿐만 아니라 온 세상의 죄들을 위한 것이니라(요일 2: 2)" "여기에 사랑이 있으니, 우리가 하나님을 사랑한 것이 아니요 그분이 우리를 사랑하시고 그의 아들을 우리 죄들을 위하여 화목제물로 보내신 것이라(요일 4: 10)"

• **화해(Recon!ciliation!):** 이것은 적대관계가 청산되고 호전되는 것을 말한다. 하나님과 인간은 서로 적대관계에 있었다. 우리의 죄가 필연적으로 그분의 거룩하심에 반응을 불러일으키기 때문에(히 2: 17) 하나님과 우리 사이에 적의가 존재하게 되는 것인데(엡 2: 15~16), 하나님의 호의로 말미암아 이제는 화해를 통해 서로 친구가 될 수 있다. 바울 사도는 "우리가 원수 되었을 때에도 그의 아들의 죽음으로 인하여 하나님과 화해하게 되었으니, 더욱더 화해하게 된 우리는 그의 생명으로 인하여 구원받게 되리라"고 말한다(롬 5: 10). 그의 십자가의 보혈을 통하여 화평을 이루고 땅에 있는 것이나 하늘에 있는 것이나 그에 의하여 모든 것이 자신과 화해하는 것이라(골 1: 20).

• **양자 됨(Adoption!):** 양자 됨은 죄인이 하나님의 가족의 일원으로 선포되는 법률적인 행위로, 죄인의 변화된 지위(position!)를 보여준다. 양자 됨이란 단어는 두 가지 의미를 갖고 있다. 첫째, 자식이 아닌 사람을 아들로서 가족 안으로 받아들이는 개인적 행위를 의미하여, 둘째, 아들을 상속자로서 인정하는 공식적인 법률행위 혹은 의식

을 뜻한다. 일종의 성인식과 같은 이 의식이 치러지기까지 어린아이는 집안의 종들과 크게 다를 바 없다(갈 4: 1). 따라서 이 용어는 하나님과 우리의 관계를 말하는 것이 아니라 하나님 앞에서의 우리의 지위에 관한 것이다. 믿는 자는 중생에 의해 하나님의 자녀가 되며, 이 자녀는 양자 됨에 의해 성숙한 아들(adult son!)의 지위를 얻게 된다. "그러므로 너는 더 이상 종이 아니요 아들이니, 아들이면 그리스도를 통한 하나님의 상속자니라(갈 4: 7)" 그리고 이것은 구원받는 순간에 일어난다.

• **거룩하게 됨(성화, Sanctification!):** 성화는 하나님에 의해, 하나님을 위해, 죄로부터 분리되어 거룩한 생활을 하도록 따로 분리되는 것을 말한다. 구약성경이 말하는 성결의 대상은 성막과 그 기명, 사람, 건물, 장자, 성전, 제사장 그리고 민족이었으나, 신약성경이 말하는 믿는 자들에 대한 성화의 내용은 악으로부터의 분리(부정적)와 하나님께로의 분리(긍정적) 두 가지를 포함한다. 죄인이 예수 그리스도를 자신의 구세주로 믿으면, 주 예수의 이름으로 거룩하게 된다(고전 6: 11). 성화로 인해 우리의 인격이 변화된다. 거룩하게 됨(성화)은 의롭게 된 생활의 열매이다. 또한 거룩하게 되는 것은 모든 믿는 자를 향한 하나님의 뜻이다(살전 4: 3). 성결 혹은 거룩함에 대한 주제는 성경에서 1,066번이나 언급되고 있다. 성화의 기본적인 의미는 분리(separation!)이다. 여기에는 죄의 형벌로부터의 분리(과거)와 죄의 권세로부터의 분리(현재)와 죄의 임재로부터의 분리(재림 때) 세 가지가 포함된다. 우리에게는 과거에 즉각적으로 이루어진 성화가 있다.

"…… 너희가 주 예수의 이름과 우리 하나님의 영으로 씻음을 받았고, 거룩하게 되었으며(과거 시제) 의롭게 되었느니라(고전 6: 11)" 히브리서 10: 8～12에 따르면 우리가 예수 그리스도를 구세주로 고백했을 때 우리는 단번에 영원토록 거룩하게 되었다. 성화의 현재적 단계는 데살로니가

전서 4: 3에 나와 있다. “하나님의 뜻은 이것이니, 곧 너희의 거룩함이니라. 너희는 음행을 삼가고(살전 4: 3)” http://cafe.daum.net/fullsos

그러나 이 일은 한꺼번에 되지 않으며 하루하루, 차근차근 말씀을 통해서 진행된다(요 17: 17). 미래의 성화는 주 예수 그리스도께서 돌아오셔서 우리의 몸을 변화시킬 때 이루어진다. 그때 우리는 그분과 같이 된다(요일 3: 2). “화평의 하나님께서 너희를 온전히 거룩하게 하시고 너희의 온 영과 혼과 몸이 우리 주 예수 그리스도께서 오실 때까지 책망할 것이 없게 보존되기를 하나님께 기도하노라. 너희를 부르시는 분은 신실하시니 그가 또한 이것을 행하시리라(살전 5: 23～24)”

◎ 산상수훈

산상수훈이란 산 위에서 하신 예수님의 설교를 가리키는 말로 때로 산상설교라고 불리기도 합니다. 마태복음 5장부터 7장까지의 말씀이 이 산상에서 하신 예수님의 설교인데, 예수님께서 이런 설교를 하신 까닭은 하나님의 백성들이 세상 사람들의 태도나 방법을 본받지 않고 하나님의 법을 따라 살도록 하기 위해서였습니다(마 5: 48). 산상수훈의 내용을 살펴보면 “심령이 가난한 자는 복이 있나니－” 하며 시작하는 8복이 있는데 이것을 천국 시민의 특징과 그들이 누리는 복에 대한 말씀입니다. 천국 시민은 세상에서 빛과 소금처럼 살아가야 한다고 말씀하셨습니다.

십계명의 살인, 간음에 대해서 예수님은 새로운 해석을 하셨는데 형제를 미워하는 자는 곧 형제를 살인하는 것과 마찬가지요, 여자를 보고 음욕을 품은 자는 이미 간음한 자라고 하시면서 율법의 겉모습에만 집중하는 유대인들에게 율법의 정신을 가르쳐 주셨습니다. 사랑의 대명사이신 예수님답게 복수를 하지 말고 네게 구하는 자에게 주며 네게 꾸고자 하는 자에게 거절하지 말고 원수를 사랑하고 너를 핍박하는 자를 위해 기도하라고 하셨습니다. 이 밖에도 산상수훈에서 예수님은 크리스천의 구제와 재물관, 이웃에 대한 태도를 용서와 금식, 비판이라는 주제를 통해 명쾌하게 설명하셨습니다. 산상수훈의 내용대로 살아가기란 굉장히 어렵습니다. 또 노력한다고 해서 다 지킬 수 있는 것도 아닙니다. 이것은 오직 성령님 안에서 살아갈 때만 이루어질 수 있는 '천국시민 법'입니다.

Ⅲ. 일상생활에서 성경의 가르침

◎ 간사한 혀의 특징과 종말

다윗은 심한 악을 꾀하는 간사한 혀의 특징에 대해서 "선보다 악을 사랑하며 의를 말함보다 거짓을 사랑하는도다"라고 시편 52편 3절에서 말하였다. 이 말은 인간이 타락의 가장 낮은 밑바닥에 떨어졌다는 말로 이처럼 심한 악을 꾀하는 간사한 혀는 결코 생산적이고 거룩한 일을 도모하지 못하고 항상 파괴적이고 부패한 일을 일삼는다는 것으로 야고보는 "혀는 곧 불이요 불의의 세계라 혀는 우리의 지체 중에서 온 몸을 더럽히고 생의 바퀴를 불사르나니 그 사르는 것이 지옥 불에서 나느니라(약 3: 6)"고 하였다. 또 다윗은 간사한 혀의 종말에 대해서 52편 5 절에서 "하나님이 영영히 멸하심이여 너를 취하여 네 장막에서 뽑아내며 생존하는 땅에서 네 뿌리를 빼시리로다"라고 묘사하였다. 즉, 간사한 혀가 토해 낸 '잡아먹는 말'이 많은 사람들을 파멸시킨 것과 같이 이제 하나님께서 영원히 그 혀의 소유자를 파멸시키실 것이라고 하였다. 이처럼 간사한 혀가 비록 처세술에 뛰어나 순간적인 행복과 풍요로움을 누릴지 모르지만 하나님께서는 그러한 불의를 간과(看過)해 버리시지 않고 공의에 입각하여 철저하게 보응하시므로 우리는 간사한 혀에 매료되지 말고 그 혀의 결국을 바라보며 우리의 입술을 점검해 나가야 할 것이다(약 3: 2). 특히 시편 59편 12절에 나오는 말씀으로 '저희 입술의 말은 곧 그 입의 죄'라는 말은 원수의 입에서 나오는 말은 모두가 죄이다란 의미로 사실 혀가 범하는 죄에는 우리가 일반적으로 생각하는 것보다 더 큰 악의(惡意)가 포함되어 있다. 더욱이 저주와 거짓말과 교만하게 말하는 것은 혀가 범하는 고질적인 악에 속한다. 그런데 혀의 근원을 살펴보면 그것은 곧 마음의 표면화 된 모습이라 할 수 있다. 즉, 말은 마음에서 출발한 것이므로 마음의 모습에 따라 우리의 말도 변화될 수 있다(마 12: 34). 그러기에 우리가 말에 대해서 실수함이 없기 위해서는 먼저 자신의 마음을 하나님 앞에서 정돈하는 작업이 필요하다고 생각된다.

◎ 간음죄가 적용되는 범위

성경 마태복음 5장 28절에 "나는 너희에게 이르노니 여자를 보고 음욕을 품는 자마다 마음에 이미 간음하였느니라"고 말씀하셨다. 이 계명은 간음의 행동을 금하고 있을 뿐만 아니라 그것에 관계되는 모든 정욕을 금하고 있다. 다시 말해서 주님은 이 계명을 마음속에 품고 있는 악한 생각까지 확대시키셨다. 따라서 마음속에 간직하고 있는 부당한 욕망도 부당한 행동과 똑같이 죄 있는 것으로 간주하신 것이다. 한편 우리 몸은 그리스도의 지체이다(고전 6: 15). 그와 같은 지체(肢體)를 더럽히는 것은 거룩하신 그분에 대한 불경스러운 행위가 된다. 또한 우리 몸은 성령의 전이기도 하다(고전 6: 19). 지극히 거룩한 성령의 내재하시는 곳에 부정한 것을 가지고 오는 것은 무서운 죄요, 가증스러운 신성 모독 행위이므로 이와 같은 범죄 구성 요소는 초창기에 완전하게 분쇄하여 그 흔적을 말소시켜야 한다. 이 일을 하기 위해서는 부단한 경각심과 자기 부정의 생활이 따라야 한다(마 16: 24). 나중에 쫓김을 당하는 것보다는 자신을 부정하고 하나님으로부터 은혜를 얻는 것이 다 유익한 일이기 때문이다(마 10: 28).

◎ 감사하는 모습

인간의 모습 가운데 가장 성숙한 자세는 감사하는 모습이다. 감사는 생각하는 삶에서 솟아 나온다. 그리스도인들이 생각 없이 짓는 죄 세 가지가 있다.

원망 죄와 교만 죄, 그리고 감사하지 않는 죄이다. 내가 신앙생활을 잘하고 있는데 왜 복을 안 주는가 할 때가 있다. 이것이 원망 죄이다. 또 자신의 믿음이 좋다고 여겨 남을 평가하고 판단하는데 이것이 교만 죄이다. 그리고 감사하지 않는 죄가 있다. 파스칼은 처음 주님을 만나 그 사랑을 체험하는 순간 눈물을 흘리며 '주님, 감사합니다.'라는 말을 소리 높여 외쳤다고 한다. 성 프란체스코도 그랬다고 한다. 인도의 선다 싱은 주님을 만나 은혜를 입고 "주님, 주님은 나에게 모든 것을 다 주셨는데 나는 무엇을 드려야 합니까?"하고 외쳤다고 한다. 시편 23편에는 "주는 나의 목자시니 내게 부족함이 없다."고 고백하고 있는 말씀이 있다. 그래서 성경은 범사에 감사하라고 했다. 감사하는 마음은 하나님이 주신 마음이다.

◎ 거절하지 못하는 그리스도인의 행위는 고쳐져야 한다

• 착한 사람 콤플렉스에서 벗어나기

누가 무슨 일을 부탁해도 거절하는 법이 없는 이들의 특징은 바로 자타가 공인하는 '착한 사람'이라는 것. 'No'라고 외치고 싶지만 이기적인 사람으로 낙인찍히는 것이 두려워 '그래!'라고 대답해 버린다면 당신은 바로 착한 사람 콤플렉스에 빠진 것이다. 웃는 얼굴로 도와주지만 남몰래 속병을 앓을지도 모른다. 하지만 생각해 보자. 왜 나는 착한 사람이 돼야 할까? 착하다는 칭찬이 내게 주는 의미는 무엇일까? 더 이상 그 달콤한 함정에 빠지지 말고 당당하게 말하자. '미안하지만 지금은 힘들 것 같다.'라고.

• 나의 한계를 먼저 파악한다.

부탁받는 순간에는 승낙하는 것이 편하게 생각될지도 모른다. 하지만 자신의 스케줄을 미리 생각하지 않고 덜컥 약속했다가 뒷감당을 하지 못해 쩔쩔매면 더욱 곤란해진다. 거절하면 다음에 도와줄 수 있지만, 부탁한 일을 제대로 못 하면 신용을 잃게 돼 회복할 기회마저 없어질지도 모른다. 먼저 자신의 능력과 시간을 고려한 후 무리가 된다면 거절하자.

• 상대방의 성격을 파악하라.

부탁하는 사람의 성격에 따라 효과적인 거절 방법도 달라진다. 상처를 잘 받거나 소심한 사람, 자존심이 강한 사람에게는 거절할 수밖에 없는 상황을 잘 설명하고 미안한 마음을 충분히 설명하는 등 세심한 배려가 필요하다. 반면 직선적인 성격의 사람에게는 대답을 미루거나 애매하게 표현하는 것보다 딱 잘라서 거절 의사를 확실하게 전달하는 것이 좋다. 대부분 뒤끝이 없기 때문에 마음에 담아 두지 않는 편.

- 가까운 사람일수록 즉각 대응은 금물

거절에서 가장 중요한 것은 바로 부탁한 사람과 나의 관계. 친구와 직장 동료 같은 관계를 지속해야 하는 사람 등 가까운 사이일수록 당장 거절하는 행동은 피해야 한다. 일단 시간을 두고 고민하고, 그래도 거절해야 한다면 부드럽게 거절해야 할 것. 하지만 한 번 보고 끝날 사이라면 얼버무리면서 틈을 보이지 말고 처음부터 딱 자르는 게 서로에게 좋다. 싫은 소리 하기 싫다고 둘러대면 결국 상대에게 두 번 상처를 주게 된다.

- 단순명쾌하게 '아니요'라고 답하기

'글쎄요, 생각해 볼게요.'와 같은 말로 얼버무렸다고 거절의 뜻을 전달했다고 생각하면 오산! 받아들이는 사람은 자칫 승낙했다고 생각하기 쉽다. 일단 거절하기로 마음먹었다면 그냥 '아니요'라고 말하자. 이렇게 말한 후에 거절하면, 부탁한 사람이 다른 이에게 부탁할 기회를 놓치게 할 수도 있다. 상대방이 요청을 반복해서 하지 않도록, 거절도 짧게 끝내는 것이 일을 신속하게 처리하는 방법.

- 휴대폰 No, 얼굴을 보고 진심을 말할 것

얼굴을 보고 하기 어려운 거절이나 미안한 마음을 표현하기에 문자가 좋다고 생각한다. 하지만 진심을 전하기 위해선 직접 만나 이야기하는 것이 좋다. 이때 포인트는 상대방의 제안을 진지하게 받아들이지만 거절할 수밖에 없어 무척 마음이 아프다는 메시지를 정확하게 전달하는 것이다.

- 자신의 진심에 귀 기울이기

자기만족은 뒷전으로 미뤄 놓고 다른 이들의 기대 수준에 맞추다 보면 결국 지쳐버린다. 물론 사람들과의 관계도 중요하지만 때로는 사람들의 평판에 신경 쓰지 않는 담담함도 필요하다. 그동안 잊고 지냈던 마음속의 이야기에 귀 기울여 보자. 내 마음이 진정 원하는 것을 알고 있다면 거절의 표현을 좀더 쉽게 할 수 있다.

- 거절의 첫 고비 잘 넘기기

지금 당신이 사람들의 부탁으로 스트레스를 받고 있다면 어렵겠지만 친구와 선배들의 부탁을 정중히 거절하자. 물론 처음에는 사람들이 '변했다'고 비난할지도 모른다. 하지만 흔들리지 말고 자신의 일에 집중하고 여유가 생기면 다른 이들의 일을 도와주자. 단, 보조하는 입장에서. 그러면 업무처리 효율이 높아지는 것은 물론 처음에 비난했던 사람들도 점차 당신을 인정하고, 소원해진 관계도 회복할 수 있다.

- 미안한 마음에 휘말리지 말 것

부탁을 거절하고 미안한 감정이 생기는 건 당연한 일. 단, 미안한 마음에 얽매여서는 안 된다. 어쩔 수 없는 상황 때문에 거절하는 것으로 죄책감은 자신을 더욱 힘들게 할 뿐이다. 여건이 안 된다면 적절한 거절이 오히려 미덕인 셈. 거절을 해야 하거나 이미 거절을 했다면 자신의 결정을 믿고 따르자.

- '거절'에 대한 고정관념을 바꿔라.

사람들과의 관계에서 가능하면 피하고 싶은 것이 거절이다. 하지만 때론 상황이 여의치 않아 거절할 수밖에 없는 경우도 발생하기 마련. 물론 당장은 서먹해지겠지만 한 가지 명심할 것이 있다.

부탁을 거절했다고 그것을 요청한 친구나 그를 부정하는 것은 결코 아니라는 것. 단순히 요구를 거절하는 것일 뿐 그 사람에 대한 배신은 절대 아니다.

◎ 기독교인과 보증(保證)

잠언 6장에서 지혜자는 사고가 생길 때 실제적인 책임을 감당할 능력이 없는 보증에 대하여 경고하고 있는데 이것은 경제적인 무절제와 만용을 경계한 것이다. 따라서 성경에 언급된 보증의 의미를 파악함과 동시에 기독교인이 경제활동을 함에 있어서 갖추어야 할 보증 이행의 원리를 살펴보고자 한다.

▶ 보증의 의미

성경에서 언급된 ‘보증’에 대한 단어는 ‘보증물’의 의미도 포함한다. 이것은 채무자가 빚을 질 때 그 보증으로 채권자에게 넘겨주게 되는 담보물 또는 재산상의 물건을 의미할 뿐만 아니라 채무자가 빚을 지불할 만기일이 되었을 때 지불 능력이 없는 그를 대신해서 보증인이 중간에 나서서 해결해 주는 행위를 의미하기도 한다. 이에 따라 보증인은 채무자의 지불 이행의 책임을 지며 때에 따라서는 채무자를 대신하여 모든 일을 책임지는 대리 채무인으로서의 역할도 담당할 경우가 있다. 한편 그리스도께서는 자신의 생명을 담보물로 하시어 그를 믿고 회개하는 모든 이들에게 하나님의 약속, 곧 구원의 약속을 받게 해 주셨다(히 7: 22).

▶ 구약에서의 보증행위

구약성경에서는 보증행위에 대하여 잠언 이외에는 거의 언급하지 않았다. 그래서 우리는 보증과 유사한 저당 또는 담보를 잠시 살펴보기로 한다. 히브리 사회에서 채무자는 채무 이행의 보증으로 여러 종류의 담보물을 채권자에게 저당 잡히게 되어 있었다. 이에 따라 유대인 채무자들은 채무 불이행으로 인해 자신의 자녀들까지 채권자에게 노예로 넘겨주는 경우도 종종 있었다(왕하 4: 1~7). 하나님의 백성이 노예로 전락하는 것은 바람직한 일이 되지 못한 것이었다(느 5: 1~13). 또한 채무자가 채무 불이행으로 인해 보증인이 망하게 되었을 경우에는 아무런 대책이 없었다. 이러한 이유로 잠언서에는 자기 능력을 능가하는 보증행위를 부정적으로 보았다(잠언 11: 15, 17: 18, 20: 16, 22: 26, 27: 13).

▶ 결 론

오늘날 우리 사회에서도 '보증을 잘못 서서 망했다'고 말하는 이들이 많다. 그러나 그렇기 때문에 결코 아무도 보증행위를 하지 않는다면 신뢰와 사랑이 무너진 사회가 되고 말 것이다. 그러므로 우리 기독교인들은 보증행위를 하되 무절제와 만용을 피하여 자기 능력에 맞는 보증행위를 해야 한다. 아울러 그리스도께서 우리 구원의 보증이 되어 주신 사랑도 잊지 말아야 하겠다.

◎ 기독교인과 비기독교인의 차이는

이 문제를 해결하려면 먼저 '누가 기독교인가?'를 정의할 수 있어야 한다. 성경에서는 기독교인의 특징을 이렇게 말하고 있다.

- 예수 그리스도에 대한 올바른 신앙고백을 한다.

예수를 믿는다는 것은 예수 그리스도에 대해 올바른 신앙고백을 하는 것을 말한다. 그러면 예수 그리스도에 대한 올바른 신앙고백은 무엇일까? 우리는 그것을 베드로의 신앙고백에서 찾을 수 있다. 예수님은 한때 제자들에게 이렇게 질문한 적이 있다. "사람들이 나를 누구라고 하느냐?" 그때에 제자들은 이렇게 대답했다. "사람들이 세례요한(영적인 개혁자), 엘리야(메시아 시대에 오기로 예언된 선지자) 또는 선지자 중의 한 사람으로 알고 있다." 그러나 주님은 이 대답에 아무런 동조를 않으셨다. 예수님은 사람들이 자신에 대해 그릇되게 알고 있다는 것을 확인하신 후에 제자들에게도 물으셨다. "너희는 나를 누구라고 하느냐?" 바로 이때 베드로가 "주는 그리스도(메시아)시요 살아 계신 하나님의 아들이십니다."고 대답했다. 베드로는 주님에 대해 첫째로 주님은 그리스도(메시아)시며 둘째로 하나님의 아들이라고 두 가지로 고백했다. '그리스도'는 인류의 구원을 위해 하나님이 기름 부어 세우신 분(메시아)이란 뜻이며 하나님의 아들이란 말은 예수께서 하나님이심을 고백한 것이다. 주님은 이 대답을 들으신 후에 베드로가 복 있는 사람이라고 칭찬하셨다. 그리고 그 위에 교회를 지을 것이며 그 교회를 지옥의 권세가 이길 수 없을 것이라고 하셨다. 이와 같이 기독교인은 예수님을 메시아(구세주)인 동시에 하나님이심을 고백하는 사람이다. 이 신앙고백이 없는 사람은 구원받을 수 있는 사람이 아니다. 그러므로 교회에서 세례를 줄 때에도 반드시 그리스도를 누구라고 고백하는지를 확인한 다음에 주고 있다.

- 기독교인은 하나님의 영이 그 안에 거하는 사람이다(롬 8장).

'예수님은 구주요 하나님'이라고 고백할 수 있는 일은 사람의 지혜로는 불가능하다. 그러므로 이러한 지식은 성령을 통해서만 깨달을 수 있다. 그러므로 예수님도 베드로에게 '이것을 너에게 알게 한 이는 하나님'이라고 말씀하셨다. 예수 그리스도를 구주와 하나님의 아들로 믿고 성령이 그 안에 거하는 사람, 이 사람이 바로 성경이 말하는 기독교인이다. 그리고 이 두 가지에 속하지 않는 사람은 교회를 아무리 오래 다니고 헌금을 많이 해도 기독교인은 아니다.

◎ 구제할 때의 마음가짐

"너는 반드시 그에게 구제할 곳이요 구제할 때에는 아끼는 마음을 품지 말 것이니라 이로 인하여 네 하나님 여호와께서 네 범사와 네 손으로 하는 바에 네게 복을 주시리라(신 15: 10)"

인색하여 억지로 하지 말며 즐거운 마음으로 기꺼이 해야 한다. 또한 자기의 것을 아끼면서도 체면상 어쩔 수 없이 눈가림으로 하여서도 안 되며 오직 성실하게 자기의 최선을 다하여야 한다. 성서는 이렇게 교훈하고 있다. "혹 권위하는 자면 권위하는 일로, 구제하는 자는 성실함으로, 다스리는 자는 부지런함으로, 긍휼을 베푸는 자는 즐거움으로 할 것이니라(롬 12: 8)" 한편 구제를 좋아하는 자는 풍족하여질 것이며 남을 윤택하게 하는 자는 윤택해지는 하나님의 축복에 약속되어 있다고 이렇게 말씀하셨다. "구제를 좋아하는 자는 풍족하여질 것이요 남을 윤택하게 하는 자는 윤택하여지리라(잠 11: 25)" 그리고 구제함에 있어서 주의할 점은 다른 사람이 알지 못하도록 은밀히 행하여야 한다고 성경은 "너는 구제할 때에 오른손이 하는 것을 왼손이 모르게 하여(마 6: 3)"라고 가르치시고 있다. 왜냐하면 구제하는 일이 공개적으로 이루어진다면 이는 외식(外飾)으로 흐르기 쉽고 구제의 참의미가 사라질 우려가 있기 때문이라고 성경은 지적하고 있다. "그러므로 구제할 때에 외식하는 자가 사람에게 영광을 얻으려고 회당과 거리에서 하는 것같이 너희 앞에 나팔을 불지 말라 진실로 너희에게 이르노니 저희는 자기상을 이미 받았느니라(마 6: 2)" 하나님께서는 사람의 중심을 감찰하시는 분이시므로 모든 일에 있어서 우리의 동기를 아시고 계신다. 그러므로 성경에는 "여호와께서 사무엘에게 이르시되 그 용모와 신장(身長)을 보지 말라 내가 이미 그를 버렸노라 나의 보는 것은 사람과 같지 아니하니 사람은 외모를 보거니와 나 여호와는 중심을 보느니라(삼상 16: 7)"고 하여 외모보다는 중심에 더 치중하셨고, "저희가 속으로 이렇게 의논하는 줄을 예수께서 곧 중심에 아시고 이르시되 어찌하여 이것을 마음에 의논하느냐(막 2: 8)"고 하신 말씀은 예수께서는 인간들의 마음속에 은밀한 생각까지도 깊이 꿰뚫어 보시는 하나님이시라는 사실을 입증하여 주는 말로 다윗은 일찍이 "여호와여 주께서 나를 감찰하시고 아셨나이다 주께서 나의 앉고 일어섬을 아시며 멀리서도 나의 생각을 통촉(洞燭)하시오며 나의 길과 눕는 것을 감찰하시며 나의 모든 행위를 익히 아시오니 여호와여 내 혀의 말을 알지 못하시는 것이 하나도 없으시니이다(시 139: 1~4)"고 고백하였다. 이와 마찬가지로 하나님께서는 오늘날 우리들의 일거수일투족(一擧手一投足)을 감찰하시며 우리 마음 중심을 꿰뚫어 보시는 분임을 기억해야 한다.

진실한 구제행위가 하나님을 기쁘게 했던 사실은 사도행전 10장 1~4절 말씀으로 초대 교회에 있어서 백부장 '고넬료'의 선행과 구제는 그의 신앙을 나타내는 한 단편으로 하나님을 기쁘시게 하였다. 그는 비록 이방 사람이지만 하나님을 경외하며 백성을 많이 구제하고 하나님께 항상 기도하는 생활에 힘쓴 자이다. 이와 같이 하나님을 섬기는 참된 신앙은 언제나 그 믿음에 따르는 행위가 수반된다고 성경(약 2: 14~26)은 교훈하고 있다. 하나님을 경외한다 하면서도 그 이웃을 사랑하지 않는다면 이는 거짓된 믿음이다. 그러므로 성경은 우리에게 권고하기를 "우리가 말과 혀로만 사랑하지 말고 오직 행함과 진실함으로 하자(요일 3: 18)"라고 한다.

또 "너는 구제할 때에 오른손이 하는 것을 왼손이 모르게 하여 네 구제함이 은밀하게 하라 은밀한 중에 보시는 너의 아버지가 갚으시리라(마 6: 3~4)"

실로 우리가 구제하는 것을 다른 사람이 알도록 해서는 안 될 뿐만 아니라 자신이 한 일에 대해 너무 많은 관심을 보여서도 안 된다. 이유는 자기가 한 일에 대해 자만심과 자족감을 가지는 것은 사람들 앞에서 허영과 겉치레와 같이 위험한 마음가짐이기 때문이다. 그러므로 은밀한 중에 마음을 다하여 구제할 수 있는 마음가짐을 가져야 한다(눅 11: 41, 행 9: 36).

◎ 구원을 얻는 사람은 어떤 사람인가

우리는 '예수를 믿으면 구원을 받는다.'라는 말씀을 수없이 들어왔다(행 16: 31). 그러나 막상 예수를 믿는다는 것이 무엇이냐는 질문을 받으면 쉽게 대답하지를 못한다. 그래서 우리 주위에는 예수를 믿는다고 하면서도 분명한 구원의 확신을 갖지 못한 사람들이 많다. 그런데 로마서 제10장 9절에서는 "네가 만일 네 입으로 예수를 주로 시인하며 또 하나님께서 그를 죽은 자 가운데서 살리신 것을 네 마음에 믿으면 구원을 얻으리니"라고 정확한 해답을 제공해 주고 있다. 이 말씀을 통해서 당신은 분명한 구원의 확신을 갖게 될 것이다. 그러면 과연 어떤 사람이 구원을 받은 사람인가? 첫째, '입으로' 예수를 주(主)로 시인하는 자이다. '주'라는 헬라어는 이스라엘의 하나님을 가리킨다. 예수를 살아 계신 유일신 하나님으로 믿는 신앙을 고백하는 자는 구원받은 자이다(롬 9: 5, 마 16: 16). 둘째, 하나님께서 예수를 죽은 자 가운데서 살리신 것을 '마음에' 믿는 자이다. 즉, 예수의 부활을 믿는 자이다. 이 부활의 사실이야말로 복음의 핵심이며 믿음의 요체(要諦)이다(롬 1: 2~4, 6: 9, 고전 15: 20, 엡 1: 20~23, 빌 2: 9~11, 골 3: 1~4, 히 2: 9, 벧전 1: 21, 계 1: 17~18). 그런데 자칭 그리스도인이라 하는 사람 중에도 이 부활의 사실을 믿지 못하는 자가 많다.

1982년 한 사회학자의 조사에 의하면 미국의 목사들 중 감리교 목사의 51%, 장로교 목사의 35%, 침례교 목사의 33%가 그리스도의 육체 부활을 믿지 못한다고 한다. 이런 사람들은 비록 목사라고 해도 구원받지 못한 자이다. 당신은 마음속으로 예수의 부활이 믿어지는가? 구원 여부를 분별하는 시금석(試金石)이 여기에 있다.

◎ '교만'이란 어떤 태도인가

"하나님께서는 교만한 자를 물리치고 겸손한 자에게 은혜를 주신다(약 4: 6)."고 하셨는데 이 '교만'이란 타인보다도 자신의 몸을 높이 세우는 행위를 나타내는 말이다. 이는 누구보다도 우월하다는 자기 절대화인 동시에 타인을 무시하는 자세이다. 이 교만은 인간을 무시하는 처사일 뿐만 아니라 하나님의 권위를 침해하는 자세이다. 결국 교만은 어떤 누구의 도움 없이도 자존(自存)할 수 있다는 생각에서 출발된 죄이다(막 7: 22, 롬 7: 16, 딤전 3: 6). 오늘날 예수를 믿는 자들의 생활 가운데도 물질의 풍요와 다양한 정보의 제공으로 스스로 우쭐하여져 이웃을 무시하고 또한 하나님의 능력에 대해 도전하려는 부분들이 많다.

◎ 교회에서 분쟁을 이해하는 법

이해성이 부족한 사람을 옹졸하다고 한다. 그런데 어떤 사람을 이해성이 부족한 사람이라고 해야 옳은 결정인지 그것이 분명해야 할 것이다. 잘못을 그럴 수도 있다고 이해만 한다면 이 세상은 무법천지가 되고 세상은 무질서로 혼란에 빠질 것이다. 그렇다고 사소한 잘못도 이해하지 않고 흑백을 가리려고 좌충우돌만 한다면 세상살이가 피곤하여 사는 것이 지옥 같을 것이다. 이해를 하면 혼란을 초래하고, 이해를 못하면 피곤하다고 하고, 타협을 한다면 그것은 사리에 맞지 않는 혼합이 된다. 때문에 교회에서 분규가 일어나면 결론을 내리기가 힘들다. 조그마한 것을 이해하지 못하는 것을 잘못이라고만 한다면 작은 잘못이라도 없이 살아야 한다는 사람은 잘못이란 말인가? 불신자 같으면 아무 일도 없을 것을 교인들은 다툰다. 우리가 올바로 살려다 오히려 불신자만도 못한 삶을 사는 꼴이 되면 안 되기에 사도 바울은 다음과 같이 권면하였다. "아무 일에든지 다툼이나 허영(虛榮)으로 하지 말고 오직 겸손한 마음으로 각각 자기보다 남을 낫게 여기고(빌 2: 3)"라 하였다. 남을 자기보다 낫게 여기는 겸손을 보이는 것이 이해하는 것이다. 그런 행동을 각각 자기 몫으로 하라는 말이다. 교회에서 하는 일은 잘해 보려고 하는 일이니 설사 잘못했어도 비난하기보다 기도하며 충고하고 하기 힘든 충고에 감사하여 고쳐야 한다. 교회는 시시비비를 가리는 곳이 아니다. 불신세계에서는 남을 누르고 이를 얻으려 모함도 하지만 교회 안에서 말하는 사람들은 교회를 해칠 목적이 아니고 자기 의견이 좋을 것 같다는 말이다. 그 사람 의견도 좋은 점이 있으면 들어주어야 한다. 부당한 의견을 관철시키려는 의도라면 이해시키고 자기 의견이 부족했으면 사과하고 고치면 그 이상 복된 생활이 어디 있는가? 이해를 하지 않는 것은 남을 존중하는 마음이 부족하기 때문이다. 내가 옳은 만큼 상대의 의견도 존중되어야 큰 문제가 있을 때는 마음을 열고 온 교회가 토론하여 합의를 도출해야 한다. 토론은 다투는 일이 아니다. 조그마한 잘못도 용납하지 않으려는 마찰은 한국 교회의 자랑이다. "마귀는 선에서 악을 끌어내고 하나님은 악에서 선을 끌어낸다."고 파스칼은 말했다. "다투는 시작은 방축에서 물이 새는 것 같은즉 싸움이 일어나기 전에 시비를 그칠 것이니라(잠 17: 14)"고 교훈한 것과 같이 싸움이 일어났어도 방축에서 물이 새는 것을 먼저 막기 위해 보다 높은 가치를 향해 마음을 보이는 교회가 되기를 소원한다.

◎ 교회를 가야 하는 이유

- 전도와 선교 사역에 동참하기 위해서

주님은 세상을 떠나가시면서 제자들에게 "땅 끝까지 가서 모든 족속들을 주님의 제자들로 만들라"고 부탁하셨다(마 28: 18~20). 사도들은 이 명령대로 세계 곳곳으로 가서 복음을 전했다. 그리고 이 명령은 성도들에 의해서 계속 수행되어야 한다. 성도들은 땅 끝까지 복음을 전할 책임을 지고 있다. 이러한 일은 혼자 감당하기보다는 성도들이 함께 모여 기도하며 재정을 지원할 때에 효과적으로 수행할 수 있다. 이러한 일을 효과적으로 감당하려면 혼자 있는 것보다 교회에 함께 모여 기도하며 전도하는 것이 효과적이다.

- 세례와 성찬에 참여하기 위해서

주님은 제자들에게 복음을 전한 후에 삼위일체 하나님의 이름으로 세례를 주라고 명령하셨다. 세례는 사람들이 주님을 믿고 하나님의 자녀가 되어 하나님의 교회에 가입했다는 표시이다. 세례는 우리의 옛사람이 그리스도와 함께 죽고 새사람으로 태어났다는 표시(롬 6: 4~5, 8, 11)이다. 또한 주님은 제자들에게 떡과 포도주를 가지고 주님께서 우리를 위해 희생당하신 일을 기념하라고 명령하셨다. 우리는 이 예식을 가리켜 성만찬이라고 부른다. 그러므로 성도들은 교회에 모여서 성만찬을 하면서 주님의 희생과 구원을 기념해야 한다. 이러한 일은 혼자 떨어져서 할 수 있는 일이 아니다. 그러므로 성도들은 교회에 함께 모여서 성찬에 참여해야 한다.

- 공적 예배에 참여하기 위해서

또한 성도들은 교회는 정기적으로 모여서 하나님께 공적으로 예배를 드려야 한다. 이러한 공적인 예배는 구원받은 하나님의 백성들이 하나님께 드려야 할 마땅한 일이다. 예배 역시 개인적으로 드릴 수도 있지만 공동체로 모여서 드려야 할 부분도 있다. 그러므로 성도들은 정기적으로 함께 모여서 공동체적으로 하나님께 예배를 드려야 한다.

- 교육과 훈련을 위해서(제자화)

주님은 제자들에게 "주님께서 지시하신 말씀들을 가르쳐 지켜 행하게 하라"고 부탁하셨다. 그러므로 성도들은 교회에 나가서 하나님 말씀을 배우고 그 말씀대로 사는 법을 배워야 한다. 만일 교회가 이 일을 제대로 하지 못하면 성도들은 영적인 어린아이들이나 세상적 가치관을 가지고 살아가는 영적인 혼혈아들이 되고 말 것이다. 그러므로 성도들은 지역 교회의 교육 프로그램에 참석하여 정기적으로 하나님 말씀을 배우고 훈련을 받을 필요가 있다. 그리고 교회 지도자는 좋은 프로그램을 준비해서 성도들에게 성경을 조직적으로 가르쳐 주어야 한다. 할 수 있는 한 성도들은 성경을 배우고 읽고 연구하는 일에 많은 시간을 투자해야 한다. 교회의 교육은 말씀을 가르치는 데서 끝나지 않고 그것을 삶 속에서 실천할 수 있도록 훈련해야 한다. 이러한 일은 성도들이 교회에 참석해야만 할 수 있는 일이다.

- 교제를 위해서

또한 성도들은 성령 안에서 교제를 나눌 수 있어야 한다. 성도들은 하나님 안에서 한 형제로서 친밀한 교제를 나눌 수 있어야 한다. 히브리서 기자는 이러한 교제에 대하여 "서로 돌아보아 사랑과 선행을 격려하며 모이기를 피하는 어떤 사람들의 습관과 같이 하지 말고 오직 권하여 그날이 가까이 옴을 볼수록 더욱 그리하자(히 10: 23~24)"고 말해 주고 있다. 신앙생활은 혼자 떨어져서는 바르게 할 수 없다. 성도들은 마치 숯불과 같아서 적으면 꺼지고 많이 모일수록 그 불은 더욱 세게 탈 수 있다. 그러므로 성도들은 서로를 돌아보아야 한다. 형제들이 어려운 일에 빠지지 않았는지 또 시험에 들지는 않았는지를 돌아보아야 한다. 그리고 사랑과 선행과 같은 일을 할 수 있도록 서로 격려해 주어야 한다. 어려운 일이나 시험을 당한 가족들은 같이 기도하고 돌보아 주어야 한다. 성도 간에는 성령 안에서의 친밀한 교제가 있어야 한다. 이러한 일을 하려면 성도들은 마땅히 교회에 모이기를 힘써야 한다. 요즈음은 점점 편하게 신앙생활을 하거나 교회보다 세상에 나가서 노는 것을 더 중요시하는 경향이 있다. 그리고 교회는 주일에 한 번만 나오면 된다고 말한다. 그러나 히브리서 기자는 "교회에 모이기를 피하는 자들의 습관과 같이 하지 말라"고 엄히 경고하고 있다.

◎ 교회를 선정하는 방법

교회를 선정하는 일은 인생에 있어서 참으로 중요한 일이다. 그 이유는 교회를 자신과 가족 전체의 삶에 막대한 영향을 미치기 때문이다. 교회를 선정하는 문제는 각자가 다르게 선택할 수 있다. 그러나 중요한 것은 성령의 인도를 받는 것이다. 따라서 몇 가지 점을 고려한다면 좋을 것이다.

- **기도:** 자신에게 적합한 교회를 만날 수 있게 해 달라고 시간을 정해서 기도한다. 가능하면 기도 기간을 정해 놓고 하는 것이 좋다. 하나님은 그 기도를 들으시고 가장 적절한 방법으로 인도해 주실 것이다.
- **교리(교파와 교단):** 건전한 교리를 가르치고 있는가? 그리고 내가 속한 교파와 교단과 일치하는가를 알아본다. 각 교파와 교단마다 가르치는 교리가 약간씩 다르기 때문에 자신이 자라난 교단을 고려해서 교회를 선택해야 갈등 없이 적응할 수 있다.
- **사람중심의 교회:** 사업이나 일을 중심으로 하기보다 사람에 초점을 맞추는 교회(교육이나 양육이 잘되어 있는 교회)가 풍성한 교회생활을 할 가능성이 높다.
- **지역사회에서 열매로 인정받는 교회:** 지역사회에서 삶과 열매로 인정을 받고 있는 교회를 선정한다. 좋은 교회는 시간이 흐르면서 지역사회나 이웃에게 좋은 영향을 미치며 또한 그 열매를 인정받기 마련이다. 이러한 교회를 선택하면 교회와 사회생활의 적절한 균형을 유지할

수 있다.

- **탐방 및 교회 선정:** 위와 같은 기준에 합당한 교회를 몇 군데 선정해서 예배 시간에 직접 방문해 본다. 각 교회의 목사님의 목회철학이나 주요 관심을 알아보고 자신에게 가장 적합하고 기쁘게 섬길 수 있는 교회를 선택한다.

이러한 과정은 자신에게 알맞은 교회를 선정하는 일반적인 과장이라고 할 수 있다. 그러나 성령님의 인도가 어떻게 나타날지 모르기 때문에 기도하면서 성령님의 인도를 받는 것이 좋을 것이다. 특히 받기보다는 섬기려는 태도로 교회를 선택해야 한다.

◎ 겸손한 사랑의 네 가지 특색

"무례히 행치 아니하며 자기의 유익을 구치 아니하며 성내지 아니하며 악한 것을 생각지 아니하며(고전 13: 5)"

첫째, 사랑은 무례(無禮)히 행치 아니한다. 즉, 자신의 고집이나 무례한 언행을 보이지 않으며 타인의 인격을 존중하고 그의 사정을 이해하여 인자와 온정 그리고 친절로써 분쟁을 종식시킨다는 것이다. 예수께서는 메시아로서 왕적 권능을 지녔지만 요한으로부터 물세례를 받으심으로 해서 스스로 그분의 위대한 겸손을 보이신 한 실례이다(마 3: 13). 여기에서 우리는 즉 높아지려면 먼저 낮아져야 한다는 마 23: 12에서 "누구든지 자기를 높이는 자는 낮아지고 누구든지 자기를 낮추는 자는 높아지리라"고 하신 말씀을 본받는 사랑이 되어야 한다.

둘째, 사랑은 자기의 유익을 구하지 아니한다. 사람들은 대부분 다른 사람들을 위하기보다는 자신의 유익을 구하며 의무를 다하기보다는 권리를 요구한다. 그러나 사랑은 받기보다 주는 것이며 자신의 유익보다는 타인의 유익을 먼저 생각하는 속성을 가지고 있다. "사람이 친구를 위하여 자기 목숨을 버리면 이에서 더 큰 사랑이 없나니(요 15: 13)"

셋째, 사랑은 성내지 아니한다. 성을 내는 것은 자기 자신을 제어할 수 없다는 표시이며 패배를 자인하는 태도이다. 더욱이 성내기를 잘 하는 자는 자존심이 강하고 자기 사랑이 큰 사람이다. 그러나 사랑을 아는 자는 성을 내며 타인의 마음을 상하게 하는 것이 문제를 해결할 수 없음을 알고 오히려 그 순간에 문제가 무엇인가를 살피며 조용한 가운데서 그 문제를 해결한다.

넷째, 사랑은 악한 것을 생각하지 않는다. 악은 모든 것을 파괴하는 속성과 더불어 모든 것을 부패시키는 성질을 갖고 있다. 악을 생각하는 사람은 자신의 유익을 구하며 자신을 위해 타인에게 해를 주려 하지만 그 악은 결국 자신은 물론 모두를 파괴시킨다. 모든 사람은 동일하게 죽음을 맞이하고 일생 동안에 도덕적으로 연약하고 지적으로 불안정함을 느끼다가 죽음으로 끝을 맺는다(히 9: 27). 또한 모든 인간들은 이성과 양심을 거역하다가 생을 마치는데 이것은 영적인 측면에서 이미 죽은 것을 의미하나 그리스도 안에 있는 자들의 영혼만은 살아서 하나님께로 나아갈 것이다(고후 2: 15~16).

결론, 그러므로 사랑을 아는 자는 타인에게 친절하며, 타인의 이익을 먼저 생각하며, 타인의 입장을 이해하며, 서로 공존하는 삶이 최선의 삶임을 아는 자이다. 그렇기 때문에 그는 무례히 행치 않으며, 성내지 않으며, 악한 것을 생각지 않으며, 자신의 유익만을 생각하지 않는다.

◎ 경솔한 보증을 삼가라(잠언 6: 1~5)

"내 아들아 네가 만일 이웃을 위하여 담보하며 타인을 위하여 보증하였으면 네 입의 말로 네가 얽혔으며 네 입의 말로 인하여 잡히게 되었느니라 내 아들아 네가 네 이웃의 손에 빠졌은즉 이같이 하라 너는 곧 가서 겸손히 네 이웃에게 간구하여 스스로 구원하되 네 눈으로 잠들게 하지 말며 눈꺼풀로 감기게 하지 말고 노루가 사냥꾼의 손에서 벗어나는 것같이 스스로 구원하라"

이 말씀은 보증의 경솔함과 성급함에 대한 충고이다. 그런데 지혜자가 권고하는 말은 마치 보증을 완전히 금하는 것같이 들린다. 하지만 잠언 전체에는 담보를 은근히 장려하는 구절들도 있기 때문이다(잠언 14: 21, 17: 17, 18: 24, 27: 10). 그러나 담보가 주는 나쁜 결과 때문에 여러 곳에서 그것은 좋지 못한 것으로 언급되어 있다(잠언 11: 15, 17: 18, 20: 16, 22: 26, 27: 13). 그러므로 성도들은 무조건 보증서기를 금할 것이 아니라 경우에 합당하게 신중한 마음으로 사랑을 위해서 보증을 서되 경솔한 보증은 절대적으로 피해야 한다.

◎ 개인적인 소망

"내가 두 가지 일을 주께 구하였사오니 나의 죽기 전에 주시옵서소. 곧 허탄과 거짓말을 내게서 멀리 하옵시며 나로 가난하게도 마옵시고 부하게도 마옵시고 오직 필요한 양식으로 내게 먹이시옵소서(잠 30: 7, 8)"

이러한 기도는 하나님을 알고 하나님을 의지하는 자만이 드릴 수 있는 겸손하고 정당한 기도이다. 이 기도는 일생 동안의 소원을 말한 것으로 자신의 욕심을 현실화시키기 위한 것이 아니라 하나님의 뜻이 자신의 삶 속에서 이루어지기를 바라는 것이다.

첫 번째 기도는 하나님에 대한 믿음을 방해하는 잘못된 사상과 인간의 부패함에서 건져 주기를 구한 것이다. 즉, 악한 세상의 세력과 항상 대립하여 사는 자들이므로 이러한 악한 세력에서 건져 주기를 하나님께 항상 기도하여야 한다(엡 6: 14~18).

배부르게 되면 하나님을 부인하기 쉽고 또 가난하게 되면 도적질하여 하나님의 이름을 욕되게 할까 두려웠기 때문이었다. 따라서 생의 목적을 자기의 영화나 성공에 두지 않고 하나님을 영화롭게 하는 것에 두었기 때문에 이와 같은 기도를 할 수 있었다.

◎ 그리스도인의 물질관

하나님께서 필요한 것을 적절한 때에 공급해 주시므로 세상 물질에 대한 욕심을 배제(排除)하라고 모세에게 이르시기를 "내가 너희를 위하여 하늘에서 양식을 비같이 내리리니 백성이 나가서 일용할 것을 날마다 거둘 것이라 이같이 하여 그들이 나의 율법을 준행하나 아니하나 내가 시험하리라(출 16: 4)"고 가르치셨다. 따라서 예수께서도 우리에게 다른 것보다 일용할 것만 구하라고 기도의 본을 보여 주셨다. 이와 같은 까닭은 세상 만물이 인간을 위해 창조되었지 인간이 세상 만물의 장식품이 되도록 창조된 것이 아니기 때문이다(창 1: 26~30). 따라서 인간이 물질을 이용하여 기쁘게 살아야지 물질의 욕심에 사로잡혀 제물의 노예가 된다면 그것은 어리석은 일이기 이전에 하나님의 창조 섭리에 대한 배반이다. 그러나 그리스도인들이 많은 물질을 소유한 것에 대하여 죄라고 단정 지을 수 없다. 중요한 것은 물질을 소유한 그리스도인들이 그것을 어떻게 사용하느냐의 문제이다. 그러므로 그리스도인들은 하나님의 것을 잠시 위탁받은 청지기에 불과하므로(학 2: 8, 고전 10: 26, 딤전 1: 12, 벧전 4: 10) 그분의 뜻에 맞게 물질을 사용해야 한다(고전 10: 31).

◎ 그리스도인의 말과 행동

성경의 말씀은 우리에게 깊은 감명과 실천의 의지를 제시하고 있으나 그렇게 행동하지 못함을 모두가 느끼고 있을 것이다. 또한 우리가 세상을 살다 보면 내 의도와는 다르게 상대방이 오해하는 경우가 종종 있다. 특히 언행에서 더욱 그러하다. 그래서 성경 말씀 속의 야고보서 3장 2절에 “우리가 다 실수가 많으니 만일 말에 실수가 없는 자면 곧 온전한 사람이라 능히 온 몸도 굴레 씌우리라”는 말씀을 이행하기 위해서는 항상 생각하면서 온전한 사람이 되어야겠다는 사명 의식을 가져야 한다. 그러기 위해서 그리스도인은 먼저 깊이 생각하고 그 다음에 말을 해야 한다. 지금 내 눈에 보이지 않는다고 해도 상대방이 들어서 좋지 않은 말이라면 삼가야 한다. 교인이 아닌 일반인이 실수든 고의든지 간에 함부로 말과 행동을 하면 조상과 부모님을 걸고넘어지지만 그리스도인이 실수의 말과 행동을 하게 되면 본인은 물론 조상, 부모님 탓도 부족해 그 다음에는 예수 그리스도까지 비방을 듣게 됨을 당해 본 그리스도인은 많을 것으로 안다. 인간은 언어를 매개체로 의사를 전달한다. 그래서 인간에게 말은 표현의 전달 매개체로서 절대적으로 필요한 것이며 중대한 영향력을 끼친다고 할 수 있다. 그런데 인간은 그 말에 있어서 실수가 많고 경솔하여 자칫 말을 통해 심각한 해악(害惡)을 끼칠 수도 있고 큰 문제를 유발시키며 나쁜 영향력을 끼치기 쉬우므로 말하는 것을 조심해야 한다. 그러기 때문에 성경에는 "혀를 잘 다스리고 잘 사용하여 하나님을 기쁘게 할 수 있도록 하자(야고보서 3장 5~8절)"라는 말씀이 있다.

잠언 15장 28절에 "의인의 마음은 대답할 말을 깊이 생각하여도 악인의 입은 악을 쏟느니라" 하였다. 우리가 하는 말을 통해서 예수 그리스도를 욕되게 할 수도 있고 예수 그리스도를 영화스럽게 해드릴 수도 있다. 그런가 하면 다른 사람을 파멸에 이르게 할 수도 있고 다른 사람들의 아픈 곳을 치료해 줄 수도 있는 것같이 말은 죽이는 말과 살리는 말이 있다는 것이다. 따라서 다음과 같이 결코 하지 말아야 하는 말이 어떤 것인지를 이해하여야 한다.

첫째, 거짓말을 하지 말아야 한다. 잠언 19장 9절에 "거짓 증인은 벌을 면치 못할 것이요 거짓말 내는 자는 망할 것이니라" 하였고 욥기 27장 4절에 "내 입술이 불의를 말하지 아니하며 내 혀가 궤휼을 발하지 아니하리라" 하였다. 거짓말은 도둑질보다 더 나쁘다. 이유는 도둑질은 아무리 해도 그 물건을 다시 돌려줄 수 있지만 한번 토한 말은 다시 회수할 수 없기 때문이다. 따라서 말을 잘못하면 회복할 수 없는 상처를 남기게 된다.

둘째, 더러운 말, 희롱하는 말을 하지 말아야 한다. 에베소서 4장 29절에 "무릇 더러운 말은 너희 입 밖에도 내지 말고 오직 덕을 세우는 데 소용되는 대로 선한 말을 하여 듣는 자들에게 은혜를 끼치게 하라" 하였으며 또 잠언 18장 6절에 "미련한 자의 입은 다툼을 일으키고 그 입은 매를 자청하느니라" 하였다. 따라서 그리스도인은 음담패설의 말을 해서는 안 된다는 것이다. 에베소서 5장 5절에 "음행하는 자나 더러운 자나 탐하는 자, 우상숭배자는 다 그리스도와 하나님 나라에서 기업을 얻지 못하리니" 하였다.

셋째, 비방하는 일을 하지 말아야 한다. 야고보서 4장 11절과 베드로전서 2장 1절 등에 "형제를 판단하거나 비방하는 말을 하지 말 것"을 명시해 놓았다. 또 "살인은 한 사람을 죽이는데 험담과 비방은 세 사람을 죽인다."는 말과 "한 마디의 말로 험담과 비방은 다른 사람 앞에 자기 초상화 그리는 것이다."는 속담도 있다. 말을 들으면 그 사람이 무슨 마음을 갖고 있나 대부분 알 수 있다. 귀가 둘이요, 입이 하나인 것은 듣기는 배로 하고 말하는 것은 적게 하라는 것으로 느껴진다. 말은 마음의 창문이며 인격의 표현이므로 마음에서부터 나온다고 한다. 그래서 예수님께서는 "입으로 들어가는 것이 더러운 것이 아니고 입에서 나오는 것이 더럽다."고 하셨다. 성경 잠언 22장 11절에 "마음의 정결을 사모하는 자의 입술에는 덕이 있으므로 임금이 그의 친구가 되느니라" 하였다. 또한 에베소서 4장 29절에서 "무릇 더러운 말은 너희 입 밖에도 내지 말고 오직 덕을 세우는 데 소용되는 대로 선한 말을 하여 듣는 자들에게 은혜를 끼치게 하라" 고 하셨다. 믿는 자들이 이웃을 속이거나 저속한 말을 사용하는 것은 사람에게 고통을 줄 뿐만 아니라 성도 안에 거주하시는 성령께 근심을 끼치는 악행이기 때문이다.

넷째, 불평과 원망하는 말을 하지 말아야 한다. 성경 말씀 중에 불평과 원망을 하다가 고통과 죽음에 이르는 구절이 많이 있다. 그 중에 "모세를 따라 홍해바다를 건넌 이스라엘 백성 중에 다수가 원망하다가 광야에서 죽었다."는 구절은 다시 한번 느껴야 한다.

다섯째, 남을 저주하는 말과 독한 말을 하지 말아야 한다. 이사야 선지자는 하나님을 뵈옵고 내 입이 더러워 죽게 되었다고 한탄하자 천사가 숯불로 입을 대어 깨끗하게 하였음이 성경에 있다. 실제로 전해 내려오는 이야기로 어느 시골의 한 가정에서 일어난 일로 아기가 오줌을 싸니까 어머니가 무심코 "아이구 지겨워 그놈의 자식 고추를 잘라 버릴까 부다."고 한 말을 들은 철부지 아이는 가위를 가지고 동생의 고추를 잘라 버렸다는 전설 같은 이야기가 있다. 사랑의 말 한 마디이지만 그 말 한 마디로 사랑스런 아들의 일생을 망친 이야기는 실수로 넘기기가 아쉽다.

여섯째, 포악한 말, 교만한 말, 패역한 말, 궤사한 말, 부정적인 말, 유언비어 등의 말을 하지 말아야 한다. 잠언 20장 19절에 "두루 다니며 험담하는 자는 남의 비밀을 누설하나니 입술을 벌린 자는 사귀지 말지니라" 하였다.

일곱째, 남을 참소하는 말, 불의한 말을 하지 말아야 한다. 잠언서 18장 21절에 "죽고 사는 것이 혀의 권세에 달려나니 혀를 쓰기 좋아하는 자는 그 열매를 먹으리라" 하였다. 이는 사람이 혀를 어떻게 사용하느냐에 따라서 사람의 운명이 결정된다는 것으로 혀의 영향력이 극히 중대함을 의미한다. 이렇게 혀로부터 나오는 말이 중요한 것은 그 말이 마음의 표현이기 때문이다. 따라서 그리스도인은 하나님을 경외하는 마음으로 매사에 살리는 말만을 내도록 혀를 잘 사용해야 한다.

여덟째, 아첨하는 말, 망령되고 헛된 말, 무익한 말도 하지 말아야 한다. 잠언서 25장 9절에 "너는 이웃과 다투거든 변론만 하고 남의 은밀한 일을 누설하지 말라" 하였고 마태복음 12장 26절에 "내가 너희에게 이르노니 사람이 무슨 무익한 말을 하든지 심판 날에 이에 대하여 신문을 받으리라" 하였다. 입으로 짓는 죄가 아마 제일 큰 것 같다. 왜냐하면 일은 서로 화해하고 이해함으로써 해결될 수 있지만 한번 발설된 인신공격(人身攻擊)의 말은 거두어들이지 못하고 상대방에게 큰 해를 끼치며 미움을 더 크고도 깊게 하기 때문이다. 예수님은 마태복음 5장 22절에서 "형제에게 노하는 자마다 심판을 받게 되고 형제를 대하여 라가라 하는 자는 공회에 잡히게 되고 미련한 놈이라 하는 자는 지옥 불에 들어가게 되리라"고 엄히 말씀하셨다.

결론적으로 잠언서 17장 28절에 "말을 아끼는 자는 지식이 있고 성품이 안존하는 자는 명철하느니라. 미련한 자라도 잠잠하면 지혜로운 자로 여기우고 그 입술을 닫히면 슬기로운 자로 여기우니라" 하였다. 신중한 언행을 하여 잠언서 21장 23절의 "입과 혀를 지키는 자는 그 영혼을 환난에서 보존하느니라" 하셨으며 요한계시록 22장 11절에는 "불의를 하는 자는 그대로 불의를 하고 더러운 자는 그대로 더럽고 의로운 자는 그대로 의를 행하고 거룩한 자는 그대로 거룩되게 하라"고 하신 말씀은 선한 자와 악한 자는 이미 결정되었으며 죄인은 더 이상 구원 얻을 길이 없기 때문에 근신하면서 믿음을 굳건히 지키라는 교훈의 말씀이니 이를 깊이 새겨 지혜의 모범으로 말과 행동을 일치시키려는 자세를 보이는 것이 그리스인의 참모습이라고 본다.

◎ 그리스도인의 삶(조용한 물이 깊은 것처럼)

우리는 살아가면서 많은 말들을 하며 살아간다. 그 말 중에 대부분은 남의 이야기를 하게 된다. 그것도 좋은 이야기가 아니라 남의 아픈 곳을 말하면서 그 말에서 기쁨을 찾으려고 한다. 그러나 어떤 이는 자신의 경험을 말하며 자신을 드러내려 한다. 어떤 이는 자기의 경험에 비추어 말을 하지 않고 침묵을 할 뿐이다. 생각이 깊은 사람은 말을 하지 않고 생각을 한다. 생각이 없는 사람은 여러 이야기를 생각 없이 자신이 책임지지 못할 말을 해서는 안 될 것이다. 확실한 이야기도 아닌 추측을 가지고 말을 만들기도 한다. 그리스도의 향기, 그리스도인의 사랑이 무엇일까? 사랑의 말로 위로하고 격려하고 삶의 힘을 돋우어 주는 그런 말을 나눈다면 얼마나 우리의 삶이 풍요롭고 행복할까? 주님의 사람들은 드러내는 말보다는 밝은 미소로 침묵으로 조용한 물이 깊은 것처럼 깊이 있는 말로 사랑과 감동을 전할 수 있다면 바로 그것이 그리스도인의 삶이 아닐까?

◎ 그리스도인의 언어생활

그리스도인의 언어는 그 사람의 신앙 성숙도를 반영한다고 해도 과언이 아니다. 왜냐하면 언어란 사람의 지적, 영적인 수준과 인격의 폭과 같이, 자라나고 생활해 온 환경 등을 골고루 일시에 나타내는 것이기 때문이다. 따라서 보다 바람직한 그리스인의 언어생활 형태를 성경 가운데서 추적, 제시하여 신앙적으로 아름다우면서 대인관계에서도 그리스도인의 향기를 나타낼 수 있는 언어생활에 도움을 주려고 한다.

▶ 소극적인 언어생활

먼저 그리스도인으로서 가장 주의해야 할 말에 관한 교훈은 하나님의 심판 날에 인간이 자신의 말로 말미암아 의롭다 함을 받거나 정죄함을 받는다는 사실이다(마 12: 36, 37). 그러므로 성도의 언어는 항상 정결하고 선해야 하는데 여기서는 소극적인 면에서의 언어생활을 살펴보기로 한다.

우선 그리스도인의 말은 겉과 속이 달라서는 안 된다. 즉, 겉으로는 칭찬을 하고 좋다고 말하면서도 속으로 앙심이나 분노를 품고 있어서는 안 된다(사 29: 13, 36: 5, 마 15: 8, 롬 3: 13). 그리스도인들은 항상 바른말을 해야 하며 그렇지 못할 상황에서는 최소한 침묵을 지키는 것이 좋다(암 5: 13). 또한 그리스인들은 남에게 아첨하거나(시 12: 2~4) 남을 비방하는 험담을 해서는 안 된다. 이러한 말들은 결국 분쟁을 일으키거나 다툼을 만드는 요인들이 된다(갈 5: 20). 그리고 자신에 대한 허탄한 자랑(벧후 2: 18)이나 남을 속이는 간사한 거짓말(시 34: 13, 58: 3)도 그리스도인의 신분으로서 지녀야 할 언어습관으로는 어울리지 않는다. 물론 여기서 말하는 거짓말에는 아무런 악의 없이 농담으로 하는 거짓말도 포함된다. 뿐만 아니라 행동이 뒤따르지 못하고 단지 사변적(思辨的)이기만 한 신앙적 언어도 실은 무가치한 것이다(마 23: 3, 약 2: 15~17). 이상과 같은 실수를 하지 않기 위해서 그리스도인들은 급한 마음으로 말해서는 안 되며(슥 2: 13) 심사숙고한 후에 그리스도인의 신분에 합당한 말만을 하기에 힘써야 할 것이다(약 1: 19).

▶ 적극적인 언어생활

이제 보다 적극적인 측면에서 성도들의 바람직한 언어생활에 대하여 살펴보기로 하자. 먼저 그리스도인들은 언제 어느 곳에서든지 진리를 전하며(잠 8: 7, 시 119: 13) 정의로운 말을 하기에 힘써야 한다(시 15: 2). 왜냐하면 불신자들에게 진리와 정의를 전하고 외치는 것이 그리스도인들의 본분이기 때문이다. 상황과 환경을 초월하여 바른말을 하는 것은 의로운 일이기 때문에(잠 12: 17) 그리스도인들은 진리를 전하는 일에 두려워하지 말고 담대해야 한다(행 18: 9). 그리고 그리스도인들은 항상 정직한 말만을 해야 하며(잠 8: 6, 엡 4: 25) 이와 더불어 말할 때에는 다른 사람들이 상처를 입지 않게끔 조심스럽고 선한 표현을 사용해야 할 것이다(엡 4: 29, 벧전 4: 11). 또한 그리스도인들은 남을 헐뜯기보다는 칭찬하는 말과 위로하는 말을(살전 4: 18) 많이 해야 하며 같은 말이라도 바르고(딛 2: 1,8) 지혜롭고(시 37: 30) 긍정적인 표현을 사용하도록 힘써야 한다(시 45: 2). 이처럼 바르고 아름다운 성도의 말은 '은혜 가운데서 소금으로 고르게 함'(골 4: 6)같이 세상의 불순과 부패를 방지하여 정결케 하는 능력을 지닌다. 또한 불의를 지적하고 시정을 요구하는 그리스도인들의 바른 주장이 비록 세상에서 미움을 받거나 묵살된다 할지라도 그 진실한 입술은 하나님께서 인정하시며 '영원히 보존'될 것이다(잠 12: 19).

▶ 결 론

우리의 입은 다른 사람들을 비방하거나 실족케 하는 독이 들어있을 수도 있고 하나님을 찬양하는 입이 될 수도 있다(약 3: 8~12). 성경에서 "만일 말에 실수가 없는 자면 곧 온전한 사람이라(약 3: 2)"고 했을 정도로 정결한 언어생활은 어려운 것이지만 그리스도인들은 구원받은 천국 시민으로서의 합당한 언행을 하도록 노력할 의무가 있다. 왜냐하면 그리스도인들이 진리를 전하며 정의를 외치는 것은 하나님을 기쁘시게 하는 것이기 때문이다(살전 2: 4~5). 그래서 우리의 입술은 하나님께 영광을 돌리고 하나님을 찬양하는(시 119: 171~175) 데에 사용되어야 하는 것이다. 또한 우리는 연약하여 말에 실수가 많으므로 주께서 우리에게 지혜를 주셔서 옳고 선한 말만을 할 수 있도록 기도해야 한다(시 141: 3). 무엇보다도 중요한 것은 우리의 말뿐만 아니라 행실과 사랑, 믿음과 정절이 타인들에게는 본이 되고(딤전 4: 12) 하나님께서 기쁘게 받으시는 제물이 될 수 있어야(시 19: 14) 한다는 점이다. 결국 그리스도인의 언행은 '하나님 앞에서' 행하는 것처럼 조심스럽고 단정하여 여러 사람들에게 기쁨과 감동을 줄 수 있어야 한다. 이런 때의 지혜로운 말, 경우에 합당한 말을 성경에서는 '아로새긴 은쟁반에 금사과'라고 칭찬하였다(잠 25: 11). 즉, 때와 장소에 맞게 적절히 사용되는 말은 아름다운 그릇에 보기 좋고도 향기로운 과일이 있는 것과 같이 아름답다는 것이다. 이것은 모든 사람을 유익하게 하며 다툼과 오해를 풀어주며 사람들로 하여금 서로 화평케 하는 것이다.

◎ 그리스도인이 행해야 할 이웃 사랑의 참된 방식

그것은 사랑의 최고 모범자 되신 하나님을 본받는 방법이다. 하나님을 아버지로 모신 성도가 하나님을 본받는다는 것은 너무도 당연한 일이다. 만약 하나님을 본받지 않은 상태에서 이웃 사랑을 실현한다면 그것은 '자기 의(自己 義)'에 불과하다. 그러면 하나님께서 우리에게 보여주신 사랑은 어떤 것이었는가! 그것은 당신의 독생자를 아무 가치 없는 우리를 위해 무조건적으로 내어 주신 '십자가의 사랑'이라 할 수 있다(요일 4: 10). 이러한 사실에 연유하여 하나님께서는 성도들에게 그리스도께서 자신을 철저히 복종시키시고 십자가에 죽기까지 행하신 희생적이고 완전한 사랑을 요구하신다(레 11: 44, 마 5: 48, 눅 6: 36, 요 13: 34, 벧전 1: 16). 이처럼 하나님은 우리에게 이유 없는 명령을 주시지 않으시고 당신께서 보여주신 참된 사랑이 성도들의 매일의 생활에서 재현되기를 바라는 것이다(요 13: 34).

◎ 그리스도인들에게 있어서 요구되는 덕(德)은

이것은 청결한 마음과 선한 양심 그리고 거짓 없는 믿음으로 나는 사랑이다. 이것은 그리스도인의 도덕적 책임, 즉 실제적인 문제에 대한 모든 권고의 목표인 사랑이다. 그런데 사색적인 공리공론(空理空

論)만을 일삼던 그릇된 사람들은 이 사랑이 결여되어 있을 뿐만 아니라 그들의 주된 관심은 지적 만족을 얻는 데만 있었다. 따라서 사도 바울이 강조하는 바는

첫째, 청결한 마음이다. 구약적 의미에서 '마음'이란 단어는 인간의 도덕과 감정의 총체를 의미하는데 그런 의미에서 청결함이 없는 마음의 고귀성이란 존재할 수 없다(마 5: 8).

둘째, 선한 양심이란 정확한 자기 판단을 뜻한다. 올바른 자기 판단 작용은 성도가 지녀야 하는 가장 기본적인 요소 가운데 하나이다.

셋째, 거짓이 없는 믿음을 강조. 여기서 거짓 없는 믿음이란 자신의 이익과 불순한 동기에서 출발하지 않은 신실한 신앙을 가리킨다(행 15: 9).

그러므로 우리의 신앙생활에 있어서 최대의 목표가 바로 하나님과 이웃에 대한 사랑이라는 사실을 깨닫고 항상 자신을 드러내는 일보다 자신을 비우는 겸손에 더욱 관심과 노력을 기울여야 한다. "경계의 목적은 청결한 마음과 선한 양심과 거짓이 없는 믿음으로 나는 사랑이거늘(딤전 1: 5)"

◎ 나이에 맞는 삶

공자는 어린 시절부터 학문에 관심이 많았다. 나이 15세가 되었을 때 그는 일생을 학문에 바치기로 결심했다. 30세에 들어 그는 학문의 기초를 확립하여 학식과 인격이 확고하고 떳떳한 사회인으로 자립, 사회 참여를 했다. 40세에 이르러 자기 학문에 자신을 얻게 되

는 불혹기(不惑期)가 되자 그는 걸어가는 방향이 인간의 생활로서 타당하다는 것을 확립하고 남의 말에 동요되는 일이 없었다. 50세에 접어들자 그는 학문에 몸을 받치는 것은 주어진 사명이며 도(道)를 세워서 인류를 위해 노력하는 길이 자기 운명이며 마땅히 짊어져야 할 천직임을 깨닫게 되었다. 60세가 되자 공자는 자기와는 다른 남의 말을 들어도 순순히 수긍하게 될 만큼 인간 생활의 다양성을 인식하고 부질없이 반발하지 않는 마음의 여유를 얻었다. 이순(耳順)의 경지에 도달한 것이다. 공자가 아직도 많은 사람들에게 귀감이 되는 이유는 나이에 맞게 생각하고 행동할 수 있었기 때문일 것이다. 언행을 신중히 하고 만족할 줄 아는 삶이 참으로 귀하다. 당신의 나이에 맞는 생활에 감사하라. 감사가 복을 실어 온다.

"하나님이 노아와 그 아들들에게 복을 주시며 그들에게 이르시되 생육하고 번성하여 땅에 충만하라(창 9: 1)" "내가 너로 큰 만족을 이루고 네게 복을 주어 네 이름을 창대케 하리니 너는 복의 근원이 될지라(창 12: 2)"

◎ 남의 말 하기를 좋아하는 자의 말은 어떤 말들이며 어떻게 대처해야 할까

위선자는 입술로 온유한 말을 하지만 마음은 악한 성품을 가진 이중인격자이다. 이들은 대부분 남의 말 하기를 좋아하여 다른 사람을 해치는 중상, 비방, 무고 등의 말을 스스럼없이 하고 다닌다. 그런데 문제는 이런 나쁜 말을 듣는 사람들이 자기의 명예와 상관이 없고 자기를 해치지 않기 때문에 흥미를 가지고 재미있게 생각하면서 듣고 있다는 것이다. 그러나 '이웃을 내 몸처럼 사랑해야 하는 예수 그리스도를 믿는 사람'들은 이런 위선자의 말을 귀담아 들어서는 아니 되며 냉대해야 된다. 왜냐하면 위선자는 위선이 마침내 회중 앞에 드러나고 그는 스스로 판 함정에 빠지며 스스로 교묘하게 만든 말에 얽혀서 망할 것이기 때문이다. 또 사람들은 눈앞에 보이고 들리는 아름다움과 즐거움에 미혹되어 위선자를 좋아하다가 그와 함께 망하고 말기 때문이다. 특히 어리석은 자인 우매자의 말은 자기를 삼킨다, 즉 자기 자신을 해친다고 하였다(전 10: 12). 우매자가 말로 실수를 범하면 범할수록 그의 온 인격은 멍들게 된다(잠 10: 8, 21, 18: 7)고 하였다. 또한 어리석은 자의 말은 그 말이 시작되자마자 우매함이 쏟아져 나오고 끝내는 악하고 광적이며 타락한 본성을 노출시키게 된다고 하였다(전 10: 13). 이런 이유에서 어리석은 자는 침묵하는 편이 더욱 지혜로운 처사일 것이다(잠 17: 28). 그리고 어리석은 자의 말은 수다스럽지만 그 말이 결코 장래의 일들을 알게 하거나 죽음 이후의 일들에 대해서 지식을 전달해 주지 못한다고 하였다(전 10: 14). 이와 같이 어리석은 자들은 자신의 어리석음을 깨닫지 못하고 남을 헐뜯는 교만한 말과 행동을 일삼는다. 따라서 말이 많은 자는 허물도 많다는 사실을 명심해야 할 것이다(딤전 5: 13).

◎ 남의 유익을 구하는 삶

"모든 것이 가하나 모든 것이 유익한 것이 아니요 모든 것이 가하나 모든 것이 덕을 세우는 것이 아니니 누구든지 자기의 유익을 구치 말고 남의 유익을 구하라(고린도전서 10: 23~10: 24)"

어른이 되었다는 것은 다양하게 표현할 수도 있겠지만 '자기중심'으로 살아가는 사람이냐 '타인중심'으로 살아가느냐를 보고 평가할 수 있다. 어린아이들을 보면 배가 고프면 배가 채워질 때까지 울지만 배가 채워지면 억세게 밀어내어 받아들이지 않는다. 따라서 인간은 본래 자기중심적으로 태어나서 본능적으로 자기중심적인 욕구를 제어할 수 있다면 그는 성숙되었다고 말할 수 있을 것이다. 어떤 공동체이든지 '자기중심적인 사람'은 다른 사람에게 상처를 안겨 주고, 공동체의 해악을 불러일으키는데 그 이유는 자기중심적인 사람이 자신이 자기중심적인 삶을 살아간다는 사실을 인식하지 못하기 때문이다. 특히 사람에게는 어쩔 수 없이 자기중심적으로 생각하고, 판단하고, 선택할 수밖에 없는 것 같다. 자신의 상태를 인식하지 못하는 것, 이것은 성장 시 환경이 가져다준 훈련이고 습관화인 것 같다. 자기중심적으로 행동하는 아이를 그대로 방치한다면 그는 어른이 되어서도 자기중심으로 행동하는 것을 당연시되는 것이다. 따라서 다른 사람이 자기중심적인 행동에 제동을 걸게 되면 불쾌함을 느끼고, 분노한다. 그러나 공동체는 이타적인 사람이 있을 때 건전하게 세워진다. 다른 사람을 먼저 고려해서 생각하고, 다른 사람의 반응을 생각하면서 선택하고, 다른 사람의 필요를 읽을 수 있고 채워 주는 사람들이 많을 때 도전이 있고 격려가 있다. 어떤 아내는 자기가 먹고 싶은 음식만 식단에 차린다. 심지어 남편의 식습관을 자기중심으로 길들여 놓는 부인도 많다. 그러나 이타적인 아내는 남편이 좋아하는 음식을 파악해서 식단을 차려 몇 년 후의 부부의 식습관을 보면 남편에게 맞추어져 있는 것을 발견할 수가 있다. 이기적인 사람 주변에는 사람들이 다가오기를 꺼린다. 심지어 부부마저도 가까이 다가가기를 싫어한다. 그러나 배려하고 챙겨 주는 사람에게는 사람들이 몰려든다. 누구나 이기적이기보다는 이타적인 삶을 살기를 원하기 때문이다. 그런데 왜 이기적인 삶을 살아가는 사람이 많을까? 이것은 이타적인 삶을 사는 데는 자기희생이 따르기 때문일 것이다. 자신이 불편함을 경험해야 하고, 자존심이 상하기도 하기 때문에 그래서 누구나 상대방이 자기

중심으로 움직여 주기를 원한다는 것이다. 따라서 결국 그 공동체는 항상 아픔과 갈등이 떠날 수가 없을 것이다.

◎ 네 말이 내 귀에 들린 대로

모든 상황에 대하여 긍정적인 말을 선포하고 축복의 말을 선포해야 한다.

민수기를 보면 매우 흥미로운 말씀을 볼 수 있다. "그들에게 이르기를 여호와의 말씀에 나의 삶을 가리켜 맹세하노라 너희 말이 내 귀에 들린 대로 내가 너희에게 행하리니(민 14: 28)" 이 말씀은 하나님께서 하나님 자신의 삶을 가리켜 맹세하신 말씀이다. 그리고 하나님께서는 우리가 하는 말을 들으시고 그대로 우리 삶에 이루어 주신다고 분명하게 말씀하고 계신다. 잠언을 보면 "죽고 사는 것이 혀의 권세에 달렸나니 혀를 쓰기 좋아하는 자는 그 열매를 먹으리라(잠 18: 21)"라는 말씀이 있다. 이것은 우리 입술의 고백이 얼마나 중요한가를 강조하는 말씀이며, 이를 통하여 우리는 크리스천들이 선포하는 말씀에는 놀라운 권세가 있음을 알 수 있다. 이에 대한 재미있는 예화가 있다. 입술의 권세와 말의 능력을 알고 있었던 어떤 집사님은 아들이 말을 안 듣고 속을 썩일 때마다 매를 들며 이렇게 말을 했다고 한다. "아이고, 이 잘될 놈아, 이 축복받을 놈아……."

대부분 사람들이 이런 상황에 놓이면 자식을 향해 부정적인 말을 하기가 쉽다. "너는 왜 그 모양이냐, 그래서 너는 잘되는 게 없다. 너는 왜 뭐 하나 제대로 잘하는 게 없냐……."

흔히 화가 나고 좋지 않은 일이 있을 때면 부정적인 말을 선포하며 원망과 불평의 말들이 나오기 일쑤이다. 하지만 그 집사님은 아들을 향해 결코 부정적인 말을 하지 않았다. 아무리 화가 나고 또한 매를 드는 순간에도 축복의 말을 했다. 하나님은 이 고백을 분명히 들으셨다. 이것은 비단 우리의 일상생활에서만 적용되는 것이 아니다. 우리가 국가에 대해, 대통령에 대해, 위정자들에 대해, 교회와 목회자 또한 우리의 가족들에 대해 하는 모든 말들이 그 열매를 맺게 되는 것이다.

특히 하나님의 자녀 된 권세 있는 자들의 말의 고백은 더 큰 능력을 발휘하게 된다. 그들의 고백이 그대로 하나님의 귀에 들리기 때문이다. 하나님은 우리가 말로 뿌린 대로 이루신다. 그래서 믿는 자들은 특히나 말의 고백에 주의해야 한다. 세상 사람들과 똑같이 말하고 행동해서는 안 된다는 것이다. 모든 상황에 대하여 긍정적인 말을 선포하고 축복의 말을 선포해야 한다. 혹시나 마음이 상하고 뜻대로 일이 되지 않을 때도 입술의 고백만큼은 긍정적이고 좋은 열매를 맺을 수 있는 말을 뿌려야 한다. 한동안 우리나라 사람들의 입술을 지배했던 입술의 고백이 있다. '……해서 죽겠네, ……해서 미치겠네'라는 말이다. '좋아서 죽겠고, 더워서 죽겠고, 행복해서 미치겠고, 사랑해서 미치겠고'라는 말이 많은 사람들의 언어습관 중에 굳어져 있었다. 우연이라 할 수도 있지만, 그 결과 우리나라는 IMF 때보다도 자살률이 더 증가한 자살 선진국이 되었다. 또한 상식과 인간 존엄성을 파괴하는 끔찍한 범죄들이 점점 늘어가고 있다. 우리는 우리가 선포한 말들에 대해 책임을 져야 한다. 책임을 질 수 없다면 아예 입 밖으로 나오게 해서는 안 된다. 엎질러진 물처럼, 한번 내뱉은 말은 다시 담을 수가 없다. 국가적으로 어려운 이 시기에 특히 우리는 좋은 말, 격려와 위로의 말, 소망과 사랑을 주는 말, 칭찬의 말을 해야 한다. 지금 당장 눈에 보이기에는 상황이 다르다 할지라도, 우리는 우리나라에 대해서도 계속해서 축복의 말을 선포하며 기도해야 한다. 대통령에 대해서도 기도하는 가운데 계속해서 좋은 말을 선포해야 한다. '칭찬은 고래도 춤추게 한다.'라는 베스트셀러 책이 있다. 하나님은 우리의 입술의 고백에 귀를 기울이고 계시고, 사람들은 비난과 책망과 미움의 말 속에서 성장하는 것이 아니라, 칭찬과 격려의 말 속에서 자라게 된다.

우리는 우리가 선포한 말 그대로 이루어진다는 사실을 잊지 말고 믿는 자로서 책임감을 가지고 입술의 고백을 잘해야 한다. 또한 기도를 할 때도 긍정적인 말을 사용하고, 모든 중보 기도 대상자들을 위해서 지속적인 축복 기도를 해야 한다.

◎ 때를 따라 주시는 은혜

물고기에게는 반드시 물이 있어야 하는데 이는 물고기는 물 밖에서 살 수 없기 때문이다. 이처럼 세상에는 꼭 필요한 요구 조건들이 있다. 물고기에게 물이 필요한 것처럼, 자동차에는 기름이 필요하고, 사람에게는 공기와 물과 먹을 것이 있어야 한다. 그리고 성령에게는 육체적인 조건 못지않게 영적인 요구가 있다. 이것이 바로 하나님의 은혜이다. 이처럼 우리에게 꼭 필요한 하나님의 은혜를 날마다 공급받기 위해서는 몇 가지 신앙의 자세가 필요하다.

첫째로, 믿음의 도리를 굳게 붙들 수 있어야 한다. 바다를 항해하는 선장은 배의 키를 굳게 잡아야 하고, 자동차를 운전하는 사람은 핸들을 붙잡아야 하는 것과 같이 신앙생활의 원리도 마찬가지이다. 삶의 소망과 목표를 굳게 잡고 어떤 상황에서도 믿음을 놓아서는 안 된다.

둘째로, 불같은 시험을 이길 수 있어야 한다. 사탄은 세 가지 통로로 우리를 유혹하는데, 하나는 직접 유혹하는 방법이며, 다음은 세상을 통해 유혹하는 방법이고, 마지막은 육신의 욕심을 통해 유혹하는 방법이다. 날마다 은혜를 누리는 생활을 하려면 사탄의 유혹을 당당하게 물리칠 수 있어야 한다. 예수님은 광야에서 사탄으로부터 시험을 받으셨으나 성령의 검인 말씀으로 사탄을 물리쳤다(마 4: 4`10). 다윗은 범죄를 저지르지 않기 위해서 주님의 말씀을 그의 마음에 두었다(시 119: 11). 이처럼 우리도 하나님의 말씀을 마음에 간직하면 사탄의 유혹을 물리칠 수 있다.

셋째로, 은혜의 보좌로 나아가야 한다. 교회는 하나님께서 우리를 위하여 마련해 두신 대표적인 장소이다. 교회로 가는 발걸음은 곧 은혜의 보좌로 나아가는 발걸음이며, 그 길은 은혜가 시작되는 길이다. 거기서 우리는 은혜를 체험하며 그 은혜를 나누는 길을 터득하는 것이다. 하나님의 은혜가 있을 때 우리의 삶은 기쁨과 평안의 삶이 될 것이다.

◎ 만 남

만남에는 여러 가지의 내용이 있다. 하나님과 인간과의 만남도 있고 인간과 인간 사이의 만남도 있다. 또한 인간 사이의 만남에는 민족 간의 만남도 있고 이웃 간의 만남도 있다. 그리고 빈부나 성별, 지식, 명예를 불문한 신분 계층 간의 만남도 생각해 볼 수 있다. 만남이 이루어지려면 눈높이가 같아야 한다. 신분이나 계급의식이 없어야 한다. 나아가서 섬기려는 마음이 있어야 만날 수 있다. 그리고 무엇보다도 나보다 남을 낫게 여기는 존경의 마음과 약한 자에 대한 사랑의 마음이 있어야 한다. 만남은 얼굴과 얼굴을 서로 마주보는 것이요, 눈과 눈을 서로 바라보는 것이요, 마음과 마음이 서로 통하는 것이 만남이다. 만남은 비로소 상대방을 향하여 입이 트이는 상태요 상대방의 언어에 대하여 귀가 열리는 상태이다. 그러므로 만남은 커뮤니케이션을 말하는 것이다. 오늘날 우리 사회의 고민은 만남의 상실에 있다. 사람은 넘쳐나지만 만남의 대상은 없다. 부부 사이의 만남이 없어서 많은 가정이 깨어지고 있다. 두 사람이 살을 맞대고 살지만 커뮤니케이션이 없으니 동상이몽의 상태가 되어 버리고 있다. 부모와 자식 간에 만남이 없어서 세대 차를 극복하지 못하고 서로가 사랑의 대화를 할 수 없게 되었다. 교인들이 교회에 나와 같이 앉아 있으나 서로 간의 만남은 별로 없다. 목사와 교인들 간에 형식적인 웃음과 애정의 언어가 오가지만 목자와 양의 관계처럼 말을 알아듣는 사이도 아니요 상대방을 위하여 목숨을 버리는 각오도 물론 없다. 최근의 교회를 보면 낮아짐의 자세도 보이지 않고 서로 섬기려는 마음도 없고 나보다 남을 낫게 여기는 존경이나 사랑의 마음도 없다. 입은 살았으나 귀는 없고 말은 많았으나 상대방을 귀하게 여기고 들으려는 자세는 없다. 잘난 사람들의 말잔치는 여전하고 직분자들은 성도를 향하여 겸손과 존중과 사랑하려는 마음을 보여주지 못한 구태의연한 자태가 이어지고 있음을 자각해야 한다.

◎ 말[言]은 어떻게 심판의 척도가 되는가

예수께서는 "사람이 무슨 무익한 말을 하든지 심판 날에 이에 대해 심판을 받으리니 네 말로 의롭다 함을 받고 네 말로 정죄함을 받으리라(마 12: 36~37)"고 말씀하셨다. '무익한 말'은 아무런 생각도 없이 내뱉어 버리는 말, 곧 무의미하고 무가치한 말을 가리킨다. 그런데 '말'에 의해 심판을 받는 이유는 입을 통해 표출되는 말들이 그 사람의 내면적 생각과 마음의 자세와 나아가서는 인격까지 반영하기 때문이다. 오늘날 우리들이 세상을 살아갈 때 순간적으로 혹은 고질적으로 말을 잘못하여 곤란한 지경을 당할 때가 종종 있다. 더욱이 성도들에게 있어서 각자의 말은 개인의 인격뿐만 아니라 신앙까지 나타내 주는 것일 수도 있으므로 우리들은 수시로 각자의 언어생활을 점검해 보아야 한다(욥 27: 4, 욥 34: 13).

◎ 말다툼을 하지 말라고 명한 이유

바울이 말다툼을 하지 못하게 한 이유는 말다툼은 유익이 하나도 없고 도리어 듣는 자들을 망하게 하기 때문이다(딤후 2: 14). 여기서 말다툼은 '끝없는 신화와 족보'(딤전 1: 34), '망령되고 허탄한 신화'(딤전 4: 7) 등을 말하는 것으로 당시 교회 내에 침투해 있는 이단들의 가르침과 변론을 의미한다(딤전 6: 3~10). 특히 당시 디모데가 시무하던 에베소 교회 내에 침투한 거짓 교사들은 계속해서 복음의 진리를 왜곡시키려고 온갖 수단과 방법을 다 동원하여 교회를 분열시키고 있었다(고전 15: 12, 갈 2: 20). 그러기에 바울은 디모데에게 사람을 구원하기보다는 오히려 망하게 만들고 진리를 거부하는 말다툼을 피하라고 하나님 앞에서 엄히 명령하고 있는 것이다. 이제 우리 믿음을 가진 자들은 교회의 일상적인 생활 가운데서 무익한 변론과 잘못된 권위주의를 버리고 그리스도를 본받아 몸소 사랑과 정의를 실천함으로써 타인의 칭송을 받을 수 있도록 노력해야 할 것이다(약 1: 26, 요일 3: 18).

◎ 명철한 사람의 입에서 나오는 말은

명철한 사람의 입에서 나오는 말은 깊은 불과 같다. 또 "명철한 사람의 입의 말은 깊은 물과 같고 지혜의 샘은 솟쳐 흐르는 내와 같으니라(잠 18: 4)"고 성경은 교훈하고 있다. 왜냐하면 명철한 사람이 함부로 말을 하지 않고 신중히 생각하여 긴요한 말만을 하기 때문이다. 이처럼 참된 지혜는 깊은 묵상(默想)과 신중함에서 나오게 되는 것이므로 예수 그리스도를 믿는 자들은 이같이 명철한 자가 되도록 힘써야 한다.

◎ 무고히 미움을 당할 때

사실 인간은 자신에게 허물이 있을 때에 이웃에게 미움을 받으면 고통을 느낄 수밖에 없는데 까닭 없이 미움을 받을 때는 더욱 견뎌내기 힘들다. 그러나 불의가 지배하는 이 세상에서 부당한 대우를 받는다고 해서 이상하게 생각해서는 안 된다. 왜냐하면 이것이 곧 세상의 질서이기 때문이다. 오히려 우리는 무죄하신 예수께서도 이와 같은 상황을 견뎌냈음을 기억하고 고난의 의미를 올바로 깨닫는 계기로 삼아야 할 것이다(요 15: 25).

◎ 미련한 자의 입

"저는 자의 다리는 힘없이 달렸나니 미련한 자의 입의 잠언도 그러하니라(잠 28: 7)"

이렇게 비유하는 것은 미련한 자가 비록 경건하고 좋은 말을 하더라도 그의 생활은 자신의 말과 모순이 되므로 언행이 불일치하기 때문이다. 그리고 말과 행실이 일치되지 않는 자의 말은 저는 자의 다리가 힘을 쓸 수 없는 것과 같이 전혀 좋은 영향력을 발휘하지 못하고 오히려 그의 위신을 끌어내릴 뿐이다. 그러므로 하나님의 말씀을 입으로만 떠벌리도록 있는 교훈이 아니라 실제 생활 속에서 겸손하게 말씀대로 실천하며 사는 자들이 되어야 한다. “자녀들아 우리가 말과 혀로만 사랑하지 말고 오직 행함과 진실함으로 하자(요일 3: 18)” 미련한 자의 어리석은 것을 따라 대답하지 말라 두렵건대 네가 그와 같을까 하노라(잠 26: 4)

◎ 미움과 사랑은 어떻게 다른가

미움은 다툼을 일으키고 사랑은 모든 허물을 가린다고 한다(잠언 10: 12). 즉, 미워하는 마음은 상대방에 대해 좁은 마음과 비뚤어진 마음을 가지게 하므로 매사에 트집을 잡게 한다. 그러나 사랑하는 마음은 먼저 상대방을 이해하려고 노력함으로써 허물을 다른 사람에게 떠벌리지 않고 조용히 해결토록 한다. 더욱이 사랑하는 자는 그 영혼의 가치를 알므로 허물을 용서하여 주며 그가 바르게 서도록 기도한다(고전 13: 4, 벧전 4: 7~8). 믿는 사람들은 형제의 허물을 ‘일흔 번씩 일곱 번’이라도 용서하라는 예수님의 말씀(눅 17: 4)을 기억하며 우리를 위해 자기 자신을 내어 주신 예수님의 사랑을 본받아야 한다.

◎ 믿는 자가 악에 대해 취할 태도

여호와를 사랑하는 자는 악을 미워하여야 한다. 성서에도 "여호와를 사랑하는 너희여 악을 미워하라 저가 그 성도의 영혼을 보존하사 악인의 손에서 건지시느니라(시 97: 10)"고 하셨다. 왜냐하면 '악'은 하나님께서 미워하시는 것으로서(시 45: 7) 성도로 하여금 하나님의 진리를 거스르게 하고 허탄한 곳에 마음을 두게 하며 성도를 하나님으로부터 분리시켜 파멸로 인도하기 때문이다(잠 4: 27, 롬 12: 9, 벧전 3: 11). 그런 연고로 시편 기자는 여호와를 사랑하는 것과 악은 조화될 수 없는 불과 물 같은 것임을 밝히면서 성도에게 악을 미워하라고 촉구하였다. 이러한 촉구는 하나님의 진리를 전하는 모든 전도자들이 한 것으로 사도 바울도 "악은 모든 모양이라도 버리라(살전 5: 22)"고 권고하였다. 그러므로 성도는 모든 불의에서 떠날 때만이 하나님과 온전한 교제가 이루어질 수 있다는 사실을 깨닫고 하나님을 사랑하며 악을 미워하는 일을 일생의 최고의 과제로 삼아야 한다(롬 16: 17~19, 딤후 2: 19).

◎ 믿는 자들은 내일 일에 대해 어떤 자세로 임해야 하는가

예수께서는 "내일 일을 위하여 염려하지 말라 내일 일은 내일 염려할 것이요 한 날 괴로움은 그날에 족하니라(마 6: 34)"고 말씀하셨다. 이 말씀은 미래에 대한 준비와 계획이 필요 없다는 뜻이 아니라 '내일 일', 곧 육체적 삶에 따르는 여러 가지 염려를 내일까지 미루는 일은 성도들에게 있어서 아무런 유익이 없을 뿐만 아니라 오히려 하나님께 죄를 범하는 행위가 된다는 의미이다. 한편 예수께서 이처럼 근시안적(近視眼的) 교훈으로 가르치신 것은 그 당시 제자들의 믿음이 약하여 영적으로 미성숙한 단계에 있었기 때문이다. 따라서 그들은 아직 예수 그리스도의 깊고 크신 진리를 온전히 깨닫기에는 부족하였으므로 예수께서는 그들의 수준에 맞추어 가르치신 것으로 추측할 수 있다. 이와 동시에 예수께서는 그의 제자들에게 오늘의 은혜는 오늘에 족하고 내일에는 다시 새로운 은혜를 힘입어 살아가야만 한다는 사실을 암시하고 계신다. 따라서 우리들은 혹시 내일 새로운 염려나 괴로움이 생길 가능성이 있다고 할지라도 결코 이를 앞당겨서 염려할 필요는 없으며 오히려 그것을 감당할 새로운 은혜를 받기 위해 노력해야 한다(시 55: 22, 시 68: 19, 요 14: 1, 벧전 3: 14).

◎ 믿는 자는 왜 분노를 억제해야 하는가

예수 그리스도를 믿는 자는 '사람의 성내는 것이 하나님의 의(義)를 이루지 못하기' 때문이다(야 1: 20). 부언하면 사람의 성내는 것과 변덕스러움과 고집은 하나님께서 원하시는 바를 이루어 드리지 못할 뿐만 아니라 성도의 심령을 손상시키기 때문이다(창 4: 5, 삼상 18: 8, 왕하 5: 12, 대하 16: 10, 에 3: 5, 암 1: 11, 눅 4: 28, 행 19: 28). 한편 여기에서 '하나님의 의'란 하나님께서 인간에게 요구하시는 올바른 행위를 가리킨다(미 6: 8). 믿는 자들은 자신의 분노로 인해 하나님께서 성도 각자에게 요구하시는 삶을 살지 못하는 죄를 범해서는 안 된다(잠 5: 1, 살전 2: 7).

◎ 믿음과 기도

믿음이란 말은 국어사전에서 보듯 "의심하지 않고 꼭 그렇다고 여기다. 또는 너의 말이 진실이라는 것을 믿겠다(believe). 마음으로 의지하고 든든하게 여기다(trust)."라는 말이며 종교적으로는 "종교에 대한 신앙을 가지다, 신앙하다, 귀의(歸依)하다." 등으로 기록되어 있다. 기도는 "종교적 대상과 교제와 회화를 하는 것. 신앙자에 대한 대화자로서의 신은 초월적 존재이기는 하나 주관적으로는 신앙자의 의식에 내재하므로 객관적으로는 회화가 아니라 신앙자의 독백의 형식을 취하는 것이 보통이며 신적 대상에의 호소라고 할 수 있음"이라고 되어 있으나 기독교적으로는 "하느님에게 예수의 이름으로 감사와 찬미와 희구를 드려 비는 일"이다. 이 말을 정리해 본다면 사람들이 꼭 그렇게 될 것이라고 믿으면서 예수의 이름으로 감사와 찬미와 희구를 드리니 안심이 될 것이고 희망과 안정이 있으니까 모든 일상생활에서 오는 스트레스가 해소될 것이며 몸의 호르몬 계통이 다시 조화를 가질 수 있어서 자연히 자연치유력을 발휘할 수 있게 될 것이다. 미국의 정신과 의사로서 국제적으로 유명한 윌리엄 글래서 박사는 그의 저서 『마음의 상태』에서 "사람이 기도 같은 명상을 통하여 자기 정신을 집중시키면 자기 뇌에서 엔케팔린 또는 아편의 모르핀이라는 진통제와 비슷한 물질인 엔도르핀이 분비되어 병을 자연치유할 수 있다."고 하였다. 그는 사람이 믿는다는 것이 얼마나 중요한가를 다음과 같이 말하였다.

"사람이 약을 믿으면 우리들의 뇌 활동이 잘되어 병을 효율적으로 치료할 수 있다. 이것을 플라세보 효과라 하는데 기도나 동양인의 명상 같은 것도 일종의 플라세보 효과이다."

또한 불란서의17세기 철학자 파스칼(Blaise Pascal)은 인간의 종류를 다음과 같이 셋으로 구분하였다. 첫 번째 종류의 사람은 하나님 없이 사는 사람으로서, 파스칼은 그들을 미련한 사람이라고 했다. 두 번째 종류의 사람은 하나님에 대해서 연구하는 사람인데, 이런 사람을 가리켜 파스칼은 불행한 사람이라고 했다. 세 번째 종류의 사람은 하나님을 진정으로 믿는 사람인데, 그런 사람은 행복한 사람이라고 했다.

기독교와 불교의 차이점들 중에 하나를 짚어 본다면, 기독교는 '믿음의 종교'이고, 불교는 '깨달음의 종교'이다. 기독교는 '무조건 믿으라'고 하는가 하면, 불교에서는 '깨달으라'고 한다. 불교에서는 진리의 깨달음과 이해가 중요하다. 기독교에서의 신앙이란 믿음으로 이루어진다. 칼 바르트(Karl Barth)는 신앙이란 모든 인간에게 자유롭게 그리고 공짜로 주어진 하나님의 은혜를 받아드리는 것이며, 하나님의 계시(성경, 자연, 특히 예수 그리스도)를 아는 지식이고 받아들임이라고 했다. 에밀 브루너(Emil Brunner)도 믿음이란 하나님께서 계시로써 '얘야'라고 부르실 때, '예'라고 대답하여, 그 '얘야'와 '네'의 만남이 있을 때 이루어지는 것이라고 한다.

계시록 3: 20에 보면, 예수께서 문 밖에서 문을 두드리고 기다리실 때, 안에 있는 사람이 응답하여 문을 열면, 그 안에서 그 사람과 예수님의 만남과 사귐의 역사가 이루어진다고 했다. 요한복음 3: 16의 말씀도 그런 뜻으로 연결된다.

영국의 유명한 화가 홀만 헌트(Holman Hunt)는 그의 "The Light of the World"라는 그림에서 이와 같은 믿음의 개념을 잘 묘사하였다. 그가 그린 문의 손잡이는 안에만 달려 있고 문밖에는 없다. 그렇기 때문에 그 문을 열 수 있는 사람은 문 안에 있는 사람뿐이다.

◎ 믿음 속에서 서로 화합해야만 하는 궁극적인 목적

성도들은 믿음이 강한 자나 약한 자나 모두가 서로 화합해야 한다. 이는 교회의 평화를 위해서 또한 세상의 믿지 않는 사람들이 볼 때에 덕을 세우기 위해서도 필요한 것이라고 성경은 "우리 각 사람이 이웃을 기쁘게 하되 선을 이루고 덕을 세우도록 할지니라(롬 15: 2)"고 교훈하고 있다. 그러나 성도들이 서로 화합해야 하는 가장 중요한 목적은 하나님께 영광을 돌리기 위함이다. 이러한 사실은 그리스도께서 먼저 죄 많은 우리들을 용납하여 주심으로 하나님 아버지께 영광을 돌리신 사실에 그 근본적인 동기를 두고 있다(요 17: 4~11). 성도들이 단결하지 못하고 뜻이 일치하지 못하는 것은 하나님께 영광을 돌리지 못하는 것이며 도리어 하나님의 영광을 가리는 것이다. 비록 자신의 마음에 들지 않는 일이 있다 하더라도 자기에게 얼마간의 손해가 되더라도 성도들은 하나님의 영광을 위해서 서로 화합하여 일치된 모습을 나타내야 한다. 실제로 아브라함은 그의 조카 롯과 다툴 일이 있었지만 그들이 하나님을 섬기기 때문에 무엇인가 다르다는 것을 이웃에게 보이기 위하여 인내하고 관용하며 절제하였다고 볼 수 있다(창 13: 8)

◎ 믿음이 없는 사람과 믿음을 가진 사람의 종류별 차이점

- 믿음이 없는 사람의 종류: 첫 번째 사람은 거미 같은 사람, 즉 거미줄을 쳐 놓고 가만히 기다리면서 거미줄에 걸린 것만 잡아먹고 사는 동물과 같은 사람으로 남에게 해만 끼치는 사람이며, 두 번째 사람은 개미와 같은 사람, 즉 남을 잡아먹지 않고 남에

게 폐를 끼치지 않고 부지런히 일하여 자기만 잘 살아가는 개미 같은 사람이다. 세 번째 사람은 꿀벌 같은 사람이다. 꿀벌은 부지런히 꽃을 찾아다니면서 꿀을 따서 자기도 먹고 사람들에게도 꿀을 공급해 줄 수 있는 꿀벌 같은 사람은 남을 위해 희생하면서 자기의 일생을 보내는 훌륭한 사람이다.

-믿음을 가진 사람의 종류: 세상엔 세 가지 종류의 사람이 있는데 자기의 인생을 한 번, 또는 두 번 아니면 세 번 출발하는 사람이라고 했다. 그 첫 번째 사람은 세상에 태어날 때 첫 번째 출발을 한 사람이다. 이것은 세상의 모든 사람이다. 누구든지 세상에 태어났기 때문에 모두가 첫 번째 출발을 한 것이다. 다음엔 결혼을 할 때 사람은 두 번째 출발을 하게 된다. 두 번째 출발을 잘해야만 행복하게 살아갈 수 있다는 것이다. 두 번째 출발을 잘못할 때 결혼생활은 실패하며 일생을 불행하게 지내야 한다. 마지막 한 사람은 세 번째 출발을 한 사람이다. 예수를 믿고 죽은 다음에 참영생이 있는 것을 믿기 시작할 때 그 사람은 세 번째 새 출발을 하게 되는 사람이다. 예수를 믿고 죽은 다음에 참영생이 있는 것을 믿기 시작할 때 그 사람은 세 번째 새 출발을 하게 되는 사람이라는 뜻이다. 세상 사람의 대부분은 이 세 번째 출발을 하지 않고 그대로 세상을 살아가는 사람이 너무나 많다. 사람이 세 번째 출발을 할 수 있어야만 이 세상에서 살 때라도 죽음을 두려워하지 않게 되고 마음에 안정을 찾고 도리어 건강하게 살아갈 수 있다.

◎ '부(富)'에 대한 우리의 자세

우리는 세상에 아무것도 가지고 온 것이 없기 때문에 아무것도 가지고 가지 못할 것이다. 따라서 하나님께서 매일 공급하시는 먹을 것과 입을 것이 있으면 족할 줄로 알아야 한다(딤전 6: 7~8)고 성경은 우리에게 교훈하고 있다. 우리가 이 세상에서 하나님 앞으로 가지고 가야 할 것은 바로 우리 자신이다. 그러므로 우리는 하나님 앞에 가지고 갈 성품, 마음, 영혼을 세상사는 동안에 청결히 하는, 즉 경건에 이르도록 노력해야 할 것이다. 다시 말해서 먹고 입는 것에 대한 관심 이전에 먼저 하나님의 나라와 그분의 계획하심에 더 큰 관심을 가지라는 바울의 권면이다(마 6: 33). 그러므로 이 세상 삶에서의 '자족(自足)'은 우리로 하여금 이 세상에 대한 지나친 욕심을 잊게 하며 하나님과 내세(來世)에 대한 소망을 갖게 한다(욥 1: 21, 전 5: 15).

이 세상에서 행복을 판가름하는 관건은 얼마나 부를 가졌느냐, 얼마나 훌륭한 외모와 지위를 가졌느냐가 아니라 얼마나 현재의 삶에 만족하느냐, 미래마저도 그렇게 만족할 것인가 하는 것이다.

◎ 부모를 저주한 자의 형벌

"무릇 그 아비나 어미를 저주하는 자는 반드시 죽일지니 그가 그 아비나 어미를 저주하였은즉 그 피가 자기에게 돌아가리라(레 20: 9)" 부모를 저주하는 일은 사형에 해당되는 무서운 범죄행위로 취급되었다. 성서에는 다음과 같이 교훈하고 있다. "그 아비나 어미를 저주하는 자는 반드시 죽일지니(출 21: 17)" "자기의 아비나 어미를 저주하는 자는 그 등불이 유암(幽暗) 중에 꺼짐을 당하리라(잠 20: 20), 아비를 저주하며 어미를 축복하지 아니하는 무리가 있느니라(잠 30: 11)" "모세는 네 부모를 공경하라 하고 또 아비나 어미를 훼방하는 자는 반드시 죽으리라 하였거늘(막 7: 10)”

이와 같은 교훈은 부모에 대한 저주는 이 땅에서의 가장 숭고한 어버이의 사랑에 대한 반역행위이며 생명의 권위와 근원을 무시하는 일로서 하나님께 도전하는 행위이기 때문이다.

◎ 복 있는 사람이란

“복 있는 사람은 악인의 꾀를 좇지 아니하며 죄인의 길에 서지 아니하며 오만한 자의 자리에 앉지 아니하고, 오직 여호와의 율법을 즐거워하여 그 율법을 주야로 묵상하는 자로다(시 1편 1~2)”

복 있는 사람은 소극적인 면에서 3가지 죄를 범하지 아니하는 사람이고 적극적인 면에서 하나님의 말씀을 생활화하는 데 힘쓰는 사람이라고 교훈하셨다.

소극적인 면에서 범하지 말아야 할 3가지 죄는 악인의 꾀[공공연하게 드러나지 않는 사악(邪惡)]를 좇는 죄, 죄인의 길에 서는 죄, 오만한 자의 자리에 앉는 죄이다. 이 죄들은 한마디로 세상을 사랑하는 것이다. 따라서 요한일서 제2장 15절에서는 “이 세상이나 세상에 있는 것들을 사랑치 말라 누구든지 세상을 사랑하면 아버지의 사랑이 그 속에 있지 아니하니”라고 예수 그리스도께서는 교훈을 주셨다.

적극적인 면에서 해야 할 일은 ‘오직’ 여호와의 말씀을 즐거워하여 밤낮 묵상(默想)함으로써 그 말씀을 실천하는 일이다. 이것은 마음을 하나님께 두고 그의 뜻대로 살고자 하는 바른 신앙인의 생활이다. 여기에서 악인과 죄인 그리고 오만한 자는 어떤 자들을 가리키고 있는가를 알아보면 ‘악인’은 도덕적인 면에서 가치 기준이 제대로 서 있지 못해 자연히 육의 욕정에 치우치는 자를 가리키고 특히

"오직 악인은 능히 안정치 못하고 그 물이 진흙과 더러운 것을 늘 솟쳐내는 요동하는 바다와 같으니라(이사야 57: 20)"고 성경은 제시하고 있다. 또 '죄인'은 행동적인 면에 있어서 야비하고 분명한 죄를 지으며 살아가는 자를 가리킨다. 마지막으로 '오만한 자'는 종교적인 면에서 거룩하고 진실된 것을 하찮은 농담거리로 여기며 하나님을 모독하는 자를 가리킨다. 이와 같이 이 말들은 점점 더 하나님에게서 멀어지는 죄인들의 상태를 단계적으로 묘사한 말들이다. 따라서 우리의 모든 죄악은 사악한 마음의 상태에서부터 비롯되므로 우리의 죄악된 생활습관이 무엇인가를 찾아 고침으로써 그러한 습관이 굳어져 버리지 않도록 해야 하고 모든 말씀을 영적 양식으로 알고 "사람이 떡으로만 살 것이 아니요 하나님의 입으로 나오는 모든 말씀으로 살 것이라 하였느니라(마 4: 4)"고 예수께서 대답하여 가라사대 기록되었으되 하셨다.

그러므로 이렇게 성도들이 소극적으로는 세상을 사랑하는 죄에서 떠나는 한편 적극적으로는 하나님을 사랑하는 생활에 힘쓸 때, 그리고 "너희가 나를 사랑하면 나의 계명을 지키라(요 14: 15)"는 말씀대로 하나님 말씀을 대하여 즐거워할 수 있는 사람이 복 있는 사람이 된다.

또 시편 128편 1절 "여호와를 경외하며 그 도에 행하는 자마다 복이 있도다"는 말씀과 같이 '여호와를 경외하며 그 도에 행하는 자마다 복'이 있다고 했다. 세상의 논리에 의하면 도무지 이 말이 이루어질 것 같지가 않다. 왜냐하면 세상은 이 말을 완전히 도외시하고 있기 때문이다. 이 축복은 생활 속에서 직접적으로 느껴지는 것이 아니라 영적인 축복을 의미하기 때문에 우리가 이것을 깨닫기 위해서는 장차 그 축복을 받게 될 것이라는 믿음이 필요하고 다음에 이 축복이 오직 하나님의 보호하심에 달려 있다는 것을 아는 것이 필요하다. 이 세상에서 누릴 수 있는 행복을 다 불러 모은다 할지라도 하나님의 보호 아래 있는 것보다 더 행복한 일은 찾아볼 수 없다.

◎ 분노를 억제하는 열두 가지 방법

초조함 · 분노 · 증오 또는 원한이 인간의 건강을 해치는 무서운 영향력을 갖고 있다는 사실을 자각한 이상, 우리는 자연히 그것을 방지할 수 있는 것은 무엇인가를 생각하게 된다. 그 대답은 매우 간단하다. 즉, 선의 · 아량 · 신앙 · 사랑 등으로 마음을 가득 채우면 된다. 그럼 어떻게 하면 그럼 마음의 태세를 가질 수 있을까? 다음은 그런 마음 태세를 갖추는 데 필요한 몇 가지 방법이다. 이 방법은 많은 사람들이 활용하여 특히 분노를 억제하는 데 커다란 효과를 본 것이다. 나는 당신이 이 방법을 충실하게 끊임없이 활용한다면 편안한 감정을 얻을 수 있으리라 확신한다.

① 노여움은 하나의 감정이며, 감정이란 언제라도 뜨거워질 수 있으며 때로는 격앙될 수 있다는 것을 잊지 말라. 그러므로 감정을 가라앉히는 데는 그것을 냉각시키는 것이 상책이다. 그럼 어떻게 냉각시킬 수 있는가? 누구나 극도로 분노했을 때는 주먹을 불끈 쥐고 음성은 높아지고 근육은 긴장하고 몸은 경직된다. 이것은 신경조직에 있어서는 지난날의 무인들과 조금도 다름없다는 것을 증명하는 것이다. 그러므로 냉정한 마음과 태도로 감정의 열을 식히도록 노력해야 한다. 이성적인 행동으로 주먹을 쥐지 않도록 노력하라. 그리고 손가락을 쭉 편 다음 음성을 마치 속삭이는 정도까지 낮추도록 노력하라. 속삭이는 것 같은 음성으로 언쟁을 할 수는 없는 것이다. 의자에 깊숙이 앉

든지 아니면 편안히 누워서는 아무리 화가 나더라도 어떤 행동도 할 수 없기 때문이다.

② '어리석은 짓은 그만둬. 그렇게 해 봐도 나에게 득이 되지 않아. 그러므로 나는 그것을 극복해야만 돼.' 이렇게 혼자서 외쳐 보라. 그리고 어떻게 하든 기도를 올리도록 노력하라. 마음속에 당신처럼 감정이 격해 있는 예수 그리스도의 모습을 그려 보라. 그것은 불가능한 일이지만, 그 노력은 당신의 격앙된 감정을 가라앉히는 데 도움이 될 것이다.

③ 분노를 가라앉히는 가장 좋은 방법 중의 하나가 화가 나면 하나에서 열까지 천천히 세어서 마음의 안정을 찾는 것이라고 한다.

④ 분노는 조그마한 노여움이 쌓이고 쌓인 후에 폭발하는, 즉 노여움의 집결체이다. 그러한 노여움의 하나하나는 지극히 미약하지만 일단 모이면 강력한 힘이 되어 우리의 이성을 마비시키는 것이다. 그러므로 당신을 화나게 하는 모든 일을 리스트로 만들어 보자. 그 분노가 미미하고 아무런 결과도 나타내지 못할 것이라도 빠짐없이 리스트에 넣어 보자. 이렇게 하는 목적은 분노라고 하는 커다란 강물로 모여드는 조그만 노여움의 냇물부터 고갈시키려는 데 있다.

⑤ 그때그때 일어나는 조그만 노여움을 그 즉시 극복해 버리자. 앞에서 말한 것처럼 노여움이 쌓이고 쌓여 분노라는 강력한 힘으로 자라나게 되면 좀처럼 극복할 수 없다. 이와 같이 분노감을 약화시켜 나가면 얼마 후에는 완전히 억제할 수 있게 될 것이다.

⑥ 분노가 금방이라도 폭발할 것 같은 심정이 되면 다음과 같이 외쳐 보자. '감정을 억제하지 못하고 이런 짓을 하는 것은 참으로 가치 있는 것일까? 나는 스스로 어리석은 행동을 해서 남의 웃음거리가 될지 모른다. 어쩌면 친구를 잃을지도 몰라.' 이

기술을 습관화하기 위해서는 매일 몇 번씩 '무슨 일이 생기든 흥분하거나 광기를 부리는 것은 한 푼의 가치도 없어' 하고 자신을 채찍질하라.

⑦ 만약 감정을 상하게 하는 문제가 생기면, 되도록 속히 씻어 버리도록 노력하라. 당신이 그것을 견디지 못하는 이상 단 1분이라도 방치해서는 안 된다. 화난 얼굴을 한다든지 스스로 비관해서는 안 된다. 감정이 상했을 때는 손가락을 다쳤을 때처럼 얼른 치료해 버리자.

⑧ 마음속의 불평불만을 해소해 버리라. 즉, 마음의 문을 열어 모든 불평이 흘러 나가도록 하는 것이다. 아무라도 믿을 만한 사람을 찾아가서 불평이 완전히 사라질 때까지 그 사람에게 쏟아 버리는 것이다. 그런 다음에는 잊어버리자.

⑨ 당신의 마음을 상하게 한 사람을 위해 기도하라. 그 사람에 대한 악의가 사라질 때까지 기도를 계속하라.

⑩ '그리스도의 사랑이 내 마음에 가득 찰 것을……' 이런 기도를 드린 다음에는 다시 '그리스도의 사랑이 A 씨를 위하여 내 영혼에 가득 차기를……'이라고 덧붙이라. 여기서 A 씨는 당신의 감정을 건드린 사람이다. 만약 이렇게 기도하여 그대로 된다면, 혹은 그렇게 되도록 하나님에게 청한다면, 당신은 구원받은 것이다.

⑪ 일곱 번을 70회 용서하라는 예수의 충고를 받아들이라. 이 말을 문자 그대로 해석한다면 당신은 남을 490회 용서하는 것이 된다. 그러나 당신이 한 인간을 이와 같이 여러 번 용서하기 전에, 그 사람에게 품은 원한 따위는 멀리 사라지고 없을 것이다.

⑫ 도저히 분노가 가라앉지 않는다면 다음과 같이 기도하라.
'전지전능하신 주께서 저의 심경을 변화시켜 주실 것을 굳게 믿습니다. 인간의 죄를 심판하시는 주께서 저의 경솔한 성격을

심판하시고 관용으로써 올바른 길로 인도해 주십시오. 저는 제 성질을 완전히 주님의 뜻에 맡기겠습니다. 부디 하나님의 부드럽고 자애로운 손길이 저의 병든 영혼 위에 얹히기를 간절히 소원합니다.'

만약 당신이 자기 성격에 대해 번민하고 있다면 위의 기도를 매일 세 번씩 되풀이하라. 이 기도문을 카드에 적어 당신의 책상 위나 부엌의 설거지 대 혹은 수첩 속에 넣어 두고 수시로 꺼내 보라. 그러면 많은 도움이 될 것이다.

◎ 분노보다 더 잔인한 것은

분노보다 더 잔인한 것은 '투기', 즉 샘내는 일이다. 왜냐하면 분노는 보통 일시적인 현상에 불과하지만 투기는 상대방의 형통을 부러워하는 데서 나온 것으로 분노보다 훨씬 오래 가기 때문이다. 또한 분노는 상대방으로부터 직접 간접적으로 자신의 이권이 침해를 당했다는 피해 의식에 기인하지만 투기는 상대방이 잘못한 일이 없는데도 상대방이 잘되는 것을 공연히 좋아하지 않고 방해하려는 데서 생기기 때문이다. 그러므로 우리들은 다른 사람이 잘되는 것을 보고 칭찬하지는 못할망정 샘내는 일이 없도록 해야 한다. 성경은 잠언 27장 4절에 "분은 잔인하고 노는 창수 같거니와 투기 앞에야 누가 서리요"라고 가르치고 있다.

◎ 분별의 지혜

마태복음 23장 13절에 "화 있을진저 외식하는 서기관들과 바리세인들이여 너희는 천국 문을 사람들 앞에서 닫고 너희도 들어가지 않고 들어가려 하는 자도 들어가지 못하게 하는도다"

사람들이 존경하고 따르던 지도자들에 대해서 주님이 보는 시각과 이렇게 다를 수가 있을까? 현실에서 사람들이 보는 관점에 어떤 문제가 있는 것일까? 우리는 여기에서 표현한 주님의 말씀을 통해서 몇 가지 진리를 추론할 수 있다.

첫째는 많이 배웠다는 것이 하나님의 구원에 이르렀다는 의미와는 다를 수 있다는 것.

둘째는 높은 직분을 가지고 있다고 자동으로 천국에 들어가는 것은 아니라는 것.

셋째는 사람들에게 인기를 누리는 것과 주님께 인정받는 것과는 다를 수 있다는 것.

넷째는 본인은 하나님의 일을 한다고 하는데 주님이 보실 땐 방해만 하는 결과가 될 수 있다는 것.

다섯째는 잘못된 지도자를 따르면 그와 같이 망할 수 있다는 것.

이와 같이 일이 오늘날에도 똑같이 현실에서 일어나고 있다. 성도의 입장에서 보면 누가 주님께로부터 보내심을 받은 참지도자인가를 분별하는 일이 매우 중요하고 거기에 구원으로 인도하는 중요한 관건이 걸려 있는 것이다.

◎ 변화란 무엇인가

"너희는 이 세대를 본받지 말고 오직 마음을 새롭게 함으로 변화를 받아 하나님의 선하시고 온전하신 뜻이 무엇인지 분별하도록 하라"

—로마서 12장 2절—

"우리가 다 수건을 벗은 얼굴로 거울을 보는 것같이 주의 영광을 보매 저와 같은 형상으로 화하여 영광으로 영광에 이르니 곧 주의 영으로 말미암음이니라"

—고린도 후서 3장 18절—

변화란 좋은 낱말입니다. 헬라어로 이 단어는 바뀐다, 무언가가 바뀐다는 의미를 포함하고 있습니다. 그러나 그것은 단지 바뀌는 것만을 의미할 뿐만 아니라, 어떤 실체가 본성이나 형태에 있어서 바뀌는 것입니다. 이런 종류의 바뀜은 신진대사적으로 바뀌는 것입니다. 그것은 단지 밖으로만 바뀌는 것이 아닙니다. 외적인 형태뿐만 아니라 내적인 성분도 바뀌는 것입니다. 이런 바뀜은 신진대사의 과정에 의해 발생합니다. 신진대사의 과정에 있어서 비타민으로 가득한 어떤 유기물이 우리 속에 들어와 우리의 유기적인 생명 안에서 화학적인 변화를 가져옵니다. 이런 화학적 반응은 우리의 성분을 어떤 형태에서 다른 형태로 바꾸어 놓습니다. 가령 어떤 사람의 안색이 창백하여 그의 핏기 없는 안색을 고치기 위해 그의 피부에 화장을 한다고 가정해 봅시다. 의심할 바 없이 이것은 외적인 변화를 가져옵니다. 그러면 어떻게 그 사람이 진정으로 생기 있는 얼굴을 가질 수 있습니까? 매일 필수 유기물이 있는 건강한 음식을 그의 몸 안으로 흡수해야 합니다. 점차적으로 이런 내적인 과정이 얼굴색을 바꿀 것입니다. 이런 바뀜은 외적인 것이 아니라 안에서부터의 바뀜, 신진대사 과정의 결과로 인해 바뀌는 것입니다. 성경에 따르면 이런 신진대사적인 바뀜은 '변화'라는 용어로 되어 있습니다. 변화의 과정에서 그리스도의 생명이 우리의 존재에 더해집니다. 비타민으로 가득한 유기적인 그분의 생명이 우리의 존재 안으로 스며들 대, 영적이고 화학적인 합성이 형성됩니다. 이것은 본성과 형태, 둘 다에 있어서 우리 조성을 바꿉니다. 밖의 교정이나 외적인 조정이 아닙니다. 절대적으로 우리의 유기적인 요소 안에 이루어지는 내적인 신진대사의 바뀜이며 주 영으로 말미암아 생명 안에서, 생명과 함께 이루어지는 바뀜입니다.

◎ 비판을 받지 않으려면

예수께서는 "비판을 받지 아니하려거든 비판하지 말라(마 7: 1)"고 말씀하셨다. 남을 비판하는 마음은 보통 그 사람의 잘못을 지적해 주는 호의적인 입장에서라기보다 안하무인적(眼下無人的)인 교만한 태도나 시기심 혹은 질투심에서 비롯되는 경우가 허다하다. 따라서 남을 비판하는 자들은 그들의 사악한 마음으로 인해 오히려 다른 사람들로부터 비판을 듣게 될 뿐만 아니라 나아가서는 심판 날에 하나님의 심판을 받게 되는 것이다(마 7: 2, 롬 2: 3, 약 2: 12, 13, 약 5: 9). 그러므로 우리들은 어떠한 경우라도 결코 타인을 비판하지 말고 보다 겸손한 마음으로 남을 이해할 수 있는 성도들이 되어야 한다(잠 17: 9, 롬 2: 1, 롬 14: 4, 13, 고전 4: 5, 갈 6: 1, 약 4: 12).

◎ 사귈 수 없는 자란

사귈 수도 사귀어서도 아니 될 사람은 바로 이러한 자들이다. 후욕하는 자, 탐하는 자, 토색하는 자로 '탐하는 자'는 '더 많이 가지지 않으면 안 되는 사람', 즉 욕심이 지나쳐 속임수로 다른 사람의 물건을 자기 소유로 하는 자를 가리킨다. '토색하는 자'는 완력(腕力)뿐만 아니라 가능한 모든 방법을 총동원하여 남의 재산을 강탈하는 자(extortioner)를 의미한다. '후욕하는 자'는 욕쟁이(reviler)로 번역될 수 있어 다른 사람에 대한 욕설이나 비방을 서슴지 않고 행하는 자를 가리킨다. 이상과 같은 죄는 세상 사람들 중에서도 찾아보기 힘든 것들로 성경은 고린도전서 5장 10, 11절에서 "이 말은 이 세상의 음행하는 자들이나 탐하는 자들과 토색하는 자들이나 우상숭배하는 자들을 도무지 사귀지 말라 하는 것이 아니니 만일 그리하려면 세상 밖으로 나가야 할 것이라, 이제 내가 너희에게 쓴 것은 만일 어떤 형제라 일컫는 자가 음행하거나 탐람하거나 우상숭배를 하거나 후욕하거나 술 취하거나 토색하거든 사귀지도 말고 그런 자와는 함께 먹지도 말라 함이라"고 교훈하고 있다.

사도 바울은 위와 같은 자가 있으면 그와는 사귀지도 말고 함께 먹지도 말라고 명하고 있는데도 우리들 가운데는 이러한 행실을 하고 있는 자가 더욱이 예수를 믿노라 하면서도 끊지 못하는 자가 있을 것이다. 또 자신이 이러한 못된 행실을 한다면 빨리 끊어 버려야 하겠다.

◎ 사람의 마음에서 나오는 더러운 것들

좀더 자세히 언급하면 사람의 마음에서 나오는 더러운 것들은 '악한 생각, 곧 음란과 도적질과 살인과 간음과 탐욕과 악독과 속임과 음탕과 흘기는 눈과 훼방과 교만과 광패(狂悖)'이다. 이 모든 악한 것이 다 속에서 나와서 사람을 더럽게 한다. 또한 누구에게 있어서나 부정함의 근원은 마음(막 7: 21)이다. 이유는 생활에서 밖으로 표출되는 이러한 것들이 자리 잡고 있는 것이 바로 마음이기 때문이다. 여기에 '악한 생각'이라는 것은 악한 충동들과 언사들을 묘사하고 '음란'이란 일반적인 성범죄를 가리키고 있다. 따라서 강간, 도색잡지, 도색 영화를 보는 행위, 혼전 성적 관계, 음탕한 농담을 주고받는 행위 등도 그러한 부정한 행위로 보아야 한다. '도적질'이란 단순히 남의 물건을 훔치는 것만을 의미하는 것이 아니라 직무 태만, 하나님께서 우리에게 주신 것들을 낭비하는 행위, 세금을 포탈하는 것, 그리고 정부나 정부의 기관들이 납세자들의 돈을 유효적절하게 집행하지 못하는 경우 등을 의미하기도 한다. '살인' 또한 단순히 다른 사람의 목숨을 빼앗는 행위만을 의미하지 않고 형제를 미워하거나 욕하는 그것 자체도 살인이다(마 5: 21~22). 오늘날 우리가 흔히 범하는 살인 중의 하나는 낙태이다(출 20: 13, 레 18: 21, 레 20: 2, 왕하 23: 10, 렘 32: 35, 겔 16: 21, 마 7: 12, 엡 4: 32, 엡 5: 1~2). '간음(adultery)'은 결혼관계의 파괴를 의미한다. 결혼한 자가 배우자가 아닌 다른 사람과 자의적으로 성관계를 맺는 행위를 말한다. 그러나 예수는 정욕에 가득 찬 눈으로 다른 사람을 보는 것도 간음이라고 가르치셨다(마 5: 28). '탐욕'은 인간의 근본적인 본성이다. 아담과 하와가 죄를 범한 것도 바로 이것 때문이었다(창 3: 4~6). '악독'은 사악함으로 말미암아 겉으로 드러나는 모든 행위들에 대한 총괄적인 표현이다. '속임'은 사악한 성품 중 제일가는 것이다. 그리고 '음탕'은 사악한 충동을 지칭하는 표현들이다. '흘기는 눈'은 질투와 시기를 가리키는데 질투는 자신이 가지고 있는 것을 상실하는 것에 대한 두려움을 뜻하며 시기는 다른 사람이 무엇인가를 가지게 되는 것을 불쾌하게 여기는 것이다. '훼방'의 원문에 쓰이는 단어는 '모독'인데 이는 어떤 사람에 대한 명예 훼손, 비방, 중상, 경멸적이며 무례한 언사에 대한 언급일 것이다. '교만'이란 자신을 다른 어느 누구보다도 더 선하고 능력 있고 우월하다고 생각하는 악한 성향을 말하며 '광패'는 앞의 다섯 가지 충동들과 말들을 총괄하여 표현하고 있는 용어이다(마 25: 2). 이와 같은 더러운 것들은 우리들이 자신을 죽이지 못할 때마다 살아나게 된다. 그래서 사도 바울은 "나는 날마다 죽노라(고전 15: 31)"라는 고백을 하였던 것이다. 이것이 곧 우리의 자랑이 되어야 한다.

◎ 사람은 무엇보다도 먼저 자기 마음을 지켜야 한다. 그 이유는

생명의 근원이 마음에서 나기 때문이다. 즉, 인간이 인간답게 살 수 있는 모든 도덕적 행위가 마음의 상태에 따라 결정됨을 성경은 교훈하고 있다. 즉, 마태복음 13장 34절에서 "독사의 자식들아 너희는 악하니 어떻게 선한 말을 할 수 있느냐 이는 마음에 가득한 것을 입으로 말함이라" 또 누가복음 6장 45절에서 "선한 사람은 마음의 쌓은 선에서 선을 내고 악한 자는 그 쌓은 악에서 악을 내나니 이는 마음의 가득한 것을 입으로 말함이니라"고 하셨다.

사람이 의롭고, 공평하고 정직하게 살려면 이러한 것들이 마음에서부터 시작되어 행동으로 표출되어야 한다. 그러나 이런 마음 중심은 없고 다만 형식주의자가 되어 외모로만 어떤 계율을 지킨다고 하면 이것은 스스로를 속이는 일이 되고 만다. 따라서 믿는 사람들은 삼상 16장 7절에서 "그 용모와 신장을 보지 말라 내가 이미 그를 버렸노라 나의 보는 것은 사람과 같지 아니하니 사람은 외모를 보거니와 여호와는 중심을 보느니라"고 교훈하신 바와 같이 하나님께서 사람의 외모를 취하시지 않고 그 중심을 보신다는 사실을 기억하여 마음을 지켜서 생명 있음을 나타내야 한다. 그래서 잠언 4장 23절에 "무릇 지킬 만한 것보다 더욱 네 마음을 지키라 생명의 근원이 이에서 남이니라."고 말씀하셨다.

◎ 사람을 평가할 때 무엇을 보고 평가하는가

지혜가 있는 사람은 사람을 평가할 때 그 사람의 생각이 어떠한가를 보고 평가한다. 이러한 것은 사람들이 흔히 외모만 보고 사람을 평가하는 것과는 다른 것으로 바람직한 방법이다. 이런 지혜 있는 사람은 외모를 보지 않고 중심을 보신 하나님의 평가 방법, 즉 "그 용모와 신장을 보지 말라 내가 이미 그를 버렸노라 나의 보는 것은 사람과 같지 아니하니 사람은 외모를 보거니와 나 여호와는 중심을 보느니라(삼상 16: 7)"고 하신 말씀을 배운 데서 나온 것이다. 그러므로 예수 그리스도를 믿는 자들은 사람을 평가할 때 외모를 보지 말고 지혜 있는 사람과 같이 그 사람의 마음의 생각이 어떠한가를 보고 평가하도록 해야 한다.

※ '사람을 외모로 취하지 말라'고 함은?

"내 형제들아 영광의 주 곧 우리 주 예수 그리스도를 믿는 믿음을 너희에게 받았으니 사람을 외모로 취하지 말라(야 2: 1)"고 하셨다. 일반적으로 사람들은 상대방의 가치관, 인생관 등의 내면보다 의복, 소유, 학벌, 직위 등 외면을 보고 그 사람을 평가한다. 그래서 직위가 높다거나 부자라는 이유로 어떤 사람을 특별하게 대우하는 경우가 있는데 이것이 바로 사람을 외모로 취하는 악습이다. 그러므로 '사람의 외모로 취하지 말라'고 함은 사람을 빈부와 귀천에 따라 차별대우하지 말라는 뜻이다(레 19: 15, 신 1: 17, 16: 19, 잠 24: 23, 요 7: 24, 롬 2: 11, 엡 6: 9, 벧전 1: 17). 믿는 자들은 세속적인 가치 기준으로 사람을 대할 것이 아니라 그들의 생각과 생활을 이해하고 사랑하려는 자세로 대우해야 한다(잠 20: 27).

◎ 사랑의 속성

"사랑은 오래 참고 사랑은 온유하며 투기하는 자가 되지 아니하며 사랑은 자랑하지 아니하며 교만하지 아니하며(고전 13: 5)"

- 사랑은 오래 참는다. 이는 어떤 상황에 대해 오래 참는 것뿐만 아니라 사람과의 관계에 있어서 오래 참는 것을 말한다. 즉, 자신의 감정으로서는 도저히 이겨낼 수 없는 상황을 극복해 내는 일종의 인내와 남에게 손해를 본 사람이 보복할 힘이 있어도 자제하는 것을 말한다(딤후 4: 2).
- 사랑은 온유하다. 먼저 자신에게 해를 끼치는 존재에게나 죄를 지은 자에게까지도 인내와 친절을 베푸는 행위로 이것은 모든 인격과 상황을 선으로 대하는 자세를 가리킨다(롬 3: 12).
- 사랑은 투기하지 않는다. '투기'는 자신을 절대시하여 타인을 업신여기는 것으로서 타인의 성공에 부정적인 반응이거나 타인의 잘됨을 시기하는 마음인데 그로 인해 미움이 싹트고 미움은 더 큰 죄악을 낳게 된다. 그러나 사랑은 타인의 잘됨을 바라고 즐거워하며 그가 낮은 데 있을 때 위로하고 잘되도록 격려할 수 있다.

- 사랑은 자랑하지 않는다. '자랑'은 결국 자신의 못난 것을 가리려는 무의식적 행동에 불과하다. 더욱이 자랑하는 자는 그것으로 타인을 무시하며 우위에 서 있다는 착각에 빠진다. 아무리 훌륭한 일을 이루어 놓았다 하더라도 그것을 가지고 자신을 나타내기 위해 자랑한다면 그는 이미 자랑할 만한 일을 하지 않은 상태와 마찬가지인 것이다. 즉, 자랑은 훌륭한 일들을 무가치한 것으로 전락시키고 만다. 그러나 겸손한 자는 자신의 부족과 무가치함과 자신이 어떤 존재인지를 알고 있는 자이다(왕상 9: 6~14).
- 사랑은 교만하지 않는다. 교만한 자는 그 마음에 진리와 이웃을 받아들일 수 있을 만한 여유가 없는 자이며 또한 자신의 불안과 열등감을 감추려는 자이다. 그러므로 교만한 자는 사실 긍휼을 입어야 할 자이다. 사랑을 알고 사랑받고 사랑할 수 있는 자는 사랑의 힘으로 만족하기에 불안하지 않으며 부족함이 없다.

* 이와 같이 투기하는 자, 자랑하는 자, 교만한 자, 화를 잘 내는 자, 온유하지 못한 자들은 사랑이 무엇인지를 모르는 자들로서 이들이야말로 사랑이 필요한 자들이다.

◎ 선한 일인 줄 알면서도 행하지 않는 것, 즉 이웃에게 무관심한 것은

성경은 선한 일인 줄 알면서도 행하지 않는 것은 하나님의 사람이 버려야 할 태도일 뿐만 아니라 그것이 곧 죄가 된다고 가르친다. 그러나 타인의 비위를 맞추는 일 또는 연약하게 남이 원하는 바를 맹목적으로 좇는 일을 요구하는 것은 아니다(롬 15: 2). 사람이 선을 행할 줄 알고도 행치 아니하면 죄, 즉 선인 줄 알고 또 하나님의 뜻에 합당한 일인 줄 깨닫고도 고의적으로 거역하면 죄가 된다는 말씀이다(약 4: 17, 요 9: 41). 사실 도움을 절실히 필요로 하는 이웃을 보고도 외면한다면 그는 그 이웃의 목숨을 앗아가는 자와 마찬가지라 할 수 있다. 다시 말해서 형제를 사랑하지 않는 자는 사망에 거하지만 그 형제를 사랑할 때 사망에서 생명으로 들어간다는 사실을 알아야 하며 형제를 사랑하는 자는 말과 혀로써만 사랑할 것이 아니고 행동과 진실함으로 사랑해야 한다(요일 3: 14, 17). 인간이 누리는 부와 건강은 모두가 하나님에게서 받은 것이다(고전 4: 7). 따라서 우리에게 있는 부와 건강은 하나님의 선하신 뜻을 따라 이웃을 위해서 사용해야 한다(눅 12: 42~44, 16: 12). 그럼에도 불구하고 자신이 가진 건강과 부를 자신의 유익만을 위하여 사용한다면 그것은 하나님의 것을 도적질하는 것으로 하나님의 진노를 사게 된다(눅 12: 45~48).

◎ 성경은 어떤 책인가?

"모든 성경은 하나님의 감동으로 돈이 된 것으로 교훈과 책망과 바르게 함과 의로 교육하기에 유익하니(딤후 3: 16)"의 말씀과 같이 성경은 '하나님의 감동으로 된' 책이다. 이 말은 성경의 절대 영감설을 뒷받침해 주는 근거가 된다(벧후 1: 21). '하나님의 감동으로 된' 이라는 말은 성경 중에 여기에만 나오는 것으로 모든 성경은 그 기원과 내용이 하나님의 감동인 성령으로 말미암은 것임을 시사해 준다(사 8: 20, 눅 24: 44, 롬 4: 23, 요일 4: 6). 즉, 성령께서 성경 기록자들을 사용해서 말씀을 기록했기 때문에 성경은 오류가 없으며 인간에게 참된 구원의 길을 제시하는 하나님의 특별 계시인 것이다(벧후 1: 21). 그럼에도 성령께서는 성경 기록자들의 개성을 억압해 버리는 것이 아니라 오히려 그 개성을 최대화 시켰다(요 14: 26). 그러기에 우리는 성경에서 아주 다양한 문체와 언어를 발견하게 되는 것이다. 다시 말해 성령의 영감은 유기적이지, 기계적이 아니기 때문에 원저자이신 성령께서는 사람들에게 하나님의 계획과 생각을 전달하는 데 가장 적합한 언어와 문체를 인간 저자의 마음에 생각나게 해 주셨던 것이다. 따라서 모든 성경 말씀은 인간 저자의 말이지만 동시에 참하나님의 말씀인 것이다(출 20: 1, 삼하 23: 2, 말 4: 4, 마 1: 22, 고전 2: 4~10). 우리가 성경의 이러한 권위를 인정할 때 비로소 우리는 하나님의 경륜과 섭리를 이해할 수 있을 뿐만 아니라 매일 매일이 올바른 걸음으로 채워질 것이다(시 109: 105).

* 성경의 짜임새……. 구약은 39권의 책으로 929개의 장, 23214개의 절, 592439개의 단어가 2738100개의 글자로 이루어져 있다. 신약은 27권의 책, 270개의 장, 7967개의 절, 132253개의 단어가 933380개의 글자로 이루어졌다. 신구약을 합하면 66개의 책과 1199개의 장, 31181개의 절, 724692개의 단어, 3471480개의 글자가 있다. 또 시편 107편의 8절, 15절, 21절, 31절은 아주 비슷하고 이사야서 36장과 열왕기하 19장도 아주 비슷하다.
* 성경에 개에 관한 표현은 있어도 고양이에 관한 표현은 없다.
* 'Jesus wept' 요한복음 11장 35장인 이 문장은 신구약을 통해 가장 짧은 문장이다.
* 성경에 나오는 단어: 주님(Lord): 7797번, 미움(hate): 86번, 죽음(death): 370번, 소금(salt): 46번, 사랑(love): 306번, 개(dog): 41번, 고양이(cat): 0번, 믿음(faith): 246번, 희망(hope): 128번이 나온다.
* 태어나지도, 죽지도 않은 사람은 멜기덱이다. 그런데도 11번이나

성경에 등장한다.

◎ 성경에서 말하는 대화법

세상의 모든 피조물을 하나님의 말씀으로 창조하셨기에 세상 만물은 어느 정도 하나님을 드러내 보이고 있으며, 이 세상의 만물은 하느님 말씀의 자아 표출이자 당신 선물로서 당신을 사랑하는 사람들에게 주어져서 당신과의 일치를 목적으로 한다. 하나님의 말씀은 자신을 파견하는 것이기에 그분의 말씀을 우리가 우리 안에 머물러 살게 하면 바로 하나님을 모시고 살게 된 것이다. 그럼에도 우리 안에 하나님의 말씀을 모시고 있지 않으면 말씀으로 당신을 선물로 우리에게 내어 주는데도 선물을 거부하는 행위가 되는 것이다. "너희가 내 말에 거하면 참으로 나의 제자가 된다(요한 8: 31)." 너희가 하나님 안에 거하고 하나님의 말씀이 너희 안에 거하면 원하는 대로 이루리라는 것이다(요한 15: 7). 이와 같이 대화는 하나님 제시한 말씀 속에서 실행해야 함을 성경은 다음과 같이 제시하고 있다.

• 들을 준비를 하고 상대방이 말을 끝내기 전에 대답하지 않는다,
  ―사연을 듣기 전에 대답하는 자는 미련하여 욕을 당하느니라―
  (잠 18:13)

• 말을 더디 하고 먼저 생각하며 서둘러 말하지 아니한다,
  ―입과 혀를 지키는 자는 그 영혼을 환난에서 보전하느니라―
  (잠 21:23)

• 상대가 알아들을 수 있고 받아들일 수 있도록 말을 한다.

—듣기는 속히 하고 말하기는 더디 하며 성내기도 더디 하라—

(잠 1:19)

• 진실을 말하되 언제나 사랑 안에서 사실을 부풀려 말하지 않는다.

—너희가 서로 거짓말을 말라 옛사람과 그 행위를 벗어버리고—

(골 3:9)

• 말다툼을 벌이지 않는다. 다투지 않고도 의견을 달리할 수 있다.

—다툼을 멀리하는 것이 영광이며 미련한 자 다툼을 일으킨다—

(잠 20:13)

• 화를 내면 대꾸하지 않고 부드럽고 친절하게 대꾸한다.

—노하기를 더디 하는 자는 명철하여도 마음이 조급한 자는 어리석음을 나타내느니라—

(잠 14:29)

• 잘못을 했으면 인정하고 용서를 빌며 상대가 잘못을 고백하면 용서한다고 말한다. 반드시 그것을 잊어버리고 다시 언급하지 않는다.

—허물을 덮어 주는 자는 사랑을 구하는 자요, 그것을 거듭 말하는 자는 친한 벗을 이간하는 자니라—

(잠 19:9)

• 잔소리를 하지 않는다.

—말이 많으면 허물을 면키 어려우나 그 입술을 제어하는 자는 지혜가 있느니라—

(잠 10:19)

• 상대를 책망하거나 비판하지 않는다, 오히려 칭찬해 주고 격려한다,
—다시는 서로 판단하지 말고 도리어 부딪힐 것이나 거칠 것으로 형제 앞에 두지 아니할 것을 주의하라—
(잠 14:13)

• 누가 말로 공격하거나 비판하거나 책망하면 똑같이 대꾸하지 않는다,
—악에게 지지 말고 선으로 악을 이기라—
(잠 12:17)

◎ 성경에서 본 꿈에 관하여

꿈이란 사람이 잠자고 있는 동안에 일어나는 일련의 생각, 상상, 감정이 잠자는 자에게 보이는 실제의 허상이다. 유대인 심리학자 프롬(E. Fromm)은 꿈에 관하여 사람이 잠자는 상태에서 일어나는 모종의 정신적 활동을 보여주는 의미 있고 암시적인 표현이라고 정의했다. 고대 동양문화에 나타난 꿈에 대한 견해는 그들의 삶이나 생각에 있어서 매우 중요하게 여겨졌다. 특히 유대인들에게 있어서 꿈은 대단히 중요시되었다. 그래서 꿈 해몽자는 많은 존경을 받았다. 또한 고대 근동 지역에서는 꿈을 세 가지 면에서 구분하였다. ① 해석이 필요할 때도 있으나 필요치 않을 때도 있는 하나님의 계시로서의 꿈, ② 상징적으로 마음의 상태와 꿈꾸는 자의 영육 간의 건강을 나타내는 꿈, ③ 앞으로 될 것을 예시하는 예언적 꿈 등이다. 한편 구약에서는 꿈의 세 가지 동기를 말하는데 첫째, 자연적인 꿈(전 5:3), 둘째, 예언적인 꿈(창 28: 12), 셋째, 악한 꿈(신 13: 1~2, 렘 23:32)이다. 그러나 구약에서는 대부분 꿈이 하나님의 말씀을 전달하는

수단으로 사용되었다(창 31: 10, 11, 24, 민 12: 6, 왕상 3: 5, 욥 33: 14~18). 또한 예언적 기능의 면에서도 자주 사용되었는데 다니엘서의 느부갓네살의 꿈과 요셉의 꿈(창 37: 5~11), 두 장관의 꿈(창 40: 5~22)과 바로의 꿈(창 41: 1~32) 등이었다. 그렇지만 그런 꿈들이 하나님의 계명보다 우위에 있어서는 안 되었다(신 13: 1~5). 신약에 있어서 꿈이란 말은 자주 나오지 않지만 모두 예수께 관계되어 있다. 즉, 예수의 잉태(마 1: 20~23)와 동방박사에게(마 2: 12) 그리고 마리아와 함께 애굽으로 피하라는 경고와 돌아가라는 지시(마 2: 13, 19, 20), 갈릴리로의 피신(마 2: 22) 그리고 빌라도 앞에서 빌라도의 아내가 말한 꿈 등이었다(마 27: 19).

◎ 성도가 서로 해야 할 일

"너희가 짐을 서로 지라 그리하여 그리스도의 법을 성취하라 만일 누가 아무것도 되지 못하고 된 줄로 생각하면 스스로 속임이니라(갈 6: 2~3)"

그리스도 안에서 택함 받은 성도라면 주 안에서 해야 할 일과 하지 말아야 할 일을 분별할 줄 알아야 한다. 그러면 주 안에서 성도가 해야 할 일이 무엇인가를 말씀 통해서 본다면

1. 서로 사랑할 것(요한 13: 34)
    - 사랑은 예수님이 우리에게 주신 명령임(요 13: 34, 요일 3: 16, 4: 20).
    - 사랑은 율법의 완성이다(고전 13: 8, 요일 4: 12, 롬 13: 10, 고전 13: 13).

- 주를 믿는 성도는 서로 사랑해야 한다(롬 12: 10, 요일 3: 17~19, 벧전 1: 22, 4: 8).

2. 서로 기도할 것(골 4: 2)
   - 예수님은 우리에게 기도의 본을 보여주심(마 6: 6, 9~13, 눅 22: 44).
   - 기도는 항상 감사와 믿음으로 드려야 함(마 21: 22, 약 5: 15, 골 2: 7, 엡 5: 20, 살전 5: 17~18).
   - 기쁠 때나 어려울 때 서로 기도하는 성도가 되어야 한다(약 5: 13, 마 18: 18~20, 빌 4: 4~7, 골 4: 2).

3. 서로 짐을 질 것(갈 6: 2)
   - 성도는 항상 약한 자를 도와주어야 함(롬 14: 1, 15: 1~2, 살전 5: 14, 약 5: 9).
   - 어려움과 기쁨을 서로 나누는 성도가 되어야 함(롬 12: 15~16, 갈 5: 14~15, 빌 2: 4).
   - 성도는 남의 짐을 서로 나누어 져야 함(갈 6: 2, 눅 6: 36, 롬 12: 12~13).

주 안에서 성도가 된 우리들은 주께서 기뻐하시고 원하시는 뜻을 이루기 위해 서로 사랑하며 기도하며 짐을 나누어 지고 이웃을 내 몸과 같이 사랑하여 주님 앞에 부끄럼 없는 자랑스러운 성도가 되어야 한다.

◎ 성도를 조소하고 멸시하는 자란

"평안한 자의 조소와 교만한 자의 멸시가 우리 심령에 넘치나이다

(시 123: 4)"고 시인이 밝혔듯이 평안한 자가 성도를 조소(嘲笑)하고 교만한 자가 멸시하였다. 여기에서 '평안한 자'란 부자를 가리킨다. 이런 부자와 교만한 자들이 성도를 업신여겼던 것이다. 세상에서 높임을 받는 사람이 하나님의 백성을 멸시하여 내려다보는 것은 보통 있는 일이다. 그들이 그렇게 된 것은 자기들의 영광과 권세로 눈이 가려 하나님의 나라에 대해 무관심해졌기 때문이다. 우리는 이들의 조롱과 멸시에 믿음이 약하여 흔들릴 필요가 없다. 그들은 세상에 의지하여 이 세상에서 힘 있는 것처럼 보일 뿐이지만 우리는 영원을 사모하며 하늘의 것을 바라며 살아가고 있기 때문이다. 앞서 간 믿음의 선배들 역시 세상에서 고난과 고통을 받았지만 그들은 이 세상에 연연하지 않고 그리스도만을 바라며 살아 나갔다. 우리가 환난이나 어려움 속에서도 힘을 얻는 것은 이런 선배들의 믿음이 있기 때문이다. 비록 우리가 세상에서 고통을 당하지만 이 고통은 앞으로 우리에게 있을 영화와 족히 비교할 수 없다고 성경은 "생각건대 현재의 고난은 장차 우리에게 나타날 영광과 족히 비교할 수 없도다(롬 8: 18)"라고 교훈하고 있다.

◎ 성실한 길을 택한 자의 태도

'성실한 길', 즉 진리의 길을 택한 자는 하나님의 말씀을 지키기에 노력한다. 하나님께서 사람들의 마음을 넓히시기만 하면 그 순간부터는 하나님의 계명을 충분히 준행할 수 있다. 하나님 말씀을 올바르게 지키기 위해서 단지 외부적인 행위에 의존하지 말고 마음 중심에서 말씀에 대한 즐거운 순종이 있어야 된다는 사실을 "주께서 내 마음을 넓히시오면 내가 주의 계명의 길로 달려 가리이다(시 119:

32)"고 시편 시인은 상기시켰다. 그 이유는 경건한 생활이 오히려 평안함과 무관심에 빠질 수 있기 때문이다. 이러한 태도는 "저희 모든 행위를 사람에게 보이고자 하여 하나니 곧 그 차는 경문(經文)을 넓게 하며 옷술(겉옷의 네 귀에 단 석류 문양의 장식으로 된 술이다)을 크게 하고, 잔치의 상석과 회당의 상좌와, 시장에서 문안받는 것과 사람에게 '랍비'(나의 주, 나의 선생님이란 뜻)라 칭함을 받는 것을 좋아하느니라(마 23: 5~7)"는 형식적이고 남에게 보이기 위한 행동을 낳게 만든다. 이러한 자세는 '성실한 길'을 택한 자로서 '달려가는' 자세가 아니다. 성도들은 달려가는 자세가 항상 필요하다. 신앙생활에서 이처럼 적극적이고 정력적인 면이 없을 때 평안이 없다. 다시 말해서 "내가 선한 싸움을 싸우고 나의 달려갈 길을 마치고 믿음을 지켰으니 이제 후로는 나를 위하여 의의 면류관이 예비되었으므로 주 곧 의로우신 재판장이 그날에 내게 주실 것이니 내게만 아니라 주의 나타나심을 사모하는 모든 자에게니라(딤후 4: 7, 8)"고 교훈하신 것과 같이 우리는 남을 전도하고 가르치기에 앞서 하나님 앞에서 자신의 믿음을 온전하게 하기 위한 노력, 상급을 쌓아 가도록 해야만 할 것이다.

◎ 신자들이 지켜야 할 공동체적인 의무

"마지막으로 말하노니 너희가 다 마음을 같이하여 체휼하며 형제를 사랑하며 불쌍히 여기며 겸손하며, 악을 악으로, 욕을 욕으로 갚지 말고 도리어 복을 빌라 이를 위하여 너희가 부르심을 입었으니 이는 복을 유업으로 받게 하심이라(벧전 3: 8~9)"

첫째, '체휼(體恤)하라'고 했다. 이 말은 남을 동정한다는 뜻으로 다른 사람의 고난에 동참한다는 의미로 해석할 수 있다(롬 12: 15, 고전 12: 26, 히 4: 15).

둘째, '형제를 사랑하라'고 했다. 여기 형제는 영적으르 거듭남으로써 한 형제가 된 자들이므로 이들 사이에는 영적으로 더욱 친밀해야 함을 가리킨다(살전 4: 9~10).

셋째, '불쌍히 여기라'고 했다. 여기에서 불쌍히 여긴다는 것은 뜨거운 마음으로 다른 사람을 동정하는 마음의 태도를 말한다.

넷째, '겸손하라'고 했다. 겸손은 하나님과 형제를 대할 때 가지는 겸허한 마음으로서 기독교의 덕목 중에서 중요한 위치를 차지하고 있다(잠 29: 23, 눅 14: 11, 요 13: 14, 빌 2: 6~11).

다섯째, '악을 악으로 갚지 말고 도리어 복을 빌라'고 했다. 이 덕목은 구체적으로 박해자를 대하는 태도를 가리키는데 이는 원수까지도 사랑하라는(마 5: 44, 눅 6: 27) 기독교 사랑의 극치라고 할 수 있다(롬 12: 21). 이상 5가지 덕목은 예수 그리스도께서 우리에게 보여주신 실천적 교훈이므로 오직 우리는 그분을 본받고 이러한 교훈을 생활화함으로써 그리스도 안에서 서로 같은 지체(肢體)가 될 수 있다(롬 12: 4~5, 고전 12: 12, 20, 25, 엡 4: 25, 27).

◎ 신앙인의 사색

내가 불쾌한 사람을 참아 주어야 하는 까닭은 누군가도 불쾌한 내 모습을 참아 주었을 것이기 때문이다. 내가 참아내고 남의 허물을 덮어 주어야 하는 까닭은 누군가도 나의 허물을 참아 주고 덮어 주었을 것이기 때문이다. 내가 끝없이 기다리고 사랑해야 하는 까닭은 누군가도 나를 끝없이 기다리고 사랑해 주었을 것이기 때문이다. 내가 용서해야 하는 까닭은 누군가도 나를 용서해 주었기에 그 빚을 갚은 것이다. 갚아도 갚아도 다 갚을 수 없는 평생의 빚이 있다면 밑 빠진 독에 물 붓기였어도 포기하지 않고 쏟아 주신 그분의 사랑 그 사람의 빚이 나에게 사는 의미를 조용히 일깨워 준다. 남을 판단하지 말라. 그러면 너희도 심판받지 않을 것이다. 남을 판단하는 대로 너희도 하나님의 심판을 받을 것이고 남을 저울질하는 대로 너희도 저울질당할 것이다. 어찌하여 너는 형제의 눈 속에 있는 티는 보면서 제 눈 속에 들어 있는 들보는 깨닫지 못하느냐? 제 눈 속에 있는 들보도 보지 못하면서 어떻게 형제에게 네 눈의 티를 빼내어 주겠다고 하겠느냐. 이 위선자야! 먼저 네 눈에서 들보를 빼내어라. 그래야 눈이 잘 보여 형제의 눈에서 티를 빼낼 수 있지 않겠느냐.

◎ 십이 개월 지혜의 기도

열두 달 동안의 기도를 월별로 이렇게 기도하는 것이 바로 지혜로움이다.

- 1월에는 시작은 모름지기 완성에 이르는 첫 번째 작업임을 알게 하시고 그 결연했던 첫 마음이 변함없게 해 주시고 모든 좋은 결과는 좋은 계획에서 기인한다는 것을 알게 해 주십시오.
- 2월에는 새 생명의 탄생은 침묵 속에 이미 준비되고 있는 정중동의 아름다움을 알게 해 주십시오. 아직 세상이 고요 속에 잠들어 있는 듯해도 땅속에는 푸른 생명의 용트림이 있다는 걸 깨닫게 해 주십시오.
- 3월에는 지난겨울이 춥고 길었어도 반드시 또 새봄은 희망이란 이

름으로 찾아온다는 것을 알게 해 주십시오. 생명의 깨어남과 물오름이 축복임을 알게 해 주소서. 씨앗을 뿌리는 자만이 수확을 얻을 수 있다는 결실의 진리를 깨닫게 해주십시오.

- 4월에는 모든 생명들이 신록의 물결을 이루며 생동감이 넘치는 시간, 햇살과 바람과 비, 생장을 위해서 내려 준 천혜의 자연에 대해 감사하는 마음을 갖게 해 주십시오.
- 5월에는 햇볕이 따스해지고 화사한 계절이 온갖 꽃들은 산천을 수놓고 나비가 꿀을 퍼 나르는 행복한 시간, 그 향기로운 계절에는 누구나 아름답고 행복한 사랑을 하게 해 주십시오. 빨갛게 상기된 볼마다 꽃 같은 미소가 넘치게 하소서.
- 6월에는 아직은 뭔가 부족하고 미완성일 때, 그때가 가장 희망이 넘치는 계절임을 알게 해 주십시오. 풋풋한 청춘의 향기를 느끼게 해 주십시오.
- 7월에는 싱그러운 열정을 알게 해 주십시오. 소나기 그친 후 떠오르는 일곱 빛깔 무지개 속에 채 알지 못하는 아름다운 미지의 세계가 있음을 알게 하시고 까만 밤하늘 영롱한 별을 보며 아직 남아 있는 꿈을 셀 수 있는 시간을 주십시오.
- 8월에는 가뭄과 비와 태풍과 폭염, 자연이나 인간사나 완성에 이르기 위해서는 적당한 시련이 있음을 알게 해 주십시오. 그 모든 시련들이 더 알차게 여물게 하기 위해 하늘이 주는 시험임을 알게 해 주십시오.
- 9월에는 모든 것은 때가 있음을 알게 하시고 눈부신 결실을 위해서는 더욱 그러함을 알게 해 주십시오. 우리 앞에 펼쳐진 결실과 풍요의 평화로움, 그 완성의 고요와 성숙의 경건함을 숙연한 마음으로 지켜보게 하소서.
- 10월에는 아름다운 것은 언젠가는 스스로 그 아름다움을 증명한다는 것을 깨닫게 해 주십시오. 그리고 사람들은 누구나 인생의 수

확기에는 뜻하는 만큼의 결실을 얻게 해 주십시오.

- 11월에는 떠나가는 것들에 대해 초연할 수 있는 담담함을 지니게 해 주십시오. 때로는 새로운 만남을 위해서는 이별을 해야 할 때가 있음을 알게 해 주십시오.
- 12월에는 시작이 그러하듯 마무리도 중요함을 알게 하시고 인생은 하나의 진지하고 신성한 경주였음을 깨닫게 하고 그 결실을 함께 사랑으로 나누어야 할 기회가 왔음을 깨닫게 해 주십시오. 사랑을 실천할 수 있는 가장 아름다운 계절임을 알게 해 주십시오.

◎ 심령이 가난한 자란

자기 자신이 스스로 의롭다고 여기지 않는 자를 말한다. 즉, 영적 가난을 자각하게 된 자들이다. 또한 이러한 자는 자신의 칭의(稱義)를 위하여 그리스도의 공로만을 의지할 수 있으며 또한 자신의 성화(聖化)를 위해 그리스도의 영광과 은혜를 의존할 수 있는 자이다. 예를 들면 99홉 마리 양보다 길 잃은 한 마리의 양을 찾았을 때의 기쁨(마 18: 13)과 또한 눈물로써 통회하고 긍휼을 부르짖었던 세리의 심령이 바로 그것이다. 이러한 사실을 감안해 볼 때 반드시 우리는 심령이 가난해 있어야 한다. 왜냐하면 심령이 가난해 있을 때에 하나님의 은혜를 수용할 수 있기 때문이다(암 8: 11).

◎ 소 같은 성도, 돼지 같은 신자

레위기 11장 1~3절에 “여호와께서 모세와 아론에게 고하여 그들에게 이르시되 이스라엘 자손에게 고하여 이르라 육지 모든 짐승 중 너희의 먹을 만한 생물은 이러하니 짐승 중 무릇 굽이 갈라져 쪽발이 되고 새김질하는 것은 너희가 먹되" 또 7~8절의 말씀으로 "돼지는 굽이 갈라져 쪽발이로되 새김질을 못하므로 너희에게 부정하니 너희는 이 고기를 먹지 말고 그 주검도 만지지 말라 이것들은 너희에게 부정하니라"

굽이 갈라져 쪽발이 되고 새김질을 하는 짐승 중에는 소가 있고 굽이 갈라져 쪽발이지만 새김질을 못하므로 돼지가 있다. 말씀대로 하면 소는 정한 짐승이고, 돼지는 부정한 짐승이다.

왜, 소나 돼지나 다 같이 하나님께서 만드신 짐승인데, 소는 정한 짐승이 되고 돼지는 부정한 짐승이 되어 그 주검도 만지지 못하게 하시는 것일까? 그렇게 만드신 이는 하나님이신데 돼지에게 무슨 죄가 있다고 그렇게 푸대접을 하시는 것일까? 그러나 하나님께서 그렇게 하신 데에는 반드시 그만한 뜻이 숨어 있는 것이다.

하나님께서는 그 짐승들을 통해서 우리에게 그 무엇을 깨달아 알게 하시려는 것인데 알게 하시려는 그 무엇은 무엇일까?

▶ 소가 정한 짐승인 이유

굽이 갈라져서 쪽발이 되고 새김질을 하기 때문인데 굽이 갈라져 쪽발인 것과 새김질을 한다는 것은 무엇을 뜻하는가? 굽이 갈라져 쪽발이 되었다는 것은 다른 것과 구별된다, 선별된다는 것이고 새김질을 한다는 것은 먹은 것을 되씹다, 말씀을 되씹다, 말씀을 묵상한다는 것이다. 따라서 우리는 정한 짐승인 소의 모습을 통해서 하나님께서 기뻐하시는 소 같은 성도의 모습을 찾아볼 수가 있는 것이다.

- 굽이 갈라져 쪽발이다: 굽이 갈라졌다는 뜻은 다른 것과 구별된 것을 뜻한다. 하나님에 의해서 선별(選別)되었다는 것을 의

미한다. 곧 성별(聖別), 거룩하게 구별되었다는 뜻이다.

- 소는 새김질을 한다: 소는 시간만 있으면 늘 새김질을 한다. 소 같은 성도는 시간만 있으면 늘 말씀을 묵상한다. 시편 1장 1~2절 말씀에 "복 있는 사람은 …… 오직 여호와의 율법을 즐거워하여 그 율법을 주야로 묵상하는 자로다" 소 같은 성도는 말씀을 즐거워하고 주야로 말씀을 묵상한다. 말씀을 깨닫고 말씀 속에서 기쁨을 찾는다.
- 소는 멍에를 멘다: 마태복음 11장 29절 말씀에 "나는 마음이 온유하고 겸손하니 나의 멍에를 메고 내게 배우라" 소는 멍에를 멘다. 멍에를 멘다는 것은 주인을 섬기며, 주인의 뜻에 순종하여 주인의 짐을 함께 진다는 뜻이다. 소 같은 성도는 예수님의 멍에를 멘다. 즉, 예수님을 나의 주인으로 섬기며, 예수님의 계명을 지킨다.
- 소는 수레를 끈다: 소는 수레를 끈다. 구약에 보면, 소는 성막짐을 실은 수레를 끈다. 성막을 옮길 때, 성막을 뜯어 그 짐을 수레에 싣고 소가 그 수레를 끈다. 이것은 교회의 짐을 진다는 뜻이다. 소 같은 성도들은 교회의 짐을 싣고 가야 한다는 뜻이다. 하나님께서 지시하시는 곳을 향해 교회라는 짐을 끌고 가야 한다는 뜻이다.
- 소는 쟁기질을 한다: 소는 쟁기질을 한다. 마태복음 13장 37~38절 말씀 중에 "좋은 씨를 뿌리는 이는 인자요 밭은 세상이요" 예수님은 복음의 씨를 뿌리는 농부요, 밭은 세상이요, 소 같은 성도는 그 복음 농사를 위해 땅을 가는 소이다.
- 소는 곡식을 발로 떤다: 소는 쟁기질을 할 뿐만 아니라 수확 때에 곡식을 발로 밟아 떠는 일을 한다. 소 같은 성도는 알곡 성도들을 수확하는 일에 주님을 돕는다. 소 같은 성도들은 마지막 알곡 추수 때 그 수확에 참예한다.

- 소는 주인에게 순종한다: 하나님은 이 땅에 복음 농사를 짓는 농부이다. 그리고 우리는 그 소이다. 주인이신 하나님께서 수레를 끌라 하시면 수레를 끌고 쟁기질을 시키시면 쟁기를 끌고 곡식을 밟아 떨게 하시면 곡식을 밟아 떤다.
- 소는 끝까지 인내한다: 소는 불평을 하지 않는다. 소는 묵묵히 인내하며 주인이 시키는 일을 한다. 소는 하나님 재단의 제물이 된다. 소는 희생제물이 되어 하나님 제단에 드려진다. 소 같은 성도는 자신의 몸을 하나님께 제물로 드린다. 주 앞에 삶을 드리고 목숨을 드린다.

우리는 소의 모습에서 소 같은 성도의 모습, 우리가 되어져야 하는 성도의 모습을 발견하는 것이다.

▶ 돼지가 부정한 짐승인 이유

돼지도 굽이 갈라져 있다. 굽이 갈라져 쪽발이 되었다는 것은 하나님으로부터 선별된 성도라는 뜻이다. 돼지 같은 성도들도 하나님을 만나 하늘의 신령한 은혜를 맛본 하나님의 사람들이다.

- 돼지는 새김질을 하지 않는다: 돼지는 소와는 달리 새김질을 하지 않는다. 돼지 같은 신도들은 하나님의 은혜는 맛보았으나 말씀에는 흥미가 없다. 말씀을 듣기는 하되 그 참뜻을 깨달아 알려고 하지 않는다.
- 돼지는 혼합된 찌꺼기를 먹는다: 소는 깨끗한 먹이만 먹는다. 소 같은 성도들은 깨끗한 말씀, 곧 참진리의 말씀만을 가려 먹는다. 그러나 돼지 같은 신도들은 혼합된 지저분한 말씀, 인본주의, 자유주의, 기복 신앙, 그릇된 신비주의, 아무것이나 다 받아 삼킨다. 비진리의 말씀을 분별하지 못하고 주는 대로 받아 먹어버린다.

- 돼지는 주인을 위하여 일하지 않는다: 돼지는 결코 주인을 위하여 하는 일은 없다. 마찬가지로 돼지 같은 신자들은 주님을 위해 하는 일이라고는 결코 없다.
- 돼지는 잠자기를 좋아한다: 소는 시간만 있으면 새김질을 한다. 돼지는 먹고 배부르면 누워 잠을 잔다. 돼지 같은 신도들은 시간이 있으면 잠을 잔다. 즉, 돼지 같은 신도들은 영적 잠에 빠져 있다.
- 돼지는 주인의 말을 듣지 않는다: 돼지는 그를 길러 주는 주인을 알아본다. 그러나 주인의 말을 듣지 않는다. 돼지 같은 신도들은 예수님이 우리의 주님이라는 사실을 알기는 안다. 그러나 결코 주님 말씀에 순종하는 일은 없다.
- 돼지는 눈뜨면 먹기부터 한다: 돼지의 관심은 오로지 먹는 일이다. 돼지 같은 신도들이 생각하는 일은 오로지 자기 육신의 이익뿐이다. 즉, 돼지 같은 신도들은 자기의 육신만을 위해 하나님을 믿는다.
- 돼지는 자기희생이 없다: 돼지는 결코 남을 위해 자기를 희생하는 일이 없다. 그들은 남보다 조금이라도 더 먹기 위해 싸울 뿐이다.
- 제단에 오르지 못한다: 돼지는 희생제물로 제단에 오르지 못한다. 제물이 되지 못할 뿐만 아니라 부정한 짐승이므로 사람은 그 주검조차 만지면 안 된다. 이것은 돼지 같은 신도는 구원받지 못한다는 뜻이며, 성도들은 이런 자들과는 영적 교제를 나누지 말라는 말씀이다.

돼지 같은 신도들은 회개하여 죄사함을 받고 하나님의 은혜를 맛보았으나, 즉 굽이 갈라져 쪽발이 되었으나, 다시 타락하여 옛 모습으로 되돌아간다. 왜? 새김질을 안 하기 때문이다.

결론적으로 마태복음 7장 6절에 "거룩한 것을 개에게 주지 말며 너희 진주를 돼지 앞에 던지지 말라 저희가 그것을 발로 밟고 돌이켜 너희를 찢어 상할까 염려하라"고 말씀하신 것은 하나님에 의해서 선별된 자들이었으나, 자신들의 배밖에 채울 줄 모르는 직분자들에게 일침을 가하는 교훈의 말씀이다. 지금 예수를 믿는다고 하는 많은 사람들이 돼지 같은 삶을 하나님께 축복받아 잘사는 삶이라고 생각하고 있고 돼지 같은 삶의 축복받기를 바라며 교회에 나온다. 과연 축복받을 수 있을까? 세상눈에 돼지는 복받아 잘사는 자의 모습이다. 그래서 돼지꿈은 복받는 꿈으로 여기기도 한다. 그러나 하나님 눈에 돼지 같은 행위는 부정한 행위일 뿐이다. 아, 나는 믿음의 소산을 어떤 짐승으로 해야 할까? 하나님께 간구해 보자.

◎ 씨앗을 심는 방법

예수님은 당신이 바로 씨앗을 심는 사람이라고 말씀하셨다. 씨앗을 심는 방법은 입 밖으로 말을 하는 것으로 당신이 어떤 말을 하면 그것은 씨와 같다. 입에서 나온 말은 심령, 즉 사람의 영으로 들어가서 자라기 시작하여 열매를 맺는다. 마가복음 4: 15~20은 사람의 심령이 흙 혹은 땅이라는 것을 보여주고 있다. 성경의 방법은 하나님의 말씀이 말하는 대로 당신이 말을 하는 것이므로 당신의 삶 가운데 부족함과 문제가 있다면 풍족함과 평안을 말하라. 건강과 자녀를 축복하고 싶다면 그렇게 말을 하면 이것이 바로 당신이 심고 있는 씨앗이 되는 것이다. 가장 좋은 방법은 성경 말씀으로 가서 약속을 찾아 그 씨앗을 심어 보라. 그렇다고 당신이 씨앗을 심었다는 것 때문에 반드시 수확을 하게 되는 것은 아니다. 당신이 그 씨앗을 잘 돌보아 주어야 한다. 이것들이 움이 돋고 싹이 나기까지는 시간이 걸린다. 당신이 말을 했다는 것 때문에 그렇게 되지는 않을 것이며 움이 돋고 싹이 나고 꽃이 피고 열매 맺는 것은 하나님이 하시는 일이다. 그러나 말을 하는 것은 그렇게 되도록 하는 데 꼭 필요한 제일 되는 과정이므로 심지 않으면 거둘 것이 없을 것이다. 당신이 계속해서 하는 어떤 말들은 바로 당신의 문제의 원인이 되고 있다. 사람들이 내게 와서 그들의 문제에 관하여 말할 때, 나는 스스로 문제만 고백하여 해결되지 못했던 시간이 얼마나 많습니까? 부정적인 고백을 앞으로 하지 말길 바랍니다 하고 가끔 충고하기도 한다. 누가복음 17장 6절에 “주께서 이르시되 너희에게 겨자씨 한 알만 한 믿음이 있었더라면 이 뽕나무더러 뿌리가 뽑혀 바다에 심기어라 하였을 것이요 그것이 너희에게 순종하였으리라” 예수님은 나무가 하나님께 복종한다고 말씀하지 않으셨고 나무가 성령님께 복종한다고 말씀하지 않았다. 예수님은 나무가 너희에게 복종할 것이라고 말씀하셨다. 이것이 예수님의 말씀이요 가르침이다. 말씀은 하나님의 뜻이지만 말씀이 하나님의 뜻이라는 이유 때문에 당신의 삶에 그대로 일어나는 것은 아니다. 성경이 “그가 채찍에 맞으므로 너희는 나음을 입었다”고 말씀하고 있다고 당신이 저절로 낫게 되는 것은 아니다. 성경이 “그가 하는 모든 일이 다 형통하리라”고 말씀하고 있다고 당신이 저절로 형통하게 되지는 않을 것이다. 말씀은 반드시 당신의 말로 선포되어야 하며 말씀은 심령 속에 심어질 때 자라는 것이다. 주님은 여러분이 그 문제들을 향하여 “뿌리째 뽑혀져서 바다에 심겨져라, 떠나가라, 없어져라”고 말을 하라 하신다.

지금부터 말의 중요성을 알고 늘 주님을 고백하며 긍정적인 언어를 사용하기 바라며 반드시 그렇게 될 줄로 믿습니다. ~할렐루야~

◎ '아바 아버지'라 부르짖을 수 있습니까

"너희는 다시 무서워하는 종의 영을 받지 아니하였고 양자의 영을 받았으므로 아바 아버지라 부르짖느니라"

— 로마서 8장 15절 —

"너희가 아들인 고로 하나님이 그 아들의 영을 우리 마음 가운데 보내사 아바 아버지라 부르게 하셨느니라"

— 갈라디아서 4장 6절 —

'아바'라는 말은 아버지를 의미하는 아람어이다. 아바와 아버지라는 두 용어가 합해질 때에는 깊고 달콤하고 매우 친근한 의미가 된다. 아바 아버지는 정도가 깊어진 달콤함이다. 모든 인종의 어린이들이 그들의 아버지를 그렇게 달콤하게 부른다. 미국에서는 '대디(Daddy)'라고 부르며, 중국에서는 '빠바'라고 부르며, 필리핀에서는 '파파'라고 부른다. 우리는 아바 아버지라고 불러야 한다. 그렇게 부르짖을 때 여러분은 그것이 얼마나 달콤한가를 깨닫게 될 것이다.

왜 우리는 아바 아버지라고 부릅니까? 그 이유는 우리가 아들의 영을 가지고 있기 때문이다. 만일 어떤 남자가 나의 아버지가 아니라면 내가 그 사람을 아버지라고 부르기 어려울 것이다. 어쩌면 내가 그분을 '자매님'이라고 부르는 것이 더 쉬울지도 모른다. 더욱이 '아바 아버지'라고 부르는 것은 더 어려울 것이다. 사실상 불가능하다. 나에게 사랑하는 아버지가 아직 살아 계시다면, 나는 그분을 '아빠'라고 부르고 싶다. 나는 그분에게서 태어났기 때문에 그분을 이렇게 부르는 것은 매우 달콤하다. 청년들이여, 여러분은 자신이 하나님의 아들인지 아닌지 의심할 필요가 없다. 여러분이 아바 아버지라고 부를 때 여러분 안에 달콤하고 친근한 느낌이 있습니까? 만일 그렇다면, 그것은 여러분이 하나님의 아들이며 아들의 영을 가지고 있다는 것에 대한 증거이다.

◎ 완전한 사랑의 가치

완전한 사랑은 돈으로 계산할 수 없는 가치를 지닌다. 세상에서 가장 재산이 많은 "사람이 그 온 가산을 다 주고 사랑과 바꾸려 할지라도 오히려 멸시(아가 8: 7)"를 받을 것이라고 성경은 지적하고 있다. 사랑은 돈으로 살 수 없을 뿐만 아니라 강요할 수도 없다. 이 사랑은 본질적으로 자발적이며 마음속에서 무의식적으로 솟아나는 것이다. 완전한 사랑인 '아가페'는 세상의 재물이나 금이나 은 또는 외적인 선행(善行)으로 얻어질 수 없다. 이 사랑은 값없이 은혜로 주어진 것으로 하나님의 아들을 믿는 성도들 안에서 발견된다(요일 3: 17, 4: 12). 이 사랑은 독특한 힘과 아름다움을 지니고 있다. 다시 말해서 이 사랑은 성도의 삶을 통해 나타남으로써 사랑의 결핍으로 죽어 가는 수많은 사람들로 하여금 다시 살게 하는 생명의 능력을 발휘하며 동시에 풍성하고 아름다운 삶을 제공한다(요 10: 10).

※ 아가페 사랑

조건 없는 사랑이다. 그것은 조건이 없이 주어지는 사랑이기 때문에 어떤 환경의 변화도 그 사랑을 중단시킬 수 없다. 우리의 모든 조건적인 사랑은 궁극적으로 아가페의 사랑으로 승화되어야 한다. 완전한 사랑은 세상에서 가장 고귀한 것으로서 어떤 소유물과도 바꿀 수 없는 사랑이다(아가 8: 7, 고전 13: 1~3). 우리는 하나님께서 베풀어 주신 처음 사랑으로 돌아갈 때 이 완전한 사랑을 체험하게 된다(계 4: 2, 5). 우리가 전혀 사랑받을 만한 자격이 없었는데도 불구하고 하나님께서는 완전하고 무조건적인 사랑을 베푸셔서 우리를 구원하셨던 것이다(엡 2: 4, 5).

◎ 안식일을 지키는 바른 자세

"만일 안식일에 네 발을 금하여 내 성일에 오락을 행치 아니하고 안식일을 일컬어 즐거운 날이라, 여호와의 성일을 존귀한 날이라 하여 이를 존귀히 여기고 네 길로 행치 아니하며 네 오락을 구치 아니하며 사사로운 말을 하지 아니하면(이사야 58: 13)"

첫째, 세속적인 사업을 모두 중단해야 한다. '발을 금하라'는 말은 당시의 대부분의 일상적인 사업이 발로 이루어지는 일이 많았기에 사업을 그치라는 의미로 사용된 것 같다(느 13 : 15).

둘째, 육신의 즐거움을 좇는 오락행위를 일체 중단해야 한다. 일시적인 즐거움을 추구하는 자는 영적으로 죽은 자이다(딤전 5: 6).

셋째, 안식일을 존귀하게 여겨야 한다. 물론 안식일 자체가 사람보다 존귀하기 때문이 아니다. 오히려 하나님 보시기에는 사람이 안식일보다 귀하다(막 2: 27). 하지만 우리는 존귀하신 하나님께서 안식일을 제정하셨으므로 이날을 존귀하게 여겨야 하는 것이다. 안식일을 소중히 여기는 것은 하나님을 소중히 여기는 자의 도리이다(시 118: 24).

넷째, 개인의 사사로운 생각과 말을 억제해야 한다. 이날은 우리가 하나님께 예배드리는 날이요 하나님의 말씀을 듣는 날이다. 그러므로 모든 백성들은 안식일에 사사로운 생각을 버리고 신령과 진정으로 예배를 드려야 하고(요 4: 24) 쓸데없는 잡담을 그치고 잠잠히 하나님의 말씀을 들어야 한다(합 2: 20).

◎ 어려움을 당할 때 원망하는 이유

사람들은 재난을 당할 때 원인을 규명하려는 노력은 하지 않고 남을 원망하려는 경향이 있다. 이는 재난의 원인을 알고 없애려는 지혜가 없기 때문이다. 또한 지나친 육적 욕심 때문에 원망하는 경우도 있다. 즉, 하나님의 경륜을 무시하고 인간적인 욕심으로 일을 할 때 반드시 원망이 따르게 된다. 그러나 성도는 영혼을 좀먹는, 즉 "저희 중에 어떤 이들이 원망하다가 멸망시키는 자에게 멸망하였나니 너희는 저희와 같이 원망하지 말라(고전 10: 10)"고 하듯이 원망을 버리고 감사의 조건을 찾으면서 살아가야 한다. 그래야만 감사는 더 큰 감사를 창출하고 하나님을 더욱 깊이 사랑하게 만들며 주의 영광을 위해 살게 하는 원동력이 된다. "범사에 감사하라 이는 그리스도 예수 안에서 너희를 향하신 하나님의 뜻이니라(살전 5: 18)"

◎ 어리석은 자의 속성

"내가 오만한 자더러 오만히 행치 말라 하며 행악자더러 뿔을 들지 말라 하였노니, 너희 뿔을 높이 들지 말며 교만한 목으로 말하지 말지어다(시 제75편 4, 5)"

이 말씀은 어리석은 자의 속성에 대하여 몇 가지가 언급되어 있는 말씀이다.

첫째, 어리석은 자의 속성은 '오만(傲慢)'이다. 즉, 태도를 삼가지 않고 제멋대로 행동하는 것이다. 특히 악을 떠나는 자는 지혜롭다고 하신 말씀, 즉 "지혜로운 자는 두려워하여 악을 떠나니 어리석은 자는 방자하여 스스로 믿느니라(잠 14: 16)"고 하셨다. 악을 떠나지 못하는 오만한 자들은 하나님과 사람들을 경멸하여 다른 사람의 마음에 상처 주는 행위를 서슴지 않고 행한다.

둘째, 어리석은 자의 속성은 '악을 행하는 것'이다. 이들은 공의를 싫어하는, 즉 "악인의 마음은 남의 재앙을 원하나니 그 이웃도 그 앞에서 은혜를 입지 못하느니라(잠 21: 10)"고 하였으며 잔인, 다시 말해서 "의인은 그 육축의 생명을 돌아보나 악인의 긍휼은 잔인이니라(잠 12: 10)"고, 또 "어리석은 자는 그 노를 다 드러내어도 지혜로운 자는 그 노를 억제하느니라(잠 29: 11)"고 하신 것같이 이러한 자들은 자신의 분노를 진정시키지 못하는 자이다. 이러한 자들은 "오직 악인은 능히 안정치 못하고 그 물이 진흙과 더러운 것을 늘 솟쳐내는 요동하는 바다와 같으니라(사 57: 20)"는 말씀과 같이 성경을 요동하는 바다와 "악인의 길은 어둠 같아서 그가 거쳐 넘어져도 그것이 무엇인지 깨닫지 못하느니라(잠 4: 19)"와 같이 어두움으로 비유하였다.

셋째, 이들의 속성은 '교만'이다. 이 교만을 소유한 자는 "악인은 그 교만한 얼굴로 말하기를 여호와께서 이를 감찰치 아니하신다 하며 그 모든 사상에 하나님이 없다 하나이다(시 10: 4)"는 말씀과 같이 하나님이 없다고 하며, 예레미야 43장 2절 말씀과 같이 하나님 말씀을 불순종하고, 영적으로 부패한 자들이다(호 9: 10). 하나님께서는 이런 자들을 싫어하시며 꾸짖으시고 물리치신다고 다음과 같이 교훈하고 계신다. "교만하여 저주를 받으며 주의 계명에서 떠나는 자를 주께서 꾸짖으셨나이다(시 119: 21)" "여호와의 미워하시는 것 곧 그 마음에 싫어하시는 것이 육 칠 가지니, 곧 교만한 눈과 거짓된 혀와 무죄한 자의 피를 흘리는 손과(잠 6: 16~17)" "그러나 더욱 큰 은혜를 주시나니 그러므로 일렀으되 하나님이 교만한 자를 물리치시고 겸손한 자에게 은혜를 주신다 하였느니라(약 4: 6)” 우리는 이러한 어리석은 자의 속성이 우리 속에 있지는 않는지 살펴보아야 한다. 자칫하면 이 ‘오만’과 ‘악행’ 그리고 ‘교만’이 우리의 삶 속에 숨어 들어오게 되므로 늘 말씀의 거울로 우리를 살펴보고 말씀 안에서 사는 자가 되어야 한다(출 24: 7, 왕하 22: 8~20, 고후 13: 1~3, 갈 1: 6~11, 딤후 3: 16, 17).

◎ 여호와의 증인

‘여호와의 증인(Jehovah's Witnesses)’의 창시자는 러셀(C. T. Russell, 1852~1916)이다. 그렇지만 ‘여호와의 증인(Jehovah's Witnesses)’이라는 명칭을 처음으로 사용한 자는 그의 후계자인 러더퍼드(J. F. Rutheford, 1869~1942)이다. 러셀은 지옥에 관한 기성 교회들의 교리에 이의를 제기한 후 예수께서 1874년에 재림하신다고 주장하였다. 그러나 1874년이 지나도 예수의 재림이 이루어지지 않자 이를 정정 1914년에 이루어질 것이라고 주장하였다. 러더퍼드도 이 같은 주장에 동조하였으나 예수의 재림은 1914년에도 역시 이루어지지 않았다. 그러자 이들은 예수께서 1914년에 재림하셨는데 사람들의 눈엔 보이지 않을 따름이라고 주장하였다. 또한 러더퍼드는 요한계시록 7장 4절에 나오는 144,000(이 숫자는 이스라엘 열 두 지파를 각각 12,000명으로 보고 그것을 합친 수로 상징적인 숫자다)을 여호와 증인들로 해석, 자신들만이 구원을 얻는다고 주장하였다. 그러나 1940년 이후 자신들의 신도수가 144,000을 넘어서자 러더퍼드는 144,000 외에도 구원에 참여할 수 있는 또 다른 수효의 여호와 증인들이 있다고 번복 주장하였다. 한편 이상과 같은 주장 외에도 여호와 증인들은 예수가 하나님에 의해 창조된 최초의 피조물이라는 견해를 믿는다. 그 같은 견해에 의하면 예수는 인간이었으나 하나님께서 부여하신 능력에 의해 죽음으로부터 부활, 신적 존재가 된 것이 되고 만다. 이러한 사실을 살펴볼 때 우리는 여호와의 증인이 분명한 이단임을 알 수 있다. 왜냐하면 예수의 재림 시기는 예수 자신조차도 모르는 일이며(마 24: 36) 구원은 예수께서 근본 하나님이심을 믿는 자들만이 누릴 수 있는 하나님의 은혜로운 선물이기 때문이다(요 14: 9).

◎ 예수님의 말씀은 모두가 반말로 되어 있는데 권위 때문에 그러한지

일반적으로 어느 종교이든지 경전에서 종교 창시자는 신적인(특별한) 존경을 받는 분들이다. 경전은 대부분 성인을 추종하는 제자들이나 그분을 특별히 존경하는 분들이 썼다. 그러므로 추종자들이 존경받는 스승의 말을 기록할 때에는 일반적으로 존경의 표시로 높임말로 기록하는 것이 보통이다. 그러므로 경전에서 존경받는 성인의 말씀이 높임말로 되어 있는 것은 일반적인 현상이라고 할 수 있다. 이러한 일은 기독교뿐만 아니라 이슬람교나 불교 또는 유교와 같은 경전에서도 마찬가지다. 성경을 번역하는 분들도 이러한 사례를 따라서 예수께서 하신 말씀을 번역했을 것이다.

◎ 우리들이 성경 말씀을 대할 때 취해야 할 태도

우리들은 성경 말씀을 읽을 때나 들을 때 무엇보다도 즐거운 마음으로 받아들여야 한다. 이러한 자세로 받아들이는 자에게 있어서 하나님의 말씀은 더 없는 은혜와 축복이 되겠지만 그렇지 못할 경우에는 아무런 유익이 되지 못할 뿐만 아니라 오히려 자신을 실족케 하는 걸림돌이 될 수도 있다(벧전 2: 7~8). 따라서 우리들은 하나님의 말씀을 대할 때 시편의 기자와 같이 "주의 율례를 즐거워하는(시 119: 16)" 심령으로 정금(精金)보다 더 귀하게 꿀보다 더 달게 받아들일 수 있어야 한다(시 19: 10, 119: 105).

◎ 이웃을 사랑하는 데 필요한 마음

이웃을 사랑하는 데도 겸손한 마음을 가져야 한다. 로마서 제16장 16절에서는 "서로 마음을 같이하며 높은 데 마음을 두지 말고 도리어 낮은 데 처하며 스스로 지혜 있는 체 말라"고 세 가지 마음 상태를 정의했다. 첫째, '서로 마음을 같이하는 것'으로 성도들 사이에 이루어지는 합심이라는 의미보다(고후 13: 11, 빌 2: 2, 빌 4: 2, 벧전 3: 8) 타인에 대하여 우월감을 갖지 말고 동등한 관계로써 타인과 교제하라는 의미로 이해되어야 한다. 만인은 법 앞에서 평등하다는 말이 있듯이 만인은 하나님 앞에서 평등한 존재이다. 둘째, '높은 데 마음을 두지 말고 도리어 낮은 데 처하는 것'은 자신을 비하(卑下)함으로써 지극히 신분이 낮은 사람과도 동등한 관계로 교제하는 마음 상태를 말하는 것이다. 셋째, '스스로 지혜 있는 체하지 않는 것'은 모든 교만은 하나님과 타인을 무시하고 '스스로'를 지혜롭게 여기는 것으로부터 시작된다. 겉으로 보기에는 매우 겸손하고 정중하게 처신하는 것 같은 사람도 스스로를 지혜롭게 여긴다면 그는 이미 겸손의 선을 넘은 사람이다. 이 마지막 겸손에 대한 정의는 하나님만을 지혜로운 분으로 믿는 신앙을 강조하는 것 같다(잠 3: 6~7, 잠 26: 12, 사 5: 21).

◎ 이웃과 다툴 때 주의할 점

"너는 이웃과 다투거든 변론만 하고 남의 은밀한 일은 누설하지 말라(잠 25: 9)"

이웃과 다툴 때는 사리를 따져 말하되 이웃의 허물은 들추어내서는 아니 된다. 그 이유인즉 다투는 일은 서로 화해하고 이해함으로써 해결될 수 있지만 한번 발생된 인신공격의 말은 거두어들이지 못하고 상대방에게 큰 해를 끼치며 마음을 더 크고도 깊게 하기 때문이다. 예수께서는 "형제에게 노하는 자마다 심판을 받게 되고 형제를 대하여 라가라 하는 자는 공회에 잡히게 되고 미련한 놈이라 하는 자는 지옥 불에 들어가게 되리라(마 5: 22)"고 엄히 말씀하셨다. 그러므로 어쩔 수 없이 다투는 경우라도 화를 내지 말며 더욱 남의 허물을 들추어내는 일이 없도록 해야 한다. 특히 이유 없이 분노할 때는 죄악이다. 사악한 분노는 우리에게서 형제들과의 친분뿐만 아니라 하나님과의 친교마저도 훔쳐가 버린다. 이러한 분노에 대해 우리는 솔직하게 대처 형제에게도 신속하게 화해해야 된다. 우리가 오래 지연할수록 속박은 점점 악화되기 때문이고, 만약 우리가 화해하지 않게 되면 더 큰 어려움 속으로 자신을 밀어 넣는 꼴이 된다(마 18 : 15~20).

만약 개인적인 권고로 해결되지 않을 경우 그다음 단계는 두 세 증인을 데리고 가서 권고(16절)하여야 한다. 이런 점진적 방법은 신 19: 15의 "사람이 아무 악이든지 무릇 범한 죄는 한 증인으로만 정할 것이 아니요 두 증인의 입으로나 세 증인의 입으로 그 사건을 확정하라"는 교훈과 매우 유사하다. 부드러운 혀가 뼈를 꺾는다. 즉, 흥분하거나 화내는 일이 없이 침착하고 차분하게 하는 말이 극히 거친 마음도 진정시키며 침울에 빠진 자의 마음을 녹여 준다. 그래서 항상 부드러운 말을 해야 한다.

거짓말로 남을 속이고 중상 모략하는 것이 상대방의 인격을 무시하고 상대방을 살해하는 것과 다름없는 큰 죄임을 경고하였다(잠 25: 18).

◎ 이웃과 대화할 때 취할 자세

첫째, 듣기는 속히 해야 한다. 즉, 자기의 주장을 내세우기에 앞서 상대방을 존중하여 그의 말을 경청해야 한다(야 1: 19, 전 5: 1~2).

둘째, 말하기는 더디 해야 할 것이다. 즉, 대화의 내용을 정확히 깨닫지 못하고서 성급하게 말하는 과오를 범하지 말라는 것이다. 아울러 자기의 주장만을 고집하는 태도를 지양해야 함을 뜻한다(잠 10: 19, 17: 27).

셋째, 성내기도 더디 해야 한다. 이 성냄은 감정의 격분을 이겨내지 못하고 화를 발하는 상태를 가리킨다(잠 14: 29).

이와 같이 성도들은 상대방과 대화할 때 진실하게 그리고 상대를 존중하는 자세로 임해야 할 것이다. 그러기 위해서는 그리스도의 온유하며 겸손한 성품을 닮아 가도록 힘써야 한다(신 4: 10, 딤전 2: 11, 히 5: 8).

◎ 인간의 일생이 허무하고 덧없는 원인

인간들의 일생이 불행하여진 원인은 인간들의 죄로 인한 하나님의 진노 때문이다. 때로 우리들이 당하는 환난은 그들을 성숙시키시려는 하나님의 계획에서 비롯될 수도 있다. 그 대표적인 예가 욥이다(시 90: 7~10, 잠 17: 3, 사 48: 10, 슥 13: 9, 벧전 1: 5~8). 그러나 악한 사람이든 선한 사람이든 죄 때문에 당하는 환난은 모두 하나님의 분노의 채찍임을 알아야 한다. 이스라엘 백성들이 출애굽 후 광야생활에서 그토록 많은 환난을 당했던 것도 바로 그들의 더러운 죄악 때문이었다(창 3: 16~17, 레 26: 14~20, 민 26: 9~10, 삿 20: 10, 잠 15: 10, 렘 1: 16, 렘 30: 14).

죽음이란 것은 원래 인간의 본성에 속한 것이 아니었다. 죽음은 인간의 범죄의 결과로 우리에게 들어온 것일 뿐이다. 그티하여 인생은 짧고 허무하며 수고와 슬픔만 남게 되었던 것이다. 이와 같이 우리 인간의 본성이 타락함으로 말미암아 하나님의 진노를 받아서 인생이 허무하고 덧없이 되어 버린 것이므로 이로 인하여 하나님께 원망하고 불평하는 죄를 저지르지 말아야 한다(출 17: 3, 민 21: 5, 신 1: 27, 욥 7: 11).

◎ 인생의 지침서

인생은 늘 말씀 안에서 살아가야 한다. 삶의 여정은 곧 말씀이다. 힘들지만 순종하려고 애써야 한다. 위험에 처했을 때는 시편 91편으로, 외롭고 두려울 때면 시편 23편으로, 신앙인으로서 확신이 필요할 때면 로마서 8장으로, 평안과 휴식을 원할 때는 마태복음 11장으로,

죄를 지었을 때에는 시편 51편으로, 근심이 있을 때에는 마태복음 6장으로, 괴로움과 위기 안에 있을 때에는 고린도전서 13장으로, 풀이 죽어 있거나 따돌림을 당하는 것 같을 때에는 로마서 8장으로, 일이나 여행으로 집을 떠나 있을 때에는 시편 121편으로, 믿음의 발동이 필요할 때에는 히브리서 11장으로, 좁고 이기적인 마음으로 기도할 때에는 시편 67편으로, 슬플 때에는 요한복음 14장으로, 사람이 실망시킬 때는 시편 27편으로, 하나님이 밉게 느껴질 때에는 시편 139편으로, 세상이 하나님보다 위대하게 보일 때에는 시편 90편으로, 열매를 많이 맺고 싶다면 요한복음 15장으로, 의기소침할 때는 시편 27편으로, 세상이 작아 보이고 자신은 커 보일 때 시편 19편으로, 사람들에 대한 자신감을 잃어 갈 때 고린도전서 13장으로, 돈이 없을 때에는 시편 37편으로, 사람들이 불친절해 보이면 요한복음 15장으로, 제가 한 일에 낙심될 때에는 시편 126편으로, 아주 좋은 기회가 있으면 이사야 55장으로, 다른 사람과 잘 지내려면 로마서 12장으로 찾아 읽어 보라. 인생의 지침이 된다.

◎ 인생의 허무함(전도서 1: 4~11)

"한 세대는 가고 한 세대는 오되 땅은 영원히 있도다, 해는 떳다가 지며 그 떴던 곳으로 빨리 들어가고, 바람은 남으로 불다가 북으로 돌이키며 이리 돌며 저리 돌아 불던 곳으로 돌아가고 모든 강물은 다 바다로 흐르되 바다를 채우지 못하여 어느 곳으로 흐르든지 그리로 연하여 흐르느니라, 만물의 피곤함을 사람이 말로 다 할 수 없나니 눈은 보아도 족함이 없고 귀는 들어도 차지 아니하는도다, 이미 있던 것이 후에 다시 있겠고 이미 한 일을 후에 다시 할지라 해 아래는 새 것이 없나니 무엇을 가리켜 이르기를 보라 이것이 새것이라 할 것이 있으랴 우리 오래전 세대에도 이미 있었느니라, 이전 세대를 기억함이 없으니 장래 세대도 그 후 세대가 기억함이 없으리라"

인생을 한번 점검해 보면 어느 누구나 할 것 없이 '헛되다'라는 고백을 할 수밖에 없다(시 39: 5, 62: 9, 90: 9). 따라서 전도자는 "헛되고 헛되며 헛되니 모든 것이 헛되도다(전 1: 2)"라고 독백을 시작하고 있다. 사실 인간은 이 세상의 순례자에 불과하다(벧전 1 : 17, 2: 11). 땅은 비교적 오랫동안 존속 인간보다 하등 한 피조물의 상태보다 못한 존재임이 말씀에 있다. 그런데도 인간은 영원히 살 것처럼 착각과 욕심을 부리며 수고들 하는데 이 모든 것은 순간의 행복을 위하여서 하는 것이기 때문에 헛된 노력에 불과하다. 위의 교훈대로 인생은 무상함을 자연에 비유하셨는데 이 현상은 인생의 허무함을 잘 나타낸 것이다. 특히 인간의 욕심은 '바다를 채우지 못한다'는 말로 비유하셨고 '눈, 귀로 보고 들어도 채우지 못한다'라고 탄식을 하였다. 이처럼 인간의 욕심이란 살아 있는 한 채울 수 없고 다만 죽음이 그 욕심을 감당할 것이다(약 1: 15). 그러므로 우리는 무엇이나 감사하며 어떠한 형편에 처하든지 만족할 줄 아는 인내와 절제가 필요한 것이다(빌 4: 11∼13).

특히 '만물의 피곤함', 즉 사람에게 관계된 모든 일을 말하는 것이다. 또한 변화를 좋아하는 인간들은 이 세상의 일상성 속에서 감격과 환희를 찾지 못하고 오히려 지루함과 허무만을 느끼게 된다. 그리고 후 세대 사람들이 전 세대의 사람들을 거의 기억하지 않기 때문에 제아무리 당대에 훌륭한 업적을 남겼다 하더라도 그의 명성은 당대로서 끝나 버린다는 것이다. 그러므로 인간은 유한한 자신의 명예나 부귀만을 추구하는 데 온 심혈을 쏟지 말고 오직 영원한 하나님에게 삶의 목적을 두어야 할 것이다(시 39: 7).

◎ '일의 끝이 시작보다 낫고'라는 말의 뜻은

전도서 7장 8절에 있는 말씀으로 어떠한 일을 시작만 하고 중도에 포기하는 것보다 그 하는 일에 있어서 끝을 보는 것이 낫다는 말이다. 사실 어떤 일을 계획하고 시도하는 것도 중요하지만 그것을 끝까지 밀고 나가는 인내와 추진력이 더 중요하다고 볼 수 있다. 이런 점에서 예수께서는 말씀하시기를 "나중까지 견디는 자는 구원을 얻으리라(마 10: 22)"고 하셨다. 그러므로 인내의 중요성은 우리의 일상생활뿐만 아니라 우리의 미래와 연결된 것으로 결코 성급하게 모든 일을 포기해서는 안 될 것이다(롬 2: 7, 히 3: 6).

◎ '입을 지키는 자'가 되려면

'입을 지키는 자'가 되려면 아무 말이나 거침없이 나오는 대로 내뱉지 않고 자기의 마음속에 지혜를 달아서 말을 꼭 해야 할 때만 하는 사람을 가리킨다. 그러나 그 지혜는 여호와를 의지하는 데에서 오는 것이다. 이것을 시편 기자는 "여호와여 내 입 앞에 파수꾼을 세우시고 내 입술의 문을 지키소서(시 141: 3)"라고 기술하였다. 인간의 힘만으로는 인간이 자기 입술을 지키기가 불가능하다고 성경은 지적하고 있다. "혀는 능히 길들일 사람이 없나니 쉬지 않는 악이요 죽이는 독이 가득한 것이라, 이것으로 우리가 주 아버지를 찬송하고 또 이것으로 하나님의 형상대로 지음을 받은 사람을 저주(詛呪)하나니, 한 입으로 찬송과 저주가 나는도다 내 형제들아 이것이 마땅치 아니하니라(약 3: 8~10)"고 하였다. 그러므로 지혜 있는 자는 하나님의 뜻을 항상 마음에 품고 그분이 원하시는 데에서만 입을 벌려 말을 함으로써 '입을 지키는 자'가 된다. 성경에서는 "입을 지키는 자는 그 생명을 보존하나 입술을 크게 벌리는 자에게는 결망이 오니라(잠 13: 3)"고 지적하고 있다.

◎ 입으로 들어가는 것과 입으로부터 나오는 것의 비교

예수께서는 입으로 들어가는 음식물은 배로 들어가서 소화작용을 거친 후 결국 배설되어 버리므로 인간의 마음(인격)을 더럽히지 않는다고 하셨다. 반면에 입으로부터 나오는 것, 즉 '마음에서 나오는 것은 악한 생각과 살인과 간음과 음란과 도적질과 거짓증거와 훼방' 등으로서 이런 것이야말로 사람을 더럽히는 것이지 결코 '씻지 않은 손으로 먹는 것은 사람을 더럽게 하지 못하느니라'고 말씀하셨다. 여기에서 '마음'은 영혼과 지성, 정신, 의지 등 인간의 내면적 성향으로서 성경에서는 '속사람'(엡 3: 16) 및 '마음에 숨은 사람'(벧전 3: 4)으로 표현되고 있다. 그리고 '악한 생각'은 인간의 성격에 해로운 영향을 미치는 것으로서 모든 죄를 짓게 하는 원인이 된다. 그러므로 우리들은 무엇보다도 자신의 내적 세계에 많은 관심을 기울여 성숙한 인격과 신앙을 키워 나감으로써 하나님이 보시기에 보다 아름다운 성도들이 되어야 한다(신 6: 5, 신 30: 2, 시 149: 4, 잠 3: 5, 전 5: 18, 행 7: 20, 롬 10: 15, 딛 3: 8, 벧전 2: 20).

◎ 입의 십계명

에베소서 4장 29절에 "무릇 더러운 말은 너희 입 밖에도 내지 말고 오직 덕을 세우는 데 선한 말을 하며"라는 성서의 말씀이 있다. 이 말씀에 따라 다음과 같이 말을 해야 할 것이다.

1. 희망을 주는 말을 하라.
2. 용기를 주는 말을 하라.
3. 사랑의 말을 하라.
4. 칭찬의 말을 하라.
5. 좋은 말을 하라.
6. 진실된 말을 하라
7. 꿈을 심는 말을 하라
8. 부드러운 말을 하라.
9. 화해의 말을 하라.
10. 향기로운 말을 하라.

◎ 온유한 자란

온유한 자란 고요히 자신을 하나님과 그분의 말씀, 그분의 홀(笏)에 복종하는 자며 그분의 지시를 따르고 의도에 응하며 '모든 사람에게 온유'(딛 3: 2)한 자이다. 이처럼 온유란 외면적인 태도보다 마음의 자세를 말하는 것으로 하나님께 대한 절대 순종과 사랑에 대한 선의(善意)를 뜻한다. 한편 이것은 "나는 마음이 온유하고 겸손하니 나의 멍에를 메고 내게 배우라 그러면 너희 마음이 쉼을 얻으리니(마 11: 29)"와 같이 예수님의 마음이었다. 죄인들에 대해서 한량없는 관용으로 대하시며 멸시와 모독 가운데서도 온유하심으로 우리 죄인들을 맞아 주시던 주님에게서 온유의 모범을 찾아볼 수 있다.

물론 이것은 비겁이 아니라 참된 용기에서 기인한다. 결국 인간으로서 온유를 베푸는 일이 힘들지라도 우리들은 온유를 배우지 않으면 안 된다. 왜냐하면 온유는 우리의 대스승이 되시는 주님의 인격일 뿐만 아니라 성도들에게 요구된 신앙적 규범이기 때문이다(사 53: 7, 벧전 2: 23).

◎ 은혜를 끼치는 말을 하라

은혜를 끼치는 말은 성도들의 대화에서 가장 숭고한 목표다. 즉, 우리의 말이 주 예수 그리스도의 은혜의 통로가 되어야 한다. 그럴 때 정말로 우리는 다른 사람의 삶 속에서 역사하시는 하나님의 일에 동참하려는 것에만 초점을 맞추게 된다. 또 주님의 목적만이 우리를 지배하도록 자신의 꿈과 목표와 욕심을 버릴 수 있다. 그리고 하나님의 대사로서의 관점으로 인간관계를 바라본다. 이것이 의미하는 바는 인간관계가 우리에게 속해 있는 것이 아니라는 것이다. 바울은 은혜가 충만한 말을 위한 다섯 가지 요소를 강조한다.

- 깨끗하고 순전한 말을 할 것을 확고하게 다짐하라 ('무릇 더러운 말은 너희 입 밖에도 내지 말고').
- 당신이 말하는 사람이 어떠한 사람인지를 생각하라('오직 덕을 세우는 데').
- 당신이 말하도록 부르심을 받았다는 것을 생각하라('소용되는 대로 선한 말을 하여').
- 과정을 염두에 두라('듣는 자들에게 은혜를 끼치게 하라').
- 자신의 말이 성령의 사역을 방해하지 않게 하라('하나님의 성령을 근심하게 하지 말라 그 안에서 너희가 구속의 날까지 인

치심을 받았느니라').

—도서출판 디모데, "영혼을 살리는 말 영혼을 죽이는 말" 중에—

◎ 의처증(疑妻症)의 두 가지 경우에 대한 성경적 의미

하나는 남편에게 당연한 의심을 받으나 증거가 없는 경우다(민 5: 12~14, 신 22: 13~21). 또 다른 하나는 아내가 공연히 남편에게 의심받는 경우가 있다(민 5: 14). 이런 일이 발생했을 경우 인간의 지혜로는 판단할 수 없고 하나님의 방법대로 밝혀야 한다(민 5: 16). 사실 인간은 감정의 동물이기 때문에 한번 의심에 사로잡히면 상대방의 모든 행실을 부정스럽게 바라보게 된다. 오늘날 이러한 의심 때문에 조용하던 가정이 파괴되는 경우가 종종 발생한다. 부부사이는 의심보다는 이해와 관용이 먼저 앞서야 된다.

◎ 자살은 허용될 수 있는가

"하나님이 자기 형상 곧 하나님의 형상대로 사람을 창조하시되 남자와 여자를 창조하시고 하나님이 그들에게 복을 주시며 그들에게 이르시되 생육하고 번성하여 땅에 충만하라. 땅을 정복하라. 바다의 고기와 공중의 새와 땅에 움직이는 모든 생물을 다스리라 하시니라(창 1: 27, 28)"는 말씀과 같이 인간은 하나님의 형상(形狀)으로 지음 받은 피조물이다. 더욱이 부패한 영혼이었지만 하나님의 영으로 말미암아 새롭게 된 인격이 바로 성도이다. "예수께서 대답하시되 진실로 진실로 네게 이르노니 사람이 물과 성령으로 나지 아니하면 하나님 나라에 들어갈 수 없느니라(요 3: 5)" 하셨다. 그러므로 하나님의 주권으로 새롭게 된 인격이 자신의 생명을 자신의 의지로 끊어버리는 것은 하나님의 주권을 모독하는 큰 범죄라 할 수 있다. 뿐만 아니라 생명의 주인이신 하나님의 권리를 침범하는 행위이기도 하다. "네 하나님 여호와께서 네 마음과 네 자손의 마음에 할례를 베푸사 너로 마음을 다하며 성품을 다하여 네 하나님 여호와를 사랑하게 하사 너로 생명을 얻게 하실 것이며, 보라 내가 오늘날 생명과 복과 사망과 화를 네 앞에 두었나니, 내가 오늘날 천지를 불러서 너희에게 증거를 삼노라 내가 생명과 사망과 복과 저주를 네 앞에 두었은즉 너와 네 자손이 살기 위하여 생명을 택하고, 네 하나님 여호와를 사랑하고 그 말씀을 순종하며 또 그에게 복종하라. 그는 네 생명이시오 네 장수시니 여호와께서 네 열조 아브라함과 이삭과 야곱에게 주리라고 맹세하신 땅에 네가 거하리라(신 30: 6. 15, 19, 20)" 하셨다. 즉, 하나님께서는 영적 생명을 얻게 하시고 우리 죄를 사하여 주시려고 예수 그리스도를 십자가에 내어 주어 대속의 죽음을 당하게 하셨다. 그리고 하나님을 배반하고 그 계명을 지키지 않는 자는 죽음과 저주를 받을 것이니 하나님과 관계를 맺고 있는 자들이 형식적인 규정에 얽매여 하나님과 관계를 이루기보다는 친밀한 사랑으로 하나님과 연합해야 한다는 교훈을 보여주고 있다. 또한 하나님께서는 이웃의 생명과 아울러 자기 자신의 생명까지도 죽이지 말라고 우리에게 명령하셨다. "살인하지 말라(출 20: 13)" 여기서는 고의적이건 우발적이건 간에 살인행위를 금하고 있다. 이 근본정신은 하나님의 형상을 닮은 인간의 존엄성을 유지한 것이다. 하나님께서는 당신의 백성을 극진히 사랑하시기 때문에 결코 당신의 백성이 자살해야만 될 지경까지는 몰아가시지 않는다. "사람이 감당할 시험 밖에는 너희에게 당한 것이 없나니 오직 하나님은 미쁘사 너희가 감당치 못할 시험 당함을 허락지 아니하시고 시험 당할 즈음에 또한 피할 길을 내사 너희로 능히 감당하게 하시느니라(고전 10: 13)" 하셨다. 다시 말하면 우리가 성숙하느냐 아니면 그렇지 못하냐의 판가름도 오직 시험을 어떻게 대처하느냐의 문제이기 때문에 우리는 시험에 닥쳤다고 실의에 빠지거나 현실과 타협하지 말고 오직 주만을 바라보는 현명함이 있어야 한다. 그러므로 하나님의 살아 계심을 믿는 자는 결코 자살을 생각할 수 없을 것이다. 자살은 사단의 노예가 저지르는 어리석은 일에 불과하다. "때에 예수를 판 유다가 그의 정죄됨을 보고 스스로 뉘우쳐 그 은 삼십을 대제사장들과 장로들에게 도로 갖다 주며, 가로되 내가 무죄한 피를 팔고 죄를 범하였도다 하니 저희가 가로되 그것이 우리에게 무슨 상관이 있느냐 네가 당하라 하거늘 유다가 은을 성소에 던져 넣고 물러가서 스스로 목매어 죽은지라(마 27: 3~5)" 자살의 윤리성에 대하여 프랑스의 사회학자 '에밀 뒤르켐'은 1897년 그의 저서 '자살론(自殺論)'에서 자살의 세 가지 유형을 분류 학문적 연구를 시도한 바 있다. 첫째, 개인이 사회에 적응하지 못해서 죽는 이기적(利己的) 자살, 둘째, 사회를 위해 스스로를 희생하는 이타적(利他的) 자살, 이는 자결이라고 불릴 수 있다. 셋째, 사회의 돌연한 변화에 충격을 받아 죽는 무통제적(無統制的) 자살로 분류되는데 기독교인에게 있어서는 삶 자체가 하나님께서 주신 사명이다. 다시 말해 하나님께서 부여해 주신 육체적인 생명이 다하기까지 하나님의 뜻을 따라 살아야 하는 생명의 청지기인 것이다(삼상 21: 12, 13, 왕상 19: 4, 딤후 4: 6, 벧후 1: 14).

◎ 자신과의 관계

"의인이 악인 앞에 굴복하는 것은 우물의 흐리어짐과 샘의 더러워

짐 같으니라 꿀을 많이 먹는 것이 좋지 못하고 자기의 영예를 구하는 것이 헛되느니라 자기의 마음을 제어하지 아니하는 자는 성읍이 무너지고 성벽이 없는 것 같으니라(잠 25: 26~28)"

의인의 행위는 시종여일(始終如一)하고 곧으며 의를 행하는 일에 두려움이 없고 죄를 대적하는 일에 타협을 해서는 안 된다. 예수께서는 "누구든지 사람 앞에서 나를 부인하면 나도 하늘에 계신 내 아버지 앞에서 저를 부인하리라(마 10: 33)" 따라서 의를 행하는 데 있어서는 담대해야 한다.

사람은 자신의 정욕과 욕망과 애정을 스스로 조절하지 못하는 사람은 유혹이 다가올 때 전혀 손을 쓰지 못하고 죄와 파멸에 빠지고 말게 됨을 28절에서 강조하였다. 제3장 23절에서 "무릇 지킬 만한 것보다 더욱 네 마음을 지키라" 하셨고 16장 32절에서는 "자기의 마음을 다스리는 자는 성을 빼앗는 자보다 나으니라"고 말씀하셨다. 이와 같이 사람에게 있어 마음을 지키는 일이야말로 가장 중요하며 인생의 성공과 실패가 거기서 결정된다.

◎ 자신의 언어생활

하나님께 인정받고 살았던 사람들 중에도 아브라함이 그의 아내를 "누이라 하라 그리하면 내가 그대로 인하여 안전하고 내 목숨이 그대로 인하여 보존하겠노라 하니라(창 12: 13)" 또 이삭이 그의 아내를 "그곳 사람들이 그 아내를 물으매 그가 말하기를 그는 나의 누이라 하였으니 리브가는 보기에 아리따우므로 그곳 백성이 리브가로 인하여 자기를 죽일까 하여 그는 나의 아내라 하기를 두려워함이었더라(창 26: 7)"는 성경의 가르침을 보아서 가끔 거짓말을 하는 사람이 있긴 했지만 그들은 거짓말을 거의 성경의 가르침과 같이 "네 이웃에 대하여 거짓 증거하지 말지니라(출 20: 16)" "너희는 도적질하지 말며 속이지 말며 서로 거짓말하지 말며(레 19: 11)" "의인은 고난이 많으나 여호와께서 그 모든 고난에서 건지시는도다(시 34: 13)" 등 말씀과 같이 삼갔고 "의인은 거짓말을 미워하나 악인은 행위가 흉악하여 부끄러운데 이르니라(잠 13: 5)"는 말씀과 같이 비진실성도 미워했으며 "여호와께서 말씀하시되 그들은 실로 나의 백성이요 거짓을 행치 아니하는 자녀라 하시고 그들의 구원자가 되사(이사야 63: 8)" "너희가 서로 거짓말을 말라 옛사람과 그 행위를 벗어버리고(골 3: 9)"의 말씀과 같이 거짓 주장도 거의 찾아볼 수 없다. 그러나 평범한 사람들은 자기 행실에 흠이 없고 언어에 제아무리 실수가 없다고 하더라도 하나님 앞에서 정결하다고 주장할 수는 없다.

욥은 자신의 언어생활에서 "결코 내 입술이 불의를 말하지 아니하며 내 혀가 궤휼을 발하지 아니하리라(욥 27: 4)"고 하는 말로 자신의 언어생활이 순결했음을 확신하였다.

◎ 잘 못

사람이 잘못을 한 사람일지라도 그것을 깨우쳐 주기가 지혜자도 힘드니라. 첫 번째는 무지(無知)와 미련 때문이고, 두 번째는 자기 잘못을 인정치 않기 때문이며 자기 삶 가운데 선악을 구분하지 못하기 때문이다.

◎ 정상적인 부부

"남편은 그 아내에게 대한 의무를 다하고 아내도 그렇게 할지라, 아내가 자기 몸을 주장하지 못하고 오직 그 남편이 하며 남편도 이와 같이 자기 몸을 주장하지 못하고 오직 그 아내가 하나니, 서로 분방하지 말라 다만 기도할 틈을 얻기 위하여 합의상 얼마 동안은 하되 다시 합하라 이는 너희의 절제 못 함을 인하여 사단으로 너희를 시험하지 못하게 하려 함이라(고전 7: 3~5)"

사도 바울이 가르치고 있는 정상적인 결혼생활에 대한 교훈이다. 부부간에는 성관계를 정상적으로 일어나는 인간의 감정적, 육체적 요구에 대한 것을 서로 의무를 다하여야 한다는 것이며 또 남편과 아내가 서로 정당한 부부관계를 요구할 수 있는 권한을 가질 수 있다는 것이다. 그리고 특별한 사정이 없는 한 분방(分房)하지 않는 것이라고 교훈하고 있다. 이것은(특별한 사정) 정상적인 부부생활을 할 수 있는 상황 가운데서도 필요에 의해 잠시 부부간에 떨어져 있기를 원하는 경우도 있으나 이러한 때라도 서로가 합의한 후에야 분방할 것이며 목적이 달성된 후에는 이내 부부가 합방하여야 한다고 가르치고 있다. 왜냐하면 부부간에 서로 떨어져 있으면 성적 자기 능력이 약화되는데 이러한 때에 사단은 인간을 성적으로 유혹하기 때문이다. 그러나 이러한 부부관계는 결혼에 따라오는 필연적인 것일 뿐 그것이 부부의 애를 높일 수는 없다. 그러므로 하나님을 위한 동반자적 삶을 살아가는 데에서만이 넘어질 때 일으켜 줄 수 있는 정상적인 부부가 될 수 있다. "두 사람이 한 사람보다 나음은 저희가 수고함으로 좋은 상을 얻을 것임이라, 혹시 저희가 넘어지면 하나가 그 동무를 붙들어 일으키려니와 홀로 있어 넘어지고 붙들어 일으킬 자가 없는 자에게는 화가 있으리라(전 4: 9~10)"

◎ 지도자가 당연히 할 말을 하지 아니하면 어떻게 되나

지도자가 당연히 할 말을 하지 않을 때 그 침묵 때문에 발생된 일에 대해서는 책임을 져야 한다(민 30: 4, 7, 11). 왜냐하면 그러한 침묵은 그 일에 대한 승인을 표시하기 때문이다. 그러므로 성도들은 될 수 있는 한 말을 삼가야 되겠지만(전 5: 2) 침묵 또한 삼가야 될 것이다. 특히 진리를 사수하기 위해서는 더욱 침묵하지 말아야 할 것이다.

◎ 지혜로운 자와 슬기로운 자로 여김 받는 비결

그것은 잠잠히 입을 닫고 침묵하는 데 있다. 이것은 미련한 자에게도 적용되어서 그가 비록 미련하여 바른 지식이 없더라도 자기 입술을 닫고 지혜자의 말을 듣게 될 때 그도 지혜로운 자로 여김을 받게 되는 것이다. 그러므로 이 말은 예스를 믿는 우리들이 말을 지극히 조심스럽게 해야 함을 교훈하고 있다. 사도 야고보는 "누구든지 듣기는 속히 하고 말하기는 더디 하라(약 1: 19)"고 하였다. 그리고 분노를 억제할 줄 알아야 한다. 왜냐하면 "사람의 성내는 것이 하나님께서 인간에게 요구하시는 올바른 행위인 하나님의 의(義)를 이루지 못하기" 때문이며 사람이 성내는 것과 변덕스러움과 고집은 각자의 마음을 손상시키기 때문이다(삼상 18: 8, 왕하 5: 12, 대하 16: 10, 에 3: 5, 암 1: 11, 눅 4: 28, 행 19: 28). 자신의 분노로 인해 각자의 삶에 누를 끼쳐서는 안 된다(잠 5: 1, 살전 2: 7).

◎ 진리를 사고서 팔지 말라고 하신 교훈의 뜻

이 말은 잠언 23장 23절의 "진리를 사고서 팔지 말며 지혜와 훈계와 명철도 그리할지니라"고 하신 교훈의 말씀이다. 즉, 진리를 얻기 위해서는 고생과 희생을 지불하기를 아끼지 말고 또한 그것을 얻은 후에는 물질적인 이익이나 쾌락과 바꾸지 말고 잘 보존하라는 뜻이다. 이와 같이 사람이 진리를 얻는 일도 중요하지만 그것을 얻은 후엔 잘 보존하는 일도 또한 매우 중요하다. 그러므로 예수 그리스도를 믿는 사람들은 진리를 힘들여 사고서 허무하게 파는 일이 없도록 잘 보존해야 한다.

◎ 진정한 친구는 어떤 때 드러나게 되는가

진정한 친구는 그 사랑이 한결같으므로 역경을 당할 때 뚜렷하게 드러난다. 즉, 이러한 참된 친구는 형제와 같아서 위급한 때에도 그 사랑이 끊어지지 않고 큰 도움이 된다. 예수 그리스도를 믿는 우리들은 이런 참된 친구가 있는데 그분은 곧 예수님이시다(요 15: 13~14). 그러므로 그리스도를 믿는 우리들은 이 세상을 살아가는 동안 예수님과의 교제를 끊임없이 유지하며 환난 속에서도 우리가 그분의 친구 됨을 나타내야 된다.

◎ 진정한 은혜의 복

어떤 사람들은 자신이 하나님의 은혜를 많이 받아서 전셋집에서

33평 아파트로 이사했다고 자랑합니다. 은혜란 그런 것이 아닙니다. 고린도후서 8장에 보면 바울이 마게도냐 교회가 받은 은혜를 말하면서 극한 가난 가운데서도 예루살렘 교회를 돕기 위해 구제 헌금을 넘치게 한 것이 은혜라고 증거합니다. 자기 자신의 전부를 주님께 드리는 마음으로 구제 헌금을 한 것이 하나님이 주신 마음이요, 은혜라고 말씀합니다. 곧 은혜란 하나님 말씀을 깨닫고 행하는 것이며, 받는 것이 아니라 주는 것이 참된 은혜입니다. 이 땅에서 하나님께 받는 사랑과 은혜와 복은 그 안에 생명이 없습니다. 그러나 주는 은혜는, 섬기는 은혜는 십자가 주님의 생명이 흘러넘칩니다. 오늘 저부터가 저를 희생하며, 물질과 마음과 영혼까지 주는 은혜는 없고 온통 받았다는 은혜만 자랑하는 이들로 가득합니다. 간증도 병이 나앗고, 문제가 해결되었고 등등의 받았다는 이 땅의, 육신의 은혜만 자랑합니다. 그러니 은혜를 받았다며, 따라온 자녀를 구박하며, "너희 때문에 받은 은혜를 다 쏟아 붓겠다"고 나옵니다. 가정에서 나를 희생하는 이들을 보기 힘듭니다. 이스라엘 백성들이 광야에서 만나와 메추라기라는 받는 은혜만 바라다가 원망 불평이 입에 붙어 버렸고 끝내 광야에서 멸망받았음을 기억해야 합니다. 나아가 우리는 우리도 모르게 어느 교회에 갔더니 기도가 잘되더라 어느 목사님 설교에 큰 은혜를 받았다고 하는데 은혜란 그런 감정적인 차원이 아닙니다. 은혜란 감정이 아니라 손발로 행하는 것으로 십자가의 삶을 사는 것입니다. 은혜를 받겠다고 하면서 십자가를 지라면 십리는 도망가는 것은 아직도 은혜가 무엇이지 모르기 때문입니다. 은혜가 무엇인지 진정으로 아는 사람은 십자가를 지라고 하면 아멘 하면서 기쁨으로 받아 행합니다.

저는 이제 제 남은 날 동안 주님과 주님의 교회를 위해 그리스도의 남은 고난을 짊어지고 제 육체에 채우기를 간절히 소망합니다. 저와 여러분은 오늘 이 시간부터라도 하나님이 이 땅에 이 세상사는 우리 육신에게 부어 주시는 은혜와 사랑에만 목말라하고, 위로받고, 매달리지 말고, 주님처럼, 바울처럼 우리 이웃을 위해 영혼까지 주는 생명이 넘치는 은혜의 삶을 사는 복을 사모하시고 목말라하시게 되기를 기도합니다.

이제 이 은혜를 받기 위해서 첫 번째, 다섯 가지 씨앗을 심어야 합니다. ① 기도의 씨앗, ② 은혜 받을 마음 준비의 씨앗, ③ 인내의 씨앗, ④ 예의의 씨앗, ⑤ 성령충만의 씨앗

두 번째, 다섯 가지 잡초를 뽑아야 합니다. ① 험담과 비판과 판단과 헤아림의 잡초, ② 원망과 불평의 잡초, ③ 염려와 걱정의 잡초, ④ 서운함과 노여움의 잡초, ⑤ 무관심의 잡초

세 번째, 다섯 가지 거름을 주어야 합니다. ① 사랑의 거름, ② 신실한 거름, ③ 충성의 거름, ④ 배려와 양보의 거름, ⑤ 진실한 언행의 거름

네 번째, 세 가지 벌레를 잡아야 합니다. ① 교회 출석을 소홀히 하는 나태의 벌레, ② 타성에 젖은 신앙생활을 하는 무관심의 벌레, ③ 나 아니어도 다른 사람이 하겠지 하는 게으름의 벌레

— 평강 교회 목사 —

◎ 집사의 자격

첫째, 칭찬 듣는 사람이어야 했다. 즉, 부정함이 없으며 이웃으로부터 성실한 사람으로 인정받고 모든 일에 덕스럽고 찬양할 만하다고 여겨지는 신망 있는 사람이어야 했다(딤전 3: 8~13).

둘째, 그들은 성령이 충만해야만 했다. 즉, 주어진 일을 바르게 처리하는 데 필요한 성령의 은사가 충만해야만 했다. 그들은 재능과

용기를 겸한 사람들로서 진실할 뿐만 아니라 하나님을 경외하는 자이어야 했다(출 18: 21). 셋째, 지혜가 충만한 사람이어야 했다. 정직하고 용기 있는 사람이라는 것만으로는 부족하여 그들은 일을 순서있게 처리할 수 있는 재능을 소유한 자이어야 했다(고전 12: 8~11). 오늘날 교회 가운데 장로나 집사 등 직분자를 선택함에 있어 그 사람의 신앙이나 인품을 고려하기보다는 경제력이나 사회적인 위치를 더 중히 여기는 경향이 있는데 교회 지도자들은 직분자를 임명함에 있어 하나님의 맡을 자들을 천거해야 할 것이다(요 7: 24, 롬 2: 11, 고후 10: 7, 갈 2: 6. 약 2: 9).

◎ 죄는 어떻게 시작되며 어떠한 결과를 초래하는가

"욕심이 잉태한즉 죄를 낳고 죄가 장성한즉 사망을 낳느니라(야 1: 15)"는 성경 말씀과 같이 죄의 발단은 욕심이고 결과는 사망이다. 여기서 욕심은 육욕, 정욕과 통하는 말이며 사망은 하나님으로부터의 분리, 곧 영적 죽음을 의미한다(시 7: 14). 이와 같이 죄는 자기의 욕심을 채우려고 충동하는 마음에서 시작되며 그 결과는 죄의 행위가 장성하여 습관으로 굳어져 버리므로 하나님과 분리되는 영적 사망에 이르게 된다(창 3: 19, 대상 10: 13, 잠 11: 19, 겔 18: 4, 롬 2: 11, 4: 2). 죄에 대한 감각이 무뎌진 오늘날의 성도들은 정욕을 십자가에 못 박고 자신을 날마다 말씀에 복종시킴으로 죄와는 거리가 먼 생활, 영생복락(永生福樂)을 받아 누려야 한다(마 5: 29, 롬 6: 6, 13: 14, 갈 5: 16, 골 3: 5, 벧전 2: 11,4: 2).

◎ 적당한 말로 대답하는 것이란

잠언 24장 26절에서 "적당한 말로 대답함은 입맞춤과 같으니라"고 하셨다. 즉, 이것은 경우에 합당한 대답이 듣는 자에게 즐거움과 만족을 주기 때문이다. 그러므로 모든 사람들은 대답할 때에 함부로 말하지 말고 경우에 적절하게 대답함으로써 듣는 자에게 즐거움과 만족을 주도록 해야 한다.

◎ 찬송의 대상에 대하여

성경에는 찬송이라는 용어가 약 400회 나타나는데 이 단어가 쓰인 문맥을 살펴보면 그 대상이 '하나님'으로 일관하고 있다. 즉, 찬송을 받으실 분은 오로지 하나님 한 분뿐임을 강조하는 것이다. 아우구스티누스(St. Augustine, 354~430)는 하나님이 아닌 다른 무엇을 찬양하는 것은 진정한 찬송이 아니라고 했으며 633년의 톨레도 교회회의(Councils of Toledo)에서는 '찬송은 노래(Canticum)와 높임(Caudem) 그리고 하나님(Deity)의 세 요소가 포함된 것'이라고 정의했다. 결국 하나님을 찬양의 대상으로 삼지 않은 노래는 찬송이 아닌 것이다. 그러므로 오늘날 교회에서 하나님과는 무관한 노래를 예배 도중에 부르는 것은 실로 불경이 아닐 수 없다. 또한 '준비찬송'이라는 말도 합당치 못하다. 왜냐하면 찬송은 그 자체가 하나님께 영광을 돌리는 것이지 결코 예배를 준비하는 어떤 보조적인 성격을 지닌 것은 아니기 때문이다.

◎ 참으로 복이 있는 자

“허물의 사함을 얻고 그 죄의 가림을 받은 자는 복이 있도다, 마음에 간사가 없고 여호와께 정죄를 당치 않은 자는 복이 있도다(시 32: 1~2)”

‘허물의 사함을 얻고 그 죄의 가림을 받은 자’와 ‘마음에 간사가 없고 여호와께 정죄를 당치 않은 자’가 복이 있다고 하셨다. 여기에서 허물은 하나님에게서 떨어져 나온 반역을 의미하고, 정죄는 원래 ‘표적을 벗어나다’라는 뜻인데 여기서는 하나님을 만족시키지 않는다는 것이고, 간사는 악을 행한다는 뜻으로 형식적 측면보다는 내용적인 측면을 강조할 때 쓰였다. 이런 여러 종류의 죄들은 구약과 신약에서 다소 구별상의 차이가 있는데 구약에서는 주로 율법을 어기는 것이 죄였으나 신약에서는 예수 그리스도를 믿지 않는 것이 죄로 되어 있다. 이 죄는 연대성과 보편성을 동시에 지니기 때문에 어느 누구도 여기서 예외가 될 수 없다. 즉, 인간은 모두가 죄인이라는 말이다. 그런데 주목할 만한 점은 표현은 다르지만 시인이 하나님의 죄 용서에 대해 세 번에 걸쳐 반복적으로 언급하였다는 사실이다. 이것은 일종의 강조법으로서 참으로 죄를 용서받은 사람만이 축복받은 사람임을 확증하여 준다. 죄라는 것은 늘 하나님과 우리의 사이를 단절시키기 때문에 이것을 용서받지 못하면 마음의 평강을 누릴 수가 없다. 우리가 하나님 앞에 무릎을 꿇고 우리의 잘못을 고백할 때 반드시 하나님은 그 죄를 용서해 주실 뿐만 아니라 당신과의 교제를 회복시켜 주시고 새 생명과 위로를 주신다. 연관된 성경 말씀은 다음과 같다.

“주의 구원의 즐거움을 내게 회복시키시고 자원하는 심령을 주사 나를 붙드소서, 그러하면 내가 범죄자에게 주의 도를 가르치리니 죄인들이 주께 돌아오리이다(시 51: 12~13)"

"지존 무상하며 영원히 거하며 거룩하다 이름하는 자가 이같이 말씀하시되 내가 높고 거룩한 곳에 거하며 또한 통화하고 마음이 겸손한 자와 함께 거하나니 이는 겸손한 자의 영을 소성케 하며 통회(痛悔)하는 자의 마음을 소성케 하려 함이라(사 57: 15)"

"그러므로 너는 무리에게 고하기를 만군의 여호와께서 이처럼 이르시되 너희는 내게로 돌아오라 나 만군의 여호와의 말이니라 그리하면 내가 너희에게로 돌아가리라 나 만군의 여호와의 갈이니라(스가랴 1: 3)"

"애통(哀痛)하는 자는 복이 있나니 저희가 위로를 받을 것임이요(마 5: 4)"

"내가 너희에게 이르노니 이와 같이 죄인 하나가 회개하면 하늘에서는 회개할 것 없는 의인 아흔 아홉을 인하여 기뻐하는 것보다 더 하리라(눅 15: 7)"

"그러면 하나님께서 이방인에게도 생명 얻는 회개를 주셨도다 하니라(행 11: 18)"

또한 이런 사람에게도 복이 있다고 하였다. "빈약한 자를 권고하는 자가 복이 있음이여 재앙의 날에 여호와께서 저를 건지시리로다, 여호와께서 저를 보호하사 살게 하시리니 저가 세상에서 복을 받을 것이라 주여 저를 그 원수의 뜻에 맡기지 마소서, 여호와께서 쇠약한 병상에서 저를 붙드시고 저의 병 중 그 자리를 다 고쳐 펴시나이다(시 41: 1~3)" 즉, '빈약한 자를 권고하는 자'가 복이 있다고 하였는데 이는 가난한 사람들을 구제하는 자에게 하나님께서는 여러 가지 축복을 주시기 때문이다. 하나님께서 이러한 자에게 베푸시는 축복은 다음과 같다고 한다.

첫째, 재앙의 날에 하나님께서 그를 건지시다. 즉, 마지막 날에 그가 하나님의 진노를 받지 않는다는 말이다. "너희는 환난 때에 부끄럽지 아니하며 기근의 날에도 풍족하려니와(시 39: 19)" "여호와께서 환난 날에 나를 그 초막 속에 비밀히 지키시고 그 장막 은밀한 곳에 나를 숨기시며 바위 높이 두시로다(시 27: 5)"

둘째, 저를 보호하사 살게 하신다. 다시 말해서 생명을 주신다는 말이다. 우리의 어떤 원수도 위로부터 받은 힘이 아니면 우리에게 아무런 힘도 쓸 수 없다. 우리를 사랑하시는 하나님의 인자는 인간이나 마귀를 막론하고 우리를 미워하는 모든 것들의 악의로부터 우리를 안전하게 지키시기에 충분하다(시 34: 7, 17, 19, 창 7: 1~3).

셋째, 세상의 축복을 주신다. 개인과 가정과 사업과 기타 그와 관계된 모든 부분에 형통과 번영을 주시며 마음의 위로와 안식도 주신다(신 7: 12~15).

넷째, 병중에 있을 때 그를 돌보시고 그 아픈 상처를 어루만지시며 그의 건강을 회복시켜 주신다. 결코 아프지 않게 해 주시겠다는 약속을 한 것은 아니지만 신체적 고통과 질병에 있는 저희를 강하게 하시고 편안하게 해 주신다는 말이다(시 103: 3, 대하 16: 12).

이처럼 '구제'는 하나님이 가장 귀하게 여기시는 일 중의 하나이다. 오늘날 교회의 사명 중에도 선교와 함께 구제는 빼놓을 수 없다. 신·구약성경을 살펴보면 무수히 많은 사람들이 이것에 많은 관심을 가지고 실행한 것을 알 수 있다(왕하 25: 27~30, 렘 38: 6~13, 눅 2: 2~5, 눅 10: 33~35, 눅 19: 18, 행 9: 36, 행 10: 1~2, 행: 28: 2, 7, 10). 이런 자들에게 하나님께서는 놀라운 축복으로 보상해 주신다는 사실을 기억하여 자발적으로 그리고 사랑으로 구제하며(신 15: 7~11, 고전 13: 3) 기회가 있는 대로 행하되(갈 6: 10) 인색함이나 억지로 하지 말고 즐겁게 해야 하겠다(고후 9: 7).

또 "즐거운 소리를 아는 백성은 유복한 자라 여호와여 저희가 주의 얼굴빛에 다니며(시 89: 15)"란 다시 말해서 하나님 안에서 구원의 복된 소식을 깨달아 아는 자들은 복이 있는 사람들이다. 그 이유는 모든 사람이 한결같이 하나님의 관대하신 도움을 받아 양육되고 성장하는 것이지만 이러한 하나님의 은혜를 모두가 체험하는 것은 아니다 따라서 이러한 체험을 할 수 있다는 것은 하나님께서 그의 택하신 자들에게 주신 놀라운 특권이다. 그러므로 참된 행복이란 우리의 마음을 기쁨으로 가득 채우시는 하나님의 선하심이 우리를 북돋워 당신을 찬양하고 감사를 드리도록 하게 하심을 깨닫는 데 있는 것이다.

* 우리는 생활의 아주 적은 부분에까지 미치는 하나님의 은혜를 체험할 수 있는 자가 되어야 한다. 만약 그렇지 않고 하나님의 은혜를 기억지 못하면 그것보다 더 비참한 것은 없다. 참고 되는 성경의 교훈은 민 11: 1~10, 눅 7: 1~5, 행 13: 44~48, 롬 5: 2, 고후 4: 15, 유 1: 4과 같다.

◎ 참성도의 특징

참성도는 여호와를 '경외'하는 것과 그 이름을 '존중히' 여기는 것이다. '경외'라는 말은 공포나 죄악에서 비롯된 두려움이 아니라 하나님에게서 멀어질 수 있는 가능성을 언제나 떨리는 마음으로 자각하는 사랑에서 연유한 두려움이다(잠 8: 13, 잠 14: 27, 왕하 13: 4, 대하 7: 14). 따라서 여호와를 경외하고 존중히 여긴다는 것은 성도들이 생활 속에서 하나님을 거룩하고 외로우며 완전하신 분으로 인정한다는 말이다. 이러한 성도들에게 하나님께서는 긍휼(눅 1: 50)과 은혜(시 31: 19)를 베푸시고 성도들이 걸어가야 할 바른길(시 37: 5, 143: 8, 잠 3: 6)을 가르쳐 주신다.

◎ 친절과 관용(잠언 3: 27~35)

"네 손이 선을 베풀 힘이 있거든 마땅히 받을 자에게 베풀기를 아끼지 말며 네게 있거든 이웃에게 이르기를 갔다가 다시 오라 내일 주겠노라 하지 말며 네 이웃이 네 곁에서 안연히 살거든 그를 모해하지 말며 사람이 네게 악을 행하지 아니하였거든 까닭 없이 더불어 다투지 말며 포악한 자를 부러워하지 말며 그 아무 행위든지 좇지 말라 대저 패역한 자는 여호와의 미워하심을 입거니와 정직한 자에게는 그의 교통하심이 있으며 악인의 집에는 여호와의 저주가 있거니와 의인의 집에는 복이 있느니라 진실로 그는 거만한 자를 비웃으시며 겸손한 자에게는 은혜를 베푸시나니 지혜로운 자는 영광을 기업으로 받거니와 미련한 자의 현달함은 욕이 되느니라"

이 말씀은 첫째, 이웃을 사랑하는 인자(仁慈)를 행할 것을 분부하고, 둘째, 포악한 자를 부러워하지 말고 그 행위를 좇지 말 것을 경고한 말씀이다.

오늘날 사회를 미리 알고 교훈을 하신 것 같은 말씀이다. 현 사회는 악할 대로 악해져서 부와 명성과 권력을 얻는 과정과 방법은 어쨌든 간에 그것만 얻으면 된다는 풍조가 팽배해 있다. 따라서 지혜자가 되어 기회와 능력이 있을 때 도움을 필요로 하는 자들에게 선을 베풀도록 하고 마땅히 악을 버리고 또 사회의 악에 대해 지혜자로서 경고의 소리를 발해야 한다.

◎ 필요한 것을 얻기 위해서는

예수 그리스도는 우리들에게 "구하라 그러면 너희에게 주실 것이요 찾으라 그러면 찾을 것이요 문을 두드리라 그러면 너희에게 열릴 것이니 구하는 이마다 얻을 것이요 찾는 이가 찾을 것이요 두드리는 이에게 열릴 것이니라(마 7: 7~8)"고 그 방법을 가르쳐 주셨다. 이 구절을 통해 간구하는 방법 및 간구하는 자의 태도에 대해 구체적인 실천 방안을 제시해 주고 있는데 궁극적으로는 기도할 때 최선을 다해서 간구하라는 일종의 명령으로 결론지을 수 있다. 그런데 하나님께 간구하기 전에 한 가지 반드시 기억해야 할 사실은 무엇이든 구하기만 한다고 해서 모두 응답받는 것이 아니라는 점이다. 예를 들면 '정욕(情慾)으로 쓰려고 잘못 구하는' 기도는 아무리 간구하여도 절대로 응답받을 수 없다는 것이다(약 4: 3). 그러므로 우리들은 하나님께 간구할 때 '너희는 먼저 그의 나라와 그의 의를 구하라 그리하면 이 모든 것을 너희에게 더하시리라(마 6: 33)'는 말씀을 명심하여 그대로 지킬 수 있는 믿음의 우리들이 되어야 한다.

◎ 하나님을 만날 수 있을까

우리가 하나님을 만날 수 있는 방법은 오직 예수 그리스도를 통해서 만나는 것이다. 신약 시대에도 예수님은 제자들을 찾아오셔서 그들을 부르셨다. 그리고 그들에게 하나님의 뜻, 즉 복음을 맡기셨다. 그리고 그들이 전하는 복음을 믿는 자는 하나님의 자녀가 되게 하는 권세를 주셨다. 이러한 사람들은 성령을 통해 하나님을 만나서 교제하며 기도하고 또 그 말씀을 들을 수 있다. 오늘날도 하나님은 계속해서 복음의 일꾼을 세워 주시고 그들을 통해 우리들에게 하나님의 뜻이 담긴 복음을 전하게 하셨다. 그리고 하나님은 그 복음을 듣고 예수 그리스도를 '구주'와 '주님'으로 믿는 사람들은 자기 자녀로 삼아 주신다. 여기에서 예수를 '구주'로 믿는 것은 예수께서 내 죄를 위해 돌아가셨으며 그분을 믿음으로 구원을 받을 수 있다는 사실을 믿는 것이며 예수를 '주님'으로 믿는 것은 예수를 만물의 창조자이며 우리 인생을 주관하는 주인이라는 것을 인정하는 것이다. 우리가 복음을 믿고 예수를 구주와 주님으로 믿으면 우리는 하나님 자녀가 될 수 있으며 성령 안에서 새 생명으로 태어나서 하나님을 만나고 기도하며 교제할 수 있게 된다. 이러한 사람은 성경을 통해서 들려주시는 하나님의 말씀을 분별하며 기도와 묵상을 통해 하나님께 자기의 뜻을 아뢴다. 그리고 찬송을 통해서 감사를 표현하고 그 이름을 높인다. 그러므로 복음을 전하는 전도 말씀을 통해서 예수를 믿고 하나님을 만나기도 하고 설교를 듣다가 예수를 믿고 새로운 생명으로 태어나기도 한다. 또 성경공부를 하다가 말씀을 깨닫고 예수를 믿고 하나님을 만나기도 하며 불치의 병을 고침 받음으로 믿음을 갖게 되어 하나님을 만나기도 한다. 이와 같이 분명한 것은 우리가 하나님을 만나는 것은 예수 그리스도를 통해서만 가능하다는 사실이다. 주님은 "내가 곧 길이요 진리요 생명이니 나로 말미암지 않고는 아버지께로 올 자가 없느니라(요 14: 6)"고 말씀하셨다. 따라서 하나님을 만나고 싶다면 다음과 같은 일을 해야 한다.

① 내가 정말 예수 그리스도를 구주로 믿고 주님으로 인정하고 있는가를 확인해 본다. 이 대답에 진심으로 '예'라고 대답할 수 있는 사람은 이미 하나님을 만날 준비가 완료된 사람이다. 이러한 사람은 말씀과 기도를 통해서 하나님을 만나서 교제하고 그 말씀에 순종함으로써 하나님과 동행하는 삶을 살 수 있다.

② 그러나 '아니요' 또는 '글쎄요' 대답한다면 먼저 예수를 믿게 해달라고 기도하고 간절한 마음으로 말씀을 읽어 보기를 권하며 요한복음을 묵상하는 마음으로 여러 번 읽어 보는 것도 큰 도움이 된다.

③ 하나님은 "너희가 간절히 나를 찾고 찾으면 만날 것이라"고 약

속하셨기 때문에 기간을 정하고 예수님을 믿고 하나님을 만나게 해 달라고 간절히 기도하는 것도 중요한 방법이 될 수 있다. 하나님은 우리의 마음을 아시기 때문에 우리가 간절히 하나님을 만나기를 원하며 기도할 때에 반드시 약속대로 우리를 만나 주실 것이다.

◎ 하나님을 공경하는 여자들의 바른 몸가짐

우리나라 속담에 "옷이 날개"라는 말이 있다. 이는 옷차림에 따라 사람의 외양이 크게 달라질 수 있음을 일컫는 말이다. 그러나 사람이 외모에만 지나치게 신경을 쓰다 보면 오히려 자신의 내면을 가꾸지 못할 때가 많다. 이는 특히 여자의 경우에 있어서 더욱 그러하다. 성경은 이렇게 교훈했다. "여자들도 아담한 옷을 입으며 염치와 정절로 자기를 단장하고 땋은 머리와 금이나 진주나 값진 옷으로 하지 말고, 오직 선행으로 하기를 원하라 이것이 하나님을 공경한다 하는 자들에게 마땅한 것이니라(딤전 2: 9~10)"고 하셨다.

여자들은 아담한 옷을 입으며 염치(廉恥)와 정절(貞節)로 자신을 단장하고 땋은 머리와 금이나 진주나 값진 옷으로 하지 말고 오직 선행으로 행해야 한다고 한 것은 여자들은 내면의 아름다움보다는 외적인 화려함에 더 치중, 예배에 참석할 때마저도 하나님 앞에 드러날 자신의 영적인 상태에 관해서는 신경을 쓰지 않고 오히려 남들에게 자기를 과시하기 위해 머리를 손질한다든지 보석으로 치장하는 일에 더 신경을 쓰고 있다는 것이다. 이와 같이 화려하고 사치한 것들에 눈이 어두워 있는 여인들을 향하여 바울은 '아담한 옷을 입으며 염치와 정절'로 단장하라고 권면하였다. 여기서 '아담한 옷'이란 적절하고 분수에 맞는 옷, 그렇다고 너무 초라하지 않은 수수한 옷을 가리킨다. 그리고 '염치'란 자신을 드러내지 않고 남 앞에 항상 겸손한 태도를 가리키며, '정절'이란 모든 불순한 욕정과 욕심을 버리고 항상 깨끗하고 순수함을 지니는 것을 의미한다. 또한 '선행'이란 그리스도 여인이 지닐 수 있는 최대의 장식품으로서 공동체 전체를 유쾌하게 하며 존경과 사랑을 받기에 합당한 행동을 의미한다. 사실 여인의 생명은 아름다움일지도 모른다. 그런데 그 아름다움이 단지 외적인 화려함 만이라면 그것처럼 무가치하고 바보스러운 일이 없다. 하나님을 경외하고 그분의 말씀에 관심을 기울이고 생활하는 여인이라면 적어도 자신의 외모 이상으로 자신의 내면(영적, 도덕적)을 치장하고 가꾸는 일에 더 신경을 쓸 것이다(잠 31: 10~31).

◎ 하나님의 은혜를 받을 수 있는 조건은 무엇인가

우리가 하나님께 은혜를 받으려면 첫째로 이웃에게 지운 멍에(이웃에게 부당하게 지웠던 부담)를 제하여 버려야 한다. 이웃에게 멍에를 씌워 학대하는 것은 하나님을 멸시하는 처사이며(잠 14: 31), 반면 가난한 이웃을 불쌍히 여기며 돕는 것은 하나님을 존경하는 것이 된다. 하나님은 이러한 자에게 은혜를 베푸신다(잠 19: 17). 둘째로 이웃에 대한 비판과 조롱의 손가락질을 멈춰야 한다. 이웃을 비판하는 자는 하나님의 엄중한 비판을 받게 된다(롬 2: 1~3). 셋째로 허망한 말을 하지 말아야 한다. 여기서 '허망한'은 '사악한'의 뜻을 갖고 있다. 이웃과의 관계를 파괴하는 말(잠 16: 28), 아첨(잠 6: 24), 거짓말(시 120: 3), 악독한 말(59: 3) 등이 모두 '허망한 말'에 속한다. 우리는 더러운 말을 입 밖에도 내지 말고 오직 덕을 세우는 데 소용되는 대로 선한 말을 하여 듣는 자들에게 은혜를 끼쳐야 한다

(엡 4: 29). 넷째로 어려운 이웃을 동정할 줄 알아야 한다(이사야 58: 10). 만일 우리가 귀를 막고 가난한 자의 부르짖음을 듣지 않으면 하나님께서도 우리의 기도를 듣지 않으신다(잠 21: 13). 그러므로 우리는 이웃에게 자비를 베푸는 자가 되어야 한다(눅 6: 36).

◎ 하나님께서 찬양을 받아야 할 이유

첫째, 여호와의 말씀은 정직하며 그 행사는 진실하기 때문이다. 이에 대하여 사무엘서의 저자는 "이스라엘의 지존자는 거짓이나 변개함이 없으시니 그는 사람이 아니시므로 결코 변개치 않으심이니이다(삼상 15: 29)"라고 묘사하였다.

둘째, 여호와는 공의의 하나님이실 뿐만 아니라 사랑의 하나님이시기 때문이다. 이에 대하여 하나님께서는 "대저 나 여호와는 공의를 사랑하며(사 61: 8)" "은혜 줄 자에게 은혜를 주고 긍휼히 여길 자에게 긍휼을 베푸느니라(출 33: 19)"라고 말씀하셨다.

셋째, 여호와께서 천지만물을 창조하셨기 때문이다. 피조물이 창조주를 기억하며 그의 덕을 기리는 것은 지극히 당연한 일이다. 이에 대하여 개신교 소요리 문답서는 사람의 제일 되는 목적이 하나님을 영화롭게 하며 그를 영원토록 즐거워하는 것이라고 규정하고 있다. 또 성서에는 "그런즉 너희가 먹든지 마시든지 무엇을 하든지 다 하나님의 영광을 위하여 하라(고전 10: 31)"고 하셨다.

넷째, 여호와의 도모(圖謀)는 영영히 서고 그 심사(心思)는 대대에 이르기 때문이다. 인류를 위한 하나님의 계획은 자신을 믿는 자마다 구원을 얻도록 하는 데에 집중되어 있다. 특히 복음전파에 대하여 로마서 제1장 16절에서 "내가 복음을 부끄러워하지 아니하노니 이

복음은 모든 믿는 자에게 구원을 주시는 하나님의 능력이 됨이라"고 하셨다. 그리고 그 같은 구원을 보충하시기 위하여 하나님께서는 자신의 독생자를 십자가에 내어 주시기까지 하셨다. 그러므로 이제 누구든지 예수 그리스도의 피 공로를 의지하여 하나님께 나아가기만 하면 구원을 얻을 수 있는 길이 예비되었으니 하나님께 감사 찬송을 하지 않을 수 없는 것이다.

◎ 하나님의 사랑 가운데 사는 자는 세상을 어떻게 바라보는가

그는 세상 모든 만물이 주의 사랑으로 가득 차 있음을 본다. 먼저 그는 하나님의 사랑 가운데 있기 때문에 모든 사물 속에서 하나님의 숨결을 느낄 수 있고 그러한 사랑을 주의 교훈을 따르는 자에게 구체적으로 나타낼 수 있다. 이처럼 성도는 신앙 가운데서 낙관적(樂觀的)인 사고(思考)를 가져야 한다. 하나님의 사랑을 느끼지 못하고 항상 부정적인 생각에 사로잡혀 세상을 비관하며 살아가는 사람은 그 생각처럼 결과를 맺고 말 것이다.

◎ 하나님의 계산법

"아무든지 나를 따라오려거든 자기를 부인하고 자기 십자가를 지고 나를 좇을 것이니라(마 16: 24)."

자기를 부인하는 것은 자기를 빼는 뺄셈입니다. 뺄셈은 회개입니다. 죄를 빼고 자기 욕심을 버리고 십자가를 더해야 합니다. 무거운 십자가를 더해야 합니다. 뺄셈을 잘해야 화를 면하고, 더하기를 잘해야 부자가 됩니다. 하지만 하나님은 곱셈을 잘하십니다. 나를 짓누르는 십자가의 고통에 배가 되는, 말할 수 없는 영광으로 주실 것입니다. 우리는 우리의 욕심과 불의를 용납하는 타협과 물질과 권위주의, 부정과 부패를 뺄셈해야 합니다. 이 모든 것은 인간 중심의 죄악에서 나오기 때문에 자기를 부인하면 이기적인 생각도, 온갖 나쁜 습관도 다 고쳐질 것입니다. 거기에 하기 싫은 일의 십자가, 정직하게 사는 것과 겸손한 언행, 굽히지 않는 신앙을 더하게 되면 하나님은 영원한 상으로 곱해 주십니다. 우리의 가정과 교회와 사회는 뺄셈과 덧셈, 곱셈을 잘해야 합니다. 십자가의 더하기표가 우리의 생활에 적용되어야 합니다. 하나님의 계산법대로 살아간다면 실패는 물러가고 성공의 열매를 거두게 될 것입니다. 잃은 것 같은데 삼십 배와 육십 배, 백 배로 찾게 되며 하나님을 위해 버리면 얻고, 죽으면 살고, 십자가 후에 부활의 영광으로 주시는 그 은혜를 기억합시다.

세상의 계산법이 아니라 하나님의 계산법 말입니다.

— 따뜻한 이야기 —

◎ 현숙한 여인

"누가 현숙한 여인을 찾아 얻겠느냐 그 값은 진주보다 더하니라(잠 31: 10)"

현숙한 여인은 도덕적으로 순전하며 강건한 육체와 왕성한 활동력을 지닌 여자를 가리킨다. 오늘날 교육 수준이 높아지고 육아법의 개발, 또 화장술과 패션의 대중화로 겉보기가 아름다운 여인은 많으나 현숙한 여인은 옛날이나 지금이나 변함없이 귀하고 귀하다. 그러나 현숙한 여인은 남편에게 "그런 자는 살아 있는 동안에 그 남편에게 선을 행하고 악을 행치 아니하느니라(잠 31: 12)" 현숙한 여인은 이러한 선행을 일순간적인 것이 아니라 살아 있는 동안에, 즉 기쁘거나 불행할 때나 차이가 없다. 그러므로 그 남편은 진심으로 그녀를 믿고 사랑하게 된다. 그리고 이 여인은 가정사를 잘 처리하기 때문에 궁핍한 생활은 않게 된다. 이와 같이 현숙한 여인은 남편을 죽는 날까지 섬기며 남편의 마음을 평안케 하고 가정을 잘 꾸려서 가정이 어려움을 당하지 않게 하여 남편에게 선을 행한다. 또한 현숙한 여인의 남편은 그 도시의 장로들이 모여서 재판을 하고 도시의 일을 의논하는 성문에 그녀의 남편이 앉게 된다는 것은 그 남편이 가정의 평안을 바탕으로 명성을 얻게 되어 공사를 돌보는 데까지 이르게 됨을 가리킨다. “그 남편은 그 땅의 장로로 더불어 성문에 앉으며 사람의 아는 바가 되며(잠 31: 23)” 이와 같이 현숙한 여인은 그 남편을 영화로운 자리에 이르도록까지 한다. 그러므로 현숙한 여인을 얻는 자는 복된다. 특히 “능력과 존귀로 옷을 삼고 후일을 웃으며(잠 31: 25)”란 말씀은 현숙한 여인이 매일 생활을 근실하고 품위 있게, 현숙한 여인의 입에서는 “입을 열어 지혜를 베풀며 그 혀로 인애(仁愛)의 법을 말하며(잠 31: 26)”의 말씀과 같이 지혜와 인애(仁愛)의 법이 나온다. 이것은 그녀가 자기의 삶을 현숙하게 영위할 수 있었고 영위하는 근거가 하나님 말씀을 가슴에 품고 그것을 순종함에 있음을 보여준다. 그리고 그녀는 이제 자기 속에 있는 지혜와 인애(仁愛)의 법, 즉 하나님의 말씀을 실천적으로만이 아니라 입으로 증거함으로써 다른 사람에게 가르치기까지 한다. 이러한 현숙한 여인을 남편은 “덕행 있는 여자가 많으나 그대는 여러 여자보다 뛰어난다 하느니라 고운 것도 거짓되고 아름다운 것도 헛되나 오직 여호와를 경외하는 여자는 칭찬을 받을 것이라(잠 31: 29, 30)”는 말로 칭찬한다. 이러한 칭찬은 입에 발린 말이 아니라 그 남편이 현숙한 아내로 말미암아 감동을 받고 진심으로 한 칭찬의 말이다. 여기서 인생의 참된 평가는 외모의 아름다움이나 고운 것에 있지 않고 삶 전체를 통해서 성실하고 품위 있게 여호와를 경외하며 살아가므로 잘했다 칭찬 듣는 여인이 될 때 바로 현숙한 여인이다.

◎ 형식적인 신앙생활을 하는 자들의 특징

첫째로 그들은 예배 시간을 열심히 지킨다. 그러나 맹목적인 열성은 헛된 것이다.

둘째로 그들은 교육받는 일에 열심을 낸다. 그들은 가르침을 받기는 좋아하지만 말씀대로 순종하기를 싫어한다. 비유컨대 기쁨으로 말씀의 씨앗을 받되 뿌리를 내리지 못하는 돌밭과 같은 마음을 가진 자들이다(마 13: 20~21).

셋째로 그들은 자기들의 의무에 관해 아는 일에 열심을 낸다. 그러나 그들은 의무를 행하는 일에는 민감하지 못하다. 마 19: 16~22에 나오는 부자 청년이 그 대표적인 예라고 할 수 있다. 또한 그들은 하나님을 가까이하는 것처럼 보이는 모든 일에 열심이다. 그렇지만 그들의 속마음은 하나님에게서 멀리 떨어져 있다(이사야 29: 13, 막 7: 6). 바울은 이러한 자들을 “가증한 자요 복종치 아니하는 자요 모든 선한 일을 버리는 자(딛 1: 16)”라고 비난했다. 그러므로 우리는 입술만의 신앙생활을 떠나 하나님의 뜻을 몸과 마음으로 순종하는 생활을 해야 할 것이다(마 7: 21).

◎ 혀의 권세

우리가 이 세상에 살 동안에 하나님께서 우리 몸에 여러 지체를 주셨다. 눈은 보게 하고, 코는 향기를 맡게 하며, 입은 말하며 먹게 하고, 귀는 듣게 하고, 손과 발 등 각 지체마다 제각기 기능을 발휘해서 우리가 이 땅에 존재하도록 지으셨다. 이 중에 하나님이 우리에게 혀를 주셨다. 하나님이 주신 이 혀에 어떠한 권세가 있고, 또 이 혀를 어떻게 사용하는 것이 가장 크게 영광 돌리고 복된 것인가?

이 말은 사람이 혀를 어떻게 사용하느냐에 따라서 사람의 운명이 결정된다는 것으로 혀의 영향력이 극히 중대함을 지적한 말이다. 예수님이 "사람이 무슨 무익한 말을 하든지 심판 날에 이에 대하여 심문을 받으리니 네 말로 의롭다 함을 받고 네 말로 정죄를 받으리라"고 말씀과도 통하는 교훈이다. 이렇게 혀로 나오는 말이 중요한 것은 그 말이 마음의 표현이기 때문이다. 그러므로 예수 그리스도를 믿는 자들은 올바르게 하나님을 경외하는 마음으로 매사에 살리는 말을 내도록 혀를 잘 사용하여야 한다.

첫째, 죽고 사는 권세가 있다.

"죽고 사는 것이 혀의 권세에 달렸나니 혀를 쓰기 좋아하는 자는 그 열매를 먹으리라(잠 18: 21)" 혀는 죽이고 살리는 권세를 나타내게 한다. 이 혀를 통해서 선한 말도 할 수 있고, 악한 말도 할 수 있다. 위로의 말도 할 수 있고, 또 고통을 주는 말도 할 수 있다. 축복의 말도 할 수 있고, 저주의 말도 할 수가 있다. 말 한 마디가 마음에 깊은 상처를 주기도 한다. 한 마디 말하는 데 10초도 안 걸리지만 일평생 가슴에 못을 받고 고통을 주기도 하는 것이다.

또 하나님은 우리 입의 말을 통해서 사탄의 권세를 멸할 수도 있고, 상한 심령을 싸매어 치료해 줄 수도 그리고 절망과 좌절 속에 있는 자에게 소망을 줄 수도 있다. 그래서 이 혀를 어떻게 사용하느냐에 따라서 그 사람의 인격도 좌우된다. 우리 사람의 얼굴은 간판이고, 눈은 마음의 창이고, 입술의 말은 인격의 소리라는 말이 있다. 좋은 인격을 가진 사람은 좋은 말을 하게 되는 것이다. 인격이 나쁘고 고약하고 흉악하고 타락하고 방탕하고 악질 같은 인격을 가졌으면 말도 험악하고 거칠고 소름이 끼치고 악독과 저주가 나오고 그 말소리에 창칼보다도 더 사나운 고통을 주는 말이 나오게 된다. 이 글을 읽는 여러분의 혀는 최고의 축복받는 성별된 혀가 되기를 바란다.

하나님이 혀를 통해서 권세를 나타나게 하실 때마다 주의 영광이 나타나기를 예수의 이름으로 축원드린다. '조나 게일'이라는 사람? '가장 무서운 파괴의 도구는 폭탄이 아니라 사람의 혀다'라고 말했다. 이 혀는 폭탄보다 더 무서운 파괴력을 가지고 있다. 안 되는 것을 그리고 실패한 것을 성공시킬 수 있는 위력도 있고, 다 쌓아 놓은 것을 말 한 마디로 무너뜨릴 수도 있다. 이사야 6장 5절에 보면 "화로다! 나여, 망하게 되었도다. 나는 입술이 부정한 사람이요, 입술이 부정한 백성 중에 거하면서 만군의 여호와이신 왕을 뵈었음이로다"라고 말씀이 기록되어 있다. 우리는 이사야 선지자와 같은 이러한 회개 기도가 있어야 합니다. 베드로가 하나님의 말씀을 전할 때에 말씀을 들은 자들이 마음에 찔려 "형제들아, 우리가 어찌할꼬? (행 2: 37)" 하는 회개의 역사가 일어났다. 그리고 베드르와 요한이 성전에 들어갈 때 그 앉은뱅이를 향하여 "베드로가 가로되, 은과 금은 내게 없거니와 내게 있는 것으로 네게 주노니, 곧 나사렛 예수 그리스도의 이름으로 걸으라(행 3: 6)"고 했을 때 그 말에 권세가 나타나서 앉은뱅이를 일으키는 역사가 일어나기도 했다. 예수의 이름으로 우리가 명할 때 악한 귀신도 쫓겨 나가는 권세가 나타날 줄 믿기 바란다.

예수님께 앉은뱅이, 문둥병자, 중풍병자, 고창병자, 혈루증 여인 등 각색 병자들이 왔을 때 다 고치셨는데, 때로는 벙어리 되고 귀먹은 귀신이 들린 자를 고친 적이 있었다. 그때 예수님이 빰을 때리고 주먹으로 쥐어박아서 말을 하게 한 것이 아니고 예수님이 "벙어리 되고 귀먹은 귀신아, 물러가라"고 말했을 때 귀신이 물러가니까 벙어리가 말을 하게 되고 귀머거리가 알아듣게 되었다.

병의 원인은 부주의해서 오는 병이 있고, 마귀가 주는 병이 있고, 하나님이 징계로 주는 병이 있고, 연단으로 주는 병 등 대개 네 가지 병으로 나눌 수가 있다. 부주의해서 오는 병은 기도하면서 약을 쓰면 낫지만 사탄이 들어가서 벙어리 되고 귀머거리 된 병은 약으로 고치는 것이 아니라 예수의 이름으로 귀신아 물러가라고 명하여 벙어리 되고 귀먹은 귀신이 나갈 때 말을 하게 된다는 것이다. 그러나 하나님의 징계로 생긴 병은 아무리 약을 써도 낫지 않는데 이 병은 회개해야 낫는다. 또 연단으로 오는 병도 있는데 이 병은 하나님께서 더 크게 쓰시려고 주는 연단이므로 연단에서 잘 승리하면 오히려 더 견고한 그릇이 된다. 하나님이 교만하지 말라고, 넘어지지 말라고, 좌절하지 말라고, 낙심하지 말라고, 끝까지 사명을 감당하게 하시려고 때로는 우리에게 연단을 주실 때도 있다. 그런데 이런저런 모든 것을 우리 예수 믿는 사람들은 입술에 주신 권세를 가지고 '환난아 물러가라, 풍파야 물러가라, 근심아 물러가라, 고난아 물러가라' 하고 입술로 자꾸 물리치는 습관을 가져야 한다. 또 '주여, 주여, 주여' 하고 무슨 일이 있든지 '주여'를 부르는 습관도 좋으며. 그리고 '넘어져도 나는 안 넘어진다, 어려워도 이것은 쉽다, 그리고 불가능해도 나는 할 수 있다' 이렇게 주님을 의지하면서 말하면 주의 능력이 여러분 말 속에 역사할 줄 믿기 바란다. 여러분들은 절대 입술로 부정된 말, 즉 '안 된다, 못 한다, 틀렸다'는 말을 하지 말고 '된다'는 말을 자꾸 하시고 주님의 능력의 그 권세 있는 혀를 가지고 아름다운 역사가 있어지기를 주의 이름으로 축원한다. 또 21절 하반절에 보면 "혀를 쓰기 좋아하는 자는 그 열매를 먹으리라"고 말씀하셨는데 혀를 좋은 데 사용하면 좋은 열매가 맺히고, 나쁜 데 사용하면 나쁜 열매가 맺힌다. 그래서 이 혀를 사용한다는 것이 얼마나 중요한가를 성경은 우리에게 여러 가지로 교훈해 주고 있다.

둘째, 곤핍한 자를 도와주고 깨우치는 권세가 있다.

"주 여호와께서 학자의 혀를 내게 주사 나로 곤핍한 자를 말로 어떻게 도와줄 줄을 알게 하시고, 아침마다 깨우치시되 나의 귀를 깨우치사 학자같이 알아듣게 하시도다(사 50: 4)" 말이 얼마나 치료의 보약인지 모른다. 우리는 말로 남을 위로해 주고 용기를 북돋아 주어야 한다. 죽어가는 사람에게 병문안을 갔다가 '아이고, 언제부터 이렇게 병들었어요? 아이고, 열흘 살기가 어렵겠네요? 장례식 준비는 해 놓았어요? 수의는 어디에 놓았어요? 그리고 어디에 묻어 줄까요?' 이런 방정맞은 말을 하면 열흘 살 사람이 일주일도 못 산다. 그럴 때는 '집사님, 죽은 나사로를 살리신 하나님이 집사님과 함께 하실 줄 믿으오며 인명은 재천이라 하나님의 손에 달려 있는데 당신이 하나님에게 더 필요하면 죽게 된 히스기야 왕도 15년간이나 생명을 더 연장시켜 주셨는데, 그 하나님이 집사님과 함께하실 것이니 집사님, 용기를 내세요. 집사님, 힘을 내세요.' 하고 이런 말을 해야 된다. 복음성가에 보면 '힘을 내세요'라는 가사가 있다.

우리는 항상 만날 때마다 '힘내세요, 용기를 가지세요, 승리하세요, 하나님이 함께하십니다, 당신을 도와주십니다, 당신의 모든 일을 맡아주십니다, 당신 문제의 해결사이십니다' 이렇게 말을 하면 그대로 믿어지고, 믿어질 때 기적이 나타나고 열매가 맺혀질 줄 믿기 바란다.

말이라는 것이 얼마나 불확실한지 모른다. 어느 목사님이 야외에 가서 너무 너무 잔디가 좋으니까 제일 똑똑하고, 정직하고, 진실하고, 기도 많이 하고, 순종 잘하고, 모범이 되고, 출석 잘하고, 전도도 잘하고, 안내 봉사도 잘하는 이런 집사님들만 열두 명을 뽑아서 앞에서부터 앉혀서 뒤에 있는 사람에게 말을 전하게 했는데 제일 앞

사람 귀에 대고 '베드로가 잡은 고기'라고 말하고서 뒤로 계속 전달하게 하여 열두 번째 사람에게까지 말을 전하게 했더니, 마지막 사람이 하는 말이 '베토벤의 작곡'이라고 말하더라는 것이다. 그때 이 목사님이 아니 여러분 한번 생각해 보세요. 10분도 안 된 시간에 거기는 거짓말쟁이도 없고, 욕쟁이도 없고, 불신앙도 없고, 미신 우상 섬기는 사람도 없고, 망나니도 없고 제일 모범된 사람 열둘을 뽑았는데 어떻게 말을 전달해서 '베드로가 잡은 고기'를 전했는데, 끝에 가서는 '베토벤의 작곡'으로 바뀌었느냐는 것이다. 그때 이 목사님이 생각하기를 항상 중앙방송만 들어야 되겠다고 생각했고 성경 말씀만 들어야 되겠다는 것이다. 말이라는 것이 얼마나 불명확한 것인가? 요즘에 국회도 보면 흑백을 놓고 가리지도 못하고 이거다 저거다 밤낮 싸우고 있는데 말이라는 것은 이 말 들으면 이 말 같고, 저 말 들으면 저 말 같다. 오늘 우리는 항상 성경 말씀을 듣고 이 말씀 위에 신앙과 생애의 모든 기초를 든든히 쌓을 때에 하나님께서 말씀 위에 역사하시고 하나님이 축복해 주실 줄로 믿는다.

셋째, 말씀의 권세가 있다.

"여호와의 신이 나를 빙자하여 말씀하심이여, 그 말씀이 내 혀에 있도다(삼하 23: 2)" 이 말씀이 여러분 혀에 임하여 있습니다. 사무엘은 하나님의 이 말씀이 혀에 있으니까 그가 말을 하면 말씀의 권세가 나타났다.

시편 119: 172에 보면 "주의 모든 계명이 의로우므로 내 혀가 주의 말씀을 노래할지니이다"라고 말씀했습니다. 우리의 혀는 "주의 말씀 받은 그날 참 기쁘고 복되도다. 이 기쁜 맘 못 이겨서 온 세상에 전하노라(찬송 209장)" 가사처럼 온 세상에 복음을 전하는 그러한 혀가 되어야 한다. 눈만 뜨면 예수의 복음을 전하고, 앉으나 서나 예수의 복음을 전하고, 만나나 헤어지나 예수의 복음을 전하고, 여러분의 입에서 말씀이 줄줄 나올 수 있는 그런 혀가 되기를 바란다. 우리는 백 마디 귀를 즐겁게 하는 말보다도 한 마디라도 성경 말씀이 심어지면 거기에서 생명의 역사, 구원의 역사, 회개의 역사, 변화의 역사, 축복의 역사가 일어날 줄 믿으시기 바란다.

마음이 답답할 때 말씀이 심어지면 그 말씀을 통해 핵미사일보다 더 강한 생명의 역사가 일어나서 좋은 생각, 그리고 생명의 길로 여러분을 이끌어 줄 줄 믿으시기 바란다. 예수님은 “내가 곧 길이요 진리요 생명이라(요 14: 6)”고 말씀했습니다. 요한계시록 1: 3에 보면 “이 예언의 말씀을 읽는 자와 듣는 자들과 그 가운데 기록한 것을 지키는 자들이 복이 있다”고 말씀했습니다. 말씀이 있는 자는 입을 벌리면 말씀이 나오는 것이다. 사도행전 4: 4에 보면 “말씀을 들은 사람 중에 믿는 자가 많으니, 남자의 수가 약 오천이나 되었더라”고 말씀했다. 말에는 듣기 좋게 사람의 비위를 맞추는 말도 있고, 아부하는 아첨의 말도 있고, 또 폭군같이 퍼붓는 폭언 등 많은 말이 있는데, 진실로 여러분 입술에서 하나님의 말씀이 나오면 성령이 역사한다. 어느 순간에도 하나님의 말씀이 나올 때에 하나님의 역사가 함께할 줄로 믿는다. 오늘 이 땅에는 양식이 없어서 굶주림이 아니요, 마실 물이 없어서 갈함이 아니라, 하나님의 말씀이 없음으로 모든 영혼들이 갈급해하고 있다(암 8: 11). 오늘 우리는 하나님의 말씀을 사랑해야 되며 하나님의 말씀을 붙잡아야 된다. 실력 있는 사람이 약속을 하면 그 말을 믿고 절망 중에도 기대를 가지는데, 신·구약성경 66권에 보면 전능하신 하나님께서 하신 약속으로 꽉 차있다. 이 말씀을 붙잡고 승리하여야 한다. 이 약속을 붙잡고 전진하여야 한다. 이 약속을 붙잡고 용기를 가져야 한다. 괴롭고 답답할 때마다 하나님의 말씀을 묵상하고 불같은 시험이 오거든 내가 감당할 수 없는 시험을 허락지 않으리라(고전 10: 13)는 말씀을 되풀이해야 한다. 동서남북, 전후좌우를 보아도 피할 길이 없다고 생각되는 분은 시험

당할 즈음에 피할 길을 주리라(고전 10: 13)는 이 말씀을 음미해 보라. 여러분, 복음을 전하다가 핍박을 받거든 핍박을 받은 자는 복이 있느니라(마 5: 10)는 이 말씀을 외쳐 보라. 그 말씀이 여러분의 환경을 바꾸어 준다. 하나님은 말씀 한 마디로 천지만물을 창조하시고, 말씀 한 마디로 심판하시는 능력과 권세가 나타나시어 그 말씀을 우리 혀에 주셨다.

말씀이 있는 혀는 축복된 혀다. 전도할 때도 이런 저런 많은 얘기를 할 필요가 없다. 성경 말씀을 그대로 심어 주면 된다. "하나님이 세상을 이처럼 사랑하사 독생자를 주셨으니, 이는 저를 믿는 자마다 멸망치 않고 영생을 얻게 하려 하심이니라(요 3: 16)" 이 말씀을 요약해서 '하나님이 당신을 사랑하십니다.' 하나님이 사랑하시는 것을 깨닫도록 기도하면서 전하면 된다. "주 예수를 믿으라. 그리하면 너와 네 집이 구원을 얻으리라(행 16: 31)" 이 말씀을 가지고 '예수를 믿으세요, 구원받습니다. 예수님은 당신의 구세주이십니다. 당신의 모든 문제의 해결사이십니다.' 이렇게 전해 보아라. "수고하고 무거운 짐 진 자들아, 다 내게로 오라. 내가 너희를 쉬게 하리라(마 11: 28)" 이 말씀을 전하면서 '예수님이 당신의 피난처이십니다. 당신의 그 아픈 마음, 당신의 그 어려운 일들, 당신의 그 힘든 일, 당신의 그 고난 풍파, 당신의 뼈와 살이 몸살이 날 정도로 수고하는 인생길에 주님이 바로 당신의 피난처이십니다. 오세요, 주님께 오세요.' 이렇게 말해 보아라. 말씀 전하고 몇 마디 하면 성령이 감동하는 것이다. 자꾸 어렵게 설명하려고 하니까 안 되는 것이다.

넷째, 성령의 불의 역사가 있다.

"불의 혀같이 갈라지는 것이 저희에게 보여 각 사람에게 임하여 있더니, 저희가 다 성령의 충만함을 받고 성령이 말하게 하심을 따라 다른 방언으로 말하기를 시작하니라(행 2: 3, 4)" 성령의 불로 역사하는 혀가 되기를 바란다. 성령의 능력이 나타나는 그런 역사를 우리에게 약속했다. 그러니까 베드로가 외칠 때에 3000명, 5000명이 회개하고 주님 앞에 돌아온 것도 인간의 지혜로 한 말이 아니다. 그것은 바로 불의 혀, 즉 성령의 불의 역사인 것이다. 오늘 여러분에게 이 성령의 놀라운 역사가 불의 혀로 나타나기를 진심으로 바란다.

끝으로 하나님이 주신 혀를 사단에게 이용당하여 악한 데 사용하지 말고 사람을 살리며, 곤핍한 자를 도와주고 깨우치며, 하나님의 말씀을 전하고, 성령의 불로 역사하는 혀로 사용하여 하나님께 영광 돌리며 승리하는 믿음의 형제가 되시기를 주의 이름으로 기도드립니다.

◎ 혀의 창조적 능력을 사용하라

1장: 긍정적인 기도의 능력
2장: 우리 안에 있는 창조적 능력
3장: 말씀의 치유 능력
4장: 말을 항상 조심하라
5장: 하나님의 말씀대로 믿고 고백할 것
6장: 사망과 생명의 권세를 가지고 있는 혀의 능력

이번에 소개해 드릴 책은 찰스 캡스의 『혀의 창조적 능력을 사용하라』, 원제목은 『The tongue, a creative force』입니다. 이 책은 미국에서도 80만 부 이상이 팔린 베스트셀러입니다. 저자인 찰스 캡스는 한때 거액의 합작 사업에 투자하였지만, 사업이 잘못되어 전 재산을 모두 날려버리게 됩니다. 그는 사업에 실패한 후 너무나 낙심하여 믿음도 버리고 부정적인 관점을 가지고 세상을 살았습니다. 그러던 그가 다시 사업을 회복하고 승리의 삶을 살게 되기까지 혀의 창조적 능력을 어떻게 사용하였는지를 생생하게 간증하고 있습니다. 여러분도 이 책을 통해 응답받는 믿음의 원리를 깨닫고, 혀의 창조적 능력을 삶에 적용하게 되시기를 바랍니다.

1장: 긍정적인 기도의 능력

하나님의 말씀이 우리 마음속에서 잉태된 다음에, 입으로 고백하게 되면 그 말씀은 우리 안에서 하나님의 능력을 발휘하는 영적인 힘이 됩니다. 따라서 우리는 좀더 효과적으로 말하는 법을 배워야 합니다. 우리가 무심코 내뱉는 말 때문에 우리는 성공할 수도 있고 실패할 수도 있습니다. 오늘날 우리는 자신이 내뱉은 말에 자기 자신이 포로로 되어 버린 그리스도인들을 많이 보고 있습니다. 우리는 우리의 혀를 가지고 스스로를 실패자로 만드는 말을 하기도 했습니다. 하나님의 말씀에 어긋나는 기도를 할 때도 있었습니다. 그러나 우리가 알아야 할 것은 기도한 대로 열매를 맺는다는 것입니다. 그렇다면 우리는 어떤 자세로 기도를 해야 할까요?

바울은 빌립보서 4장 13절에서 "내게 능력 주시는 자 안에서 내가 모든 것을 할 수 있느니라"고 고백하고 있습니다. 바울의 마음속에서 하나님의 말씀은 능력이 되었고, 바울은 자신의 입술을 통하여 이 능력을 담대히 선포했던 것입니다. 우리는 기도할 때마다 하나님의 말씀을 온전히 의지하고, 그 말씀을 따라 역사하시는 하나님의 능력을 담대히 선포해야 합니다.

우리는 종종 "주님, 제가 기도를 했는데 이루어지지 않습니다. 저는 마귀에게 패배한 것 같습니다."라고 기도할 때가 있습니다. 그러나 하나님은 "무엇이든지 기도하고 구한 것은 받은 줄로 믿으라"고 말씀하고 계심을 기억하시기 바랍니다.

응답받는 기도를 하기 위해서는 첫째로, 문제를 바라보고 기도하는 것이 아니라 응답을 바라보고 기도해야 합니다. 둘째로, 보이는 것을 의지하지 말고 믿음으로 기도해야 합니다. 믿음이 없으면 기도는 응답되지 않습니다. 그러나 믿음은 기도가 없이도 역사할 수 있습니다. 기도는 믿음을 나타내는 수단 중의 하나이기 때문입니다. 그러므로 기도할 때 하나님의 말씀을 믿는 그 믿음을 표현하기만 하면 하나님의 능력이 우리의 삶에서 역사하게 될 것입니다. 우리는 우리의 말을 다스려야 하며, 하나님께서 원하시는 말, 즉 하나님의 말씀에 복종하는 말을 해야 합니다. 하나님의 말씀은 곧 영적인 법칙이기 때문입니다.

2장: 우리 안에 있는 창조적 능력

하나님의 말씀에는 창조적 능력이 있습니다. 하나님은 말씀으로 이 세상을 창조하셨습니다. "빛이 있으라"는 말씀에 이 세상에 빛이 있었습니다. 하나님의 입에서 나온 말에 무(無)에서 유(有)를 만들어 내는 위대한 창조적 능력이 있다면, 하나님의 형상과 모양대로 지음 받은 우리에게도 그러한 능력이 있는 것입니다. 하나님의 창조적 능력이 우리 안에도 내재되어 있음을 믿으시기 바랍니다. 원수 마귀는 우리의 말에 능력이 있다는 것을 잘 알고 있습니다. 그렇기 때문에 지금 이 순간에도 우리가 의심과 두려움과 불신앙을 고백하도록 기를 쓰고 있는 것입니다. 우리가 거듭난 후에도 스스로를 보잘것없는 존재로 생각하고 자기 연민에 빠지는 것은 하나님의 뜻이 아닙니다. 예수 믿기 전의 보잘것없었던 옛사람은 그리스도와 함께 죽었고, 이제 그리스도 안에서 새로운 피조물이 되었습니다. 그리스도 안에 있는 자는 보잘것없는 존재가 될 수 없습니다.

우리는 우리 안에 있는 창조적 능력을 지혜롭게 사용해야 합니다. 히브리서 10장 23절에는 "우리가 믿는 도리의 소망을 움직이지 말고 굳게 잡아"라고 말씀하고 있습니다. "당신의 기도를 굳게 붙잡으라"

고 말씀하지 않습니다. 기도를 붙잡는다는 것은 자신의 문제를 굳게 붙잡는 것이기 때문입니다. 대부분의 사람들이 문제만을 붙잡고 기도하는 것을 볼 수 있습니다. 그러나 문제 자체는 하나님께 맡겨 드리고 긍정적인 믿음의 고백, 즉 소망을 굳게 붙잡으시기 바랍니다. 마가복음 11장 23절의 "내가 진실로 너희에게 이르노니 누구든지 이 산더러 들리어 바다에 던지우라 하며 그 말하는 것이 이룰 줄 믿고 마음에 의심치 아니하면 그대로 되리라"는 말씀을 기억하실 것입니다. 기도할 때 "주님, 산이 점점 커집니다. 상태가 더 나빠지고 있어요. 기도를 열심히 했는데도 문제가 해결되지 않고 있습니다."라고 말한다면 응답으로 나아가지 못하고 여전히 문제 속에 빠져 있는 것입니다. 기도의 응답은 고백에 있습니다. 기도의 응답은 말씀을 믿고, 그것을 입술로 고백할 때 이루어집니다. "하나님, 감사합니다. 산이 점점 커지는 것처럼 보일지라도 예수의 이름 안에서 저는 그 산이 들리어진 것을 믿음의 눈으로 바라봅니다. 믿음의 눈으로 그 산이 옮겨진 것을 봅니다."라고 고백해야 합니다. 우리는 계속해서 이렇게 긍정하고 고백해야 합니다. 산이 얼마나 커 보이느냐는 중요하지 않습니다. 눈에 보이는 것에 동요되지 마시기를 바랍니다. 믿음에 의해서만 동기가 부여되어야 합니다. 말씀이 최종적인 권위가 되어야 합니다. 우리 안에는 하나님께서 주신 창조적 능력이 있습니다. 이 능력을 지혜롭게 사용하여 기도하는 법을 배워야 합니다.

3장: 말씀의 치유 능력

여러분이 감기에 걸렸거나 다른 병에 걸려서 아팠던 때를 뒤돌아보십시오. 병에 걸렸을 때 제일 먼저 하고 싶은 일이 무엇이었습니까? 누군가에게 가서 '몸이 아파'라고 말하고 싶었을 것이고, 아마 틀림없이 그렇게 했을 것입니다. 그리고 그렇게 말한 후에는 병세가 더 악화되었을 것입니다. 자신도 모르는 사이에 자신의 질병을 확고 부동한 것으로 인정해 버렸기 때문입니다.

치유의 능력은 우리 안에 있습니다. 사단은 하나님의 능력이 우리 안에 있고, 그 능력이 우리의 말에 따라 제한될 수 있다는 것을 알고 있습니다. 그렇기 때문에 그 능력이 발휘되지 않도록 늘 우리를 방해하고 있는 것입니다. 하나님의 말씀은 우리가 고침을 받았다고 말하고 있습니다. 베드로전서 2장 24절을 읽어 보겠습니다. "친히 나무에 달려 그 몸으로 우리 죄를 담당하셨으니 이는 우리로 죄에 대하여 죽고 의에 대하여 살게 하려 하심이라 저가 채찍에 맞음으로 너희는 나음을 얻었나니" 베드로는 여기에서 '나음을 얻을 것이다'라고 말한 것이 아니고 '나음을 얻었다'라고 말씀합니다. 예수님께서는 2천 년 전에 우리를 위하여 이미 모든 것을 이루어 놓으셨습니다. 그러므로 주님의 말씀을 붙잡고, 믿음으로 담대하게 질병에 대한 하나님의 말씀을 고백하십시오. "예수의 이름으로 나는 치유되었다." 라고 선포하십시오. 여러분 안에 있는 하나님의 능력을 믿음을 가지고 입으로 시인하십시오. 야고보는 혀를 제어할 수 있다면 아무 문제가 없을 것이라고 말했습니다. 따라서 우리는 말씀으로 우리 자신을 다스리는 방법을 배워야 합니다. 기분이 안 좋거나 몸이 안 좋을 때 이렇게 말하십시오. "말씀에는 뭐라고 되어 있지? 아, 말씀에는 '그가 채찍에 맞음으로 내가 나음을 입었도다'라고 되어 있구나. 그러므로 사단아, 나는 너의 질병을 받아들이지 않겠다. 나는 질병을 거절한다!" 잠언 6장 2절의 말씀을 읽어 보겠습니다. "네 입의 말로 네가 얽혔으며 네 입의 말로 인하여 잡히게 되었느니라" 입의 말을 다스리는 법을 배우지 않으면 그 혀에 얽매이는 삶을 살게 될 것입니다. 하나님의 말씀에 순복하며, 입으로 말씀의 권위를 인정하는 삶을 사시기 바랍니다. 그러면 주님께서 우리의 질병과 죄를 담당하여 주실 것입니다. 지혜로운 자는 건강과 치유를 말합니다. 만일 여러분이 생명과 건강의 삶을 살기 원한다면 성경이 말씀하는 바를 말하기 시작하십시오. 지금 그것을 고백하십시오. 여러분의 말을 조심하고, 생명과 건강의 말을 선택해야 합니다.

4장: 말을 항상 조심하라

우리는 머릿속에 드는 생각을 말하기 전에, 먼저 자신에게 "누가 그 말을 했지? 이 생각은 하나님의 말씀으로부터 온 것인가?"라고 물어보아야 합니다. 만일 그것이 하나님의 말씀과 맞지 않는다면 사단의 거짓말이거나, 세상적인 가치관에 의한 생각임이 분명합니다. 그럴 때는 그것을 자신의 말로 인용하지 말아야 합니다. 마귀가 주는 두려움과 부정적인 마음을 입으로 고백할 때, 그 말은 즉각적으로 하나님의 능력을 막아 버리기 때문입니다. 우리는 말의 권세를 인정하고, 언어를 조심해야 합니다. 잠언 6장 2절의 "네 입의 말로 네가 얽혔느니라"는 말씀을 잘 이해하시기 바랍니다. 예수님은 "사람은 자기가 말한 그대로 된다."고 말씀하셨습니다. 그러므로 여러분이 말하는 것이 그대로 이루어질 것이라고 굳게 믿으시기 바랍니다. '말'에는 말하는 것 그 이상의 것이 있습니다. 우리 안에 내재된 영적인 힘은 말을 통해서 흘러나오게 됩니다. "세상을 이긴 이김은 이것이니 우리의 믿음이니라"는 요한일서 5장 4절 말씀은 하나님이 마귀가 도저히 이길 수 없는 강하고 위대한 능력을 가지고 계신다는 사실을 뒷받침해 주고 있습니다. 우리는 창조적인 혀의 능력을 사용하여 하나님의 위대한 능력을 발휘하여야 합니다. 세상을 이기는 믿음이 여러분 안에 있음을 기억하시기 바랍니다.

5장: 하나님의 말씀대로 믿고 고백할 것

예수님은 "너희가 내 말에 거하면 참으로 내 제자가 되고 진리를 알지니, 진리가 너희를 자유롭게 하리라"고 말씀하셨습니다. 이 말씀처럼 하나님의 말씀은 언제나 진리입니다. 우리의 삶이 하나님의 말씀 위에 근거를 두고 있다면, 우리가 환경 때문에 요동하는 일은 없을 것입니다. 하나님의 말씀은 참진리입니다. 하나님의 말씀을 믿기만 하면 인생의 폭풍우 속에서도 안정을 누릴 수 있습니다. 다음의 말씀을 고백하고 선포해야 합니다. “복 있는 사람은 악인의 꾀를 좇지 아니하며 죄인의 길에 서지 아니하며 오만한 자의 자리에 앉지 아니하고 오직 여호와의 율법을 즐거워하여 그 율법을 주야로 묵상하는 자로다 저는 시냇가에 심은 나무가 시절을 좇아 과실을 맺으며 그 잎사귀가 마르지 아니함 같으니 그 행사가 다 형통하리로다(시 1: 1~3)” ‘복있는 사람’이 하는 일마다 “다 형통하리로다”라고 하나님은 말씀하십니다. 그러나 악인은 그렇지 않습니다. 성경은 “악인은 그렇지 않음이여 오직 바람에 나는 겨와 같도다 그러므로 악인이 심판을 견디지 못하며 죄인이 의인의 회중에 들지 못하리로다”라고 말씀합니다. 그러므로 ‘악인들은 잘되는데 왜 나는 모든 일이 잘 안 될까’라고 말하는 것은 하나님의 말씀에 맞지 않는 것입니다. 하나님의 말씀을 나의 고백으로 바꾸어 말하는 법을 배우십시오. “나의 하나님이 그리스도 예수 안에서 영광 가운데 그 풍성한 대로 나의 모든 쓸 것을 채우시리라”는 빌립보서 4장 19절의 말씀을 여러분의 마음속에 깊이 새기시기를 바랍니다. 지혜로운 자의 입술은 그 사람을 보전하게 되어 있습니다. 그 긍정적인 말은 재정적 위기에서도 그 사람을 보호합니다. 불황이나 경기 침체를 경험할 때도, 그 입술은 그를 보호하게 되어 있습니다. 하나님의 말씀을 자신의 고백으로 시인하고, 그 말씀에 근거하여 행동할 때 우리는 주님으로부터 보호를 받게 되는 것입니다. 잠언 15장 4절의 말씀을 읽어 보겠습니다. “마음의 즐거움은 얼굴을 빛나게 하여도 마음의 근심은 심령을 상하게 하느니라” 성도들은 치유 기도를 받기 위해 앞으로 나와서 매우 근심어린 모습으로 다음과 같이 말합니다. “하나님, 치유받고 싶습니다. 저를 고쳐 주세요. 저를 치유해 주세요.” 우리가 기도하면 하나님께서 치유해 주십니다. 그러므로 우리는 얼굴에 미소를 띠고 주님 앞에 나와야 합니다. 주님은 문제로 인하여 우리의 심령이 상하는 것을 원치 않으시기 때문입니다. 주님은 여러분의 마음이 상처받고 깨어지는 것을 원치 않으십니다. "고난받는 자는 그날이 다 험악하나 마음이 즐거운 자는 항상 잔치하느니라"는 성경 말씀을 기억하십시오. 얼마나 감사한 말씀입니까! 그러므로 우리가 믿음 안에서 하나님의 말씀을 붙잡고 있는 동안에는 계속 잔치하고 있는 것과 같은 것입니다! 하나님의 능력은 여러분 안에 있습니다. 그러므로 "나를 성공시키는 하나님의 능력이 내 안에 있습니다." "내 안에 계신 이가 세상에 있는 어떤 이보다 더 크십니다."라고 말하는 법을 배우십시오.

6장: 사망과 생명의 권세를 가지고 있는 혀의 능력

혀에는 우리의 인생을 망하게 하거나 성공시킬 능력이 있습니다. 같은 입에서 복과 저주가 함께 나올 수 있습니다. 우리의 마음은 말로써 프로그램화됩니다. 믿음은 하나님의 말씀을 들음으로써 생겨나고, 두려움은 대적이 말한 것을 들음으로써 생겨나는 것입니다. 그리스도인들 중에서도 대적인 마귀의 말을 고백하는 사람들이 있습니다. 그들은 마귀의 말을 자신의 마음에 두고 그것에 붙잡혀 살고 있는 것입니다. 마귀는 우리 안에 왜곡되고 쓸모없는 자기 파괴적인 이미지를 심어 놓기 원합니다. 우리는 하나님의 말씀을 고백함으로써 우리의 마음을 프로그램화하여, 승리하는 삶을 살아야 합니다. 인생의 좋은 것과 나쁜 것이 모두 우리의 입을 통해 나온다고 예수님이 말씀하셨습니다. 입에 들어가는 것이 사람을 더럽게 하는 것이 아니라 입에서 나오는 말이 사람을 더럽게 하는 것입니다. 우리는 예수 안에서 창조되었습니다. 우리는 우리 자신의 것이 아니라 하나님의 창조물입니다. 이전의 옛것들은 모두 소멸되어 버렸습니다. 예수님이 죄인이 되심으로써 우리는 그리스도 예수 안에서 하나님의 의가 되었습니다. 거듭난 성도로서 우리는 하나님의 상속자요, 그리스도와 함께한 상속자인 것입니다. 믿음으로 충만한 말은 믿음이 연약한 다른 사람들의 믿음에 활력을 불어넣어서 그들의 믿음을 발휘하게 합니다. 하나님의 말씀과 일치하는 것을 담대하게 선포할 때 창조적 능력을 발휘할 수 있으며 그 창조적 능력은 다른 사람들에게도 영향을 주어서 그들의 믿음을 발휘하게 하는 것입니다. 혀는 우리를 죽일 수도 있고, 우리 안에서 하나님의 생명을 흘러나오게 할 수도 있습니다. 그러므로 우리는 사망과 생명이 혀의 권세 안에 있음을 늘 기억해야 합니다. 여러분 안에 있는 창조적 능력을 지혜롭게 사용하는 법을 배우고, 하나님의 능력을 입으로 고백하여 고침받고 승리하는 삶을 살게 되시기를 바랍니다.

*** 혀 (Tongue)**

"혀는 뼈가 없지만 뼈를 부서뜨릴 수 있다."(J. 위클리프)는 말처럼 혀의 영향력과 파괴력은 엄청나다. 말 한 마디에 한 사람의 인생이 세워지기도 하고 무너지기도 한다. 가정의 불화나 심각하게 악화된 사람들 간의 문제의 배경은 언제나 부정적인 대화가 주된 원인이었다. 흰개미는 아주 무서운 곤충이다. 그들은 작고 잘 보이지 않지만 날카로운 입을 통해 집 안의 많은 목재 가구들을 갉아 부순다. 야고보는 혀가 비록 작은 것이지만 중요한 것이라고 말한다. 이 점에 있어서는 아이들의 말이 가장 적절한 듯싶다. 아이들은 수다쟁이를 '빅 마우스'(Mr. Big mouth)라고 부른다. 그것은 그의 입이 크기 때문이 아니라, 그의 작은 입이 만들어 내는 많은 문제성을 빗대어 표현한 것이다. 불이란 작은 영향력의 하나이지만 돌이킬 수 없는 손상을 입힌다는 사실을 기억해야 할 것이다. 불같이 격렬한 말은 종종 사람들과의 관계를 파괴시킨다. 비록 나중에 그 관계가 회복되더라도 예전과 같지는 못할 것이다. 그러므로 우리는 다음과 같이 쓰인 표지를 몸과 마음에 지녀야 할 것이다(주의: '인생'이란 타 버리기 쉬운 물자이다－당신의 혀에 있는 불을 끄십시오).

나의 혀를 지으신 주님!

내 입으로 평생 주님을 찬양하기 원합니다.

내 혀를 주님의 도구로 사용하셔서 낙심한 자에게 소망을 주고, 어둠 가운데 있는 영혼에게 복음의 진리를 전하며,

핍박받는 자와 함께 주님의 경배하는 소리가 되게 하소서.

예수님의 이름으로 기도합니다. 아멘.

Ⅰ. 혀의 위력: 잠 12: 8, 18: 4, 21, 10: 11 약 3: 4~8 마 12: 35~37

Ⅱ. 혀의 사용과 결과

1) 잘 사용한 예와 결과: 잠 10: 19 12: 6 12: 19 : 22 : 25 13: 3 15: 1 15: 2 15: 23 16: 13 16: 21 16: 24 17: 27, 28 21: 23

2) 잘못 사용한 예와 결과: 잠 10: 19 10: 14 11: 9 11: 13 12: 18 12: 19 12: 22 13: 3 14: 3 15: 1 15: 2 15: 4 16: 28 16: 30 17: 9 17: 20 18: 2 18: 13 25: 23 26: 28

Ⅲ. 혀에 대한 책임과 훈련

약 1: 19, 엡 4: 29, 약 1: 26, 전 5: 2 잠 17: 27, 28, 디후 2: 16, 골 4: 6, 잠 16: 10, 잠 15: 28, 잠 26: 4, 5, 잠 18: 2, 마 5: 37(출 20: 16, 레 19: 11, 슥 8: 16, 엡 5: 4, 잠 27: 2, 잠 29: 11, 마 12: 35~37, 시 141: 3, 사 50: 4, 시 51: 15, 전 10: 20

Ⅳ. 적 용

1) 나의 혀 사용은 어떠한가?

2) 어떻게 개선할 것인가?

'이와 같이 혀도 작은 지체로되 큰 것을 자랑하도다' 혀도 하나님께서 창조하신 우리 몸의 한 부분임에 틀림없다. 성경에서 몸의 지체 중 혀만큼 많이 언급된 부분도 없다. 하나님께서 왜 혀를 만드셨을까?

혀의 기능은 크게 두 가지로 나눌 수 있는데 첫째는 말하는 기능이요, 둘째는 맛을 볼 수 있는 기능이다. 어떤 말을 하는가에 따라 성경에선 혀의 종류를 구별하고, 즉 의로운 혀, 참소하는 혀, 속이는 혀, 날카로운 혀, 둔한 혀, 지혜로운 혀 등으로 묘사하면서 혀의 올바른 사용을 주로 강조하고 있다. 물론 말하는 기능이 더 중요하겠지만 여기에선 다양한 맛을 구별하는지에 관해 살펴보고자 한다.

"싱거운 것이 소금 없이 먹히겠느냐 닭의 알 흰자위가 맛이 있겠느냐(욥 6: 6)"란 구절은 소금이 짜다는 것을 말해 준다. 이 외에도 성경엔 쓴맛, 싱거운 맛, 단맛 그리고 기름 섞인 과자 맛(민 11: 8) 등이 있지만 식품학에선 단맛, 신맛, 짠맛, 쓴맛의 4가지 기본 맛으로 분류하고 있다. 식품학에 있어서 맛은 식품의 가치를 정하여 주는 데 매우 중요한 역할을 담당하고 있음에도 불구하고 감각 중에서 아직 가장 해명되어 있지 못한 분야가 바로 맛에 관한 미각이다. 맛을 느끼게 되는 과정은 화학 생리학 생화학 신경생리학 통계학 심지어 심리학과도 관련이 있어 여간 복잡하지가 않게 때문이다. 혓바닥을 세심히 들여다보면 오돌토돌하게 되어 있음을 알 수 있다. 여기에 맛 봉오리 혹은 미뢰(taste bud)라고 불리는 직경 50~70y 되는 타원형 구조를 갖는 것들로 덮여 있다. 이 미뢰는 일명 미각세포(gustatory cells)라고도 하는 40여 개의 미각수용기(taste receptors)를 갖고 있다. 맛을 느낌에 있어서 첫 번째 일어나는 것은 바로 맛을 갖고 있는 물질이 바로 이 미뢰를 형성하고 있는 미각수용기와 만남으로써 시작된다. 음식물이 입에 들어가면 씹기가 시작되면서 침이 분비되어 음식물을 구성하고 있는 분자가 침에 용해되고 약 1만 개가 흩어져 있는 미뢰의 미각수용기의 돌기부분(taste hairs)과 접촉하여 화학적인 자극을 일으키게 된다. 여기서 일어나는 화학적 변화에 의해서 주변에 수용기 전위차(receptor potential)로 알려진 어떤 작은 전위차가 생기고 이 전위차가 어떤 수준을 넘게 되면 미뢰에 연결된 미각신경섬유에 신경신호를 유발하고 이 신호는 다시 복잡한 여러 과정을 거쳐서는 뇌에 전달되어 '어떤 맛'으로 인식되는 것으로 알고 있다. 그러나 혀 표면에 각각의 기본적인 맛을 가장 예민하게 느끼는 부위는 다르다. 즉, 쓴맛은 혀의 깊은 곳 설근부에서 단맛은 혀의 끝부분, 짠맛은 혀의 전명 양쪽 부분에서 그리고 신맛은 바깥 주연부에서 가장 강하게 느껴진다. 색을 구별 못 하는 색맹이 있듯이 어떤 물질의 맛에 대해서 대부분의 사람들과는 다르게 맛을 느끼거나 맛 자체를 전혀 느끼지 못하는 사람들이 있다. 예를 들면 페닐사이오카바마이드(phenylthiocarbamide: PTC)라는 물질은 대부분의 사람에게는 쓴맛을 주나 일부 사람은 아무 맛을 느끼지 못한다는 사실이 밝혀져 이 PTC의 맛을 식별 못 하는 현상을 미맹(taste blind)이라 한다. 이 미맹은 유전적인 것으로 알려져 있으며 동양인에 비해 서양인이 많으며 여자의 경우(22.2%)보다 남자의 경우(26%)가 많다고 한다. 그러나 그 이유에 관해선 전혀 알지 못하고 있다. 그러면 다른 동물이나 곤충들은 맛을 인식할 수 있을까? 매우 흥미 있는 일이다. 사람과 같이 말로 표현을 못 하니까. 맛을 느끼는지 않는지에 대해서 정확히 단정하기는 어렵겠지만 갖가지 실험을 통해 맛 수용기의 자극액에 대한 반응은, 즉 맛에 대한 인식이 동물에 따라 현저한 차가 있는 것으로 알려져 있다.

몇 가지 예를 들어 보면 고양이는 설탕에는 반응을 나태내지 않는다고 한다. 그러나 파리 나방 나비와 같은 곤충들은 다리 끝에 달려 있는 털이나 입의 특정 부위로써 설탕이나 소금의 맛을 인식할 수 있다고 한다. 특히 파리의 경우 모상감각기라 하는 각피 표면에 돌출된 털로써 선단에 작은 구멍이 있고 그 밑에 감각세포가 있어 맛을 느낄 수 있다고 한다. 물고기의 경우는 미뢰가 머리의 표면에 있고 메기 등에서는 수염 표면에도 분포하고 있어 결국 동물의 종류에 따라 정말 다양하다하겠다. 혀가 없는 것은 심지어 다리 끝에 나 있는 털까지 이용해서 자기 생활을 영위할 수 있도록 설계하신 이 솜씨! 정말 놀랍고 놀랍다. 적다는 표현을 우리는 '털끝만큼도'라고 한다. 파리 다리 끝에 나 있는 작은 구멍까지 있다니. 과연 이것이 저절로 생겨난 것일까? 과학은 아직까지 달고 쓴맛을 혓바닥이 어떻게 감지해 내는가에 대한 평범한 명확한 설명을 내리지 못하고 있다. 그러나 한 가지 분명한 사실은 이 모든 맛을 느낄 수 있도록 설계해 놓으신 하나님의 놀라운 솜씨 덕분에 어린이부터 어른에 이르기까지 또한 창조주 하나님을 부정하는 진화론자들까지 쓰고 단맛을 분명히 느낄 수 있다는 점이다. 같은 하나님의 같은 혀를 만드셨던 한 혀는 창조론을 또 한 혀는 진화를 말하는 도다. "내 혀도 종일토록 주의 의를 말씀하오리니 나를 모해하려 하던 자가 수치와 무안을 당함이니이다(시 71: 24)"

말조심(살전 2: 5): 신앙생활에 있어서 말에 실수가 없는 것은 대단히 중요하다. 성경은 말하기를 "여러 종류의 짐승과 새며 벌레인 해물은 다 길들므로 사람에게 길들었거니와 혀는 능히 길들일 사람이 없나니, 쉬지 아니하는 악이요 죽이는 독이 가득한 것이라(약 3: 7~8)" 하였다. 한 그리스의 철학자가 자신의 종에게 심부름을 시키면서 말하기를 "가장 훌륭한 고기음식을 준비하라"고 명하였다. 종은 소의 혀로 만든 음식을 담은 접시를 가지고 돌아오면서 말하기를 "이 혀 음식이 가장 훌륭한 것입니다. 왜냐하면 이것으로 우리는 남을 축복하고 행복을 말해 주며 슬픔을 이기게도 해 주고 실망한 사람에게 용기를 불어넣어 주기도 하고 낙담한 사람에게는 새 힘을 주고 또한 인류가 수백 가지의 일을 할 수 있게 하기 때문입니다."라고 하였다. 이 세상에서 가장 고약한 고기음식을 준비해 보라고 말했다. 얼마 후에 그 종은 다시 소의 혀로 만든 음식을 접시에 담아 가지고 들어오면서 "주인님, 이 세사에서 가장 나쁜 고기를 준비했습니다. 이것으로 우리는 남을 저주하기도 하고, 인간의 마음을 여러 갈래로 찢어놓기도 합니다. 남의 명성을 하루아침에 땅에 떨어뜨리게도 할 수 있고 부조화와 갈등을 만들어 낼 수도 있습니다. 또한 가정이나 사회나 국가 안에서 서로 싸우도록 전쟁을 일으키는 일도 할 수 있기 때문에 이 혀가 가장 나쁜 고기입니다." 하는 것이었다. 그 종은 정말 지혜로운 사람이었다. 결코 하지 말아야 할 말이 있다. 헛된 말은 하지 말아야 한다(엡 5: 6). 아무 의미도 없고 말하는 사람의 위신과 권위를 떨어뜨리는 쓸데없는 말을 하는 것은 결국 스스로 손해를 보는 것뿐이다. 또한 지킬 수도 없는 약속을 남발하는 것도 이에 해당된다. 흔히 선거철이 되면 서로 다투어 멋진 공약을 말하지만 얼마간의 시간이 지나면 한낮 헛된 말장난에 그치는 것을 많이 보았기 때문이다. 거짓말을 삼가야 한다(벧후 2: 3). 또한 성경은 아첨의 말을 하지 말라고 권한다(살전 2: 5). 사람의 비위나 맞추고 입으로만 봉사하는 위선자들에게 흔히 나타나는 것이 아첨의 말이다. 그리고 그리스도인은 결코 저주의 말을 하지 말아야 한다(시 59: 12). "저가 저주하기를 좋아하더니 그것이 자기에게 임하고…… 또 저주하기를 옷 입듯 하더니 저주가 물같이 그 내부에 들어가며 기름같이 그 뼈에 들어갔나이다(시편 17: 18)" 이런 말을 늘 하자. 먼저 참된 것을 말해야 한다(엡 4: 24). 더욱이 그리스도인은 그의 말에 한 마디도 실수가 없어야 하고 사실을 말하는 것이어야 한다. 그는 예수 그리스도의 대사이기 때문에 그 말에 신뢰성이 있어야 하고, 또 권위가 있어야 한다. 참된 것을 진실하게 말할 때에야 이웃에게 신뢰받는다. 신앙인은 어떤 경우에나 감사하는 말을 하도록 힘써야 한다. 원망과 투기의 맡은 언제나 사람들의 마음에 상처를 주며 더 큰 갈등을 만들어 내게 마련이다. 그러나 범사에 감사하는 말을 많이 하는 사람에게는 감사할 일들이 더욱 많아질 것이다. 말을 아껴야 한다(잠 17: 27). 말이 많으면 허물이 드러나고 실수하기 쉽다. 그러나 말을 아끼면 미련한 자라도 지혜자로 인정받게 된다. 말은 필요한 것이로되 그리스도인의 입에서는 아름다운 복음과 하나님의 사랑에 관한 믿음이 항상 흘러나와야 한다. 말이 우리의 인격을 세우기도 하고 허물기도 한다.

◎ 회 개

성도에게는 회개가 매우 중요하다. 회개는 우리의 힘으로 하기보다는 성령의 힘으로 한다고 하는 것이 옳다. 대부분 성령은 우리가 기도할 때나 말씀을 통해서 우리의 모든 죄를 드러내시고 회개하게 만든다. 기도하면서 거룩하신 하나님께 가까이 나아갈 때에 우리의 숨은 죄가 자연스럽게 노출되기도 하고 또 그 말씀을 읽고 묵상할 때에 성령께서 우리의 숨은 죄를 드러내시기도 한다. 그리고 이렇게 성령께서 우리의 죄를 드러내실 때에는 자신도 모르게 엎드려 회개할 수밖에 없다.

성도에게 있어서 회개와 사죄의 용서가 얼마나 중요한지 알고 싶으면 다음 두 편의 시를 묵상(시 51편과 32편)하기 바란다. 시 51편은 다윗의 대표적인 회개의 시이며 시 32편은 다윗이 회개하고 죄를 용서받은 후에 지은 시이다. 먼저 시편 51편을 읽고 다음 시편 32편을 읽으면 회개와 사죄의 기쁨이 어떤 것인지 알 수 있다.

※ 세계 4대 종교 비교

구 분	기독교	이슬람	유 교	불 교
신 분	신(하나님), 인(인간)	인 간		
존 재	하늘에서 내려왔다.	이 땅에서 태어났다.		
출 생	성령으로 잉태되어 동정녀의 몸에서 태어났다.	보통 생육법으로 태어났다.		
가르침	깨달은 것을 가르친 것이 아니라 원래부터 가진 것을 가르침(요 7: 16)	득도하여 그 깨달음을 가르침		
결혼생활	결혼하지 않았다.	모두 결혼하였다.		
가르침과 생활	가르침과 생활이 일치(언행일치) -세속 가운데서 실천	가르침과 생활이 다름 -속세를 떠남		
죽 음	죽었으나 부활했다.	모두 죽었다.		
교 훈	예수에 의해서 이미 완성되었다(율법의 완성).	제자들에 의해서 유지 또는 변경 발전되었다.		
인간의 근본 문제 해결책	근본 문제인 죄의 문제를 해결했다(십자가).	해결하지 못함		
역사관	시작과 끝이 있다(창조, 타락, 구원, 심판).	역사는 반복된다.		
경전의 가르침	사상, 윤리, 도덕을 포함한 영혼문제를 다룸	인간의 사상, 윤리, 도덕을 가르침		
인간의 목표	하나님 영광을 위하여	인간이 어떻게 행복하게 살 수 있을까?		
내세문제	분명하고도 확실한 내세를 가지고 있다. (신천영원한 천국)	내세가 막연하다.		

Ⅳ. 좋은 글

◎ 가정을 살리는 4가지 생명의 씨

그것은 맵시, 솜씨, 말씨, 마음씨입니다.

첫째, 맵시가 필요합니다.

가정을 살리는 맵시란 단정한 자세를 말합니다. 여성들은 자신을 꾸미기를 좋아하는데 "20대에 꾸미는 것은 화장! 30대에 꾸미는 것은 분장! 40대에 꾸미는 것은 변장! 50대에 꾸미는 것은 위장! 60대 이상이 꾸미는 것은 포장!"이라는 유머가 있습니다. 그러나 얼굴을 꾸미는 것보다 더욱 중요한 것은 자신의 전 존재를 맵시 있게 단장하려는 자세입니다. 밖에서는 호인으로 인정받으면서 아내에게 야박한 남편의 모습은 맵시 있는 자세가 아니고, 교회에서는 '목사님!' 하고 화사하게 웃으면서 남편에게는 함부로 성질을 내는 아내의 모습도 맵시 있는 모습이 아닙니다. 부부는 아주 가까운 존재이고 편한 존재이지만 함부로 말하거나 행동해서는 안 될 것입니다. 부부간에도 지켜야 할 에티켓이 있습니다. 그러한 에티켓을 지키면서 자기 분수에 맞게 살려는 단정한 모습은 가정 행복을 위해 필수적인 요소입니다.

둘째, 솜씨가 필요합니다.

솜씨는 자기 외의 다른 식구들의 원하는 것을 충족시켜 주려는 사려 깊은 자세를 가지는 것을 말합니다. 자신의 개성을 무시하면서까지 다른 식구의 성향에 자신을 철저히 맞추어 가라는 것이 아닙니다. 그런 모습은 가정을 살리는 '생명의 씨'가 될 수 없습니다. 자기의 개성은 살리면서도 부드럽고 상냥하게 다른 식구들의 원하는 것을 충족시키는 지혜로운 태도가 바로 가정에 요구되는 솜씨입니다.

셋째, 말씨가 필요합니다.

가정은 사회에 나가서 죽은 기를 신비하게 살려 주는 곳입니다. 그 기를 살리려고 할 때 가장 중요한 것은 식구들끼리 용기 있는 말로 서로 격려해 주는 것입니다. 잘못을 무조건 덮어 주라는 말이 아닙니다. 때로는 잘못했을 때는 잘못을 지적하면서도 최대한 격려할 수 있는 지혜를 발휘해야 합니다. 아내의 '여보! 힘내세요!'라는 말 한 마디가 남편에게 삶의 의미를 주고, 남편의 '여보! 내가 다 알아!'라는 말 한 마디가 산더미 같은 아내의 피로를 다 무너뜨리게 될 것입니다.

넷째, 마음씨가 필요합니다.

저는 결혼 후 지금까지 가정 일에 한 번도 협조해 본 경우가 없습니다. 그 이유는 아내가 항상 집안일을 도맡아 했고 저에게 집안일을 못하게 했기 때문입니다. 그런 행동에는 "당신은 세상에 나가서 해야 할 보다 큰일에 신경 쓰세요!"라고 하는 아내의 마음이 담겨 있는 것을 왜 모르겠습니까? 아내의 그런 마음을 읽을 때마다 저는 정신이 번쩍 들면서 나의 하는 일에 더욱 신경을 쓰게 됩니다. 그처럼 식구들은 서로 고마워 할 일들이 많습니다. 그런 일들을 발굴해서 서로에 대한 고마운 감정을 잃지 않는 마음씨가 있을 때 그 가정은 행복한 가정이 될 것입니다.

토머스 칼라일은 아내의 묘비에 이런 글을 남겼습니다. "40년 동안 아내는 나의 진실한 친구였다. 남편이 하는 일이면 무슨 일이건 간에 그 말이나 행동으로 걱정을 끼친 일이 없었다. 그녀를 잃은 나는 생의 빛을 잃은 것처럼 캄캄했다." 사랑하는 사람이 내 곁을 떠난 후 캄캄한 어둠 속에서 회한을 가지기 전에 그가 지금 내 곁에 있을 때 밝은 빛 안에서 서로의 존재를 높여 주며 산다면 얼마나 행복한 일이겠습니까?

◎ 가족과 친구가 주는 행복

가족 및 좋은 친구를 만나 즐겁게 지낼 때 느끼는 행복감을 돈으로 환산하면 어느 정도일까?

친구나 가족을 매일 만날 때 얻는 행복은, 1년에 85,000파운드(약 1억 원)의 수입이 늘 때 맛보는 행복과 같다는 연구결과가 나왔다.

영국 데일리 메일이 보도한 바에 따르면(2007. 4. 30.), 런던 대학교 교육 연구소의 나타부드 파우다비 박사가 이런 이색적인 연구를 수행했고, 관련 논문을 "사회 경제학 저널"(2007. 5.)에 실었다.

그에 따르면 이웃과 자주 만나 대화를 나누는 것은 4천6백만 원의 추가 수입을 올리는 행복감을 가져오며, 결혼에 골인하면 6천3백만 원어치의 행복을 얻는 셈이다.

반대로 고통스러운 이혼을 하는 경우 빚이 약 1억 8천만 원이 늘어날 때 겪는 심리적 고통을 맛보게 된다.

한편 파우다비 박사는 수입 증대보다는 좋은 인간관계의 행복효과가 더욱 중요하다는 것을 지적했다. 수입이 늘 때 동반되는 행복감은 오래 지속되지 않지만, 친구나 가족과 만족스럽게 지낼 대 그 행복감은 더 깊고 지속적으로 영향을 끼친다는 것이다.

평균을 내면 다음과 같다. 친구와 사랑하는 사람과 대면하면서 살아가는 연수입 1만 파운드(약 1천2백6십만 원)의 사람은, 가족 및 친구를 만나지 못하는 연수입 9만 5천 파운드(약 1억 2천만 원)의 사람과 같은 행복을 느끼게 된다.

◎ 고민은 오래하지 말라

어니 J. 젤린스키의 『느리게 사는 즐거움(Dont Hurry, Be Happy)』에 이런 말이 나온다. "우리가 하는 걱정거리의 40%는 절대 일어나지 않을 사건들에 대한 것이고 30%는 이미 일어난 사건들, 22%는 사소한 사건들, 4%는 우리가 바꿀 수 없는 사건들에 대한 것들이다. 나머지 4%만이 우리가 대처할 수 있는 진짜 사건이다. 즉, 96%의 걱정거리는 쓸데없는 것이다."

고민거리를 오직 두 가지로 나눌 수 있다. 내가 걱정해 해결할 수 있는 고민과 해결할 수 없는 고민이다. 내일 비가 오면 어떻게 하나? 우산을 준비하면 된다. 비를 멈추게 하는 것은 우리 능력의 한계를 벗어난다. 그것은 신의 영역이다. 신의 영역에 속하는 문제는 신에게 맡겨라. 그리고 오직 당신이 걱정해 풀 수 있는 문제들만 고민하고 해결책을 찾아라. 대부분의 사람들은 낙관론자도 아니고 비관론자도 아니고 그저 고민의 핵심을 정확히 스스로 파악해 문제를 해결하는 데만 노력하는 쪽일 것이다. 당신에게 어떤 고민이 있다고 치자. 머리를 싸매고 며칠 누워 있으면서 걱정을 하면 문제가 해결되는가? 조용한 바닷가로 가서 며칠 쉬면 방법이 생각나는가? 전혀 그렇지 않다. 어떤 문제에 대해 우리가 생각할 수 있는 시간은 10분도 안 된다. 무슨 걱정거리가 있건 그것을 종이에 적어 보라. 틀림없이 서너 줄에 지나지 않는다. 그 몇 줄 안 되는 문제에 대해 10분 안에 해답이 나오지 않으면 그것은 당신으로서는 해결할 수 있는 고민이 아니다.

그런데도 그 10분을 당신은 질질 고무줄처럼 늘여 가면서 하루를 허비하고 한 달을 죽이며 1년을 망쳐 버린다. 머리가 복잡하다고 하면서 말이다. 하지만 사실은 해결방안도 알고 있으면서 행동에 옮기는 것을 두려워하는 경우가 대부분이다. 실직을 당한 친구가 있었다. 살아갈 길이 막막하다고 몇 개월을 고민하고 술에 취해 있는 모습을 보았다. 고민의 핵심은 간단하다. 취직이 안 된다는 것이다. 왜 안 될까? 경제가 어려워서? 천만의 말씀이다. 핑계를 외부에서 찾지 말라. 채용할 만한 사람이 아니기 때문이다. 그렇다면 해결책이 나온다. 채용할 만한 사람으로 탈바꿈해야 한다. 앤드루 매터스는 『마음 가는 대로 해라』에서 이렇게 말한다. "새벽에 일어나서 운동도 하고 공부를 하고 사람들을 사귀면서 최대한으로 노력하고 있는데도 인생에서 좋은 일은 전혀 일어나지 않는다고 말하는 사람을 나는 여태껏 본적이 없다." 나는 올빼미 체질이어서 늦게 자기에 새벽에 일어나지는 않지만 그의 말을 믿는다. 고민이 많다고 해서 한숨 쉬지 마라. 고민은 당신의 영혼을 갉아먹는다. 문제의 핵심을 정확히 파악하고 해결책을 찾아 그대로 실행하라. 해결책이 보이지 않으면 무시하라. 고민하나 안 하나 결과는 똑같지 않은가. 그러므로 고민은 짧게 할수록 좋은 것이다.

◎ 거짓말의 유형

성경에서는 "여호와여 거짓된 입술과 궤사한 혀에서 내 생명을 건지소서 너 궤사한 혀여 무엇으로 네게 주며 무엇으로 네게 더할꼬

(시 120: 2~3)" 또한 "마음이 지혜로운 자는 명령을 받거니와 입이 미련한 자는 패망하리라 눈짓하는 자는 근심을 끼치고 입이 미련한 자는 패망하느니라(잠 10: 8~10)"고 지적하여 결국은 패망한다고 하였으며 도산 안창호 선생님은 "꿈속에서라도 거짓말을 하지 말라." 고 하셨다. 그러나 거짓말을 안 하고는 사회생활이 안 되는 요즘 그 유형을 보면

- 도덕형 거짓말: 예를 들어 죽을 수밖에 없는 환자에게 믿음으로 치료받으면 건강이 회복될 수 있다고 말하는 것이다.
- 사기형 거짓말: 남을 속여 자기의 유익을 도모하는 수단으로 사용하기 위해 하는 거짓말이다.
- 악질형 거짓말: 남을 괴롭히고 망하게 하는 데 목적이 있는 거짓말로 이 같은 거짓말은 악한 마음에서 비롯된다.
- 농담형 거짓말: 자기 유익이나 남에게 손해를 주려는 것이 아니라 그저 장난삼아 하는 거짓말이다.
- 아부형 거짓말: 남을 기쁘게 해 줌으로써 자신의 이익을 노리는 아부가 여기에 속한다.
- 위장형 거짓말: 자신을 돋보이게 하기 위해서 하는 거짓말이다.
- 교육형 거짓말: 교육을 목적으로 사실이 아닌 어떤 우화를 예를 들어 설명하는 경우이다.
- 회피형 거짓말: 자신의 책임이나 잘못을 회피하기 위해 하는 거짓말이다.

◎ 거짓말쟁이(사기꾼)는 뇌구조도 다르다

거짓말쟁이들은 일반인들과 뇌구조가 다르다는 사실이 밝혀졌다.

범죄자의 뇌기능 연구로 저명한 펜실베이니아대학교 안드리안 레인 (Adrian Raine) 교수가 최근 발표한 「병적 거짓말쟁이들의 전전두엽 백질」이란 연구논문에 따르면 "사기 기질이 만연한 사람은 전전두엽 회백질과 백질에서 비정상적인 움직임을 보이고 있다."고 한다. 전두엽은 뇌의 앞부분에 해당되는데 사람의 이마 바로 뒤쪽이 '전두엽'에 해당된다. 전두엽은 성격을 관장하는 기능을 한다. 안드리안 레인 교수는 "일반인이 거짓말을 할 때 전전두엽에서 활동이 증가한다는 연구는 있었으나, 사기 기질이 있는 사람들의 뇌구조에 대한 연구는 없었다."면서 "거짓말쟁이들은 전전두엽 백질이 22~26%가량 더 많았고, 회백질/백질 비율이 36~42%가량 더 적었다."고 밝혔다. 1940년대 후반 미국에서 약 4만 명의 정신병환자들에게 '전두엽 절제' 수술을 실시했었다. 수술결과 이들은 자발성을 잃었고, 사회적으로 수용되지 못하는 충동을 억제하지 못했었다. 이 같은 사실은 4일 여성부와 한국심리학회가 공동주최한 성범죄자에 대한 국제 심포지엄에서 공개됐다.

—[고뉴스] 2007년 04월 04일(수) 오후 06: 15 야후—

◎ 겸손한 사람은 참 아름답다

겸손이란 참으로 자신 있는 사람만이 갖출 수 있는 인격이다. 자신과 자부심이 없는 사람은 열등의식이나 비굴감은 있을지언정 겸손한 미덕을 갖추기 어렵다. 겸손은 자기를 투시할 줄 아는 맑은 자의식을 가진 사람의 속에 있는 것이다. 자기의 한계를 알고 한정된 자신의 운명과 우주의 영원 무변 성과를 대비할 줄 아는 분별력을 가진 사람만이 겸손할 수가 있다. 또한 겸손은 생명 있는 모든 것 혹은 무생물의 모든 것까지 애련히 여기는 마음에서 유래하는 것이며 그들의 존재함에 대한 외경심에서 비롯하는 것이다. 자연의 모든 뜻, 옆에 있는 사람이나 사물을 모두 스승으로 삼아 가르침을 얻고자 하는 겸허함을 가진 이의 삶은 경건하다. 경건한 삶을 사는 사람은 함부로 부화뇌동하지 않으며 함부로 속단하지 않으며 운명을 수긍하고 인내하고 사랑함으로써 극복하는 이이다. 그런 사려 깊은 삶을 사는 사람을 우리는 사랑하지 않을 수 없을 것이다. —허영자 님의『더 아픈 사랑을 위하여』중에서—

◎ 그리스도인이 행복한 이유는

"모든 인생에 약간의 비는 꼭 내린다." 이 말은 롱펠로우가 한 말입니다. 그는 모든 사람이 언젠가는 알게 되듯이 인생은 걸림돌이 없는 것이 아니라는 것을 알게 되었습니다. 그러나 인생의 고통은 우리를 파괴하지 않습니다. 그것들은 우리를 만들어 줄 수 있습니다. -그렇습니다. 인류에게 더 친절하고 더 현명하고 더 가치 있는 우리들을 만들어 줍니다. 만약 오늘 고통이 당신에게 다가온다고 한다면, 그것으로 당신이 더 나아지도록 하십시오. 괴로워하지 마십시오. 비가 없으면 지구는 사막이 되어 버립니다. 고통이 없으면 인간의 마음은 쓸쓸해지고 거칠어지고 거만해집니다. 고통이 무엇인지 알아보십시오. 겉으로는 불행해 보이지만 속에 있는 행복을 발견하게 해 줍니다. "세개의 의문"이란 톨스토이의 글이 있습니다.

톨스토이는 이 글에서 인생론과 행복론을 이야기했습니다.

톨스토이는 세 개의 의문에 대한 해답을 찾는 과정에서 인생의 진정한 행복이 어디 있는지를 제시해 줍니다.

(1) 이 세상에서 가장 중요한 시간은 언제인가?
(2) 이 세상에서 가장 필요한 사람은 누구인가?
(3) 이 세상에서 가장 중요한 일은 무엇인가?

이 질문에 대해 톨스토이의 대답은 이렇습니다.
(1) 이 세상에서 제일 중요한 시간은 현재다.
(2) 이 세상에서 가장 필요한 사람은 현재 내가 만나고 있는 사람이다.
(3) 이 세상에서 가장 중요한 일은 현재 내 옆에 있는 사람에게 선을 행하는 일이다.

이 말에 신앙의 의미를 부여하면 이렇습니다.
(1) 이 세상에서 가장 중요한 시간은 현재 그리스도를 영접하는 것입니다.
(2) 가장 필요한 사람은 현재 기도하는 사람입니다.
(3) 가장 중요한 일은 옆에 있는 사람에게 전도하는 일입니다.

그리스도인이 행복한 이유는?
1) 구원받아 하나님의 자녀가 되었기 때문입니다.
2) 우리의 모든 죄와 허물을 용서받았기 때문입니다.
3) 하나님이 우리를 변함없이 사랑하시기 때문입니다.
4) 어려움 중에도 감당할 수 있도록 도와주십니다.
5) 어떤 고난도 합력하여 유익이 되기 때문입니다.
6) 하나님이 우리의 참된 기쁨이 되시기 때문입니다.
7) 영원한 천국에 들어갈 수 있기 때문입니다.

◎ 나이를 더할 때마다

나이는 칠을 더할 때마다 빛을 더해 가는 옻과 같다. 어떻게 하면 나이를 멋있게 먹을 수 있을까? 이 세상에는 한 해 두 해 세월이 거듭할수록 매력이 더해지는 사람과 세상이 거듭될수록 매력을 잃어버리는 사람이 있다. 나이를 먹고 싶지 않다고 발버둥치는 사람일수록 세월이 지나갈 때마다 매력의 빛이 희미해지기 마련이다. 나이를 먹는 것은 결코 마이너스가 아니다. 한 번 두 번 칠을 거듭할 때마다 빛과 윤기를 더해 가는 옻……

나이를 먹는다고 해서 기회가 적어지는 것도 아니다. 이 세상에는 나이를 거듭하지 않으면 맛볼 수 없는 기쁨이 얼마든지 있지 않을까? 나이를 거듭하는 기쁨! 그 기쁨을 깨달았을 때 당신은 비로소 멋진 삶을 발견할 수 있을 것이다. —『내 영혼의 비타민』 중에서—

◎ 나 자신과의 대화

나는 자주 나 자신과 대화한다. 나를 나무라기도 하고, 격려하기도 하며, 안타까워하기도 한다. 그러다 보면 갑자기 용기백배해지고 어떤 땐 힘이 빠지기도 한다. 남의 소리 때문이 아니라 나를 향한 나의 음성에 더 많은 영향을 받는다. 나와의 대화에서 가장 소중한 것은 진실성이다. 솔직하게 말하고 정직하게 받아들이면 언제나 결과가 좋고 마음이 가벼워진다. 하지만 과장되거나 무시하거나 거짓되면 그때부터 힘들어진다. 무거워진다. 진실은 언제 어디서나 누구에게나 진정한 가치가 있다.

◎ 남의 말을 하지 맙시다

삶의 관점에 있어서 스스로 불행을 안고 사는 사람이 있는가 하면 똑같은 상황을 당하여도 도리어 그 문제를 즐기면서 아무렇지 않게 행복을 누리면서 사는 사람이 있다. 세상에는 보고 싶으나 봐서는 안 되는 것이 있고 궁금해서 듣고 싶으나 듣지 말아야 하는 것이 있고, 말하고 싶으나 말할 수 없는 말이 있음을 알아야 한다, 당연히 하지 말아야 하는 것을 하게 되면 그것이 죄가 되고 주변을 괴롭게 하고 자신의 불행을 스스로 만드는 일이 되는 것이다. 대부분 남의 말 하기를 좋아하는 사람들은 그들의 과거가 불행했고 또 현재도 그 불행의 늪을 잘 헤어나지 못하는 것을 본다. 그들에게 있어서 보이는 것과 들리는 것들은, 성령충만하여 신앙 안에서 자리 잡아 행복을 누리는 사람들에게는 냄새도 맡기 지겨운 쓰레기들인 것이다. 그런데 그들은 그것이 자신들의 마음을 즐겁게 하는 복음이 되는 양 쓰레기 봉지를 터뜨려 생선내장이나 뼈다귀를 꺼내 먹는 고양이처럼 썩은 냄새를 풍기며 주변을 어지럽히고 지저분하게 한다. 심령의 사모함이 하늘을 향해 있고 성령의 인도함을 간절히 구하고 받으며, 말씀의 진리를 따르는 자의 반응과 태도는 상황이 어려울지라도 매사에 기쁨과 행복을 낳는다. 따라서 이웃을 향한 위로와 격려의 말과 사랑의 말을 쉬지 않고 내게 된다. 그러나 심령이 땅에 속하고 옛사람을 따르며 보는 관점이나 생각이 땅에 것을 구하는 자의 반응과 태도는 뭔가를 터뜨려 쓰레기 더미 속에서 생선뼈를 찾듯이 남의 약점이나 들춰내고 후욕과 비방을 일삼고 가책도 없이 양심에 화인 맞기를 주저하지 않는다. 이는 지난날의 저주받은 상처를 그 심령 속에 갖고 사는 불행한 사람이며 하늘 행복을 누리지 못하는 것이다.

어떤 이는 같은 사건을 놓고 원망하고 시기하는 죄를 짓다가고 가고, 어떤 이는 같은 사건으로 감사하고 행복하다가 큰 유업을 유산으로 남기고 간다. 같은 사건에 대한 반응의 태도는 심령이 병든 자는 시기 · 질투 · 원망으로 나타내고 성령이 충만한 자는 역경을 찬송으로 나타내면서 기쁨으로 노래하는 영의 날개를 달고 하늘을 날듯이, 독수리 날개 치듯 신앙으로 헤쳐 나간다. 처리되지 못한 심령을 가지고 주의 종이 되고 공동체의 직분을 맡아 많은 사람을 찌르고 천국 문을 막아선 사람들이 있다고 주님께서 경고하셨다. 옛사람을 십자가에 처리하고 그 후에 주의 사역을 하기 바란다. 주님이 십자가에 달리신 그때에 옛사람인 나도 함께 못 박혔음을 인정하고 감사와 감격으로 받아들인다면 심령의 많은 부분에서 상처가 치유되고 새로운 피조물로써 주님을 기쁘게 하는 행함이 충만할 것이다.

"이전 것은 지나갔으니 보라 새것이 되었도다 담대한 선포가 있기를 기원하면서"

◎ 다섯 가지 독약과 묘약

미국의 자동차 산업을 크게 일으킨 찰스 키터링은 나이가 80이 넘어서도 새로운 기계를 발명하는 등 매사에 적극적이었다. 83회 생일 때 그의 아들이 말했다.

"아버지, 이제는 연구를 중단하고 좀 쉬시지요." 그러자 키터링이 대답했다. "오늘만 생각하는 사람은 흉하게 늙는다. 나는 항상 미래를 바라본다." 사람들은 나이가 들면서 노년을 걱정한다. 건강하고 우아하게 늙고 싶은 것이 한결같은 바람이다. 노년기를 우아하게 보내려면 세 가지를 유의해야 한다.

첫째, 영혼의 문제를 생각해야 한다.

둘째, 무슨 일에나 함부로 참견하는 습관을 버려야 한다.

셋째, 같은 말을 반복하거나 남을 헐뜯는 일을 삼가야 한다.

사람을 흉하게 늙도록 만드는 다섯 가지 독약이 있다. 그것은 '불평, 의심, 절망, 경쟁, 공포'이다. 이 다섯 가지 독약의 양이 많을수록 노년의 얼굴은 심하게 일그러진다. 반대로 사람을 우아하게 늙도록 만드는 다섯 가지 묘약이 있다. 그것은 '사랑, 여유, 용서, 아량, 부드러움'이다.

—『좋은 글』 중에서—

◎ 다정한 말에서는 꽃이 핀다

대화 중에는 여러 가지가 있으나 갈수록 지저분해지는 '변명의 대화'가 있고 안 풀릴수록 길어지는 '협상의 대화' 그리고 갈수록 정이 쌓이는 '사랑의 대화', 침묵 속에 이루어지는 '믿음의 대화'가 있다. 그래서 사람들은 상대에게 말을 할 때는 정이 쌓이는 사랑의 대화를 하는 것이 좋다.

잘했다, 고맙다, 예쁘구나, 아름답다, 좋아한다, 사랑한다, 보고 싶다, 기다린다, 믿는다, 기대된다, 반갑구나, 건강해라는 등 내 인생에서 도움이 될 말은 의외로 소박하다. 너무 흔해서 인사치례가 되기 쉽지만 진심을 담은 말은 가슴으로 느껴지는 법이다. 괜찮다, 지나간다, 다시 꽃 핀다는 등 위로의 말은 칭찬받는 아이처럼 금세 가지를 치고 조그맣게 잎사귀를 틔운다. 그런 말, 초록의 말을 건네자. 누군가의 가슴속에 하루 종일 꽃이 피어난다. 당신은 그의 기분 좋은 정원사가 되는 것이다. —『좋은 글』 중에서—

◎ 당신이 사람을 잡을 수 있다

우리 주위에서 흔히 볼 수 있는 것들이지만 주의하지 않으면 사람을 잡는 것들이다.

- 오해가 사람 잡는다(반드시 진실을 확인하라).
- 설마가 사람 잡는다(반드시 진실을 확인하라).
- 극찬이 사람 잡는다(칭찬은 신중히 하고 내가 칭찬을 받을 때에는 교만하지 말라).
- 뇌물이 사람 잡는다(선물은 받되 뇌물은 받지 말고 치우치지 말라).
- 정이 사람 잡는다(따뜻한 정과 함께 냉철한 이성을 가져라).
- 호의가 사람 잡는다(호의에 담겨진 의미를 파악하고 반드시 은혜로 받으라).
- 차차가 사람 잡는다(오늘 할 일을 내일로 미루지 말라).
- 나중에가 사람 잡는다(지금 결단하라).
- 괜찮겠지가 사람 잡는다(세상에는 안 괜찮은 일들이 많이 있다).
- 공짜가 사람 잡는다(반드시 대가를 지불하라).
- 그까짓 것이 사람 잡는다(남을 무시하면 그를 지으신 하나님을 무시하는 것이다).
- 별것 아니야가 사람 잡는다(모든 것은 소중하다. 별것 아닌 것은 없다).
- 조금만 기다려가 사람 잡는다(기다리게 해 놓고 변하는 사람도 많다).
- 이번 한 번만이 사람 잡는다(한 번이 열 번, 백 번이 된다).
- 남도 다하는데가 사람 잡는다(세상 모든 사람이 다해도 하지 말아야 할 일이 있다).

◎ 듣기를 잘하면 세 가지 득이 있다

첫째는, 지식과 정보가 풍부해진다.

말하는 사람이 가지고 있는 지식과 정보가 자연스럽게 말을 듣는 사람에게로 옮겨지기 때문에 말을 듣는 습관을 가지면 정보가 많아질 수밖에 없는 것이다.

둘째는, 상대방의 입장에서 사물을 보고 생각하려고 하기 때문에 사람의 심리나 인정의 미묘한 이치까지도 통달할 수 있다.

셋째는, 신뢰를 받게 된다. 말을 하는 사람의 입장에서는 저 사람은 통하는 사람이라는 생각을 하게 되므로 믿음을 얻게 되는 것이다.

◎ 들은 귀는 천 년이요, 말한 입은 사흘이다

나는 바닷가 모래 위에 글씨를 쓰듯 말하지만 듣는 사람은 쇠 철판에 글씨를 새기듯 들을 때가 있다. 역사가 시작된 이래 칼이나 총에 맞아 죽은 사람보다 혀끝에 맞아 죽은 사람이 더 많다. 나는 지나가는 말로 아무 생각 없이 말을 하지만 그 말을 들은 사람은 두고두고 잊지 못할 때가 있다. "들은 귀는 천 년이요, 말한 입은 사흘이다."가 바로 그 뜻이다. 들은 귀는 들은 것을 천 년 동안 기억하지만 말한 입은 사흘도 못 가 말한 것을 잊어버리고 만다. 좋은 말, 따뜻한 말, 고운 말 한 마디 또한 누군가의 가슴에 씨앗처럼 떨어져 뜻밖의 시간에 위로와 용기로 싹이 날 것이다.

◎ 만약과 다음

지나간 일에 대해 후회하는 것이야말로 세상에서 가장 큰 시간 낭비입니다. 뉴욕의 저명한 한 신경정신과 의사는 퇴임 연설에서 이렇게 말했습니다. 나는 그동안 환자들을 만나면서 나의 생활방식을 바꾸는데 가장 큰 도움을 준 스승을 발견했습니다. 바로 많은 환자들이 입에 담는 '만약'이란 두 글자입니다. 나와 만난 환자들은 대부분의 시간을 지난 일을 회고하고, 그때 반드시 해야 했는데 하지 못했던 일을 후회하면서 보냅니다. "'만약' 내가 그 면접시험 전에 준비를 잘했더라면……" "'만약' 그때 그 사람을 보내지 않았더라면……"

하지만 그렇게 후회의 시간을 보내는 것은 엄청난 정신적인 소모를 가져올 뿐입니다. 차라리 이렇게 해 보는 것이 어떨까요? 당신이 습관처럼 쓰는 '만약'이란 말을 '다음에'라는 말로 바꾸어 쓰는 것입니다. 만약 꼭 들어야 할 강의를 듣지 못했다면 이렇게 말합니다. "'다음에' 기회가 오면 반드시 그 강의를 들을 거야!" 그러다 보면 어느 날 그 말은 이미 자신의 습관이 되어 버린 사실을 발견할 수 있을 것입니다. 절대로 이미 지난 일을 가슴에 담아 두지 마세요. 문득 지난 일을 후회하는 마음이 들면 이렇게 말하세요! "'다음번엔' 그런 바보 같은 행동을 하지 않을 거야." 이렇게 한다면 과거의 후회로부터 벗어날 수 있으며, 동시에 당신의 소중한 시간과 정열을 현실과 미래에 쓸 수 있을 것입니다.

―『즐거움은 지혜보다 똑똑합니다』 중에서 ―

◎ 맞장구를 쳐라

아침 일찍 일어난 아내는 며칠 전에 사온 치즈스틱이 먹고 싶어서 남편에게 "자기야 치즈스틱이 참 맛있는데 같이 먹을래?"라고 말을 했다. 그런데 남편은 대뜸 "웬 아침부터 치즈스틱이야 된장찌개 끓여!" 치즈스틱을 먹고 싶던 아내의 기대는 남편의 이 한 마디에 와르르 무너져 버렸다. 사람들과의 만남에서 맞장구를 쳐 주는 것이 상대에게 얼마나 힘이 되고 사회를 기름지게 하는 일인지 우리는 잘 알지만 간단한 맞장구조차 쳐 주려 노력하지 않는다. 왜 이럴까? 이기심 때문이다. 핑계 때문이다. 이제 우리는 바꾸자! 모든 일이나 대화에서 맞장구를 쳐서 상대방에게 힘을 실어 주자. 이때 대다수 사람들은 "안 그래도 엉덩이에 뿔이 나있는데 맞장구를 쳐 주면 머리 뿔 달고 날아가게" "내 의견은 무시당해도 되나?" 이렇게 생각하기 쉽다. 그러나 순간의 지혜를 발휘해서 맞장구를 쳐 주면 상대를 기쁘게 할 수도 있고 동시에 얼마든지 내 의견도 관철시킬 수 있을 것이다. 조급하게 결론 내리지 말고 일단 먼저 오늘 맞장구를 쳐 보라. 주위가 환하게 달라질 것이다.

◎ 마음의 향기와 인품의 향기

요즈음은 나이 드는 것에 대해 의식을 하게 된다. 20대에는 무턱대고 운동을 해도 조금 무리하게 운동을 해도 탈이 없었는데 지금은 조금만 무리해도 삐걱거리기 시작한다. 그러면서 나이 드는 것에 대해 씁쓸한 생각이 들 때가 있다. 『탈무드』를 보면 이런 말이 있다.

"늙는 것을 재촉하는 네 가지가 있다. 그것은 두려움, 노여움, 아이, 악처이다." 좀더 젊게 살려면 이런 부정적인 것들을 마음속에서 몰아내야 한다. 그런데 나이가 들수록 순수를 잃어버리고 고정 관념에 휩싸여 남을 무시하려는 생각이 든다. 자신도 모르게 왠지 뻔뻔스러워지고 우연한 행운이나 바라고 누군가에 기대려 한다. 도움을 받으려는 생각, 남을 섬기기보다는 대우를 받으려는 생각만 든다. 진정 우리가 이렇게 나약해져 가고 있는 건 아닌지 누군가의 말에 쉽게 상처를 받고 이해하려는 노력보다 심통을 부리지는 않는지, 전철에서 누군가에게 자리를 양보하지 않는다고 짜증을 내며 훈계하려 하고 누가 자리를 양보해 주기를 바라고 있는 건 아닌지 자신을 돌아봐야 한다. 마음이 늙으면 몸도 빨리 늙기 마련이다. "남자는 마음으로 늙고 여자는 얼굴로 늙는다."라는 영국 속담이 있다. 우리는 이를 부정하거나 두려워해서도 안 되지만 젊은 날을 아쉬워해서도 안 된다. 젊은이들이 누리고 있는 젊음을 우리는 이미 누렸으며 그런 시절을 모두 겪었다는 사실에 만족해하며 대견스러움을 가져야 한다. 하지만 인생이란 결국 혼자서 가는 길이므로 독립적인 존재라는 인식을 가지고 살아야 한다. 나이가 들수록 그만큼 경륜이 쌓이므로 더 많이 이해하고 배려하고 너그러워져야 하는데 오히려 아집만 늘어나고 속이 좁아지는 사람도 있다. 이루어 놓은 일이 많다고 생각하는 사람은 자기 삶에서 성취감을 느끼며 감사하며 살아간다. 그런 사람은 나이가 들수록 넓고 큰마음을 갖는다. 반면 늘 열등감에 사로잡혀 패배의식으로 세상에 대한 불평불만을 늘어놓는 사람은 작고 닫힌 마음으로 살아간다. 그러면 나보다 어린 약자인 사람에게 대우를 받으려 하고 편협해진다. 나이가 들수록 더 대우받고 인정받고 싶은 마음들을 갖게 된다. 서로가 대우를 받으려고 하면 매사가 부대끼게 된다. 어떻게 살아왔든 지금의 이 삶을 기왕이면 감사하게 받아들이고 만족하며 살아야 자기 주변에 평안함이 흐른다. 나이가 든 만큼 살아온 날들이 남보다 많은 사람일수록 더 오랜 경륜을 쌓아 왔으므로 더 많이 이해하고 더 많이 배려하며 넉넉한 마음으로 이웃을, 아랫사람들을 포용함으로써 나이 듦이 얼마나 멋진지를 보여주며 살았으면 좋겠다. "주름살과 함께 품위가 갖추어지면 존경과 사랑을 받는다."는 위고의 말처럼 마음의 향기와 인품의 향기가 자연스럽게 우러나는 삶을 살았으면 좋겠다.

◎ 말은 곧 생명이다

인간이 창조주의 말씀을 어떻게 취급하였느냐에 따라 자기 생명이 좌우되기도 하지만, 자기의 말을 자기가 어떻게 사용(취급)하느냐에 따라 자기 생명의 가치와 흥망을 스스로 결정하게 된다.

말은 보이지 않는 영이, 보이는 육의 세계에 나타난 가장 뚜렷한 영의 형체이다. 그리고 사람은 육체가 잘못되어 죽는 것이 아니라 말, 곧 영이 잘못되어 죽게 된다. "죽고 사는 것이 혀의 권세에 달렸나니 혀를 쓰기 좋아하는 자는 그 열매를 먹으리라(잠언 18: 21)" 그러므로 그 사람의 생명력을 보려면, 육신의 강약이나 육적 재산이나 권력의 유무를 살피지 말고, 오직 참사람인 말의 건전함을 살피면 바로 진단할 수 있다. 하나님의 뜻(영)에서부터 나오는 생명의 말씀에 충만하여, 공의와 정직과 진실이 흘러넘치는 말을 가진 사람만큼 건강한 사람이 없고, 또 그 말의 힘보다 강한 힘은 우주만물의 어떤 피조물에게서도 찾아볼 수가 없다. 이런 건전한 생명력(말)을 갖추지 않고, 육적 완력이나 총검의 권세나 돈과 지식과 명예와 직위의 힘으로만 큰소리치는 자는, 말도 아니요 힘도 아닌, 한낱 죽어 무너지는 소리와 썩어 부패하는 냄새에 불과하다.

말은 곧 자기 생명이다. 거짓말을 하여 돈과 권력과 명예와 여자를 갈취하는 것은, 생명(말을)을 팔아 누더기 옷(재물)을 사는 짓이요, 골을 꺼내어 팔아 불고기를 사 먹는 짓이다. 거짓말을 하는 자는 자기가 자기 자신을 무시하고 속이는 짓이다. 말은 곧 자기의 주인이요 생명인데, 이러한 자기의 진실(생명)을 팔아 생명 아닌 한낱 누더기 옷에 불과한 육적 부귀영화, 권세를 사들이는 자는, 마치 가룟 유다가 예수님을 팔아 은화 30냥을 챙기는 행위와 같다. "속이는 말로 재물을 모으는 것은 죽음을 구하는 것이라 곧 불려 다니는 안개니라(잠언 21: 6)" 자기 자신이 자기(말)를 무시함으로 말미암아 남도 나를 무시하여 멸망시키려 한다. 자기의 말을 자기가 어느 정도로 취급하고 대했는지 살펴본 후에 나를 무시하는 자가 진정 남인지나 자신인지를 판단해 보아야 한다. 자기 자신이 자기(말)를 팔아 얻은 육적 부귀영화, 권세가, 자기 생명을 회복하고 오래도록 보존시킬 수 있을 것 같아 보이나, 이 모든 것은 도리어 더 큰 형벌받을 죄악으로 치닫게 한다. "살리는 것은 영이니 육은 무익하니라"라고 이미 인간 생명의 근원을 설정해 두고 가르치시는 하나님의 법도 이외에는, 다른 육적(피조물) 지혜로 인간 생명을 구원할 수 없다. 인간을 살리는 것은 하나님의 말씀이요, 사람의 생사를 가늠하는 것도 자기의 생명이 되는 말이다. 그리고 실행할 능력(뜻)이 없거나 실행된 일이 없는 모든 말은 망언이요, 오직 실행할 수 있는, 실행되었던 모든 말만이 참말이다. "나 여호와가 말하노니 너희 우상들은 소송을 일으키라 야곱의 왕이 말하노니 너희는 확실한 증거를 보이라 장차 당할 일을 우리에게 진술하라 또 이전 일의 어떠한 것도 고하라 우리가 연구하여 그 결국을 알리라 혹 장래사를 보이며 후래사를 진술하라 너희의 신 됨을 우리가 함께 보고 놀라리라 과연 너희는 아무것도 아니며 너희 일은 허망하며 너희를 택한 자는 가증하니라(이사야 41: 21~24)" "내가 종말을 처음부터 고하며 아직 이루지 아니한 일을 옛적부터 보이고 이르기를 나의 모략이 설 것이니 내가 나의 모든 기뻐하는 것을 이루리라 하였노라(이사야 41: 10)" 이처럼 힘이 강하여서 신이 아니고 소유물이 많아서 신이 아니라, 자기가 한 말을 이루고 성취하는 분이 곧 진리요 진실이요, 참말씀, 곧 참신이다.

◎ 말의 실체

믿음의 대상이 말이기 때문에 말의 실체가 무엇인지 분명히 알아야 한다. 말은 영의 표현(형상)이다. 영은 생각, 뜻, 사상, 의지, 마음 등등으로 구성되었다. 예수님께서 "……내가 너희에게 이른 말이 영이요 생명이라(요한복음 6: 63)"라고 말씀하신 것처럼, 말은 곧 그 사람의 생명 그 자체이다. 그 사람의 실제 주인은 육신의 형체가 아니라, 육신을 주관하고 운행하는 영이다. 그러므로 그 사람의 실체는 외형적인 육신이 아니라, 육신 안에 거하여 육신을 운전하고 있는 운전사, 곧 영이다. 이 영의 형상은 말로써 나타난다. 사람을 제대로 보려면 그가 걸치고 있는 육신이나 육신이 걸치고 있는 옷이나 장식품을 볼 것이 아니라, 그 사람의 실체가 되는 사상, 곧 영을 보면 가장 정확하게 알 수 있다. 그래서 사람은 태어나자마자, 외형적인 육신보다도 실체가 되는 영의 성장을 위해 육신이 닳아 노쇠하기까지 불철주야로 공부하며 일하며 생각하며 애쓰고 있다. 학교를 진학할 때도 외형적인 육신보다 심령에 담고 있는 지식의 형태를 키우기 위해 지옥 같은 입시를 치르고, 그 외 취직이나 인물 선택(각종 선거)도 이미 알려진 외형적인 지식이나 명성보다 실제 형상인 영의 형상을 보기 위해 말(면접시험)을 들어 본다. 사람과 사람 사이에 영만 존재하고 육신이 없다면 말이 필요치 않다. 영과 영 사이는 모든 의사가 거침없이 소통이 된다. 그러나 영이 육신 안에 갇혀 있는 상태하에서, 내 영의 속사정을 남에게 전달하려면 먼저 내 영이 육신의 목청을 진동시켜 '빵'이라는 소리를 발하게 된다. 그러면 듣는 사람의 영은 '빵'이라는 소리는 먹는 것을 뜻한다고 판단한다. 그리고 '빵'이라는 그 소리는, '어떠한 재료와 방법으로 만들어진 음식이다.'라는 것을 연상하게 된다. 그러므로 말이란, 음성의 형태와 강약과 순서에 따라 무엇을 뜻하는 것임을 서로 인식하는 목소리의 공동 약속이다. '밥'이라는 소리는 무엇으로 인식하고, '하늘'이라는 소리는 무엇으로 인식하자라는 목소리 인식의 공동 약속의 말이 된다. 이 말(생각)은 반드시 자기 안에 거하는 영의 지시에 따라 나와 자기의 오관을 사용하여, 다른 사람의 오관을 통해 남에게 전달된다. 내 영의 속사정을 남에게 알리는 과정에서 육신이라는 무지의 장애물 때문에 말이 생겨났다. 육신의 눈은 육신에 속한 것은 볼 수 있으나 남의 속사정, 곧 영은 볼 수 없다. 그러므로 남의 속사정이 되며 남의 참된 실체를 보려면 그 사람의 입에서 나오는 말을 듣고 판단해 주는 나의 영만이 그 사람의 영의 실상을 깨달을 수 있다. 그러므로 말이란, 듣는 귀가 받아들일 수 있는 소리, 곧 목소리 인식의 공동 약속과, 영이 깨달을 수 있는 말의 진실, 곧 의지, 생각, 뜻, 사상이 되는 영이 있다.

◎ 말은 고뇌를 고치는 의사이다

인간에게 있어 말은 고뇌를 치유할 수 있는 의사로 비유된다. 말은 영혼을 고치는 힘을 갖고 있기 때문이다. 그래서 옛 선현들은 말을 '묘약'이라고까지 하였다.(그리스의 시인 메난드로스, B.C. 342~292) 가난하여 물질적으로 사람을 도와줄 수는 없더라도 어리석음으로 방황하는 사람에게 한 마디 말로 깨우쳐 주고 위급하고 곤란한 처지에 놓인 사람에게 한 마디 말로써 마음을 풀어 줄 수 있다면 그야말로 말은 천금보다 더 귀할 수밖에 없다. "온정이 깃든 말은 삼동(三冬)추위도 녹인다."는 중국 속담처럼 경우에 따라서는 말 한 마디가 한 사람의 평생을 좌우할 수 있다.

◎ 말하는 것 두 배는 남에게서 들어야 한다

고대 그리스의 정치가 데모스테네스의 말이다. "자연은 인간에게 한 개의 혀와 두 개의 귀를 주었다. 그래서 인간에게는 한 개의 혀와 두 개의 귀가 주어져 있는 것이니 혀의 두 배로 귀를 기능시켜야 한다는 것이다."고 했다. 대화는 서로 간의 말의 교환에 의해 이루어진다. 상대방의 말에 귀 기울이지 않고 일방적으로 떠들어대면 그것은 연설이나 강의가 되고 만다. 영국의 정치가 와이드빌은 "현자의 입은 마음속에 있고 어리석은 자의 마음은 입 안에 있다."고 했다. 영국 속담에는 "현명한 자는 긴 귀와 짧은 혀를 가지고 있다."고 했다.

◎ 말의 동반자 된 믿음

"태초에 말씀이 계시니라 이 말씀이 하나님과 함께 계셨으니 이 말씀은 곧 하나님이시니라(요한복음 1: 1)"

천지만물이 하나님의 말씀에 의하여 태어나듯, 사람의 손에 의하여 만들어지는 그 무엇도 사람의 말(글, 설계도)에 의하여 만들어진다. 집을 지어야겠다는 염원이 말과 글과 설계도에 의하여 태어난다.

그러나 말과 글과 형상에 의하여 태어난 설계도에서는 사람이 기거할 수가 없다. 실제 모양의 집을 이룩하여야만 사람이 살 수가 있다. 그런데 설계도에 의한 실제 형상의 집을 완성하기 위해서는 이러저러한 재질과 구도와 방법으로 지으면 반드시 무너지지 않는 튼튼한 집이 세워진다는 신념(믿음)이 없으면 집을 지을 수가 없다.

"믿음은 바라는 것들의 실상이요 보지 못하는 것들의 증거니(히브리서 11: 1)" 집을 짓는 건축자의 뇌리에는 실제 집이 완공되기 전까지는 그 집의 형상을 지울 수가 없다. 건축자가 꿈꾸고 그려 보고 바라는 실제 형상, 이것이 믿음의 목표요, 또 이 믿음은 실제 형상의 집이 완공되는 시점에는 그 사명을 다하고 사라진다. 그리고 믿음은 보지 못하는 것들의 증거(증인, 안내자)이다. 보지 못하는 것들이란, 알지 못하는 것들, 곧 소원하는 바의 실제 형상을 두고 일컫는 말이다. 알지 못하는 일, 곧 생소한 일을 해야 하거나 거쳐야 할 때에는 그 일을 경험하여 알고 있는 자(안내자)의 지식을 따라야 하는데, 이 안내자의 지식을 따르는 것이 바로 믿음이다. "삼각형의 넓이는 밑변×높이÷2라는 공식을 채택하면 된다."라는 선생님의 말씀을 귀로 들었을 때는 아직도 단순한 소리에 불과하다. 그러나 "선생님의 말씀대로 따라 행하면 어떤 문제든 정답이 나오더라."고 일깨워 주는 경험자, 곧 믿음이 중개 역할을 해야만 비로소 그 학생이 선생님의 입에서 나온 말씀을 단순한 소리로 듣지 않고 따라 행할 수 있는 지식으로 인식하게 된다. 또 생소한 지역에 가서 지나가는 행인을 붙들고, "고속버스 터미널이 어디쯤 있습니까?"라고 물었을 때, "곧장 두 정거장쯤 가면 됩니다."라는 행인의 말을 들었어도, "그쪽이 아닌데?"라고 하며 그쪽으로 가지 않으면 그 말을 불신하는 것이 되지만, "이곳 사람은 친절하고 정직하더라."라는 경험이 있으면, 곧바로 신뢰하고 그쪽으로 향해간다. 그러므로 믿음은 바라는 것들의 실상이요 계획한 일을 완성시키는 유일한 동반자, 곧 안내자이다. 그리고 믿음은 보지 못하고 알지 못한 장면과 일에 대해 이미 보았고 겪었던 경험자, 곧 증인이다. 이처럼 모든 말은 믿음을 전제로 하고 태어나며, 또 모든 말은 믿음이란 안내자, 곧 경험자 된 선생이 없으면 말의 효력을 상실당하고 만다.

모든 말은 믿음이 동반해 주어야 한다. 말과 믿음, 말이 보이고 잡을 수 있는 육신이라면, 믿음은 그 육신 안에 거하는, 보이지도 않고 잡을 수도 없는 영혼이다. 영혼 없는 몸이 죽은 송장이듯, 믿음이 역사해 주지 않는 모든 말(글, 그림, 표식, 부호, 암호, 거동 등등)은 한낱 소리나 뜻 없는 그림에 불과하다.

◎ 모든 말은 믿음을 전제하고 태어난다

이 세상의 모든 지식(말과 글과 표식 등등)은, 오직 듣고 보는 상대방에게 믿어 줄 것을 요구하는, 즉 믿음을 전제로 해야만 태어날 수 있다. 그러므로 믿지 않으면 말할 수도 없고 말해 보았자 무익하다.

"시청으로 가려면 어느 쪽으로 가야 합니까?"라고 물었을 때, "오른쪽으로 가면 됩니다."라는 행인의 말을 믿지 않으면 묻는 말도 헛수고요 들은 말도 무익하다. "선생님 연세가 얼마나 되십니까?" "네! 서른셋입니다." 나이를 묻는 사람도 상대방의 말을 믿는 믿음을 전제로 하고 물어야 하며, 대답하는 사람도 자기 말을 믿어야 한다는 전제를 두고 대답할 수 있다. 이처럼 이 세상의 모든 말과 글과 표식은 믿음을 전제로 해야만 탄생된다.

유치원에서부터 시작하여 대학에 다니기까지 수많은 책에 기록된 모든 글과 또 그것을 가르치는 선생님의 말은, 모두 믿음을 전제로 하고 기록되었고 또 말하게 된다. 심지어 길거리에 세워 둔 이정표도 믿어야 한다는 암시를 내포한 채 우뚝 서 있고, 식당의 메뉴도 "이 음식에는 오물이나 독극물이 없으니 안심하고 드십시오."라는 믿음을 품고 나열되어 있다. 들리고 기록되고 지시된 모든 말과 글과 표식(부호)은 어느 것 하나 믿음을 전제하지 않고는 일 점 일 획도 태어날 수가 없다. 그래서 모든 말(글과 표식) 속에는 반드시 그 말을 낸 사람의 뜻(영혼)이 포함되어 있고, 또 그 말을 듣고 보는 사람으로 하여금 자기의 말을 믿어야 한다는 믿음을 요구하고 있다.

◎ 말을 바꾸면 인생이 바뀐다

말을 힘은 사람의 사고 체계까지도 지배한다. 미국의 토크쇼 진행자 오프라 윈프리는 "가난이 나를 지배하도록 놔두지 않겠다."는 말로 자신의 인생을 바꾸었다. 인생을 아름다운 말, 승리의 말로 디자인하는 사람은 그런 인생을 살게 된다. 즉, 말을 디자인하는 것은 인생을 디자인하는 것이다. ―나관호의『나는 이길 수밖에 없다』중에서―

하루에 몇 마디 말을 하시나요? 그리고 그중 축복의 말은 몇 마디나 될까요? 말이 생각과 행동을 바꾼다는 것은 이미 오래전부터 이야기되어 왔던 사실이다. 하지만 우리는 이것을 망각하고 살아가고 있다. 지금 내뱉는 한 마디 말이 나의 인생을 좌우할 것이라고 생각하지 않기 때문이다. 하지만 분명한 것은 한 마디, 한 마디의 말들이 모여 우리 삶의 방향을 이끌어 간다는 사실이다. 매일 자신을 향해 축복의 말을 하고 또 다른 이들을 향해서도 그렇게 하도록 해야 한다. 그러면 얼마 되지 않아 당신이 서 있는 자리가 복된 땅이요, 당신 자신이 축복의 통로임을 발견하게 될 것이다.

◎ 말의 변화, 삶의 변화

나이가 들면서 차츰 말의 중요성을 깨닫고 '말이 전부다' 하는 생각이 든다. 우리는 타인의 말에는 쉽게 화내고 속상해 하고 상처받으면서도 정작 자신이 한 말에는 별로 관심을 두지 않는다. 그러는 사이 상대방은 내 말로 인해 깊은 상처를 입고 아파한다.

자신이 하는 말에 관심이 가기 시작한다면 그 사람은 이미 성숙한 사람이라 할 수 있다. 말은 인격이고 '말의 변화가 삶의 변화'이며 말로써 모든 관계가 좋아지기도 하고 나빠지기도 한다. 내가 하는 말들이 사람들에게 어떤 느낌과 의미로 들릴지 자주 생각해 보아야겠다.

◎ '말이 씨가 된다'

'말'을 길게 발음하면 '마알'이 된다. 이를 풀이하면 마음의 알갱이란 뜻이 된다. 말은 마음의 알갱이에서 나온다. 말이란 마음을 쓰는 것이다. 말을 곱게 쓰는 사람은 마음을 곱게 쓰는 사람이고 반대로 말을 험하게 쓰는 사람은 마음을 험하게 쓰는 사람이다. 말에는 세상을 창조할 수 있는 마음의 힘이 들어 있기 때문에 옛 속담에 "말 한 마디로 천 냥 빚을 갚는다."거나 "말이 씨가 된다."고 하는 것이다.

— 윤태익의 "당신 안에 모든 답이 있다" 중에서 —

* 상대방의 말을 경청하지 못하고 나의 말을 더 많이 하면서 살 때가 많다. 말이 마음의 알갱이에서 나온다면 내 마음의 여유도 나

의 말에서 시작된다는 생각을 가져 본다. 아울러 상대방의 말을 잘 들어 주는 것이 곧 상대방을 배려하는 마음 아닐까 생각해 본다.

◎ 말 잘하기 7가지

첫째, 머릿속에 그려지게 말하라: 영화를 보듯 말하면 효과가 있다. 비유와 예시는 더 효과적이다.

둘째, 듣는 사람이 누구인지 파악해라: 그가 당신을 어떻게 보는지 생각하지 말라. 어떻게 하면 당신의 말이 상대방에게 도움이 될까만 생각하라.

셋째, 듣는 귀를 가져라: 말하기와 듣기는 49 대 51이 좋다. 2% 부족한 말하기가 돼야 한다.

넷째, 책을 많이 읽어라: 재치는 많이 알고 정확히 아는 지식에서 나온다.

다섯째, 결과를 먼저 말하라: 두괄식 말하기는 오해와 지루함을 제거한다.

여섯째, 유머를 구사하라: 웃음은 제대로 된 윤활유다.

일곱째, 낯익은 얼굴을 보고 말하라: 많은 사람 앞에서 떨리기 시작하면 그중 낯익은 얼굴을 찾아내 그와 만났던 좋은 추억을 떠올리면 여유가 생길 것이다.

◎ 말에 영향을 미치는 세 가지 요소

당신은 알고 있는가? 바로 우리가 선택한 말에 의해 우리는 상대방에게 자기중심적이고 사려 깊지 못한 사람이 될 수도 있고, 반대로 상대방을 존중하며 친절하고 도움이 되는 사람이 될 수도 있다는 사실을 말이다. 다른 사람에게 어떻게 말을 할 것인가, 그것은 하나의 선택이다. 좋은 말은 더 좋은 관계를 만들고, 서로의 에너지를 높여 주고, 서로를 더 친밀하게 만든다. 그런데 중요한 것은 말의 내용뿐만 아니라 다음과 같은 요소들에 의해서도 그 말이 어떤 말인가가 상당히 많이 좌우될 수 있다는 사실이다.

- 목소리의 톤

  많은 사회 심리학자들이 '말을 통한 의사소통의 40%는 목소리 톤에 의해 이루어진다.'고 주장한다. 또 때로는 그 이상이 될 수도 있다는 것이다. 목소리 톤은 때때로 우리가 하는 모든 말의 핵심이 될 수도 있다. 그것이 말 뒤에 숨겨진 감정을 나타내 주기 때문이다. 따라서 목소리 톤은 우리가 사용하는 단어만큼이나 중요하며, 때로는 그보다 더 중요할 수도 있다. 우리는 '알맞은 톤'의 선택에 의해 우리가 전달하고자 하는 메시지의 효과를 배가시킬 수 있다.

- 신체 언어

  의사소통을 할 때 목소리 톤이 40% 혹은 그 이상을 차지할 수 있다고 주장하는 사회심리학자들은, '신체 언어'는 그보다 더 높은 비중을 차지한다고 주장한다. 우리는 알게 모르게 우리가 해야 할 말의 반 이상을 신체로 표현한다는 것이다. 얼굴 표정이나, 손동작, 적절한 제스처 등은 때때로 효과적 커뮤니케이션을 위해 매우 도움이 된다.

• 스킨십

때때로 스킨십, 애정 어린 포옹, 다정스런 몸짓은 말의 효과를 높여 주는 아주 강력한 방법이다. 정확한 톤을 선택할 때 친절한 말을 더 부드럽게 만들어 줄 수 있듯이, 누군가를 격려해 줄 때 등을 다독다독 두드려 주는 등과 같은 적절한 스킨십은 말을 한결 따뜻하게 만들어 준다. 오랫동안 피부는 단지 신체를 덮고 있는 것으로만 여겨져 왔다. 하지만 생물학과 심리학에 걸친 방대한 연구는 또 다른 사실을 우리에게 가르쳐 준다. 가정 치료 전문가인 로이 맥기니스는, "당신이 진심으로 애정을 표현하려고 할 때, 부드러운 스킨십은 수천 가지 말보다 훨씬 더 상대와 가까워지게 만들 수 있다."라고 말하기도 했다. 친절한 말과 부드러운 톤, 그리고 따뜻한 스킨십이 합쳐졌을 때 어떤 일이 일어날지, 그건 당신의 상상에 맡기겠다. 사실상 목소리 톤과 신체 언어가 정확하지 않으면 메시지가 제대로 전달되지 않을 만큼 그것들은 중요하다. 무엇보다도 가장 중요한 진실은 신체 언어 또한 우리가 다른 사람에게 말을 할 때 '선택'해야 하는 것들 중 하나라는 것이다. 미소와 친근한 몸짓, 이들은 친절한 말을 위한 가장 좋은 동반자가 아닐까? 다정스런 몸짓, 적절한 목소리의 톤 등의 무언의 언어는 말의 효과에 대단히 강력한 영향을 미치게 된다. 매일매일 조금씩이라도 적절한 신체 언어를 사용해 보며, 다양한 인간관계 속에서 보다 효과적으로 메시지를 전달할 수 있는 리더가 되어 봅시다.

◎ 말하기보다 보여주라

사람들은 당신을 지켜봄으로써 점차 당신이 하는 일을 알게 될 것이고 당신의 행동을 본받기 시작할 것이다. 인내심을 가져라. 그리고 당신이 살아가는 모습을 보여줌으로써 무엇이 옳은가를 알려 주라.

—윌리엄 J. 디엄의 『인간관계, 감동으로 창조하라』 중에서—

선한 일을 행했음에도 불구하고 때론 사람들에게 오해를 사고 상처를 입기도 한다. 그래서 많은 사람들은 마치 카멜레온처럼 상황과 때에 맞추어 자신의 이익을 위해 살아가게 된다. 하지만 주님의 선하심을 신뢰하는 이들은 결코 거짓된 길을 선택하지 않는다. 모든 일을 협력하여 결국 선을 이루시는 하나님의 섭리를 잘 알고 있기 때문이다. 지금은 비록 당신의 참된 마음이 드러나지 않을지도 모르지만 하나님께서 알고 계신다. 선을 행하기를 그치지 마라. 당신의 모습을 통해 많은 사람들이 진정 살아계신 하나님을 알게 될 것이다.

◎ 마음에 남는 좋은 글

웃음은 슬플 때를 위해 있는 것이고 눈물은 기쁠 때를 위해 있는 것이다. 사랑은 서로 마주보는 것이 아니라 함께 같은 방향을 보는 것이다.

우정이란? 친구를 딛고 내가 높아지는 것이 아니라 친구가 나 자신을 딛게 하여 친구를 높이는 것이다. 그것은 둘이 함께 높아지는 일이기도 하다. 현명한 친구는 보물처럼 다루어라. 많은 사람들의 호의보다 한 사람의 이해심이 더욱 값지다. 땅에 떨어진 동전을 줍지 않는 사람은 절대 많은 것을 쌓지 못한다. 다른 사람을 설득하고 싶다면 스스로 최선을 다하는 모습을 보이도록 하라. 비난의 말이 아프다면 그 말이 옳기 때문이다.

가족이란? 따뜻한 방안에서 이야기를 나누는 사람들이다. 누구나 위대한 사람이 될 수 있다. 왜냐하면 누구나 남에게 필요한 존재가 될 수 있으므로……

부모님이 우리의 어린 시절을 아름답게 꾸며 주셨으니 우리는 부모님의 여생을 아름답게 꾸며 주어야 한다.

마음에 품고 있던 말을 해 버리면 무거웠던 가슴도 가벼워진다. 편지에 답장할 수 있는 최상의 시기는 편지를 읽는 순간이다.

— 아름다운 글 중에서 —

◎ 먼저 된 자와 나중에 된 자의 의미는

신앙생활은 연륜의 길이보다는 진실함이 관건이다. 아무리 오래 교회를 다녔어도 유치한 어린아이처럼 자기중심적인 신앙이 있고 어쩌면 처음 믿는 사람들, 예수 그리스도의 십자가의 보혈의 은혜를 처음 믿고 감격하는 사람들이 연륜에 관계없이 더 순수할 수 있기 때문에 주님께서 이러한 경계를 주셨다고 믿는다. 우리가 처음의 감격과 순수함을 지속적으로 지켜 가지 않는다면 시간만 많이 소모했을 뿐 나중에 된 자라는 사실이다. 그러나 오늘 믿음생활을 시작했어도 하나님만 의식하고 순수하게 열심히 신앙한다면 이 사람이 먼저 된 사람이 되는 것이다. 지금 경건하게 주님과 동행하지 못하는 사람들 대부분이 과거를 자랑한다. 그러나 지금 하나님께 열심과 충성이 없는 가운데 과거는 의미가 없다. 하나님은 현재를 보시고 현재 진실한 신앙을 하고 있을 때 과거의 충성과 열심도 가치가 있는 것이다(겔 33: 10～16).

◎ 미 소

미소는 힘들지 않고 주는 사람을 가난하게 만들지 않고도 미소를 받는 사람을 부유하게 해 준다. 미소는 잠깐밖에 지속되지 않지만 그 기억은 영원할 수 있다. 아무리 부자라도 미소가 필요 없는 사람은 없고 아무리 가난해도 미소조차 짓지 못할 만큼 가난한 사람은 없다. 미소는 집안에 행복을 낳게 하고 이 가운데 지탱이 되어 주며 모든 고통의 천연적인 치료가 된다. 미소는 피로를 풀어 주고 실망한 사람에게는 용기를 북돋아 주고 슬픔의 위로가 된다. 그렇지만 미소는 사거나 빌리거나 훔칠 수는 없는 것이다. 왜냐하면 미소는 미소 짓는 순간에만 가치가 있기 때문이다. 미소 지어 주길 기다리던 사람이 미소조차 주지 않았을 때 당신은 관대히 그 사람에게 미소 지어 주라. 미소를 지을 줄 모르는 사람만큼 미소가 필요한 사람은 없기 때문이다.

◎ 반성은 선행의 길이다

후회하는 사람보다 뉘우치는 사람이 더 현명하다. 후회는 잘잘못을 분간하기 쉽지 않지만 뉘우침은 잘잘못을 가리지 않고 잘못을 부끄러워하는 마음이 아파하는 모습이다. 잘못을 뉘우치면 잘못을 범한 것은 물거품처럼 흘러 보내도 된다. 한 번의 잘못은 성인에게도 있는 법이다. 그러나 두 번 겹쳐 같은 잘못을 범하는 것보다 더 어리석고 우둔한 짓은 없다. 남의 허물을 흠잡는 사람은 생각마다 가시밭길로 통하게 하지만 남을 험담하기 전에 먼저 자신을 돌이켜 보고 반성하는 사람은 맺힌 것도 풀어 주고 막힌 것도 뚫어 주는 곳을 찾아 삶의 길을 낸다. 남을 통하여 자기를 바라보고 남의 말을 들어 자신의 말을 살필 수 있다면 그 자리에서 곧 선이 악을 물리칠 수 있다. 이보다 더 흐뭇한 삶은 없다.

◎ 버려야 할 5가지 마음

▶ 의심(疑心)

자신이 행하고 있는 일, 자신이 보고 있는 것, 자신이 듣고 있는 것, 자신의 생각, 자신의 판단력, 자신의 능력, 자신의 존재를 의심하지 말자.

▶ 소심(小心)

자신을 의심하지 않는 자, 무엇이 두렵겠는가! 큰사람 되자. 큰마음을 갖자. 당당히 그 신뢰감을 내보이는 자가 되자.

▶ 변심(變心)

견고한 믿음으로부터 목표를 키우자. 큰마음으로부터 도전적 자세와 성취욕을 갖자.

▶ 교심(驕心)

도전적이되 호전적이 되지는 말자. 승부를 즐기되 승리에 집착하지는 말자. 교만해지지 말자.

▶ 원심(怨心)

스스로를 믿지 못하고 있었음을 원망하지 말자. 소심하게 살아왔음을 원망하지 말자. 굳건하지 못했음을 원망하지 말자. 옹졸하고 자만했음을 원망하지 말자. 바로 나아갈 수 있음을 신뢰하자.

◎ 변화를 위해 가장 먼저 해야 할 일은

어떠한 경우라도 자신을 비난하지 말라. 행여 어떤 결심을 지켜내지 못했거나 실수를 했다 하더라도 다음에는 더 잘할 수 있을 거라 토닥여 주고 위로해 주라. 무언가 실수를 할 때면 무의식적인 반응으로 자신을 욕하고 비난하는 경향이 있지는 않은지 잘 살펴보라. 입버릇처럼 하게 되는 말들. '에이! 바보같이!' '한심한 녀석!' 얼마나 자주 자기 자신에게 이런 말들을 되풀이하고 있나? 나라는 존재는 실상 하나가 아닌 여러 개의 아이덴티티로 이루어져 있다. 이런 여러 자신이 서로 싸우고 다투게 되면 그렇게 일그러진 자아상 속에서 더욱 에너지를 소모하고 힘겨워하게 된다. 그러니 마음 들지 않는 내가 있다 하더라도 비난하기보다는 그런 나조차도 포용하고 격려해 주고 사랑해 주기를 먼저 하라. 그렇게 자신에 대한 사랑 속에서 변화는 마치 봄날 햇살 속에 녹아내리는 강물처럼 시작이 되는 것이다. 다그치고 밀어붙이는 '자신과의 싸움'이라는 박해 속에서 진정한 내면으로부터의 변화는 일어나기 힘들다. 변화를 위해 가장 먼저 해야 할 일은 스스로를 비난하기를 그치는 일이며 자신을 사랑하는 일인 것이다.

— 전용석의 『아주 특별한 성공의 지혜』 중에서 —

◎ 사귀어야 할 사람과 피해야 할 사람

우리는 만나는 사람의 영향을 받거나, 내가 영향을 주며 이 세상을 삽니다. 만나야 할 사람이 있고 만나지 말아야 할 사람이 있습니다. 아무 사람이나 만나지 마세요.

가능하면 피해야 할 사람은 피하세요.

- 나서기 좋아하고, 자랑하기 좋아하고 잘난 척하는 사람은 피하세요.
- 직장상사, 가족, 교회 지도자, 주변 사람을 나쁘게 말하는 사람은 피하세요.
- 좀 가졌다고 나를 무시하거나 깔보는 사람은 무조건 피하세요.
- 원망과 불평과 짜증과 우울과 욕설을 입에 달고 다니는 사람도 만나지 마세요.
- 대접받으려 하고, 높은 자리를 좋아하고, '잘못했다'는 말 할 줄 모르는 사람, 남에게 책임전가하는 사람도 만나지 마세요. 이런 사람들은 어두움을 확산시키는 사람들이기 때문에 만나면 만나는 사람의 마음까지도 어둡게 만들어 버립니다.
- 선하고 겸손하며 부드럽고 따뜻한 사람을 만나세요.
- 직장에 대한 자부심, 교회에 대한 자랑, 가정에 가풍이 있는 사람을 만나세요.
- 나를 인정해 주고 배려해 주고 위해서 기도해 주는 사람은 무조건 만나세요.
- 항상 감사와 기쁨과 찬송과 칭찬과 긍정적으로 말하는 사람을 만나세요.
- 있는 모습 그대로 꾸밈없이 정직하고 행복하게 사는 사람을 만나세요.

이런 사람들은 빛에 속한 사람들이기 때문에 함께 있기만 해도 그 빛의 영향을 받습니다. 짧은 세상 이왕이면 행복하게 살아야지요. 아무 사람이나 만나지 마세요.

◎ 실수는 할 수 있다

우리의 조직문화에서는 실수를 결코 용납을 않는다. 그러다 보니 마음 놓고 자신 있는 일을 하지 못하고 그럭저럭 시간만 보내는 허송세월 속에서 진취성을 전혀 찾아볼 수 없는 현실을, 그리고 거기에서 창조된 것은 가난과 게으름이었다.

실수도 고의성이 있는 것과 잘하려고 하다가 마음과 뜻이 일체가 되지 못하여 불가피하게 발생하는 것으로 대별할 수 있다. 따라서 고의성 실수는 실수가 아니라 조직에 대한 반항이요 자기 개발에 퇴보를 안겨 줄 뿐만 아니라 경제적 손실과 조직원들로부터 불신감을 조장하는 계기를 준다. 그러나 불가피한 실수는 '정상적인 실수'이기 때문에 투자의 개념으로 인정을 한다면 그 실수를 거울삼아 큰 성공을 이루는 계기가 될 것이다. 그러나 우리 주위는 크고 작은 실수를 용서할 줄 모르고 다그치는 책임의 공방이 뚜렷해 눈치만 늘고, 자신감 있는 일도 또 실수하면 어떻게 될까 하는 불안감 때문에 언감생심 생각할 수 없게 되고 의욕마저 상실되게 만들고 만다. 이것이 현실이다.

"실패는 성공의 어머니"라고 갈파한 에디슨의 말은 우리에게 큰 교훈을 주었다. 그 교훈대로 '정상적인 실수' 다음에는 큰 성공이 따라오는 휴먼스토리는 많이 있다. 실수가 없는 사람은 인간적으로도 맛이 없을 뿐만 아니라 크게 성공할 수도 없다. 끊임없이 도전하다 보면 실수나 실패나 있게 마련이다. 역설적으로 말하자면 실수나 실패를 저지르지 않는 사람은 도전의 의미를 알지 못하는 퇴보된 인생의 길을 가는 사람일 것이다. 따라서 실수를 받아들일 줄 모르는 조직에서는 조그만 실수도 보고가 되기 어려울 것이며 실수한 조직원은 가혹하리만큼 호통 치는 윗사람에게 실수 사실을 숨기려 할 것이다. 이에 따라 상·하 간에 대화의 벽이 막혀 커뮤니케이션 단절현상이 생길 것이다. 이러한 조직은 죽은 것이나 다를 바 없고 발전이란 있을 수 없다. 실수는 언제나 일어날 수 있다. 그 실수를 속이려고 할 것이 아니라 보고 채널을 통해 '정상적인 실수'의 경위를 보고함으로써 똑같은 실수의 전철을 피할 수가 있게 되어 그 조직은 발전의 초석이 될 것이다.

한 번의 실수로 좌절하지 말고 과감하고 결단력 있는 용기로 그 실수의 틀을 허물고 경쟁사회에서 창조력이 요구되는 뉴밀레니엄 시대에 창조의 가능성을 이루는 역군이 되도록 계속 도전하여 큰 재산을 얻는 계기를 만드는 자가 되어야 하겠다.

◎ 세대 간의 부부는 이러길 원한다

▶ 20대 아내는 '친구 같은 남편'을 원한다. 가사분담은 물론 기본이고 아이에게 좋은 아버지가 됐으면 하는 것이 가장 큰 바람이다. 집안의 대소사는 민주적으로 시댁과 친정은 동등하게 아내의 기념일은 잊지 않고 가정을 우선으로 하는 성실한 남편을 바란다.

▶ 20대 남편은 '센스 있는 아내'를 원한다. 기왕이면 맞벌이하는 사회성을 갖춘 아내이길 바란다. 깔끔한 집안 가꾸기와 세련된 옷차림, 아이를 낳아도 여전히 애인 같은 아내가 으뜸이다.

▶ 30대 아내는 '인정받는 남편'이 좋다. 사회와 가정에서 열심히 자신의 삶을 살아가는 남편, 자녀교육에도 관심을 보여주며 가끔은 아내만을 위한 이벤트도 준비할 수 있는 낭만적인 모습을 간직한 남편이 이상형이다.

▶ 30대 남편은 '슈퍼우먼 아내'가 좋다. 자녀교육은 현명하게, 어른

공경은 지혜롭게, 정보에 빠르고 사회흐름을 파악하며 부업이나 재테크에 관심이 있는 아내, 자격증을 취득하거나 새로운 일에 도전하는 발전적인 모습도 함께 기대한다.

▶ 40대 아내는 '안정적인 남편'을 꿈꾼다. 경제적으로나 사회적으로 안정적인 위치에 오른다. 주변 사람들에게 넉넉함을 나눌 줄 알면서도 앞날을 대비할 줄 아는 남편을 바란다. 건강을 위해 운동도 꾸준히 하면서 50대 이후를 계획하는 모습을 원한다.

▶ 40대 남편은 '생기 있는 아내'를 꿈꾼다. 자녀양육에서 자유로워지기 시작하는 시점이지만 자녀와 남편을 위해 계속 관심을 갖는 아내의 모습을 원한다. 또 자기만의 취미생활도 열심히 하고 건강과 젊음을 유지해 부부동반 모임에서 스타가 될 수 있는 아내를 원한다.

▶ 50대 아내는 '활력 있는 남편'을 그린다. 다가올 노후의 모습을 미리 설계하는 남편을 기대한다. 현실에 충실하면서도 퇴직 후에 자신의 일을 꾸준히 할 수 있도록 여러 가지 기회를 모색한다. 아내와 함께하는 시간을 점점 늘려 가는 다정함도 갖춰야 한다.

▶ 50대 남편은 '정감 있는 아내'를 그린다. 따뜻한 밥과 정성어린 반찬을 챙겨 주며 남편과 많은 시간을 함께 보내길 원한다. 가족 간의 화목을 위해 노력하고 이웃을 돌보며 봉사하는 시간도 갖는 정이 가득한 아내다.

배우자가 바라는 것을 모두 채워 줄 수는 없을 것이다. 그러나 우리가 인생의 전반전에 많은 실점을 했다 할지라도 하프타임 때 새롭게 에너지를 충전하고 전략을 잘 세운다면 후반전에서는 역전의 기쁨을 맛볼 수 있을 것이다. 누가 중년에 찾아오는 바이러스는 '고독'이라고 말했던가? 건강한 부부는 고독이란 바이러스에 감염되지 않고 풍성한 결혼생활의 행복을 누릴 수 있을 것이다.

◎ 세 치 혀의 능력

영화 "올드보이"의 주인공은 이유도 모른 채 15년 동안 독방에 갇혀 있었지만 나중에 가서야 그 원인이 세 치 혀 때문이라는 것을 알게 된다. 그가 고교 때 했던 한 마디 말이 결국 어떤 사람을 죽음에 이르도록 했는데, 주인공은 그 잘못을 알고서 스스로 혀를 잘라 용서를 구했지만, 이미 돌이킬 수 없는 지경에 이르게 된 것이다.

이 세상에는 다시 돌아오지 않는 세 가지가 있다. 잃어버린 기회(機會)와 시위를 떠난 화살 그리고 입에서 나온 말이다. 이 중에서 가장 치명적인 것은 주워 담지 못할 내뱉은 말이 되고 있다.

유대인들은 조상들이 말 한 마디 잘못하여 후손들이 돌이킬 수 없는 재앙이 있었다는 것을 알기에 다른 어떤 민족보다 신중하게 말하는 사람들이 된 것이다.

말은 단순하지만 그 영향력이 엄청나다는 것을 우리는 날마다 경험하면서도 말을 제대로 하는 사람이 드문 이유는 무엇일까.

부시는 잦은 말실수로 부시즘(Bushism)라는 신조어까지 생겨난 것처럼, 우리나라 나라님도 취임 이후 사려 깊지 못한 발언으로 백성들은 이젠 그의 말에 노이로제에 걸려 있다. 그는 누구보다도 말을 잘하기에 검사와도 토론을 했지만 사람들은 그 모습을 보고서 정책 수행보다도 말로 정치를 하는구나 하고 생각했던 것이다. 그 잘하는 말들을 조금만 아꼈더라면 권위도 되살리고 설득력도 있었을 텐데 그 세 치 혀가 언제나 화근이 되고 있는 것이다.

그것도 부족했던지 총리도 거들어 주고, 야당 대변인도 생각 없이 말해 논란에 빠져 있다. 분명 대학 안 나온 국민들은 야당 대변인을 똑똑히 지켜볼 것이다.

물고기는 언제나 입으로 낚여 잡히곤 한다. 인간도 역시 입 때문에 매일 걸려든다. 그래서 입과 혀는 화와 근심을 불러들이는 문이고 몸을 망치는 도끼와 같다고 명심보감에서 이미 경고한 바가 있었다. 태초에 말씀이 있었던 것처럼, 말은 인류의 시작이요 과정이요 심판이 될 것이다. 그만큼 말은 인생에서 그 어떤 것보다도 중요한 역할을 하고 있는 셈이다.

첫째로 말은 능력(能力)이다.

말은 인간이 갖고 있는 가장 큰 능력이 되고 있는 것은, 그것은 의사소통이 되고 있기 때문이다. 현대 사회가 대중 사회가 되면서 바르게 의사표시를 한다는 것은 새삼 강조할 필요가 없을 것이다. 모든 싸움의 근본 원인도 잘못된 의사전달에서 비롯되고 있듯이, 바른 의사소통을 통하여 인류의 문화는 더욱 발전되어 왔던 것이다. 또 의사소통에 따라 인간관계가 맺어지고 있다. 자신의 주장을 올바르게 내세울 수 있을 때 우리는 자주적인 인간이 되어 비로소 진정한 인간관계를 가능하게 만드는 것이다. 하나님은 우리에게 아름다운 관계, 사랑의 관계를 만들도록 하기 위해 언어를 주신 것이다. 결국 모든 인간관계란 서로 간의 의사소통에 따라서 관계가 맺어지게 되는 법이다. 인간관계는 또 사람을 통치하는 힘을 갖고 있다. 사람에게는 수천억 개의 신경조직이 있지만 온 몸을 제어할 수 있는 것은 언어중추신경이다. 마치 말하고 싶어서 세상에 태어난 인간들은 말을 통해 자신을 움직이고 그렇게 세상을 통치하는 것이다.

둘째로 말은 인격(人格)이다.

'말'을 길게 발음하면 '마알'이 된다고 한다. '마알'이란 마음의 알갱이란 뜻인데, 결국 마음의 알갱이들이 나타나는 것이 말이므로 열 길 물속은 알아도 한 길 사람 속은 알 수 없지만, 하는 말을 통해서 마음을 헤아려 볼 수 있는 것이다. 말과 글은 그 사람에게 내재되어 있는 능력과 수준을 알 수가 있기에, 우리 조상들도 사람을 평가할 때 신언서판(身言書判)으로 기준을 삼았던 것이다.

한 샘에서 두 샘물이 나올 수 없듯이, 단물이니까 단물을 내고 쓴 물이니까 쓴물을 내듯이 인격에 따라 사람들은 말을 하고 있는 것이다. 잎이 무성할수록 열매가 적다는 말과 물은 깊을수록 소리가 없다는 속담은 일치된다. 잘난 사람일수록 함부로 말하지 않고 말을 아낀다는 의미이다.

대체로 큰 목소리로 말하는 사람일수록 허풍쟁이들이 많고, 수다를 잘 떠는 사람은 채워지지 않는 무엇이 있고, 또 험하게 말하는 사람일수록 단순한 사람이 많다. 어리석은 사람은 이렇게 긴 혀로써 금방 알아볼 수 있지만, 지혜 있는 자는 말로써 자신을 드러내는 것보다는 온유함으로 그 행함을 보여주고 있다.

셋째로 말은 인생(人生)이 된다.

'차 조심해라'는 말보다는 '오늘도 말 조심해라'는 어머니의 말씀이 이제는 고개가 더 끄덕이는 이유는 무엇일까. "말이 씨가 된다."는 속담처럼 말 한 마디가 운명을 바꿀 수가 있다는 것을 그들은 오래전부터 아셨던 것이다. 성경에서는 죽고 사는 것이 혀의 권세에 달려 있고, 큰 배가 키에 따라 움직이듯이 인생도 말에 따라 방향을 달리한다고 말조심을 교훈하고 있다. 태초부터 말씀이 있었듯이, 사람은 물질로 사는 것이 아니라 말로 사는 존재다. 그러므로 가슴속에 품고 있는 그 한 마디 말이 그 사람의 실존의 모습이 되는 것이다. 그러므로 환경과 운명을 탓하기 전에 먼저 말부터 고쳐야 한다. 사람은 말하는 순간에 이미 자기 최면에 빠져 신념화되어 태도부터 달라지기 때문이다. 태도는 습관을 습관은 결국 인생을 바꾸어 놓게 된다. 그러므로 말하기 전에 생각하는 습관을 길러야 한다. 자연과 사건들을 통해 묵상하는 시간을 가진 후에 느꼈던 생각들을 다시 글로 써 볼 때 생각은 구체화되어 신념 속의 말을 할 수 있게 되는 법이다. 이것보다 더욱 중요한 일은 아무리 조리 있게 말을 해도 진실이 없는 말은 이미 죽은 언어라는 사실이다. 천 마디 생명 없는 말보다도 진실한 한 마디가 훨씬 큰 감동을 줄 수 있기 때문이다.

넷째로 혀를 제어하자.

그 크기에 비해 가장 엄청난 영향력을 행사하는 것이 있다면, 단연 사람의 '혀'이다. 혀는 다루기가 무척 힘들다. 사람은 거의 모든 동물들을 길들일 수 있지만 혀는 제대로 길들이지 못한다. 혀는 잘 길들이면 마치 말의 '재갈'이나 배의 '키'와 같이 목적한 바대로 바른 방향을 잡아 주지만, 만약 잘못 사용하면 모든 것을 허망하게 태우는 '지옥불'과 같고 쉬지 않고 죽이는 '독'과 같은 것이다. 한번 내뱉은 말을 거두어들이고 싶었던 경우가 얼마나 많은가? 그러나 불행하게도 한번 내뱉은 말은 거두어들일 수 없다. 유감을 표명하고 사과할 수는 있지만 일단 내뱉은 말을 안 했던 걸로 할 수는 없다. 이제 믿는 자들은 부단한 훈련을 통해서 이 혀를 길들여야 한다.

하나님께 찬양을 드리는 혀로, 믿음의 형제를 격려하는 혀로, 주변의 이웃을 위로하는 혀로 길들여야 한다.

◎ 신•언서판(身言書判)

옛날 선비들은 사람을 판단하는 기준을 4가지로 삼았다고 한다. 첫째, 몸가짐, 둘째, 말, 셋째, 글, 넷째, 판단력. 우리글에 '신언서판'이라고 하는 말의 내용은 그렇게 풀이가 될 수 있을 것 같다. 사람의 몸에서 얼굴이 중요하긴 하지만 손, 발, 팔, 다리, 자세 그리고 걸음걸이 등도 그 인간을 평가하는 데 있어서 매우 중요한 구실을 한다.

사람의 얼굴이나 키는 부모가 만들어 주는 것인 줄만 알지만 꼭 그런 것만은 아니다. 미국의 16대 대통령 링컨은 일찍이 사람이란

40세가 넘으면 자기 얼굴에 대해 책임을 져야 한다고 말한 적이 있다고 전해지는데 사람이 어려서는 부모가 낳아 준 대로의 얼굴을 가지고 살게 마련이지만 나이가 들면 그것만 가지고는 안 된다는 뜻이 아니겠는가.

어떤 생각을 하며 어떤 모양으로 살아가느냐 하는 것이 그 사람의 얼굴에 큰 영향을 미치는 사실을 부인할 수 없다. “빛 좋은 개살구”라는 속담이 있기는 하지만 그건 볼 줄 모르는 사람의 말일 뿐, 인간의 안과 밖은 한결같은 것이므로 사람을 볼 줄만 안다면 속는 일은 없으리라고 믿는다. 교양 있는 아름답고 고상한 얼굴은 저절로 되는 것이 아니라는 사실을 명심하여야 한다.

자세가 곧은 사람이 있고 곧지 못한 사람이 있다. 잘못된 자세가 만병의 원인이라는 말도 있다. 아무리 높은 자리에 앉은 사람이라 하여도 그의 걸음걸이가 가볍고 되는 대로라면 그가 그 자리에 어울리는 사람으로 큰일을 하기는 어렵다고 보아야 할 것이다. 항간에 “저 사람 제대로 제 걸음이나 하나.”라는 말이 있는데 곧은 자세로 당당하게 걸어가는 사람은 바라보기만 해도 믿음직스럽지만 잘못된 자세로 허둥지둥 걷거나 촐랑이처럼 걷는 사람을 보면 그의 앞날이 걱정스럽다.

우선 말을 많이 하는 사람은 그 자체 때문에 손해를 보게 마련이다. 몇 사람이라도 모여서 회의를 하거나 서로 의견을 교환하게 되는 경우 처음부터 제 말만 옳다고 내세우는 사람은 아무 의견이 없는 사람이거나 설사 어떤 뚜렷한 의견을 갖고 있다 하여도 그런 모임에서 그의 의견이 채택되기는 어렵다. 대개의 경우 남들이 다 말하기를 기다렸다가 나중에 한 마디 하는 사람이 승리하게 마련이다. 옛 선비 중에도 “말로써 말이 많으니 말 말을까 하노라.”고 탄식한 이가 있었다.

사람 사는 세상이 이토록 시끄러운 까닭은 저마다 안 해도 될 말을 자꾸만 하기 때문이다. 루소라는 철학자는 어린아이에게 먼저 똑바로 가르쳐야 할 것은 말을 분명하게 하도록 하는 것이라고 그의 유명한 저서 『에밀』에서 밝힌 바 있다. 수준 높은 말을 명확하게 할 줄 아는 것이 성공의 비결이라 하여도 지나친 말은 아닐 것이다.

요새 젊은이들은 생각할 줄 모르고 생각이 없기 때문에 제대로 글을 쓰지 못한다는 비난을 받고 있다. 생각하는 능력을 키워 주지 못하거나 글 쓰는 재능을 가꾸어 주지 못하면 진정한 의미의 교육이라고 하기는 어렵다. OX니 사지선다형이니 하는 따위의 출제경향이 잘못되었다 하여 근년에 와서는 대학입시에 반드시 논술이 끼어 넣는 것인지도 모른다. 인생의 많은 일들이 OX로 해결되지 않고 3, 4개 중에서 하나를 골라잡아 제대로 되기도 어렵기 때문에 앞으로 한국의 교육은 더욱더 생각하는 능력을 키워 주고 그 생각을 글에 담아 다른 사람들과의 의견교환, 의사소통이 제대로 이루어져야 하리라고 믿는다.

글씨 공부를 하는 시림들은 요새 거의 없지만 손끝으로 자판기를 이용하여 찍어서만 문장을 만들지 말고 개성이 두렷한 자기 자신의 글씨체를 만드는 일도 필요하다고 믿는다.

신언서(身言書)가 어느 수준에 간 사람만이 건실한 판단력을 가질 수 있다. 올바른 판단은 올바른 행동의 바탕이다. 중요한 자리에 앉은 한 사람의 판단이 잘못되어 얼마나 많은 사람들이 고생을 하게 되는가. 바라건대 한국의 교육이 옛날로 돌아갈 수는 없겠지만 조상이 물려준 귀중한 것들을 소홀히 여기지는 말고 떳떳한 몸가짐, 올바른 말, 분명한 글 그리고 훌륭한 판단력을 지니는 젊은이들을 길러내야 하리라고 믿는다. [자치발전 2004년 1월호: 김동길]

◎ 아침 이슬과 같은 말

좋은 말은 아침 이슬과 같다. 이슬은 양은 많지 않지만 식물에 큰 영향을 준다. 특히 사막 같은 지역에서는 이슬이 식물의 생존에 지대한 영향을 주고 있다. 좋은 말은 많은 말을 하는 것이 아니다. 한 마디의 좋은 말은 사람에게 많은 영향을 줄 수 있으며 때로는 사람을 살리기도 할 수 있는 능력을 가지게 된다. 내가 한 좋은 말 한 마디로 사람을 살릴 수 있다면 그것보다 귀한 일은 없을 것이다. 이슬이 아침에 식물을 적셔 주는 것과 같이 좋은 말을 해서 사람의 마음을 촉촉이 적셔 준다면 좋은 말을 듣는 사람은 생명수를 공급받는 것과 같을 것이다. 좋은 말은 소망이 있는 말이다. 내 생각이 아무리 옳을지라도 상대를 설득하려는 말과 책망하는 말은 때로는 소망을 끊을 수 있다. 사람은 모두 다르게 자기만의 은사를 가지고 태어났다. 그런데 내가 잘하는 것이 있다고 해서 상대가 못하는 것을 책망하고 권면하면서 따라 하라고 할 때 상대는 죽어도 못 할 수도 있다는 사실이다. 그것을 너무 강하게 요구하면 상대의 소망을 끊어 버리는 것과 같이 된다. 요구에 미치지 못하는 아이들이 생명을 끊는 경우도 종종 일어난다. 소망을 주는 말을 하라. 이슬과 같이 그 사람에게 유익을 줄 수 있는 말을 하라. 소망을 주는 말은 진실되어야 한다. 좋은 미사여구를 써서 우유보다 매끄럽게 말을 할지라도 진실되지 못한 말은 결국 상대를 찌르는 비수와 같은 것이 된다. 때에 맞는 옳은 말은 기쁨을 준다. 한 마디의 말이라도 아름다운 말을 한다면 이 세상의 모든 식물을 적셔 주는 아침 이슬과도 같이 영롱하게 빛을 낼 것이다.

명심보감(明心寶鑑)에 있는 말로 유유인심지척간이라도 지척심불가료니라(惟有人心咫尺間, 咫尺心不可料)는 오직 사람의 마음은 바로 지척 사이에 있건만 이 지척 간이라도 마음만은 헤아릴 수 없다는 뜻으로 사람의 마음은 이렇게 헤아릴 수 없다는 것이다. 그러므로 말이라도 아침 이슬 같은 좋고 아름다운 말을 씀으로써 알지 못하는 사람의 마음을 사로잡으면 어떠할지…… .

◎ 약 속

우리는 가벼운 식사 약속에서부터 일생일대의 결혼 약속에 이르기까지 많은 약속을 하면서 살고 있다. 그러나 우리는 약속을 가볍게 여기는 경향이 없지 않다. 지키지 못할 공약(空約)이 남발되고 심지어 잊지 말아야 할 약속을 쉽게 잊어버리는 건망증에 시달리기도 한다. 그러나 책임을 지고 약속을 지키는 것은 자기 관리의 주도면밀한 처세의 하나로 앞으로 주도적인 행동의 본질을 갖게 되고 성공의 방향을 이끌 수 있는 비전과 가치관을 확립한 자의 행위라고 생각된다. 그러나 약속을 어기는 것은 자기 관리에서 중대한 허와 실을 표출시키는 행위라고 할 수 있다. 이 사회는 대단히 중요한 약속을 해놓고 어기는 것은 다반사요, 아무 감정도 표현하지 않고 있다. 이 경우 다음에 약속을 하면 상대는 그를 믿지 않는다. 약속에 대한 실망이 크기 때문에 사람들은 더욱 그렇다. 대개 약속에 대한 기대가 크기 마련이다. 특히 이 약속이 자기 생활에서 가장 중요할 때는 더욱 그렇다. 세상의 부모들은 지킬 수 없는 약속은 절대로 하지 않는 부모가 되겠다는 철학을 가지고 있을 때 자녀교육에서 성공을 하였다고 자부할 수 있기에 이는 지키기 위해서 노력을 해야 한다. 그래서 약속을 할 때에는 조심스럽게 하며 아주 드물게 할 뿐만 아니라 약속을 지키지 못하는 일이 발생하지 않도록 가능한 여러 요인들과 상황을 고려해야 한다. 내가 이 같은 노력을 하는데도 불구하고 약속을 지키지 못하게 되는 예기치 못한 일이 발생할 수도 있다. 그러나 약속은 중요한 것이기 때문에 어떻게 해서든지 그 약속을 지키든지 또는 상대방에게 나의 상황을 납득이 갈 수 있도록 충분히 설명해 주고 약속을 연기해 주도록 요청해야 한다. 만약 당신이 스스로 한 약속을 항상 지키는 습관을 갖는다면 당신과 당신의 주위 모든 사람 그리고 가족 간에도 이해의 간격을 이어주는 신뢰의 다리를 놓는 셈이 될 것이다. 이 경우 내 주위의 모든 사람들이 원하지 않는 행동을 하려고 할 때 그들은 당신의 형성된 인간본성과 책임성에 대해 알고 있으므로 당신의 충고를 기꺼이 받아들일 것이다. 사람들은 약속을 할 때는 자기의 신뢰도를 극대화시키기 위해서 자기 조상과 하늘과 땅을 들먹이면서 약속을 한다. 그런데 사람들은 굳게 맹세한 약속을 쉽게 위배하거나 망각하기도 한다. 자기 스스로 자기에 대한 미더움을 포기한 것이라고 생각할 수밖에 없다. 공양전 희공 십년(公羊傳 僖公 十年)에 있는 말로 "사사자반생(使死者反生), 생자불괴호기언(生者不愧乎其言), 즉가위신의(則可謂信矣). 즉, 죽은 자가 되살아난다 해도 살아 있는 자가 생전에 한 약속에 대해 부끄러움이 없을 때 미덥다 할 수 있다." 다시 말하면 죽은 자가 되살아나 생전에 그에게 한 약속의 이행 여부를 따지고 들어도 부끄러움이 없을 정도가 돼야 진정 신뢰가 가는 미더운 사람이라 할 것이다. 특히 개인 또는 단체 간에 약정을 맺음에 있어서는 그에 앞서 서로의 입장을 충분히 이해하고 서로 그 약정을 성실히 지켜 나가겠다는 의지가 확인돼야 하며 그에 필요한 준비도 있어야 실수가 없다. '관자 형세(管子 形勢)'에 있는 말로 "약정을 함에 있어 도리에 따르지 않으면 뒤에 반드시 서로 배반하게 된다. '약결이불습어리, 후필상배(約結而不襲於理, 後必相倍)'"고 하여 남과 약속을 함에 있어서는 먼저 상대방의 태도와 마음가짐을 살피고 그가 믿을 만할 때 비로소 결정을 내려야 한다.

◎ 이해할 수 있는 말과 믿어야 할 말

'이해할 수 있는 말'이란, 대등한 위치(지식수준)에서 주고받는 말이며, '믿어야 할 말'이란, 선생이 제자에게 가르쳐 주는 말이다. 그러므로 이해할 수 있는 말은 이 세상의 친구 간이나 장사하는 일에 사용되고, 믿어야 할 말은 모든 교육자, 곧 부모, 선생, 상관, 선각자, 하나님께 속한 말이다. 친구와 거래처, 이런 사이는 이해가 되지 않으면 사귈 수 없고, 또 이득에 대해 이해가 되지 않으면 거래할 수가 없다. 그리고 이런 친구와 거래처도 신뢰라는 믿음이 없으면 이해할 수 있는 말도 믿지 않으려 한다. 이해할 수 없는 말을 믿는다는 것은 곧 무조건 복종, 맹종을 뜻하는 것으로 이런 맹종은 친구 간, 이웃 간, 상거래에는 통용될 수 없고, 오직 부모, 선생, 군대의 상관, 하나님께만 통용된다. 그러나 부모도 선생도 군대의 상관도 사실상 맹종의 권한으로는 아래 사람을 대할 수 없다. 자신들도 실수가 있고 무지가 있기 때문이다. 절대적 복종을 요구하는 맹종은, 오직 하나님 한 분만이 요구할 수 있는 믿음이다. 부모에게는 순종이요, 상전에게는 복종이요, 하나님께는 맹종이다. 절대자 되신 하나님이기 때문에 절대 복종, 곧 맹종이 필요하다. 주는 자가 복이 있다는 말씀을 들었을 때, 그 말씀이 어째서 복이 될까라는 의문을 달아 아무리 연구하고 풀이해 봐도 참된 해석, 곧 이해가 되지 않는다. 만일 자기 수준의 지식으로 그 문장을 풀이했다 하더라도 그것은 맹종에 의하여 해석된 하나님의 뜻풀이가 아니고, 신학교에서 배우는 성경처럼 인간의 뜻에 의하여 추정될 수 있는 불확실한 학문 지식에 불과하므로 그 말씀에 대한 참뜻을 찾아볼 수가 없다. 하나님이 모세에게 "지팡이를 들고 손을 바다 위로 내밀어 그것으로 갈라지게 하라"라는 명령을 내렸을 때, 만일 모세가 그 명령의 뜻을 스스로 풀이하려고 주저하고 머뭇거리며 생각에 잠겼더라면……? 이미 그 말씀의 효력이 다 사라지고 난 후, 즉 바로의 군병이 몰려와 백성을 전멸한 후가 될 것이며, 또 그때 엉겁결에 지팡이를 들어 보았자, 하나님이 그 지팡이와 함께 역사해 줄 리 없다. 그러므로 하나님의 모든 말씀은 절대적 순종이 필요한, 맹종에 의하여 참되게 해석되고 이해된다. 즉, 모세가 즉시 지팡이를 바다 위로 향하여 쳐들었을 때, 그때부터 하나님이 자기가 하신 말씀을 해석해 주었다. 즉, 바다가 갈라지며 그 사이로 이스라엘 민족이 건너가게 되었다. 이처럼 하나님의 말씀은 인간에게 맹종을 요구한다. 인간들이 성경을 맹종하는 것을 무식한 처사라고 하나, 진실로 맹종은 하나님께 대한 가장 유식한 인간의 태도이다. 왜냐하면 지식과 능력의 격차가 갓 태어난 아기와 부모와의 지식적 차이보다 더 높고 깊고 넓기 때문이다. 우리가 미지의 땅을 여행할 때에도 안내자에겐 순종, 복종 정도가 아니라 맹종 상태에 들어가야만 가장 안전한 여행을 할 수 있듯이 이처럼 하나님, 곧 예수님의 말씀을 대할 땐, 오직 맹종으로 대하여야 한다. 그래야만 하나님이 그 맹종한 말씀에 대하여 참되고 진실된 해석, 곧 설교가 있게 된다. 설교란, 하나님의 말씀이 참되고 진실하다는 것을 인간이 알아듣게끔 이해시키는 것이다. 그러므로 이 세상에서 가장 정확한 성경 해석, 곧 설교를 들으려면 이 산 저 산, 이 교회 저 교회 뛰어다니지 마시고 곧장 예수님의 말씀을 실천해 보아야 한다. 그러면 스승 되신 성령님이 성경 말씀의 참된 원어가 되사, 그 말씀과 함께 동행하시어, 그 말씀을 가장 정확하게 풀이하고 해석해 준다. 이런 설교는 언제 어디서나 늘 들을 수 있게끔 하나님이 계획해 주셨건만, 오늘날의 사람들은 순종, 복종, 아니 맹종해야 할 주의 말씀을, 이 사람이 해석한 걸 들춰보고 저 사람이 해석해 놓은 걸 들춰보며 책장 넘기다 이 세상을 끝내고 만다. 성경은 듣고, 읽고, 지키라고 기록한 것이지 멋있게 해석하라고 기록한 것이 아니다. 그러나 성경에 기록된 예수님의 말씀만 맹종할 뿐, 성경을 빙자하고 하나님과 예수님을 빙자하여 자기의 인간된 욕망과 뜻을 가미한 사람(거짓 종이나 이단자)들의 말은 절대로 맹종해서는 안 된다. 그들은 성경 말씀을 맹종하여 행하는 모범자가 아니라, 제멋과 뜻대로 해석만 하려는 이단자들이다. 성경이 도대체 어느 수준에 있는 말씀인 줄도 모르고 주제넘게 책상머리에 앉아 해석만 하려 하는가? 성경은 성령만이 해석해 준다. 주의 말씀을 순종해 살아가지 않으면서 해석만 하려 하는 자들은 스스로가 성령 됨을 무언으로 주장하는 마귀들이다. 사단은 한 번도 하나님의 말씀을 긍정적인 뜻으로 순종해 본 일이 없이, 오직 하나님의 말씀을 자기 뜻으로 해석하는 자이다. 사단이 인간 심령에 거하여야 할 하나님의 보좌를 빼앗는 방법 중에도 가장 고차원적인 방법이 이 방법이다. 하나님의 존귀성을 인간 중에 극구 찬양하고 높이면서도 자기는 그 말씀을 따르지 않는다. 왜냐하면 육신적으로 힘들고 또 복음의 모든 말씀을 지킨다는 것은, 십자가를 지는 것만큼의 희생이 따르기 때문에, 영적 게으름뱅이가 된 사단들은 다만 하나님의 말씀을 해석하기만 한다. 거의 성경의 뜻풀이와 비슷하게 해석하나 예수의 영이 그 뜻풀이에 참여하지 않는다. 즉, 그 말씀을 지키고 순종할 힘, 곧 생명력이 없는 뜻풀이가 되어 어느 누구도 그 말씀대로 실천할 수도 없고, 다만 설교 시간이나 구역예배 때 다른 사람에게 가르칠 지식으로만 알고 있을 뿐이다. 사단이 이런 무리들 속에서 하나님 행세를 하고 인간 심령의 보좌를 하나님 대신 차지하고 있다. 성경의 원어는 영어도 라틴어도 히브리어도 아니다. 성경의 원어는 그 글을 기록하게 하신 하나님의 뜻, 곧 성령이다. 물론 문자적인 원어의 중요성은 인정하여야 하지만, 그러나 문자적인 원어로만 참뜻을 찾다가, 말씀 순종에 의한 성령의 참된 해석을 놓치는 일이 너무나도 큰 손실이기에 이 말을 강조하는 것이다. 아무튼 하나님의 말씀 따르는 데는 맹종이 가장 좋다. 하나님의 말씀에 대한 옳고 그름을 판단할 만한 지식이 피조물에게는 없다. 눈 딱! 감고 맡겨 버리고 따라가는 맹종이야말로, 자신에게도 편하고 하나님께도 편하다. 그러나 눈을 뜬 채, 즉 세상적인 시각으로 살피며 따라갈 때에는 자신도 불안하여 투덜대고 이끌어 가는 하나님도 인간의 쓸데없는 잔소리에 심령이 편치 못할 것이다. "예수께서 가라사대 내가 심판하러 이 세상에 왔으니 보지 못하는 자들은 보게 하고 보는 자들은 소경 되게 하려 함이라 하시니(요한복음 9: 39)" 보지 못하는 자, 즉 하나님 앞에서는 아무것도 아는 것이 없다 하는 자는 깨닫게 되고, 보는 자, 즉 하나님 앞에서 무얼 조금 알고 있다고 이의를 달아 항변하는 자는 모르게 된다는 뜻이다. "예수께서 가라사대 너희가 소경 되었더면 죄가 없으려니와 본다고 하니 너희 죄가 그저 있느니라(요한복음 9: 41)" 나는 당신 앞에 아무것도 아는 것이 없으니 맹목적으로 따라갑니다 하는 자는 무죄가 되나, 뭘 좀 아는 것이 있다고 하여 이런 저런 생각을 기준 삼아 예수님의 말씀을 분석하고 연구하고 판단하며 따르려는 자는 눈에 불순물이 덮여 있는 상태로 살아가는 소경, 곧 죄인이란 뜻이다.

◎ 인격이 흐르는 말이 있다

서양 속담에 "간결은 말의 재치이다."란 말이 있다. 말이란 그 사람의 인격을 밖으로 표현하는 가장 직접적인 행위이다. 그러므로 당신의 말 한 마디는 상대편에게 자신의 본모습을 보여주는 것이다.

우리들은 가끔 아주 예의바른 신사나 숙녀들이 갑작스런 일을 당하면 자기도 모르게 입에서 욕설이 튀어나오는 것을 본 적이 있다. 그 본모습을 속일 수는 없는 것이다. 특히 운전을 할 때 우리는 그 사람의 성격을 알 수 있다는 말을 많이 한다. 누군가 갑작스럽게 끼어들거나 아주 위험한 순간을 겪었을 때 나타나는 그 사람의 반응을 살펴보아라. 절대 그렇지 않으리라 생각되던 사람의 입에서 상스러운 욕설이 나온다면 다시 그 사람을 보고 싶지 않을 것이다. 그의 친절한 웃음조차 가식으로 느껴지지 않겠는가? 사람들은 자신에 대해서 많은 오해를 한다. 자신은 예의 바르고 자신을 남보다 이해심이 많으며 유머가 넘치고 참을성이 많다고 하지만 정말 그럴까?

실제로 그런 교양, 그런 매너를 갖추고 있는 사람은 얼마 되지 않는다. 자신이 농담을 하고 있다고 생각하는 사람들은 실제로 농담을 하지 않는다. 상대편을 배려하지 않는 농담은 가끔 무례한 말이 되는 경우가 많은 것이다. 그러한 사람을 자극시키는 방법은 별개 아니다. 웃지 않으면 되는 것이기 때문이다. 만일 그 정도가 심했다면 비슷하게 대꾸해서 다시는 그런 농담을 하지 못하도록 해야 한다. 생각이 깊은 사람은 의미 없는 말을 꺼내지 않는다. 당신의 입에서 나간 말이 누군가에게 불쾌감을 줄 수도 있다는 사실을 명심하라. 말에 향기를 불어넣는 가장 좋은 방법은 역시 문화적인 교양을 쌓는 것이다. 교양이란 자신도 모르게 말투에 불어넣는다. "말 한 마디가 천 냥 빚을 갚는다."란 속담은 아주 오래된 것이지만 그보다 더한 진실은 없다. 말 한 마디가 의기소침한 사람에게 의욕을 불어넣어 주고 말 한 마디가 믿음을 준다. 자신의 말에 자신감과 믿음을 심으라.

연애를 할 때는 시적인 말이 좋고, 사업을 할 때에는 명확한 말이 좋다. 누군가를 격려할 때는 따뜻하고 정겨운 말투가 어울리겠지? 때와 장소 그리고 사람에 따라 분위기를 자신의 것으로 만들 수 있도록 항상 노력해야 한다. 쓸모없는 말이 많음은 당신을 가벼운 사람으로 만들 수도 있다. 대화를 하고 난 상대편이 당신의 이름이 오래 기억할 수 있도록 해 주어라.

◎ 인연은 한 번밖에 오지 않는다

인연을 소중히 여기지 못했던 탓으로 내 곁에서 사라지게 했던 사람들, 한때 서로 살아가는 이유를 깊이 공유했으나 무엇 때문인가로 서로를 저버려 지금은 어디에 있는지도 모르는 사람들, 관계의 죽음에 의한 아픔이나 상실로 인해 사람은 외로워지고 쓸쓸해지고 황폐해지는 건 아닌지, 나를 속이지 않으리라는 신뢰, 서로 해를 끼치지 않으리라는 확신을 주는 사람이 주변에 둘만 있어도 살아가는 일은 덜 막막하고 덜 불안할 것이다. 마음 평화롭게 살아가는 힘은 서른이 되면 혹은 마흔이 되면 저절로 생기는 것이 아니라 내 일을 자신의 일처럼 생각하고 내 아픔과 기쁨을 자기 아픔과 기쁨처럼 생각해 주고 앞뒤가 안 맞는 얘기도 들어 주며 있는 듯 없는 듯 늘 함께 있는 사람의 소중함을 알고 있는 사람들만이 누리는 행복이었다는 생각도 든다. 그것이 온전한 사랑이라는 생각도 언제나 인연은 한 번밖에 오지 않는가도 생각하며 살았더라면, 그랬다면 지난날 내 곁에 머물렀던 사람들에게 상처를 덜 줬을 것이다. 결국 이별할 수밖에 없는 관계였다 해도 언젠가 다시 만났을 때 시의 한 구절처럼 우리가 자주 만난 날들은 맑은 무지개 같았다고 말할 수 있게 이별했을 것이다. 진작 인연은 한 번밖에 오지 않는다고 생각하며 살았다면……

—『좋은 글 중에서』—

◎ 어느 부인의 9일간 천국 만들기

어느 날 한 부인이 가정생활을 비관하여 간절히 빌었다. “하나님! 빨리 천국에 가고 싶어요. 정말 힘들어요.” 그때 갑자기 하나님이 나타나 말했다. “살기 힘들지? 네 마음을 이해한다. 이제 소원을 들어줄 텐데 그 전에 몇 가지 내 말대로 해 보겠니?” 그 부인이 “예” 하자 하나님이 말했다. “얘야! 집 안이 지저분한 것 같은데 네가 죽은 후 마지막 정리를 잘하고 갔다는 말을 듣도록 집안 청소 좀 할래?” 그 후 며칠 동안 그녀는 열심히 집안 청소를 했다. 3일 후 하나님이 다시 와서 말했다. “얘야! 애들이 맘에 걸리지 네가 죽은 후 애들이 엄마가 우리를 정말 사랑했다고 느끼게 3일 동안 최대한 사랑을 주어 볼래?” 그 후 3일 동안 그녀는 애들을 사랑으로 품어 주고 정성스럽게 요리를 만들어 주었다. 다시 3일 후 하나님이 말했다. “이제 갈 때가 됐다. 마지막 부탁 하나 하자! 너 남편 때문에 상처 많이 받고 미웠지? 그래도 장례식 때 ‘참 좋은 아내였는데’라는 말이 나오게 3일 동안만 남편에게 최대한 친절하게 대해줘 봐라” 마음에 내키지 않았지만 천국에 빨리 가고 싶어 그녀는 3일 동안 최대한 남편에게 친절을 베풀어 주었다. 다시 3일 후 하나님이 말했다. “이제 천국으로 가자! 그런데 그 전에 네 집을 한번 돌아보려므나!” 그래서 집을 돌아보니까 깨끗한 집에서 오랜만에 애들 얼굴에 웃음꽃이 피었고 남편 얼굴에 흐뭇한 미소가 있었다. 그 모습을 보니까 천국으로 떠나고 싶지 않았고 결혼 후 처음으로 ‘내 집이 천국이구나’ 하는 생각이 들었다. 부인이 말했다. “하나님 갑자기 이 행복이 어디서 왔죠?” 하나님이 말했다. “지난 9일 동안 네가 만든 거야” 그때 부인이 말했다. “정말이요? 그러면 이제부터 여기서 천국을 만들어 가며 살아 볼래요.” ‘9일 동안 천국 만들기’의 기적은 어디에서나 누구에게나 가능하다. 희생의 길은 행복으로 가는 밝은 길이다. 희생의 짐을 지면 인생의 짐은 가벼워진다. 나, 너를 위해 모든 것을 걸 때 너, 나를 위해 모든 것을 건다. 희생은 부담스럽지만 그 부담을 각오할 때 행복의 신비가 찾아온다. '자기 몰입의 신비주의자'는 되지 말아야 하지만 '희생의 신비를 아는 자'는 되어야 한다. 살고자 하면 죽고 죽고자 하면 산다. 더 나아가 죽이고자 하면 죽고 살리고자 하면 산다. 이 역설의 진리를 잘 소화하는 소화력이 있을 때 행복의 키가 부쩍 자라 있음을 보게 될 것이다.

— 국민일보 "불타는 명품 글"에서 —

◎ 여보(如寶)와 당신(當身)의 차이

여보는 같을 여(如) 자와 보배 보(寶) 자이며 보배와 같이 소중하고 귀중한 사람이라는 의미란다. 그리고 그것은 남자가 여자를 부를 때 하는 말이며 여자가 남자를 보고 부를 때는 그렇게 하지 않는다. 남자를 보배 같다고 한다면 이상하지 않겠는지 …… 그리고 당신(當身)이라는 말은 마땅할 당(當) 자와 몸 신(身) 자, 따로 떨어져 있는 것 같지만 바로 내 몸과 같다는 의미가 '당신'이란 의미이며 여자가 남자를 부를 때 하는 말이란다. 세월이 흘러 지금은 뒤죽박죽이 되었고 보배와 같이 생각하지도 않고 내 몸처럼 생각지도 않으면서 ……'여보'와 '당신'을 높이려고 하는 소린지 낮추려는 소린지도 모르는 채 쓰고 있다. 함부로 할 수 없는 소린데 함부로 한다. 그래서 신혼부부에게 그 소중한 의미를 새기면서 서로를 소중하게 여기면서 '여보'와 '당신'이란 말을 쓰자는 어느 주례사의 요지를 발췌해 봤다.

◎ 이기는 사람과 지는 사람

이기는 사람은 실수했을 때 '내가 잘못했다.'고 말하고 지는 사람은 실수했을 때 '너 때문에 이렇게 되었다.'고 말한다. 이기는 사람은 아랫사람뿐만 아니라 어린아이에게도 사과합니다. 지는 사람은 지혜 있는 사람에게도 고개 숙이지 않습니다. 이기는 사람은 열심히 일하지만 시간의 여유가 있습니다. 지는 사람은 게으르지만 늘 '바쁘다 바쁘다'며 허둥댑니다. 이기는 사람은 열심히 일하고, 열심히 놀고 열심히 쉽니다. 지는 사람은 허겁지겁 일하고 빈둥빈둥 놀고 흐지부지 쉽니다. 이기는 사람은 져도 두려워하지 않습니다. 지는 사람은 이기는 것도 은근히 염려합니다. 이기는 사람은 과정을 위해 살고, 지는 사람은 결과를 위해 삽니다. —『좋은 글』 중에서—

◎ 입술의 열매는

너만 알고 있어. 자네만 알고 있어. 다른 사람한텐 절대로 말하지 마. 우리나라 사람들의 특성이다. 비밀을 혼자 알고 있자니 가슴이 터질 것 같고 가장 친하고 신임이 있다고 생각하는 사람에게 또 신앙심이 깊다고 하는 사람에게는 그 비밀을 지켜 줄 거라고 믿고 말을 하는 한국 사람의 특성이다. 상대를 믿으면서도 어째 불안하다. 그 이야기가 들통이 날까 봐서. 비밀스러운 이야기를 전해들은 그 역시 가슴이 미어지는 듯한 답답함에 측근에게 너만 알고 있어야 돼! 그러면서 말하게 된다. 거기에다 자기 느낌까지 보태서 말이 꼬리를 잇다 보니 내용도 어마하게 변하고 커지게 된다. '자네만 알고 있게나!' 옛날엔 남성과 여성의 사랑얘기가 소문을 탔고 몇 십 년 전엔 관리가 친지에게 부동산개발정보를 '자네만 알고 있게나!' 식으로 퍼뜨렸다. 부정한 돈거래 한 자도 그것도 기술이라고 측근에게 그 기술을 '자네만 알고 있게나!'로 퍼뜨린다.

특히 교회 안도 마찬가지다. 문제가 안 되고 비밀이 안 된 것도 비밀을 만들어 이야기를 하는 사람이 있다. 혹여 다른 사람이 들을세라 수군수군 조용히 쑥덕거린다. 결국 그 문제가 그 말이 커져 교회를 떠나고 심지어는 괜히 죄 없는 목사님 탓을 한다. 목사님께서 인도를 잘못해서 그렇다는 것이다. 정확히 나중에 알고 보면 결국 문제도 아닌 것을 가지고 서로가 상처를 받고 또 하나님까지 원망하며 …… 내가 이래서 교회는 대로 안 다닌다. 차라리 내 주먹을 믿고 만다. 천주교, 불교로 마음을 이동하고 떠난다. 주여~ 얼마나 주님께서 마음이 아프시고 통곡하시며 애통해 하시겠어요 …… 사회의 돌아가는 생활이 이렇던가요? 교사 선생들의 촌지가 그래 왔고 업자와 관리의 부정 또한 그래 왔다. 연예인 스캔들이나 헛된 소문이 그랬다. '너만 알고 있어!'가 엄청난 파괴력으로 몰고 왔고 심지어는 가정까지도 파괴되고 그 사람의 장례까지도 막아 버리게 된다. 나아가서는 나라 문화까지도 오염되고 ……

누가 자신 속을 알랴!! 오직 하나님뿐일 것요!! 그래서 밤 말은 쥐가 듣고 낮말은 새가 듣는다는 속담이 생겼나? 오직 주님만 당신들의 마음을 통찰하나니 …… 주님은 당신 편입니다. 혹시 말 때문에 상처를 받으신 분 다시 힘내시고 오직 주님만 바라보세요. 주님이 곁에 계시고 친구가 되어 주실 걸요 …… "혀는 곧 불이요, 불의의 세계라 혀는 우리의 지체 중에서 온몸을 더럽히고 생의 바퀴를 불사르나니 …… ."(약)－3－6절－김주희－

◎ 좋은 말이 사람을 키웁니다

어떤 상황에서 누가 강한 불만을 토로하면 "이렇게 할 수 밖에 없는 속사정을 우린 잘 모르잖아요."라고 조심스레 대꾸해 보고 늘 자신을 비하하여 한탄하는 이들에겐 "걱정 마시고 힘을 내세요. 곧 좋아질 거예요."라고 위로의 표현을 해 본다. 싫다, 지겹다는 말을 자주 되풀이하면 실제로 지겨운 삶이 될 테니 우선 말이라도 그 반대의 표현을 골라서 연습하다 보면 그 좋은 말이 우리를 키워 주는 걸 경험하게 된다고 감히 경륜 쌓인 교사처럼 친지들에게 일러 주곤 한다. 누군가로부터 나의 잘못이나 허물을 지적받았을 때도 변명을 앞세우기보다는 일단 고맙다, 죄송하다는 말부터 먼저 하고 나면 마음이 자유롭고 떳떳해지는 승리감을 맛보게 된다는 이야기도 들려준다.

◎ 진정한 사랑은……

진정한 사랑은 이것저것 재지 않습니다. 그저 줄 뿐입니다. 아플 때까지 주십시오. 기도하면 믿게 될 것입니다. 믿으면 사랑하게 될 것입니다. 사랑하면 섬기게 될 것입니다. 나는 모든 인간에게서 신을 봅니다. 내가 나환자의 상처를 씻을 때 예수를 돌보는 느낌을 갖습니다. 어찌 아름다운 경험이 아니겠습니까?

어느 날 꿈에서 내가 천국의 문에 이르렀을 때 베드로는 내게 "지상으로 돌아가라 여기에는 빈민굴이 없다."고 말씀하셨습니다. 진실로 사랑하기를 원한다면 용서하는 법을 배워야 합니다.

작은 일들이란 정말 자잘한 것들이지요. 하지만 작은 일에 충실한다는 것은 위대한 일입니다. 우리는 사랑하고 사랑받기 위해 창조되었습니다. 실패했다고 마음 상해하지 마세요. 최선을 다했다면 말입니다. 우리는 가정을 고통을 나누고 서로 용서하는 곳으로 만들어야 합니다. 많이 가질수록 줄 수 있는 것은 적습니다. 가난은 놀라운 선물일 수 있습니다. 우리에게 자유를 줍니다. 가난한 사람들은 우리가 그들에게 주는 것 이상을 돌려줍니다. 그들은 강한 사람이며 음식이 없이 하루하루를 사는 사람들입니다. 그러나 그들은 결코 저주하고 불평하지 않습니다. 우리는 그들을 동정할 필요는 없습니다. 우리는 그들로부터 배울 것이 굉장히 많습니다.

— 테레사 수녀 —

◎ 친절한 거절

사람을 사귀는 데 있어서 난처한 경우 중 하나가 상대방의 부탁을 거절해야 할 때다. 뻔히 자신의 능력으로 안 되는 일인데도 '안 된다'고 말하지 못하는 것은 상대방에게 좋은 인상을 갖게 하고 싶다는 마음과 마음이 약해 거절할 수 있는 용기가 없기 때문이다. 그러나 그렇게까지 억지로 자신을 잘 보일 필요가 있을까? 어차피 할 수 없는 일은 못 하는 것이다. 일단 그것을 확실히 한 뒤 빨리 상대방의 오해를 풀어 가는 것이 '진정한 친절'인 것이다. 단번에 거절하는 것이 결코 부끄러운 일도, 체면이 손상되는 일도, 또한 상대방을 무시하는 것도 아니다. 오히려 받아 줄 수 없는 사정을 분명히 말하고 상대방의 오해를 풀어 주는 편이 상호간에 마음을 편히 가질 수 있어 좋다. 그것을 어떻게 받아들이느냐 하는 것은 상대방에 따라서 다르겠지만 친절한 배려를 가진 당신의 단호한 태도에 호감을 가지는 사람도 있을 것이다.

이 작은 용기에 덧붙여 의뢰자의 입장을 생각해 주는 배려가 있다면 더 바랄 것이 없다. 즉, 자신은 역부족이지만 '이 사람이라면 도움이 될지도 모른다.'는 식으로 당신의 인맥을 활용해 보는 것이다. 이런 거절이라면 당신의 성의까지 상대방에게 전달돼 충분히 납득할 수 있을 것이다.

학은 날마다 몸을 씻지 않아도 희고(鶴不日浴而白, 학불일욕이백)

까마귀는 날마다 검정 물을 들이지 않아도 검다(烏不日黔而黑, 오불일검이흑).

'장자 천운(莊子 天運)'에 보인다. 이는 공자가 노자를 만나 '인의(仁義)'에 대하여 말하자 노자가 공자의 하는 일이 헛되이 수고로울 뿐이라고 지적하면서 한 말이다.

우리는 거절을 하더라도 학과 까마귀를 분별할 줄 아는 사람이 되어 상대방을 이해하는 쪽으로 거절해야 신뢰의 바탕을 이룰 수가 있다. 이해에 대한 명언을 소개하면

- 천국에 들어간 인간은 생전에 정욕을 억제하거나 다스렸기 때문이 아니라 이해심을 길렀기 때문이다.(윌리엄 블레이크, 1757~1827, 영국 소설가)
- 이해가 안 되더라도 때로는 이해한 것처럼 행동하는 것이 좋다.(맬컴 포브스, 1919~1990, 미국 기업가)
- 이해하고 이해시키는 것이야말로 우리를 행복하게 만드는 것이다.(독일 속담)
- 사람들을 기쁘게 하고 싶다면 먼저 그들을 이해하도록 노력해라.(찰스리드, 1814~1884, 영국 극작가)

◎ 효과적인 의사전달을 위한 7가지 방법

직장이나 가정에서 생기는 대부분의 문제는 의사전달이 잘 안 되는 데서 시작된다. 아무리 최고의 아이디어 계획, 제안이라 할지라도 사람들에게 효과적으로 전달하지 못한다면 그것은 무용지물이다. 다음에 기술되는 7가지 기술은 사람들로 하여금 당신이 하는 말을 귀기울여 듣게 만들 것이다.

첫째, 적절한 시간을 선택하라: 타이밍은 첫 번째 비결이다. 당신이 이야기할 준비가 되어 있다고 해서 그들이 들을 준비가 된 것은 아니기 때문이다. 갑자기 폭탄을 터뜨리는 식의 발언은 삼가야 한다. "무론 무슨 일에든지 시기와 판단이 있으므로 사람에게 임하는 화가 심함이니라(전도서 제8장 6절)"

둘째, 당신이 전달할 것을 계획하라: 먼저 모든 가능성을 두고 생각하라. 대중 앞에서 발표한다면 특별히 서론 부분과 도움을 주는 예화를 잘 계획하라. 너무 자세한 것부터 시작하지는 말라. TV를 보면 먼 거리부터 중간 거리로 그 다음 클로즈업의 순서로 움직이는 것과 마찬가지다. "지혜로운 자의 마음은 그 입을 슬기롭게 하고 또 그 입술에 지식을 더하느니라(잠 제16장 23절)"

셋째, 듣는 사람의 필요에서 시작하라: 청취자는 항상 "내가 이것을 왜 들어야만 하지? 이것을 들으면 내게 유익이 되는 것은 무엇이지?"라는 질문을 한다. 만약 당신이 이 두 개의 질문에 대해 분명한 답을 가지고 있다면 당신은 청취자의 관심을 얻게 될 것이다. "무릇 더러운 말은 너희 입 밖에도 내지 말고 오직 덕을 세우는 데 소용되는 대로 선한 말을 하여 듣는 자들에게 은혜를 끼치게 하라(엡 제4장 29절)"

넷째, 먼저 들으라: 많은 사람들은 다른 사람이 말하는 것을 경청하기 이전에 가정하거나 추측함으로써 의사전달에 실패한다. 의지적으로 먼저 다른 사람의 입장에서 들으라. "내 사랑하는 형제들아 너희가 알거니와 사람마다 듣기는 속히 하고 말하기는 더디 하며 성내기도 더디 하라(야고보서 제1장 19절)"

다섯째, 긍정적으로 말하라: 좋지 않은 소식을 듣고 싶어 하는 사람은 아무도 없다. 현실적인 동시에 긍정적이 되도록 연습하라. 당신이 마찰을 일으키고 귀에 거슬리는 소리를 잘 한다면 결코 다른 사람을 설득할 수 없다. 나쁜 소식을 전하게 될 때는 인신공격이 되지 않도록 정직하게 사실에 입각해서 말하라. 그리고 재빨리 건설적인 형태를 취하라. "마음이 지혜로운 자가 명철하다 일컬음을 받고 입이 선한 자가 남의 학식을 더하게 하느니라(잠언 제16장 21절)"

여섯째, 결론을 명확히 하라: 당신이 말한 것을 요약하고 한 번 언급하라. 구체적으로 말하라. 당신이 결정 내린 것과 아닌 것을 명확히 해야 한다. "주 안에서 같은 마음을 품으라(빌립보서 제4장 2절)"

일곱째, 격려하는 말로 마무리를 지으라: 마지막 마무리는 매우 중요하다. 설령 토론하는 가운데 흥분하고 서로 비판을 계속 했을지라도 좋은 말로 이야기를 끝내도록 하라. "미련한 자는 자기 행위를 바른 줄로 여기나 지혜로운 자는 권고를 듣느니라(잠언 제12장 15절)"

—릭 워렌(Rick warron): 새들벽교회의 성공하는 현대인을 위한 편지 중에서—

◎ 행복과 불행

고난 속에서도 희망을 가진 사람은 행복의 주인공이 되고 희망을 품지 못하는 사람은 비극의 주인공이 된다. 하루를 좋은 날로 만들려는 사람은 행복의 주인공이 되고 '나중에'라고 미루며 시간을 놓치는 사람은 불행의 하수인이 된다. 힘들 때 손 잡아 주는 친구가 있다면 당신은 이미 행복의 당선자이고 그런 친구가 없다고 생각하는 사람은 이미 행복의 낙선자이다. 미래를 위해 저축할 줄 아는 사람은 행복의 주주가 되고 당장 쓰기에 바쁜 사람은 불행의 주주가 된다. 불행 다음에 행복이 온다는 것을 아는 사람은 행복 표를 예약한 사람이고 불행은 끝이 없다고 생각하는 사람은 불행의 번호표를 들고 있는 사람이다. 좋은 취미를 가지면 삶이 즐겁지만 나쁜 취미를 가지면 늘 불행의 불씨를 안고 살게 된다.

◎ 행복한 부부의 말씨

우리가 흔히 하는 말 가운데 "말이면 다 말인 줄 아느냐?"는 말이 있다. 말이라고 모두 말이 아니라 경우에 합당한 말을 해야 기쁨이 되고 소망이 되고 은혜가 된다는 것이다. 아름다운 말로 해야 진리도 빛나는 것이다. 사실 언어는 필요하기는 하지만 인간관계를 메마르게 할 때가 많다.

그러나 감정 언어는 좋은 감정을 표현하는 말이고 사람의 마음을 기쁘게 하고 생기가 나게 하는 말이다. 그렇다고 감정 언어만을 사용하라는 말은 아니다. 사실 언어가 필요할 때도 있다. 그러나 사실 언어보다는 감정 언어를 많이 쓰는 사람이 성공을 만들고 행복을 누릴 수가 있는 것이다.

서구 사회는 감정 언어가 도처에 널려 있다. 사람을 만날 때마다 듣는 첫 소리가 바로 감정 언어이다. 'Hi!' 'Thank you!' 'Sorry!' 'OK!' 'Very good!' 한 번도 본 적이 없는 사람을 만나도 '하이!' 조금만 실수해도 '쏘리!'라고 한다. 물건을 사지 않고 나와도 점원은 '땡큐!'라고 말한다. 그러나 우리나라는 이런 감정 언어가 발달하지 못했다. 처음 만나는 사람끼리 인사는커녕 눈치를 살피고 멀뚱멀뚱 훑어본다. 길을 가다 부딪쳐도 아무 말도 안하기 일쑤다. 오히려 서로 못마땅한 눈으로 쳐다보기도 한다.

아내에게 평생 사랑한다는 말 한 마디 못 하는 게 한국 남자들이라 한다. '수고했습니다' '감사합니다' '미안합니다' '멋있습니다' '잘했습니다' '최곱니다' 이런 말들이 감정 언어이다. 그러나 우리는 자라면서 이런 말을 많이 듣지 못하고 살아왔다. 그래서 우리는 내면의 정은 많으나 딱딱하고 비판적일 때가 많다. 그런데 감정 언어를 많이 듣고 살면 사람의 마음이 부드러워지고, 긍정적이고 관용적이며 따뜻한 사람이 된다. 감정 언어가 바른 부부관계를 세운다고 한다. 인간관계를 아름답게 하기 위해서는 언어가 중요하다.

미국 가톨릭대학의 클리프 노타리우스 교수의 연구에 의하면 백년해로한 부부나 파경을 맞은 부부나 부부싸움을 하는 것은 별 차이가 없었다고 한다. 다만 서로 주고받는 언어에 현격한 차이가 있다는 것이다. 행복한 부부는 감정 언어를 많이 구사하는 반면 실패한 부부는 100마디 중 10마디가 마음을 아프게 하는 언어를 구사했다는 것이다.

미국 시카고 가정 법원의 조지 사바스 판사는 가정 법원 판사로 이혼을 청구한 많은 가정을 화해시키기로 유명한 사람인데 그의 사례에 의하면 가정의 파경은 아주 작은 일에서 시작된다고 한다. 그는 남편이 직장에 나갈 때 문밖에서 '잘 다녀오세요' 하고 인사를 나누고 또 돌아와서도 '잘 다녀오셨어요?' 하고 맞이하며 부부간에 다정한 말 한 마디를 하루에 몇 번만 나눈다면 가정불화는 사라질 것이라고 충고하고 있다.

◎ 힘이 들수록 웃고 삽시다

이 땅에 존재하는 모든 만물 중에 사람만 웃고 살아간다. 웃음은 곧 행복을 표현하는 방법이다. 요즘 사람들은 웃음이 부족하다고 한다. 그러나 좀더 넉넉한 마음을 가지고 힘차게 웃을 수 있다면 모든 일에도 능률이 오는 것이다. 유쾌한 웃음은 어느 나라를 막론하고 건강과 행복의 상징이라고 한다. 여섯 살 난 어린아이는 하루에 삼백 번 웃고 정상적인 성인은 하루에 겨우 일곱 번 웃는다고 한다. 이것은 체면을 차리려고 하기 때문이다. 유쾌한 웃음은 우리를 행복하게 만든다. 웃음은 좋은 화장이다. 웃음보다 우리의 얼굴 모습을 밝게 해 주는 화장품은 없다. 그리고 웃음은 생리적으로도 피를 잘 순환시켜 주니 소화도 잘되고 혈액순환도 물론 잘된다. 우리의 삶은 짧고도 짧다. 웃을 수 있는 여유가 있는 사람이 행복한 사람이다. 남에게 웃음을 주는 사람은 자신은 물론 남도 행복하게 해 주는 사람이다. 신나게 웃을 수 있는 일들이 많이 있으면 더욱 좋은 것이다. 하지만 스스로 만들어 가는 것이 중요하다.

—『좋은 글』 중에서 —

◎ 할 말을 당신이 선택하라

가장 중요하면서도 간과하는 성경적인 인격의 자질은 '절제'다. 말로 인한 너무나 많은 문제들은 절제하지 못하는 것과 연관된다. 절제는 성령의 열매다. 우리는 죄 된 본성의 욕심에 따라 이끌려 살아서는 안 된다. 그리고 절제의 삶은 분명 우리의 말에도 적용된다. 우리 안에 거하시는 성령의 사역 속에서 믿음의 행동으로 진리와 사랑의 말을 하기로 결심하고 신중하게 말하는 것도 작정해야 한다. 그러한 말들은 성령께서 우리에게 주시는 절제의 은혜로부터 나오는 것이다.

- 신중한 말은 정직하게 말하는 것이다.
- 신중한 말은 분노에 의해 지배되지 않는다.

—도서출판 디모데,
『영혼을 살리는 말 영혼을 죽이는 말』 중에서—

◎ 화를 다스리는 좋은 방법

'화'는 빨리 풀어야 하지만 제법 오래갈 때가 있다. 내가 아는 어떤 분은 화가 나면 몸에 안 좋다는 생각을 하면서 얼른 화를 풀어 버린다고 한다. 화가 나면 '아드레날린'이란 스트레스 호르몬이 분비되어 우리 몸을 상하게 하니 얼른 좋은 생각을 해서 '엔돌핀'을 만들어내 아드레날린을 격퇴시킨다는 것이다. 마음의 아픔이 몸의 아픔이 되는 것을 내 의지로 막겠다는 뜻이다. 사람은 강해 보이지만 실제 무척 약한 존재이다. 마음이 아프면 몸이 아프고 몸이 아프면 마음이 따라서 아플 만큼 약하다. 하지만 지혜로운 사람은 다스릴 줄 안다. 화가 나고 슬프고, 외롭고 우울할 때 그 감정이 오래가게 하지 않는다. 빨리 좋은 생각을 한다. 용서하고 이해하고 기뻐하고 즐거워하고 사랑한다.

—『행복한 등행』—

◎ 화내기 전에 생각해야 할 10가지

"아 더우니까 더 열받네!" 더운데 화까지 나면 방법이 없다. 그렇다면 유난히 화를 잘 내는 사람들이 따로 있을까? 전문가들은 '훈련하기 나름'이라고 말한다. 화내지 않는 훈련을 하다 보면 같은 상황이 와도 화가 거의 나지 않는다는 것. '불쾌지수'를 핑계로 짜증내기 쉬운 여름, 심리학자들이 말하는 '화났을 때 화 안 내는 법'을 연습해 보자. 너무 좋은 글이기에 옮겨 본다.

- '…… 해야만 한다'는 생각을 버린다.
  화가 났을 때 '이건 있을 수 없는 일이야' '그 사람이 나에게 최소한 이렇게 했어야만 해' 같은 비합리적인 생각을 하고 있진 않는지 점검한다. 세상에 '있을 수 없는 일'이란 없고 '…… 해야만 하는 사람'도 없다. '내가 삼촌뻘인데' '내가 그동안 부장님께 어떻게 했는데' 같은 생각도 자신의 기준일 뿐이다.

- 극단적인 표현을 삼간다.
  '저 사람과는 끝이야!' '열받아 미치겠어' 대신 '기분이 좋지 않다'고 말하자. 표현에 따라 기분도 바뀐다.

- '나 같으면 절대 ……'라는 가정은 하지 않는다.
  엄밀히 말해 그 사람이 '나같이' 행동해야 한다는 근거는 없다. 그 사람 입장에선 또 다른 사정이 있을 수 있다.

- 가끔은 성악설을 믿는 것도 도움이 된다.
  인간은 누구나 불완전하다. 사람들이 가끔 부당해 보이는 게 당연하다고 받아들이자. '난 이런 것 못 참아'라고 생각해 봤자 스트레스만 커진다.

• 사람과 행동을 구별한다.
특정 행동 비판이 아니라 행위자 자체를 '용서할 수 없는 나쁜 사람'으로 규정함으로써 자신의 분노(또는 욕설과 폭력행사)를 정당화하려는 경향을 주의한다.

• 오늘 낼 화를 내일로 미룬다.
흥분 상태에선 실수를 하기 쉽다. 당장 화내고 싶어도 일단 미뤄둔다. 차분한 상태로 대응하는 게 언제나 더 이롭다.

• 화를 내는 게 어떤 효용이 있는지 생각한다.
대부분의 경우 분노의 표출은 인간관계와 상황을 악화시킬 뿐이다. 화를 내 봤자 얻는 게 없다고 생각되면 즉각 단념한다.

• 제3자에게 화풀이하지 않는다.
화가 났을 때는 괜히 타인에게 화풀이함으로써 갈등을 2배로 키우기 쉽다. '난 화가 났으니까 이래도 된다'고 생각하는 순간 외톨이가 된다.

• 좋았던 기억을 떠올린다.
어떤 사람에게 화가 났을 때 그 사람과 즐거웠던 추억을 떠올리고 그 기억에 몰두함으로써 나쁜 기억을 몰아내려고 노력한다.

• 남의 일처럼 생각한다.
내가 주인공인 드라마를 보는 기분으로 한발 떨어져 생각하면 비극적인 상황도 낭만적이거나 코믹하게 느껴진다.

― 조선일보 2006년 8월 2일자 ―

V. 성경에서 지적된 식물(食物)과 질병

◎ 하나님을 믿고 기도하는 자세(플라세보 효과)

하나님께서는 사람을 정직하게 지으시고 그 마음속에 평화와 행복과 건강을 주셨는데 사람들이 많은 꾀를 내어 자기 힘으로 자기 혼자서 건강하고 장수해 보려고 애를 쓰고 있음이 안타깝다. 전도서 제7장 29절에 "나의 깨달은 것이 이것이라. 곧 하나님이 사람을 정직하게 지으셨으나 사람은 많은 꾀를 낸 것이니라"고 말씀하셨는데 깨닫지 못하고 있다. 하나님께서 정직하게 지어 주신 대로 하나님의 사랑속에서 하나님의 말씀과 하나님의 명령을 지키면서 하나님의 무한하신 능력을 마음으로부터 믿고 살아간다면 어려운 병이나 괴로운 병을 예방할 수도 있고 행복하게 살아갈 수 있는 열쇠가 될 수 있음을 알아야 한다. 이렇게 믿고 안심할 때 스트레스가 해소되면서 몸의 호르몬 계통이 다시 조화를 가질 수 있어서 자연치유력을 발휘할 수 있다. 국제적으로 알려진 미국의 정신과 의사 윌리엄 글래서 박사는 그의 저서 『마음의 상태』에서 "사람이 기도 같은 명상을 통하여 자기 정신을 집중시키면 자기 뇌에서 엔케팔린 또는 아편의 모르핀이라는 진통제와 비슷한 물질인 엔도르핀이 분비되어 병을 자연치유할 수 있다."고 했다. 그는 사람이 믿는다는 것이 얼마나 중요한가를 다음과 같이 말했다. "사람이 약을 믿으면 우리들의 뇌 활동이 잘되어 병을 효율적으로 치료할 수 있다. 이것을 플라세보 효과라 하는데 기도나 동양인의 명상 같은 것도 일종의 플라세보 효과이다."

이렇게 믿고 기도할 때 우리는 무조건 믿음의 기적을 바라지 말고 내 기도를 들어주실 줄 믿는 마음이 제일 중요하다. 믿음이 너무나 중요하고 필요하므로 예수님께서 이적을 행하시면서 병자를 고쳐 주실 때에도 꼭 믿음이 있어야만 한다고 반드시 그때마다 다음과 같이 말씀하셨다. "예수께서 대답하여 가라사대 내가 진실로 너희에게 이르노니 만일 너희가 믿음이 있고 의심치 아니하면 이 무화과나무에게 된 이런 일만 할 뿐만 아니라 이 산더러 들러 바다에 던지우라 하여도 될 것이요 너희가 기도할 때에 무엇이든지 믿고 구하는 것은 다 받으리라 하시니라(마 21: 21, 22)" "주께서 가라사대 너희에게 겨자씨 한 알만한 믿음이 있었더면 이 뽕나무더러 뿌리가 뽑혀 바다에 심기우라 하였을 것이요 그것이 너희에게 순종하였으리라(눅 17: 6)"

참으로 우리가 믿음을 가지고 어려운 일을 해결 바란다면 예수님의 말씀대로 무엇이든지 믿고 구하면 모두 다 받을 수가 있다고 하신 말씀을 믿어야 한다. 예수님은 다시 말씀하시기를 믿는 자에게는 능치 못할 일이 없다고 하셨다. "예수께서 이르시되 할 수 있거든이 무슨 말이냐 믿는 자에게는 능치 못할 일이 없느니라 하시니(막 9: 23)"

그런데 우리들 주변에 이런 일도 있다. 아무리 하나님께 기도를 드려도 하나님께서 들어주시지 않으므로 소용이 없다고 비관하고 실망하는 사람이 너무나 많이 있다는 것이다. 그러한 사람을 위하여 성서는 이렇게 말씀을 기록하고 있다.

"여호와의 손이 짧아 구원치 못하심도 아니요 귀가 둔하여 듣지 못하심도 아니라 오직 너희 죄악이 너희와 너희 하나님 사이를 내었고 너희 죄가 그 얼굴을 가리워서 너희를 듣지 않으시게 함이니 이는 너희 손이 피에, 너희 손가락이 죄악에 더러웠으며 너희 입술은 거짓을 말하며 너희 혀는 악독을 말함이라(사 59: 1~3)"

그러므로 우리의 기도가 하나님께 상달되지 않고 어려운 일을 당하였을 때는 하나님을 원망하지 말고 나 자신을 먼저 반성해 보는 것이 옳다.

믿음은 영(靈)에 속한 것이지 육(肉)에 속한 것은 아니나 사람들이 구하고자 하는 것은 육에 속한 것이다. 그러나 모든 육은 영에 의해 인도되고 있다. 서양 속담에 "건전한 정신에 건전한 건강이 있다."고 했다. 믿음을 가지고 기도할 때에 기쁨과 희망이 생길 것이며 "사람이 떡으로만 살 것이 아니요 하나님 입으로 나오는 모든 말씀으로 살 것이라(마 4: 4)"는 이 말씀을 명심하는 사람 모두에게 평안과 기쁨과 건강을 주는 축복이 있을 것이다.

◎ 주님의 능력

이스라엘 백성들이 광야 40년 동안 어떻게 살았습니까?

무서운 대적들이 쳐들어올 때 호위하시고 보호하시고 눈동자같이 지켜 주셨으며, 능력의 손으로 그 대적을 물리쳐 주셨습니다. 그 백성들이 발이 아파 걷지 못할 때 하나님께서는 이스라엘 백성들을 등에 업으시고 광야를 지나셨습니다. 오늘날 우리가 이 광야 같은 인생길에서 지쳐 쓰러져 감당할 수 없는 불안과 공포 속에 있을 때가 많이 있습니다. 그럴 때마다 하나님은 그 크신 능력의 손으로 우리를 일으켜 주시고 품안에 품어 주십니다. 우리는 연약하기 때문에 넘어지기도 하고 병들기도 합니다. 실패와 좌절 속에서 방황하기도 합니다. 그러나 실망하지 마십시오. 우리가 병들었을 때 주님은 능력의 손으로 고쳐 주십니다. 그리고 넘어졌을 때 일으켜 세워 주십니다. 위험에 빠졌을 때 그곳에서 우리를 건져내 주십니다. 그리고 피곤해 지쳐 있을 때 어루만져 주십니다. 그리고 힘을 주십니다.

◎ 식물(食物)에 대한 성경적 의의

창세기에서 하나님은 인간을 만드신 후 인간에 대하여 그 책임을 명시하였고, 그 후 음식물에 대한 선고를 내리셨다. 이 식품을 먹는다는 것은 '목적'이 아니고 인간이 살아서 신의 창조의 질서에 참여하기 위한 '수단'에 지나지 않는다는 것이 먹는 것의 성경적 의의이다.

하나님이 허락하시지 않으면 인간은 음식물을 먹을 수 없다. 그 교훈은 창세기 제2장 15절에서 17절까지의 말씀으로 "여호와 하나님이 그 사람을 이끌어 에덴동산에 두사 그것을 다스리며 지키게 하시고 여호와 하나님이 그 사람에게 명하여 가라사대 동산 각종 나무의 실과는 네가 임의로 먹되 선악을 알게 하는 나무의 실과는 먹지 말라. 네가 먹는 날에는 정녕 죽으리라 하시니라"고 하셨다. 특히 병자는 자유롭게 음식물을 먹을 수 없는 사람으로 식욕도 생기지 않고 먹으려고 해도 먹을 수 없는 상태가 되어 버린 채찍을 맞게 된 사람이다. 그것이 하나님의 허가와 명령을 거부한 선물이라는 것을 마음속 깊이 새기고 하나님의 계명과 명령에 순종하는 삶을 가질 때 건강을 유지할 수 있다는 것이다.

"죄의 대가는 사망이다." 잘못된 방법으로 먹는 사람은 성경에 나타난 바와 같이 반드시 다병단명(多病短命)의 운명을 면할 수 없다.

그러므로 성경에서는 먹는다는 것을 인간의 자의로운 사욕(私慾)의 행위로 간주하지 않고 하나님이 허가하고 명령하며 통제하는 일, 즉 대단히 중대한 일로 취급하여 만약 그것에 복종하지 않는 자를 엄중히 처벌하라고 로마서 제14장 6절에서 7절에 "날[日]을 중히 여기는 자도 주를 위하여 중히 여기고 먹는 자도 주를 위하여 먹으니 이는 하나님께 감사함이요, 먹지 않는 자도 주를 위하여 먹지 아니하며 하나님께 감사하느니라. 우리 중에 누구든지 자기를 위하여 사는 자가 없고 자기를 위하여 죽는 자도 없도다"라고 말씀하시고 있다. 이와 같이 음식에 관한 기사는 놀랍게도 성경 전체에서 10%를 넘고 있음을 볼 때 곧 먹는다는 것은 성경의 가르침에 대한 종교행사라고 말하고 싶을 정도이다. 또한 식품의 역사를 성경은 이렇게 제시해 주고 있다. 하나님께서는 아담과 하와가 에덴동산에서 먹고 살 수 있는 식물(食物)을 창세기 제1장 29절에서 "하나님이 가라사대 내가 온 지면의 씨 맺는 모든 채소와 씨 가진 열매 맺는 모든 나무를 너희에게 주노니 너희 식물이 되리라"고 올바르게 지시해 주셨다. 그 후 아담과 하와가 하나님의 명령을 거역하여 선악을 알게 하는 나무의 실과를 따먹고 죄를 범한 까닭에 하나님께서 에덴동산 밖으로 쫓아내시고 이 세상에서 무엇을 먹고 살 것인가를 창세기 제3장 17절에서 19절까지 "아담에게 이르시되 네가 네 아내의 말을 듣고 내가 너더러 먹지 말라 한 나무 실과를 먹었은즉 땅은 너로 인하여 저주를 받고 너는 종신토록 수고하여야 그 소산을 먹으리라 땅이 네게 가시덤불과 엉겅퀴를 낼 것이라 너의 먹을 것은 밭의 채소인즉 네가 얼굴에 땀이 흘러야 식물을 먹고 필경은 흙으로 돌아가리니 그 속에서 네가 취함을 입었었음이라 너는 흙이니 흙으로 돌아 갈 것이니라 하시니라"고 지시해 주셨다. 마지막으로 하나님께서 이 세상을 홍수로 멸하신 다음 살아남은 노아의 식구들에게 먹고 살 수 있는 '식사'를 세 번째로 창세기 제9장 3절에서 7절까지 "무릇 산 동물은 너희의 식물이 될지라 채소같이 내가 이것을 다 너희에게 주노라 그러나 고기를 그 생명 되는 피째 먹지 말 것이니라 내가 반드시 너희 피 곧 너희 생명의 피를 찾으리니 짐승이면 그 짐승에게서, 사람이나 사람의 형제면 그에게서 그의 생명을 찾으리라 무릇 사람의 피를 흘리면 사람이 그 피를 흘릴 것이니 이는 하나님이 자기 형상대로 사람을 지었음이니라 너희는 생육하고 번성하며 땅에 편만하여 그중에서 번성하라 하셨더라"고 지시했다.

◎ 식품의 역사

인류가 태초부터 무엇을 먹고 살아왔느냐 하는 '식품의 역사'를 성경은 우리들에게 명확하게 제시해 주고 있다. 창세기를 보면 하나님께서 아담과 하와가 에덴동산에서 먹고 살 수 있는 식물(食物)을 올바르게 지시해 주었다.

"하나님이 가라사대 내가 온 지면의 씨 맺는 모든 채소와 씨 가진 열매 맺는 모든 나무를 너희에게 주노니 너희 식물이 되리라(창 1: 29)"

그 후 아담과 하와가 하나님의 명령을 거역하여 선악을 알게 하는 나무의 실과를 따먹고 죄를 범한 까닭에 하나님께서 에덴동산 밖으로 쫓아내시고 이 세상에서 무엇을 먹고 살 것인가 지시해 주셨다.

"아담에게 이르시되 네가 네 아내의 말을 듣고 내가 나더러 먹지 말라 한 나무 실과를 먹었은즉 땅은 너로 인하여 저주를 받고 너는 종신토록 수고하여야 그 소산을 먹으리라 땅이 네게 가시덤불과 엉겅퀴를 낼 것이라 너의 먹을 것은 밭의 채소인즉 네가 얼굴에 땀이 흘러야 식물을 먹고 필경은 흙으로 돌아가리니 그 속에서 네가 취함을 입었음이라 너는 흙이니 흙으로 돌아갈 것이니라 하시니라(창 3:

17～19)"

마지막으로 하나님께서 이 세상을 홍수로 멸하신 다음 살아남은 노아의 식구들에게 먹고 살 수 있는 식사를 세 번째로 지시했다.

"무릇 산 동물은 너희의 식물이 될지라 채소같이 내가 이것을 다 너희에게 주노라 그러나 고기를 그 생명 되는 피째 먹지 말 것이니라 내가 반드시 너희 피 곧 너희 피 곧 생명의 피를 찾으리니 짐승이면 그 짐승에게서, 사람이나 사람의 형제면 그에게서 그의 생명을 찾으리라 무릇 사람의 피를 흘리면 사람이 그 피를 흘릴 것이니 이는 하나님이 자기 형상대로 사람을 지었음이니라 너희는 생육하고 번성하며 땅에 편만하여 그중에서 번성하라 하셨더라(창 9: 3～7)"

이것이 인류의 식품에 관한 역사적 변천 사실이며 이렇게 하여 인류는 오늘날까지 살아왔다.

◎ 먹는 것에 대한 하나님의 조건

먹는 것이 단순히 아무거나 다 먹어도 관계없다고 하신 말씀이 아니라는 것을 다음 성구에 기록되어 있다. 로마서 제14장 2～14절에 "어떤 사람은 모든 것을 먹을 만한 믿음이 있고 연약한 자는 채소를 먹느니라 먹는 자는 먹지 않는 자를 업신여기지 말고 먹지 못하는 자는 먹는 자를 판단하지 말라 이는 하나님이 저를 받으셨음이니라 (중략) 날을 중히 여기는 자도 주를 위하여 중히 여기고 먹는 자도 주를 위하여 먹으니 이는 하나님께 감사함이요 먹지 않는 자도 주를 위하여 먹지 아니하며 하나님께 감사하느니라 우리 중에 누구든지 자기를 위하여 사는 자가 없고 자기를 위하여 죽는 자도 없도다 우리가 살아도 주를 위하여 살고 죽어도 주를 위하여 죽나니(중략) 내가 주 예수 안에서 알고 확신하는 것은 무엇이든지 스스로 속된 것이 없으되 다만 속되게 여기는 그 사람에게는 속되니라(중략) 식물(食物)로 인하여 하나님의 사업이 무너지게 말라 만물이 다 정하되 거리낌으로 먹는 사람에게는 악하니라"고 하였으며 로마서 제14장 20~23절 말씀으로 "식물을 인하여 하나님의 사업을 무너지게 말라 만물이 다 정하되 거리낌으로 먹는 사람에게는 악하니라 고기도 먹지 아니하고 포도주도 마시지 아니하고 무엇이든지 네 형제로 거리끼게 하는 일을 아니함이 아름다우니라(중략) 의심하고 먹는 자는 정죄되었나니 이는 믿음으로 좇아 하지 아니한 연고라 믿음으로 좇아 하지 아니하는 모든 것이 죄니라"고 기록되어 신앙 양심에 따라 하나님이 원하시는 뜻을 실천하는 생활이 우리에게 요구된다는 것을 교훈하고 있다. 또 고린도전서 제10장 27~31절 말씀으로 "불신자 중 누가 너희를 청하매 너희가 가고자 하거든 너희 앞에 무엇이든지 차려 놓은 것은 양심을 위하여 묻지 말고 먹어라 누가 너희에게 이것이 재물이라 말하거든 알게 한 자 및 양심을 위하여 먹지 말라 만일 내가 감사함으로 참예하면 어찌하여 내가 감사하다 하는 것에 대하여 비방을 받으리요 그런즉 너희가 먹든지 마시든지 무엇을 하든지 다 하나님의 영광을 위하여 하라"고 하셨으며 디모데 전서 제4장 3~4절 말씀에는 "혼인을 금하고 식물을 폐하라 할 터이니 식물은 하나님이 지으신 바니 믿는 자들과 진리를 아는 자들이 감사함으로 받을 것이니라 하나님의 지으신 모든 것이 선하매 감사함으로 받으면 버릴 것이 없나니"라고 하셨는데 하나님께서는 이 세상 만물을 창조하실 때에 그 모든 것을 '좋게', '선하게' 창조하셨기 때문에 하나님의 뜻에 합당하게 사용하고 모든 것을 감사함으로 받아들이면 하나도 버릴 것이 없을 것이라고 말씀하신 것이다. 그러므로 우리가 육체의 무가치성이나 음식물의 제한 규정 등의 그릇된 교훈에 미혹되지 않고 하나님의 창조 계획에 합치된 삶(자유로운 삶)을 살기 위해서는 무엇을 먹어도 좋으나 거기에는 중대한 조건이 붙어 있음을 알 수 있다.

① 레위기 제7장 26, 27절에, 레위기 제17장 10, 11절에 명시된 말씀에서 동물의 피를 마셔서는 안 된다는 말은 잔악성을 지적하고 생명의 경시와 관계된다고 하는 배려에서 나온 것 같다. 원래 피는 칼슘이 풍부하고 영양성분이 풍부한데도 불구하고 하나님이 금지시킨 것은 "피는 생명이다."라는 말씀과 같이 짐승의 생피를 마시는 사람은 신체뿐만 아니라 마음까지도 야수성을 띠게 되기 때문에 하나님께서는 인격을 가진 인간이 이와 같은 상태가 되지 않도록 하기 위해 이 말을 지키지 않는 사람은 자신의 생명을 잃을 것이라고 교훈하신 것이다. ② 출애굽기 제12장 8~9절에 고기는 불로 태워야지 날것으로 먹거나 물로 끓여서는 안 된다는 말은 하나님이 먹는 것을 엄금한 동물성 지방이 불에 타서 없어지도록 배려한 것 아닌가 생각된다.

◎ 식물(食物)의 질(質)에 대하여

완전무결하신 하나님께서 주신 풀이나 나무 열매는 완전무결하기 때문에 인공적인 조작을 가하지 않고 먹어도 그것으로 충분하며 그것이 최선이라고 말할 수 있도록 성경은 교훈하고 계신다. "내가 이 책의 예언의 말씀을 듣는 각인에게 증거하노니 만일 누구든지 이것들 외에 더하면 하나님이 이 책에 기록된 재앙들을 그에게 더하실 터이요, 만일 누구든지 이 책의 예언의 말씀에서 제하여 버리면 하나님이 이 책에 기록된 생명나무와 거룩한 성(聖)에 참여함을 제하여 버리시리라(요한계시록 22: 18~19)"라고 가르치고 있으며 하나님의 말씀에 사람의 계획을 가해서는 안 될 뿐만 아니라 하나님의 말씀을 배반하는 자는 엄벌에 처한다고 명시하고 있다. 따라서 하나님께서 주신 풀이나 과수로부터 열매를 따서 먹으면 그것이 최고인 것이다. 따라서 인류에게 주시고자 준비하여 주신 선물, 즉 건강하게 장수하여 평안과 감사의 인생을 남김없이 소유할 수 있게 되기를 바라고 계시지만 인간들은 하나님 명령을 어기고 결과적으로 돌이킬 수 없는 죄를 범하고 있기 때문에 "무릇 자기의 목숨을 보존하고자 하는 자는 잃을 것이요 잃는 자는 살리라(눅 17: 33)"라고 강조하고 계신다. 누구든지 생명을 잃는 것을 싫어한다. 자신이 스스로 생명을 잃는 사람은 생명을 유지할 수 있다고 가르쳐 주어도 그것이 그다지 쉬운 일이 아니기 때문에 죽어 버린다고 하면 그것은 정말로 격렬한 마음의 싸움의 연속인 것이다.

하나님 말씀에 순종하여 먹는다는 것은 가공하지 않고 그대로 먹는다는 것을 의미한다. 그리고 자연의 상태를 파괴하지 않는다는 것을 의미한다. 그러나 최근에는 가공식품과 합성식품에 대하여 여러 가지 말썽이 생겨남에 따라 무가공식품, 즉 자연식품이 인기를 끌자 우후죽순으로 범람하게 많이 나오게 되었다. 그러나 대부분이 자연식품은 그것이 살아 있는 상태이든가 적어도 살아 있을 때의 형상을 구비하고 있어야 하는데 그렇지를 못하기 때문에 자연식품이라는 이름의 가공식품이라는 것을 알 수 있다. 자연식품을 얻으려면 자연의 산이나 들 또는 강이나 바다에서 구하는 것이 최선의 방법이고 그곳에서는 산의 행복, 물의 행복이 약동하는 자활의 활력소를 가지고 있다. 그것은 태양의 혜택과 흙, 물의 자비로움을 듬뿍 받은 생명력이 충만된 것뿐이다.

하나님이 먹는 것을 허락해 주신 식물(食物)은 전부 살아 있는 것이기 때문에 살아 있는 그대로의 것, 즉 생명력이 있는 것을 먹어야 한다는 것이다. 원래 식물(食物)이라고 하는 것은 하나님이 우리들에게 부여하신 생명을 양육하는 것이다. 따라서 생명이 없는 것으로부터는 생명을 얻을 수 없다. 요가에서는 "살고 싶으면 산 것을 먹고 부패하고 싶으면 부패한 것을 먹으라. 죽고 싶으면 죽은 것을 먹으라."고 가르치고 있다. 단순명쾌한 말이다.

◎ 음식물에 관한 기독교의 견해

구약성경에는 음식물과 관련된 각종 규제 사항이 언급되어 있다. 고기를 그 피와 함께 먹는 것은 모세의 율법(레 19: 26, 신 12: 16, 신 23: 25, 신 15: 23)에 의해서뿐만 아니라 노아에 대한 하나님의 명령(창 9: 4)에 의해서 금지되었으며 신약 시대에 들어와서도 예루살렘 공의회에서 금지 사항으로 결정되었다(행 15: 20, 29). 그리고 부분적으로나마 이스라엘 족장 시대부터 나타났던 정결한 짐승과 부정한 짐승에 관한 규례(창 7: 2, 8)는 모세 시대에 와서 아주 세세하게 율법으로 규정되었다(레 11장, 신 14: 3~20). 그러기에 이스라엘인들은 천재지변이나 전쟁 등으로 인하여 양식이 핍절한 때(겔 4: 9~17, 호 9: 3) 외에는 이 같은 규례를 철저히 준수하였다.

그런데 이상과 같은 규례에 대하여 오늘날 우리 기독교인들은 다음과 같은 의문을 제기할 수 있다. 오늘날에도 그러한 규례를 지켜 부정한 짐승 및 짐승의 피를 먹어서는 안 되는가? 이제 이에 대한 답을 성경에서 찾아보면

구약의 율법을 완전케 하려 이 세상에 오신 예수 그리스도(마 5: 17)께서는 친히 모든 음식물을 깨끗다 선언함으로써 음식물에 관한 율법적 금지 규례들을 파하셨다(막 7: 19). 이유는 '이런 것은 먹고 마시는 것과 여러 가지 씻는 것과 함께 육체의 예법만 되어 개혁할

때까지 맡겨둔 것(히9: 10)'에 지나지 않았기 때문이다. 그러므로 오늘날의 우리들은 더 이상 음식물을 취하는 것에 대하여 제한을 받지 않는다고 분명히 말할 수 있다. 이 점은 사도 베드로가 보았던 부정한 짐승의 환상(행 10: 9~16)에 의해서도 간접적으로 시사되고 있는 바이다. 그러기에 성경에는 다음과 같은 교훈이 나와 있다. "하나님의 지으신 모든 것이 선하매 감사함으로 받으면 버릴 것이 없나니(딤전 4: 4)" "마음은 은혜로써 굳게 함이 아름답고 식물로써 할 것이 아니니 식물로 말미암아 행한 자는 유익을 얻지 못하였느니라(히 13: 9)" 그런데 이상과 같은 사실에도 불구하고 우리는 다음과 같은 점을 유념해야 할 것이다. 첫째, 예루살렘 공의회에서조차 피를 멀리하라고 금한 근본 의미는 생명의 근원이 피에 있는 만큼 짐승이든 사람이든 간에 그 생명을 귀히 여기라는 데 있다(레 17: 11). 둘째, 음식물을 먹되 부정하다고 여기면서 먹거나 자신이 음식물을 먹는 것으로 인하여 믿음이 연약한 형제가 시험에 들게 되는 일은 배제하여야 할 것이다(레 13: 23).

◎ 오늘날 우리에게 일용할 양식을 주신 것은 하나님이시다. 성경적 근거(마 6: 11)

- 너희 목마른 자들아 물로 나아오라 돈 없는 자도 오라 너희는 와서 사 먹되 돈 없이 값없이 와서 포도주와 젖을 사라 너희가 어찌하여 양식 아닌 것을 위하여 은을 달아 주며 배부르게 못할 것을 위하여 수고하느냐 나를 청종하라 그리하면 너희가 좋은 것을 먹을 것이며 너희 마음이 기름진 것으로 즐거움을 얻으리라(사 55: 1~2)
- 주 여호와께서 가라사대 보라 날이 이를지라 내가 기근을 땅에 보

내리니 양식이 없어 주림이 아니며 물이 없어 갈함이 아니요 여호와의 말씀을 듣지 못한 기갈이라(암 8: 11)

- 충성되고 지혜 있는 종이 되어 주인에게 그 집 사람들을 맡아 때를 따라 양식을 나눠 줄 자가 누구뇨(마 24: 45)
- 예수께서 대답하여 가라사대 이 물을 먹는 자마다 다시 목마르려니와 내가 주는 물을 먹는 자는 영원히 목마르지 아니하리니 나의 주는 물은 그 속에서 영생하도록 솟아나는 샘물이 되리라(요 4: 13~14)
- 예수께서 대답하여 가라사대 내가 진실로 진실로 너희에게 이르노니 너희가 나를 찾는 것은 표적을 본 까닭이 아니요 떡을 먹고 배부른 까닭이로다 썩는 양식을 위하여 일하지 말고 영생하도록 있는 양식을 위하여 하라 이 양식은 인자가 너희에게 주리니 인자는 아버지 하나님의 인치신 자니라(요 6: 26~27)
- 내가 곧 생명의 떡이로다 너희 조상들은 광야에서 만나를 먹었어도 죽었거니와 이는 하늘로서 내려오는 떡이니 사람으로 하여금 먹고 죽지 아니하게 하는 것이니라 나는 하늘로서 내려온 산 떡이니 사람이 이 떡을 먹으면 영생하리라 나의 줄 떡은 곧 세상의 생명을 위한 내 살이로라 하시니라(요 6: 48~51)
- 귀 있는 자는 성령이 교회들에게 하시는 말씀을 들을지어다 이기는 그에게는 내가 감추었던 만나를 주고 또 흰 돌을 줄 터인데 그 돌 위에 새 이름을 기록한 것이 있나니 받는 자밖에는 그 이름을 알 사람이 없느니라(계 2: 17)
- 저희가 보좌와 네 생물과 장로들 앞에서 새 노래를 부르니 땅에서 구속함을 얻은 십사만 사천 인밖에는 능히 이 노래를 배울 자가 없더라(계 14: 3)
- 성령과 신부가 말씀하시기를 오라 하시는도다 듣는 자도 오라 할 것이요 목마른 자도 올 것이요 또 원하는 자는 값없이 생명수를 받으라 하시더라(계 22: 17)

◎ 음식에 관련된 이적을 신 · 구약성경에서 찾아보면 다음과 같다

첫째, 출애굽 시 하나님께서는 약 200만여 명에 달하는 이스라엘 백성들에게 아침, 저녁으로 만나와 메추라기를 공급해 주셨다(출 16: 13~15).

둘째, 하나님께서는 엘리야 선지자를 통해 사르밧 과부에게 항상 밀가루통과 기름병이 차고 넘치는 이적을 베푸셨다(왕상 17: 16).

셋째, 하나님께서는 엘리사 선지자를 통해 보리떡 이십 개로 백 명의 사람들이 배불리 먹고 남을 정도의 이적을 행하셨다(왕하 4: 43, 44).

넷째, 예수께서는 가나 혼인잔치에서 빈 포도주 항아리에 물을 부어 그것을 모두 양질의 포도주로 만드시는 이적을 행하셨는데 이는 그분이 보이신 첫 표적이기도 한 사건이다(요 6: 1~11).

다섯째, 오병 이어의 이적(마 14: 18~20).

예수께서는 제자들에게 그 떡 다섯 개와 물고기 두 마리를 가져오게 하셔서 하늘을 우러러 축사하시고 떡을 떼어 제자들로 하여금 무리들에게 나누어 주셨는데 그 많은 무리(여자와 아이 외에 오천 명)들이 모두 배불리 먹고 남은 조각이 열두 바구니나 되었다. 이 사건을 말한다.

여섯째, 예수께서는 광야에서 떡 일곱 개와 작은 물고기 두어 마리를 가지고 굶주린 우리들을 배불리 먹이는 이적을 베푸셨는데 이는 그 음식은 여자와 아이 외에 남자 장정 사천 명을 먹이고도 일곱 광주리나 남을 정도였다(마 15: 32~39). = 칠병 이어의 이적

◎ 식생활은 신앙이다

성경 디모데전서에 "혼인을 금하고 식물을 폐하라 할 터이나 식물은 하나님이 지으신 바니 믿는 자들과 진리를 아는 자들이 감사함으로 받을 것이니라 하나님의 지으신 모든 것이 선하매 감사함으로 받으면 버릴 것이 없나니 하나님의 말씀과 기도로 거룩하여짐이니라(4: 3~5)"

아무리 기도생활에 게으른 사람이라도 그리스도인이라면 하루 3번은 기도하게끔 되어 있다. 대외적으로 자신이 그리스도인임을 나타내는 표시이기도 한 식사 기도가 가장 보편화된 기도의 형태임을 부인할 사람은 없을 것이다. 하나님과의 관계를 단절시킨 인류 최초 범죄가 '먹는 것'과 직결되어 있음도 우연한 일이 아니다. 레위기에서는 식생활에 '제사적 의의'를 부여하고 있고 신·구약에서 공히 금식 자체를 신앙 훈련의 높은 단계로 인식하고 있다. 예수님이 공생애를 금식으로 시작한 것과 구속의 상징으로 성만찬을 제정하신 것도 의미심장한 일이라 하겠다. 결론적으로 말해 식생활, 즉 '먹는 것'과 신앙생활은 별개의 행위가 아니다. 물론 식욕은 하나님의 선물이며 먹는 기쁨은 축복 중의 하나이다. 그러나 하나님은 인간의 진정한 행복을 위해 먹는 것을 자신의 통제하에 두기를 열망하신다. 스스로 절제할 수 없는 인간의 한계를 잘 알고 계시기 때문이다. '먹는 것'에는 하나님이 마련하신 고도로 예민한 경보장치가 부착되어 있다. 즉, 식생활의 패턴이 정상적인 사람은 자기 관리가 잘되고 있다는 증거이며 건강한 생활양식을 유지하고 있는 사람이다. 반면에 식사패턴이 불규칙적이고 결식이 잦은 사람은 대개가 생활의 균형을 상실한 사람이다. 즉, 삶의 우선순위가 엉망이라는 것을 스스로 나타내 주고 있다. 비만이나 체중 증가로 고민하는 사람은 자기 절제에 실패한 사람인 경우가 많다. 과식이나 탐식으로 스트레스를 풀려고 하는 사람일수록 마음의 평화를 상실했을 가능성이 크다. 자동차가 잘 달리려면 양질의 기름이 필요하듯 하나님이 허락하신 삶의 영역에서 생동감 있게 살려면 조화 있는 영양이 필수적이다. 인간은 일하도록 지음 받은 존재이다. 어떤 형태이든 '노동'은 하나님이 인간에게 부여하신 소명이다. 이런 의미에서 식생활은 일을 하기 위한 수단이지 목적은 아니다. 만약 움직이지 않는 자동차에 기름을 가득 채워 놓는다면 웃음거리가 될 것이다. 그러므로 '일하지 않고 먹기만 하면 뚱보가 되는 것'은 하나님의 창조질서를 위반한 당연한 대가일 뿐이다. 암에 의한 사망이 모두 제거된다면 인간의 평균수명이 2년 연장되지만 비만에 관련된 사망이 제거된다면 7년 이상 연장된다는 이론이 있을 정도로 비만은 건강의 적이다. 체중이 정상치에서 20% 초과하면 사망률이 30% 증가하고, 체중이 35% 이상 증가하면 사망률이 80% 이상 증가한다고 한다. 이는 비만이 고혈압, 당뇨병, 심장병, 동맥경화, 담석증, 관절염 등 거의 모든 성인병의 발생에 결정적인 역할을 하고 있음을 고려할 때 새로운 사실은 아니다. 유전적인 요인이 아닌 비만의 경우 먼저 자기 관리의 실패를 하나님 앞에 고백해야 하지 않을까? 식생활에 있어서 '무엇을 먹느냐'는 것은 물론 중요하다. 그리스도인은 마땅히 영양의 조화에 신경을 써야 한다. 그러나 더욱 중요한 것은 '어떻게 먹느냐'이다. 성경은 음식을 '감사함'으로 받는 것을 명령하고 있다. 마음과 경건한 자세를 가져야 한다. 성경은 어떤 음식이든 감사함으로 받으면 버릴 것이 없음을 강조하면서 하나님의 말씀과 기도로 복음화된 식생활을 권면하고 있다.

◎ 식사의 횟수

성서에는 식사의 횟수에 관한 지시가 없다. 그러나 그 당시 이집트의 대재상 요셉이 형제들과 함께 식사할 준비를 시키면서 "요셉은 베냐민이 그들과 함께 있음을 보고 하인에게 이르되 이 사람들을 집으로 인도해 들이고 짐승을 준비하라. 이 사람들이 나와 함께 먹을 것이니라(창 43: 16)"라고 한 말이 기록되어 있다. 또 이집트를 탈출한 이스라엘 민족이 40년에 걸쳐 광야를 방랑하는 대이동을 하는 사이에 지도자이신 예언자 모세의 "모세가 또 가로되 여호와께서 저녁에는 너희에게 고기를 주어 먹이시고 아침에는 떡으로 배를 불리시리니 이는 여호와께서 자기를 향하여 너희의 원망하는 그 말을 들으셨음이니라(출 16: 8)"라는 말이 두 번이나 기록되어 있다. 다만 앞의 점심식사에 관한 기사는 이집트에서의 일이었기 때문에 그 지방의 풍습으로 볼 수 있다. 따라서 이스라엘인들이 세 번이나 식사를 했었다는 근거가 될 수 없다. 팔레스티나 지방에서는 하루 두 끼의 식사를 하는 습관이 있었다고 하나 현재는 어떤지 알 수 없다.

◎ 하나님께서 주신 발효음식

고린도전서 제10장 31절에 "그런즉 너희가 먹든지 마시든지 무엇을 하든지 다 하나님의 영광을 위하여 하라"고 교훈하고 있다. 이 발효음식인 포도주는 예수 그리스도가 붙잡히기 전날 밤에 12명의 제자들과 유월절의 식탁에서 포도주를 마시고 이 포도주를 제자들이 돌려가며 마시게 하였다는 최후의 만찬 기사가 입증하고 있다. (마태복음 제26장 27, 28, 마가복음 제14장 22~25, 누가복음 제22장

17~20) 이렇듯 구약 시대에 포도주를 마실 때 포도주 양의 3배 정도의 물을 희석시켜 마셨다고 했고 시편 104편 15절에는 “사람의 마음을 기쁘게 하는 포도주”라는 표현이 있고 디모데전서 제5장 23절에 “이제부터는 물만 마시지 말고 네 비위와 자주 앓는 병을 치유하기 위하여 포도주를 조금씩 쓰라”고 기록되어 있다. 이와 같이 발효음식을 구약 시대부터 우리에게 주었음을 알 수 있다. 구약성서 중에 Essiggenas, 즉 ‘아라비아어인 시에히게누스’는 식초라는 뜻으로 이 단어가 등장하며 ‘모세 5서’에는 강한 술식초와 와인식초가 등장하고 룻기(2: 14)에는 “일군들에게 기운을 회복시켜 주는 효과를 가진 신포도주로서 아주 신선한 맛을 지니고 있는 초”에 대하여 기록되어 있는바 문헌적으로 가장 오래된 식초라는 말의 기록은 B.C. 1450년경 이스라엘의 지도자인 모세가 붙인 것으로 되어 있다.

사람에게는 센 손톱도 없고 예리한 치아도 없으며 동물을 잡을 빠른 다리도 없다. 이것을 보충하려고 인간은 무기를 발명했다. 사람이 불을 사용하게 된 것도 고기를 물어뜯고 뼈를 발길 만한 예리한 치아가 없기 때문이었다. 또한 육식동물의 내장은 사람보다 대단히 짧아서 고기가 부패해서 독특한 독을 발생하기 전에 빨리 소화시켜 처리해 버릴 수가 있다. 그러나 사람은 내장의 길이가 실로 자기 몸길이의 12배나 되므로 육식을 했을 때는 그 부패물의 해독을 면할 수 없다고 아이안 F. 로우즈 씨의 저서 『자연식』에서 말하고 있다.

우리 한국 사람은 선천적으로 서양 사람들보다 내장의 길이가 약 20㎝나 더 길어 고기를 먹고 나서 생기는 나쁜 독을 빨리 배설할 수 없으므로 더욱 조심해야 한다. 그러므로 똑같은 음식물을 먹어도 그 먹는 사람의 체질에 따라 결과는 다르다는 것이다. 산골에서 흐르는 물을 소가 마실 때는 우유를 낼 수 있지만 같은 물을 뱀이 마실 때는 독(毒)을 낼 수 있다는 것이다. 결코 물 그 자체에 원인이 있는 것이 아니라 같은 물을 마셔도 체질이 다르기 때문에 두 동물은 각각 다른 결과를 가져오게 된다는 것이다. 그러므로 장관을 강화시키는 방법으로는 발효식품인 유산균을 섭취하는 것이다. 유산균 중 초를 생산하는 비피더스균이 우세하게 번식하면 우리들의 장관의 면역성을 높여 주게 되는데 그것은 우리들의 장관 내에 유기산을 형성하여 갖가지 감염을 막아 주기 때문이며 그 작용에 대해서는 위에서 설명하였다. 구약성경에 그 당시에 이미 요구르트를 만들어 먹고 있었다는 기록이 있는데 그것을 보면 3천여 년 전에 이미 요구르트(엉긴 젖)를 먹으면서 장에 좋은 균을 공급해 주고 있었던 것을 알 수 있다. 성경적 근거로 사사기 제5장 25절에 "시스라가 물을 구하매 우유를 주되 곧 엉긴 젖을 귀한 그릇에 담아 주었고"라는 말씀이 기록되어 있다.

또한 초는 젖산 생성을 막아 주면서 필요한 에너지를 공급해 주어 우리들의 일상생활에 좋은 결과를 가져오게 해 주는 것이다. 그러나 이 원리를 알고 벌써 구약 시대 때 식사와 함께 초를 사용했다는 기록을 보면 참으로 훌륭한 식생활로 자연치유력을 유지하고 있었음을 알 수 있다. 그 성경적 근거는 룻기 제2장 14절에 "식사할 때에 보아스가 룻에게 이르되 이리로 와서 떡을 먹으며 네 떡 조각을 초에 찍으라 룻이 곡식 베는 자 곁에 앉으니 그가 볶은 곡식을 주매 룻이 배불리 먹고 남았더라"라는 말씀이 증명하고 있다.

이와 같이 천지의 창조주이신 하나님이 인류의 시조에게 "내가 온 지면의 씨 맺는 모든 채소와 씨 가진 열매 맺는 모든 나무를 너희에게 주노니 너희 식물이 되리라" 또 시편 제104편 14절, 15절에서 "저(하나님)가 가축을 위한 풀과 사람의 소용을 위한 채소를 자라게 하시고 땅에서 식물(食物)이 나게 하시며 사람의 마음을 기쁘게 하는 포도주와 사람의 얼굴을 윤택케 하는 기름과 사람의 마음을 힘있게 하는 양식을 주셨도다"라고 말씀하신 의미의 중대함을 체득하고 몸으로 하나님의 뜻에 순종하는 생활을 영위함으로써 하나님의 축복에 의한 건강 장수의 생애를 보낼 수 있을 것이다.

◎ 성경에 나타난 식초의 건강학

세계적인 장수마을에는 늘 식초가 있다. 식초는 일상생활에서 항상 접하는 식품 중에 하나. 매우 오래전부터 사용된 것으로 추정되는 만큼 우리 입맛에 가까이 있다. 그러나 식초의 이로움이 알려지기 시작한 것은 비교적 근래의 일이다. 기력이 떨어지거나 입맛을 잃기 쉬울 때 식초를 넣은 시원한 음료나 음식으로 기운을 되찾아 보자. 식초는 풍미가 산뜻해 식욕을 돋게 할 뿐만 아니라 초산, 구연산, 사과산 등 각종 유기산이 풍부하고 인체의 신진대사를 돕는 물질이 들어 있다. 인체에 구연산 회로라 불리는 화학반응이 정상적으로 이루어질 때는 영양소가 인체에 해가 없는 물과 이산화탄소로 분해되어 배출된다. 그러나 이 과정이 원활하게 이루어지지 않을 때는 체내에 피로물질인 젖산이 쌓이게 된다. 피로물질인 젖산이 체내에 쌓이게 되면 두통, 어깨 결림, 요통 등의 증상이 나타나고 심하면 질병에 걸린다. 이때 피로물질의 배출을 돕고 몸속의 신진대사를 활발하게 하는 물질이 바로 구연산이다. 구연산은 유기산의 일종으로 식초 안에 많이 들어 있다. 식초가 피로회복과 예방효과를 보이는 것은 결국 구연산 덕분이다. 또한 식초 안에는 구연산을 비롯해 호박산, 사과산 등 인체에 이로운 각종 유기산이 다량 들어 있다. 식초는 대사를 신속하게 진행시킴과 동시에 체내에서 생성된 노폐물과 각종 산성 물질을 몸 밖으로 배출시킨다. 따라서 체지방의 합성 속도가 늦어지거나 합성이 예방된다. 이와 더불어 지방의 분해를 촉진시키며 지방이 쌓이는 것을 방지한다. 혈관을 청소해 주는 역할도 한다.

체지방이 빠져 나가면서 혈관 벽에 붙어 있던 지방도 함께 빠져 나가기 때문이다. 동맥경화를 예방하고 혈압을 안정시키므로 고혈압 환자에게 좋다. 식초가 고혈압 환자에게 좋은 다른 이유는 소금의 섭취를 줄이는 효과에 있다. 소금 속에 들어 있는 나트륨은 인체 대사에 없어서는 안 되는 물질인 반면에 혈압을 높인다. 그러나 짭짤한 맛에 길들여진 입맛을 하루아침에 바꾸기란 쉬운 일이 아니다. 이럴 때 식초를 이용한다. 음식에 식초를 넣으면 간이 맞는다. 식초 그 자체에 소금을 줄이는 효과는 없지만 신맛 때문에 싱겁다는 생각이 들지 않는다. 식초의 해독작용은 간을 보호하고 생체 저항력을 높이는 역할을 한다. 피로예방과 숙취해소에도 그만이다. 알코올이 분해되면서 발생하는 아세트알데히드의 분해를 촉진하기 때문이다. 또한 식초는 췌장을 자극해 인슐린의 분비를 촉진시켜 혈당을 낮춘다. 식초는 소화기능을 돕고, 동시에 장의 연동운동을 도와 장을 건강하게 유지시켜 나간다. 이 덕분에 변비가 해소된다. 식초의 구연산은 칼슘의 흡수율을 높인다. 칼슘은 장에서 흡수되기 어려운 성질이 있으나 구연산과 결합하면 흡수율이 높아진다. 따라서 성장기 어린이, 임산부, 폐경기 여성에게 매우 좋다. 식초는 산성 물질이면서 알칼리성 식품이다.

몸에 좋은 식초이지만 조심해야 할 점도 있다. 위산과다를 앓는 사람은 식초를 공복에 먹는 것을 피한다. 이미 위액의 분비가 많기 때문이다. 위궤양이 있는 사람도 당분간 식초를 먹지 않는 것이 좋다. 관절염이 심한 사람에게도 식초가 좋지 않다. 또한 농도가 진한 식초는 위벽을 헐게 한다. 산도가 강한 식초는 반드시 물에 타 희석해 마시도록 한다.

◎ 수유(授乳)

“갓난아이들같이 순전하고 신령한 젖을 사모하라. 이는 이로 말미암아 너희로 하여금 구원에 이르도록 자라게 하려 함이라(베전 2: 2)”

이 말씀에 기록되어 있는 어린 아기와 젖은 신앙생활의 비유로 모유에 대해서 다루고 있음을 알 수 있다. 지금으로부터 2000년 전에 순전치 않은 젖이 존재하였기 때문에 이런 표현이 나온 것이 아닌가 생각된다. 그 당시의 수유는 최근처럼 3개월이라든가 반년이라는 단기간이 아니고 3년간에 걸친 것으로 보이며 또 젖을 뗄 때는 성대한 의식을 베풀었다고 한다. “아이가 자라매 젖을 떼고 이삭의 젖을 떼는 날에 아브라함이 대연(大宴)을 배설하였더라(창 21: 8)”고 기록하고 있다. 즉, 이유(離乳)라는 어린 아기의 건강을 지키는 법은 단순하게 어머니의 편의상 수단이나 사회적인 풍습에 불과한 것이 아니다. 그리고 성경의 이유(離乳)라는 말에는 ‘완성한다’라거나 ‘숙성한다’ 등의 의미가 있는데 이때는 보통 만 3세 전후를 말하므로 사람의 뇌(腦)의 기초공사 완성의 시기와 일맥상통하므로 성경의 깊은 뜻에 감탄할 따름이다. 일반적으로 분만 후 8개월이 지나면 모유는 희박해지고 그 내용도 변하여 어린 아기의 영양에는 부적당하게 된다는 견지에서 이유의 시기를 산출한 것으로 3년에 걸친 수유라는 말은 이해할 수 없을 것으로 생각된다. 이유는 성경에 기록된 엄한 계율에 기초를 둔 식양법(먹어서 건강을 지키는 법)을 지키고 있었던 그 당시의 부인들의 신체와 현대에 공해가 들끓는 속에서 부자연식(不自然食)을 계속하는 사람들의 신체를 동일 기준으로 생각할 수 없기 때문이다. 또 “고멜이 도루하마를 젖 뗀 후에 또 잉태하여 아들을 낳으매(호세아서 1: 8)”라고 기록되어 있는 바와 같이 소위 수유 기간 중에는 임신하지 않는 것이 주지의 사실이다. 이것을 한 면에서 말한다면 모체의 부담 과중을 막고 인구 과잉 방지라는 하늘의 뜻이 움직이고 있을지도 모르고 동시에 이미 태어나 있는 어린 아기의 생존권 옹호라는 절묘한 어머니의 마음씨일 것이다. 다시 말한다면 3년간의 수유는 어린 아기의 대뇌(大腦)의 기초공사가 끝날 때까지 그 다음의 아기가 태어나지 않기 때문에 그 기간 중에 어머니의 애정이 그 아기에게만 부어지고 따라서 미완성의 대뇌(大腦)가 애정의 갈등 때문에 상처받지 않는다는 장점을 갖고 있다. 이 기간 중에 어머니는 젖을 빨림으로써 자궁 수축 호르몬의 분비가 촉진되어 분만을 위하여 커진 어머니의 자궁이 다시 임신 전의 크기로 되돌아간다. 무심하게 젖을 빠는 작은 입술이 모체의 심부에 그와 같은 미묘한 변화를 불러일으킨다는 것은 얼마나 신기한 하나님의 섭리인가. 그리고 자궁 수축이라는 육체 심부의 변화가 어린 아기의 마음속 깊은 곳에 다른 사람을 사랑하는 마음을 길러 간다는 것을 생각할 때 수유(授乳)라고 하는 행위는 하나님의 사랑이라는 윤회의 성업(聖業)에 참여하는 실로 영광스러운 활동이라는 것을 이해할 수 있을 것이다. 그리고 수유(授乳)에는 모체의 소화기(消化器)의 기능이 높아진다는 경품까지 붙어 있다. 만약 당신이 하나님께서 정하신 이 영광스러운 성무(聖務)를 거부한다면 하나님은 결코 그대로 지나치시지는 않을 것이다. 당신이 낳은 어린 아기는 반드시 당신이 걱정하는 대상이 될 뿐만 아니라 당신 자신의 건강조차도 침식할지 모른다. 그런데도 수유를 하면 유방 모양이 나빠진다거나 일이 바쁘다는 핑계 등 자신의 입장만 생각하고 수유를 거부하는 것은 자기중심적 행위라고 하지 않을 수 없다. 그렇게 되면 그 아기도 자기중심적인 사고방식을 가진 청소년이 되어 부모를 울리는 길을 당연히 걷게 될 것이다. 임신을 하면 반드시 유방이 커져 산후의 수유 준비를 한다. 이것은 프로락틴이라는 호르몬의 작용에 의한 것인데 산후에 수유를 거부하면 호르몬 군(群)의 균형을 한 번에 붕괴시키는 것과 같은 것이다.

◎ 술과 담배에 대하여

▶ 술에 대한 성경적 견해

성경에는 술에 대한 기록이 총 387회 등장하는데 그 가운데 직접적인 관계 구절이 212번, 간접적인 관계 구절이 175번 나온다. 그러나 담배에 대해서는 성경의 어디에도 기록되어 있지 않다. 이유는 그 당시에 담배가 세계에 퍼져 있지 않았기 때문일 것이고 술은 일반적으로 대추, 야자나 석류로 만들어졌지만 거의가 포도즙을 발효시켜 만든 포도주였는데 시편 104편 15절에 "사람의 마음을 기쁘게 하는 포도주"라는 표현이 있고 디모데 전서 제5장 23절에 "이제부터는 물만 마시지 말고 네 비위와 자주 앓는 병을 치유하기 위하여 포도주를 조금씩 쓰라"고 기록되어 있다. 이를 성경적으로 긍정적인 면과 부정적인 면을 고찰해보면 다음과 같다.

• 긍정적인 면 •

① 일상생활에서의 용도

팔레스타인에서는 물이 비교적 구하기 힘들었기 때문에 포도주가 오늘날보다 더 널리 사용되었다. 포도주는 매 식사 시에 음료로 사용되었을 뿐만 아니라(창 14: 18, 창 27: 25) 연회 시에도 사용되었다(요 2: 1~9). 이런 일면은 '연회'나 '잔치'에 해당되는 히브리어 '미슈테'가 '음주(飮酒)'를 의미하는 데서도 잘 나타나 있다. 또한 포도주는 아비가일과 시바가 다윗에게 포도주가 담긴 가죽 부대들을 선물한 경우에서도 볼 수 있듯이(삼상 25: 18, 삼하 16: 1) 상급자에게 바치는 선물이나 예물로도(신 12: 17, 14: 23, 민 18: 12) 이용되었다. 한편 무역 상품 가운데 하나이기도 한 포도주는 솔로몬이 성전을 짓는 데 필요한 목재들을 공급한 대가로 주로 완 히람의 종들에게 다른 물품들과 더불어 주어지기도 했다.

이 외에도 포도주는 의약품으로 사용되었다. 즉, 현기증을 일으키는 사람을 회복시키고(삼하 16: 2) '비위와 자주 나는 병'에 대한 처방으로도(딤전 5: 23) 그리고 상처를 소독하는 약으로도(눅 10: 34) 사용되었다.

② 제물로서의 용도

포도주가 생산되는 곳에서는 그 어디를 막론하고 이 포도주가 제사에 사용되었다. 예배자들은 성전을 향한 순례 길에 오를 때면 언제나 포도주가 담긴 가죽 부대를 가지고 갔으며(삼상 1: 24, 10: 3) 어린양과 고운 가루와 기름과 혹은 이러한 것들의 혼합물과 함께 하나님께 바쳤다(출 29: 40, 레 23: 13, 민 15: 7, 10, 28: 14).

• 부정적인 면 •

알코올 중독이 고대의 주요한 사회악 중의 하나였다는 증거가 성경에는 많이 있다. 노아는 포도주를 마시고 몹시 취하여 자신의 장막에서 벌거벗은 채로 잠이 든 결과로 가나안이 저주를 받는 비극적인 사태를 일으켰다(창 9 : 20~27). 이 외에도 롯(창 19: 33, 35), 니발(삼상 25: 36), 암몬(삼하 13: 18), 엘라(왕상 16: 9), 수리아 왕 벤하닷과 동맹한 32인의 왕들(왕상 20: 16) 등을 술로 인해 수치를 당한 대표적인 인물로 꼽을 수 있다. 이와 같이 정도를 벗어난 술 취함은 언제나 개인뿐만 아니라 그 나라에 방종과 수치와 패망이라는 결과를 가져왔기 때문에 이사야는 술이 마음을 혼미케 하며(사 28: 7) 영웅심리에 빠지게 한다(사 5: 22)고 선언하면서 당시 독주로 인해서 비틀거리고 옆 걸음 치는 제사장들과 선지자들을 맹렬히 비난하였다(사 5: 11, 56: 11, 12). 선지자 미가도 역시 백성들이 포도주와 술 취함에 대하여 좋게 말하는 거짓 선지자를 원한다는 사실에 불평을 토로하였다(미 2: 11). 뿐만 아니라 잠언 저자도 술 취함의 폐단으로서 싸우기 좋아하고 떠드는 버릇이 있으며(잠 20: 1, 23: 19~32) 자기들의 직무를 소홀히 하며(잠 31: 4, 5) 가난하게 되고(잠 21: 17, 잠 23: 20, 21) 결국은 재앙과 슬픔으로 그 인생을 마치게 한다는 점을(잠 23: 29~32) 지적하였다.

▶ 술과 담배가 신체에 미치는 관계

어떻게 하면 술에 덜 취하고, 어떻게 하면 술에서 빨리 깨는지, 술에 대해선 누구나 한 마디쯤 할 수 있다. 자신의 경험을 바탕으로 '이건 이렇고, 저건 저렇다.'고 단정적으로 말하는 사람도 많다. 그러다 보니 모든 게 뒤죽박죽이다. 예를 들어 어떤 사람은 술 마신 뒤 얼굴이 붉어지는 게 좋다고 하고, 어떤 사람은 아니라고 한다. 술 자체에 대한 이해 없이 개인적 경험만으로 얘기하기 때문이다.

- 알코올 양은 어떻게 계산하나=알코올 양은 '술의 양×도수(농도)'다. 예를 들어 도수가 4%인 생맥주 500cc 한 잔의 알코올 양은 20g(500×0.04)이다. 또 2홉들이 소주 한 병의 알코올 양은 82.8g(360×0.23)이다. 의사들이 권고하는 하루 알코올 섭취 최대량은 80g이다.

- 술을 자꾸 마시면 주량이 늘어나나?
  주량은 알코올을 분해하는 유전적 능력과 후천적 '연습'에 의해 결정된다. 술을 못 마시는 사람도 자주 마시면 간의 알코올 분해 능력이 증가해 잘 마실 수 있게 된다. 2주간 매일 술을 마시면 간의 알코올 분해능력이 30% 정도 늘어난다는 연구결과도 있다. 또 술을 자주 마시면 뇌세포가 알코올에 내성이 생겨 웬만큼 마셔도 취하지 않고 견딜 수 있게 된다.

• 왜 여자는 남자보다 술을 못 마시나?

남자보다 지방이 많고 근육이 적기 때문이다. 지방에는 알코올이 흡수되지 못하므로 체중에서 지방을 제외한 제(除)지방 양이 술을 담아둘 수 있는 '그릇'이라 할 수 있다. 따라서 몸무게와 근육이 많은 사람이 술을 많이 마실 수 있다.

• 얼굴 붉어지는 사람은 주량이 약한가?

그럴 수도 있고 그렇지 않을 수도 있다. 술이 약한 사람은 알코올을 빨리 분해하지 못하므로 술을 마시면 얼굴이 붉어진다. 그러나 이는 얼굴이 붉어지는 무수히 많은 이유 중 하나일 뿐이다. 술이 센 사람 중에도 자극에 민감하거나 피부의 문제 때문에 술을 마시면 얼굴이 붉어지는 사람이 많다.

• 혈중알코올농도는 언제 최고가 되나?

개인에 따라 다르지만 술 마신 뒤 30~90분 지나면 혈중알코올농도가 최고가 돼 점차 감소한다. 맥주 1000cc를 마신 경우 평균적으로 5~6시간 지나면 피에서 알코올이 완전히 빠져 나간다. 물론 술의 양에 따라 혈중알코올농도가 제로(0)가 되는 시간은 다르다. 많이 마시면 피에서 알코올이 빠져 나가는 데도 그만큼 시간이 오래 걸린다.

• 술 마셔도 음주측정에서 걸리지 않는 이유는

혈중알코올농도는 간의 알코올 분해능력과 밀접한 관계가 있어서, 술이 센 사람은 그만큼 알코올이 빨리 분해된다. 따라서 상황에 따라 술을 제법 많이 마셨어도 음주측정에서 적발되지 않을 수 있다.

- 술 센 사람과 약한 사람이 술을 마셨을 때 받는 신체 손상 정도는 어떻게 다르나?
  술이 세다는 것은 술이 빨리 분해된다는 얘기지, 몸이 술에 버티는 힘도 강하다는 얘기는 아니다. 간이나 뇌 등 인체 각 장기가 술로 받는 손상은 마신 양에 거의 비례한다. 따라서 술이 센 사람은 그렇지 않은 사람보다 훨씬 장기의 손상이 크다.

- 구토를 하면 술이 빨리 깨나?
  구토는 자연스런 인체의 방어행위다. 따라서 구토를 억지로 참을 필요가 없으며, 때에 따라 손가락을 입 속에 넣는 등의 방법으로 구토를 해 버리는 게 낫다. 구토를 하면 위에서 흡수되지 않고 있는 알코올까지 빠져 나오므로 술을 깨는 데 도움이 된다.

- 안주를 많이 먹으면 술이 덜 취하나?
  덜 취하는 게 아니라 늦게 취한다. 안주가 소화되느라 알코올의 흡수속도가 늦어지기 때문에 위장도 편하고, 술도 천천히 취하게 된다. 그러나 결국 취하는 정도는 알코올의 절대량에 달렸다. 따라서 안주가 좋으면 좋을수록 술을 더 많이 마시게 되므로 결과적으로 몸에는 독이 된다.

- 술을 천천히 마시는 게 좋나?
  안주와 같은 원리다. 천천히 마시면 서서히 취하므로 결과적으로 술을 더 많이 마시게 된다. 만약 자제할 능력만 있다면 폭탄주 한두 잔을 마시고 빨리 취해 버리는 게 오랫동안 홀짝홀짝 마시는 것보다 낫다.

- 술 깨는 약의 효과는?

그 자체로는 나쁠 게 없으며 어느 정도 도움이 된다. 예를 들어 콩나물 등에 많은 아스파라긴산이 포함된 음료는 알코올 분해를 촉진시키고 독성물질의 농도를 낮춘다고 알려져 있다. 그러나 이런 약을 믿고 술을 더 마시게 된다는 게 문제다.

- 곡주는 왜 숙취가 심한가?

정제기술과 관계있는 것 같다. 일반적으로 잘 정제된 포도주나 위스키엔 불순물이 거의 없어 머리도 덜 아프다. 그러나 제대로 정제되지 않은 막걸리나 집에서 담근 과일주에는 아세트알데히드 등 불순물이 남아 있어 두통 등 숙취가 많은 것으로 추정된다.

- 필름은 왜 끊기나?

단기기억을 저장하는 해마의 손상 때문이다. 술을 많이 마신 사람의 뇌 MRI 결과를 보면 해마가 쪼그라들어 있다. 해마뿐만 아니라 전두엽, 측두엽 등 뇌 다른 부위에도 술은 손상을 준다. 이 때문에 알코올성 치매가 유발된다. 필름이 한번 끊기기 시작하면 그 다음엔 자동적으로 끊긴다고 말하는 사람이 많지만 사실과 다르다. 필름이 계속 끊기는 이유는 폭음하는 음주 행태가 고쳐지지 않고 계속되기 때문이다.

- 술 마시면 소변을 많이 보는 이유는?

술 한 잔을 마시면 그보다 훨씬 많은 수분이 빠져 나간다. 술 자체의 이뇨작용 때문이다. 따라서 술을 마실 때는 물을 가급적 많이 마셔야 한다. 특히 맥주를 마시면 소변을 많이 보는데, 이때 소변으로 빠져 나가는 것은 술이 아니라 인체의 수분이다. 술 마신 다음 날 목이 마른 이유도 이 같은 탈수현상 때문이다.

- 술 마실 땐 왜 담배를 많이 피우게 되나?

술과 담배 모두 중독성이 있고, 술을 마시면 중독성을 제어하는 능력이 약해지기 때문이다. 특히 술을 마시면 간에 더 많은 산소가 공급돼야 하는데, 담배를 피우면 산소결핍상태가 유발되므로 음주 시 흡연은 평소보다 훨씬 나쁜 영향을 미친다.

- 사우나로 땀을 빼면 술이 빨리 깨나?

목욕을 하면 혈액순환이 촉진되고 노폐물이 배출되므로 숙취해소에 도움이 된다. 그러나 사우나는 삼가야 한다. 술을 마시면 그렇지 않아도 수분과 전해질이 부족해지는데, 사우나를 해서 무리하게 땀을 빼면 숙취가 더 심해질 수 있기 때문이다.

- 술 마신 다음 날 허기를 많이 느끼는 이유는?

일시적 저혈당 증세 때문이다. 알코올은 포도당의 합성을 방해하므로, 과음한 다음 날엔 식사를 해도 혈당수치가 크게 높아지지 않는다. 이 때문에 허기를 느끼고 무엇인가를 많이 먹게 된다. 따라서 술 마신 다음 날엔 꿀물 등으로 당 성분을 보충해 주는 게 좋다.

- 술 깨는 데 좋은 음식·음료는?

물보다 다량의 전해질 성분이 있는 얼큰한 국물, 과일주스, 스포츠 이온 음료 등이 술 깨는 데 훨씬 낫다. 알코올이 분해돼 소변으로 배출될 때는 다량의 전해질도 함께 빠져 나가므로 숙취현상이 심해진다. 따라서 술에서 빨리 깨려면 해장국 등 전해질 성분을 많이 보충해 주는 게 좋다.

• 수술을 했거나 다래끼·종기가 났을 땐 술 마시면 안 되나?

술이 염증을 악화시킨다는 얘기는 사실과 다르다. 크게 문제가 되지 않는다. 다만 술과 약을 함께 복용할 경우 약효에 영향을 줄 수 있으므로 약을 복용할 때는 술을 삼가는 게 좋다.

• 술은 우리 몸의 장기에 어떤 영향을 줄까?

뇌 – 폭음은 숨골이라 불리는 연수를 마비시켜 심한 경우 호흡장애로 사망할 수 있다. 신입생 환영회 등에서 사망하는 경우는 대부분 이 때문이다. 그 밖에 뇌세포 파괴로 사고·기억력 감퇴, 알코올성 치매 등도 유발된다.

간 – 지나친 음주는 간에 '기름기'가 끼는 지방간의 원인이다. 계속 폭음하는 사람은 알코올성 간염을 거쳐 간경화로 진행될 수 있다. 국내 간경화 환자의 80~90%는 간염 바이러스와 폭음의 합작품이다.

췌장 – 다량의 알코올을 섭취하면 췌장의 기능이 급격하게 떨어진다. 췌장에서 지방, 단백질, 탄수화물을 분해하는 효소가 분비되므로 술을 많이 마시면 소화기능이 감퇴된다. 또 당을 조절하는 인슐린 분비가 잘 안돼 당뇨병이 생길 수도 있다.

위 – 단 한 차례의 폭음으로도 위염, 위궤양이 생길 수 있다. 도수가 높은 술을 폭음한 경우 위벽에 손상을 입어 위경련 등 극심한 위 통증을 일으키게 된다.

심장 – 술을 많이 마시면 뇌 자율신경에 이상이 오는데 심장은 자율신경이 지배하는 대표적 장기다. 따라서 협심증이나 부정맥 등이 있는 환자는 폭음 때문에 사망할 수 있다.

식도 – 폭음한 뒤 구토를 하는 과정에서 식도에 손상을 입는 경우가 비교적 흔하다. 만약 식도를 지나는 혈관이 손상되면 엄청나게 많은 피를 쏟게 되는데, 빨리 처치하지 않으면 생명이 위험할 수 있다.

대장 – 장은 섭취한 음식물을 흡수하는 장기. 폭음을 하면 장의 흡수 과정에 부담이 돼 배탈이나 설사를 하는 사람이 많다.

뼈 – 특히 골반뼈와 대퇴골두(허벅지 가장 윗부분에 골반과 연결돼 있는 뼈)가 직접적인 손상을 받는다. 즉, 대퇴골두의 혈액순환에 지장이 생겨 뼈가 죽는데, 이를 '대퇴골두 무혈성 괴사'라 한다. 엉덩이뼈 인공관절 수술을 받는 사람은 대부분 오랜 음주로 인한 대퇴골두 무혈성 괴사가 원인이다.

- 금연해야 할 이유 (메디컬 이슈)

담배를 피우면 폐 등 각종 장기가 손상돼 건강을 해친다는 것은 누구나 아는 사실이다. 그런데 금연을 해야 할 또 하나의 이유가 추가될 것 같다. 담배 연기가 몸에 좋은 물질을 나쁜 물질로 바꿔버린다는 것이다. 담배를 피우면 입 안의 침에 들어 있는 유익한 성분이 몸에 해로운 화학물질로 바뀌어 정상세포를 공격한다는 연구결과가 나왔다. 이스라엘 기술연구소의 라피 네이글러 박사팀은 영국 암 저널(British Journal of Cancer) 최신호에 이 같은 내용의 논문을 게재했다.

연구팀에 따르면 침에는 암세포의 공격으로부터 몸을 보호하는 항산화물질이 들어 있다. 그런데 담배 연기에 노출이 되면 이 물질은 돌연 구강세포를 파괴하는 '공격자'로 바뀐다. 연구팀은 구강암을 유발할 수도 있다고 밝혔다. 연구팀은 실험을 위해 구강세포의 일부를 담배 연기에 노출시켰다. 결과를 비교하기 위해 다른 구강세포들은 담배 성분이 들어 있지 않은 연기에 노출시켰다. 이어 이들 세포를 침과 섞었다. 실험결과 담배 연기에 노출됐던 구강세포는 침과 섞이는 과정에서 스스로 자신을 죽이는 '세포파괴현상'이 나타났다. 시간이 흐를수록 파괴현상은 더 심해졌다. 반면 보통 연기에 노출된 세포는 별다른 변화가 나타나지 않았다. 네이글러 박사는 "흡연의 해악을 알고 있는 사람들조차 이번 연구결과를 보고 경악했다."며 "이번 연구결과가 구강암을 예방할 수 있는 새로운 치료법 개발에 도움이 될 것"이라고 말했다. 현재 흡연은 입술과 입 안, 혀, 잇몸, 성대 주변의 모든 구강암을 유발하는 주원인으로 알려져 있다.

—동아일보—

• 흡연권과 혐연권

우리나라는 성인의 반 이상이 담배를 피워 OECD 국가 중 흡연율이 가장 높다. 특히 10대 끽연자들이 급속히 늘고 있다. 세계보건기구의 보고에 따르면 현재 25세 이하의 아시아 젊은이 중 4분의 1은 43세가 되기 전에 흡연 관련 질병인 폐암과 심장병으로 죽을 우려가 있으며 흡연으로 매년 400만 명이 사망하고 있다고 한다. 최근 공공건물 안에서의 금연은 인간의 기본권인 행복권을 침해하는 것이라 하여 담배 애호가들이 헌법재판소에 제소하였으나 법원은 흡연권보다 혐연권이 우선이라 하여 이를 기각하였다. 옳은 판단이라 생각된다.

생명 윤리의 가장 중요한 원칙은 악행 금지의 원칙이다. 자기에게 이롭다 할지라도 다른 사람에게 해를 끼치면서 이익을 추구하는 것은 옳지 않기 때문이다. 더욱이 담배는 자신에게도 해로운 것이 아닌가? 호기심 때문에 담배를 배우는 10대들을 찾아다니며 말리고 싶은 심정이다.

• 담배, 술보다 위에 더 안 좋다.

술은 위에 직접적인 영향을 미치지만 담배는 위로 들어가지 않고 폐로 들어가기 때문이다. 물론 술을 많이 마시면 위장이 헐고 미세한 점상출혈이 생긴다. 그러나 알코올로 인해 위벽이 손상을 입어도 궤양까지 일으키는 경우는 드물며 기껏해야 위염 정도를 일으킨다. 일정 기간 술을 마시지 않으면 빠른 시간 내에 위 점막이 정상으로 회복된다. 반면 흡연은 위궤양 발생과 밀접한 연관이 있다. 연구결과 흡연자의 위궤양 발생률이 비흡연자에 비해 2배 이상 높았다. 이미 위·십이지장궤양이 있는 사람이 담배를 피우면 위벽의 혈류량을 감소시켜 궤양을 더 악화시킨다. 또 위산분비를 촉진하고 위벽보호물질을 만들지 못하게 한다. 일반적으로 술을 마시면 담배를 더 피우게 되므로 속이 쓰리거나 궤양이 있는 사람은 반드시 금연해야 한다.

• 술과 담배를 함께 하면?

술을 마시면서 담배를 함께 피우면 일차적으로 간장이 지쳐서 나가떨어집니다. 술 해독에도 벅찬데 담배의 유독 성분까지 해독해야 하기 때문입니다. 또 한 가지, 술과 담배의 연합군은 각종 암의 강력한 발병 원인이죠. 담배에 포함된 발암물질이 알코올에 녹아서 훨씬 수월하게 우리 몸의 저항을 돌파합니다. 특히 취약한 곳은 입 안과 식도, 후두입니다. 간암의 경우 술을 마시면서 하루 30개비 정도를 피우는 사람은 담배를 피우지 않는 사람에 비해 무려 40% 이상 높은 발병률을 보이고 있다고 합니다. 또 담배를 피우면서 술을 마시면 담배를 피울 때의 흥분을 술을 마심으로써 감각이 둔화되어 잘 느끼지 못하기 때문에 담배를 더 많이 피우게 된다고 합니다. 그래서 담배로 인한 신체의 손상이 훨씬 증가한다고 합니다. 그리고 담배가 자극을 주는 신경과 술이 자극을 주는 신경이 동일해서 신경의 손상이 올 가능성이 많다고 합니다.

-술과 담배의 상승작용

술과 담배는 서로 깊은 관계를 가지고 있다는 것은 널리 알려져 있습니다. 흡연자들은 술을 마실 때에 담배를 더 많이 피우게 된다든지, 흔히 술 마실 때 담배 맛이 좋다는 이야기를 자주 합니다. 실제로 미국인들 중에 10%가 골초인 데 반해 알코올을 상용하는 사람들의 70%에서 90% 정도가 골초로 나타난(The Journal Neurosciences Letters) 것을 보더라도 음주가 흡연과의 높은 상관성을 충분히 알 수 있습니다. 두 가지 약물을 같이 상용하게 되는 행동이 계속된다는 것은 한 유기체 안에서 두 약물이 서로 — 아니면 한 약물이 다른 약물에게 — 약물 상승효과를 주고 있음을 추측할 수 있는데 그 약물효과가 약물이 주는 쾌감을 늘려 주는 정적강화(positive reinforcement)로 작용하든지, 아니면 약물 때문에 부수적으로 생기는 불쾌감을 없애 주는 부적강화(negative reinforcement)로 작용하여 그런 행동이 계속된다고 이해할 수 있습니다. 다행스럽게도 이러한 사실을 생화학적인 면에서 지지할 수 있는 연구가 최근에 있었는데 연구결과를 간단히 요약하면, 술(alcohol)과 담배(nicotine)가 신경세포(acetylcholine receptor)의 동일한 특정 부위에 함께 작용하기 때문. 좀더 자세한 설명을 인용하겠습니다.

-지난 1996년에 시카고에 있는 Northwestern대학의 나라하시 박사 연구팀은 알코올음료가 담배에 들어 있는 니코틴에 노출됨에 따라 변형되는 신경계의 같은 표적 부위, 소위 신경절의 니코틴성 수용기의 활동을 바꾸어 놓는다는 사실을 발견했다. 술과 담배가 가지는 연관성은 니코틴이 니코틴성 아세틸콜린 수용기(nicotinic acetylcholine receptor)를 처음에는 활성화시킨 다음에 그 부위를 둔감화시키든지

때에 따라서는 죽여 버리게 된다는 것에 기초한다. 낮은 니코틴 농도는 그 아세틸콜린 수용키를 활성화하는 과정 없이 지속적인 둔감화 과정을 갖게 된다. 따라서 니코틴중독자의 아세틸콜린 수용키는 다소 둔감해져 있고, 그곳을 흥분시키기 위해서는 많은 양의 알코올이 필요하게 된다. 특징적인 것은 알코올이 이 아세틸콜린 수용키를 자극하기 위해서는 아세틸콜린의 다른 부위를 보다 아주 적은 농도로 충분하다는 것이다. 니코틴선 아세틸콜린 수용기 신경세포에서의 알코올의 강력한 활동이 바로 이곳에서의 알코올과 니코틴의 상호작용을 설명한다.

아세틸콜린은 신경전달물질 중에서도 심혈관, 소화기, 비뇨기, 호흡기 계통을 포함한 거의 모든 신체기관에 영향을 미치는 물질이다. 수용기(receptor)는 대개 세포 위나 안에 있는 단백질 분자인데, 신경전달물질이나 호르몬을 묶고 있으며 분자구조의 기본적인 변화를 야기한다. 다른 많은 학자들은 세포막의 안과 밖으로 나트륨, 칼슘, 칼륨, 염화물의 통과를 촉진시키거나 저지시키는 신경수용기, 이온 이동경로, 미세한 기공들과 같은 알코올의 다양한 표적 부위를 밝혀냈다. 그러나 다른 부위들은 알코올의 아주 높은 농도에서 작용 하게 된다. 다시 말해, 부위들은 술에 많이 취했을 때에 이동경로체계의 기능이 변한다는 것을 의미한다. 그러나 술을 마시면서 담배를 더 찾게 되는 행동은 기분, 주의력, 약물탐닉 등과 같은 행동적 특징의 변화가 충분히 있기 전에 일어나는데, 이런 작용은 혈중알코올농도가 아주 낮은 때인 술에 취하기 시작하는 초기에 중추신경계의 이 특정 아세틸콜린 체계와 기제에 변형이 생기기 때문이라는 가정을 할 수 있다. 인간과 같은 이온이동경로와 세포막 수용기를 가지고 있고 아세틸콜린을 방출하는 세포 형태를 사용하여 연구한 결과, 리터당 30~100 마이크로몰

(micromoles) 정도 낮은 상태에서, 다시 말해 다른 수용기나 채널(이온경로)보다 1,000배나 쉽게 신경절의 니코틴선 아세틸콜린 수용기의 활동에 변화를 준다는 것을 발견할 수 있었다. 아무튼 결과적으로 신경절의 니코틴선 아세틸콜린 수용키가 알코올의 중요한 표적 부위인데, 특히 알코올에 취한 초기 상태에서 더욱 그렇다는 사실을 알게 되었는데 이것은 술이 더욱 많이 취했을 때 담배를 더 찾게 되는 것이 아니라 술이 약간 취할 무렵에도 거의 같은 수준으로 작용하게 된다는 것을 의미한다. 또 다른 중요 점은 신경절의 니코틴선, 아세틸콜린 수용키 다른 생체입자 단위의 복합으로 구성된 다양한 아유형(亞類型)들이 있다는 것이다. 이러한 아유형들은 수많은 약물에 다양한 민감성을 보이고, 뇌에서 여러 가지 역할을 하는 것으로 알려져 있다. 1996년 말 이후 이러한 유형들 중 어떤 것이 더욱 낮은 농도에서 반응하는지가 연구되고 있다.

위에 설명된 것처럼 술이 담배의 니코틴을 작용에 영향을 준다는 것을 알 수 있다. 하지만 이러한 신경계의 변화가 담배를 술과 함께 피웠을 때 신체적 피해를 줄이게 된다는 것을 의미하지는 않는다. 술이 담배를 더 피울 수 있는 환경만을 개선하여 더 많은 몸에 유해한 물질을 받아들일 수 있게 하는 것이지, 그런 유해물질들을 해독할 수 있는 작용을 활성화한다는 것은 아니다. 대부분 약물 상승효과로 두 가지 또는 여러 가지 약물을 혼합하여 같이 상용하는 것은 신체 여러 기관과 체계의 손상을 배가한다는 사실은 이미 여러 약물을 통해 알려진 사실이다. 참으로 불행한 사실은, 현재 남용되고 있는 향정신성약물(psychoactive drugs)들 중에 다른 약물들은 주로 정신적인 면으로 영향을 주고 신체에는 별다른 해를 주지 않는 데 반해 담배와 술은 신체기관에 큰 해를 주는 대표 약물들이라는 점이다. 따라서 이러한 술과 담배를 함께 하게 되어 더 많은 양을 취하게 된다면 신체에 아주 부정적인 영향을 줄 수 있다는 것은 말할 필요도 없다. 확신은 하고 있었지만, 그래도 술과 담배를 함께 취하게 하는 그 어떤 유인가(incentive)가 있다는 사실을 증명해 주는 생화학적 연구결과를 접하게 되는 것이 그리 기분이 좋은 일이 아닐 것이다. 또한 이러한 연관성이 금연을 하는 데에 커다란 장애로 작용하게 될 것이다.

• 커피를 마시면서 담배를 피우면 몸에 더 해롭다.

－카페인과 타르의 상승작용

커피의 카페인과 담배의 타르, 니코틴은 상승작용(synergic effect)을 일으키므로 좋지 않다. 커피는 담배와는 같이 할 수 없다. 생리학적으로, 커피의 카페인과 담배의 타르, 니코틴은 상승작용을 일으키기 때문이다. 거기에다가, 담배는 피우는 것이고 커피는 마시는 것이다. 담배 피우면서 음식을 먹을 수 없는 것은 커피에도 마찬가지이다. 다만, 커피가 일상생활과 매치되는 음료이기 때문에, 많은 사람들이 의식을 하지 못할 뿐이다. 특히 커피를 마실 때는 담배를 피우지 말아야 한다.

※ 상승작용(synergic effect)이란?

한 가지 단독 투여·섭취보다 두세 가지 동시 투여·섭취로 인하여 상대적으로 작용이 더 올라가는 현상을 말함.

• 담배 한 개비와 그 속에서 나오는 담배 연기가 인체에 미치는 영향

담배를 한 개비만 피워도 니코틴의 영향으로 즉시 맥박이 빨라지고 혈압이 20~30mmHg가량 증가하며, 심박출량이 증가하여 심장근육은 더 많은 산소를 필요로 하게 된다. 그러나 니코틴과 일산화

탄소로 인한 저산소증이 복합적으로 작용하여 혈관 내벽에 손상을 일으켜 지방질의 혈관 내벽 침착에 도움을 주어 심장에 혈액을 공급하는 관상동맥의 경화증을 가속화시켜 저산소증으로 인한 심근경색증을 일으키게 되는데, 이는 치명률이 대단히 높다. 니코틴은 또 말초혈관·모세혈관을 수축시킴으로 말초혈관 폐쇄증에 걸리게 되어 손발이 저리거나 동상에도 쉽게 걸린다. 이러한 지방축적과 동맥수축작용으로 혈액이 심장, 뇌 그 외의 다른 기관으로 충분하게 공급되지 못하고 이 상태가 악화됨에 따라 조직이 파괴되기도 하며, 심장마비·뇌일혈을 초래하기도 한다. 니코틴의 작용으로 중추신경 시상하부의 항이뇨 호르몬의 분비 항진으로 항이뇨 작용이 나타난다(담배 한 대를 피우면 2~3시간까지 뇨의 억제작용이 나타난다고 한다). 담배로 인하여 신경질환·약시·간질·경련·안면신경마비·운동실조증 등 각종 신경계 이상이 올 수도 있다.

담배 연기가 체내에 들어오게 되면 니코틴은 폐 속 깊이 들어와서 혈액 속으로 속히 흡수되어 심장과 뇌로 전달하게 됩니다. 그리하여 니코틴은 신체의 많은 부분, 즉 심장, 혈관, 호르몬 체계, 신진대사, 뇌 등에 영향을 미치게 됩니다. 니코틴은 흡연자가 더 흡연을 하도록 하는 쾌감을 만들어 내고, 뇌세포 간의 정보전달을 방해함으로써 진정제 역할을 한다. 신경계가 니코틴에 적응함으로 인하여 흡연자는 흡연량을 늘리게 되고 혈액 속에 니코틴 함량을 증가시킨다. 흡연자의 신체는 니코틴에 대한 약물 내성을 발달시키게 되고 이것이 장기간에 걸친 흡연량의 증가로 이끌어 가게 되는 것이다. 결국 흡연자는 어느 정도의 니코틴 수준에 도달하게 되며 그 정도의 니코틴 분량을 계속하여 유지하도록 흡연하게 되는 것이다. 담배 속의 니코틴이나 다른 여러 가지 화학물질은 치아와 잇몸의 면역기능에 영향을 주어 병원균에 대한 저항력이 약해지게 하며, 뼈조직을 손상시키고 성장기일 경우 키도 잘 자라지 않게 된다. 또한 치아 틈새에 니코틴이 침투되어 누렇게 되고 입안이 쉽게 건조되어 입냄새를 유발하게 되며, 다시 말해 흡연을 하게 되면 입냄새가 나는 건 물론 치주병 등에 걸릴 확률이 그만큼 높아지는 것이다. 흡연 후 양치질을 하게 되면 담배냄새(입 냄새)를 없애는 데는 효과가 있지만 근본적으로 니코틴을 없애는 데 직접적 효과가 있는 것은 아니다.

- 흡연자가 비흡연자에 비해 수명이 3.5년 짧아진다.

담배를 피우는 남성은 피우지 않는 남성에 비해 40세 이후 남은 수명이 3.5년 짧아지는 것으로 일본 후생노동성 연구팀의 대규모 역학조사에서 밝혀졌다. 수명에 대한 흡연의 영향이 구체적인 수치로 파악되기는 일본에서는 처음으로, 흡연대책의 중요성을 보여주는 연구로서 주목된다. 2007년 5월 9일 요미우리(讀賣)신문에 따르면, 후생노동성 연구팀은 지난 1980년부터 전국 300개 보건소에서 건강검진을 받은 남녀 약 1만 명(평균 연령 50세)을 대상으로 흡연습관의 유무와 흡연량을 질문, 1999년까지 추적조사를 실시했다. 이 가운데 사망한 약 2천 명의 연령과 흡연습관에서 평균 여명을 산출한 결과, 1980년 시점에서 담배를 피운 남성의 경우 40세 때의 평균 여명이 38.6년으로 비흡연 남성의 42.1년에 비해 3.5년 단축됐다. 특히 하루 두 갑을 피운 남성은 38.1년으로 비흡연자와의 격차가 4년으로 커졌다. 또 65세 남성에서는 흡연자의 여명이 16.8년으로 비흡연자의 19.3년에 비해 2.5년이나 줄었다. 여성의 경우에도 흡연자의 40세 시점의 여명은 43.4년, 비흡연자는 44.6년으로 역시 흡연자의 여명이 단축되는 것으로 나타났다. 흡연이 수명을 단축시키는 것은 폐암이나 뇌졸중, 심근경색에 의한 사망률이 높아지기 때문으로, 이번 연구를 주도한 무라카미 요시타카(村上義孝)

시가(滋賀)의대 특임강사는 "평균수명이 3.5년 줄어드는 것은 20년 전의 수명으로 돌아가는 것과 같다."며 흡연의 심각성을 지적했다. 지난 2005년 현재 일본인의 평균수명은 남성이 78.56세, 여성이 85.52세이다(도쿄발 연합뉴스 이홍기 특파원).

▶ 결 론

이와 같은 모든 사실들을 종합해 볼 때 술 자체는 나쁜 것이 아니지만 그 술을 이용하는 인간들이 어떻게 사용하는가에 따라서 그 술 또한 인간에게 유익한가 해로운가가 결정된다고 하겠다. 그런데 오늘날 교회 내에서는 술을 마시고 담배를 피우는 것이 죄인가 아닌가라는 문제가 심심치 않게 논란의 대상이 되곤 한다. 물론 이런 요소는 한국에 복음을 가지고 온 초기 선교사들이 당시 외세의 침략에 기울어 가는 구한말 나라의 형편을 보면서 좌절과 공허감에 빠져 술과 노름으로 세월을 보내는 백성들을 그러한 도탄에서 건져내는 급선무가 술과 담배를 금하는 것이라고 생각하고 교회 내에서 금주, 금연 운동을 강력히 전개한 사실로부터 기인된다. 그러나 술과 담배 문제가 죄 문제와 직결된다고 여기서 분명히 짚고 넘어가야 할 이유는 술을 마시고 담배를 피우는 것이 정죄(定罪)의 대상이어서가 아니라 건덕상(健德上)의 문제이기 때문이다. 그렇기 때문에 성도들은 술을 마시고 담배를 피우고 난 이후에 발생하게 될 여러 가지 폐단들을 생각해야 할 것이다. 그러면 여기서 술을 '실수하지 않을 정도로만' 혹은 '취하지 않을 정도로만 먹으면' 되지 않겠는가라는 문제가 제기된다. 이 문제는 해결하기가 쉽지 않은 문제로서 이 문제의 해답은 각자의 양심과 태도에 맡길 일이다. 그러나 분명한 것은 술과 담배가 인체의 면역성을 파괴하고 정신을 혼미케 하는 등 정신건강과 육체건강에 지대한 악영향을 미치며 성도의 덕을 떨어뜨리는 데 결정적 요인이 된다는 사실이다. 그러므로 예수님께서도 '술 취함'을 방탕과 생활의 염려 등과 같은 차원에서 말씀하시면서 '스스로 조심하라'고 하셨다(눅 21: 34). 또한 사도 바울도 '술 취함'을 음란, 호색 등과 같이 '어두움의 일'로 간주하였고(롬 13: 13) 사도 베드로조차도 '술 취함'을 구습을 버리지 못한 옛사람의 자취라고 설교하였다(벧전 4: 3). 이러한 의미에서 한국 교회의 금주와 금연의 전통은 성경의 가르침에 적극적으로 부합한다고 볼 수 있다.

◎ 술과 담배에 대한 성경의 교훈

▶ 술

1) 술을 금해야 할 이유

- 하나님의 명령이기 때문에(삿 13: 4,잠 23: 31)
- 천국에 가지 못하기 때문에(고전 6: 9~10)
- 우리의 몸은 하나님의 성전이기 때문에(고전 3: 16~17)
- 성령의 열매, 특히 절제의 열매를 맺기 위하여(갈 5: 22~23)
- 형제들을 실족지 않게 하기 위하여(고전 8: 13)
- 건강을 위해서(시 19: 14)

2) 성경의 예

- 창 19: 30~38에서 술 취함으로 인한 실수는?
- 삼하 13: 28~29에서 압살롬이 누이를 겁탈한 암논을 죽이기 위해 사용한 방법은?
- 단 5: 1~31에서 술 취한 벨사살왕의 실수와 그 결과는?

- 잠 23: 29~35에서 눈이 붉어지게 된 원인은?
- 잠 23: 29~35에서 술 취한 자가 하는 말은?
- 잠 23: 29~35에서 넘어갈 때와 넘어간 후의 차이는?

3) 성경에 나타난 경고

- 돌로 쳐 죽여라(신 21: 20~21) · 천국에 못 간다(고전 6: 9~10).
- 술 먹고 성전에 오지 말라(레 10: 9) · 술 먹는 자는 술로 죽는다(렘 31: 30).
- 술 취한 자와 사귀지 말라(고전 5: 11) · 술대접하는 자는 화가 있다(합 2: 15).
- 술장사 하지 말라(사 5: 5: 22) · 술을 거절하라(렘 35: 5~10).
- 술 먹지 말라(삿 13: 7~14) · 보지도 말라(잠 23: 29~31).
- 술 먹으면 범죄한다(창 19: 30~33) · 멸망한다(마 24: 49~51).

4) 음주자의 12가지 손실

- 재물을 잃고 · 병을 가져오고
- 지혜를 잃고 · 악한 성질이 생기고
- 화목을 잃고 · 분쟁과 다툼이 생기고
- 근심과 원망만 생기고 · 잘못된 행동으로 죄를 낳고
- 가정의 혼란을 유발시키고 · 과대망상증이 생기고
- 깊은 우울증에 잠기고 · 하나님과의 교제가 단절된다.

▶ 담 배

1) 담배를 금해야 할 이유

- 신앙인의 삶에 어울리지 않기 때문이다 · 건강에 해롭기 때문이다.
- 남에게 피해를 주기 때문이다 · 한국 교회의 미풍양속이기 때문

이다.

- 우상/미신적 의미가 담겨 있다.

2) 성경의 교훈

- 고전 6: 12~20을 통한 교훈
- 우리가 하는 모든 것이 유익한가?
- 식물과 배는 무엇과 무엇을 비유한 것인가?
- 몸이 존재하는 목적은?
- 기독교인의 몸은 무엇에 비유할 수 있는가?
- 우리의 몸으로 하나님께 영광을 돌려야 하는 이유는?

◎ 성경의 가르침과 병

지금부터 100여 년 전에 프랑스의 세균학자 파스퇴르는 사람이 병에 걸리게 되는 이유는 세균, 바이러스 때문이라는 '세균설'을 주장하였는데 이 무렵 독일 뮌헨대학에 세균배양학자이며 위생학 교수인 페텐코퍼 교수는 세균설을 반대하고 인체의 '체질설'을 주장하였다. 즉, 사람의 몸이 산성으로 되지 않고 알칼리성이면 아무리 세균이나 바이러스가 몸속으로 침입해 들어오더라도 그 세균이나 바이러스가 번식할 수가 없으므로 사람은 병에 걸리지 않는다는 설이다.

페텐코퍼 교수는 사람의 체질이 산성화되어 산성체질로 되는 것을 막아 주는 방법으로서 우리 몸에서 산(酸)을 만들어 줄 수 있는 식사와 각가지 스트레스를 피하고 알칼리성 체질을 유지시킬 수 있는 식사와 스트레스 없는 유쾌한 정신 상태로 평안하게 살아가야 한다는 것이다.

현대 과학자들은 산을 중화시킬 수 있는 채소나 과실 같은 것을 먹지 않고 동물성 육식만 하게 되면 소화 대사될 때 생기는 황산, 인산, 질산, 요산 등 갖가지 산 때문에 우리 몸은 산성체질이 되며 또한 흰 쌀밥, 흰 설탕 등을 먹을 때 잘못하여 불완전연소(不完全燃燒)로 생기는 피루브산, 젖산 등과 같은 산 때문에 산성체질이 될 수 있음을 밝혀냈다. 그런데 하나님께서 성서를 통하여 우리에게 명하신 대로 살아간다면 우리는 결과적으로 병을 예방하고 사람이 항상 알칼리성을 유지할 수 있어 건강하게 살아갈 수 있다는 것이다. 하나님께서 먹지 말라고 명령하신 대로 먹지 않고 먹으라고 명령하신 것만 먹고 살아가면 우리 체질은 틀림없이 알칼리성 체질을 유지할 수 있게 되는 것입니다. 이러한 훌륭한 방법을 잘 지키므로 인해서 병을 예방할 수 있는 것이라고 몇 천 년 전에 말씀하셨다. 다시 말해서 하나님의 말씀에 순종하고 그 계명을 지키면 하나님께서 병을 치료해 주시겠다고 출애굽 제15장 26절에서 “가라사대 너희가 너희 하나님 나 여호와의 말을 청종하고 나의 보기에 의를 행하며 내 계명에 귀를 기울이며 내 모든 규례를 지키면 내가 애굽 사람에게 내린 모든 질병의 하나도 너희에게 내리지 아니하리니 나는 너희를 치료하는 여호와임이니라”고 말씀하셨다. 또 출애굽 제23장 25절, 26절에서 “너희 하나님 여호와를 섬기라 그리하면 여호와가 너희의 양식과 물에 복을 내리고 너희 중에 병을 제하리니 네 나라에 낙태하는 자가 없고 잉태치 못하는 자가 없을 것이라 내가 너의 날 수를 채우리라”고 말씀하셨다. 특히 신명기 제28장 65절에서 67절까지에서는 육체적인 병뿐만 아니라 정신적인 불안과 두려움으로 안정을 찾지 못하고 우리 몸이 산성체질화되는 것도 막을 도리가 없음을 밝혀주고 있다.

신명기 제28장 58절에서 62절에서는 “네가 만일 이 책에 기록한 이 율법의 모든 말씀을 지켜 행하지 아니하고 네 하나님 여호와라 하는 영화롭고 두려운 이름을 경외하지 아니하면 여호와께서 너의 재앙과 네 자손의 재앙을 극렬하게 하시리니 그 재앙이 크고 오래고 그 질병이 중하고 오랠 것이라 여호와께서 네가 두려워하던 애굽의 모든 질병을 네게로 가져다가 네 몸에 들어붓게 하실 것이며 또 이 율법 책에 기록치 아니한 모든 질병과 모든 재앙을 너의 멸망하기까지 여호와께서 네게 내리실 것이니 너희가 하늘의 별같이 많았을지라도 네 하나님 여호와의 말씀을 순종치 아니하므로 남는 자가 얼마 되지 못할 것이라"고 하셨고 65절에서 67절에서는 "그 열국 중에서 네가 평안함을 얻지 못하여 네 발바닥을 쉴 곳도 얻지 못하고 오직 여호와께서 거기서 너의 마음으로 떨고 눈으로 쇠하고 정신으로 산란케 하시리니 네 생명이 의심나는 곳에 달린 것 같아서 주야로 두려워하며 네 생명을 확신할 수 없을 것이라 네 마음의 두려움과 눈의 보는 것으로 인하여 아침에는 이르기를 아하 저녁이 되었으면 좋겠다 할 것이요 저녁에는 이르기를 아하 아침이 되었으면 좋겠다 하리라"고 우리들의 마음의 불안 상태를 자세히 말하고 있다. 그러므로 우리들은 하나님의 말씀과 그의 계명을 지켜가면서 살아가야 병을 예방할 수 있고 건강한 몸과 건전한 정신으로 살아갈 수 있을 것이다. 그 교훈으로 주는 말씀은 신명기 제32장 39절에서 그리고 신명기 제28장 2절에서 6절까지 기록되어 있고 요한복음 2장에서 "너희에게 무슨 말씀을 하시든지 그대로 하라"는 예수님의 어머님 말씀과 "한 알의 씨가 땅에 떨어져 죽지 않으면 한 알 그대로 있고 만약 죽으면(즉 욕심을 버리면) 풍부한 열매를 맺을 것이다 자기의 생명을 사랑하는 자는 잃을 것이요 이 세상에서 자신의 생명을 미워하는 자는 그것을 가지고 영생에 이르느라"고 예수 그리스도께서 말씀하신 것을 잘 기억하고 살아가야 하겠다. 우리가 세계 공용어로 영어를 말하는데 이 영어에서 '병'이라는 단어는 'disease'이다. 이 뜻을 풀이하면 다음과 같다. 이 단어는 두 부분으로 합성되어 있는데

dis + ease …… 평안하지 않은 상태

↓ 평안

↓

→ dis	obey	God's	order
아니다	순종	하나님의	명령

그런데 이 dis(아니다)라는 어원을 기독교에서는 하나님의 명령에 순종하지 않는다(disobey)는 말의 dis(아니다)가 그 어원이라고 해석하는 것이다. 그러므로 하나님의 명령과 그 계명을 지키면 건강하고 그 명령과 계명을 지키지 않으면 평안하지 않은 상태, 즉 병(disease)에 걸리게 된다고 풀이가 된다. 다시 말하면 우리가 하나님의 말씀과 명령을 지켜 순종(obey)하면 아니한다는 dis가 없어지게 되고 이 dis가 없어지면 병(disease)에서 dis가 없어져 평안(ease)하게 되어 병에 걸리지 않게 되는 것이다. 출애굽 제15장 26절에서 "가라사대 너희가 너희 하나님 나 여호와의 말을 청종하고 나의 보기에 의를 행하며 내 계명에 귀를 기울이며 내 모든 규례를 지키면 내가 애굽 사람에게 내린 모든 질병의 하나도 너희에게 내리지 아니하리니 나는 너희를 치료하는 여호와임이니라"고 몇 천 년 전에 성경에서 말씀하셨다. 그 외에도 출애굽 제23장 25, 26절에서 그리고 신명기 제28장 58절에서 62절까지에서도 하나님의 명령과 그 계명을 지키고 순종하면 건강을 유지할 수 있지만 순종하지 아니할 때에는 병에 걸리게 된다는 사실을 우리에게 설명하고 있다.

◎ 질병의 원인들

▶ 사람들이 병드는 이유는 무엇인가?

• 원죄로 인한 연약함

죄를 지은 인간은 영, 혼, 육이 타락하여 기능이 약화되고 부실해졌다. 그러므로 사람이 살면서 정도의 차이는 있지만 질병이나 연약함에 걸리지 않는 사람을 드물다.

• 본인의 죄

본인이 죄를 지어 하나님의 심판, 징계를 받을 경우이다. 이런 경우 불임(창 2: 1~18), 심한 악질(출 4: 11) 등의 질병을 앓는다. 구스 여인과 결혼한 모세를 비방한 미리암은 7일 동안 문둥병에 걸렸다(민 12: 1~16). 이스라엘의 인구 조사를 하여 자신의 위세를 뽐낸 다윗으로 인해 이스라엘 전역에 온역이 내려 7만 명이나 죽었다(삼상 24: 13). 세상의 온갖 죄악 가운데 사는 사람들에게 하나님의 심판으로서 질병에 걸리는 경우가 많다. 이런 경우에는 무엇보다 먼저 예수를 구세주로 영접하고 지은 모든 죄를 회개하면 자신도 모르게 질병이 낫는 경우가 있다. 또한 예수를 믿더라도 회개하지 않은 죄가 있으면 질병이 따르는 경우도 있으므로 그 죄를 회개할 때 병이 낫기도 한다(약 5: 15).

• 마귀의 장난

마귀가 모든 질병을 주는 것은 아니지만 마귀가 질병을 주는 경우도 많다. 이스라엘의 어떤 여인은 사단에게 매여 18년 동안이나 허리가 꼬부라져 있었는데 예수님의 안수로 치유받았다(눅 11: 13).

• 마음의 상처

오늘날 질병의 70%가 마음의 상처 때문에 생긴다고 한다. 그러므로 치유 사역자는 육체적인 치유는 물론 마음의 병을 치유하는 내적 치유에도 통달해 있어야 한다. 허리병, 관절염 등은 스트레스와 관계있고, 마음속에 증오심을 회개한 사람의 관절염이 나은 사례는 드문 일이 아니다.

• 자신의 부주의

생활습관이 체계적이고 규칙적이지 못한 경우, 운동을 게을리 하는 경우, 음식을 제대로 조절하지 못하는 경우, 질병이 생기는 경우가 많다. 이때는 자신의 식생활, 일정 및 운동량을 조절하여 건강을 유지해야 한다.

• 조상의 죄

조상들이 하나님의 진노를 쌓는 죄악을 저질렀을 때 그 자손은 그 죄악의 열매를 먹어 질병에 걸리는 경우도 있다. "여호와 너의 하나님은 질투하는 하나님인즉 나를 미워하는 자의 죄를 갚되 아비로부터 아들에게로 삼사 대까지 이르게 하거니와(출 20: 5)" "이 모든 저주가(각종 질병을 포함하는 여러 가지 재앙들) 너와 네 자손에게 영원히 있어서 표적과 감계가 되리라(신 28: 46)" 유전병도 이런 원인 때문에 생기는 것들이 있다. 이런 경우에는 가계 치유를 통해 그 가계에 흐르는 저주를 끊어야 한다.

• 하나님의 영광을 위한 것

때로는 하나님의 영광을 위해 날 때부터 병약자로 태어나는 사람도 있다. "예수께서 길 가실 때에 날 때부터 소경된 사람을 보신지라 제자들이 물어 가로되 랍비여 이 사람이 소경으로 난 것이

뉘 죄로 인함이오니이까 자기오니이까 그 부모오니이까 예수께서 대답하시되 이 사람이나 그 부모가 죄를 범한 것이 아니라 그에게서 하나님의 하시는 일을 나타내고자 하심이니라(요 9: 1~3)"

▶ 어떤 경우에 치유되는가?

성경은 병 낫는 경우를 여러 가지로 기록한다. 병 낫고자 하는 사람의 믿음과 치유는 밀접한 관련이 있다 예수님은 여러 차례 "네 믿음이 너를 구원하였느니라(소조)" "네 믿음대로 될지어다(마 9: 2, 22, 29, 15: 28)"라고 말씀하셨다. 사도들도 믿음이 있는 자를 치유했다(행 14: 8~10).

- 하나님이 주신 권세를 담대하게 사용해야 한다.

베드로는 날 때부터 앉은뱅이 된 자를 예수 이름으로 치유했다(행 3: 1~8). 이때는 치유받는 자의 믿음과는 상관이 없이 예수 이름의 권세 또는 성령의 은사가 역사한 경우라고 할 수 있다.

- 병든 자들에 대한 긍휼한 마음으로 치유해야 한다.

예수님은 주로 병든 자들이 불쌍하여 치유하신 경우가 많다. "예수께서 나오사 큰 무리를 보시고 불쌍히 여기사 그 중에 있는 병인을 고쳐 주시니라(마 14: 14)" 긍휼한 마음이란 그 사람의 입장에서 그 사람이 당하는 고통을 느끼고 동정하는 것을 말한다. 그러므로 특히 신유의 은사를 가진 자들은 긍휼의 은사를 가지도록 노력해야 한다. 치유의 동인은 은사 자랑이나 사람 영광이 아니라 병으로 인해 고통받고 신음하는 자들을 동정하고 불쌍히 여기는 마음으로 하는 자야말로 하나님의 마음에 합한 자요 하나님께 영광 돌리는 자이기 때문이다.

◎ 성경 다이어트, 예수님 식단으로 육체적 안식 찾아

예수 시대의 도정하지 않은 곡식과 생선, 과일, 채소 위주의 식단이 비만 인구로 넘치는 현대인에게 또 다른 메시지를 주고 있다. 정신건강과 함께 육체건강을 돕는 성경의 식단에 대해 알아보면 다음과 같다.

요즘 미국에서 성경에 나오는 식단을 위주로 꾸민 '성경 다이어트'가 화제가 되고 있다. 이를 전문적으로 다루는 '창조주 다이어트(The Maker's Diet)' 프로그램이 나왔는가 하면, '예수는 무엇을 먹었을까?'와 같은 서적도 출판되어 있으며, 우리나라에도 '모세 다이어트(성경적 다이어트)' 등의 책을 서점에서 만나볼 수 있다. 비만이 각종 질병의 원인이 된다는 과학적 증거에 '보다 더 잘 살려는' 웰빙 바람과 맞물려 과체중과 비만의 원인을 '먹는 것'에 두고 효과적인 식단을 찾다 보니 성경에까지 이르게 된 것은 아닐까? 또한 스트레스가 만연한 이때에 왠지 겸허하게 하고, 마인드 컨트롤을 도울 것 같은 성인의 식단이라는 점이 묘한 매력과 궁금증을 더하는 것 같다.

예수 그리스도 시대의 식단을 추천하는 그들

『예수는 무엇을 먹었을까?』의 저자 돈 콜버트(Don Colbert, 미국 플로리다 의사, What Would Jesus Eat?－The Ultimate Program for Eating Well, Feeling Great, and Living Longer / The What Would Jesus Eat Cookbook의 저자)는 그 시대의 음식을 천연 자연식이라 평하면서, 이 식단을 응용하면, 보다 더 건강해질 것이며, 체중 감량은 물론 질병을 예방하고 영양소를 균형 있게 섭취하게 될 것이라고 전하고 있다. 당시의 포도주를 곁들인 통밀, 생선, 콩, 야채 중심의 자연식에서 과식과 기름진 육식은 찾기 힘들며, 느긋한 식사시간과 음식에 대한 감사의 마음가짐이 있었다는 그의 지적에서 오늘날 불규칙한 식습관과 넘치는 간식, 과식과 육류 섭취의 증가, 과도한 스트레스와 바쁜 일과에 허덕이는 현대인에게 더없이 훌륭한 신의 메시지처럼 느껴진다. '창조주 다이어트(The Maker's Diet)'를 개발한 조던 로빈(Jordan S. Rubin)은 치유할 수 없었던 자신의 크론병(주로 소화장기에 발병하는 만성 염증성 질환)을 예수 시대의 식단으로 치료했다고 주장하고 있다. 어떤 방법으로도 그의 심각한 크론병을 치료할 수 없었지만 성경대로 재구성한 식단은 소화기관에 효과적으로 영향을 끼쳐 결국 크론병에서 해방될 수 있게 되었다는 것이 그의 설명이다.

도대체 어떻게 구성된 식단인가?

* 누가복음 22장 19~20절
떡(밀빵)을 …… 떼어 그들에게 주시며 …… 잔(포도주)도 그와 같이 하여 ……

* 요한복음 21장 1~14절
예수께서 디베랴 호수에 나타나셨는데 …… 숯불 위에 생선이 놓였고 떡도 있더라 …… 예수께서 가셔서 (조반으로) 떡을 가져다가 그들에게 주시고 생선(빵과 함께 먹는 반찬을 의미하는 물고기)도 그와 같이 하시니라

* 통밀, 보리, 현미, 귀리 등 도정하지 않은 곡식으로 만든 빵=>탄수화물 외에 섬유질과 비타민 E, 마그네슘(magnesium) 등이 풍부함

* 단백질 섭취는 육류보다는 주로 (지느러미와 비늘이 있는) 생선으로=>양질의 단백질과 칼슘, 비타민 B2, 비타민 D, DHA, EPA

등이 풍부함

* 신선한 과일 섭취=>각종 비타민은 물론 풍부한 섬유질 공급

* 견과류(호두, 땅콩, 잣 등)와 씨앗류(해바라기씨, 호박씨 등) 섭취 => 풍부한 비타민과 미네랄

* 음료는 물과 포도주를 음용=>요즘 같은 탄산, 설탕 함유 음료가 아닌 물과 심장병 예방 등의 효능이 있는 포도주 음용

* 양고기, 염소고기 등 육류는 특별한 날에만 한 달에 한 번 정도 섭취=>과도한 지방, 육류 섭취 자제

* (가공식품보다는) 천연식품으로 구성된 식단=>원재료의 맛과 영양을 살리는 천연식품 위주의 식단 성경 다이어트의 포인트는 과식하지 않고, 섬유질과 좋은 단백질 섭취하는 것

'예수 시대의 식단'

통밀빵이나 보리빵과 물고기를 주식으로 포도주와 허브차 등을 곁들였으며, 풍부한 과일과 채소 섭취에 견과류, 씨앗류 등을 후식으로 하는 식사

이와 관련하여 마리 그리피스 프린스턴대학 교수(Marie Griffith, Princeton University)는 당시는 생산량 자체가 적어 소식을 하였으며, 육식도 귀해서 특별한 날 이외에는 먹을 수 없는 음식이었다며, 영양불균형이 우려된다고 피력하였다. 그러나 지금은 사실 영양불균형보다는 음식의 과잉 섭취로 인한 비만이 건강과 생명을 해칠 정도로 심각한 수준에 달해 있다. 영양소를 골고루 섭취하되, 섬유질이 풍부

한 도정하지 않는 곡식과 채소와 과일 섭취에 유의하면서, 제때, 적당량만, 30분 이상 식사하는 식습관을 유지하는 것은 건강한 정신에 필수적인 건강한 육체를 만들어 가는 데 큰 도움을 줄 것이다. 만약, 요즘과 같은 무분별한 식습관을 지닌 시대에 예수 그리스도가 나타났다면, 나병 환자를 고치는 기적 대신 비만한 자들을 날씬하게 만들어 주셨다는 기적이 성서에 써 있지 않았을까 하고 조심스레 상상해 본다.

◎ 단기단식요법

단식을 함으로써 무엇을 얻을 수 있을까? 구약에 있어서의 단식은 레위기 23장 26절에서 31절까지의 말씀을 인용 '몸을 괴롭히는'이라는 표현에서도 알 수 있듯이 단식하여 몸을 괴롭히는 소위 고행(苦行)이며 이것은 종교적 겸허의 표현이라고 한다. 깊은 슬픔, 특히 자기가 범한 죄에 대한 슬픔과 참회의 표출이며 정신적인 고뇌가 육체에 작용하여 식욕을 잃게 하는 극히 자연스러운 것으로 생각된다. 바꾸어 말하면 마음에도 없는 행위가 아니라 진실로 심신상즉(心身相卽)이라고 할 수 있는 행동이었다. 마태복음 6장 16절에서 18절에 "은밀한 중에 계신 네 아버지께 보이게 함이라" 하셨는데 예수님이 그리스도로서의 전 생애에 들어가기 직전에 광야에서 40일간의 단식과 명상의 때를 가졌다고 기록되어 있다. 그러나 예수님은 제자들에게 강요하지 않았다. 그리고 단식할 때는 위선자처럼 행하지 말라고 명하셨다. 즉, 단식은 주위의 사람들에게 보이려고 하는 것이 아니라 단식을 하는 사람 자신과 하나님과의 문제라는 것을 가르치고 있다. 동물은 부상을 당하거나 병에 걸렸을 때는 감식(減食)하거나 단식을 한다. 이것은 전신의 모든 기능이 회복이라는 대목적에 총동원되고 섭식(攝食)과 소화 등에 허비되는 것을 허락하지 않는 것이 아닌가 하고 생각한다. 일반인들의 단식에 대해서 미국의 유명한 자연치유가인 P. 에일로라 박사의 『만성병의 식이요법』이라는 책의 요점을 보면 “단식을 할 때 가장 안전하고 효과적인 방법은 주스 단식이다. 옛날부터의 오래된 단식 방법은 물만 마시는 방법이었는데 오늘날의 단식 권위자들은 주스 단식이 훨씬 효과적이라고 한다. 생야채와 생과실 주스, 거기에 야채수프와 약초 차를 사용하는 단식법이 전통적인 물만의 단식보다 훨씬 병에서 회복을 더 빨리 하며 체내 정화와 체내 조직 소생조직의 소생작용을 효과적으로 할 수 있다.”고 하였다. 또한 실제 방법으로서는 우선 단기의 체내조직정화 식이법을 하는 것이 좋다고 권장했다. 매 두 시간마다 야채 주스나 과실 주스를 마시며 산보나 가벼운 체조를 하거나 날이 좋으면 일광욕을 하는 것이 좋다고 한다. 그리고 오전에는 침대에서 쉬는 것이 좋으며 오후에는 일반 차(茶)를 1컵 마시고 두 시간마다 또 과실 주스나 야채 주스를 마시고 저녁식사 때는 야채수프를 먹는 것이 좋다고 한다. 목이 마를 때는 미네랄워터(Mineral Water)든지 따뜻한 물을 마시거나 야채 주스나 과실 주스 외에 생수를 두 시간에 한 번씩 마시는 것도 좋다고 한다. 그리고 단식 다음 날에는 절대로 과식하지 말고 서서히 잘 씹어서 먹어야 한다고 말하고 있다. 단기 단식 중에는 약품은 일체 금하고 흡연과 음주 등도 일체 금해야 한다. 오늘날에는 단식에 따라서 발생되는 정신적 변화에 대한 관심이 고양되어 오고 있다. 특히 2일 또는 3일간의 단순한 단식으로 우울증상이 경감된다는 최근의 보고가 발표된 후에 더욱 고조되었다. 교감신경계의 움직임(스트레스, 불안 시 고조)의 저하가 이 같은 관찰을 뒷받침하고 있는 것 같다. 또 1976년에 C. Tammiga 박사와 공동연구자 Lancet가 발표했듯이 민감한 사람에게는 콜린이 우울증상을 악화시키는 일도 있다. 그러므로 그러한 사람에게는 콜린을 감소(단식이 그렇게 함)시키는 것이 좋고 또 울증상의 경감의 설명도 된다.

◎ 갱년기 장애

남성호르몬 테스토스테론은 50대가 되면 거의 절반 수준으로 떨어지게 된다. 중년 여성의 경우에도 에스트로겐, 프로제스테로젠 등 여성호르몬 분비가 체내 요구량에 미치지 못하여 여러 가지 신체적 변화가 일어나게 된다. 이렇게 중년 남성과 여성들이 호르몬 분비가 원활하지 않아 우울증, 무기력증, 기력저하, 의욕감퇴, 성기능저하 등이 나타나는 것을 말한다.

이러한 갱년기 장애는 심하면 가정파괴 등의 극단적인 결과를 낳을 수 있을 정도로 심각한 수준에 이르기도 한다. 갱년기 성인병의 원인은 대부분 탁한 피, 깨끗하지 않은 혈액이 오장육부의 기능을 막기 때문이라고 알려지고 있다. 따라서 우리 몸의 오장육부를 잘 다스려 피를 맑게 하고 혈관을 깨끗하게 하면 호르몬의 분비가 촉진되어 성기능이 강해짐은 물론 피부노화 방지 등 갱년기에 일어날 수 있는 다양한 문제점들을 극복하는 데 도움이 된다.

◎ 하나님의 자녀는 건강해야 할 사람

근래 생명공학의 연구는 장족의 발전을 거듭하여 생물의 기원에 대해서도 어느 정도 서광을 비춰 주기는 하였지만 그 생명의 신비는 인간의 창조주이신 하나님만이 알고 있을 뿐 아직도 깊은 장막에 싸여 있다. 따라서 생명의 신비에 대한 연구는 지속되리라고 믿는다.

인간의 발생에 있어서 한 개의 미세한 난세포(卵細胞)가 여성의 난소 안에 자라고 이것이 자궁에 내려와서 남자의 정자와 합치는데 어떻게 하여 여기에서 인간으로의 발전의 기전(機轉)이 주어지는가? 신비한 일이다. 또 10개월간의 태내(胎內) 발육 후 분만(分娩)의 작용이라는 창조주의 뜻에 따라 모체(母體)를 떠난다. 모성의 자애(慈愛)에 의하여 대강 7년의 유아기(幼兒期), 그리고 완전한 성인으로서 완전히 발육을 이룩하는 데는 태어나서부터 약 20~21년의 세월을 요하며 부모 곁을 떠나 성인으로서 독립생활을 할 수 있는 세월은 평균 25년의 세월이 된다.

생명공학의 연구에 의하면 생물은 그 발육 기간의 5배가 하나님께서 주신 수명이라고 함으로 인간의 수명은 100세 이상이어야 할 것이다. 이와 같이 창조주의 신비는 현미경적인 미소한 난자와 정자의 결합이 어찌하여 그 부모의 자태와 안모(顏貌)에 흡사한 1개체를 재생하는가, 스스로 몸을 지킬 수 없는 유아기에 있어서 그 자태, 무심히 자는 얼굴, 웃는 모습, 우는 얼굴, 그 운동, 생활 모두가 어느 것이고 사랑 그대로의 모습이 아닌가. 인간은 진실과 선한 것과 아름다움을 동경한다. 이것을 이상화하여 여기에 창조주인 하나님의 의미를 얻는다. 즉, 하나님은 인간이 상상할 수 있는 모든 진실, 모든 선한 것, 모든 아름다움을 갖춘 존재로 이상(理想)이 되는 하나의 상징이다. 이렇게 하나님의 성태(性態)를 갖고 태어난 것이 인간인데 하나님의 존재를 알지 못한다면 둔감한 사람이 아니겠나.

따라서 인간들은 '산다는 의미', '늙는다는 의미', '죽음에 대한 의미'를 음미하며 하나님께서 허락해 주신 귀한 몸과 마음을 건강하게 유지, 보존하는 것이 얼마나 중요한 일인지 알아야 될 것이다. 하나님을 사랑하고 하나님으로부터 사랑받고 있는 사람은 하나님께서 떡과 물로 축복해 주셔서 어떤 병에도 걸리지 않도록 해 주신다. 따라서 병든 사람은 하나님과 사랑의 관계를 가짐으로써 그 병으로부터 해방되어 건강을 유지, 반드시 건강해야 할 사람이다. 그러므로 하나님의 뜻에 따라 먹고 마셔야 할 것이다. 창세기 제1장 29절에서 30절에는 "하나님이 가라사대 내가 온 지면의 씨 맺는 모든 채소와 씨 가진 열매 맺는 모든 나무를 너희에게 주노니 너희의 식물이 되리라 또 땅의 모든 짐승과 공중의 모든 새와 생명이 있어 땅을 기는 모든 것에게는 내가 모든 푸른 풀을 식물로 주노라 하시니 그대로 되니라" 하셨다.

◎ 스트레스 극복을 위해서는

스트레스란 생물체에 영향을 주는 외계(外界)의 갖가지 해로운 작용인자(作用因子)에 응하여 체내에서 생긴 상해와 방어를 행하는 반응의 총화라고 캐나다 몬트리올대학의 한스 셀라에 박사는 정의하였다. 다시 말하면 생물체가 받은 외계의 자극이 스트레스인데 정신적인 것이 가장 크고 추위, 과로, 식염 과잉 섭취 등 신체적인 것도 있다고 했다.

▶ 생리적인 면

생물은 스트레스를 받게 되면 부신피질 호르몬의 과량 분비로 궤양에 걸리게 되는데 그 후 많은 사람들의 연구에 의해서 스트레스는 심장에 주는 부담을 증가시키고 심장으로 가는 산소 등 혈류(혈액)의 부족을 일으키는 원인이 되는 것도 알게 되었다. 그러므로 일상생활에 반드시 수반되는 갖가지 스트레스는 끊임없이 부신에 자극을 주게 되는데 이렇게 되면 부신이 차츰 피로를 느끼게 되며 동시에 과량의 호르몬을 분비하게 된다. 이런 상태가 계속되면 스트레스 궤양이라는 병에 걸리게 된다. 의학적 연구에 의하면 부신에서 두 가지 종류의 호르몬이 분비되는데 하나는 부신 중심부인 수질에서 분비되는 아드레날린(adrenalin)이며 또 하나는 부신피질에서 분비되는 항스트레스 호르몬이다.

이 부신피질 호르몬은 뇌하수체로부터 분비되는 ACTH(adrenocorticotropic hormone: 뇌하수체 전엽에서 분비되는 호르몬의 일종, 폴리펩티드, 부신피질 호르몬을 분비시키는 작용이 있다)라는 호르몬의 지시로 분비되는 것인데 보통 이것을 코티존(cortison 또는 cortisol)이라고 부른다. 최근에는 일반적으로 3단계로 스트레스가 진행된다고 한다.

제1단계는 경고기(警告期)로 몸의 자연치유력이 저하되며 체온도 저하되고 백혈구 수도 감소되고 혈액은 진해지면서 몸은 산성체질로 변한다.

제2단계는 저항기(抵抗期)로 경고기에서 쇼크가 크면 이것이 뇌하수체 전엽(前葉)을 자극하여 부신피질 자극 호르몬인 ACTH의 분비를 촉진시키며 ACTH는 부신피질에 작용하여 코티존을 분비시킨다. 이 호르몬은 이때 적극적으로 저항을 전개, 새로운 자연치유력을 가지게 되어 체온도 혈압도 혈당치도 상승한다. 이로써 경고기에 볼 수 있는 이변(異變)은 해소된다.

제3단계는 소모기(消耗期)로 저항기가 오래 계속되면 뇌하수체-부신계의 반응이 드디어 그 기능을 잃게 된다. 이때 부신은 비대(肥大)해지고 흉선, 임파선계는 위축되며 위궤양, 십이지궤양 등이 생기고 때로는 간장 장해까지 생긴다고 한다. 부신은 이때 과분한 노동 때문에 비대하게 될 수밖에 없는데 이 과정에서 비타민 C가 대량 소모된다. 그러므로 이때 비타민 C의 보급이 순조롭지 못하면 부신피질 호르몬에 의한 소염작용(消炎作用)이 되지 않고 소모기로의 이동이 빨라지게 된다. 쉽게 말하면 비타민 C가 부족하면 스트레스에 약하게 된다는 것이다. 코티존의 전구체(前驅體)인 황체호르몬(progesterone)이 코티존으로 변하는 과정에 비타민 C를 필요로 한다. 따라서 비타민 C가 부족하면 코티존 형성에 지장이 있고 결과적으로 스트레스에 견디지 못하게 되므로 평소 때 비타민 C가 많이 포함되어 있는 과실과 채소와 감자 등을 섭취하여 스트레스를 이길 수 있도록 해야 한다. 스트레스를 계속 받고 이기지 못하면 우리들의 면역계도 그 저항력이 감소되지만 산성체질화된 몸을 중화시키기 위해 몸의 뼈, 특히 골수로부터 칼슘이 빠져 나가게 된다. 이렇게 골수가 계속 손상을 받게 되면 우리의 골수는 도저히 더 이상 적혈구와 백혈구를 제조할 수가 없게 된다. 그런데 이 코티존이라는 부신피질 호르몬이 계속 과량 분비되게 되면 갖가지 부작용이 생기는데 그중에서 가장 중요한 것은 골다공증, 근육위축, 혈전증, 당뇨병, 소화기관의 궤양, 감염증, 항체생산의 저하 등이다. 그러므로 우리는 될 수 있으면 스트레스를 받지 않도록 항상 주의해야 한다.

▶ 암과 스트레스와의 관계

1976년에 개최된 "암 발견과 예방에 관한 국제 심포지엄"에서 바논 릴레이 박사가 스트레스와 암과의 관계를 다음과 같이 보고한 일이 있었다. "감정적 스트레스가 대뇌피질, 간뇌, 뇌하수체, 부신피질계를 통하여 혈액 중의 코루티코이드의 수준을 높인다고 한다. 그리고 또 흉선, 비장, 임파선 등의 무게를 감소시키기 때문에 임파구(淋巴球) 감소 등이 일어나므로 암 바이러스의 활성화와 세포의 암화가 쉽게 되어 발암률이 높아진다." 한편 노벨상을 받은 와르부르그는 암 발생을 이렇게 설명하고 있다. 우리가 강한 정신적 충격을 받으면 우리들의 호흡은 얕아지면서 생체 조직 중에 탄산가스가 많아지는 현상이 생기는데 이렇게 되면 산소 공급이 적어지므로 산소 부족하에서 암세포가 발생한다고 증언했다. 최근에 로체스터 의과대학의 H. 슈날 박사가 109명의 환자를 조사한 결과 감정 상실 때문에 성인 백혈병과 임파종(lymphoma)이 발생되는 것을 보았다고 했다. 이 연구결과에 의하면 비애(悲哀)와 걱정과 분노하는 것과 직장이나 애인을 상실한 후의 무력 등의 깊은 감정 변화와 스트레스 때문에 암이 발생된다는 것을 알았다고 했다.

미국 캘리포니아주 산타모니카의 심리치료 소장인 크리스티 박사는 암은 심리적인 스트레스와 관련이 있다고 증언했다. 근심, 걱정 등 심리적 스트레스가 암의 원인이 된다고 하니 참으로 조심해야 할 것 같다. 그러므로 성경에서는 세상 근심으로 스트레스를 이기지 못하면 사망의 원인까지 될 수 있다고 확실히 말했다. "하나님이 뜻대로 하는 근심은 후회할 것이 없는 구원에 이르게 하는 회개를 이루는 것이요 세상 근심은 사망을 이루는 것이니라(고후 7: 10)"

최근에 미국의 존 홉킨스 의과대학에서 학생을 대상으로 하여 심장병, 고혈압, 정신이상, 암, 자살이라는 5개 병태의 전조(前兆)를 발견하려고 조사한 토마스 여의사의 보고에서 스트레스를 그 공통점으로 지적했다. 암과 자살자는 근사한 심리적 형에 속하며 소극적이고 감정표현이 없고 그 부모와 관계도 지극히 냉정하며 자가제 스트레스를 많이 받는 사람들인데 이같이 마음과 신체의 상관성에 관한 의학이 암 예방까지 중요하다는 인식에 도달하였다는 것이다.

미국 보스턴 대학의 록크 박사에 의하면 스트레스를 잘 풀지 못하는 사람은 세포학적인 면역이 없다고 했다. 록크 박사는 단지 스트레스만으로는 면역을 손상시킬 수 없지만 결정적인 요소는 어떠한 사람이 어떻게 스트레스를 이겨 나갈 수 있는가에 달렸다고 했다.

▶ 스트레스의 종류와 성경적 믿음

스트레스를 너무 오랫동안 계속 받게 되면 우리들의 자연치유력도 한계점에 도달하게 되고 이 부신피질 호르몬의 부작용 때문에 뜻하지 않는 병을 얻게 된다, 이와 같은 진리를 몇 천 년 전에 이미 성경의 잠언 제3장 7, 8절에서 "스스로 지혜롭게 여기지 말지어다. 여호와를 경외하며 악을 떠날지어다. 이것이 네 몸에 양 약이 되어 네 골수로 윤택하게 하리라"고 우리에게 교훈하셨다. 참으로 우리가 하나님의 말씀을 듣고 하나님을 경외하며 모든 스트레스에서 떠나서 살아가기만 한다면 우리의 골수가 윤택해질 수 있어서 우리가 바라는 자연치유력, 면역력이 놀랄 정도로 강화될 수가 있을 것이다. 그런데 사람이 받는 스트레스가 많이 있지만 크게 나누면 4종류가 있다고 한다. 첫째는 자기 마음에서 자기가 스스로 만들어 내는 심리적 스트레스이며, 둘째는 남과 비교해서 자기가 달성하지 못한 욕구 불만에서 오는 스트레스이며 셋째는 옛날과 비교하여 오늘의 초라함을 한탄하는 마음에서 오는 스트레스이며 넷째는 슬픔에서 오는 고통의 스트레스라고 한다.

첫째, 자기 마음에서 자기가 스스로 만들어 내는 심리적 스트레스는

불안, 공포, 걱정, 근심, 염려 등에서 생기는 것이라고 한다. 혹시 내가 실패하지나 않을까, 혹시나 나의 재산에 손해가 있지나 않을까, 혹시 내가 병에 걸려 불구자나 또는 죽지나 않을까, 혹시 내가 남으로부터 손가락질을 받지나 않을까, 혹시 내 자식들이나 친척, 친구들이 사고나 당하지 않을까, 병에 걸리지나 않을까, 사업에 실패하지나 않을까, 어린 자식들이 혹시나 나쁜 길에 빠져 잘못되지나 않을까, 내 부모님이 큰 병에 걸리지나 않을까 등의 불안, 걱정, 근심, 공포, 염려 때문에 스트레스를 받게 되면 우리의 건강은 좀먹고 자연치유력, 면역력의 바탕이 되는 골수까지 말려서 병을 이길 수 없게 되는 것이라 한다. "마음의 즐거움은 양약이라도 심령의 근심은 뼈로 마르게 하느니라(잠 17: 22)" 뼈가 마르면 자연치유력, 즉 면역의 주체인 백혈구를 만들 수가 없게 된다. 그러므로 우리가 할 일은 우리의 모든 염려와 걱정을 먼저 하나님께 맡겨 버리고 평안한 마음으로 살아가는 일밖에 없는 것 같다. 성경에 이런 교훈도 있다. "너희 염려를 다 주께 맡겨버리라 이는 저가 너희를 권고하심이니라(벧전 5: 7)"

우리는 예수님 말씀에 직접 귀를 기울이고 하시는 말씀에 순종해야 한다.

"수고하고 무거운 짐 진 자들아 다 네게로 오라 내가 너희를 쉬게 하리라 나는 마음이 온유하고 겸손하니 나의 멍에를 메고 내게 배우라 그러면 너희 마음이 쉼을 얻으리니 이는 내 멍에는 쉽고 내 짐은 가벼움이라 하시니라(마 11: 28～30)"

예수님의 말씀대로 걱정하지 말고 예수님께로 가서 그분 앞에 우리의 근심 걱정의 무거운 짐을 내려놓고 평안을 받기 바라는 마음이다. "무거운 짐을 나 홀로 지고 견디다 못해 쓰러질 때 불쌍히 여겨 구원해 줄 이 은혜의 주님 오직 예수"밖에 없다는 찬송가도 있다. 근심 걱정 없는 사람이 세상에 어디 있겠는가? 이 시간부터 예수님께 나의 모든 무거운 짐을 맡기고 마음을 가볍게 해서 스트레스를 벗어야 한다. 이것은 신자들의 특권일 것이다.

"그런즉 근심으로 네 마음에서 떠나게 하며 악으로 네 몸에서 물러가게 하라 어릴 때와 청년의 때가 다 헛되니라(전 11: 10)"

이렇게 하여 심령의 근심을 없이 할 때 우리들은 몸의 뼈를 강화시킬 수 있으며 백혈구를 많이 제조하여 우리가 원하는 임파구로 내 몸의 자연치유력을 유지시킬 수가 있을 것이다. 우리의 모든 근심 걱정을 예수님께 맡기지 못하고 스스로 자기 힘으로 모든 것을 해결하려 할 때 반드시 근심 걱정이 생기게 된다는 것이다. 내가 내 힘으로 모든 문제를 나 혼자서 해결하려고 할 때 근심 걱정은 절대로 없어질 수 없다고 한다. 우리가 믿는 예수님께 모든 것을 맡겨 버릴 때 비로소 근심 걱정이 없어질 수 있다고 한다. 이것이 바로 예수를 믿는 우리 신자들만이 할 수 있는 유일한 보배로운 일이 아닐 수 없다. 이 순간에 모든 걱정을 예수님께 맡기고 평안한 안도감으로 스트레스를 없애야 한다. 예수님의 말씀에 다시 귀를 기울이고 그분의 말씀대로 살아가도록 노력해야 한다. "그러므로 내일 일을 위하여 염려하지 말라 내일 일은 내일 염려할 것이요 한 날 괴로움은 그날에 족하니라(마 6: 34)" 참으로 내일 일을 위하여 염려하지 말고 살아가야 하겠다.

스트레스라는 말을 처음 쓴 '한스 셀리에' 박사는 스트레스 중에서 좋은 스트레스를 유스트레스라고 했다. 사람이 마음의 근심, 걱정 대신 희망과 즐거움과 기쁨을 가질 때 이것을 유스트레스라 한다. 이때 우리 몸의 호르몬의 조화가 잘되고 뼈의 칼슘도 녹아 나오지 않으므로 골수가 건강하여 백혈구 제조도 정상적으로 잘되며 자연치유력, 면역력도 강화된다는 것이다. 자기 마음의 생각을 좋은 쪽으로 돌리는 것이 건강에도 좋다. 이왕이면 즐거운 생각, 기쁘고 좋은 공상, 희망적인 태도, 믿음의 태도 등으로 내 마음을 바꾸면 나의 자연치유력이 강하게 활동하여 건강을 지켜 줄 수 있다는 것이다. 잠언에 이런 교훈이 있다.

"마음의 즐거움은 얼굴을 빛나게 하여도 마음의 근심은 심령을 상하게 하느니라(잠 15: 13)"

마음의 즐거움이 얼굴을 빛나게 하며, 스트레스를 없애 줄 수 있다. 특히 성경에는 좋은 기별을 받아 마음이 즐거우면 뼈가 윤택해진다고 말하고 있다. "눈의 밝은 것은 마음을 기쁘게 하고 좋은 기별은 뼈를 윤택하게 하느니라(잠 15: 30)" 뿐만 아니라 성경은 우리에게 만일 우리가 죄를 회개하고 하나님께로 돌아오면 유쾌하게 될 수 있다고 하였다.

"그러므로 너희가 회개하고 돌이켜 너희 죄 없이 함을 받으라 이같이 하면 유쾌하게 되는 날이 주 앞으로부터 이를 것이요(행 3: 19)"

하나님께로 돌아가서 회개하여 마음의 괴로움을 씻고 마음이 유쾌하고 가벼워져서 스트레스 없는 생활이 된다. 오늘날 우리들 주변의 사람들을 돌아보면 이유 없이 공연히 남을 미워하는 사람들이 많이 있다. 마치 솔잎의 송충이를 보는 것처럼 죽어라고 싫어하고 미워하는 사람들이 많이 있다. 그런데 한편 미칠 정도로 우리를 좋아하며 사랑하는 사람들도 많이 있다. 그러므로 우리는 유스트레스를 받기 위해 항상 우리를 좋아하고 사랑하는 사람들을 생각하면서 살아가야 한다. 그 사람들이 지금 어디서 무엇을 하고 있는지 언제 다시 만날 수 있겠는지 희망을 가지고 생각하면서 살아가면 유스트레스를 받으며 살게 된다.

둘째, 남과 비교해서 자기가 남보다 성공하지 못한 욕구불만에서 오는 마음속의 시기, 질투, 미움, 불평, 열등감 등을 스트레스라 한다.

나보다 남이 돈을 많이 벌게 되면, 나보다 남이 더 높은 자리를 차지하게 되면, 나보다 남이 더 성공하게 되면, 나보다 남이 더 잘나고 미인이면, 아무튼 우리 인간은 열등감에 사로잡힌 채 시기, 질투,

미움, 불평등의 스트레스를 받게 된다고 한다. 이것은 우리들이 항상 남과 비교하기 때문이다. 남의 일은 상관하지 않는 것이 바로 내가 심리적인 스트레스를 받지 않게 되는 가장 좋은 방법이 되는 것이라 한다. 그러한 까닭에 비교할 수 없는 사람에게는 아무런 스트레스도 받지 않는다. 우리나라에서는 사촌이 땅을 사면 배가 아프다는 말이 있다. 만일 내가 비교할 수 없는 사람이 땅을 산다면 나는 아무런 스트레스도 받지 않을 것이다. 따라서 우리들의 자연치유력을 높여 주기 위해서 남과 비교하여 쓸데없는 마음의 스트레스는 받지 말아야 한다. 남과 비교하지 말고 초연한 자세로 살아야 한다. 이런 비유의 말씀이 성경에 있다.

"저물매 포도원 주인이 청지기에게 이르되 품꾼들을 불러 나중 온 자로부터 시작하여 먼저 온 자까지 삯을 주라 하니 제 십일시에 온 자들이 와서 한 데나리온씩을 받거늘 먼저 온 자들이 와서 더 받을 줄 알았더니 저희도 한 데나리온씩 받은지라 받은 후 집주인을 원망하여 가로되 나중 온 이 사람들은 한 시간만 일 하였거늘 저희를 종일 수고와 더위를 견딘 우리와 같게 하였나이다 주인이 그 중의 한 사람에게 대답하여 가로되 친구여 내가 네게 잘못한 것이 없노라 네가 나와 한데리온의 약속을 하지 아니하였느냐 네 것이나 가지고 가라 나중 온 이 사람에게 너와 같이 주는 것이 내 뜻이니라 내 것을 가지고 내 뜻대로 할 것이 아니냐 내가 선하므로 네가 악하게 보느냐(마 20: 8~15)"

이 포도원에 가장 먼저 들어온 사람이 제 십일 시에 들어온 사람과 자기를 비교했기 때문에 불평이 생겼다는 것이다. 만일 이 포도원에서 그날 오직 자기 한 사람만 일을 했다면 저녁때 한 데나리온을 받았을지라도 조금도 불평이 없었을 것이다. 항상 자기와 남을 비교하여 자기가 손해를 본다거나 자기가 뒤지게 되면 질투와 시기와 불평과 미움의 스트레스를 받게 된다는 것이다.

"만물보다 거짓되고 심히 부패한 것은 마음이라 누가 능히 이를 알리요마는 나 여호와는 심장을 살피며 폐부를 시험하고 각각 그 행위와 그 행실대로 보응하나니(렘 17: 9~10)"

우리들의 마음을 고쳐서 유스트레스만 받도록 노력해야 한다. '만물보다 거짓된 것이 사람의 마음이라' 마음의 스트레스를 버리는 것이 골수 강화법에서 참으로 중요한 일임을 새삼 기억하고 날마다 생활에서 백혈구 면역세포를 많이 만들어 자연치유력으로 병을 스스로 이기면서 살아가야 한다. 스트레스를 버리는 가장 좋은 방법은 오늘의 나의 현재가 가장 행복하다고 생각하는 것이 가장 중요하다. 남과 자기를 비교하지 말고 하나님께서 내게 주신 오늘의 나의 일에 충성하는 것이 바로 내가 행복하게 되며 스트레스를 없이 하는 것이라 한다. 지금 나의 일과 나의 형편이 사람 보기에 보잘것없다 하더라도 내가 나의 일에 즐거워하는 것보다 더 행복하고 더 나은 것이 없다고 성경은 우리에게 똑똑히 말하고 있다.

"그러므로 내 소견에는 사람이 자기 일에 즐거워하는 것보다 나은 것이 없나니 이는 그의 분복이라 그 신후사를 보게 하려고 저를 도로 데리고 올 자가 누구이랴(전 2: 22)"

셋째, 요즘 노인들에게 볼 수 있는 것으로 자기의 지난날의 추억과 자기에게 잘못한 사람들을 잊지 못하여 생기는 스트레스라 한다.

노인들은 직장에서 퇴직하고 매일 하는 일 없이 조용하고 한가한 시간을 보내는 생활을 하고 있으므로 옛날 지나간 자기 생활을 회상하고 추억하게 된다. 즐겁고 기분 좋은 옛 추억을 회상하는 것은 유스트레스이므로 아주 좋은 일이다. 옛날에 잘살던 시절을 생각하고 지금 형편을 초라하게 불평적으로 생각하는 것은 도리어 건강을 해치는 나쁜 스트레스만을 준다. 사람들을 잊지 못하고 항상 괘씸하게 생각하는 것은 건강에 대단히 나쁜 스트레스를 주어 심지어는 암까지 발생시킬 수 있다고 한다. 그러므로 나의 건강을 위하여 좋지 않았던 옛날 일, 아니 어제 일까지도 잊어버리도록 노력해야 한다.

"너희는 이전 일을 기억하지 말며 옛적 일을 생각지 말라(이사야 43: 18)"

"옛 날이 오늘보다 나은 것이 어찜이냐 하지 말라 이렇게 묻는 것이 지혜가 아니니라(전 7: 10)"

참으로 고마운 하나님의 교훈이다. 바울 사도는 빌립보서 제3장 13, 14절에서 "형제들아 나는 아직 내가 잡은 줄로 여기지 아니하고 오직 한 일 즉 뒤에 있는 것은 잊어버리고 앞에 있는 것을 잡으려고 푯대를 향하여 그리스도 예수 안에서 하나님이 위에서 부르신 부름의 상을 위하여 좇아가노라" 하면서 지나간 뒤의 일은 모두 잊어버린다고 하였다. 모든 것을 잊어버리고 기쁜 마음으로 살아가야 한다. 그러나 잊어버려야 할 것은 잊지 않고 잊어버리지 말아야 할 것을 잊어버리는 것이 오늘을 사는 우리들의 괴로움이다. 모든 것을 다 잊어버려도 하나님 말씀만은 잊어버리지 말고 살아가야 한다. 전도서 제12장 1, 2절에서 "너는 청년의 때 곧 곤고한 날이 이르기 전, 나는 아무 낙이 없다고 할 해가 가깝기 전에 너의 창조자를 기억하라 해와 빛과 달과 별들이 어둡기 전에, 비 뒤에 구름이 다시 일어나기 전에 그리하라" 참으로 더 늦어지기 전에 여호와 하나님을 기억하고 하나님께로 돌아가면 자연치유력을 얻을 수 있을 것이다. 우리가 하나님을 기억하고, 하나님께 가까이하면 하나님께서도 우리를 가까이하신다는 성서의 교훈을 기억해야 한다.

"하나님을 가까이하라 그리하면 너희를 가까이하시리라 죄인들아 손을 깨끗이 하라 두 마음을 품은 자들아 마음을 성결케 하라(약 4: 8)"

특히 하나님을 잊어버린 자의 길이 어떠한지 성서에는 똑똑히 기록하고 있다.

"왕골이 진펄이 아니고 나겠으며 갈대가 물 없이 자라겠느냐 이런 것은 푸르러도 아직 벨 때 되기 전에 다른 풀보다 일찍이 마르느니라 하나님을 잊어버리는 자의 길은 다 이와 같고 사곡한 자의 소망은 없어지리니 그 믿는 것이 끊어지고 그 의지하는 것이 거미줄 같은즉 그 집을 의지할지라도 집이 서지 못하고 굳게 잡아도 집이 보존되지 못하리라 식물이 일광을 받고 푸르러서 그 가지가 동산에 뻗어가며 그 뿌리가 돌무더기에 서리어서 돌 가운데로 들어갔을지라도 그 곳에서 뽑히면 그 자리도 모르는 체하고 이르기를 내가 너를 보지 못하였다 하리니 그 길의 희락은 이와 같고 그 후에 다른 것이 흙에서 나리라 하나님은 순전한 사람을 버리지 아니하시고 약한 자를 붙들어 주지 아니 하신즉 웃음으로 네 입에, 즐거운 소리로 네 입술에 채우시리니 너를 미워하는 자는 부끄러움을 입을 것이라 악인의 장막은 없어지리라(욥 8: 11~22)"

넷째, 우리가 이기고 나가야 할 가장 큰 스트레스로 사랑하는 사람이 죽었을 때, 또는 사업에 실패하여 재정적으로 큰 손실을 볼 때 우리가 겪어야 하는 스트레스가 있다.

어떤 일을 당하더라도 우리는 살아남기 위해서는 꼭 이런 슬픈 감정이나 애석한 감정에서 오는 억제할 수 없는 스트레스까지도 이겨나갈 수 있도록 노력해야 할 것 같다. 그러나 이것은 참으로 어려운 일이다. 성서에서 요이라는 사람은 자기의 아들딸을 다 잃어버리고, 자기의 재산까지 모두 잃어버리고, 말할 수 없는 큰 스트레스를 받았을 때 땅에 엎드려 기도했다.

"욥이 일어나 겉옷을 찢고 머리털을 밀고 땅에 엎드려 경배하며 가로되 내가 모태에서 적신이 나왔사온즉 또한 적신이 그리로 돌아가올지라 주신 자도 여호와시요 취하신 자도 여호와시오니 여호와의 이름이 찬송을 받으실지니이다 하고 이 모든 일에 욥이 범죄하지 아니하고 하나님을 향하여 어리석게 원망하지 아니하니라(욥 제1장 20~22절)"

참으로 우리에게 주시는 자도 여호와 하나님이시며 취하는 자도 여호와 하나님이신 줄 깨닫고 스트레스 없는 마음의 평안을 가지고 살아갈 때 건강해지는 것이다. 비록 사랑하는 사람이 먼저 죽어 내게 참을 수 없는 스트레스를 남겨 주었더라도 성서 속에서 욥이라는 사람의 위대하고도 훌륭한 삶의 태도와 그 믿음을 본받아 스트레스를 이겨 나가야 하겠다.

너무 슬퍼하고 스트레스를 이기지 모사면 골수에서 적혈구, 백혈구, 임파구 등을 만들어 내는 근원이 없어지므로 내 스스로 나를 지킬 수 있는 자연치유력은 도저히 바랄 수가 없게 된다.

최근의 통계에 의하면 배우자가 죽었을 때 받은 스트레스를 이기지 못하여 암 같은 병에 걸리는 확률이 가장 높다고 한다. 예수님의 말씀에 귀를 기울이고 그 음성을 듣고 예수님만 믿으면 된다. "너희는 마음에 근심하지 말라 하나님을 믿으니 또 나를 믿으라(요 14: 1)"

모든 스트레스를 예수 그리스도 품속에 묻고 그의 말씀에 따라 생활함으로써 뼈를 강화시켜 우리들의 자연치유력인 면역을 통해 건강을 유지하는 생활을 하여야 한다.

▶ 스트레스와 정면으로 대결하라

"내일 일을 위하여 염려하지 말라 내일 일은 내일 염려할 것이되 한 날 괴로움은 그날에 족하니라"(마 6: 34)

산다는 것은 곧 스트레스를 받는다는 것을 의미한다. 물 흐르듯 그럭저럭 살아가는 사람은 스트레스에 직면할 기회가 적으나 꿈이 있고 높은 목표를 추구하는 사람일수록 해결해야 할 문제가 많고 스트레스의 기회도 많다. "소가 없으면 구유는 깨끗하려니와 소의 힘으로 얻는 것이 많으니라"(잠 14: 4)는 말씀처럼 스트레스가 별로 없는 사람은 하나님과 이웃에게 무익한 사람일지도 모른다. 하나님은 인간에게 지성을 선물로 주셨다. 유감스럽게도 인간은 하나님의 선물인 지성을 바르게 사용하지 못하고 철저하게 무시하거나 또는 우상화하는 양극단을 달리고 있다. 특히 그리스도인의 경우 자신의 당면한 문제의 해결에 있어서 맹목적인 기도만을 의지하는 경우가 많은 것 같다. 즉, 하나님을 전적으로 신뢰하는 것이 아닌 기도 그 자체를 신뢰하는 오류를 범하고 있다는 것이다. '안타까운 현실을 없애거나 피하게 해 달라'고만 기도하지 '현실을 극복할 수 있는 지혜와 분별력을 달라'고 구하지 않는 경향이 많다는 말이다. 그리스도인은 하나님의 선물인 지성을 성령 안에서 잘 개발시켜 나아가야 할 책임이 있음을 알아야 한다. 스트레스를 극복하려면 스트레스와 정면 대결을 해야 한다. 스트레스는 피하면 피할수록 내면적 고통의 강도가 커진다. '자기 합리화'나 '변명'은 진실을 왜곡하는 것으로 스트레스의 해결에 전혀 도움이 되지 않는다. 현재 자신이 직면하고 있는 스트레스에 과감하게 직면하는 길만이 극복의 지름길이다. 우선 좋은 스트레스인지 나쁜 스트레스인지 분별하는 지혜가 필요하다. 예를 들면 현실적인 목표는 좋은 스트레스에 속하나 비현실적인 목표는 나쁜 스트레스에 속한다. 나쁜 스트레스는 가능한 한 신속하게 원인을 제거해야 한다. 나쁜 스트레스는 대개 이기심이나 탐욕에 관련되어 있는 경우가 많다. 한꺼번에 많은 것을 성취하려는 욕심은 목표 달성도 어렵거니와 몸과 마음을 상하게 하는 일이 허다하다. 점진적이고 단계적으로 일을 추진하다 보면 일의 묘미를 알게 되어 재미도 있고 가속도가 붙게 마련이다. 세상일이 그리 단순하지 않다는 것을 알아야 한다. 일을 몰아붙인다고 빨리 되는 것도 아니다. 일의 핵심을 바르게 이해하고 정상적인 단계를 거쳐 꾸준하게 하는 것이 일의 성취도 견고하거니와 심신의 건강에도 좋다. 몰아붙이는 사람은 합리적인 사람에 비해 심장병의 발생률이 현저하게 높다는 것이 최근 예방의학의 결론이다. 스트레스와 정면 대결을 하다 보면 역부족으로 몰리는 경우도 많다. 이런 경우에 대비해서 나름대로의 스트레스 대처 방안을 개발할 필요가 있다. 충분한 수면이나 적절한 휴식, 좋아하는 운동, 음악 감상, 목욕 등이 스트레스 해소에 도움이 된다. 예수님은 우리에게 내일 일을 염려하지 말라고 하셨는데 이 말씀이 종종 오해를 불러일으킨다. 예수님은 '염려하지 말라'고 하셨지 '계획하지 말라'고 하시지 않으셨다. 내일 일어날 일에 대하여 '예방조처를 취하는 것'(잠 21: 31)은 염려를 줄이는 현명한 일이다. 인간이 가지고 있는 염려 중 80%는 실제로 일어나지 않는 일에 대한 것이라는 보고가 있듯 인간의 걱정거리는 허황된 것이 많다. 이러한 염려는 현재 직면하고 있는 일을 피하고 게을리 할수록 증폭되고 커지는 법이다. 하나님이 내게 주신 '현재'라는 고통의 상황을 회피하지 말라. 그 날의 책임에 따르는 괴로움과 고통은 그 날로 마감되어야 한다. 오늘 일에 최선을 다하고 내일의 결과를 주님께 맡기는 자세(잠 16)가 절실한 시대인 것 같다. 하나님이 주신 지성을 바르게 활용하여 스트레스의 원인을 파악하고 합리적으로 대처하는 지혜가 아쉽다. 스트레스를 극복하려면 스트레스와 정면으로 대결하라.

▶ **스트레스가 부르는 질병**(면역력 떨어져 암 · 감염병 · 심근경색까지)

- **암** – 스트레스 지속 기간이 길어져 자극이 강해지면 암과 싸우는 킬러세포(NK) 활동을 왕성하게 하는 DHEA 분비는 줄고 스트레스 호르몬인 '코르티졸'이 분비된다. 코르티졸은 킬러세포 활동을 억제, 암 발생위험을 높이는 것으로 나타났다.
- **심혈관계 질환** – 심장혈관에 문제가 없는 사람도 심근경색을 일으킬 수 있는데 이를 '스트레스성 심근증'이라 한다. 스트레스를 쉽게 받는 사람은 그렇지 않은 사람보다 심혈관질환

발병률이 3배 높다.

- **감염성 질환** – 스트레스 호르몬 코르티졸은 흉선과 임파선에서 나오는 림프구 수를 감소시켜 면역기능을 약화시킨다. 이 때문에 세균이나 바이러스, 박테리아 등 각종 병원체에 쉽게 감염된다.
- **수면장애** – 스트레스는 부신피질자극호르몬(ACTH)의 양을 증가시켜 잠드는 것을 방해한다.
- **우울증** – 스트레스는 뇌 속 신경계 평형에 영향을 주며 우울증과 관련된 호르몬인 세로토닌 분비를 감소시킨다.
- **소화기 질환** – 스트레스는 위장관의 운동을 조절하는 중추신경계에 이상을 초래해 위·십이지장궤양, 과민성 대장증후군, 기능성 소화불량, 항문·직장통증, 변실금, 배변장애 등을 일으킨다.
- **내분비 질환** – 혈당 조절을 어렵게 해 당뇨병을 악화시킨다. 스트레스를 받으면 글루카곤, 부신수질호르몬 등이 다량 분비돼 췌장기능을 약화시켜 혈당치가 올라간다. 어린이의 성장장애를 초래하는 '애정결핍성 소인증'의 원인이 되기도 한다.
- **피부 질환** – 외국 통계조사에 따르면 피부질환의 40%가 스트레스와 관련이 있다. 긁어서 발생하는 피부병, 성기 주변의 가려움증 등은 스트레스가 원인이며, 지속적인 스트레스는 치료효과를 떨어뜨린다.

◎ 웃음이란

웃음(laughter)에는 미소(微笑), 고소(苦笑: 쓴웃음), 홍소(哄笑), 냉

소(冷笑), 조소(嘲笑), 실소(失笑), 파안대소(破顔大笑), 박장대소(拍掌大笑) 등이 있다. 웃음 속에 희로애락이 다 있지만 진정한 웃음은 기쁨과 즐거움의 웃음이다. 우리 옛말에 일소일소(一笑一小), 일노일노(一怒一老)라는 말이 있다. 한 번 웃으면 한 번 젊어지고 한 번 화내면 한 번 늙어진다는 말이다. 또한 소문만복래(笑門萬福來)라는 말도 있다. 즉, 웃으면 복이 온다는 말이다. 우리가 웃고 안 웃고의 차이는 간단한 표정의 차이가 아니라 우리의 생명과 직결된 것으로 건강은 물론이려니와 각 가정의 복과 한 국가의 보건과도 관련되는 엄청난 일이라 할 수 있다.

요즈음 웃음치료가 확산되고 있는데 미국의 한 기업에서는 일터를 즐겁게 하고 생산력을 높이려는 목적으로 유머 컨설턴트를 고용하여 한 시간 동안 웃기는데 5,000달러를 지불한다고 한다. 웃음의 가치를 돈으로 환산할 수는 없지만 우리는 돈 안 들이고 웃을 수 있지 않는가? 진정으로 부자는 재산의 부요함에 있는 것이 아니라 웃음의 양, 즉 웃을 수 있는 능력과 시간이라 할 수 있다. 실제로 장수하는 사람들을 보면 낙천적인 성격에다 많이 웃으면서 삶을 즐겁게 살아가는 사람들이다. 특히 우리나라는 전통적으로 자주 웃는 사람을 실속이 없다, 허파에 바람 들어갔다, 헤프다 등 부당한 편견을 받고 있는 편이다. 그렇지만 웃음은 자신의 건강은 물론 타인에게까지 즐거움을 주어 밝고 명랑한 사회가 되는 데 도움이 된다. 최근 웃음의 가치를 경제학적으로 추산해 보았는데 우리가 한 번 웃으면 200만 원의 엔도르핀이 나온다고 한다. 그렇다면 우리가 하루에 100번을 웃는다고 가정해 볼 때 얼마인지 계산해 보지 않겠는가?

최근 대구 보훈병원에서 중풍 노인 환우들에게 레크리에이션과 웃음을 통한 웃음치료를 2차 실시한바 그 효과는 대단했다. 노래할 때 손뼉을 칠 수 없던 환우가, 노래를 전혀 부를 수 없던 환우가 손뼉을 치며 노래하여 신나게 춤을 추었던 것이다.

웃음에 대한 속담은

- 웃음은 성공과 장수의 지름길이다 · 서양 속담에 웃음은 내면의 조깅이다.
- 웃음은 복이 와요 · 웃음은 만병통치의약이다.
- 웃음은 동서양을 막론하고 묘약이며 명약이라 말한다.
- 웃는 낯에 침 뱉으랴 · 조선왕조 때에는 웃음 내시가 있었다.
- 지구상에서 웃을 수 있는 동물은 인간밖에 없다.
- 웃음이란 사람만이 가지고 있고 공유할 수 있다.
- 웃음이란 일을 즐겁게 하고 교제를 명랑하게 하며, 가정을 밝게 해 준다.
- 웃음의 반대는 스트레스다. 스트레스가 쌓이면 몸에 병이 생기고 배꼽잡고 웃으면 스트레스가 풀린다 · 웃음은 분위기를 밝게 해 준다.
- 서로가 웃으면서 대하면 한결 부드러운 사이가 된다.
- 웃음이 있는 곳엔 항상 많은 사람이 모인다.
- 웃음은 마음의 여유를 가져다준다 · 웃음이 최고의 마케팅이다.
- 웃음이 있는 곳엔 행복이 있고 고난도 웃음으로 이겨낸다.
- 인상 좋은 웃음에는 상대방을 당기는 힘이 있다.
- 웃음으로 상대방의 허물을 용서할 수 있다.

▶ 웃음의 효과

☞ 임상결과

- 미국 인디아나주 볼 데 메모리얼 병원에서는 외래 환자들을 조사한 결과 웃음은 스트레스 호르몬인 코티줄의 양을 줄여주고 우리 몸에 유익한 호르몬을 많이 분비함을 통해서 하루

15초 웃으면 이틀을 더 오래 산다고 밝혀졌다.

- 미국 UCLA대학병원의 프리드 박사는 하루 45분 웃으면 고혈압이나 스트레스 등 현대적인 질병도 치료가 가능하다고 소개했다.
- 현재 미국에선 듀크대학 종합센터, 뉴욕 향군병원, 버몬트 메디컬센터 등 수많은 병원에서 유머 도서실과 유머 아동문고 등을 운영하고 있다. 뉴욕의 컬럼비아 장로교 병원에선 코미디 치료단까지 발족했고 하버드에 대해선 '유머치료'를 주제로 대규모 심포지엄도 열렸다. 우리나라에선 유머치료를 도입한 병원은 없지만 가정에 중환자가 있을 경우 재미있는 얘기를 들려주고 즐거운 비디오를 보여주는 것이 좋다.
- 스웨덴의 노먼 커즌즈 박사는 환자가 10분간 통쾌하게 웃으면 두 시간 동안 고통 없이 편안한 잠을 잘 수 있다고 밝혔다.
- 미국의 존스 홉킨스 병원은 환자들에게 나누어주는 『정신건강』이라는 책자에서 내적 조깅(internal jogging)이라는 서양 속담을 인용해 웃음은 순환기를 깨끗이 하고 소화기관을 자극하며 혈압을 내려 준다고 소개했다.
- 웃음에 관한 국제학술회의가 스위스 바젤(98. 10. 9.)에서 열렸는데 한 보고서는 독일인이 40년 전에 비해 하루 웃는 횟수가 3분의 1로 줄었고 어린아이가 하루 400회 웃는 데 비해 성인은 15회밖에 되지 않는다고 지적하면서 웃음 부족이 성인 건강에 나쁜 영향을 미치고 있다고 우려하고 있다. 이 회의에서 독일인 정신과 전문의 미하엘 티체 박사는 웃음이 스트레스를 진정시키고 혈압을 낮추며 혈액순환을 개선하며 면역체계와 소화기관을 안정시키는 작용을 한다고 지적하고 그 이유는 웃을 때 통증을 진정시키는 호르몬이 분비되기 때문이라고 설명했다(조기폐경 25%가 면역체계 이상 때문).

- 웃음은 감기예방약이다. 웃기는 비디오를 본 그룹과 가만히 방에 앉아 있는 그룹의 침에서 IgA(항체: 면역글로불린 중 가장 많은데 바이러스, 세균을 싸워 없앤다)의 농도를 실험해 본 결과 웃기는 비디오를 본 그룹의 침에서는 IgA의 농도가 증가하고 다른 그룹은 변화가 없었다. 여기서 IgA은 면역글로불린의 하나로 감기와 같은 바이러스의 감염을 막아 주는 역할을 한다. 즉, 각종 면역세포들과 면역글로불린, 사이토카인, 인터페론 등이 증가되어 있고 코티졸 등 각종 스트레스 호르몬이 감소되었다는 것이다.
- 웃으면 뇌에서 엔도르핀 생성이 촉진되어 기분이 좋아지고 건강에 좋다. 웃음은 스트레스와 긴장에 대한 최고의 해소책이자 스트레스 자체의 발생을 막아 주는 예방주사이다.
- 웃음은 체내 면역체를 강화시켜 주는 세균의 침입이나 확산을 막아 주는 천연적인 진통제인 엔도르핀을 분비시켜 육체의 고통을 덜어 주는 무형의 보약이다.
- 백혈구는 바이러스, 암 등과 싸우는데 웃음은 이와 같은 백혈구의 생명력을 강화시키는 역할을 한다.
- 웃음은 암도 치료한다. 일본의 오사카대 대학원 신경 강좌팀은 웃음은 몸이 항체인 T세포와 NK(내추럴 킬러) 세포 등 각종 항체를 분비시켜 더욱 튼튼한 면역체를 갖게 한다. 호쾌하게 웃으면 암세포를 제거하는 NK 세포 움직임을 활성화시킨다는 사실을 확인했다. 코미디 프로를 보면 NK세포 활성화율은 3.9% 높아지고 교양프로를 보면 3.3% 감소한다. 웃음은 병균을 막는 항체인 '인터페론 감마'의 분비를 증가시켜 바이러스에 대한 저항력을 키워 주며 세포 조직의 증식에 도움을 주는 것으로 밝혀졌다. 이는 사람이 웃을 때 통증을 진정시키는 '엔도르핀'이라는 호르몬이 분비되기 때문이다.

- 18년간 웃음의 의학적 효과를 연구해 온 미국의 리버트 박사는 웃음을 터트리는 사람에게서 피를 뽑아 분석해 보면 암을 일으키는 종양세포를 공격하는 킬러세포(Killer cell)가 많이 생성돼 있음을 알 수 있다고 밝혔다. 웃음이 인체의 면역력을 높여 감기와 같은 감염질환은 물론 암과 성인병을 예방해 준다는 것이다.
- 웃을 때 심장박동 수가 2배로 증가하고 폐 속에 남아 있던 나쁜 공기를 신선한 산소로 빠르게 바꿔 준다.
- 웃음은 근육, 신경, 심장, 뇌, 소화기관, 장이 총체적으로 움직여 주는 운동요법.
- 최근 IMF 증후군인 명예퇴직, 감봉, 정리해고 등 말만 들어도 가슴이 답답하고 식은땀이 나는 등 두려움에 사로잡히며 여러 가지 정신적 스트레스에 노출되어 있다. 이로 인하여 두통, 불면증, 위산과다, 소화성 궤양, 당뇨, 고혈압, 협심증, 우울증 등의 질환에 시달리고 있는데 이러한 병을 예방하고 치료할 수 있는 것이 웃음이다.
- 웃음이 심장병을 예방하는 데 효과가 있는 것으로 밝혀졌다. 미국 메릴랜드대학 메디컬센터 예방심장학과의 마이클 밀러 박사는 미국심장학회(AHA)의 연례학술회의에서 발표한 연구 보고서에서 심장병에 관한 한 웃음이 명약이라는 옛말이 맞는 것 같다고 밝혔다. 밀러 박사는 웃음이 심장병 예방에 도움이 되는 것인지 아니면 심장병 환자들은 웃음을 잃게 되는 것인지는 확실치 않지만 심장병 병력이 있는 사람과 건강한 사람 각각 150명을 대상으로 실시한 조사·분석결과 이 같은 사실이 나타났다고 말했다. 밀러 박사는 이들에게 설문조사를 통해 파티에서 자기와 똑같은 옷을 입은 사람을 발견했을 때나 웨이터가 자기 옷에 소스를 엎질렀을 때 어떤 행동을 보

이겠느냐고 물었다. 그 결과 심장병 병력이 있는 사람들은 웃음이나 유머로 이 난처한 상황을 넘기기보다는 화를 내거나 적대감을 표시할 가능성이 건강한 사람들보다 훨씬 큰 것으로 나타났다. 이들은 기분 좋은 상황에서도 정상인보다 훨씬 웃음이 적은 것으로 밝혀졌다. 밀러 박사는 웃음이 어떤 이유로 심장을 보호하는 효과가 있는지는 알 수 없으나 정신적인 스트레스는 혈관 내부의 보호막인 내피(內皮)를 손상시킨다고 밝혔다. 혈관의 내피가 손상되면 일련의 염증반응이 나타나면서 심장에 혈액을 공급하는 관상동맥에 지방과 콜레스테롤이 쌓일 수 있다고 말했다. 밀러 박사는 따라서 심장 건강을 유지하려면 운동, 저지방 식사와 함께 재미있는 비디오를 보면서 웃음을 잃지 않는 생활습관을 권하고 싶다고 달했다.

- 소리 내어 웃는 웃음은 명약이다. 우리들 병원장(신경외과)은 강직성 척추염 환자에게 항상 소리 내어 웃기를 권한다. 강직성 척추염이란 서로 분리되어 움직여야 할 경추(목뼈)－요추(허리뼈)들이 달라붙어 로봇처럼 뻣뻣해지는 병이다. 처음엔 요추강직으로 허리를 굽히지 못하나 병이 악화되던 목뼈까지 굳어지게 된다. 그런데 이들 환자는 대부분 웃지 않는 사람들이었다. 그때마다 코미디를 보고 크게 웃으세요, 우머집 헬프미 추기경을 사서 보세요라며 소리 내 웃는 웃음요법을 처방하였다.
- 미국 캘리포니아 의대의 한 교수는 의학 전문지 “뉴잉글랜드 저널 오브 메디신” 76년 12월호에서 이 병에 걸렸던 노르만 카즌즈라는 사람의 회복 과정을 소개하였다. 환자 5백 명 중 1명꼴로 회복이 가능하다는 이 병에 걸린 카즌즈는 웃음을 모르고 살아왔던 사람, 마침내 그의 몸은 드라마틱하게 변형돼 거의 팔다리를 움직일 수 없게 됐다. 온몸이 쑤시고 아파

잠을 잘 수도 없었다. 카즌즈는 어느 날 병실에서 코미디 영화를 보다 너무 우스워 배꼽을 잡고 10분 정도 웃었다. 그러자 통증이 가셨다. 카즌즈는 통증이 나타날 때마다 그 코미디 영화를 다시 틀었고 때로는 간호사에게 유머 책을 읽어 달라고 부탁했다. 한바탕 웃고 나면 통증이 가셔 편하게 잠잘 수 있었다. 그는 결국 건강을 회복했다.

- 불치병이 웃음으로 치유됐다는 사실을 지켜본 의학계는 치료방법을 재검토하게 시작했다. 환자 자신의 몸속에 내재해 있는 자연치유력을 믿게 된 것이다. 유머 치료법, 마음-육체의 의학 등 새로운 시도들이 속속 선보였다. 소리 내어 웃는다는 것은 전신을 움직이는 것, 근육, 신경, 심장, 뇌, 소화기관이 총체적으로 작용한다. 손으로 피부의 근육을 마사지하는 것을 피부 마사지라고 한다면 웃음은 내장을 마사지하는 내부 마사지인 셈이다. 소리 내어 웃는 것은 또 훌륭한 유산소 운동이다. 웃음통, 폐, 심장, 어깨, 팔, 복부, 횡격막, 다리 등 모든 근육이 움직인다. 생리학적으로 하루에 1~2백 번 정도 소리 내어 웃으면 10분간 조깅하는 것과 같은 효과를 갖는다고 알려져 있다.
- 소리 내어 웃으면 통증을 느끼는 신경계를 마비시켜 진통효과를 준다. 웃으면 엔도르핀 과 엔케팔린이라는 3개의 신경 펩타이드의 분비가 촉진되는데 이것은 통증을 억제하는 물질들이다. 1987년에 코간 박사는 "행동의학" 저널에 「불편을 느낄 때 소리 내는 웃음의 효과」란 논문을 발표, 소리 내어 웃는 것이 임상에서 환자의 통증을 없애 준다고 발표했다. 그 밖에 소리 내어 웃는 웃음은 근육의 긴장을 이완시켜 주고 교감신경계의 스트레스를 어루만져 준다. 심호흡을 하는 것과 같은 효과가 있으며 혈액순환도 촉진된다. 1991년 9월 영국 웨스터

버밍햄 보건국은 마침내 "웃음소리 클리닉"의 개설을 허가했다. 웃음을 질병치료법으로 인정한 것이다. 웃음은 최고의 약, 소리 내어 웃는 건강한 웃음은 우리 마음속의 병뿐만 아니라 육체의 병도 치유하는 놀라운 능력을 발휘한다.

- 웃음요법은 이미 실제 치료에 적용되고 있다. 독일의 이동병원에선 매주 1회씩 어릿광대를 불러 환자들을 웃기고 있으며 일부 기업들은 사원들을 웃음 세미나에 참석시키고 있다. 현재 인도에는 전국적으로 250여 개 웃음운동클럽이 활동 중이다.
- 웃음은 정신적, 육체적 건강에 큰 도움을 준다. 인도에선 건강을 위한 웃음운동이 유행하고 있다. 가정과 직장에서 일과를 시작하기에 앞서 한바탕 웃음으로 컨디션을 조절하는 것이다. 웃음 운동은 인도적 전통 수행법인 요가에서 비롯된 것으로 원숭이 웃음, 노새 웃음 등 여러 종류가 있다.
- 웃음의 효과로는 배가 아플 때까지, 눈물이 나올 때까지 숨을 쉴 때까지 크게 웃고 난 뒤에는 기분이 좋아지고 후련해짐을 알 수 있으며 웃고 나면 굳어진 어깨도 풀리고 스트레스도 사라진다. "주 안에서 항상 기뻐하라 내가 다시 말하노니 기뻐하라(빌 4: 4)"

— 한광일 한국웃음센터 —

◎ 장수(長壽)에 대한 성경의 가르침

▶ 인간의 수명

창조 이래로 오늘날에 이르기까지 인류에게 있어서 가장 큰 관심사로 지속되어 왔던 것 중의 하나가 바로 삶과 죽음에 관한 문제일 것이다. 그런데 이 문제는 인간의 입장에서 볼 때는 어떤 첨단 과학과 의술로도 풀 수 없는 영원한 수수께끼임에 틀림없다. 그러나 성경에서는 이러한 의혹에 대해 명쾌한 해답을 제시해 주고 있다. 즉, 인간의 죽음은 죄의 결과로 주어진 영원한 형벌(롬 6: 23)이므로 결코 인간의 노력으로 해결할 수 없다는 것이다. 따라서 인간은 제한된 수명밖에 살 수 없는데 이는 “우리의 년 수가 칠십이요 강건하면 팔십이라(시 90: 10)”고 읊은 모세의 시에서도 잘 나타나 있다. 그럼에도 불구하고 성경에는 최장수자 므두셀라를 비롯해 몇 백 년을 살았던 사람들이 언급되어 있으며 또한 장수의 비결도 제시되어 있다.

▶ 성경에 나타난 장수의 비결

성경은 질병을 예방하거나 퇴치시켜서 장수하도록 꾀하는 의학과는 달리 하나님 안에서 합당한 삶을 살 때 그 축복으로서 장수가 주어진다고 가르치고 있다. 즉, 하나님을 사랑하고 그 말씀에 순종하는 자(신 30: 20), 지혜가 있는 자(잠 3: 16), 여호와를 경외하는 자(잠 10: 27), 탐욕을 미워하는 자(잠 28: 16), 부모를 공경하는 자(출 20: 12)들만이 진정한 의미에서 장수를 누릴 수 있다는 것이 성경의 가르침이다.

◎ 추수감사절에 대한 유래

1620년 12월 21일에 영국의 청교도들을 태운 180t의 선박 메이플라워호가 65일간의 항해 끝에 마침내 신대륙(아메리카) 플리머스 항에 도착했다. 이 배엔 영국 국왕 제임스 1세의 종교 탄압을 피해 이 주를 결행한 개척자 102명이 타고 있었다. 배가 도착했을 때 감격의 찬송이 선실에 울려 퍼졌다. 배는 그냥 얻어진 것이 아니었다. 이들은 배를 확보하려고 7년 동안 런던 버지니아 회사에서 일했다. 개척자들이 미국에 도착해 제일 먼저 한 일은 교회 건축이었다. 포로에서 돌아온 이스라엘 백성에게 가장 시급한 일이 성전 건축이었듯 이들에게도 교회 건축이 그 어떤 일보다 시급했다. 교회는 이들에게 믿음과 꿈을 주었다. 그동안 풍토병, 식량부족, 악천후 등으로 44명이 사망했다. 그래도 이들은 믿음으로 하나 되어 모든 위협적인 요소들을 극복하며 삶을 개척, 1621년 가을에 첫 수확하고 하나님께 감사 예배를 드렸다. 이것이 오늘날 기독교가 지키는 추수감사절의 시작이었다. 그러나 추수감사절의 효시는 구약 시대 모세가 백성들에게 농사 후 초막절을 가지라고 한 명령에서 찾을 수 있다(신 16:13~17). 개척자들의 감사 축제는 일주일간 이어졌다. 축제 기간 중에 인디언들이 초청됐다. 한때는 생존을 위해 목숨을 걸고 싸워야 했던 사이였다. 그런데 옥수수 재배가 화해의 역할을 했다. 초청받은 인디언 가운데 한 명이 총을 들고 새를 잡으려다가 뜻밖에 야생 칠면조를 잡아 축제 음식물로 내놓았다. 이것이 유래가 되어 지금까지 추수감사절에는 칠면조 요리가 나온다. 1789년에 미국의 조지 워싱턴 초대 대통령이 국가적으로 추수감사절을 제정했다. 그러나 3대 대통령인 토머스 제퍼슨은 추수감사절을 '구왕정 시대의 악습'으로 규정, 이를 폐지해 버렸다. 그러다가 1863년에 에이브러햄 링컨 16대 대통령이 당시 '레이디스 매거진' 편집자이자 시인이었던 세라조세파 해일 여사에 의해서 시작된 캠페인을 받아들여 다시 추수감사절(11월 넷째 주 목요일)을 제정, 발표했다. 그때는 남북 전쟁 중이었는데 이날 하루만은 전쟁이 중지되었다고 한다. 한국 교회가 추수감사절을 지키게 된 것은 1904년 제4회 조선예수교장로회 공의회 때 서경조 장로의 제의에 의해서였다. 처음에는 11월 셋째 주 수요일이었다. 그러다가 1914년 이후 11월 셋째 주일로 확정된 것이 오늘날까지 이어지게 된 것이다.

◎ 자연치유력

서양 의학의 시조라고 하는 히포크라테스는 일찍이 "병은 우리들이 간직하고 있는 자연의 힘, 즉 자연치유력으로 고칠 수 있다."라고 했는데 이것은 모든 생물의 정상적인 상태가 흔들리게 될 때 이 작용을 다시 정상 상태로 되돌려 줄 수 있는 힘이 있다는 것이다. 따라서 인간의 질병을 치료하는 것은 의사나 약이 아니고 우리 몸 스스로가 간직하고 있는 힘, 즉 하나님께서 주신 자연치유력에 의해 우리들 스스로가 우리들 몸의 건강을 지켜 나가는 것이라고 할 수 있습니다. 이와 같이 우리들의 질병은 하나님의 명령에 순종하지 않고 내 마음대로의 방종한 생활로 또는 잘못된 식사와 잘못된 정신 상태로 살아온 결과임을 알아야 합니다. 어떤 분은 "질병은 우리들의 잘못된 생활태도를 버리고 올바른 건강생활로 돌아가라는 경고현상이다."라고 주장하고 있습니다. 그러므로 하나님께서도 우리에게로 오시며 우리 몸에 간직한 자연치유력을 통하여 스스로 병을 예방할 수 있고 또 치료도 할 수 있을 것입니다. "오라 우리가 여호와께로 돌아가자 여호와께서 우리를 찢으셨으나 도로 낫게 하실 것이요 우리를 치셨으나 싸매어 주실 것임이라 여호와께서 이틀 후에 우리를 살리시며 제 삼일에 우리를 일으키시리니 우리가 그 앞에서 살리라(호 6: 1, 2)"

◎ 암의 7가지 경고신호

"너희는 내게로 돌아오라" "그리하면 내가 너희에게로 돌아가리라"고 말씀하고 계십니다(슥 1: 3). 또 여호와께서는 오라고 하시면서 "우리를 찢으셨으나 낫게 하시고 치셨으나 싸매어 주신다"고 하시면서 "우리가 그 앞에서 살리라"고 말씀하고 계십니다(호 6: 1~2).

미국의 패스워터 박사는 그의 저서 『암과 그 영양적 치료법』이라는 책에서 사람들이 가지고 있는 자기 자신의 면역성인 자연치유력을 이용하는 방법이 좋다고 했습니다.

다음은 미국 암학회(American Cancer Society)에서 제정한 7가지 경고신호입니다.

- 암의 7가지 경고신호(미국암학회)
  ① 대변이나 소변에 이상이 있다(Change in bowel or bladder habits).
  ② 부스럼이나 헌 자리가 잘 낫지 않는다(A sore that does not heal).
  ③ 비정상적인 출혈이나 분비물이 있다(Unusual bleeding or discharge).
  ④ 유방이나 다른 곳에 멍울이 만져진다(Thickening or lump in breast or elsewhere).
  ⑤ 만성소화불량이거나 음식을 삼키기가 어렵다(Indigestion or difficulty in swallowing).
  ⑥ 사마귀나 반점이 급격히 커진다(Obvious change in wart or mole).
  ⑦ 기침이 계속되거나 이유 없이 목소리가 쉰다(Nagging cough or hoarseness).

우리나라에서도 암의 조기 발견을 위해 1989년에 대한암협회에서 제정한 9가지 암의 위험신호가 있습니다.

- 암의 위험신호(대한암협회)
  - ① 위: 상복부 불쾌감, 식욕부진 또는 소화불량이 계속될 때
  - ② 자궁: 이상 분비물 또는 이상 출혈이 있을 때
  - ③ 간: 우상복부 둔통, 체중 감소 및 식욕 부진이 있을 때
  - ④ 폐: 계속되는 마른기침이나 가래에 피가 섞여 나올 때
  - ⑤ 유방: 무통의 종양 또는 유두 출혈이 있을 때
  - ⑥ 대장, 직장: 점액이나 혈변이 나오고 배변습관의 변화가 있을 때
  - ⑦ 혀, 피부: 난치성 궤양이 생기거나 검은 점이 더 까맣게 되고 커지며 출혈할 때
  - ⑧ 비뇨기: 혈뇨나 배뇨불편이 있을 때
  - ⑨ 후두: 쉰 목소리가 계속될 때

물론 이런 증상이 모두 암으로 인해서 생기는 것은 아니며 암이 아닌 다른 원인에 의해서 생기는 경우가 더 많습니다.

그러나 암은 늦게 진단되면 완치될 가능성이 희박해지고 생명까지 위협할 수 있으므로 이런 증상이 나타났을 때 의사를 만나서 적절한 검사를 받고 암이 아닌 것을 확인하는 것이 무엇보다도 중요하고 암이더라도 조기에 진단을 해서 완치를 목적으로 치료를 받는 것이 바람직합니다. 다음은 암을 진단하는 방법입니다

◎ 죽음의 공포와 세 종류의 사람

미국 메릴랜드 주 록크빌의 로버트 프레이저 목사는 사람이 자기 스스로 죽을 때가 되어 자연사(自然死)를 할 수 있도록 해 달라는 권리를 호소하는 찬가를 시편 23편의 시를 인용, 노래한 것을 소개

하면 ① 현대 의학은 나의 목자시니 내가 부족함이 없으리로다. ② 그가 나를 조용한 병원 침실에 누이시며 기술의 놀랄 단한 혜택으로 나를 인도하시는도다. ③ 내 뇌파를 소생시키고 자기 이름을 위하여 날마다 무위도식하는 길로 나를 인도하시는도다. ④ 내가 비록 사망의 음침한 골짜기로 다닐지라도 내 생명의 끝을 발견할 수 없는 것은 현대 의학이 나와 함께하심이라. 당신의 인공호흡기와 심장박동기가 나를 안위하시나이다. ⑤ 당신이 나의 되돌릴 수 없는 무능력 앞에서 정맥주사로 먹이시고 기름으로 내 머리에 바르셨으니 내 잔이 넘치고 넘치고 넘치고 넘치나이다. ⑥ 내 평생에 혼수와 무의식 상태가 정녕 나를 따르리니 강력한 치료 속에 영원히 거하리로다.

어느 학자가 외국에서 공부할 때 목사님께서 세상엔 세 가지 종류의 사람이 있는데 그것이 어떤 사람인지 알고 있느냐고 물었다고 한다. 그 학자는 국내에서 들었던 내용이므로 서슴없이 네! 첫 번째 사람은 거미 같은 사람들이다. 거미줄을 쳐 놓고 가만히 기다리면서 거미줄에 걸린 것만 잡아먹고 사는 동물과 같은 사람으로 남에게 해만 끼치는 사람이며, 두 번째는 개미 같은 사람으로 남을 잡아먹지 않고 남에게 폐를 끼치지 않고 부지런히 일하여 자기만 잘 살아가는 사람이고, 세 번째는 꿀벌과 같은 사람으로 꿀벌은 부지런히 꽃을 찾아다니면서 꿀을 따서 자기도 먹고 사람들에게도 공급해 줄 수 있는 사람으로 남을 위해 희생하면서 자기의 일생을 보내는 훌륭한 사람이라고 자신 있게 대답했다고 한다. 그런데 목사님의 생각은 달라 어떤 사람들입니까 하고 물었다. 목사님께서는 세상에 세 가지 종류의 사람이 있는데 자기의 인생을 한 번, 또는 두 번 아니면 세 번 출발하는 사람이라고 했다. 그 첫 번째 사람은 세상에 태어날 때 첫 번째 출발을 한 사람이다. 이것은 세상의 모든 사람이다. 누구든지 세상에 태어났기 때문에 모두가 첫 번째 출발을 한 것이다. 다음은 결혼을 할 때 두 번째 출발을 하게 되는 것이다. 두 번째 출발을 잘

해야만 행복하게 살아갈 수 있다는 것이다. 두 번째 출발을 잘못할 때 결혼생활은 실패하며 일생을 불행하게 지내야 한다. 마지막 세 번째 출발은 예수를 믿고 죽은 다음에 참영생이 있는 것을 믿기 시작할 때 그 사람은 세 번째 새 출발을 하게 되는 사람이라는 뜻이다. 세상 사람들의 대부분은 이 세 번째 출발을 하지 않고 그대로 세상을 살아가는 사람이 너무 많다. 세 번째 출발을 할 수 있어야만 이 세상에서 살 때라도 죽음을 두려워하지 않게 되고 마음에 안정을 찾으면서 도리어 건강하게 살아갈 수 있다는 것이다.

"한 번 죽는 것은 사람에게 정하신 것이요 그 후에는 심판이 있으리니(히 9: 27)"

세 번째 출발은 빨리 할수록 인간으로서는 가장 훌륭하고 가장 고귀한 출발이 되는 것이다. 따라서 우리 주위의 식구 그리고 친척, 가까운 사람일수록 세 번째 출발을 권하여 보자. 시편 기자의 23편 시를 보면 "여호와는 내가 부족함이 없게 하고 내 영혼을 소생시키고 나와 함께하신다고 하시면서 여호와의 집에 영원히 거한다"고 했다. 이제 사망의 골짜기 죽음 앞에서도 걱정, 근심, 공포 없이 살아가야 하겠다(고전 15: 55～58, 호 13: 14).

이제 우리 모두 인생의 세 번째 출발로 예수님이 주시는 참평안을 받아 항상 기쁘고 건강한 생활을 하여 죽음의 공포와 두려움 없이 평한 삶을 영위하자(요 14: 27).

◎ 홍수 이전의 인간수명

왜 이렇게 인간이 오래 살았는가? 일본 국립 미토병원 이비인후과 과장: 우사미 미사미 박사(B.C. 6000년경)－성경에 나타난 노아 홍수 이전의 사람의 수명이 9백 세 이상이었다는 기록이 오늘날 많은 기독교인들을 고민에 빠지게 하였고 때문에 학교에서는 현대인들이 납득할 수 있는 설명을 시도해 보고자 여러 가지 타협안을 내놓고 있다. 그러나 이 타협안들은 어딘가에 무리가 따르기 마련인 것을 알 수 있다. 이에 대해 연구결과를 본다.

▶ …… 인체에 있는 재생기구

의학이 발달하면서 세포에 재생기구가 있다는 사실이 알려지게 되었다. 이들 세포를 재생시키는 기본이 되는 것이 간세포(Stem cell)라고 하는데, 신체의 모든 부분에 존재한다. 이 간세포는 다음 단계의 세포로 분열할 때, 분열하여 생긴 딸세포 중 하나는 원래의 기능을 가진 간세포가 되는데, 이러한 기능은 몸속의 모든 기관에 갖추어져 있어서 인체는 항상 재생되고 있으며, 죽음이 오지 않도록 설계되어 있다는 것이다. 이같이 분화형 간세포는 모든 기관에 존재하므로 만일 이 간세포에 장애를 일으키지 않는 좋은 환경이 있었다고 한다면 사람이 노화된다는 사실이 오히려 이해하기가 어려운 일이 된다. 유전되지는 않으나, 많은 양의 방사능을 조사(쬐이게 되면)하면 육체는 죽게 된다는 사실은 오늘날 상식에 속한다. 또한 극소량의 경우, 오랜 세월에 걸쳐서 조사하면 매우 유해하게 되며, 또한 암이나 백혈병의 원인이 된다는 사실이 알려지게 되었다. 결론적으로 인간은 체온을 1천분의 1만 상승시키는 미량의 방사선을 조사하더라도 죽게 되는 부분이 재생세포를 필요로 하는 기관들인데, 방사선에 조사된 세포의 작은 손상이 세포분열 시에 자연적으로 확대되면서, 개체를 죽게 하기 때문이다. 분열기의 세포가 X선에 약한 원인은 DNA가 상해를 받기 때문이라는 것은 잘 알려진 사실이다.

▶ ……노아 홍수 이전의 환경과 이후의 환경 간의 큰 차이점

홍수 이전의 환경은 한마디로 말해서 하나님께서 창조 시에 재생세포인 간세포가 손상을 받지 않은 환경을 조성해 주셨던 상태였다. '궁창 위의 물'이 지상을 뒤덮었을 때 흡사 온실과도 같은 상태가 되었던 것이다. 거대한 온실, 다시 말해서 거대한 비닐하우스 안과 같은 매우 좋은 상태로 지구가 만들어졌던 것이다. 이와 같이 초기의 지구에는 적외선보다 파장이 긴 광선이 '궁창 위 물층'의 아래에서 계속 복사되었으므로 온 땅을 따뜻하게 만들었던 것이다. 반면에 자외선보다도 파장이 짧은 광선을 오존층과 함께 하늘 위의 수증기층에 흡수되어서 지구상으로는 도달되지 않았던 것이다. 따라서 신체의 각 기관에 갖추어져 있는 간세포는 방사능의 장애를 받지 않고서 몇 번이고 재생이 되기 때문에 결코 죽는 일이 없었어야만 하였던 것이다. 무엇보다도 홍수 전후의 환경적인 큰 차이점은 수증기로 되어 있는 물층이 없어졌다는 사실이며, 따라서 해로운 방사능은 막을 수 없게 된 것이다. 물은 훌륭한 방어벽으로서 오늘날도 이용이 되고 있다. 예컨대 원자력 발전소에서의 제1차 냉각수는 냉각뿐만이 아니라 방사능을 막아 주는 제1차 방어벽으로서의 역할을 하고 있다. 이러한 의미에서 방사선의 침입을 막아 주었던 홍수 이전의 궁창 위의 물층을 갖추었던 환경은 이상적이었다고 할 수 있다.

생명을 유지하는 데 있어서 가장 좋았던 환경이 노아의 대홍수로 사라져 차츰 인간의 수명이 줄어들게 되어 오늘날에 이른 것을 알 수 있다.

◎ 뇌 활동은 노화를 방지

하루에 만 보를 걸어서 육체적으로 노화를 방지하는 것에 못지않게 뇌의 활동도 계속하여 정신적으로 노화를 방지해 주어야 한다. 런던의 젠 비타리지 노파는 83세 때 외국어를 공부하기 시작했는데 7년이 지난 90세 때 그 할머니는 젊은 사람 못지않은 기억력을 발휘하여 독일어, 이탈리아어, 스페인어, 프랑스어 시험에 합격했다는 보도가 있었다. 이렇게 신체적으로 노화되어 있어도 정신적으로 노화를 방지하면 도리어 자기 몸의 저항력까지 향상시킬 수 있다고 한다. 또한 히포크라테스는 100세까지 살면서 죽는 전날까지 독서, 강의, 저술을 계속하여 뇌 활동을 게을리 하지 않았다고 하며 하이든은 64세 때 "창조", 69세 때에 "트럼펫 광상곡"을 작곡하여 뇌의 노화를 방지했으며 괴테는 73세 때 "파우스트"를 완성했고, 세르반테스는 67세 때 『돈키호테』를 완성했으며, 입센은 그 유명한 비유적 이야기 작품을 60세가 지나서 완성했다고 한다. 뉴욕의 이글 브릿지의 안나 M. R. 모제스가 그림을 배우기 시작한 것은 76세이었는데 그녀는 35회 이상이나 개인전을 개최했으며 88세 때 현대 사회에 공헌했다는 이유로 '국립부인출판클럽상'까지 받았다고 한다. 실로 이들은 뇌 활동을 계속하여 정신적으로나 육체적으로 노화를 방지하고 건강하게 살아온 훌륭한 사람들이었다. 이스라엘 지도자 모세는 80세 때, 하나님의 부르심을 받아 이스라엘 민족의 지도자로서 40년 동안 쉬지 않고 활동함으로써 120세가 되어 죽을 때까지 쇠약하지 않고 눈도 흐르지 않고 건강하게 살았다는 기록을 신명기에서 볼 수 있다.

"모세의 죽을 때 나이 일백 이십세나 그 눈이 흐리지 아니하였고 기력이 쇠하지 아니하였더라(신 34: 7)"

그러므로 뇌 활동은 노화 방지에 대단히 중요한 구실을 하므로 인간생활에서 나이는 숫자에 불과하지 활동에 큰 문제가 되지 않는다는 것이다. 따라서 움직이고 일하고 배우고 크리스천은 하나님과 대화를 나눌 수 있는 기도의 특권이 있으므로 대화의 폭을 생각할 수 있도록 뇌를 사용하고 실천해 보는 것이 내 몸의 건강을 유지, 노화를 방지하는 데 큰 효과가 있다는 것이다.

◎ 먹을 수 없는 것 — 탈무드 —

유태인들은, 고기에서 피가 전부 빠져 나갔을 때 비로소 고기를 먹는다. 피는 곧 생명이다. 그래서 물고기나 짐승의 고기를 먹을 때 그 피를 모두 제거하므로 유태인들이 먹는 고기는 매우 건조되어 있고 깨끗하다. 동물을 때려서 잡으면 피가 굳어 버리기 때문에, 유태인들은 그런 방법으로는 절대 짐승을 죽이지 않는다. 또한 전기로 죽이는 방법도 마찬가지이므로 그렇게 하지 않는다.

유태인들은 오래전부터 동물에게 고통을 주지 않고서 피를 모두 빼내는 방법을 실험해 왔다. 먼저 동물을 죽여서 30분 동안 물에 담갔다가, 굵은 소금을 뿌려서 그 소금이 피를 흡수하게 한다.

굵은 소금을 뿌리면 소금 주변에 피가 흡수되어 붉은 피의 테가 눈으로 볼 수 있을 만큼 생긴다. 이때 흡수된 피는 물로 씻는다. 고기 중에서 간장이나 심장과 같이 특히 피가 많은 부분은 피를 모두 증발시키기 위해 불에 구워야 한다. 그러나 이것은 피가 더럽다는 생각 때문에 그렇게 하는 것이 아니다.

닭이나 소를 도살하는 사람은 전문가이기 때문에 랍비처럼 특별한 훈련을 받은 해부학의 권위자들이며, 그들은 신앙심도 대단히 두터워 사람들로부터 존경을 받는다. 유태인들은 이미 4천 년 전부터 해부학에는 특히 조예가 깊었다. 『탈무드』에도 랍비가 인체 해부까지 했다는 이야기가 나올 정도인데, 당시는 이미 해부의 지식은 완전히 알았던 것으로 추축되고 있다. 짐승을 도살하거나 해부할 때는 매우 잘 드는 칼을 사용하는데, 칼은 쓸 때마다 숫돌에 갈아 날을 세운다. 그리고 도살할 짐승을 거꾸로 매달아 놓고 목을 잘라 피가 콸콸 쏟아져 나오게 한다. 짐승을 죽인 사람은 그 짐승을 자세하게 조사하는데, 그것은 어느 나라의 식욕 검사보다도 철저하다. 다른 나라의 검사에서는 먹어도 좋다고 판정한 것도, 먹지 못한다고 판정하는 경우가 많다. 유태인들에게는 피를 기피하는 관념은 없다. 제단에 양을 제물로 바칠 때에도 피를 더러운 것으로 취급하지 않는다.

또 『탈무드』에서는 다른 사람은 새우를 먹고 있는데 유태인들은 새우를 먹지 않는다고 해서, 유태인들이 더 위생적이라고 말하지 않는다. 가령, 유태인들이 새우를 먹지 않는다고 해서 새우가 좋지 않다고는 말할 수 없기 때문이다. 여기에는 어떤 이유도 없으며, 다만 하나님이 유태인들에게 새우를 먹지 말라고 말씀하셨기 때문에 먹지 않을 뿐이라는 것이다. 또 유태인들은 네 발을 가진 동물 중에서도 두 개 이상의 위를 가지고 있는 발굽이 두 개로 갈라진 동물이 아니면 먹지 않는다. 돼지는 위가 하나뿐이고, 말은 발굽이 갈라져 있지 않기 때문에 식용으로 하지 않는다. 그리고 물고기도 지느러미와 비늘이 없으면 먹지 않기 때문에, 미꾸라지와 뱀장어도 먹지 않는다. 또 고기를 먹고 사는 새 종류도 먹지 않는다. 그래서 독수리나 매 같은 새도 먹을 수 없다.

◎ 웰 빙

이제 웰빙 문화는 우리 삶의 곳곳에 영향을 미치고 있는데 특히 웰빙 음식과 관련해서는 먹어야 할 것과 먹지 말아야 할 것들이 참 많다. 그런데 성경에서도 이와 비슷한 내용을 찾아볼 수 있다.

바로 레위기에서, 하나님께서 친히 이스라엘 백성들에게 먹어야 할 것과 먹지 말아야 할 것을 구별해 주신 것을 살펴볼 수 있는데 부정한 짐승과 정결한 짐승을 구별해 주신 것이다.

하나님께서 먹지 말라고 한 부정한 음식은 약대, 사반, 토끼, 돼지, 장어, 미꾸라지, 매, 올빼미, 부엉이 등등이고, 반면에 굽이 갈라지고 새김질하는 것과 비늘이 있는 물고기 등은 정결한 것으로 먹어도 된다고 하셨다. 그렇다면 정결한 짐승과 부정한 짐승은 어떻게 구별되는 것일까? 칼빈에 의하면 그것은 바로 하나님께 드리는 제물로 합당한가를 기준으로 결정된다고 했다. 하나님께 드리기에 합당한 짐승들은 먹는 것을 허락하셨고, 그렇지 않은 짐승들은 부정한 짐승들과 구별하여 먹지 말 것을 말씀하셨다. 중요한 것은 무엇을 먹느냐 먹지 않는가보다도 하나님께서는 당신의 백성들이 구별된 삶, 정결한 삶을 살기를 원하셨고 그것을 음식에까지 세밀하게 말씀하셨다는 것이다. 다시 말해서 하나님께서는 무엇을 먹어도 좋으나 거기에는 중대한 조건이 붙어 있다. 그 조건은 ① 먹으려면 하나님에게 감사하고 하나님을 위하여 섭취해야 한다. 즉, 신앙에 따라 섭취해야 한다(감사와 마음의 평안). ② 식사에 따라 하나님의 영광을 나타낸다. 일반적인 방법으로 말한다면 하나님의 명예에 관계되도록 섭취해야 한다. ③ 하나님이 만드신 것을 그대로(될수록 인공적인 처리를 하지 않은 채로 신선한 동안에) 섭취해야 한다. 따라서 아무리 몸에 좋은 식물(食物)을 최선의 방법으로 먹었다고 해도 자신의 것만을 생각하는 마음으로 먹었다면 그것은 그 사람의 건강을 위한 것이 못 된다. 왜냐하면 그리스도인은 언제나 감사와 감사에 의한 영혼의 평안을 부여받고 있기 때문에 그 사람의 신체는 생리학적으로 약알칼리성으로 유지되어 병의 발생이 억제되어 있으나 아무리 완벽한 방법으로 먹더라도 마음이 동요되어 있다면 신체는 산성이 되어 병의 요람지가 될 것이기 때문이다. 만약 그리스도인이 이런 경우가 되었다면 그것은 그가 믿는 하나님의 불명예가 될 것이다. 그런 의미에서 오늘날 자신의 건강을 기준으로 웰빙 음식을 구별하는 현대인의 기준은 육체적인 것이라면 하나님께서 정하신 기준은 영적인 것이라 할 수 있다.

◎ 영적 질병과 육체적 질병

영적 질병이 육체적 질병으로 전이된다. '확신적 믿음이 있다면 훨훨 타오르는 불 위를 걸을 수 있을까' 1980년에 불 위를 걷는 열풍이 북미 대륙을 휩쓴 적이 있었습니다. 당시 맨발로 불 위를 걷는 열풍에는 스리랑카의 힌두교도와 인도의 불교 신자가 주류를 이뤘으나 기독교 신자도 일부 포함됐었습니다. 그리스 기독인들의 종교의식 속에 불 위를 걷는 행위가 있었기 때문에 이런 의식에 영향을 받은 기독인들이 참여한 것입니다. 이런 열풍은 당시 상술에 눈이 밝은 사람들에 의해 '물질을 극복한 마음'이란 주제로 포장된 상업화 전략의 하나인 이벤트로 탈바꿈됐습니다.

마음의 힘(믿음)이 이글거리는 숯불 위를 아무런 화상 없이 걸을 수 있도록 해 주겠다는 것이 많은 이의 눈길을 끌기에 충분했습니다. 125달러를 내고 이벤트에 참여하는 사람들이 늘어나자 호기심 많은 과학자들은 이 현상을 과학의 눈으로 들여다봤는데 과학자들이 얻은 결론은 의외로 간단했습니다. 활활 타오르는 숯의 열전도가 느리기 때문에 한 발바닥이 숯과 닿는 시간이 1초 이내가 되면 화상은 물론 뜨거움도 별로 느끼지 못한다는 것을 발견해 드디어 과학자들도 실험에 나섰습니다. 75명의 대학생에게 이런 과학의 이론을 설명해 주고 이벤트에 참여해 사전에 주의사항 등 철저한 교육을 받은 신자들과 똑같이 걷게 했습니다. 결과는 대성공이었습니다. 이글거리는 숯불 위를 걷는 것이 마치 수행의 최고봉에 이른 것처럼 많은 이들을 현혹시킨 '북미 대륙의 숯불 위 걷기 열풍'은 올바른 믿음과 개연적이고 불확실한 기대를 좇는 미신과의 차이가 무엇인가를 잘 설명해 주는 대사건이었습니다. 이 같은 미신은 영적 건강의 혼탁을 가져올 뿐만 아니라 영혼을 파괴하는 첩경이라고 성경은 밝히고 있습니다. 악한 영에 사로잡힌 사람(눅 4: 33)의 결론은 멸망인데 이는 영혼과 육체 그리고 삶 전체의 멸망을 뜻합니다. 영혼의 건강지수는 정신과 육체 그리고 인생 전체에 그대로 영향을 미친다는 것이 성경의 가르침입니다. 미신은 미래를 점치고 규명하는 형태로서 마술과 같이 무조건적인 직관과 행동으로 대처하는 것이 특징입니다. 따라서 올바른 믿음은 창조주 하나님에 대한 열정에서 비롯되지만 미신이나 마술 등은 막연한 기대와 허상을 좇는 데서 비롯된다는 것입니다. 특히 미신의 형태를 분석해 보면 허상을 좇는 모든 이의 마음을 충족시키기 위해 일종의 '속임수'가 등장하고 있음을 볼 수 있습니다.

폴 투르니에는『A Doctor's Casebook in the Light of the Bible』(올바른 성경적 치유법)란 저서에서 "마술(혹은 미신)에 대한 믿음은 사람을 전체적으로 종속시켜 비판정신을 마비시키고 독립적인 사고를 파괴합니다. 또 인간성 전반에 편견을 심어 객관적인 논의를 불가능하게 만든다."고 지적하면서 "점성술이나 행운을 점치는 것, 심령론 그리고 각종 미신이 널리 수용되는 현상은 사회에 상당한 해악을 끼칠 수 있다."고 강조했습니다. 따라서 그는 '하나님과의 올바른 관계'에 의해서만 올바른 영적 건강을 유지할 수 있다는 토대에서 기독교 심리학을 체계화시켰습니다.

◎ 저주에서 속량받다

네가 만일 네 하나님 여호와의 말씀을 순종하지 아니하여 내가 오늘 네게 명령하는 그의 모든 명령과 규례를 지켜 행하지 아니하면 이 모든 저주가 네게 임하며 네게 이를 것이니 …… 네가 만일 이 책에 기록한 이 율법의 모든 말씀을 지켜 행하지 아니하고 네 하나님 여호와라 하는 영화롭고 두려운 이름을 경외하지 아니하면 …… 또 이 율법 책에 기록하지 아니한 모든 질병과 모든 재앙을 네가 멸망하기까지 여호와께서 네게 내리실 것이니(신 28: 15, 58, 61)

그리스도께서 우리를 위하여 저주를 받은바 되사 율법의 저주에서 우리를 속량하셨으니 기록된 바 나무에 달린 자마다 저주 아래에 있는 자라 하였음이라(갈 3: 13)

성경은 질병과 고통은 율법의 저주라고 말하고 있습니다. 신명기 28장에서는 특별히 11가지 질병을 율법의 저주라고 이르고 있고, 또 61절에서는 모든 질병과 고통을 저주에 포함시키고 있습니다. 그러나 그리스도께서는 우리를 율법의 저주에서 속량하셨습니다. 그리스도께서 우리를 '속량하실 것이다'가 아니라, 이미 우리를 속량하셨습니다. 베드로는 갈보리의 희생을 되돌아보며 "그가 채찍에 맞음으로 너희가 나음을 얻었나니"라고 했습니다. '얻을 것이다'가 아니라 이미 '얻었다'입니다! 하나님께서는 자신이 우리의 죄와 허물뿐만 아니라 우리의 질병과 고통 또한 예수님께 담당시켰다는 것을 기억하고 계십니다(사 53: 4, 5). 예수님께서는 자신이 우리 대신 죄와 질병을 담당하셨다는 것을 기억하고 계십니다(마 8: 17). 그러므로 성령께서 베드로에게 영감을 주셔서 기록하게 하신 것입니다. "그가 채찍에 맞음으로 너희가 나음을 얻었나니"

◎ 육신의 병을 치유하신 예수(막 5: 21~34)

정말 은혜 받으면 달라진다. 나와 우리 가정의 과거, 왜 이리 어려웠을까? 그럼 구원받은 나와 참으로 복음받은 자의 미래는 어떨까? 구원받은 비밀은 엄청난 것이다.

과거는 이미 해결된 것, 앞으로도 굉장한 것이 보장되어 있다. 어떤 상황에서도 우리는 괜찮다. 이것이 이해 안 되면 아무것도 안 될 것이다. 불신자를 못 이길 것이다. 지금도 성도를 공격하는 영적 세력을 못 이긴다. 그러나 이 부분을 정말 회복하면 모든 부분에서 승리한다.

혈루증에 걸린 여인은 피가 계속 흐르거나, 피가 썩거나, 아니면 백혈병일 것이다. 12년간이나 병으로 고생한 것만은 확실하다. 많은 의사를 찾아다녔고, 많은 괴로움을 받은 것이 확실하다. 그 노력에 비해 더 위중한 상태가 되었다. 그런데 이 여자가 예수님을 만나 치유함을 얻은 것이다. 얼마나 감사했겠는가? — 정말 구원받은 사람임에 틀림없다.

혈루증보다 더한 영적 문제에서 우리가 해방받았다. 그리스도를 안 지 좀 시간이 지났지만 지날수록 더 감사할 뿐. 머릿속의 부정적인 것까지 긍정적으로 바뀌어 갔다. 이제 남은 것은 주신 구원의 축복을 확인하는 것만 남았다.

혈루증에 걸렸다 치유된 여인보다 더한 은혜를 받게 되었다. 집안 자체가 우상 집안, 바로 거기서 구원을 받았다. 불신자가 왜 죽는지 발견하게 되었고 신자가 어떻게 기도 응답을 받는지 정리되어 갔다. 지금 내가 영적인 병에 걸리지는 않았는지 찾아보자.

- 치유된 여인

"예수님에 대한 소문을 듣고" 예수 그리스도의 옷자락만 만져도 구원을 얻게 될 것으로 확신. 그만큼 그리스도에 대해 확실한 것을 알고 있었다는 말. 지금이 자기에게 마지막 기회인 줄로 확신. 그리스도를 아는 순간이 모든 문제의 해결점이다. 그리스도를 알고 보니 그 옷자락만 만져도 충분하리라는 믿음. 바로 나 자신에게 이렇듯 그리스도에 대한 확신과 증거가 먼저 있어야 하고, 이 세상이 왜 죽어 가는지 바로 보이게 되며, 그래야 구원과 전도가 이해된 것이다. 이 언약 잡고 기다려도 한 시대 살리는 응답과 지혜를 얻는다. 그때 능력이 전달되었다. 사람에 밀려 옷을 잡는 것과 믿음으로 잡는 것은 완전 다른 것. 그 여인은 믿음으로 예수 옷자락을 붙잡은 것이다. 영적인 것은 반드시 전달-그래서 누구를 만나느냐가 중요 우리가 예수 이름으로 기도할 때 하나님의 능력을 체험하게 됨.

네 믿음이 너를 구원하였느니라. 그리스도이신 예수께서, "평안할 찌어다." "네 병에서 놓여 건강할 찌어다." 혼자 있을 때, 어렵게 말고 쉽게 기도하라 — 예수 이름으로 여러분의 문제, 불신앙의 세력, 질병의 근원은 예수 이름으로! 근본적인 것부터 해결되기 시작할 것. 정말 알면 감사가 회복될 것. 매일 감사가 회복될 것.

— 출처: 기독교연합 건강 선교회 —

◎ 건강에 대한 성경에 기록된 말씀

- 주님은 삶의 용기를 북돋아 주시고 눈을 밝게 해 주시며 건강과 생명과 축복을 내려 주신다.
- 건강과 체력은 온 세상의 황금보다 낫고, 건장한 몸은 큰 재산보다 낫다.
- 어떠한 재산도 몸의 건강에 비길 수 없고 어떠한 쾌락도 마음의 기쁨에 비할 수 없다.
- 이 말은 받은 사람에게 생명이 되어 온 몸에 생기를 돋우어 준다.
- 마음이 즐거우면 앓던 병도 낫고 속에 걱정이 있으면 뼈도 마른다.
- 나는 사랑하는 그대가 하는 일이 모두 다 잘되어 나가기를 빕니다. 또 그대의 영혼과 마찬가지로 육신도 건강하기를 빕니다.
- 마음이 즐거우면 얼굴이 밝아지고 속에 걱정이 있으면 기가 꺾인다.
- 자기 육체에 심는 사람은 육체에게서 멸망을 거두겠지만 성령에 심는 사람은 성령으로부터 영원한 생명을 거둡니다.
- 옛 생활을 청산하고 정욕에 말려들어 썩어져 가는 낡은 인간성을 벗어버리고 마음과 생각이 새롭게 되어 하느님의 형상대로 창조된 새사람으로 갈아입어야 합니다.

◎ 가라지(독초)가 어디서 생겼을까

하나님께서 이 세상을 처음 창조하실 때에는 지금 세상 어느 곳에서나 쉽게 발견되는 독초나 인간에게 해를 주는 어떠한 식물도 존재하지 않았다. 하나님께서는 인간과 모든 생물들에게 행복과 즐거움을 줄 수 있도록 모든 생태계를 완전하게 창조하셨다. 그런데 아담과 하와가 죄를 지은 후 독초들이 이 땅에서 자라나기 시작하였다. 어떻게 이러한 독초들이 생겨났을까? 예수께서는 비유를 통하여 어떻게 독초들이 이 땅에 자라나기 시작하였는지를 제자들에게 설명하셨다. '씨 뿌리는 자의 비유'에서 종들이 주인에게 이렇게 물었다. "주여 밭에 좋은 씨를 심지 아니하였나이까 그러면 가라지가 어디서 생겼나이까?" 주인이 대답하기를 "원수가 이렇게 하였구나."(마태복음 13: 27) 모든 가라지는 원수에 의하여 심어졌다고 성경은 말하고 있다. 원수는 사단을 가리킨다. 이 땅에 있는 고통과 슬픔들이 사단에 의하여 만들어졌던 것처럼, 독초나 병균, 해로운 곤충들은 바로 하나님을 트집 잡기 위하여 조작된 사단의 작품들임을 이 비유를 통하여 알 수 있는 것이다. 하나님께서는 이 땅에 좋은 씨만을 심으셨다. 아름답지만 가시가 없는 꽃들, 귀엽고 신비스러운 쏘지 않는 벌레들, 푸르고 아름다우며 종기를 만들지 않는 잎사귀들, 넓은 들판을 덮고 있는 곡식을 죽이지 않는 풀들, 빠르게 달리며 용맹을 떨치지만 어느 누구도 물지 않고 친구가 될 수 있는 동물들…… 얼마나 평화스럽고 감동을 주는 세계였는가!

인간이 타락하고 난 후 땅은 저주를 받고 동물의 마음은 인간을 떠나갔다. 하나님께서 아담에게 이르시되 "네가 네 아내의 말을 듣고 내가 너더러 먹지 말라 한 나무의 실과를 먹었은즉 땅은 너로 인하여 저주를 받고 너는 종신토록 수고하여야 그 소산을 먹으리라. 땅이 네게 가시덤불과 엉겅퀴를 낼 것이라"고 하였다. 비록 하나님께서 아담에게 "땅이 가시덤불과 엉겅퀴를 낼 것이라"고 하셨지만 하나님께서 가시덤불과 엉겅퀴를 만드셨다고 하지는 않으셨다. 하나님께서는 사단의 손에 들어간 이 지구에 사단이 가라지를 심을 것을 아셨기 때문이었다.

사단은 창조의 능력이 없다. 창조는 오직 하나님만이 하실 수 있는 것이다. 창조는 이미 존재하는 어떤 것에서 다른 종류의 것을 만드는 것을 의미하지 않는다. 창조는 무에서 유를 만드는 것이다. 사단은 피조물로서 창조의 능력이 없다. 그는 천사들과 사람의 마음을 도둑질하여 변하게 할 수는 있어도 천사들과 사람의 마음을 창조할 수 없다. 창조는 신의 영역에 국한된 것이기 때문이다. 하나님께서는 말씀으로 세상을 창조하셨다. 어떤 사람들은 이미 존재하는 물질을 이용하여 하나님께서 세상을 빚으신 것처럼 생각한다. 비록 그러한 생각이 사실이라 하더라도 이미 존재하는 물질들을 만드신 분도 하나님이시기에 창조는 하나님만이 하실 수 있는 신만의 능력인 것이다. 그렇다면 어떻게 사단이 가라지를 만들 수 있었겠는가?

사단이 창조의 능력이 없다는 사실은 바로 이러한 해로운 생물들이 이미 존재하는 생물들로부터 탄생되었다는 사실을 말하여 주고 있다. 이미 존재하는 생물체들을 섞어서 다른 기능을 가진 생물체를 얻는 것이 어려운 일이 아님을 우리는 현대 과학을 통하여 알 수 있다. 어떠한 요소가 적당히 있으면 약이 되지만 너무 많아지면 독이 될 수 있는 것처럼 동물들과 식물들의 인위적 혼합을 이용하여 가시나무와 독초를 만들고 해로운 곤충들을 만드는 것은 어려운 일이 아니다. 가라지가 사단에 의하여 심어졌으며, 가라지는 식물과 동물들의 반자연적인 인위적 교접에 의하여 생겨났음을 성경과 과학을 통하여 알 수 있는 것이다.

— 창조과학 —

◎ 성스러운 약초와 향신료

로마인들이 격찬을 하고 '악마의 거름'이니 '신들의 식품'이니 하고 이름을 붙인 것은 Ferula asafoetida의 뿌리에서 얻는 아위(asafetida)였다. 이것은 자극제인 피넨(pinene), 바닐린(vanillin)을 위시해서 많은 성분이 함유되어 있다. 피넨은 양이 많으면 정신착란과 환각을 자아낸다. 발효시킨 아위(阿魏)는 훨씬 강력해서 예전에는 은과 맞먹는 가치를 지니고 있었다고 한다. 이것은 성경(열왕기하 6: 26)에 나오는 '비둘기의 분'이었던 것 같다. 이 과대평가된 진귀품도 성경에서는 낮게 평가되어 있다. Pennsylvania대학 의학부 내과 교수인 Alfred Stille 박사는 1874년 '신경을 돋우지 않고 활력을 주는 것'이라고 아위를 대단히 추겨 올렸다. 냄새가 강하고 사람에 따라서는 매우 싫어하기도 하나 아시아에서는 아직까지 양념으로서 이용되고 있다. 성서 시대에는 성스러운 기름은 미르라(myrrh)와 유향과 창포, 그리고 여기에 계피가 가해진 것 이었다. 관유식에 쓰이는 경우 그 귀중한 올리브유와 달콤한 향기에 젖은 액체가 종교적 효과를 드높였다. 그러나 어린 크리스트에게 선물로 바쳐진 것의 하나인 미르라는 다소 약한 자극적 효과를 가져왔던 것이 아닌가 하는 추측이 간다. 창포는 스테로이드 양(樣) 물질이 함유되어 있다. 물론 올리브유는 필수지방산원이다. 또 성경에 나오는 아니스(anise)는 핌피넬라 아니슴(Pimpimella anisum)이라고 하는 실과를 건조한 것으로서 가벼운 자극효과와 어느 정도의 에스트로겐 효과를 가지고 있다. 발산된 실과의 주스는 그 증류액이 리커(liquor)라고 하여 매우 귀중하게 취급을 했다. 감송(spikenard)도 성경에 나오는 귀중한 약초이며 제1차 대전 시 전쟁신경증 치료에 사용된 발레리안과 흡사하여 진정효과가 있다. 어린 크리스트에게 선물로 보내진 유향은 보스웰리아 카르테리(Boswellia carteri, or bird wood)에서 얻은 수지이다. 아위와 같이 가벼운 자극물 피넨과 여러 가지 종류의 다당류를 함유하고 있다. 이 다당류가 어떠한 작용을 하는지에 대해서는 아직 밝혀지지 않고 있다.

—(G. 슈바르쯔가 지은 『식품의 위력』에서)—

◎ 삶을 치유하는 비결은 봉사

봉사의 삶을 사는 사람들은 신체적으로 건강하다. 정서적으로 풍요로운 삶을 산다. 쾌활하고 낙천적이며 관계 지향적이다. 지적으로도 인간에 대한 깊은 이해, 세계에 대한 폭넓은 지식을 소유하게 된다. 금세기 최고의 경영컨설턴트인 폴 마이어는 『베풂의 기술』이라는 책에서 해외원조에 100달러를 기부하는 것이 단순히 '기아를 막는다'는 차원을 뛰어넘는 내적 보상이 있음을 강조하고 있다. 그는 이러한 구제나 자선행위가 타인에게 돌아갈 유익에 비해 엄청난 자기 이익이 있음을 세 가지 관점에서 기술하였다. 즉, 남의 고통을 덜어 준다는 성취감, 자선활동에 대한 지식습득, 재정적으로 파산하지 않았다는 자기 확신을 내적 보상으로 정의한 것이다. 베푸는 삶과 섬기는 삶이라는 성경적 생활양식은 건강의 차원에서 엄청난 유익을 가져온다. 우선 봉사의 삶을 사는 사람들은 신체적으로 건강하다. 정서적으로 풍요로운 삶을 산다. 쾌활하고 낙천적이며 관계 지향적이다. 지적으로도 인간에 대한 깊은 이해, 세계에 대한 폭넓은 지식을 소유하게 된다. 결론적으로 말하면 봉사하는 삶이야말로 최상의 건강을 유지하는 비결이다. 스트레스로 꽉 찬 현대인의 삶을 치유하는 비결은 섬김의 삶으로 전환하는 것이다.

◎ 영적 건강의 중요성

하루를 시작하면서 드린 깊은 기도와 감사가 최상의 컨디션을 유지하는 원동력이 되는 것이다. 이런 의미에서 영적 건강은 정신적 신체적 사회적 건강의 뿌리라고 할 수 있다. 포스트모더니즘 시대가 되면서 영성과 감성에 대한 관심이 높아지고 있다. 특히 건강의 영역에서도 영적 건강이 차지하는 비중이 점차 높아지고 있다. 세계보건기구가 규정한 건강의 정의에서도 영적 건강은 신체적 정신적 사회적 건강의 차원에 이어 4번째 영역으로 실체를 인정받은 바 있다. 아침에 경건의 시간을 갖는데 놀라운 것은 아침모임에 참석한 날과 결석한 날을 비교하면 컨디션에 큰 차이가 있다는 것이다. 아침에 드렸던 기도와 말씀, 찬양과 기도가 하루를 신선하고 생동감 있게 만든 것이다. 신체적 건강의 측면에서 영성의 실체를 확인했다고나 할까? 교회에서 매일 진행하고 있는 아침기도회에서도 비슷한 현상이 나타났다. 여러 성도의 고백이 잠을 적게 자는데도 별로 피곤하지 않았다는 것이다. 하루를 시작하면서 드린 깊은 기도와 감사가 최상의 컨디션을 유지하는 원동력이 되는 것이다. 이런 의미에서 영적 건강은 정신적 신체적 사회적 건강의 뿌리라고 할 수 있다.

◎ 식욕과 정욕의 쾌락 추구로 인한 성경적 경고

노아 시대의 멸망을 성경에서는 "하나님의 말씀으로 …… 그때 세상은 물의 넘침으로 멸망당하였으되, 이제 하늘과 땅은 그 동일한 말씀으로 불사르기 위하여 간수하신바 되어 경건치 아니한 사람들의 심판과 멸망의 날까지 보존하여 두신 것이다(벧후 3: 5~7)"고 하셨다. 그러나 지금 또 하나의 폭풍우가 다가오고 있으며 세상은 다시 황폐케 하시는 하나님의 진노에 휩쓸릴 것이고, 죄와 죄인들은 멸망당할 것이다.

홍수 전 세계에 멸망을 불러들인 죄들은 오늘날에도 존재한다. 하나님을 두려워하는 생각이 사람들의 마음에서 사라지고, 그분의 율법은 무관심과 멸시를 받고 있다. 지금 이 세대는 노아 시대만큼이나 크게 세속화되었다. 그리스도께서는 "홍수 전에 노아가 방주에 들어가던 날까지 사람들이 먹고 마시고 장가들고 시집가고 있으면서 홍수가 나서 저희를 다 멸하기까지 깨닫지 못하였으니 인자의 임함도 이와 같으리(마 24: 38, 39)"라고 말씀하셨다. 사도 베드로는 "말세에 기롱(譏弄)하는 자들이 와서 자기의 정욕을 좇아 행하며 기롱하여 가로되 주의 강림하신다는 약속이 어디 있느뇨 조상들이 잔 후로부터 만물이 처음 창조할 때와 같이 그냥 있다(벧후 3: 3, 4)"고 기록하였다.

예수께서는 "인자의 올 때에 세상에서 믿음을 보겠느냐(눅 18: 8)"는 의미심장한 질문을 하셨다. 우리가 본 바와 같이 그분은 세상의 상태가 노아의 때와 같을 것이라고 선언하신다. 바울이 끝 날이 가까워 올수록 악이 증가되는 것을 보리라고 우리에게 경고한다. "성령이 밝히 말씀하시기를 후일에 어떤 사람들이 믿음에서 미혹케 하는 영과 귀신의 가르침을 좇으리라(딤전 4: 1)" 그 사도는 "말세에 고통하는 때가 이르리(딤후 3: 1)"라고 말한다. 그는 경건의 모양을 가진 자들 가운데서 발견될 놀라운 죄의 일람표를 제시한다.

홍수 이전 사람들은 저들의 은혜의 기간이 마쳐지고 있을 때 흥분시키는 오락과 연락에 몰두했다. 큰 영향력과 세력을 가진 자들은 아무도 마지막 엄숙한 경고에 감명을 받지 못하게 하기 위하여 백성들의 마음을 계속 환락과 쾌락에 몰두시키고자 노력하고 있었다. 오늘날 우리는 같은 현상이 반복되고 있는 것을 보고 있지 않는가? 하나님의 종들이 만물의 마지막이 가까웠다는 기별을 전하고 있는 동안 세상 사람들은 오락과 쾌락 추구에 여념이 없다.

하나님에 대하여 무관심하게 만들고 다가오는 멸망에서 그들을 구원할 수 있는 유일한 능력인 진리들로 말미암아 감명을 받지 못하게 하는 흥분적인 일들이 계속된다.

노아 시대의 철학자들이 세상이 물로 멸망을 당하는 것은 불가능하다고 선언한 것처럼 오늘날도, 세상이 불로 멸망을 당하는 것은 자연 법칙들에 모순되기 때문에 불가능하다는 것을 증거하고자 노력하는 과학자들이 있다. 그러나 자연계를 만드신 하나님, 그 법칙들을 제정하시고 통제하시는 분은, 당신께서 만드신 것들을 자신의 목적을 이루는 데 쓰실 수 있으시다. "노아의 때에 된 것과 같이 인자의 나타나는 날에도 이러하리라(눅 17: 26, 30)" "그러나 주의 날이 도적같이 오리니 그날에는 하늘이 큰소리로 떠나가고 체질이 뜨거운 불에 풀어지고 땅과 그중에 있는 모든 일이 드러나리로다(벧후 3: 10)" 철학적 이론이 하나님의 심판에 대한 공포를 떨어 버리고, 종교 지도자들이 평화와 번영의 장구한 시대가 올 것을 가리키고 있을 때, 세상 사람들이 심고 집 짓고 잔치하고 연락하며 하나님의 경고를 거절하고 그분의 사자들을 조롱하며 그들의 사업과 향락에 몰두하고 있을 때 "멸망이 홀연히 저희에게 이르리니 …… 결단코 피하지 못(살전 5: 3)"할 것이다.

◎ 성경에 나타난 식양법이 요구하는 기본 태도

하나님은 자신의 말씀에 순종하는 사람을 축복해 주시고 불행한 일이 생기는 것을 방지해 주시는 분이시다. 성경은 그것을 증거하고 있다. 창세기 5장에는 시조 아담의 계도(系圖)가 수록되어 있고 그 계도에는 각자의 수명(壽命)이 기록되어 있다. 성경은 어떤 면으로 보면 역사 문서이므로 이곳 외에도 계도나 인명표(人名表)가 나와 있을 수 있으나 사망 연령이 나와 있는 곳은 이곳뿐이다. 창세기 9장에는 노아의 홍수에 관한 기사로 대홍수가 끝나고 물이 전부 빠졌을 때 하나님은 그들을 축복하며 "생육하고 번성하여 땅에 충만하라 땅의 모든 짐승과 공중의 모든 새와 땅에 기는 모든 것과 바다의 모든 고기가 너희를 두려워하며 너희를 무서워하리니 이들은 너희 손에 붙이였슴이라 무릇 산 동물은 너희 식물(食物)이 되리라 채소같이 내가 이것을 다 너희에게 주노라 그러나 고기를 그 생명이 되는 피째 먹지 말 것이니라(창 9: 1~4)"고 중대한 개변(改變)을 말씀하셨다. 이때부터 식물성의 식생활사 속에 동물성의 것이 들어가게 되었다. 그럼 이 문제의 계도에 있는 생존 연령으로 본다면 노아의 수명을 경계로 하여 하나의 커다란 단락이 나타나며 더구나 설붕(雪崩)현상처럼 가속도적으로 생존 연령이 단축되어 간 것을 알 수 있다. 홍수 이전 상황을 "세상은 하나님 앞에서 흐트러져 포학이 땅에 충만하였다."고 마치 현재의 세상과 똑같은 모양을 기록하고 있다. 이런 포학을 추방하기 위한 대홍수였으므로 장기간 수몰되어 있었던 땅으로부터 식물성 식물(食物)을 취하는 일이 얼마나 어려웠을지 상상할 수 있다. 이 긴박한 사정을 보시고 하나님이 긍휼함으로 양보하여 육식 허가를 하신 것으로 생각된다. 그러나 성경 속에 기록된 수많은 인간의 역사를 살펴보면 하나님의 진의를 헤아릴 수 있는 사람은 소수에 불과하고 대부분은 최악의 방향으로 폭주하는 인간의 연약함을 노출하고 있다. 이와 같은 인류의 망은(忘恩)에 대한 판결문으로 남겨진 것이 사망 연령이 삽입된 계도에 나타난 노아 이후의 설붕현상인 것으로 생각된다. 그럼 이 연령표에는 어떤 의미가 있는 것인가? 하나님에게는 1,000년이 하루와 같고 하루는 1,000년과 같다고 하는 말씀이 있는데 하나님의 성업(聖業)에 대한 인간의 판단에는 너무나 조급한 데가 있다. 유한한 인간의 시간관념을 가지고 무한하고 영원한 하나님의 성업을 측량하고자 하는 것은 근본적으로 불가능하나 우리들은 그래도 절대적인 신뢰와 가능한 한도를 인내를 가지고 그 결과가 나타날 때를 기다리지 않으면 안 된다. "끝까지 인내하는 자가 구원을 받을 것이다." 따라서 채식(菜食)인가 육식(肉食)인가 하는 결론의 명제는 인간이 판단하려고 하면 엉뚱한 잘못을 범할 수도 있다. 성경이 몇 천 년 전 대단히 기나긴 세월에 걸쳐 쌓아 올린 결론에 대하여 묵묵히 머리를 숙이고 겸손해 하는 것만이 성경에 나타난 식양법이 요구하는 기본 태도라는 것을 알아야 할 것이다.

◎ 채식과 육식, 무엇이 좋은가

'육식을 할 것이냐, 채식을 할 것이냐'에 대한 논란은 인류 역사의 시작과 거의 때를 같이 하고 있다. 북미지역에서는 건강을 이유로, 인도 등지에서는 종교적 이유로 채식주의가 태동했다. 브라만교나 불교 혹은 자이나교 등은 살생을 금한 계율 때문에 신도들은 '생명의 죽임에 대한 안타까운 마음으로부터의 자유' 혹은 '살생에 대한 진심 어린 참회' 등을 외치며 채식주의를 선언하곤 했다. 그런가 하면 수학자 피타고라스(BC 582~497)와 철학자 소크라테스(BC 469~399), 그의 제자 플라톤(BC 427~347) 등은 종교적 이유보다 명석한 지혜, 혹은 건강 쪽에 무게를 두고 채식을 선택한 것으로 문헌은 전한다.

그러나 식생활 문화라는 테마를 가지고 성경을 들여다보면 '육식이냐 채식이냐'의 뿌리 깊은 논란과 선택의 갈등에서 쉽게 벗어날 수 있다는 것이 성경을 토대로 연구한 영양학자들의 판단이다. 성경은 이들의 논란보다 훨씬 앞서 식생활 규례를 선포했을 뿐만 아니라 그에 대한 첨예한 논쟁까지도 담고 있기 때문이다. 특히 성경은 성령의 감동에 의해 쓰여져 한 글자도 오류가 없다는 '성경 무오설'을 배경으로 성경에 소개된 인류의 식생활 규례를 해석하면 그 해답은 선명하다는 것이 성경을 토대로 연구하는 과학자들의 주장이다. 글자라는 개념은 국문으로 번역된 문자가 아닌 당시 성경사본에 쓰여진 히브리어 헬라어 아람어 등의 원문자를 일컫는다.

성경에 나타난 인류 최초의 식생활은 완벽한 채식이었다. 모든 식물, 그리고 독성을 지닌 채소까지도 먹을 수 있도록 하나님이 허락했기 때문이다(창 1:29). 선악과 사건 이전 인류는 죽음이 없는 영생의 DNA를 보유하고 있었기 때문에 비록 독성이 있는 채소를 먹더라도 체내에서 중화시킬 수 있는 능력이 있었을 것으로 영양학자들은 설명하고 있다.

그 후 에덴동산에서의 식생활은 제한된 채식이었다. "동산 각종 나무의 실과는 네가 임의로 먹되 선악을 알게 하는 나무의 실과는 먹지 말라"(창 2:16~17). 불행하게도 인류는 이 계명을 어겨 노동의 대가를 통해 음식물을 얻는 식생활 문화를 가져야 했다. 타락 후 채식은 얼굴에 땀을 흘려야만 가능했기 때문이다(창 3:18~19). 이 같은 채식은 노아홍수 이후 조건부 육식 허용으로 바뀌는데 채식만으로는 당시 인류가 번성하기엔 식량 부족 등에 따른 한계가 있었기 때문에 조건부 허용 쪽으로 개방했을 것이란 분석이다. 그 조건은 살아있는 동물을 먹되 기름과 피를 먹지 말라는 것이었다(레 3:17). 이 조건은 3400여 년 전의 기록이다. 이 같은 기록에 현대과학자들은 숨을 죽이곤 한다. 동물성 기름이 대부분 포화지방이라는 사실을 그 시대에 이미 꿰뚫어봤다는 점과 생명이 끊기면 혈액 속에 수많은 노폐물이 일시에 축적돼 피를 먹는다는 것은 다량의 노폐물을 섭취하는 것과 비슷하다는 지금의 주장과 맞아떨어지기 때문이다.

뿐만 아니라 고기를 먹을 때 불에 구워 쓴 나물과 함께 먹을 것을 선포한 식생활 규례(출 12:8~10)는 최근 유럽에서 큰 사회 문제화됐던 광우병 파동의 정곡을 찌르고 있다. 광우병은 스크레이피 질병에 걸린 양의 내장에 있는 프리온 단백질이 소에 옮겨져 발생하는데 광우병에 걸린 쇠고기를 먹은 사람은 크로이츠펠트· 야콥병에 걸려 보통 3~6개월 내에 사망하게 된다. 치매와 대뇌신경마비 등을 호소하는 야콥병은 광우병의 원인물질인 프리온 단백질이 원인물질이다. 그런데 프리온 단백질은 물의 비등점인 섭씨 100도에서도 파괴되지 않아 요리 방법으로는 제거가 불가능하다는데 문제가 있다. 성서의 규례대로 불에 구워먹는 것 외에는 특별한 해법이 없다. 이 같은 조건부 육식은 레위기 11장에서 세분화된다. 예컨대 △뭍짐승은 발이 둘로 갈라져 있고 새김질하는 것만 먹고(따라서 돼지 낙타 등은 제외) △물고기는 지느러미와 비늘이 있는 것만 먹을 것이며(따라서 장어 미꾸라지 메기 등은 제외) △새는 새를 잡아먹지 않는 것을 먹고(따라서 독수리 매 등은 제외) △곤충은 날개와 네 발로 뛰어다니는 것(메뚜기 등)을 먹으라고 구체화시켰다. 조건에서 배제된 종류는 부정하고 가증한 것이라고 못박고 있다. 혐오스럽거나 증오스럽다는 의미다.

이렇게 채식과 함께 조건부 육식을 허용한 식생활 규례는 신약의 초대교회 시대에 완전히 풀리게 된다. 조건부 육식에 대한 규례를 철저히 지킨 예수의 제자 베드로는 어느 날 기도 중 환상 속에서 두 번째 하나님의 음성소리를 듣는다."…하나님께서 깨끗하게 하신 것을 네가 속되다 하지 말라 하더라"(행 10:15)

따라서 성경의 식생활 규례는 처음 완전 채식에서 시작해 제한된 채식, 제한된 육식 허용(기름과 피 제외),조건부 육식 허용, 조건 폐지에 따른 채식과 육식의 완전 개방으로 변화했다. 하지만 육식의 조건부 폐지에 대한 학자들의 논란은 초대교회 이후 지금까지 계속되고 있다. 진보적 관점에 있는 신학자들은 식생활 규례가 베드로의 환상을 기점으로 완전히 폐지됐기 때문에 어느 것도 부정하거나 가증한 것이 없다고 주장하는 반면 보수적 입장에서는 규례만 폐지됐지 부정하거나 가증한 것은 그대로 남아있기 때문에 구약의 규례(채식과 조건부 육식)를 그대로 따라야 한다고 맞서고 있다. 이 논란은 식생활이 신앙고백임을 뒷받침하는 단서가 되고 있다. 감사함으로 받으면 버릴 것이 없음을 성경은 강조하고 있다(딤전 4:3~5). 이 때문에 '육식이냐 채식이냐'에 대한 논란에 가장 확실하게 종지부를 찍을 수 있는 해답은 말씀으로 복음화된 식생활이다.

◇도움말 주신 분:
박준서 교수(연세대·구약학)
이진영 교수(서울보건대·식품영향학)
황성주 원장(이롬라이프생명과학연구원)

◎ 하나님은 한 사람을 만드셨는데 왜 피부색이 각각인가

창조론자이든 진화론자이든 간에 사람들은 인류의 피부색 발생과 차이점에 관심이 많다. 일부 황인종 우월론자들은 재미있는 이야기를 꾸며서 다음과 같이 웃기기도 한다. 창조주께서 처음 흙으로 인간을 만들고 굽는 과정에서 실수로 빨리 꺼내 덜 구워진 것이 백인이고 다음에는 너무 일찍 꺼내 실패한 것을 고려해 충분히 굽다가 그만 탄 것이 흑인이라고 말한다. 그러나 황인종은 두 번에 걸친 경험을 살려 적당히 구워내는 데 성공한 최고의 작품이라는 해석이다. 그러면 과연 하나님은 한 인간을 만드셨는데 다양한 피부색을 가진 인류는 어떻게 생긴 것일까? 많은 사람들이 막연히 추측하는 것과는 달리 흑인과 백인 그리고 황인종의 피부는 그리 큰 차이가 없다는 것이 지난 40여 년간의 특수염색체법에 의한 연구와 전자현미경을 통해 알게 됐다.

모든 인종은 피부색에 관계없이 같은 개수의 멜라닌 색소를 만드는 세포인 멜라노사이트를 갖고 있다. 피부색이 검고 희게 되는 차이는 이 세포 안에 피부를 검게 하는 멜라닌 색소가 얼마나, 어떻게 함유돼 있느냐의 미세한 차이일 뿐이다. 멜라노사이트라는 세포에는 멜라닌 색소를 갖고 있는 작은 주머니가 있는데 이것을 멜라노좀이라고 한다. 피부가 검은 사람은 덜 검은 사람에 비해 바로 이 멜라노좀이 약간 크고 세포당 개수가 많다. 결국 이들은 세포 수준의 큰 차이가 있는 것이 아닌 세포 내 일부 작은 변이에 불과한 것으로 단순한 유전법칙에 따라 다양하게 전해온 것으로 볼 수 있다. 실제로 피부와 머리색을 결정하는 멜라닌 색소에는 지금까지 설명한 검은 갈색의 색소와 붉은 색소 두 가지가 있다. 모든 사람은 다 붉은 멜라닌 색소를 만들어 내지만 붉은 머리의 소유자는 검은 색소를 만들어 내지 못하기 때문인 것으로 알려졌으며 이는 멜라노사이트에 일부 돌연변이가 일어나 생겨난 것으로 생각된다. 이들은 자외선의 피해로부터 보호를 받지 못할 뿐만 아니라 붉은 색소는 직접 태양빛과 반응해 DNA에 피해를 줘 피부암을 일으키는 화학물질을 생성하는 이중의 피해를 받고 있는 것으로 알려졌다. 그러면 아담과 하와 그리고 방주 안에 들어가 홍수 이후에 현 인류의 조상인 노아의 가족은 어떤 피부를 가졌을까?

오늘의 다양한 피부색을 가진 종족이 생겨나기 위해서는 밝은 피부와 검은 피부를 다 생산할 수 있는 중간 정도의 갈색피부를 가지고 있었을 것이다. 그 후 그들의 자녀가 밝은 피부를 생산하는 유전인자만을 받게 되면 부모보다 흰 피부를 갖게 되었을 것이며 검은 피부를 생산하는 인자만을 받은 자녀는 그들의 부모보다 검은 피부로 태어났을 것이다.

유전과 변이를 통한 다양한 피부색은 바벨탑 사건 이후에 생긴 다양한 언어 속에서 같은 언어와 비슷한 피부색을 가진 사람들 간의 결혼선호가 특수한 피부색을 가진 종족을 형성하도록 하였을 것이다. 여기서 지역에 따라 배우자의 선택에 차이가 있게 된다. 더운 지방에서는 검은 피부가 생활에 유리하기 때문에 흰 피부를 가진 사람은 항상 결혼의 대상에서 제외되었을 것이며 이것이 오늘과 같은 특수한 피부색의 종족을 형성케 하는 촉진제가 되었을 것이다.

결국 모든 인류는 피부나 머리의 색에 관계없이 하나님께서 자신의 형상으로 창조하신 놀라운 한 종족임을 알 수 있다. ―이웅상 명지대 교목실장 겸 생명과학과 교수―

◎ 생체리듬(Rhythm)

1729년에 프랑스의 천문학자 드라멘은 우연히 암실에서도 잠자는 풀의 잎사귀의 운동이 규칙적으로 계속되는 것을 발견했다. 여기서 생체리듬 또는 생체시계라는 생각이 나오게 되었다. 그 후 미국의 크래이트맨, 리히터 등에 의해 사람의 몸에도 리듬이 있는 것을 확신하고 1940년에 이것을 '서캐디안 리듬(Circadian Rhythm)'이라고 명명하였다. 이것은 약 1주일의 주기라는 뜻인데 사람 몸에 이 주기를 알아볼 수 있는 생체시계가 있다고 생각했던 것이다. 예컨대 인간은 잠을 자고, 깨고, 음식을 먹고, 체온을 유지하고, 대소변을 배설하고, 호르몬의 분비와 물질의 대사까지 각가지 생리현상이 하루의 리듬을 그리면서 변동해 간다는 것이다. 사람의 체온드 시간과 계절에 따라 변동하는데 새벽과 밤에는 약 1도의 차가 있다. 가령 아침식사를 하지 않든지, 또는 점심식사를 하지 않든지 때로는 식사시간을 지키지 않고 마음대로 불규칙적인 생활을 오랫동안 계속하면 생체리듬이 깨어지고 생체시계가 파괴되어 드디어는 병에 걸리게 된다. 동양에서는 우리 몸을 하나의 작은 우주(宇宙)라고 생각하고 대자연의 큰 우주와 그 리듬이 항상 맞아야만 건강을 유지할 수 있다고 생각하고 있다. 춘하추동의 더움과 추움의 변화뿐만 아니라 1일이라는 지구의 자전(自轉)에서 생긴 밤과 낮의 변화 등 대자연의 리듬에 맞추어 우리들의 생체시계도 거기에 맞도록 해야 한다고 한다. 그러므로 사람은 해가 져서 밤이 되면 잠을 자고 해가 떠서 아침이 되면 일찍 일어나는 것이 대자연의 리듬에 나의 생체시계를 맞추고 사는 것이므로 건강을 유지할 수 있다. 오늘날 장수하는 노인들의 건강 비결에도 이와 같은 대자연의 리듬에 자기들의 생체시계를 맞추어 일찍 자고 일어나는 소위 조기조침(早起朝寢)의 생활이 그 비결이다. 예수님께서도 이 대자연의 리듬에 따라 새벽 오히려 미명에 일어나시고 한적한 곳에서 아침 기도로써 하루 생활을 시작하신 기록을 볼 수가 있다. “새벽 오히려 미명에 예수께서 일어나 나가 한적한 곳으로 가사 거기서 기도하시더니(막 1: 35)” 참으로 예수를 믿고 예수님을 본받아 살아가려고 하는 신자들도 아침 일찍 일어나서 조용히 무릎을 꿇고 아침 기도로써 그날 하루를 시작하면 그 하루가 얼마나 복되고 기쁘고 건강한 하루가 될 수 있을까?

◎ 인삼, 녹용보다 좋은 입 안의 침

• 혀로 입천장에서부터 양 볼까지 입 안 구석구석을 닦아내는 회진법은 동의보감에도 나오는 무병장수의 비결이라고 하는데…… 인삼, 녹용보다 좋은 입 안의 침. 사람의 몸에서 나오는 분비물이 몇 가지나 될까요?

진액이라 불리는 이 분비물에는 눈물, 콧물, 정액, 위액, 장액, 침, 땀 등이 있습니다. 예로부터 내려오는 양생법을 보면 침을 절대로 뱉어 내지 말고 삼켜야 한다고 되어 있는데 …… 옥액(玉液), 영액(靈液), 신수(神水), 옥잠(玉簪), 진액(津液) 등으로 불릴 만큼 귀한 침에 대해 알아보면,

- 음식을 먹을 때나 삼키는 작용을 편하게 해 준다.
- 침 속에는 음식을 소화시키는 소화효소와 윤활유 역할을 하는 점액이 있다.
- 이는 입 안에서 소화작용뿐만 아니라 입 안의 점막을 부드럽게 해주며 음식물이 식도로 넘어가는 데도 윤활유 역할을 해 준다.

• 침을 분비하는 침샘은 크게 두 종류

침샘은 크게 두 종류로 나뉘는데, 큰 침샘(주타액선)과 작은 침샘(소타액선)으로 구분됩니다. 큰 침샘이란 육안으로 식별할 수 있는 크기이며, 세 군데, 즉 귀밑 부위와 턱 아래 및 혀 앞의 아래 부위 등에 양측으로 대칭을 이루면서 분포해 있습니다. 귀밑 쪽의 큰 침샘은 이하선(耳下腺)이라 부르며, 하악골(턱뼈) 중간 부위의 턱 아래쪽에 위치한 호두알 크기 정도의 큰 침샘은 악하선(顎下腺)이라 합니다. 혀 맨 앞쪽의 아래 고랑 측에 정중선을 중심으로 좌우 대

칭으로 조그맣게 자리 잡고 있는 큰 침샘은 설하선(舌下腺)이라 부릅니다.

- 타액은 하루에 700~1500cc 정도 배출

타액은 하루에 700~1500cc 정도 분비되는데, 건강이 나빠지거나 노쇠하게 되면 입 안이 마르게 됩니다.

- 무병장수의 비결-회진법

동의보감에도 나오는 무병장수의 비결. 혀로 입천장에서부터 양 볼까지 입 안 구석구석을 닦아 냅니다. 이때 침이 고이면 3번에 걸쳐 나누어 삼킵니다. 혀를 돌릴 때 힘이 들거나 얼굴과 목이 뻐근하다면 피로가 쌓였다는 증거이며, 매일 반복하면 노화도 예방되고 피부도 고와진다고 합니다.

◎ 입술로 알아보는 건강신호

- 입술이 바짝바짝 마른다(간기능이 떨어졌다).
  - 건강 상태/유달리 입술이 바짝 마르는 것은 몸이 좋지 않다는 신호. 특히 간이 많이 지쳐 있을 때 나타나는 증상이다. 스트레스를 많이 받거나 지나치게 긴장하면 뇌신경에 무리를 주어 간기능이 저하, 입술이 마르게 된다.
  - 치료 방법/잠자기 전 립밤을 듬뿍 바른 뒤 랩으로 감싸는 응급처치법을 실시해 볼 것. 그러나 보다 근본적인 치료 방법은 피로회복에 도움이 되는 비타민 C의 꾸준한 섭취다. 싱싱한 과일이나 귤차, 녹차, 박향차 등을 자주 마셔도 좋다.

- 입술에 물집이 생기거나 붓는다(면역기능이 저하 되었다).
  - 건강 상태 / 비장은 몸의 면역기능을 관할하는 곳. 비장이 약해지면 몸이 피곤해지고 저항력이 약해져 평소에는 몸속에 숨어 있던 헤르페스라는 바이러스가 입술에 물집으로 나타난다. 따라서 비장을 튼튼히 해 주는 것이 관건이다.
  - 치료 방법 / 인삼차와 황기차를 꾸준히 마실 것. 집에서 간단하게 치료할 수 있는 방법으로 몸의 원기를 북돋워 줄 것이다.

- 입술 주변에 뾰루지가 난다(자궁 방광의 혈액순환 장애).
  - 건강 상태 / 입 주변에 뭔가 많이 난다면 자궁이나 방광 쪽의 이상 여부를 체크해 보아야 한다. 이런 증상은 생리불순이나 냉대하 등으로 자궁 주변에 혈액이 부족하거나 순환이 잘되지 않기 때문에 일어난다. 특히 인중 부분이 탁하고 어두운 색이 나타난다면 자궁 질환을 의심할 수도 있다.
  - 치료 방법 / 여성의 자궁과 방광을 튼튼하게 해 주는 당귀차, 천궁차를 매일 1회에서 수회 마신다. 그러나 인중 부분의 탁한 색이 집중되어 점처럼 나타나면 자궁에 종양이 있을 가능성도 있다. 전문의의 상담을 받아보는 것이 바람직하다.

- 입술이 잘 트고 갈라진다(위장에 열이 많다).
  - 건강 상태 / 입술은 비장과 위장의 지배를 받는다. 입술이 잘 트고 갈라지는 것은 위장에 열이 많기 때문. 위장에 영양을 공급해 비위를 건강하게 해 주면 치료에 도움이 된다. 영양상으로 비타민 B2가 부족해도 나타나는 현상이다. 특히 신경을 많이 쓰거나 과도하게 스트레스를 받아도 이런 증상은 더욱 악화된다.
  - 치료 방법 / 백출차, 박향차를 마시면 위장에 열을 내리는 데

큰 효과를 볼 수 있다. 비타민 B2가 풍부한 간, 육류, 달걀, 우유 그리고 요즘 새롭게 주목받고 있는 블랙푸드(검은색이 나는 음식)를 섭취한다.

- 입술 색이 검거나 푸르스름하다(몸에 어혈이 뭉쳐 있다).
  - 건강 상태 / 건강에 이상이 있으면 입술 색에 변화가 생긴다. 혈액이 탁하냐, 부족하냐, 넘치느냐에 따라 입술색이 달라지는 것. 입술이 검푸른 색을 띤다면 어혈이 뭉쳐 있기 때문이다.
  - 치료 방법 / 몸의 어느 부분에 이상이 생겼는지 알아야 치료도 가능하다. 병원에 가볼 것.

- 입술에 핏기가 없다(혈허증, 빈혈증이 있다).
  - 건강 상태 / 헤모글로빈 수치가 낮아지면 자주 어지럽고 안색과 입술에 핏기가 없어지게 된다. 이런 증상을 한의학에서는 '혈허증'이라고 부르기도 한다. 이런 증상이 지속되면 혈액 중 적혈구 수나 헤모글로빈의 양이 지속적으로 감소하는 악성 빈혈이 생길 수 있다.
  - 치료 방법 / 빈혈 치료가 우선되어야 한다. 가벼운 빈혈 증세라면 홍화잎차, 당귀차, 생기황차 등을 꾸준하게 마시는 것만으로도 효과를 볼 수 있을 것.

- 입술색이 지나치게 붉다(몸에 열이 있다).
  - 건강 상태 / 위 속에 열기가 많은 '위화' 상태이거나 감기나 결핵 같은 질환이 있어 열이 올라올 경우 입술색이 유난히 붉게 된다. 특히 위에 열이 많은 체질은 배가 조금만 고파도 속이 쓰리고 아픈 증상이 나타나며 입 안이 헐기도 한다.
  - 치료 방법 / 감기 등 질환이 원인일 경우에는 병의 치료가 우

선이며, 심한 위화 체질은 병원에서 위에 열을 내려 주는 전문적인 처방을 받는다. 증상이 심하지 않다면 위의 열을 내려 주는 백출차, 박향차를 꾸준하게 마시는 민간요법을 실시한다.

한의학에서는 입술은 위장, 혀는 심장을 관리한다고 본다. 좀더 자세히 살펴보면 윗입술은 비장, 아랫입술은 위장, 치아는 신장, 입 안은 비위와 연관되어 있는 것. 따라서 입술에 무언가가 잘 나고 겨울에 잘 트거나 갈라지는 사람은 위장, 또는 비장의 기능이 떨어졌다는 신호다. 신장의 기능이 좋지 않은 사람은 치과 치료를 받고, 혀에 무언가가 잘 나는 사람은 심장의 열기를 떨어뜨려 주면 효과를 볼 수 있다.

◎ 몸속의 독을 빼내는 '디톡스(detox) 음식'

결코 반갑지 않은 봄 손님인 황사가 올해도 기승을 부렸다. 일종의 미세 먼지인 황사에는 카드뮴, 수은, 납, 알루미늄, 비소 등 몸에 해로운 중금속이 다량 들어 있어 무방비 상태에서 노출되면 체내 중금속 축적의 위험이 크다. 몸 안에 쌓인 독소를 배출하는 '디톡스 음식'으로 식단을 짜 보자. 중금속, 오염된 물, 식품 첨가제, 환경호르몬 등 독성 화학물질로부터 가족의 건강을 지킬 수 있다. "디톡스 건강법은 몸 안의 독소를 약물이나 수술을 통하지 않고 치료하는 자연요법"

• 디톡스 식품 섭취로 체내 독소 해소

중국 현지에서 사상 최악의 황사로 기록된 올해 황사는 우리나라에도 심각한 양상으로 불어왔다. 문제는 황사에 다량 포함된 것으로 알려진 각종 중금속이다. 중금속은 한번 체내에 유입되면 몸 밖으로 잘 배출되지 않는다. 이렇게 몸 안에 쌓인 중금속은 뼈나 간, 신장, 쓸개 등에 악영향을 미치고 혈액 형성을 방해하거나 중추신경을 마비시켜 심하면 기형아 출산의 원인이 되기도 한다. 굳이 황사가 아니더라도 각종 식품 첨가제가 함유된 인스턴트식품, 오염된 물 등 잘못된 식사 때문에 축적되는 체내 독소도 무시하지 못할 건강의 적이다. 배출되지 못한 독소는 몸속의 조직 손상과 감각기능 저하의 원인이 되기 때문이다. 디톡스 건강법은 몸 안의 독소를 약물이나 수술을 통하지 않고 자연요법으로 없애 건강을 추구하는 방법을 말한다. 유해물질을 몸 밖으로 배출시키거나 해독작용을 하는 디톡스 식품을 평소 꾸준히 섭취하는 것이 좋다.

- 삼겹살: 먼지를 많이 들이마신 날이나 황사가 심한 날은 삼겹살을 먹는다. 돼지고기를 먹으면 미세 먼지에 포함된 카드뮴이나 납 등을 배출하는 효과를 얻을 수 있는 것으로 알려져 있다. 돼지고기 속의 불포화 지방산이 탄산가스를 중화해 폐에 쌓인 공해물질을 없애기 때문이다. 특히 붉은 살코기는 위장 속의 중금속 배출 및 해독효과가 뛰어나다고 알려져 있다.
- 녹차: 탄닌과 아미노산, 무기질, 섬유소, 엽록소가 풍부한 녹차는 다이옥신의 흡수를 억제하고 배출하는 기능을 한다. 다이옥신은 흔히 환경호르몬으로 불리는 물질로 체내에 흡수되면 내분비계의 정상적인 기능을 방해한다. 녹차의 탄닌 성분은 단백질과 결합해 응고되면 병원균을 죽이는 살균효과도 낸다. 티백보다는 가루 형태로 섭취해야 더욱 효과적이다.
- 마늘: 공기, 물, 생선 섭취 등을 통해 몸 안에 수은이 쌓이면 만성 피로, 어지러움, 식욕 상실, 고혈압 등의 증상을 유발한

다. 황사에도 수은이 포함돼 있다. 유황 성분은 몸속에서 수은과 결합해 장을 통해 배변되도록 도와준다. 마늘은 유황 성분을 다량 함유하고 있어 몸속의 수은을 배출하는 효과가 탁월하다.

–미역, 굴, 전복: 미역 역시 중금속 배출효과가 뛰어나다. 미역에 많이 들어 있는 알긴산 때문이다. 알긴산은 중금속 해독은 물론이고 농약, 환경호르몬, 발암물질까지 흡착해 배설시키는 기능을 한다. 굴이나 전복 속에 많이 들어 있는 아연도 체내에 쌓여 있는 납을 배출하는 효과가 있다.

–클로렐라: 건강식품으로 인기를 끌고 있는 클로렐라는 미세한 단세포 녹조류로 단백질, 탄수화물, 지방, 아미노산, 식이섬유를 비롯해서 비타민, 무기질 등 각종 영양소가 풍부하다. 또 클로렐라는 납의 독성을 완화하고 체내 카드뮴의 축적을 억제해 주는 것으로 알려져 있다. 클로렐라에 함유된 칼슘, 아연, 마그네슘, 단백질 등이 소장의 혈액 속에 남아서 카드뮴이 흡수되지 못하게 하기 때문이다. 또 간과 신장에서 카드뮴의 독성을 중화시키는 기능도 한다.

◎ 음식과 성격의 상관관계

- 육식을 좋아하는 유형: 다소 정열적이다. 단백질을 많이 섭취하면 발열시간이 길어 스태미나를 연장시켜 주기 때문에 일을 지속할 수 있는 끈기도 강해진다. 하지만 변덕스럽고 충동적이어서 실패를 경험하는 경우도 종종 있다.
- 육류보다 해산물을 선호하는 사람: 인내심이 강하고 침착한 편

이다. 타인을 의식하지 않고 자신의 주관에 따라 일을 추진하여 주변의 신임을 얻는 경우가 많다.

- 야채를 좋아하는 사람: 의욕이 강하고 활동적이다. 더불어 평화를 좋아하고 투쟁을 피하려고 한다.
- 튀김류나 기름기 많은 음식을 좋아하는 유형: 활기차고 바쁘게 생활하는 사람인데, 지나치게 개방적이서 때때르 상대를 불편하게 할 수도 있다.
- 과일을 좋아하는 사람: 주의력이 깊고 민감하다. 또한 경쟁을 싫어하며 주변에 친구가 많다.
- 매운, 얼큰한, 매콤한이란 단어가 붙어야만 수저를 드는 사람: 모험심이 강하고, 적극적이라 자신이 원하는 바를 잘 이루어낸다. 하지만 음식이 매운 만큼 천천히 음미하지 않고 급하게 먹기 때문에 성격이 급하고 다혈질이다.
- 신 음식을 얼굴 한 번 찡그리지 않고 잘 먹는 사람: 겉으로는 잘 나타나지 않지만 스트레스에 시달리는 경우가 많다. 정신적으로 긴장해 고민이 많거나 불만족할 경우 시큼한 맛을 자주 찾는데, 임산부나 깊은 연애에 빠져 있는 사람이 신 음식을 주로 찾는다고 한다.
- 식사를 하는 동안 음식에 계속 소금을 뿌려대는 사람: 내성적이고 독단적인 면이 많다. 또한 염분이 혈압을 높여 쉽게 분노하게 만들기 때문에 성미가 급한 편이다.
- 초콜릿, 케이크 같은 단것을 즐기는 사람: 신경이 약하거나 욕구불만인 경우다. 욕구불만으로 긴장하고 초조해지면 호르몬 작용으로 혈액 속의 당분이 부족해 단 음식을 찾게 된다. 그래서 달콤한 음식에 젓가락이 먼저 가는 이들은 사람을 잘 사귀지만 깊이가 없고 쉽게 싫증내는 경우가 많다.

◎ 건강과 마음가짐

이 시대의 가장 극렬한 전쟁터는 인간의 마음 세계이다. 미움, 시기, 원망, 불안, 초조, 근심, 걱정, 열등감, 의욕상실, 패배감 등의 모든 심리적 갈등은 각종 질병의 직간접적인 원인이 된다. 건강을 위해서는 단순한 마음가짐과 정서적으로 안정된 생활이 무엇보다 중요하다. 감사하는 마음을 갖게 되면 인간관계 속에서 겪게 되는 갈등과 번민의 상당 부분을 해소시킬 수도 있다. 감사는 삶을 긍정적인 자세로 살아갈 때만 가능하다. 불평불만이 가득하고 원망이 많은 사람들은 대부분이 부정적인 가치관을 갖고 있다. 긍정적인 삶의 자세는 감사와 기쁨이 넘치는 생명력 있는 삶을 누리게 되지만 부정적인 마음 자세는 자신의 체질을 서서히 산성화시켜서 결국 병적 체질이 되고 만다. 이것을 심신상관의학이라 한다. 하나님 앞에서든 사람 앞에서든 최고의 예의는 감사하는 마음가짐이다. 감사는 역경 속에서도 하나님을 만나게 되며 이웃을 얻게 된다. 영육의 총체적인 건강을 누리려면 마땅히 범사에 감사하는 마음가짐을 가져야 한다.

◎ 넘치는 식탁도 죄(음식물 쓰레기 줄이기)

먹고 쓰는 것이 흔한 세상이다. 더 맛있고 풍요로운 것을 추구하고 탐욕을 즐겨한다. 기독교인들에게 절제된 삶이 요구되지만 현실의 행복을 좇는 사람들은 화려한 식탁을 죄의식 없이 마주한다. 편의주의에 빠진 삶. 그 결과는 참담하다. 2006년 11월 26일에 한기총 주최로 열린 환경실천운동세미나에서 공개된 우리의 음식 문화를 들여다보니 식량 자급률 30%인 나라에서 매일 나오는 음식물 쓰레기는 1만 3천여 톤. 생활폐기물 발생량의 26%를 차지한다. 이를 돈으로 계산하면 연간 14조 7천억 원이다. 과하게 먹다 보니 남아서 버리는 것이 더 많은 현실이다.

북한 주민 1년 치 양식 비용이 15조 원이고 이 금액이 우리나라 한 해 자동차 수출액과 같다는 것은 과히 충격적이다. 또 세계적으로 하루에 4만 명이 굶어 죽어가는 것을 감안한다면 음식물 쓰레기의 증가는 우리의 죄와 비례한다고 해도 과언이 아닐 것이다.

'음식물 쓰레기 문제와 기독교인의 역할'을 다룬 이날 세미나에서는 이 같은 죄성에 대해 경각심을 불러일으켰다. 건국대학교 정승헌 박사는 "우리가 매일 먹는 음식은 하나님의 창조질서 속에서 허락된 소중한 것이므로 버려서는 안 된다."고 강조했다. 즉, 우리가 먹는 음식이 내 가족만 즐기는 것이 아니고 형제자매 그리고 동물과 식물 등 하나님의 피조물이 함께 나누어야 함을 알고 과식을 금해야 한다고 밝혔다. 음식물 쓰레기를 줄이기 위한 대안도 제시됐다. 기독교환경운동연대 양재성 사무총장은 생명밥상 빈 그릇 운동을 소개하며 안전만 먹을거리로 자신의 몸과 맘을 지키고 조금씩 남김없이 먹는 것으로 음식물 쓰레기를 줄여야 한다고 제안했다. 이 생명밥상 빈 그릇 운동은 2007년 4월 환경주일을 통해 교회에 홍보한 이후 1만여 명이 서명에 동참했고 130개 교회와 단체가 참여를 약속했다. 양 사무총장은 지렁이를 통해 음식물 쓰레기를 거름으로 활용하는 방법도 여성단체들을 중심으로 보급되고 있다고 소개했다. 또 이날 패널로 참석한 이규봉 목사는 음식문화 개선을 통해 쓰레기 발생량을 줄이는 방법을 소개했다. 식습관 변화를 위한 가나다운동으로 '가져가고, 나누어 덜어 먹고, 다 먹는' 생활습관을 기독교인들이 먼저 실천해야 한다고 밝혔다.

그러나 무엇보다 중요한 것은 성도들을 중심으로 음식물 쓰레기의 심각성과 죄성에 대해 교육하고 인식의 변화를 통해 가정에서 실천토록 하는 것이 가장 효과적이라고 입을 모았다. —goodnews에서—

◎ 시큼한 노인 냄새 없앨 수 없을까

젊은이들로 하여금 노인과 거리를 두게 만드는 가장 단순한 이유 중 하나가 바로 '노인 냄새'다. 이러한 노인 냄새는 주로 구강 관리를 소홀히 하는 데서 많이 발생하는데, 특히 틀니를 사용하는 노인들의 경우 틀니를 비위생적으로 관리할 경우 대화를 꺼리게 될 정도의 구취를 풍기게 된다. 또 노인들은 신진대사가 원활하지 않아 대사 과정에서 노폐물이 많이 생성되는데, 이 역시 특유의 노인 냄새의 원인이 되며 대부분의 노인들은 요실금 등의 배뇨장애가 있어 몸에서 지린 냄새가 나는 경우가 많다.

▶ 구강 관리 소홀

입에서 나는 냄새는 치아손상이 원인인 경우가 대부분으로 치과치료를 받고 양치를 자주 하면 해결될 수 있다. 그러나 노인들은 피곤하다고 이 닦는 것을 귀찮게 여기는 경우가 많은데, 최소 하루에 2~3번은 닦아야 구취를 예방할 수 있다. 특히 다른 사람과 접촉이 줄어들면 입을 여는 횟수가 줄어들어 구취가 심해지는데 이의 예방을 위해서는 물을 자주 많이 마시고 구강의 환기를 하는 것이 필요하다. 나이가 들어가면서 담배로 인한 악취는 더욱 심해진다. 흡연은 침샘을 억제해 입 안뿐만 아니라 호흡기 점막까지 마르게 하기 때문이다. 따라서 금연은 구강건강을 위해서도 필수적이다. 또 틀니를 사용하면 음식물 찌꺼기 등이 끼어 입에서 냄새가 나는 경우가 많다. 하지만 물 세척만 하거나 칫솔질만으로 틀니를 관리하는 경우가 많은데 이는 비위생적이다. 최근 국내 틀니 사용자가 146만여 명을 넘어서면서 시중에는 이러한 문제점을 간편하게 해결해 주는 세정제들이 나와 있다. 그중 '폴리덴트'(글락소스미스클라인 · 1만 500원)는 약국에서 쉽게 구입할 수 있다. 물이 담긴 유리컵에 폴리덴트 한 알을 넣고 5분간 틀니를 담가두면 천연 효소인 에버라제의 강력한 세정 및 표백성분이 틀니를 깨끗하게 세정해 준다. 이러한 틀니 세정제는 식사 후나 취침 시 틀니를 폴리덴트 용액에 담가 놓는 것만으로 칫솔질 등의 외부자극 없이 틀니를 세정해 주어 편리하다. 구취 박테리아를 거의 완벽하게 제거, 미생물이 일으키는 구내염을 예방해 준다.

▶ 피지 중 과산화지질

어떤 생물이든 독특하게 발산하는 냄새가 있다. 인간은 서로에게 나는 체취에 대해 별다른 거부감 없이 받아들이며 생활할 수 있으나 정도가 지나치면 타인에게 거부감이나 불쾌감을 갖게 한다. 특히 노인은 나이가 들어 혼자 생활할 경우 체취가 강해지면서 독특한 냄새가 난다. 이러한 노인 냄새는 10~20대 때 자취생활을 하는 냄새와는 근본적으로 차이가 있다. 신체의 노화에 따른 신진대사 능력의 감소로 노폐물의 분해와 배출이 활발하지 못하기 때문에 생기는 것으로, 피지 중 지방산이 과산화지질이란 물질로 산화돼 특유의 노인 냄새를 유발한다. 주원인이 되는 물질은 불포화알데하이드인 노네날로 주로 고령층에서 많이 생성되지만 만성 환자나 50대 이상부터는 예외가 아니다. 그러나 이런 물질의 생성 이외에 더 큰 원인이 되는 것은 활동력 저하로 스스로 몸을 자주 씻지 않거나 청결하게 관리하지 않는 습관이다. 아무리 나이가 많더라도 자주 목욕하고 청결을 유지하면 어느 젊은이나 다름없이 특별한 냄새를 유발하지는 않는다. 또 머리에서 나는 노인들의 시큼한 냄새는 땀, 비지, 비듬 등이 세균에 의해 분해되어 나는 냄새이다. 따라서 두피에 피지나 비듬이 쌓이지 않도록 머리를 자주 감는 것이 냄새를 없애는 최선의 방법이다.

▶ 요실금과 소변 냄새

나이가 들면 발과 겨드랑이, 사타구니 등의 청결도 신경 써야 하는데 이는 대소변 처리와 관련이 있다. 여성의 경우 요실금으로 인해 웃거나 무거운 짐을 들 때 소변이 조금씩 새어나와 냄새가 날 수도 있고, 남성 역시 전립선 비대 등으로 소변을 볼 때 실수하는 경우가 많아 요소분해 박테리아가 암모니아를 형성해 냄새를 유발할 수 있다. 따라서 요실금 및 전립선비대 증상이 있을 경우 전문가와 상담한 뒤 근본적인 치료를 받아야 하며 활동하지 않아 땀을 흘리지 않았더라도 비누로 이런 부위들을 씻고 침구와 의복은 자주 세탁해야 한다.

이렇듯 노인 냄새는 나이가 들면 찾아오는 불가피한 것이지만 원인을 분석해 본다면 의외로 해결책은 쉽다. 본격적인 고령화 사회로 진입하면서 이제 노인들도 스스로 건강을 체크하여 젊은이들과 어울려 지낼 수 있는 여건을 만들어야 한다.

◎ 무궁화를 차로 먹을 수 있다

무궁화 꽃을 차로 마시면 소변을 잘 나오게 하고 부은 것을 내리게 하며 독을 풀어 주는 작용이 있다. 꾸준히 마시면 위장이 튼튼해지고 비만증 치료에도 효과가 크다. 또한, 무궁화는 노화 방지 기능이 있다. 나라꽃 무궁화는 유해산소를 제거해 인체의 노화를 막아주는 기능이 있다는 사실이 밝혀졌다. 연구결과 무궁화나무 액을 메탄올로 추출한 후 농축하는 등 분리, 정제한 결과, 인체노화를 막는 항산화활성 등 신기능 생리활성물질 50여 종을 규명했다. 무궁화나무에는 보고되지 아니한 새로운 골격을 갖춘 많은 화합물들이 함유돼 있다. 동의보감은 "무궁화 줄기나 껍질에는 이질 등에 효과가 있는 성분이 있어 차로 달여서 마시면 좋다."고 적고 있어, 오래전부터 민간 전래의 한약요법제로 이용돼 왔다. 실제로 독일 등 유럽에서는 무궁화 꽃으로 차를 만들어 상품화했고, 일본이나 중국에서는 무궁화 뿌리로 무좀약을 개발한 상태이다.

- 무궁화차 만드는 법

  ① 무궁화 꽃을 채취하여 물에 깨끗이 씻은 다음 물기를 제거하고, 용기에 꽃잎과 꿀을 겹겹이 재워 15일 정도 보관한다.

  ② 끓는 물에 15g을 넣고 풀어서 마신다.

— 출처: 조선일보 발췌 —

◎ 커피가 무조건 건강에 좋지 않은 것일까

그동안 커피는 건강의 적으로 여겨져 왔다 학자들은 커피에 함유되어 있는 카페인을 건강에 해치는 주범으로 지목했다. 카페인이 중추신경계를 자극해 각성제 역할을 한다는 것. 또 이뇨작용을 유발해 늘 수분이 1에서 2% 부족한 '만성탈수'와 '칼슘 부족에 따른 뼈 엉성증(골다공증)'을 초래할 수도 있다고 경고해 왔다. 그런데 최근 이런 속설과 달리 하루 한 잔 정도 뜨거운 커피를 마시면 간암 발생률을 낮출 수 있다는 연구결과가 나왔다. 일본 도호쿠대 연구팀은 최근 40세 이상 6만 1000명을 대상으로 하루에 커피를 마시는 횟수와 간암 발생률의 상관관계를 조사했다.

그 결과 커피를 전혀 마시지 않는 사람의 간암 발생률을 1로 했을 때 하루 평균 0에서 1잔을 마시는 사람의 간암 발생률은 0.71로 나타났다. 매일 한 잔 이상 커피를 마신 경우 간암 발생률은 더욱 낮아 0.58로 나타났다. 연구팀은 이에 대해 "커피에 들어 있는 '클로로젠산'이란 물질이 간암 위험을 감소시키는 효과가 있다."고 설명했다. 이 연구는 어른을 대상으로 이뤄졌다. 그렇기 때문에 청소년에게도 그대로 적용할 수는 없을 것 같다. 의사들은 일반적으로 하루의 카페인 섭취량이 어린이는 100㎎, 청소년은 200㎎ 이상이면 식욕부진, 불안, 메스꺼움 증세가 나타날 수 있다고 말한다. 보통 커피 한 잔에 24에서 100㎎의 카페인이 들어 있다고 한다.

Ⅵ. 성령의 열매

◎ 성경읽기에 대하여

성경에서는 웅변을 위한 명구(名句)를 찾는 것이 아니라, 참된 진리(眞理)를 찾아야 한다. 성경의 내용은 어느 것이든 그 내용에 기록된 정신과 똑같은 정신으로써 읽어야 한다. 무엇이든지 전에 기록한 바는 우리의 교훈을 위하여 기록된 것이니 우리로 하여금 인내로 또는 성경의 안위로 소망을 가지게 함이라(롬 15: 4)

우리는 성경에서 연설을 재치 있게 하기 위한 자료를 찾을 것이 아니라, 우리의 영혼에 유익한 것을 찾아야 할 것이다. 우리는 성경을, 단순하면서도 경건하고 의미심장한 경전으로 여기고 읽어야 한다. 쓴 사람이 학식이 많거나 적거나 간에 쓴 사람의 권위에 구애받지 말고 참된 진리를 사랑하는 마음으로 성경을 읽도록 하라(내 말과 내 전도함이 지혜의 권하는 말로 하지 아니하고, 다만 성령의 나타남과 능력으로 하여(고전 2: 4)).

◎ 성경을 읽는 생활

▶ 성경을 읽어야 하는 이유

- 성경을 읽으므로 하나님의 뜻을 알게 됩니다(요 6: 40~5: 39).
- 성경은 예수님께서 하나님의 아들 그리스도이심을 믿게 하고 생명을 얻게 합니다(요 20: 31).
- 성경을 통하여서만 경건한 생활을 할 수 있습니다(시 119: 111).
- 성경을 읽어야 하나님의 뜻에 맞도록 봉사할 수 있습니다.
- 성경은 진리의 핵심이요, 속죄의 길과 영원으로 인도하는 지침입니다.
- 육체의 생명보존에 식물이 필요한 것같이 영적 생명보존에 성경이 양식이 됩니다.
- 성경은 성령의 검이 됩니다(엡 6: 17).

▶ 성경을 읽을 때의 마음의 자세

- 언제나 사모하는 마음과 기대하는 정성으로 성경을 펴야 합니다.
- 성경을 읽고 항상 자신에게 적용시켜야만 성경은 나를 위한 말씀인 것을 깨닫게 됩니다.
- 성경의 가르침을 받고자 하면 복종할 정신으로 봉독할 것입니다.
- 매일 규칙적으로 읽어야 믿음에 도움이 됩니다.
- 그리스도의 정신대로 살고자 힘쓰며 읽을 것입니다.

▶ 성경을 읽는 태도와 방법

- 성경은 매일 정독하여야 합니다.
- 성경은 기도하며 읽고, 성령의 도움을 받아 깨달아집니다.
- 해석하기 어려운 난해 구를 풀려고 하거나 단지 지식적으로만

성경을 연구하는 것은 마귀의 꾐에 넘어가기 쉽습니다.

- 인격수양, 신학자료, 번민해결, 고전연구, 비교 종교재료를 목적으로 읽으면 아무런 의미가 없고, 근본 목적을 확실히 가지고 읽어야 합니다.
- 성경은 억지로 풀거나 내 생각대로 해석하는 것이 아니라 성경으로 종합, 해석하는 한편, 성령의 영감으로 해석하여야 합니다.
- 성경은 전적으로 받아들이며, 복종하며 내 전부를 맡겨 버리는 태도로 봉독해야 합니다. 순종하고 난 후에 깨닫는 것이 많기 때문입니다.
- 성경은 내 자신의 믿음과 덕을 높이는 한편, 남의 믿음과 덕을 높이기 위하여 내 경험을 살려 말씀을 전파해야 합니다.
- 교회에서 실시하는 전도학교나 성경 공부반(실시예정)에서 계속 공부하시게 되면 성경 봉독 생활을 가능케 하는 데 가장 좋은 길입니다.

◎ 기본 암송 구절

• 복 음

하나님이 세상을 이처럼 사랑하사 독생자를 주셨으니 이는 저를 믿는 자마다 멸망치 않고 영생을 얻게 하려 하심이라(요한복음 3: 16)

• 복 음

우리가 아직 죄인 되었을 때에 그리스도께서 우리를 위하여 죽으심으로 하나님께서 우리에게 대한 자기의 사랑을 확증하셨느니라(로마서 5: 8)

- 예수님

시몬 베드로가 대답하여 가로되 주는 그리스도시요 살아계신 하나님의 아들이시니이다(마태복음 16: 16)

- 사명(사도행전 1: 8)

오직 성령이 너희에게 임하시면 너희가 권능을 받고 예루살렘과 온 유대와 사마리아와 땅 끝까지 이르러 내 증인이 되리라 하시니라

- 성령의 열매(갈라디아서 5: 22∼23)

오직 성령의 열매는 사랑과 희락과 화평과 오래 참음과 자비와 양선과 충성과 온유와 절제니 이 같은 것을 금지할 법이 없느니라

- 하나님의 뜻(데살로니가전서 5: 16∼18)

항상 기뻐하라 쉬지 말고 기도하라 범사에 감사하라 이는 그리스도 예수 안에서 너희를 향하신 하나님의 뜻이니라

- 기도(빌립보서 4: 6∼7)

아무것도 염려하지 말고 오직 모든 일에 기도와 간구로, 너희 구할 것을 감사함으로 하나님께 아뢰라 그리하면 모든 지각에 뛰어난 하나님의 평강이 그리스도 예수 안에서 너희 마음과 생각을 지키시리라

- 시편 23편(시 23: 1∼6)

여호와는 나의 목자시니 내가 부족함이 없으리로다 그가 나를 푸른 초장에 누이시며 쉴만한 물 가으로 인도하시는도다 내 영혼을 소생시키시고 자기 이름을 위하여 의의 길로 인도하시는도다 내가 사망의 음침한 골짜기로 다닐지라도 해를 두려워하지 않을 것은

주께서 나와 함께하심이라 주의 지팡이와 막대기가 나를 안위하시나이다 주께서 내 원수의 목전에서 내게 상을 베푸시고 기름으로 내 머리에 바르셨으니 내 잔이 넘치나이다 나의 평생에 선하심과 인자하심이 정녕 나를 따르리니 내가 여호와의 집에 영원히 거하리로다

• 산상수훈(마태복음 5: 3～10)
심령이 가난한 자는 복이 있나니 천국이 저희 것임이요 애통하는 자는 복이 있나니 저희가 위로를 받을 것임이요 온유한 자는 복이 있나니 저희가 땅을 기업으로 받을 것임이요 의에 주리고 목마른 자는 복이 있나니 저희가 배부를 것임이요 긍휼히 여기는 자는 복이 있나니 저희가 긍휼히 여김을 받을 것임이요 마음이 청결한 자는 복이 있나니 저희가 하나님을 볼 것임이요 화평케 하는 자는 복이 있나니 저희가 하나님의 아들이라 일컬음을 받을 것임이요 의를 위하여 핍박을 받은 자는 복이 있나니 천국이 저희 것임이라

• 복음(요 10: 10)
도적이 오는 것은 도적질하고 죽이고 멸망시키려는 것뿐이요 내가 온 것은 양으로 생명을 얻게 하고 더 풍성히 얻게 하려는 것이라

◎ 힘이 되는 말씀

- 나는 너를 너무도 잘 안단다(시 139: 1)
- 너의 앉고 일어섬을 알고(시 139: 2)

- 너의 모든 행위를 알며……(시 139: 3)
- 너의 머리털을 다 셀 정도지(마 10: 29~31)
- 이는 내 형상대로 너를 만들었기 때문이다(창 1: 27)
- 너는 항상 내 안에서 살며 기동하며 있느니라(행 17: 28)
- 너는 나의 소생이니까(행 17: 28)
- 복중에 짓기 전에 내가 너를 알았고(렘 1: 4~5)
- 창세전에 내가 너를 택하였도다(엡 1: 11~12)
- 너는 우연히 생긴 것이 아니다. 너를 위해 정한 날이 내 책에 다 기록되어 있었고(시 139: 15~16)
- 너의 태어날 때와 살 곳을 정하였으며(행 17: 26)
- 너를 신묘 막측 하게 만들어(시 139: 14)
- 어미의 모태에서 지었고(시 139: 13)
- 내 너를 취하여 태어나게 하였다.(시 71: 6)
- 나를 모르는 자들이 나를 잘못 알렸다만(요 8: 41~44)
- 나는 너와 함께 있는 사랑이니라(요일 4: 16)
- 이 사랑을 너에게 아낌없이 주련다(요일 3: 1)
- 너는 나의 자녀이고 나는 너의 아비니라(요일 3: 1)
- 육신의 아비가 줄 수 없는 것을 주리니.(마 7: 11)
- 나는 온전한 아비니라.(마 5: 48)
- 각양 좋은 은사와 온전한 선물이 다 내게로부터 오나니……(약 1: 17)
- 네게 있어야 할 것을 내가 아니라(마 6: 31~33)
- 너를 향한 나의 생각은 평안이요 너의 장래에 소망을 주려는 것은……(렘 29: 11)
- 내가 무궁한 사랑으로 너를 사랑하기 때문이다.(렘 31: 3)
- 너를 향한 나의 마음을 헤아릴 수조차 없구나(시 139: 17~18)
- 나는 너로 인하여 기쁨을 이기지 못하여 노래 부르며(습3: 17)
- 너에게 복 주기를 멈추지 아니하리니(렘 32: 40)

- 너는 나의 소유니라(출 19: 5)
- 내가 기쁨으로 너에게 복을 주며 나의 마음과 정신을 다해. 너를 이 땅에 심으리라(렘 32: 41)
- 보아라! 네가 알지 못하는 크고 비밀한 일을 네게 보이리라(렘 33: 3)
- 네가 마음과 성품을 다하여 구하면 나를 만나리니(신 4: 29)
- 나를 기뻐하라, 네 마음의 소원을 이루어 주리라(시 37: 4)
- 네가 소원을 두고 행하기를 원하노라(빌 2: 13)
- 네가 구하거나 생각하는 것 보다 넘치도록 주리니(엡 3: 20)
- 나는 너의 위로자니라(살후 2: 16~17)
- 모든 환난 중에도 너를 위로할지니(고후 1: 3~4)
- 너의 마음이 상할 때 내가 너를 더욱 가까이하리라(시 34: 18)
- 양을 안는 목자같이 내가 너를 품속에 안으리라(사 40: 11)
- 언젠가 너의 눈에서 모든 눈물을 씻고(계 21: 3~4)
- 이 땅에서 얻은 모든 고통과 아픔을 없애리니(계 21: 3~4)
- 내가 예수를 사랑한 것같이 너를 사랑함이라(요 17: 23)
- 예수를 통해 너에 대한 나의 사랑을 보였나니(요 17: 26)
- 예수는 나의 형상이라(히 1: 3)
- 너에 대한 나의 사랑을 보이고(롬 8: 31)
- 너의 죄를 묻지 않으며(고후 5: 18~19)
- 너와 화목하게 하려고 그가 죽었나니(고후 5: 18~19)
- 그의 죽음은 너를 향한 나의 사랑이라(요일 4: 10)
- 너의 사랑을 얻기 위해 나의 소중한 아들을 아끼지 아니했다(롬 8: 31~32)
- 아들의 사랑을 받는 자는 나를 받는 것이오(요일 2: 23)
- 나의 사랑에서 너를 끊을 것이 없느니라(롬 8: 38~39)
- 네가 돌아오는 날 하늘에서는 기쁨의 잔치를 열리라(누 15: 7)
- 나는 언제나 너의 아비였고 앞으로도 그럴 것이니(엡 3: 14~15)

- 너는 나의 자녀가 되기를 바라느냐?(요 1: 12~13)
- 너를 기다리며(누 15: 11~32)

◎ 의인의 성품에 대하여

▶ 사자같이 담대함(잠언 28장 1~7절)

"1. 악인은 쫓아오는 자가 없어도 도망하나 의인은 사자같이 담대하니라 2. 나라는 죄가 있으면 주관자가 많아져도 명철과 지식 있는 사람으로 말미암아 장구하게 되느니라 3. 가난한 자를 학대하는 가난한 자는 곡식을 남기지 아니하는 폭우같으니라 4. 율법을 버린 자는 악인을 칭찬하나 율법을 지키는 자는 악인을 대적하느니라 5. 악인은 공의를 깨닫지 못하나 여호와를 찾는 자는 모든 것을 깨닫느니라 6. 성실히 행하는 가난한 자는 사곡히 행하는 부자보다 나으니라 7. 율법을 지키는 자는 지혜로운 아들이요 탐식자를 사귀는 자는 아비를 욕되게 하는 자니라"

▶ 이사야 63장 8절: 거짓 없고 선함(이사야 63장 7~14절)

"7. 내가 여호와께서 우리에게 베푸신 모든 자비와 그 찬송을 말하며 그 긍휼을 따라 그 많은 자비를 따라 이스라엘 집에 베푸신 큰 은총을 말하리라 8. 여호와께서 말씀하시되 그들은 실로 나의 백성이요 거짓을 행치 아니하는 자녀라 하시고 그들의 구원자가 되사 9. 그들의 모든 환난에 동참하사 자기 앞의 사자로 그들을 구원하시며 그 사랑과 그 긍휼로 그들을 구속하시고 옛적 모든 날에 그들을 드시며 안으셨으나 10. 그들이 반역하여 주의 성신을 근심케 하였으므로 그가 돌이켜 그들의 대적이 되사 친히 그들을 치셨더니 11. 백성이 옛적 모세의 날을 추억하여 가로되 백성과 양 무리의 목자를 바다에서 올라오게 하신 자가 이제 어디 계시뇨 그들 중에 성신을 두신 자가 이제 어디 계시뇨 12. 그 영광의 팔을 모세의 오른손과 함께하시며 그 이름을 영영케 하려 하사 그들 앞에서 물로 갈라지게 하시고 13. 그들을 깊음으로 인도하시되 말이 광야에 행함과 같이 넘어지지 않게 하신 자가 이제 어디 계시뇨 14. 여호와의 신이 그들로 골짜기로 내려가는 가축 같이 편히 쉬게 하셨도다 주께서 이같이 주의 백성을 인도하사 이름을 영화롭게 하셨나이다 하였느니라"

▶ **어질고 자비로움**(시편 112편 1~6절)

"1. 할렐루야 여호와를 경외하며 그 계명을 크게 즐거워하는 자는 복이 있도다 2. 그 후손이 땅에서 강성함이여 정직자의 후대가 복이 있으리로다 3. 부요와 재물이 그 집에 있음이여 그 의가 영원히 있으리로다 4. 정직한 자에게는 흑암 중에 빛이 일어나나니 그는 어질고 자비하고 의로운 자로다 5. 은혜를 베풀며 꾸이는 자는 잘 되나니 그 일을 공의로 하리로다 6. 저가 영영히 요동치 아니함이여 의인은 영원히 기념하게 되리로다"

▶ **마음이 청결함**(디모데후서 2장 19~26절)

"9. 그러나 하나님의 견고한 터는 섰으니 인침이 있어 일렀으되 주께서 자기 백성을 아신다 하며 또 주의 이름을 부르는 자마다 불의서 떠날지어다 하였느니라 20. 큰 집에는 금과 은의 그릇이 있을 뿐 아니요 나무와 질그릇도 있어 귀히 쓰는 것도 있고 천히 쓰는 것도 있나니 21. 그러므로 누구든지 이런 것에서 자기를 깨끗하게 하면 귀히 쓰는 그릇이 되어 거룩하고 주인의 쓰심에 합당하며 모든 선한 일에 예비함이 되리라 22. 또한 네가 청년의 정욕을 피하고 주를 깨끗한 마음으로 부르는 자들과 함께 믿음과 사랑과 화평을 좇으라 23. 어리석고 무식한 변론을 버리라 이에서 다툼이 나는 줄 앎이라 24. 마땅히 주의 종은 다투지 아니하고 모든 사람을 대하여 온유하라 가르치기를 잘하며 참으며 25. 거역하는 자를 온유함으로 징계할지니 혹 하나님이 저희에게 회개함을 주사 진리를 알게 하실까 하며 26. 저희로 깨어 마귀의 올무에서 벗어나 하나님께 사로잡힌바 되어 그 뜻을 좇게 하실까 함이라"

▶ **거룩함**(에베소서 1장 1~6절)

"1. 하나님의 뜻으로 말미암아 그리스도 예수의 사도 된 바울은 에베소에 있는 성도들과 그리스도 예수 안에 신실한 자들에게 편지하노니 2. 하나님 우리 아버지와 주 예수 그리스도로 좇아 은혜와 평강이 너희에게 있을지어다! 3. 찬송하리로다! 하나님 곧 우리 주 예수 그리스도의 아버지께서 그리스도 안에서 하늘에 속한 모든 신령한 복으로 우리에게 복 주시되 4. 곧 창세전에 그리스도 안에서 우리를 택하사 우리로 사랑 안에서 그 앞에 거룩하고 흠이 없게 하시려고 5. 그 기쁘신 뜻대로 우리를 예정하사 예수 그리스도로 말미암아 자기의 아들들이 되게 하셨으니 6. 이는 그의 사랑하시는 자 안에서 우리에게 거저 주시는 바 그의 은혜의 영광을 찬미하게 하려는 것이라"

▶ **경건함**(시편 4편 1~3절)

"1. 내 의의 하나님이여 내가 부를 때에 응답하소서 곤란 중에 나를 너그럽게 하셨사오니 나를 긍휼히 여기사 나의 기도를 들으소서 2. 인생들아 어느 때까지 나의 영광을 변하여 욕되게 하며 허사를 좋아하고 궤휼을 구하겠는고 (셀라) 3. 여호와께서 자기를 위하여 경건한 자를 택하신 줄 너희가 알지어다 내가 부를 때에 여호와께서 들으시리로다"

▶ **지혜로움**(시편 37편 28~33절)

"28. 여호와께서 공의를 사랑하시고 그 성도를 버리지 아니하심이 로다 저희는 영영히 보호를 받으나 악인의 자손은 끊어지리로다 29. 의인이 땅을 차지함이여 거기 영영히 거하리로다 30. 의인의 입은 지혜를 말하고 그 혀는 공의를 이르며 31. 그 마음에는 하나님의 법이 있으니 그 걸음에 실족함이 없으리로다 32. 악인이 의인을 엿보아 살해할 기회를 찾으나 33. 여호와는 저를 그 손에 버려두지 아니하시고 재판 때에도 정죄치 아니하시리로다"

▶ **충성됨**(마태복음 24장 42~47절)

"42. 그러므로 깨어 있으라! 어느 날에 너희 주가 임할는지 43. 너희가 알지 못함이니라 너희도 아는 바니 만일 집 주인이 도적이 어느 경점에 올 줄을 알았더면 깨어 있어 그 집을 뚫지 못하게 하였으리라 44. 이러므로 너희도 예비하고 있으라 생각지 않은 때에 인자가 오리라 45. 충성되고 지혜 있는 종이 되어 주인에게 그 집 사람들을 맡아 때를 따라 양식을 나눠 줄 자가 누구뇨 46. 주인이 올 때에 그 종의 이렇게 하는 것을 보면 그 종이 복이 있으리로다 47. 내가 진실로 너희에게 이르노니 주인이 그 모든 소유를 저에게 맡기리라"

▶ **심지가 굳음**(마태복음 7장 24~27절)

"24. 그러므로 누구든지 나의 이 말을 듣고 행하는 자는 그 집을 반석 위에 지은 지혜로운 사람 같으리니 25. 비가 내리고 창수가 나고 바람이 불어 그 집에 부딪히되 무너지지 아니하나니 이는 주초를 반석 위에 놓은 연고요 26. 나의 이 말을 듣고 행치 아니하는 자는 그 집을 모래 위에 지은 어리석은 사람 같으리니 27. 비가 내리고 창수가 나고 바람이 불어 그 집에 부딪히매 무너져 그 무너짐이 심하니라"

▶ **오래참고 견딤**(골로세서 1장 6~12절)

"6. 이 복음이 이미 너희에게 이르매 너희가 듣고 참으로 하나님의 은혜를 깨달은 날부터 너희 중에서와 같이 또한 온 천하에서도 열매를 맺어 자라는도다 7. 이와 같이 우리와 함께 종된 사랑하는 에바브라에게 너희가 배웠나니 그는 너희를 위하여 그리스도의 신실한 일군이요 8. 성령 안에서 너희 사랑을 우리에게 고한 자니라 9. 이로써 우리도 듣던 날부터 너희를 위하여 기도하기를 그치지 아니하고 구하노니 너희로 하여금 모든 신령한 지혜와 총명에 하나님의 뜻을 아는 것으로 채우게 하시고 10. 주께 합당히 행하여 범사에 기쁘시게 하고 모든 선한 일에 열매를 맺게 하시며 하나님을 아는 것에 자라게 하시고 11. 그 영광의 힘을 좇아 모든 능력으로 능하게 하시며 기쁨으로 모든 견딤과 오래 참음에 이르게 하시고 12. 우리로 하여금 빛 가운데서 성도의 기업의 부분을 얻기에 합당하게 하신 아버지께 감사하게 하시기를 원하노라"

◎ 주제별 성경 암송

▶ 새로운 삶

• 중심되신 그리스도

고후 5: 17 – 그런즉 누구든지 그리스도 안에 있으면 새로운 피

조물이라 이전 것은 지나갔으니 보라 새것이 되었도다

갈 2: 20 - 내가 그리스도와 함께 십자가에 못 박혔나니 그런즉 이제는 내가산 것이 아니요 오직 내 안에 그리스도께서 사신 것이라 이제 내가 육체 가운데 사는 것은 나를 사랑하사 나를 위하여 자기 몸을 버리신 하나님의 아들을 믿는 믿음 안에서 사는 것이라

- 그리스도께 순종

롬 12: 1 - 그러므로 형제들아 내가 하나님의 모든 자비하심으로 너희를 권하노니 너희 몸을 하나님이 기뻐하시는 거룩한 산제사로 드리라 이는 너희의 드릴 영적 예배니라

요 14: 21 - 나의 계명을 가지고 지키는 자라야 나를 사랑하는 자니 나를 사랑하는 자는 내 아버지께 사랑을 받을 것이요 나도 그를 사랑하여 그에게 나를 나타내리라

- 말 씀

딤후 3: 16 - 모든 성경은 하나님의 감동으로 된 것으로 교훈과 책망과 바르게 함과 의로 교육하기에 유익하니

수 1: 8 - 이 율법 책을 네 입에서 떠나지 말게 하며 주야로 그것을 묵상하여 그 가운데 기록한 대로 다 지켜 행하라 그리하면 네 길이 평탄하게 될 것이라 네가 형통하리라

- 기 도

요 15: 7 - 너희가 내 안에 거하고 내 말이 너희 안에 거하면 무

엇이든지 원하는 대로 구하라 그리하면 이루리라

빌 4: 6~7 – 아무것도 염려하지 말고 오직 모든 일에 기도와 간구로, 너희 구할 것을 감사함으로 하나님께 아뢰라 그리하면 모든 지각에 뛰어난 하나님의 평강이 그리스도 예수 안에서 너희 마음과 생각을 지키시리라

• 교 제

마 18: 20 – 두세 사람이 내 이름으로 모인 곳에는 나도 그들 중에 있느니라

히 10: 24~25 – 서로 돌아보아 사랑과 선행을 격려하며 모이기를 폐하는 어떤 사람들의 습관과 같이 하지 말고 오직 권하여 그 날이 가까움을 볼수록 더욱 그리하자

• 증 거

마 4: 19 – 말씀하시되 나를 따라 오너라 내가 너희로 사람을 낚는 어부가 되게 하리라 하시니

롬 1: 16 – 내가 복음을 부끄러워하지 아니하노니 이 복음은 모든 믿는 자에게 구원을 주시는 하나님의 능력이 됨이라 첫째는 유대인에게요 또한 헬라인에게로다

▶ 그리스도를 전파함

• 모든 사람이 죄를 범함

롬 3: 23 – 모든 사람이 죄를 범하였으매 하나님의 영광에 이르

지 못하더니

사 53: 6 - 우리는 다 양 같아서 그릇 행하며 각기 제 길로 갔거늘 여호와께서는 우리 무리의 죄악을 그에게 담당시키셨도다

- 죄의 형벌

롬 6: 23 - 죄의 삯은 사망이요 하나님의 은사는 그리스도 예수 우리 주 안에 있는 영생이니라

히 9: 27 - 한 번 죽는 것은 사람에게 정하신 것이요 그 후에는 심판이 있으리니

- 그리스도가 형벌을 받음

롬 5: 8 - 우리가 아직 죄인 되었을 때에 그리스도께서 우리를 위하여 죽으심으로 하나님께서 우리에게 대한 자기의 사랑을 확증하셨느니라

벧전 3: 18 - 그리스도께서도 한 번 죄를 위하여 죽으사 의인으로서 불의한 자를 대신하셨으니 이는 우리를 하나님 앞으로 인도하려 하심이라 육체로는 죽임을 당하시고 영으로는 살리심을 받으셨으니

- 선행으로 구원받지 못함

엡 2: 8~9 - 너희가 그 은혜를 인하여 믿음으로 말미암아 구원을 얻었나니 이것이 너희에게서 난 것이 아니요 하나님의 선물이라 행위에서 난 것이 아니니 이는 누구든지 자랑치 못하게 함이니라

딛 3: 5 - 우리를 구원하시되 우리의 행한바 의로운 행위로 말미암지 아니하고 오직 그의 긍휼하심을 좇아 중생의 씻음과 성령의 새롭게 하심으로 하셨나니

• 그리스도를 모셔야 함

요 1: 12 - 영접하는 자 곧 그 이름을 믿는 자들에게는 하나님의 자녀가 되는 권세를 주셨으니

계 3: 20 - 볼지어다 내가 문밖에 서서 두드리노니 누구든지 내 음성을 듣고 문을 열면 내가 그에게로 들어가 그로 더불어 먹고 그는 나로 더불어 먹으리라

• 구원의 확신

요일 5: 13 - 내가 하나님의 아들의 이름을 믿는 너희에게 이것을 쓴 것은 너희로 하여금 너희에게 영생이 있음을 알게 하려 함이라

요 5: 24 - 내가 진실로 진실로 너희에게 이르노니 내 말을 듣고 또 나보내신 이를 믿는 자는 영생을 얻었고 심판에 이르지 아니하나니 사망에서 생명으로 옮겼느니라

▶ 하나님을 의뢰함

• 성 령

고전 3: 16 - 너희가 하나님의 성전인 것과 하나님의 성령이 너희 안에 거하시는 것을 알지 못하느뇨

고전 2: 12 - 우리가 세상의 영을 받지 아니하고 오직 하나님께

로 온 영을 받았으니 이는 우리로 하여금 하나님께서 우리에게 은혜로 주신 것들을 알게 하려 하심이라

• 능 력

사 41: 10 - 두려워 말라 내가 너와 함께 함이니라 놀라지 말라 나는 네 하나님이 됨이니라 내가 너를 굳세게 하리라 참으로 너를 도와주리라 참으로 나의 의로운 오른손으로 너를 붙들리라

빌 4: 13 - 내게 능력 주시는 자 안에서 내가 모든 것을 할 수 있느니라

• 성 실

사 41: 10 - 두려워 말라 내가 너와 함께 함이니라 놀라지 말라 나는 네 하나님이 됨이니라 내가 너를 굳세게 하리라 참으로 너를 도와주리라 참으로 나의 의로운 오른손으로 너를 붙들리라

빌 4: 13 내게 능력 주시는 자 안에서 내가 모든 것을 할 수 있느니라

• 평 안

사 26: 3 - 주께서 심지가 견고한 자를 평강에 평강으로 지키시리니 이는 그가 주를 의뢰함이니이다

벧전 5: 7 - 너희 염려를 다 주께 맡겨 버리라 이는 저가 너희를 권고하심이니라

• 공 급

롬 8: 32 – 자기 아들을 아끼지 아니하시고 우리 모든 사람을 위하여 내어 주신 이가 어찌 그 아들과 함께 모든 것을 우리에게 은사로 주지 아니하시겠느뇨

빌 4: 19 – 나의 하나님이 그리스도 예수 안에서 영광 가운데 그 풍성한 대로 너희 모든 쓸 것을 채우시리라

• 유혹에서 도우심

히 2: 18 – 자기가 시험을 받아 고난을 당하셨은즉 시험 받는 자들을 능히 도우시느니라

시 119: 9~11 – 청년이 무엇으로 그 행실을 깨끗케 하리이까 주의 말씀을 따라 삼갈 것이니이다 내가 전심으로 주를 찾았사오니 주의 계명에서 떠나지 말게 하소서 내가 주께 범죄치 아니하려 하여 주의 말씀을 내 마음에 두었나이다

▶ 그리스도 제자의 자격

• 그리스도를 첫자리에 모심

마 6: 33 – 너희는 먼저 그의 나라와 그의 의를 구하라 그리하면 이 모든 것을 너희에게 더하시리라

눅 9: 23 – 또 무리에게 이르시되 아무든지 나를 따라 오려거든 자기를 부인하고 날마다 제 십자가를 지고 나를 좇을 것이니라

• 죄에서 떠남

요일 2: 15~16 – 이 세상이나 세상에 있는 것들을 사랑치 말라 누구든지 세상을 사랑하면 아버지의 사랑이 그 속에 있지 아니하니 이는 세상에 있는 모든 것이 육신의 정욕과 안목의 정욕과 이생의 자랑이니 다 아버지께로 좇아 온 것이 아니요 세상으로 좇아 온 것이라

롬 12: 2 – 너희는 이 세대를 본받지 말고 오직 마음을 새롭게 함으로 변화를 받아 하나님의 선하시고 기뻐하시고 온전하신 뜻이 무엇인지 분별하도록 하라

• 견고함

고전 15: 58 – 그러므로 내 사랑하는 형제들아 견고하며 흔들리지 말며 항상 주의 일에 더욱 힘쓰는 자들이 되라 이는 너희 수고가 주 안에서 헛되지 않은 줄을 앎이니라

히 12: 3 – 너희가 피곤하여 낙심치 않기 위하여 죄인들의 이같이 자기에게 거역한 일을 참으신 자를 생각하라

• 다른 사람을 섬김

막 10: 45 – 인자의 온 것은 섬김을 받으려 함이 아니라 도리어 섬기려 하고 자기 목숨을 많은 사람의 대속물로 주려 함이니라

고후 4: 5 – 우리가 우리를 전파하는 것이 아니라 오직 그리스도 예수의 주 되신 것과 또 예수를 위하여 우리가 너희의 종 된 것을 전파함이라

- 후히 드릴 것

잠 3: 9~10 – 네 재물과 네 소산물의 처음 익은 열매로 여호와를 공경하라 그리하면 네 창고가 가득히 차고 네 즙틀에 새 포도즙이 넘치리라

고후 9: 6~7 – 이것이 곧 적게 심는 자는 적게 거두고 많이 심는 자는 많이 거둔다 하는 말이로다 각각 그 마음에 정한 대로 할 것이요 인색함으로나 억지로 하지 말지니 하나님은 즐겨 내는 자를 사랑하시느니라

- 세계 비전

행 1: 8 – 오직 성령이 너희에게 임하시면 너희가 권능을 받고 예루살렘과 온 유대와 사마리아와 땅 끝까지 이르러 내 증인이 되리라하시니라

마 28: 19~20 – 그러므로 너희는 가서 모든 족속으로 제자를 삼아 아버지와 아들과 성령의 이름으로 세례를 주고 내가 너희에게 분부한 모든 것을 가르쳐 지키게 하라 볼지어다 내가 세상 끝날까지 너희와 항상 함께 있으리라 하시니라

▶ 그리스도를 닮아감

- 사 랑

요 13: 34~35 – 새 계명을 너희에게 주노니 서로 사랑하라 내가 너희를 사랑한 것같이 너희도 서로 사랑하라 너희가 서로 사랑하면 이로써 모든 사람이 너희가 내 제자인 줄 알리라

요일 3: 18 - 자녀들아 우리가 말과 혀로만 사랑하지 말고 오직 행함과 진실함으로 하자

• 겸 손

빌 2: 3~4 - 아무 일에든지 다툼이나 허영으로 하지 말고 오직 겸손한 마음으로 각각 자기보다 남을 낫게 여기고 각각 자기 일을 돌아볼 뿐더러 또한 각각 다른 사람들의 일을 돌아보아 나의 기쁨을 충만케 하라

벧전 5: 5~6 - 젊은 자들아 이와 같이 장로들에게 순복하고 다 서로 겸손으로 허리를 동이라 하나님이 교만한 자를 대적하시되 겸손한 자들에게는 은혜를 주시느니라 그러므로 하나님의 능하신 손 아래서 겸손하라 때가 되면 너희를 높이시리라

• 순 결

엡 5: 3 - 음행과 온갖 더러운 것과 탐욕은 너희 중에서 그 이름이라도 부르지 말라 이는 성도의 마땅한 바니라

벧전 2: 11 - 사랑하는 자들아 나그네와 행인 같은 너희를 권하노니 영혼을 거슬러 싸우는 육체의 정욕을 제어하라

• 정 직

레 19: 11 - 너희는 도적질하지 말며 속이지 말며 서로 거짓말하지 말며

행 24: 16 - 이것을 인하여 나도 하나님과 사람을 대하여 항상 양심에 거리낌이 없기를 힘쓰노라

• 믿 음

히 11: 6 – 믿음이 없이는 기쁘시게 못하나니 하나님께 나아가는 자는 반드시 그가 계신 것과 또한 그가 자기를 찾는 자들에게 상 주시는 이심을 믿어야 할지니라

롬 4: 20~21 – 믿음이 없어 하나님의 약속을 의심치 않고 믿음에 견고하여져서 하나님께 영광을 돌리며 약속하신 그것을 또한 능히 이루실 줄을 확신하였으니

• 선 행

갈 6: 9~10 – 우리가 선을 행하되 낙심하지 말지니 피곤하지 아니하면 때가 이르매 거두리라 그러므로 우리는 기회 있는 대로 모든 이에게 착한 일을 하되 더욱 믿음의 가정들에게 할지니라

마 5: 16 – 이같이 너희 빛을 사람 앞에 비취게 하여 저희로 너희 착한 행실을 보고 하늘에 계신 너희 아버지께 영광을 돌리게 하라

◎ 힘을 주시는 말씀 성구 62개

- (고전 15: 57)우리 주 예수 그리스도로 말미암아 우리에게 이김을 주시는 하나님께 감사하노니
- (고후 2: 14)항상 우리를 그리스도 안에서 이기게 하시고 우리로 말미암아 각처에서 그리스도를 아는 냄새를 나타내시는 하나님께 감사하노라
- (고후 10: 4, 5)우리의 싸우는 병기는 육체에 속한 것이 아니요

오직 하나님 앞에서 견고한 진을 파하는 강력이라 모든 이론을 파하며 하나님 아는 것을 대적하여 높아진 것을 다 파하고 모든 생각을 사로잡아 그리스도에게 복종케 하니

- (엡 6: 10, 11)종말로 너희가 주 안에서와 그 힘의 능력으로 강건하여지고 마귀의 궤계를 능히 대적하기 위하여 하나님의 전신 갑주를 입으라
- (계 12: 11)또 여러 형제가 어린 양의 피와 자기의 증거하는 말을 인하여 저를 이기었으니 그들은 죽기까지 자기 생명을 아끼지 아니하였도다
- (약 4: 7, 8)그런즉 너희는 하나님께 순복할지어다. 마귀를 대적하라 그리하면 너희를 피하리라 하나님을 가까이하라 그리하면 너희를 가까이하시리라 죄인들아 손을 깨끗이 하라 두 마음을 품은 자들아 마음을 성결케 하라
- (롬 8: 5, 6)육신을 좇는 자는 육신의 일을 영을 좇는 자는 영의 일을 생각하나니 육신의 생각은 사망이요 영의 생각은 생명과 평안이니라
- (요일 5: 4, 5)대저 하나님께로서 난 자마다 세상을 이기느니라 세상을 이긴 이김은 이것이니 우리의 믿음이니라 예수께서 하나님의 아들이심을 믿는 자가 아니면 세상을 이기는 자가 누구뇨
- (시 37: 31)그 마음에는 하나님의 법이 있으니 그 걸음에 실족함이 없으리로다
- (딛 1: 15)깨끗한 자들에게는 모든 것이 깨끗하나 더럽고 믿지 아니하는 자들에게는 아무것도 깨끗한 것이 없고 오직 저희 마음과 양심이 더러운지라
- (마 7: 7, 8)구하라 그러면 너희에게 주실 것이요 찾으라 그러면 찾을 것이요 문을 두드리라 그러면 너희에게 열릴 것이니 구하는 이마다 얻을 것이요 찾는 이가 찾을 것이요 두드리는 이에게

열릴 것이니라

- (마 21: 22)너희가 기도할 때에 무엇이든지 믿고 구하는 것은 다 받으리라 하시니라
- (렘 33: 3)너는 내게 부르짖으라 내가 네게 응답하겠고 네가 알지 못하는 크고 비밀한 일을 네게 보이리라
- (히 13: 15)이러므로 우리가 예수로 말미암아 항상 찬미의 제사를 하나님께 드리자 이는 그 이름을 증거 하는 입술의 열매니라
- (약 5: 16)이러므로 너희 죄를 서로 고하며 병 낫기를 위하여 서로 기도하라 의인의 간구는 역사하는 힘이 많으니라
- (딤후 1: 9)하나님이 우리를 구원하사 거룩하신 부르심으로 부르심은 우리의 행위대로 하심이 아니요 오직 자기 뜻과 영원한 때 전부터 그리스도 예수 안에서 우리에게 주신 은혜대로 하심이라
- (롬 10: 9, 10)네가 만일 네 입으로 예수를 주로 시인하며 또 하나님께서 그를 죽은 자 가운데서 살리신 것을 네 마음에 믿으면 구원을 얻으리니 사람이 마음으로 믿어 의에 이르고 입으로 시인하여 구원에 이르느니라
- (잠 27: 1)너는 내일 일을 자랑하지 말라 하루 동안에 무슨 일이 날는지 네가 알 수 없음이니라)
- (고후 5: 18)모든 것이 하나님께로 났나니 저가 그리스도로 말미암아 우리를 자기와 화목하게 하시고 또 우리에게 화목하게 하는 직책을 주셨으니
- (갈 3: 26)너희가 다 믿음으로 말미암아 그리스도 예수 안에서 하나님의 아들이 되었으니
- (고후 5: 21)하나님이 죄를 알지도 못하신 자로 우리를 대신하여 죄를 삼으신 것은 우리로 하여금 저의 안에서 하나님의 의가 되게 하려 하심이니라
- (롬 3: 24)그리스도 예수 안에 있는 구속으로 말미암아 하나님

의 은혜로 값없이 의롭다 하심을 얻은 자 되었느니라

- (빌 3: 20)오직 우리의 시민권은 하늘에 있는지라 거기로서 구원하는 자 곧 주 예수 그리스도를 기다리노니
- (고후 1: 3, 4) 찬송하리로다 그는 우리 주 예수 그리스도의 하나님이시요 자비의 아버지시요 모든 위로의 하나님이시며 우리의 모든 환난 중에서 우리를 위로하사 우리로 하여금 하나님께 받는 위로로써 모든 환난 중에 있는 자들을 능히 위로하게 하시는 이시로다
- (시 1: 2, 3)오직 여호와의 율법을 즐거워하여 그 율법을 주야로 묵상하는 자로다 저는 시냇가에 심은 나무가 시절을 좇아 과실을 맺으며 그 잎사귀가 마르지 아니함 같으니 그 행사가 다 형통하리로다
- (벧전 5: 10)모든 은혜의 하나님 곧 그리스도 안에서 너희를 부르사 자기의 영원한 영광에 들어가게 하신 이가 잠깐 고난을 받은 너희를 친히 온전케 하시며 굳게 하시며 강하게 하시며 터를 견고케 하시리라
- (시 37: 4, 5)또 여호와를 기뻐하라 저가 네 마음의 소원을 이루어 주시리로다 너의 길을 여호와께 맡기라 저를 의지하면 저가 이루시고
- (욥 23: 12)내가 그의 입술의 명령을 어기지 아니하고 일정한 음식보다 그 입의 말씀을 귀히 여겼구나
- (요 8: 32) 너희가 내 말에 거하면 참 내 제자가 되고 진리를 알지니 진리가 너희를 자유케 하리라
- (벧전 1: 6, 7)그러므로 너희가 이제 여러 가지 시험을 인하여 잠깐 근심하게 되지 않을 수 없었으나 오히려 크게 기뻐하도다 너희 믿음의 시련이 불로 연단하여도 없어질 금보다 더 귀하여 예수 그리스도의 나타나실 때에 칭찬과 영광과 존귀를 얻게 하

려 함이라

- (롬 5: 1)그러므로 우리가 믿음으로 의롭다 하심을 얻었은즉 우리 주 예수 그리스도로 말미암아 하나님으로 더불어 화평을 누리자
- (롬 14: 17) 하나님의 나라는 먹는 것과 마시는 것이 아니요 오직 성령 안에서 의와 평강과 희락이라
- (사 57: 15) 지존무상하며 영원히 거하며 거룩하다 이름하는 자가 이 같이 말씀하시되 내가 높고 거룩한 곳에 거하며 또한 통회하고 마음이 겸손한 자의 영을 소성케 하려 함이라
- (롬 6: 10) 그의 죽으심은 죄에 대하여 단번에 죽으심이요 그의 살으심은 하나님께 대하여 살으심이니
- (롬 6: 11) 이와 같이 너희도 너희 자신을 죄에 대하여는 죽은 자요 그리스도 예수 안에서 하나님을 대하여는 산 자로 여길지어다
- (갈 2: 20) 내가 그리스도와 함께 십자가에 못 박혔나니 그런즉 이제는 내가 산 것이 아니요 오직 내 안에 그리스도께서 사신 것이라 이제 내가 육체 가운데 사는 것은 나를 사랑하사 나를 위하여 자기 몸을 버리신 하나님의 아들을 믿는 믿음 안에서 사는 것이라
- (고전 15: 17) 그리스도께서 다시 사신 것이 없으면 너희의 믿음도 헛되고 너희가 여전히 죄 가운데 있을 것이요
- (고전 15: 54) 이 썩을 것이 썩지 아니함을 입고 이 죽을 것이 죽지 아니함을 입을 때에는 사망이 이김의 삼킨 바 되리라고 기록된 말씀이 응하리라
- (롬 4: 25) 예수는 우리 범죄함을 위하여 내어줌이 되고 또한 우리를 의롭다하심을 위하여 살아나셨느니라
- (롬 6: 4) 그러므로 우리가 그의 죽으심과 합하여 세례를 받음

으로 그와 함께 장사되었나니 이는 아버지의 영광으로 말미암아 그리스도를 죽은 자 가운데서 살리심과 같이 우리로 또한 새 생명 가운데서 행하게 하려 함이니라

- (롬 8: 11) 예수를 죽은 자 가운데서 살리신 이의 영이 너희 안에 거하시면 그리스도 예수를 죽은 자 가운데서 살리신 이가 너희 안에 거하시는 그의 영으로 말미암아 너희 죽을 몸도 살리시리라
- (벧전 1: 21) 너희는 저를 죽은 자 가운데서 살리시고 영광을 주신 하나님을 그리스도로 말미암아 믿는 자니 너희 믿음과 소망이 하나님께 있게 하셨느니라
- (골 1: 5) 너희를 위하여 하늘에 쌓아둔 소망을 인함이니 곧 너희가 전에 복음 진리의 말씀을 들은 것이라
- (엡 2: 5) 허물로 죽은 우리를 그리스도 예수와 함께 살리셨고 (너희가 은혜로 구원을 얻은 것이라)
- (고전 15: 50) 형제들아 내가 이것을 말하노니 혈과 육은 하나님 나라를 유업으로 받을 수 없고 또한 썩은 것은 썩지 아니한 것을 유업으로 받지 못하느니라
- (롬 4: 25) 예수는 우리 범죄함을 위하여 내어줌이 되고 또한 우리를 의롭다 하심을 위하여 살아나셨느니라
- (엡 1: 19) 그의 힘의 강력으로 역사하심을 따라 믿는 우리에게 베푸신 능력의 지극히 크심이 어떤 것을 너희로 알게 하시기를 구하노라
- (엡 1: 20) 그 능력이 그리스도 안에서 역사하사 죽은 자들 가운데서 다시 살리시고 하늘에서 자기의 오른편에 앉히사
- (엡 2: 1) 너희의 허물과 죄로 죽었던 너희를 살리셨도다
- (엡 2: 8) 너희가 그 은혜를 인하여 믿음으로 말미암아 구원을 얻었나니 이것이 너희에게서 난 것이 아니요 하나님의 선물이라

- (엡 2: 10) 우리는 그의 만드신 바라 그리스도 예수 안에서 선한 일을 위하여 지으심을 받은 자니 이 일은 하나님이 전에 예비하사우리로 그 가운데서 행하게 하려 하심이니라
- (고전 15: 58) 그러므로 내 사랑하는 형제들아 견고하며 흔들리지 말며 항 상주의 일에 더욱 힘쓰는 자들이 되라 이는 너희 수고가 주 안에서 헛되지 않은 줄을 앎이니라
- (고후 4: 14) 주 예수를 다시 살리신 이가 예수와 함께 우리도 다시 살리사 너희와 함께 그 앞에 서게 하실 줄을 아노니
- (고전 15: 44) 육의 몸으로 심고 신령한 몸으로 다시 사나니 육의 몸이 있은 즉 또 신령한 몸이 있느니라
- (빌 2: 11) 모든 입으로 예수 그리스도를 주라 시인하여 하나님 아버지께 영광을 돌리게 하셨느니라
- (행 17: 31) 이는 정하신 사람으로 하여금 천하를 공의로 심판할 날을 작정하시고 이에 저를 죽은 자 가운데서 다시 살리신 것으로 모든 사람에게 믿을 만한 증거를 주셨음이니라 하니라
- (롬 6: 3) 무릇 그리스도 예수와 합하여 세례를 받은 우리는 그의 죽으심과 합하여 세례받은 줄을 알지 못하느뇨
- (롬 6: 4) 그러므로 우리가 그의 죽으심과 합하여 세례를 받음으로 그와 함께 장사되었나니 이는 아버지의 영광으로 말미암아 그리스도를 죽은 자 가운데서 살리심과 같이 우리로 또한 새 생명 가운데서 행하게 하려 함이니라
- (롬 6: 5) 만일 우리가 그의 죽으심을 본받아 연합한 자가 되었으면 또한 그의 부활을 본받아 연합한 자가 되리라
- (롬 6: 6~7) 우리가 알거니와 우리 옛사람이 예수와 함께 십자가에 못 박힌 것은 죄의 몸이 멸하여 다시는 우리가 죄에게 종노릇 하지 아니하려 함이니 이는 죽은 자가 죄에서 벗어나 의롭다 하심을 얻었음이니라

- (롬 6: 11) 이와 같이 너희도 너희 자신을 죄에 대하여는 죽은 자요 그리스도 예수 안에서 하나님을 대하여는 산 자로 여길지어다
- (골 2: 12) 너희가 세례로 그리스도와 함께 장사한 바 되고 또 죽은 자들 가운데서 그를 일으키신 하나님의 역사를 믿음으로 말미암아 그 안에서 함께 일으키심을 받았느니라

◎ 좌절이 될 때

- 저가 그 말씀을 보내어 저희를 고치사 위경(危境)에서 건지시는도다(시 107: 20)
- 여호와께서 사람의 걸음을 정하시고 그 길을 기뻐하시나니 저는 넘어지나 아주 엎드러지지 아니함은 여호와께서 손으로 붙드심이로다(시 37: 23～24)
- 주께서 심지가 견고한 자를 평강에 평강으로 지키시리니 이는 그가 주를 의뢰함이니이다(사 26: 3)
- 피곤한 자에게는 능력을 주시며 무능한 자에게는 힘을 더하시나니 소년이라도 피곤하며 곤비하며 장정이라도 넘어지며 자빠지되 오직 여호와를 앙망하는 자는 새 힘을 얻으리니 독수리의 날개 치며 올라감 같을 것이요 달음박질하여도 곤비치 아니하겠고 걸어가도 피곤치 아니하리로다(사 40: 29～31)
- 아무것도 염려하지 말고 오직 모든 일에 기도와 간구로 너희 구할 것을 감사함으로 하나님께 아뢰라 그리하면 모든 지각에 뛰어난 하나님의 평강이 그리스도 예수 안에서 너희 마음과 생각을 지키시리라(빌 4: 6～7)

- 사랑하는 자들아 너희를 시련하려고 오는 불 시험을 이상한 일 당하는 것같이 이상히 여기지 말고 오직 너희가 그리스도의 고난에 참예하는 것으로 즐거워하라 이는 그의 영광을 나타내실 때에 너희로 즐거워하고 기뻐하게 하려 함이라(벧전 4: 12～13)
- 여호와께서는 모든 넘어지는 자를 붙드시며 비굴한 자를 일으키시는도다(시 145: 14)
- 주여 내가 무엇을 바라리요 나의 소망은 주께 있나이다(시 39: 7)
- 여호와께서는 자기에게 간구하는 모든 자 곧 진실하게 간구하는 모든 자에게 가까이하시는도다 저는 자기를 경외하는 자의 소원을 이루시며 또 저희 부르짖음을 들으사 구원하시리로다 여호와께서 자기를 사랑하는 자는 다 보호하시고 악인은 다 멸하시리로다(시 145: 18～20)
- 대저 의인은 일곱 번 넘어질지라도 다시 일어나려니와 악인은 재앙으로 인하여 엎드러지느니라(잠 24: 16)
- 나의 힘이 되신 여호와여 내가 주를 사랑하나이다 여호와는 나의 반석이시요 나의 요새시요 나를 건지시는 자시요 나의 하나님이시요 나의 피할 바위시요 나의 방패시요 나의 구원의 뿔이시요 나의 산성이시로다(시 18: 1～2)
- 내 영혼을 지켜 나를 구원하소서 내가 주께 피하오니 수치를 당치 말게 하소서(시 25: 20)

◎ 성경에 나오는 삶의 법칙

- 하나님께 드릴 마음을 세상에 나누어 주지 마십시오(요일 2: 15)
- 당신이 죽을 때 세상과 그에 속한 모든 것에 대해 갖게 될 생

각을 지금부터 항상 견지하십시오(마 16: 26)

- 자기 자신에 대해 무심하지 말고, 자주 심중에 말하십시오(시 4: 4)
- 일찍부터 하나님을 섬기고, 당신의 젊은 날을 하나님께 드리십시오(전 12: 1)
- 하나님을 회피하는 자들을 피하고, 하나님을 가까이하는 친구들을 가까이하십시오(시 119: 63)
- 시간의 가치를 잘 알아 소중히 여기고, 한시도 게으름으로 허비하지 마십시오(엡 5: 16)
- 날마다 영원을 생각하는 데 시간을 할애하십시오(마 25: 46)
- 당신 삶의 제일 되는 목적이 무엇인지를 평생 잊지 마십시오(빌 2: 12)
- 합리적인 영혼의 생각을 따라 살되, 몸이 합리적인 영혼의 생각에 굴복하게 하십시오(고전 9: 27)
- 죄에 대한 회개와 경건한 슬픔을 견지하는 가운데 살고, 또 그렇게 죽기를 연구하십시오(마 5: 4)
- 거룩해지기를 힘쓰고 의로운 삶을 위해 노력하되, 그것이 우리에게 전가된 의를 대신하지 않도록 하십시오(롬 10: 3)
- 모든 경우에 그리스도를 당신의 보증으로 삼되, 곤고할 때마다 그분께로 달려가 피하십시오(시 119: 122)
- 천국에서 그리스도와 함께 살기를 기대하는 만큼, 이 땅에서 그리스도와 함께 살기 위해 애쓰십시오(고후 5: 15)
- 그 대가가 아무리 크다 해도 그리스도께 꼭 붙어서 거룩한 길을 떠나지 마십시오(행 11: 23, 딤후 3: 12)
- 사람들의 인정보다도 하나님의 인정을 구하십시오(고후 10: 18)
- 우리를 구속하신 하나님의 사랑과 우리를 위한 보증되시는 그리스도를 감사함으로 깊이, 그리고 자주 묵상하십시오(요일 3: 1, 16)
- 그리스도를 생각하고 그분에 대해 말하기를 기뻐하되, 특별히 우

리를 위한 그분의 죽음과 고난에 대해서 그리하십시오(눅 9: 31)

- 당신이 그리스도와 친근히 하는 것을 못마땅하게 여겨 제기되는 반대들은 당신 영혼을 파괴하기 위한 원수의 제안으로 여기십시오(마 16: 23, 애 3: 25)
- 자기를 부인하고 하나님의 값없이 주시는 은혜를 높이게 하는 위대한 복음의 교훈들을 부지런히 연구하십시오(마 16: 24, 고전 1: 31)
- 그리스도인으로서의 삶과 싸움을 위해 필요한 모든 능력을 그리스도로부터 얻어, 그리스도의 이름으로 하나님께 대한 모든 의무를 힘써 행하십시오(사 45: 24, 골 3: 17)
- 모든 일을 행함에 있어서 항상 주님을 당신 앞에 모시고 그리하십시오(시 16: 8, 25: 25)
- 먹든지 마시든지, 무엇을 하든지 다 하나님의 영광을 위해 하십시오(고전 10: 31)
- 가능하면 많은 시간을 내어 은밀히 기도하며 하나님과 대화하십시오(살전 5: 17)
- 은밀히 행하는 신앙의 의무뿐만 아니라, 가정에서 해야 할 신앙의 의무를 소홀히 하지 마십시오(수 24: 15, 삼하 6: 20)
- 하루하루를 하나님과 함께 시작하고 하나님과 함께 마무리하십시오(시 4: 8, 시 5: 3)
- 한 날에 무슨 일이 어떻게 일어날지 아무도 모르기에, 매일 그 날이 당신의 마지막 날인 것처럼 살아가십시오(잠 27: 1)
- 순례자처럼 이 세상을 지나가되, 어느 때라도 짐을 꾸려 이 세상을 떠날 수 있도록 항상 세상을 느슨하게 쥐고 살아가십시오(벧전 1: 17, 고전 7: 29~31)
- 세례와 성찬 때 드린 맹약을 항상 생생히 기억하고 그에 걸맞게 살아가십시오(시 56: 12~13)

- 하나님을 섬기고 그분의 영광을 높이는 데 쓰도록 주신 은사들을 증진하십시오(눅 19: 13)
- 모든 신자들은 자기에게 주신 하나님의 특별한 은혜와 자비에 감사하십시오(시 116: 8, 12)
- 하나님께서 당신에게 긍휼을 베푸셔서 다른 사람들로부터 당신을 구별하셨기 때문에 당신도 하나님을 섬기는 데 있어서 스스로를 다른 사람들과 구별하십시오(마 5: 47)
- 외적인 신앙고백이나 경건의 모양에 만족하지 말고, 사람들 사이에 이름이 나는 것으로 자긍하지 마십시오(딛 1: 16)
- 당신 입술의 말을 항상 주의하십시오(시 141: 3)
- 모든 상황에서 기쁨을 잃지 말고 자족하십시오(빌 4: 11)
- 십계명의 첫 번째 돌 판과 두 번째 돌 판을 분리하지 말고 항상 이 둘을 함께 생각하고 지키십시오(마 22: 37)
- 하나님과 그분의 길을 떠나 뒤로 물러나고 배교할까 항상 경계하십시오(히 10: 38~39)
- 모든 죄를 깨어 경계하되, 특별히 당신이 애착을 갖거나 쉽게 무너지는 죄에 대하여 더욱 그리하십시오(시 18: 23, 히 12: 1)
- 이 땅에 그리스도의 나라가 임하게 하고 그 나라를 확장케 하는 일에 힘써 관심을 가지십시오(마 6: 10, 시 72: 19)
- 삶이 주는 그 어떤 것에도 위로를 느낄 수 없는 중병과 죽음의 침상에서 위로받을 수 있도록 부지런히 준비하십시오(딤전 6: 19)
- 주님과 함께할 영원한 성찬을 고대하고 바라십시오(빌 1: 23, 계 19: 9)

— By John Willson (1680~1750) —

◎ 아이들에게 꼭 알려 줘야 할 성경 구절

- 자녀들아 너희 부모를 주 안에서 순종하라 이것이 옳으니라 네 아버지와 어머니를 공경하라 이것이 약속 있는 첫 계명이니 이는 네가 잘되고 땅에서 장수하리라(엡 6: 1~2)
- 믿음의 주요 또 온전케 하시는 이인 예수를 바라보자(히 2: 2)
- 네 마음을 다하고 목숨을 다하고 뜻을 다하여 주 너의 하나님을 사랑하라(마 27: 46)

◎ 수험생에게 용기와 격려를 줄 수 있는 성경 구절

- 여호와께서 너로 머리가 되고 꼬리가 되지 않게 하시며, 위에만 있고 아래에 있지 않게 하시리니 오직 너는 내가 오늘날 네게 명하는 네 하나님 여호와의 명령을 듣고 지켜 행하며, 내가 오늘날 너희에게 명하는 그 말씀을 떠나 좌로나 우로나 치우치지 아니하고 다른 신을 따라 섬기지 아니하면 이와 같으리라(신 28: 13~14)
- 내가 네게 명한 것이 아니냐? 마음을 강하게 하고 담대히 하라 두려워 말며 놀라지 말라 네가 어디로 가든지 네 하나님 나 여호와가 너와 함께하느니라(수 1: 9)
- 야베스가 이스라엘 하나님께 아뢰어 가로되 "원컨대 주께서 내게 복에 복을 더하사 나의 지경을 넓히시고, 주의 손으로 나를 도우사 나로 환난을 벗어나 근심이 없게 하옵소서" 하였더니 하나님이 그 구하는 것을 허락하셨더라(대상 4: 10)
- 우리가 너의 승리로 인하여 개가를 부르며, 우리 하나님의 이름

으로 우리 기를 세우리니 여호와께서 네 모든 기도를 이루시기를 원하노라(시 20: 5)

- 여호와는 나의 힘과 나의 방패시니 내 마음이 저를 의지하여 도움을 얻었도다. 그러므로 내 마음이 크게 기뻐하며 내 노래로 저를 찬송하리로다(시 28: 7)
- 여호와를 기뻐하라 저가 네 마음의 소원을 이루어 주시리로다 너의 길을 여호와께 맡기라 저를 의지하면 저가 이루시고 네 의를 빛같이 나타내시며 네 공의를 정오의 빛같이 하시리로다(시 37: 4~6)
- 내가 산을 향하여 눈을 들리라 나의 도움이 어디서 올꼬? 나의 도움이 천지를 지으신 여호와에게서로다(시 121: 1~2)
- 눈물을 흘리며 씨를 뿌리는 자는 기쁨으로 거두리로다 울며 씨를 뿌리러 나가는 자는 정녕 기쁨으로 그 단을 가지고 돌아오리로다(시 126: 5~6)
- 나의 반석 여호와를 찬송하리로다 저가 내 손을 가르쳐 싸우게 하시며 손가락을 가르쳐 치게 하시도다(시 144: 1)
- 야곱의 하나님으로 자기 도움을 삼으며, 여호와 자기 하나님에게 그 소망을 두는 자는 복이 있도다(시 146: 5)
- 너는 마음을 다하여 여호와를 의뢰하고 네 명철을 의지하지 말라 너는 범사에 그를 인정하라 그리하면 네 길을 지도하시리라(잠 3: 5~6)
- 여호와를 경외하는 것이 지혜의 근본이요, 거룩하신 자를 아는 것이 명철이니라(잠 9: 10)
- 너의 행사를 여호와께 맡기라 그리하면 너의 경영하는 것이 이루리라(잠 16: 3)
- 오직 여호와를 앙망하는 자는 새 힘을 얻으리니 독수리의 날개치며 올라감 같을 것이요 달음박질하여도 곤비치 아니하겠고 걸

어가도 피곤치 아니하리로다(사 40: 31)

- 두려워 말라 내가 너와 함께 함이니라 놀라지 말라 나는 네 하나님이 됨이니라 내가 너를 굳세게 하리라 참으로 너를 도와주리라 참으로 나의 의로운 오른손으로 너를 붙들리라(사 41: 10)
- 지혜 있는 자는 궁창의 빛과 같이 빛날 것이요, 많은 사람을 옳은 데로 돌아오게 한 자는 별과 같이 영원토록 비취리라(단 12: 3)
- 주 여호와는 나의 힘이시라 나의 발을 사슴과 같게 하사 나로 나의 높은 곳에 다니게 하시리로다(합 3: 19)
- 너희는 먼저 그의 나라와 그의 의를 구하라 그리하면 이 모든 것을 너희에게 더하시리라(마 6: 33)
- 너희가 내 안에 거하고 내 말이 너희 안에 거하면 무엇이든지 원하는 대로 구하라 그리하면 이루리라(요 15: 7)
- 아무것도 염려하지 말고 오직 모든 일에 기도와 간구로 너희 구할 것을 감사함으로 하나님께 아뢰라 그리하면 모든 지각에 뛰어난 하나님의 평강이 그리스도 예수 안에서 너희 마음과 생각을 지키시리라(빌 4: 6~7)
- 모든 성경은 하나님의 감동으로 된 것으로 교훈과 책망과 바르게 함과 의로 교육하기에 유익하니 이는 하나님의 사람으로 온전케 하며 모든 선한 일을 행하기에 온전케 하려 함이니라(딤후 3: 16~17)
- 너희 중에 누구든지 지혜가 부족하거든 모든 사람에게 후히 주시고 꾸짖지 아니하시는 하나님께 구하라 그리하면 주시리라(약 1: 5)
- 대저 하나님께로서 난 자마다 세상을 이기느니라 세상을 이긴 이김은 이것이니 우리의 믿음이니라(요일 5: 4)
- 그를 향하여 우리의 가진 바 담대한 것이 이것이니 그의 뜻대로 무엇을 구하면 들으심이라(요일 5: 14)

— 신앙공동체(www.shalombang.com) 김경호(xaris7) 목사 —

◎ 입과 입술에 대한 성경 말씀

▶ 구밀복검의 입술

저희가 그를 그 높은 위에서 떨어뜨리기만 꾀하고 거짓을 즐겨하니 입으로는 축복이요 속으로는 저주로다(시 62: 4)

- 속으로는 저주하면서 입으로는 축복하는 입술: 이웃이 잘되기를 진심으로 축복하는 사람이 되자(시 62: 4), 핍박하는 자까지도 포용하고 축복하고 저주하지 말자(롬 12: 14), 저주하기를 좋아하는 자는 저주가 임하고 축복하기를 좋아하면 축복이 임한다(시 109: 17)
- 마음은 멀면서 입으로만 존경하는 입술: 입으로만 가까이하지 말고 마음으로 가까이하자(사 29: 13), 정함이 없는 마음을 회개하고 정직하게 신앙생활을 하자(시 51: 10), 우리의 생각을 허탄한 데 두지 말고 거짓을 버리면 하나님이 복을 주신다(시 24: 4.5)
- 해를 도모하면서 입으로는 평화를 말하는 입술: 입으로는 평화를 말하나 중심에는 해를 도모하는 거짓을 말하는 입술(렘 9: 8), 형제와의 화해가 하나님께 드리는 제물보다 우선임을 가르쳐 주셨다(마 5: 23, 24), 하나님은 우리에게 화평을 주시고 화목하게 하는 직책을 맡겨 주셨다(고후 5: 17~19)
- 이욕을 좇으며 입으로는 사랑을 말하는 입술: 그 입으로는 사랑을 나타내어도 마음은 이기적인 욕망에 사로잡혀 있음(겔 33: 31), 말과 혀로만 사랑하지 말고 행함과 진실함으로 사랑을 하여야 하겠다(요일 3: 18, 19), 정함이 없는 거짓된 마음을 회개하고 진실한 입술로 사랑하여야 하겠다(시 78: 36, 37 약 1: 8).

- 가증한 것을 품고 미사여구를 쓰는 입술: 감정 있는 자는 입술로는 꾸미고 궤휼을 품는 자의 말은 믿지 말아야 한다(잠 26: 24, 25), 교활함과 거짓으로 그 감정을 감추어도 그 악이 회중 앞에 다 드러나고야 만다(잠 26: 26), 말로 함정을 파는 자는 결국에는 그 함정에 자기가 빠지게 된다(잠 26: 27, 28)
- 음녀의 입술: 꿀방울 같은 음녀의 입술은 나중에는 쑥같이 쓰게 된다(잠 5: 3, 4), 기름보다 미끄럽고 부드러운 음녀의 입술은 결국 칼이 되어 돌아온다(잠 5: 3, 4), 음녀를 따라 가는 발걸음은 도살장으로 끌려가는 짐승같이 된다(잠 5: 5, 6, 7: 22, 23)
- 일구이언하는 입술: 일구이언하는 자는 지도자로서 자격이 없는 자다(딤전 3: 8), 샘이 한 구멍으로 짠물과 단물을 낼 수 없음 같이 한 입으로 찬송과 저주가 나는 것은 마땅치 아니하다(약 3: 9~12), 두마음을 품고 사는 삶은 위험하기 짝이 없다 회개해야 한다(호 10: 2, 약 4: 8)

구밀복검(口蜜腹劍) 입으로는 달콤한 말을 하면서 뱃속에는 칼을 지녔다는 뜻으로 '겉으로는 친절한 체하나 속으로는 해칠 생각을 지님'을 비유하여 이르는 말.

▶입술을 위한 기도

여호와여 내 입 앞에 파수꾼을 세우시고 내 입술의 문을 지키소서(시 141: 3)

- 입술을 열어 주소서: 기도하는 입술을 열어 주소서(약 5: 15, 빌 4: 6, 롬 12: 12, 막 9: 29) 찬송하는 입술을 열어 주소서(사 43: 21, 시 33: 1, 대하 20: 22) 하나님의 아름다운 덕을 선전하게 하소서(벧전 2: 9)

- 정결한 입을 주소서: 정결한 말을 하게 하소서(마 15: 11, 요 6: 63), 하늘에 거룩한 불로 내 입술을 정결케 하소서(사 6: 6, 7), 우슬초로 애 입을 정결하게 하소서(잠 22: 11, 시 51: 7, 히 9: 22)
- 진리가 늘 머물게 하소서: 입술에 진리의 법이 늘 있게 하소서(말 2: 6, 시 119: 43) 악한 것을 내 입이 항상 싫어하게 하소서(잠 8: 6~8), 진리를 말하므로 내 입술이 보존되게 하소서(잠 12: 19, 16: 13, 렘 1: 9)
- 축복하는 입술이 되게 하소서: 지역사회를 위하여 축복하게 하소서(잠 11: 11, 시 109: 17), 핍박자들을 위하여 축복하게 하소서(롬 12: 14, 고전 4: 12), 저주하는 자들을 위하여 축복하게 하소서(눅 6: 28)
- 입술의 은사가 나타나게 하소서: 방언은사로 성령님이 나타나 주옵소서(고전 14: 2, 26), 방언통역은사로 성령님이 나타나 주옵소서(고전 14: 14, 고전 12: 13), 예언은사로 성령님이 나타나 잘 가르쳐 주옵소서(고전 14: 3, 4)
- 복음의 비밀을 담대하게 전하게 하옵소서: 사도 바울처럼 구령의 열정을 가지고 전하게 하옵소서(엡 6: 19), 빌립집사처럼 성령과 믿음이 충만하여 전하게 하옵소서(행 8: 35), 사도 베드로처럼 강하고 담대하게 복음을 전하게 하옵소서(눅 6: 28)
- 내 입술에 파수꾼을 세우소서: 입술의 실수로 나의 경건이 헛되지 않도록 파수꾼을 세우소서(약 1: 26, 3: 3), 입술을 강력하게 제어할 수 있도록 파수꾼을 세우소서(시 141: 3, 잠 10: 19), 더러운 말을 입 밖에도 내지 않도록 파수꾼을 세우소서(엡 4: 29, 잠 13: 3, 20: 19)

▶ 입술의 서원

네 하나님 여호와께 서원하였거든 갚기를 더디 하지 말라 네 하나님여호와께서 반드시 그것을 네게 요구하시리니 더디면 네게 죄라(신 23: 21)

- 야곱의 서원: 평안하게 귀환하게 해 주시면 하나님을 섬기며 십일조를 드리겠다고 서원함(창 28: 20～22), 20년 만에 귀향하게 된 야곱은 세겜 땅에 머물다 큰 낭패를 당하게 됨(창 34: 1～31), 야곱이 신앙을 정비하고 서원했던 벧엘에 이르러 단을 쌓고 하나님을 섬김(창 35: 1～7)
- 한나의 서원: 아들을 주시면 하나님께 바치겠다고 서원함(삼상 1: 10, 11), 하나님이 한나에게 아들을 낳도록 응답하심(삼상 1: 19, 20), 한나는 서원대로 젖을 떼자마자 성소에 갖다 드림(삼상 1: 24～28)
- 입다의 서원: 승전을 주시면 귀가 시 제일 먼저 나와서 영접하는 그를 하나님께 드리겠다 함(삿 11: 31) 전쟁에서 귀가 시 무남독녀 외딸이 아버지의 승전을 축하하며 제일먼저 나옴(삿 11: 34, 35), 경솔한 서원을 했던 입다는 서원대로 딸을 제물로 바침(삿 11: 39)
- 나실인의 서원: 서원하여 자기 몸을 구별하여 하나님께 헌신하기로 결심한 사람(민 6: 1, 2), 나실인은 술 종류는 일체 금하고 생포도나 건포도나 그 씨나 껍질까지도 금함(민 6: 3, 4), 하나님께 드리는 날까지 머리에 삭도를 금하고 시신을 가까이 해서는 안 됨(민 6: 5～8)
- 서원은 임의로 파약할 수 없다: 하나님은 변함도 없으시고 회전하는 그림자도 없으심(약 1: 17), 우리를 부르신 하나님처럼 모든 행실에 거룩한 자가 되라 하심(벧전 1: 15, 16) 서원한 것

은 해로울지라도 갚으라 하심 이런 자는 요동치 않은 자(시 15: 4, 5)

- 서원한 것은 반드시 지켜야 한다: 서원한 것을 더디 갚으면 죄가 된다(신 23: 21), 서원하여 입으로 언약한 것은 실천해야 한다(신 23: 23), 입술로 서원한 것은 갚아야 한다(시 66: 13, 14)
- 서원한 것을 지킬 수 없는 경우가 있다: 가난하여 감당할 수 없는 경우 제사장을 찾아 경감을 받을 수 있다(레 27: 8), 부모님이 허락지 아니하시므로 지킬 수 없는 경우 하나님께서 용서하시리라(민 30: 3~5), 부녀가 서원을 한 경우 남편이 무효케 하여 지킬 수 없는 경우 용서하신다(민 30: 10~15)

▶ 입술을 지키는 비결

입을 지키는 자는 그 생명을 보전하나 입술을 크게 벌리는 자에게는 멸망이 오느니라(잠 13: 3)

- 기도하므로 지킬 수 있다: 사람의 입에서 나오는 것은 마음에 있는 것들이 나오는 것이다(마 15: 18), 마음에서 나오는 악한 생각들을 계속 자백하여 용서를 구해야 한다(마 15: 19 요일 1: 9), 목욕한 자가 손발을 씻듯이 구원을 받아도 지속적으로 보혈을 의지해야 한다(요 13: 10)
- 찬송하므로 지킬 수 있다: 하나님은 우리를 찬송하는 존재로 만드셨다(사 43: 21), 입에 감사와 찬송을 가득 채우므로 입술을 복되게 할 수 있다(시 71: 8, 126: 2), 찬송할 대 내 안에 그리고 환경 가운데 부정적인 것들이 떠나간다(대하 20: 22, 행 16: 25)
- 진리를 묵상하므로 지킬 수 있다: 진리의 말씀이 내 입에 항상 머물도록 해야 한다(시 119: 43, 요 17: 17), 나를 훼방하고 시험하

는 자가 있어도 진리를 묵상하면 승리할 수 있다(시 119: 23) 성육신하신 예수님도 하나님의 말씀으로 마귀의 시험을 이기셨다(마 4: 4, 엡 6: 17)

- 이웃을 축복하므로 지킬 수 있다: 저주하는 자를 저주하지 말고 축복하라 하였다(눅 6: 28, 시 109: 17) 핍박하는 자를 미워하지 말고 축복하라 하였다(롬 12: 14, 마 5: 44) 후욕하는 자를 같이 욕하지 말고 축복하라 하셨다(고전 4: 12)
- 긍정적인 말을 하므로 지킬 수 있다: 범사에 긍정적으로 생각(감사)하라 이것이 하나님의 뜻이라 하였다(살전 5: 18), 모든 환경이 나를 은혜의 사람으로 만드시기 위해 주어졌음을 알아야 하겠다(고후 4: 15), 모든 것이 합력하여 선을 이룬다는 적극적 믿음으로 긍정적으로 생각하고 말하자(롬 8: 28)
- 진리를 전하므로 지킬 수 있다: 믿음을 말하고 구원을 말하므로 더욱 믿음의 사람이 된다(롬 10: 10), 내 입이 생명 샘이 되도록 지속적으로 믿음의 말을 전해야 한다(요 7: 38. 잠 10: 11), 진리를 전할 때 하나님이 세상 끝날까지 지키신다 말씀하셨다(마 28: 20)
- 늘 감사하므로 지킬 수 있다: 무슨 일을 하든지 감사하므로 감당해야 한다(딤전 1: 12), 누추함과 어리석은 말이나 희롱의 말이 마땅치 않다 돌이켜 감사하라(엡 5: 4), 원망하거나 불평하지 말고 믿음 위에 굳게 서서 감사함을 넘치게 하라(고전 10: 10, 11, 골 2: 7)

▶ 사람을 움직이는 입술

우리가 다 실수가 많으니 만일 말에 실수가 없는 자면 곧 온전한 사람이라 능히 온몸도 굴레 씌우리라(약 3: 2)

- 사고뭉치인 입술: 말에 실수가 없는 사람이 없다(약 3: 1, 2), 말

에 실수가 없도록 늘 기도해야 하겠다(시 141: 3), 경건하다 하나 자기 혀를 재갈 먹이지 않으면 그 경건은 헛것이다(약 1: 26)

- 배를 움직이는 키와 같은 입술: 지극히 작은 키로 사공의 뜻대로 운전하는 키와 같은 입(약 3: 4, 5), 죽고 사는 권세가 작은 혀에 달려 있으므로 혀를 조심하여 써야 한다(잠 18: 21), 악인은 입술의 허물로 걸리고 의인은 환란에서 벗어난다(잠 12: 13, 18: 7)
- 재산을 태워 버리는 불과 같은 입술: 혀는 불과 같아 온몸을 더럽히고 삶의 궤적을 태워 버릴 수 있다(약 3: 5, 6), 악을 꾀하는 불량한 자의 혀에는 맹렬한 불같은 것이 있다(잠 16: 27, 28), 입과 혀를 잘 지키는 자는 영혼을 환란에서 보존할 수 있다(잠 21: 23)
- 길들이기가 쉽지 않은 입술: 짐승이나 새나 해물은 길들일 수 있으나 혀는 길들일 사람이 없다(약 3: 7, 8), 사람의 혀에 독이 있음은 마음에 악이 가득 차 있기 때문이다(약 3: 8, 마 15: 18, 19), 하늘에 거룩한 영이 임하면 입술이 바뀐다(행 1: 8, 2: 4)
- 음식을 먹는 입술: 입으로 음식을 먹지 않으면 살 수 없다(삼상 14: 26, 27, 느 9: 20), 하나님의 말씀도 먹지 않으면 영혼이 살 수 없다(겔 2: 8), 먹어야 힘을 쓸 수 있고 먹어야 남을 도울 수 있다(겔 3: 1~3)
- 구원을 얻게 하는 입술: 입의 말로 얽히기도 하고 입의 말로 잡히기도 한다(잠 6: 2), 사람이 마음으로 믿고 입으로 시인하여 구원에 이른다(롬 10: 10), 사람은 말로 의롭다 함을 얻고 말로 정죄를 받는다(마 12: 36, 37)
- 나를 증거하는 입술: 입술의 말과 행동이 일치해야 존경을 받는다(왕상 17: 24), 미사여구보다 진실한 행동을 하나님은 원하신다(잠 26: 24~26), 말로 함정을 만드는 자는 그 함정에 자기

가 빠지게 된다(잠 26: 27, 28)

▶ **유구무언(有口無言)의 입술들**

왕은 하나님을 즐거워하리니 주로 맹세한 자마다 자랑할 것이나 거짓말하는 자의 입은 막히이로다(시 63: 11)

- 간사한 입술: 날카로운 삭도같이 간사하게 혀를 쓰는 자는 그 삶이 보장되지 않는다(시 52: 2～5), 간사한 입을 가진 자와 동행하지 않는 자가 복이 있는 사람이다(시 26: 4, 32: 2), 간사한 입 때문에 정죄를 당하고 심판을 면치 못한다(욥 15: 4～6)
- 거짓 입술: 거짓말을 하는 사람은 반드시 그 입이 막힐 때가 온다(시 63: 11) 거짓말하는 사람은 반드시 망할 때가 온다(잠 19: 5, 9, 시 101: 7, 8), 진실한 입술은 영원히 보존된다(잠 12: 17～20)
- 악인의 입술: 정직한 자가 기뻐할 때 악인은 그 입을 봉한다(시 107: 42), 나쁜 고기를 골라내듯 악인을 심판할 날이 온다(마 13: 47～50), 악한 입술을 가진 자는 땅에서 끊어질 날이 온다(잠 22.11: 21.13: 9)
- 아첨하는 입술: 아첨하는 입술은 하나님이 끊으신다(시 12: 2, 3), 아첨하는 입술은 그 발 앞에 그물을 치는 것과 같다(잠 29: 5), 아첨하는 사람은 꾸준한 신임과 사랑을 얻지 못한다(잠 28: 23)
- 자랑하는 입술: 자기 자랑하는 입술은 하나님이 끊으신다(시 12: 3, 렘 9: 23), 하나님 없는 악인의 자랑은 잠시 잠간일 수 밖에 없다(욥 20: 5～7, 약 4: 16), 우리에게는 주 예수 그리스도의 십자가밖에는 결코 자랑할 것이 없다(갈 6: 14)
- 패역하는 입술: 패역한 입술은 나무가 베임을 다하는 것처럼 베임을 당한다(잠 10: 30～32), 정직자의 성실은 자기를 인도하

나 사특한 자의 패역은 자기를 망케 한다(잠 11: 3), 패역한 자는 병든 머리와 피곤한 마음과 상한 곳들을 고침 받아야 할 자다(사 1: 5, 6)

- 다투는 입술: 교만과 거만에서 다툼이 일어난다(잠 15: 18, 22: 10), 다툼의 시작은 방죽에 물이 새는 것과 같다 싸움이 일어나기 전에 다툼을 그쳐야 한다(잠 17: 14), 미련한 자의 입술이 다툼을 일으킨다(잠 18: 6)

▶ **절제하는 입술**

누구든지 스스로 경건하다 생각하며 자기 혀를 재갈 먹이지 아니하고 자기 마음을 속이면 이 사람의 경건은 헛것이라(약 1: 26)

- 합당한 입술: 경우에 합당한 말은 기쁨을 주고 아름답다(잠 15: 22, 23), 경우에 합당한 말은 은쟁반에 금사과와 같다(잠 25: 11, 24: 26), 슬기로운 자의 책망은 청종하는 귀에 금고리와 정금장식이다(잠 25: 12)
- 깊이가 있는 입술: 의인은 대답할 말을 심사숙고해도 악인은 쉽게 악을 쏟아 낸다(잠 15: 28), 사람의 마음에 많은 계획이 있어도 다 실천할 수 있는 것은 아니다(잠 19: 20, 21), 심사숙고하지 않고 함부로 서원하면 나중에 그물이 된다(잠 20: 24, 25)
- 순종하는 입술: 하나님의 약속은 언제든지 그리스도 안에서 예가 된다 그러므로 아멘 하여 하나님께 영광을 돌리자(고후 1: 20), 삼가 말씀에 주의하는 자가 좋은 것을 얻는다(잠 16: 20) 하나님은 순종하는 자에게 모든 복을 다 약속하셨다(신 28: 1~14)
- 말을 아끼는 입술: 말을 아끼는 자는 지식이 있고 미련한 자도 잠잠하면 지혜자로 여긴다(잠 17: 27, 28), 죽고 사는 것이 혀의 권세에 있는데 혀를 쓰기 좋아하는 자는 그 열매를 먹는다(잠

18: 20, 21), 말을 함부로 하는 자와는 사귀지 말라(잠 20: 19)

- 사랑받는 입술: 허물을 덮어 주는 자는 사랑을 구하는 자요 허물을 거듭 말하는 자는 친구를 이간하는 자다(잠 17: 9, 10: 12), 허물을 덮어 주면 그것이 자기 영광이 된다(잠 19: 11), 마음의 청결을 사모하는 입술에는 덕이 있어 임금이 친구가 된다(잠 22: 11, 약 2: 23)
- 인내하는 입술: 미련한 자는 분노를 당장 나타내도 슬기로운 자는 수욕을 잘 참는다(잠 12: 16), 듣기는 속히 하고 말하기는 더디 하며 성내기도 더디 하라 성내는 것으로는 하나님의 의를 이루지 못한다(약 1: 19, 20), 입술에 절제를 못 하면 그 사람의 경건도 헛되고 만다(약 1: 26)
- 성령의 인도를 구하는 입술: 가르치시고 생각나게 하는 보혜사 성령님을 인정해야 한다(요 14: 26), 하나님이 성령을 주시므로 우리가 그 안에 거하고 그가 우리 안에 거하신다(요일 4: 13), 무엇으로 말할까를 염려 말라 마땅한 말을 그때에 성령이 가르쳐 주신다(눅 12: 11, 12)

▶ 살리는 입술

온량한 혀는 생명나무라도 패려한 혀는 마음을 상하게 하느니라(잠 15: 4)

- 진실한 입술: 진실한 증인은 생명을 구원하여도 거짓말을 하는 사람은 남을 속인다(잠 14: 25), 신실한 증인은 거짓말을 아니하여도 거짓증인은 거짓말을 뱉느니라(잠 14: 5), 하나님은 망령된 증인과 형제 사이를 이간하는 거짓말을 미워하신다(잠 6: 19)
- 의로운 입술: 입술을 제어할 줄 아는 의인의 혀는 천은과 같고 지혜가 있다(잠 10: 19, 20), 의인의 입술은 여러 사람을 교육

하나 미련한 자는 지식이 없어 죽는다(잠 10: 21) 의인의 입술은 기쁘게 할 것을 알지만 악인의 입은 패역을 말한다(잠 10: 31, 32)

- 지혜로운 입술: 악인 앞에서 행위를 조심하고 입술에 재갈을 먹일 줄 알아야 한다(시 39: 1), 혹은 칼로 찌름같이 함부로 말하여도 지혜로운 자의 혀는 양약 같다(잠 12: 18), 지혜 있는 자의 혀는 지식을 선히 베풀고 미련한 자의 입은 미련한 것을 쏟는다(잠 16: 23)
- 온량한 입술: 유순한 대답은 분노를 쉬게 해도 과격한 말은 노를 격동한다(잠 15: 1), 온량한 혀는 생명나무라도 패역한 혀는 마음을 상하게 한다(잠 15: 4), 범죄한 일이 드러나면 온유한 심령으로 그러한 자를 바로잡으라(갈 6: 1, 잠 15: 18)
- 회개시키는 입술: 지혜 있는 자의 교훈은 생명의 샘이 되어 사망의 그물을 벗어나게 한다(잠 13: 14), 명령은 등불이요 법은 빛이요 훈계의 책망은 곧 생명의 길이라(잠 6: 23), 예수님은 죄인을 회개시켜 구원하러 오셨다(눅 5: 32, 딤전 1: 15, 시 7: 12, 벧후 3: 9)
- 덕을 세우는 입술: 옳다고 해서 언제나 덕을 세우는 것이 아니다(고전 10: 23, 살전 5: 11), 덕을 세우기 위해 선한 말을 하여 듣는 자에게 은혜가 되게 하라(엡 4: 29), 예언이나 방언이나 통변도 공동체의 덕을 세우는 것임을 잊지 말라(고전 14: 12)
- 기도하는 입술: 고난당하는 자를 위해 기도하라(약 5: 13), 의인의 간구는 역사하는 힘이 많다(약 5: 15, 16), 모든 사람을 위해 기도하되 요직에 있는 이들을 위해 기도해야 한다(딤전 2: 1, 2)

▶ 복을 받은 입술

사람은 입에서 나오는 열매로 인하여 배가 부르게 되나니 곧 그 입술에서 나는 것으로 하여 만족하게 되느니라(잠 18: 20)

- 믿음을 고백하는 입술: 예수님 앞에 주는 그리스도시오 살아계신 하나님의 아들입니다라는 고백(마 16: 16), 사람이 마음으로 믿어 의에 이르고 입으로 시인하여 구원에 이른다(롬 10: 10), 누구든지 주의 이름을 부르는 자는 구원을 얻는다(롬 10: 12, 행 2: 21)
- 기도하는 입술: 우리가 우리 죄를 자백하면 하나님은 용서하시고 깨끗하게 하신다(요일 1: 9, 10), 나의 허물을 자복하고 죄악을 숨기지 아니하면 하나님은 용서해 주신다(시 32: 5, 6), 죄를 숨기는 자는 형통치 못하나 자복하고 버리는 자는 불쌍히 여김을 받는다(잠 18: 23)
- 노래하는 입술: 사람은 하나님의 찬송을 위해 창조되었는데 입이 중요한 기관이다(사 43: 21), 지속적인 찬양은 곤고한 자에게 기쁨을 주고 구원의 응답이 있다(시 34: 1~8), 찬양은 아름다운 것이고 마땅한 것이다(시 147: 1)
- 묵상하는 입술: 말씀을 즐거워하며 묵상하는 자에게 복이 있다(시 1: 2), 말씀을 사랑하며 묵상하는 입이 복이 있다(시 119: 97, 수 1: 8), 하나님의 말씀은 인생길에 빛이요 등불이다(시 119: 105)
- 기쁜 소식을 전하는 입술: 좋은 소식을 가져오며 평화와 구원을 공포하는 자의 발걸음이 아름답다(사 52: 7, 롬 10: 15), 십자가에 못 박힌 예수 그리스도를 전하는 일은 누구나 다 해야 할 일이다(고전 12: 23, 9: 16), 성령충만하여 담대히 복음을 전하게 해 달라고 기도하라(행 4: 29)

- 사랑의 입술: 하나님의 위로로 이웃을 위로할 수 있어야 하겠다(고후 1: 6), 겸손히 자기보다 남을 낫게 여기므로 사랑의 교제가 있어야 하겠다(빌 2: 1~4), 어미가 자식을 위로함같이 하나님께서 애통하는 자를 위로해 주신다(사 66: 13, 마 5: 4)
- 공의의 입술: 고독한 자와 간곤한 자와 궁핍한 자를 위하여 공의의 입을 열어야 한다(잠 31: 8, 9), 재판을 할 때 가난한 자의 편을 들지 말며 세력 있는 자라고 두호하지 말고 공의를 행하라(레 19: 15), 재판은 하나님께 속한 것이므로 국적이나 외모를 보지 말고 재판해야 한다. (신 1: 16, 17)

▶ **선한 입술**

선한 입술은 꿀 송이 같아서 마음에 달고 뼈에 양약이 되느니라(잠 16: 24)

- 덕을 세우는 입술: 더러운 입으로는 덕을 세울 수 없다(엡 4: 29), 마음이 깨끗해야 덕을 세울 수 있다(잠 22: 11), 옳다고 해서 모두다 덕이 되는 것이 아니다(고전 10: 23, 24)
- 찬양하는 입술: 찬양은 선한 입술의 열매다(히 13: 15, 골 3: 16), 찬양은 정직한 자가 마땅히 해야 할 일이다(시 33: 1), 찬양이 언제나 입술에 넘치도록 해야 할 것이다(시 126: 2)
- 정직한 입술: 선한 입술은 정직한 입술이다(잠 8: 6, 2: 9, 23: 16), 정직한 자의 입술은 사람을 구원한다(잠 12: 6, 잠 11: 11), 정직한 자의 기도를 하나님이 기뻐하신다(잠 15: 8, 16: 13)
- 정결한 입술: 선한 말은 깨끗하다(잠 15: 26, 시 73: 1), 마음이 청결해야 복 있는 말을 할 수 있다(마 5: 8), 입술의 정결을 위해 기도해야 한다(시 51: 7)
- 은혜스런 입술: 겸손한 자가 은혜스러운 말을 할 수 있다(잠 3:

34약 4: 6), 은혜스런 입술을 위해 하나님께 기도해야 한다(히 4: 16, 고후 6: 2), 소금을 고르게 함같이 듣는 사람들에게 은혜가 되게 해야 한다(골 4: 6, 엡 4: 29)

- 즐거움을 주는 웃음: 선한 말은 꿀 송이 같아서 사람의 마음을 즐겁게 한다(잠 16: 24), 마음을 즐겁게 하는 것은 건강을 돕는 보약과 같은 것이다(잠 17: 22, 15: 13), 선한 말을 하는 자에게는 희락이 있다(잠 12: 20, 시 16: 3, 97: 11, 욥 8: 21)
- 선한 입술은 선한 마음이 결정한다: 마음이 선한 사람은 선한 말을 한다(눅 6: 45, 마 12: 34, 35), 사람은 말한 것에 대해 심문을 받게 된다(마 12: 36, 37) 입에서 나오는 것이 사람을 더럽게 한다(마 15:11)

▶ 경계해야 할 입술

무릇 더러운 말은 너희 입 밖에도 내지 말고 오직 덕을 세우는 데 소용되는 대로 선한 말을 하여 듣는 자들에게 은혜를 끼치게 하라(엡 4: 29, 골 2: 11, 렘 4: 4, 롬 2: 29)

- 독사 같은 입술: 독이 나오는 입술(마 12: 34), 마음에 쌓아 놓은 악이 입으로 나온다(마 12: 35, 15: 18, 19), 마음의 악을 회개하지 않은 사람을 독사의 자식이라 함(마 3: 7, 8)
- 가시나무 같은 입술: 분을 쉽게 쏟아 놓는 입술(잠 15: 18, 16: 32), 다툼을 일으키는 미련한 입술(잠 13: 10, 14: 3, 17: 19), 다툼과 시비를 그치지 않는 입술(잠 17: 14, 19: 13, 25: 24)
- 꾸중물 같은 입술: 끼리끼리 통하는 더러운 입술(잠 17: 4), 존귀한 자에게는 더러운 말이 합당치 않다(잠 17: 7, 시 16: 3), 입술이 더러운 자는 재앙에 빠지고 만다(잠 17: 20, 19: 9)
- 삭도 같은 입술: 날카로운 삭도 같은 간사한 입술(욥 5: 15, 시

52: 2~5). 사람들을 이간질하는 말쟁이의 입술(잠 16: 28, 29), 남의 허물을 거듭 말하는 입술(잠 17: 9, 10: 12)

- 화살 같은 입술: 독한 말을 화살같이 날리는 입술(시 64: 3, 4), 평화를 말하나 중심에 해를 도모하는 입술(렘 9: 7~9), 마음에 패역을 품고 악을 꾀하는 입술(잠 6: 12~15)
- 교만한 입술: 헛된 것을 자랑하는 입술(시 12: 3, 약 4: 16, 갈 6: 14), 매를 자청하는 미련한 입술(잠 14: 3, 벧전 5: 5, 렘 13: 15), 궁핍을 가져오는 자랑하는 입술(잠 14: 23, 17: 28, 29)
- 일구이언의 입술: 말로만 하나님을 찾는 입술(사 29: 13, 렘 12: 2), 속에 칼을 숨기고 말은 부드럽게 하는 입술(시 55: 20, 21, 잠 26: 23, 24), 겉으로는 축복하면서 속에는 저주를 품고 있는 입술 시

▶ 제사장의 입술

내 아들아 내 지혜에 주의하며 내 명철에 네 귀를 기울여서 근신을 지키며 네 입술로 지식을 지키도록 하라 대저 제사장의 입술은 지식을 지켜야 하겠고 사람들이 그 입에서 율법을 구하게 되어야 할 것이니 제사장은 만군의 여호와의 사자가 됨이어늘 너희도 산 돌 같이 신령한 집으로 세워지고 예수 그리스도로 말미암아 하나님이 기쁘게 받으실 신령한 제사를 드릴 거룩한 제사장이 될지니라(잠 5: 1~2, 말 2: 7, 벧전 2: 5)

◎ 인생길이 풀리지 않을 때

인생길이 막힐 때가 있습니다. 풀리지 않을 때가 있습니다. 우리가

가는 인생길이 항상 평탄하지는 않습니다. 우리가 때로 믿었던 길도 막힐 수가 있습니다. 고속도로는 막히지 않도록 만든 길입니다. 신호등이 없고, 스톱 사인이 없습니다. 그런데 고속도로도 막힐 때가 있습니다. 우리가 그렇게 믿었던 직장에서 해고를 당할 수도 있습니다. 우리가 그렇게 믿었던 사람들에게서 버림을 받을 수도 있습니다. 우리가 그렇게 믿었던 자녀들이 우리를 슬프게 할 수도 있습니다. 우리 인생길에서 모든 길이 막히고 풀리지 않을 때는 어떻게 해야 합니까? 그때는 깊이 생각해야 합니다. 깊이 생각하며 기도해야 합니다. 깊이 생각할 때 우리는 하나님의 안목으로 문제를 보게 됩니다. 육신의 안목이 아닌 영의 안목으로 문제를 보게 됩니다. 문제에 대한 하나님의 뜻을 발견하게 됩니다.

문제 저편에 있는 하나님의 섭리를 발견하게 됩니다. 막히고 풀리지 않는 일이 우리가 볼 때는 어려운 일이고 나쁜 일 같지만 하나님의 시각에서는 다를 수도 있습니다. 때문에 분별해야 합니다. 분별하려면 하나님 앞에서 깊이 생각해 보십시오. 기도하면서 깊이 생각하십시오.

—『기적을 창조하시는 예수님의 은혜』/ 강준민 —

◎ 인생의 3가지 고민

"사람의 마음에는 많은 계획이 있어도 오직 여호와의 뜻이 완전히 서리라(잠 19: 21)"

대부분의 사람들은 인생에서 세 가지 기본적인 문제로 고민한다.

첫째는 나는 누구인가라는 정체성(identity)의 문제다.

둘째는 내가 과연 중요한 존재인가라는 중요성(importance)의 문제,

셋째는 삶에서 나의 위치는 무엇인가라는 영향력(impact)의 문제다. 이 세 가지 질문에 앞서 생각해 보아야 할 다섯 가지 질문이 있다.

※ 삶의 5가지 중요한 질문 ※

- 내 삶의 중심을 무엇으로 삼을 것인가?

  이것은 예배(worship)에 관한 문제다. 우리는 누구를 위해 살 것인가? 무엇을 중심으로 삶을 이루어 나갈 것인가? 직업, 가족, 스포츠, 취미, 돈, 재미있게 사는 것, 그 외의 여러 가지 활동이 그 중심이 될 수 있다. 모두가 좋은 것들이기는 하지만, 우리 삶의 중심이 되기에는 적합하지 않다. 그 어떤 것도 우리 삶이 무너지기 시작할 때 붙잡아 줄 수 있을 만큼 강하지 못하기 때문이다. 흔들리지 않는 확실한 중심이 필요하다.

- 나는 어떤 성품의 사람이 되어야 하는가?

  이것은 제자도(discipleship)와 관련된 문제다. 우리는 어떤 사람이 될 것인가? 하나님은 우리가 무엇을 하는가보다는 우리가 어떤 사람인가에 더 많은 관심을 두신다. 우리가 영원한 나라에 가지고 갈 것은 직업이 아니라 성품이라는 것을 기억하라. 삶에서 노력하고 발전시키고자 하는 부분들을 기록하라.

- 내 삶을 어디에 기여해야 하는가?

  이것은 섬김(service)에 관한 문제다. 그리스도의 몸 가운데 우리가 감당해야 할 부분은 어디일까? 은사, 마음, 능력, 성격 그리고 경험을 모두 고려한다면 하나님의 가정에서 우리에게 가장 적합한 역할은 무엇일까? 어떻게 변화를 일으킬 수 있을까? 교회 안에 우리가 섬길 수 있는 특정한 그룹이 있는가? 우리는 다른 사람들을 섬기도록 지음 받기는 했지만, 예수님도 이 땅에 계시는 동안 모든 사람들의 필요를 충족시켜 주시지는 못하셨다. 우리는 우리의 모습에 기초해서 가장 잘 도울 수 있는 사람을 찾아야 한다. 누구를 도와야겠다는 생각이 마음에 가장 많이 생기는가라고 질문해 봐야 한다.

- 내 삶은 어떤 전달 도구가 되어야 하는가?

이것은 믿지 않는 사람들을 향한 선교(mission)에 대한 질문이다. 우리의 사명 선언서는 삶의 목적 선언서의 일부분이다. 그것은 간증과 복음을 다른 사람들과 나누려는 헌신을 포함해야만 한다. 또한 삶에서 얻은 교훈과 하나님이 세상과 나누라고 주셨다고 생각되는 우리의 거룩한 열정도 적어야 한다. 그리스도 안에서 성장해 가는 동안, 우리 마음에 끌리는 특별한 목표 그룹을 하나님이 정해 주실 수도 있다. 이것 또한 반드시 선언서에 덧붙이라.

- 내 삶의 동역자는 누구인가?

이것은 교제(fellowship)에 관한 문제다. 다른 크리스천들에 대한 나의 헌신 그리고 하나님의 가족과의 연결은 어떻게 보여줄 것인가? 서로에 대한 하나님의 명령을 다른 믿는 사람들과 어떻게 수행할 것인가? 어떤 교회에서 우리에게 준 역할을 감당할 것인가? 그리스도 안에서 더 성숙하면 할수록 우리는 교회를 더욱 사랑하고, 교회를 위해 희생하는 것을 주저하지 않게 된다.

성경은 그리스도께서 교회를 사랑하시고 위하여 자신을 주심같이(엡 5: 25)라고 말한다. 목적 선언서에 하나님의 교회에 대한 우리의 사랑을 표현해야 한다.

◎ 나는 어떤 교인인가

이러한 그리스도인이 아니 되기를 바라면서 통상 태도에 의해 부르고 있는 부류를 나누면 아래와 같다.

- 달구지 교인-누가 밀어주어야만 전진하는 교인
- 연 같은 교인-실을 붙들고 있지 않으면 소리도 없이 사라지는 교인
- 고양이 같은 교인-줄곧 토닥거려 주어야 만족하는 교인
- 풋볼 같은 교인-어디로 튈지 알 수 없는 교인
- 풍선 같은 교인-잔뜩 부풀어 언제 터질지 알 수 없는 교인
- 크리스마스트리의 장식등 같은 교인-쉴 새 없이 꺼졌다 켜졌다 하는 교인
- 냄비 같은 교인-쉽게 끓고 쉽게 식는 교인
- 종이 교인-비만 오면 축 처져서 안 나오는 교인
- 핸드폰 교인-예배 중에 핸드폰으로 문자를 주고받는 교인
- 운동선수 교인-교회 체육 대회 때만 나오는 교인
- 오락 교인-친목회, 운동경기, 야유회 때문에 교회를 다니는 교인
- 연애 교인-이성 교인과 데이트하기 위해 나오는 교인
- 상업 교인-교인들을 대상으로 물건(다단계)을 파는 교인
- 광고 교인-사업적으로 무슨 실속을 찾으려는 목적으로 교회에 다니는 교인
- 줄행랑 교인-축도를 안 받고 교회를 떠나가는 교인
- 칠면조 교인-교회 올 때마다 옷을 바꿔 입으며 자랑하는 교인
- 독창 교인-찬송을 할 때 자기 혼자 큰 소리로 목청 높이는 교인
- 명예욕 교인-직분받기 위해 얼굴 알리는 교인
- 감투 교인-교회 감투를 안 주면 교회에 안 나오는 교인

- 주차장 교인－교회 주차장에 자기 차 주차키 위해 등록한 교인
- 국회의원 교인－한 가정에 대표로 한 사람만 나오는 교인
- 묘지 교인(장례식을 위한 교인)－내가 죽으면 교회 묘지 사용키 위해 나오는 교인
- 나팔꽃 교인－주일 아침 예배만 나오는 교인
- 묵상 교인－설교만 시작되면 고개 숙이고 조는 교인
- 인력거 교인－심방을 가서 끌어내야만 겨우 교회에 오는 교인
- 핑계 교인－이렇게 저렇게 항상 핑계하며 잘 빠지는 교인
- 벙어리 교인－신자 생활을 오래 해도 기도생활을 전혀 안 해서 기도 인도를 못하는 교인
- 시험관 교인－설교 시간에 점수 매기는 교인
- 시험 채점관 교인－설교 비평과 남의 험 잡기에 우수한 교인
- 유람선 교인－이 교회 저 교회를 왔다 갔다 하는 교인
- 시 교인－교회의 가시 노릇이나 하는 파괴적인 교인

◎ 신앙생활의 4가지 요소

인간의 삶이란 먹고 배우고 일하고 사랑하는 생활의 연속이라고 할 수 있다. 이 네 가지가 결여된 사람의 생활을 정상적이라 할 수 없을 것이다. 그러므로 누구나 먹고 배우고 일하고 사랑하는 생활을 위해 끊임없이 노력하는 것이다. 구원받은 그리스도인들도 신앙생활을 하는 데 없어서는 안 되는 네 가지 요소가 있다. 그것은 곧 말씀, 기도, 전도, 봉사이다. 이것은 마치 자동차의 네 바퀴와 같이 그중에 하나라도 없으면 정상적인 신앙생활을 할 수 없는 것이다. 이상 네 가지는 그리스도인들의 생활에서 항상 지속되지 않으면 안 된다. 만

일 그중에 어느 한 가지라도 결여된다든지 등한히 하면 신앙생활에 차질이 생기게 되고 하나님을 위해 살아가는 데 무기력해지고 아무 쓸모없는 존재가 되고 마는 것이다. 하나님 앞에서 무용지물인 그리스도인보다 모순된 것이 어디 또 있겠는가? 정상적인 몸의 활동은 귀와 눈과 입과 손발의 활동으로 되는 것같이 항상 하나님 말씀을 잘 듣는 귀, 기도를 통해서 얻을 수 있는 신령한 세계와 하나님을 볼 수 있는 눈, 듣고 본 깨달은 사실을 말할 수 있는 전도의 입, 그리고 하나님과 사람을 위해 부지런히 움직이는 봉사의 손과 발이 있어야 하는 것이다.

▶ 말 씀

신앙생활은 하나님을 올바로 아는 데서부터 시작된다. 알지 못하는 것을 믿을 수는 없는 것이다. 그러면 보이지 않는 하나님을 어떻게 알 수 있는가?

"태초에 말씀이 계시니라⋯⋯ 이 말씀은 곧 하나님이시니라(요 1: 1)"

하나님이 사람에게 나타나실 때에 말씀으로 나타내시는 것이다. 우리는 성경 말씀을 통해 하나님의 능력, 하나님의 계획과 비밀, 공의와 사랑, 하나님의 약속과 하나님의 성품, 하나님의 뜻을 알 수 있는 것이다. 말씀(성경)은 사람으로 죄를 깨닫게 하며 하나님 앞에서 자신이 어떠한 상태에 있다는 것을 발견하게 하고 또 하나님의 생명을 받아 거듭나게 한다.

성경은 사람을 변화시키고 하나님의 뜻을 알게 하므로 하나님을 기쁘시게 하는 생활을 하도록 인도한다. 하나님은 자기를 찾는 자에게 말씀을 통하여 생명을 주시고 자기를 가까이하는 성도들에게 말씀을 통하여 하나님의 풍성한 생명과 능력을 더욱 공급해 주신다. 사람이 구원을 받는 것은 기도를 하거나 무엇을 바치거나 선한 일을 많이 해서 받는 것이 아니다. 다만 말씀을 듣고 하나님의 은혜를 깨달음으로 구원을 받는 것이다.

그리고 구원받은 후에 더 풍성히 주시는 생명과 능력을 공급받음으로 정상적인 신앙생활을 할 수 있는데 그것도 말씀을 통해서 하나님께서 우리에게 주시는 것이다. 말씀을 읽고 듣고 깨달아 가는 일을 게을리 하면서 올바른 신앙생활을 하려는 사람은 음식은 제대로 먹지 않으면서 건강하기를 바라는 사람과 같으며 말씀을 배우기를 등한히 하면서 하나님의 일을 하려는 그리스도인은 마치 나무에 물도 거름도 아무것도 주지 않으면서 좋은 열매 맺기를 바라는 것과 같이 전혀 불가능한 것이다. 성경으로 믿음의 기초가 튼튼히 다져지지 않은 사람이 하나님을 위해 큰일을 하려는 것은 기초도 닦지 않은 터에 고층 빌딩을 세우려는 것과 같이 불완전한 일이다.

그러므로 그리스도인들이 해야 할 일 중에 가장 중요한 일이 성경을 배우고 올바로 이해하는 것이다. 기초가 약한 집은 태풍이 불고 홍수가 덮치면 곧 무너지는 것같이 말씀으로 다져지지 않는 사람의 신앙생활은 조그마한 어려움과 환란이 닥치면 곧 넘어지고 마는 것이다. 우리가 신앙생활하는 가운데 때때로 어려운 일이 닥쳐온다. 환란 핍박, 자기를 좇게 하려는 그릇된 교훈, 인간 세력, 물질의 세력, 인간 감정, 분쟁, 거짓 형제의 속임과 같은 일들이 태풍과 같이 교회를 할퀴고 지나간다. 그때마다 굳세지 못한 영혼들이 그 태풍과 함께 사라져 버리는 것을 수없이 보게 된다. 참으로 안타깝고 가슴 아픈 일이 아닐 수 없다. 뿌리가 깊지 못한 나무처럼 말씀 속에 뿌리를 깊이 박지 못하고 있기 때문에 곧 넘어지고 마는 것이다.

"모든 성경은 하나님의 감동으로 된 것으로 교훈과 책망과 바르게 함과 의로 교육하기에 유익하니 이는 하나님의 사람으로 온전케 하려 함이니라(딤후 3: 16~17)" 하나님의 말씀으로 우리를 양육하고 단련하시며 모든 선한 일을 할 수 있는 하나님의 자녀로 온전케 하시는 것이다.

"마귀의 궤계를 능히 대적하기 위하여 …… 성령의 검, 곧 하나님의 말씀을 가지라(엡 6: 11~17)"

우리는 시시각각으로 닥쳐오는 세상의 온갖 유혹과 사단의 시험을 물리치기 위해 말씀으로 무장되어야 한다. 그리고 성령의 인도를 받기 위하여 말씀을 가까이해야 한다. 열차가 레일 위로만 가듯 성령께서는 말씀을 통해서만 역사하신다.

"진리의 성령이 오시면 그가 너희를 모든 진리 가운데로 인도하시리니(요 16: 13)"

성경을 멀리하면 하나님과 멀어지고 세상과는 가까워질 것이다. 그러므로 하나님을 가까이하려면 말씀을 가까이하지 않으면 안 된다. "사람이 떡으로만 살 것이 아니요 하나님의 입으로 나오는 모든 말씀으로 살 것이라(마 4: 4)"

▶ 기 도

성경에는 기도에 대한 많은 가르침이 있다. 기도는 하나님과의 대화이다. 구원을 받은 그리스도인만이 참으로 하나님을 아버지라 부를 수 있고 비로소 하나님과의 대화가 이루어지는 것이다.

예수님은 육신을 입은 인간의 모든 문제를 해결하시기 위해 육신을 입고 세상에 오셨으며 모든 사람을 대표하여 기도하셨다. 예수님은 산에서 혹은 한적한 곳에서 밤이 새도록 기도하셨다. 기도는 하나님의 뜻을 아는 사람들이 우리의 연약함을 하나님께 맡기고 하나님의 뜻을 행하기 위하여 하나님의 도우심을 구하는 것이다. 예수님은 모든 그리스도인의 죄를 담당하시고 죽으심으로 인간을 구속하시는 하나님의 뜻을 행하러 오신 것을 처음부터 알고 계셨지만 그 뜻을 행할 힘을 얻기 위해 예수님도 하나님께 기도하셔야만 했다.

기도는 하나님이 우리 가운데 행하실 자리를 내어 드리고 그의 능력을 나타내시도록 하기 위해 정하신 길이다. 우리는 기도로 하나님과 더욱 가까이할 수 있는 것이다. 하나님은 말씀으로 자신을 우리들 가까이 나타내시고 우리는 기도로 하나님께 가까이 나아가는 것이다. "여호와는 자기에게 간구하는 모든 자 곧 진실하게 간구하는 모든 자에게 가까이하시는도다(시 145: 18)"

하나님을 가까이하는 것이 얼마나 큰 복인가? 우리는 조용히 간절한 마음으로 기도할 때 주님의 임재하심을 더 가까이 느끼게 되는 것이며 한없는 주님의 위로와 인도하심을 느끼게 된다. 하나님은 우리와 항상 함께 계시며 교제하시기를 원하신다. 그러나 우리가 기도하기를 게을리 하므로 스스로 하나님을 멀리하고 주님이 함께하시는 위로와 기쁨 대신에 세상 헛된 것에 마음이 빼앗기고 육신적인 천한 즐거움을 추구하게 되는 것이다.

예수님은 항상 기도하고 낙망치 말아야 할 것을 말씀하셨고 내 이름으로 무엇이든지 구하면 시행하리라고 하셨으며 시험에 들지 않게 깨어 기도하라고 하셨다. 구원을 받은 사람이 성경을 배우고 마땅히 어떻게 행하여야 할 하나님의뜻을 알면서 기도하지 않는다면 그 사람은 참으로 하나님의 뜻을 행할 마음이 없든지 아니면 하나님의 도우심이 없이도 자기 스스로 무엇이든지 할 수 있다고 생각하는 사람일 것이다. 하나님의 도우심이 없이는 자신의 신앙 생활을 지탱할 수도 없고 하나님을 위해 아무것도 할 수 없다는 것을 안다면 우리는 하나님의 도우심을 얻기 위해 간절히 기도하지 않을 수 없을 것이다. 하나님의 뜻을 알고 그 뜻대로 살기를 원하면서도 하나님께 간절히 기도하기를 게을리 하는 것은 왜일까? 기도할 때 하나님은 우리의 죄를 깨닫게 하신다. 구원을 받은 사람도 생활 가운데 아직 변화되지 않은 육신의 성품으로 인하여 때때로 실수와 죄를 범하게 된다. 그러나 남의 얼굴은 보면서 자기 얼굴은 보지 못하는 것처럼 간사한 육신은 남의 허물은 잘 보면서 자기의 잘못은 스스로 덮어 버리고 합리화시키고 아무렇지도 않은 것처럼 지나가 버린다. 기도할 때 하나님은 우리의 양심의 눈을 뜨게 하시고 하나님 앞에서의 자신의 위치를 발견하게 하시고 숨은 허물을 깨닫게 하시는 것이다. “자기 허물을 능히 깨달을 자 누구리요 나를 숨은 허물에서 벗어나게 하소서(시 19: 12)”

기도하지 않은 사람은 양심이 무디어지고 예사로이 여기는 그 죄로 인해 자신이 알지 못하는 사이에 하나님과의 교제가 멀어지고 형제간의 교제에 구름이 덮이고 세상 것들이 마음속에 숨어 들어오며 신앙생활이 무기력해지고 사단이 숨겨 놓은 그물에 걸려 넘어져도 그것이 무엇인지 알지 못하는 것이다. 이런 사람은 영적으로 병들었거나 잠들어 있으므로 하나님께서 이 시대에 보여주시는 징조도 분별치 못하고 자기가 마땅히 해야 할 하나님의 일이 무엇인가도 알지 못하는 것이다. “기도를 항상 힘쓰고 기도에 감사함으로 깨어 있으라(골 4: 2)”

▶ 전 도

“이르시되 우리가 다른 가까운 마을들로 가자 거기서도 전도하리니 내가 이를 위하여 왔노라(막 1: 38)” 주님은 이 세상에 전도하러 오셨다. 그리고 전도는 주님께서 그리스도인들에게 마지막으로 명하신 최대의 명령이요, 교회에게 주신 엄숙한 사명이다.

“가라사대 너희는 온 천하에 다니며 만민에게 복음을 전파하라(막 16: 15)” 전도는 어떤 특정한 사람에게만 주어진 책임이 아니라 진리를 깨닫고 구원을 받은 우리 모두에게 주신 사명이다. 전도는 자신이 깨닫고 확신하는 것, 곧 자기 안에 이루어진 생명과 소망과 평안을 전하는 것이다. 전도는 사람을 그리스도에게 인도하는 것이다.

전도는 멸망할 죄인들에게 하나님이 주시는 영생을 얻도록 도와주는 것이다. 전도는 하나님과 원수 된 자를 하나님과 화목케 하는 것이다. 전도는 영생에 이르는 열매를 모으는 영혼의 추수이다. 전도는 사람의 영혼을 사단의 권세에서 하나님께로 돌아오게 하는 일이다. 전도는 영원한 처소에 들어갈 친구를 사귀는 일이다. 전도는 하늘에 없어지지 않는 보물을 쌓는 일이다. 그리스도인들은 세상 사람 누구든지 복음을 듣고 믿음으로 구원을 받도록 말씀을 전하기 위하여 하나님의 보내심을 받은 자로 이 땅에 있는 것이다.

“저희가 믿지 아니하는 이를 어찌 부르리요 듣지 못한 이를 어찌 믿으리요 전파하는 자가 없이 어찌 들으리요 보내심을 받지 아니하였으면 어찌 전파하리요(롬 10: 14~15)"

"너는 사망으로 끌려가는 자를 건져 주며 살육을 당하게 된 자를 구원하지 아니치 말라 네가 말하기를 나는 그것을 알지 못하였노라 할지라도 마음을 저울질하시는 이가 어찌 통찰하지 못하시겠으며 네 영혼을 지키시는 이가 어찌 알지 못하시겠느냐(잠 24: 11~12)"

우리 앞에 영원한 사망으로 끌려가는 수많은 멸망하게 된 자들이 있다. 그들이 구원을 받도록 도와주어야 한다. 자기 가족과 친구뿐만 아니라 자기와 아무 상관없는 사람들에게도 복음을 전해서 구원을 받도록 해야 한다. 우리가 복음을 전함으로 구원받을 수 있는 자들이 전도하기를 게을리 하므로 그 영혼이 잃어진다면 하나님께서는 우리들을 질책하실 것이다. 사도 바울은 "만일 복음을 전하지 아니하면 내게 화가 있을 것임이로다(고전 9: 16)"라고 했다.

"우리가 이같이 큰 구원을 등한히 여기면 어찌 피하리요 이 구원은 처음에 주로 말씀하신 바요, 들은 자들이 우리에게 확증한 바니(히 2: 3)"

우리 자신의 구원이 크고 귀한 만큼 남의 구원도 귀중히 여겨야 할 것이다. 사람을 그리스도에게로 인도해서 그 영혼이 구원받게 하는 일은 그리스도인이 이 땅 위에서 할 수 있는 가장 위대한 일이다. 예수님은 "내 아버지께서 이제까지 일하시니 나도 일한다 아버지께서 죽은 자들을 일으켜 살리심같이 아들도 자기의 원하는 자들을 살리느리라(요 5: 17, 21)"고 하셨다.

"우리가 하나님과 함께 일하는 자로서 너희를 권하노니 하나님의 은혜를 헛되이 받지 말라…… 보라 지금은 은혜 받을 만한 때요 보라 지금은 구원의 날이로다(고후 6: 1~2)"

하나님의 은혜로 사람을 구원하는 일은 지금도 우리 가운데 역사하시는 하나님과 함께 일하는 것이다. 우리가 어찌 이 크고 중대한 일을 게을리 하며 등한히 할 수 있겠는가? 하나님은 모든 사람들이 구원을 받으며 진리를 아는데 이르기를 원하셔서 하루가 천 년같이 천 년이 하루같이 아무도 멸망치 않고 회개하기를 오래 참고 기다리신다. 우리가 하나님과 가까워질수록 하나님과 같은 마음을 가지게 될 것이다.

주님은 "눈을 들어 밭을 보라 희어져 추수하게 되었도다" "추수할 것은 많되 일군은 적으니 추수하는 주인에게 추수할 일군을 보내어 주소서 하라"고 하셨다. 우리 앞에 있는 온 세상 사람들은 주님께서 희생하심으로 추수하게 된 영생에 이를 수 있는 곡식들이다. 우리는 손에 복음의 낫을 들고 부지런히 영생에 이르는 열매, 곧 영혼들을 거둬들여야 한다. 주님은 우리와 함께 계셔서 용기와 힘을 주실 것이다. 날마다 구원받는 사람이 더하여지는 것은 주님이 우리 가운데 역사하시는 증거요 결과이다. 영혼을 구원하고자 하는 간절한 마음으로 수고하는 일이 없이 복음이 전해질 수 없으며 먼저 구원받은 그리스도인들의 희생이 없이는 복음의 결실을 볼 수 없는 것이다.

우리는 더 많은 영혼들이 구원받는 일을 합심하여 기도하며 우리의 시간과 수고와 물질과 모든 것을 투자해야 할 것이다. 우리의 수고와 희생이 결코 헛되지 않도록 주님께서 열매 맺게 해 주실 것이며 열매를 맺으면 하나님이 영광을 받으실 것이다.

▶ 봉 사

"너희 몸을 하나님이 기뻐하시는 거룩한 산제사를 드리라 이는 너희의 드릴 영적 예배니라(롬 12: 1)" 그리스도인이 이제 육신의 남은 때를 어떻게 사느냐 하는 것은 매우 중요하다. 주님은 그 피로 나의 영혼과 몸까지 값을 주고 사셨다. "너희는 너희의 것이 아니라 값으로 산 것이 되었으니 그런즉 너희 몸으로 하나님께 영광을 돌리라(고전 6: 19~20)"

하나님께 영광 돌리는 생활 전부가 하나님께 산제사요 영적 예배가 되는 것이다. 제사, 예배, 봉사란 다 같은 뜻이다. 봉사란 하나님을 섬기는 일이요 성도를 섬기는 일이다. 구약 시대에 이스라엘에게 주신 십계명은 하나님께 대한 계명과 사람에게 대한 계명, 즉 마음과 뜻과 힘과 생명을 다하여 하나님을 사랑하고 이웃을 네 몸과 같이 사랑하라는 것이었다. 그러나 이제 신약 시대 성도들에게는 주님께서 하나의 새 계명을 주셨다. "새 계명을 너희에게 주노니 서로 사랑하라 내가 너희를 사랑한 것같이 너희도 서로 사랑하라(요 13: 13)"

멸망받을 죄인을 대신해서 자기의 독생자를 십자가에 죽는 데까지 내어 주신 하나님의 사랑을 깨닫고 구원을 받을 사람만이 하나님을 참으로 사랑할 수 있으며 하나님을 사랑하는 사람이 진정으로 그 형제를 사랑할 수 있는 것이다. 또 형제를 사랑하는 것이 곧 하나님을 사랑하는 것이니 이 둘은 이제 하나의 계명 안에 포함되어 있는 것이다. "우리가 사랑함은 그가 먼저 우리를 사랑하셨음이라. 누구든지 하나님을 사랑하노라 하고 그 형제를 미워하면 이는 거짓말하는 자니 보는바 그 형제를 사랑치 아니하는 자가 보지 못하는바 하나님을 사랑할 수가 없느니라. 우리가 이 계명을 주께 받았나니 하나님을 사랑하는 자는 또한 그 형제를 사랑할지니라(요일 4: 19~21)" 서로 사랑하라는 말씀은 인정적으로 서로 친절을 베풀라는 이상의 높은 뜻이 있다.

첫째, 그리스도인이 서로 사랑하는 것은 그리스도 안에서 참된 교제를 갖는 것이며 성령의 하나 되게 하신 것을 힘써 지키는 것이다. "너희를 불러 그의 아들 예수 그리스도 우리 주로 더불어 교제케 하시는 하나님은 미쁘시도다(고전 1: 9)" 그리스도 안에서 동일한 하나님의 생명을 받아 하나님 한 아버지, 한 형제자매가 되고 함께 영원한 소망과 거룩한 삶의 목적을 가졌다. 주님은 머리시요, 우리는 다 한 생명으로 세례를 받아 한 몸이 되었다. 하나님의 사랑은 우리를 그리스도 안에서 하나가 되게 하신 것이다. 우리가 다 각각 자라온 환경이 다르고 교육 수준과 성격이 다르지만 성령께서는 이 모든 것을 초월해서 그리스도 안에 있는 새 생명의 능력으로 하나 되게 하신 것이다. 우리를 그리스도 안에서 한 몸이 되게 하신 것은 하나님을 섬기며 머리 되신 주님의 뜻을 행하게 하기 위함인 것이다. 그러므로 우리는 한 성령님의 가르침을 받아 믿는 것과 아는 일에 하나가 되어 동일한 주님의 뜻과 사랑 안에서 연합하고 우리 안에서 역사하시는 주님의 뜻을 좇아 각각 믿음의 분량대로 받은 은사를 따라 마땅히 해야 할 일을 지혜롭게 행하는 것이다. 두 남녀는 서로 사랑하므로 하나가 되고 그들의 마음과 힘을 합하여 가정을 꾸미며 큰일을 할 수 있는 것이다. 그러나 만일 사랑이 깨어지면 언제든지 나누어질 위험이 있는 것이다. 그리스도인들이 주님을 향한 사랑이 식어지고 형제를 사랑하는 마음이 약해지면 서로 육신적인 약점을 보게 되고 교제가 끊어지고 나누어지게 되며 성령의 능력과 인도하심을 받지 못하게 되어 점점 무력해져서 결국 주님을 위해 아무것도 할 수 없게 되는 것이다. "첫날부터 이제까지 복음에서 너희가 교제함을 인함이라. 너희 속에 착한 일을 시작하신 이가 그리스도 예수의 날까지 이루실 줄을 우리가 확신하노라(빌 1: 5~6)" 성도들이 서로 사랑으로 교제하며 하나가 된 그 가운데서 하나님은 역사하시며 그 뜻을 이루신다. 그러므로 성령의 하나 되게 하시는 참된 교제를 떠나는 것이 곧 주님을 떠나는 것이다. "무리에게서 스스로 나뉘는 자는 자기의 소욕을 따르는 자라 온갖 참지혜를 배척하느니라(잠 18: 1)" 교제(곧 그리스도의 참된 교회)를 떠나서는 아무도 주님을 배울 수 없고 머리 되신 주님을 섬길 수도 기뻐하시게 할 수도 없는 것이다. 둘째로 그리스도인들이 서로 사랑하는 것은 영육 간에 서로 도와주는 것이다. 진리를 순종함으로 그 영혼이 깨끗함을 받은 사람은 거짓이 없이 형제를 사랑할 수 있는 마음을 받았다(벧전 1: 22).

◎ 주님이 원하시는 믿음

- "말씀만 하옵소서!"라고 고백하는 백부장의 겸허한 믿음(마 8: 5~13) 하나님 앞에서 "내가 복 받을 만하지 않습니까?"라고 하면 오히려 축복은 멀어지게 되지만 옛날 신하들이 왕 앞에서 하듯이 "망극합니다. 황송합니다."고 하면 축복이 가까워집니다.

- 풍랑 속에서도 배 안에서 주무시는 예수님의 넉넉한 믿음(마 8: 23~27)

시험 속에서도 넉넉한 모습으로 대처하면 '마귀' 및 '2차 시험'이 틈타지 못하게 되고, 바로 그 순간부터 시험과 문제의 연쇄적인 사슬이 끊기게 되면서 해결의 길이 생깁니다.

- 물 위를 걷을 때 베드로가 가졌던 주님만 바라보는 믿음(마 14: 22~33)
  히브리서 12장 2절을 보면 믿음의 주요 온전케 하시는 예수님만을 바라보라고 합니다. 우리가 주님만을 바라보고 풍랑을 바라보지 않으면 문제의 풍랑 위를 걷게 될 것입니다.

- 주님께 눈물과 머리털과 향유를 드린 여인의 헌신하는 믿음(눅 7: 36~50)
  다른 이유 때문이 아니라 오직 주님을 사랑하는 단 하나의 이유 때문에 헌신하고 싶어서 소중한 옥합을 깨뜨릴 수 있을 정도로 주님과 교회에 대한 애틋한 사랑이 있어야 합니다.

- 주님의 옷자락을 만진 열두 해 혈루증을 앓던 여인의 애절한 믿음(눅 8: 43~48)
  조금 살 만하다고, 조금 알 만하다고 길이 많은 줄 알면 모든 길이 한꺼번에 막힙니다. 길이 많다고 생각될 때 오히려 예수님밖에 길이 없는 줄 아는 애절함이 있어야 합니다.

- 응답이 지체되는 것 같아도 불평이 없었던 야이로의 기다리는 믿음(눅 8: 49~56)
  하나님의 응답은 더디 이루어지거나 빨리 이루어지지 않고 가장 적합하게 이루어집니다. 그러므로 최선을 다하되 시간의 횡포에 휩쓸리지 않고 잠잠히 기다릴 줄 알아야 합니다.

• 병을 치유받고 주님께 감사하러 온 한 나병환자의 감사하는 믿음 (눅 17: 11~19)
우리는 좋은 일에도 감사하고, 나쁜 일에도 감사하며, 평범함 속에서도 감사해야 합니다. 사람에게 간증하는 모습보다 하나님께 감사하는 모습에서 하나님은 더 영광을 받으십니다.

• 사람들이 말려도 계속 부르짖었던 바디매오의 간절히 기도하는 믿음(눅 18: 35~43)
하나님의 은혜가 이미 약속되었을지라도 우리에게는 기도할 책임이 있습니다(겔 36: 37). 그냥 "주님 뜻대로 하세요!" 하지 말고 기도하면서 "주님 뜻대로 하세요!"라고 해야 합니다.
— 출처: http://blog.naver.com/kco6567/120034425089 —

◎ 교인생활지침

1) 개인생활: * 매일 성경 3장, 주일은 5장씩 읽으면 1년에 일독할 수 있음.

① 날마다 성경을 상고하면서 그 말씀대로 살아갑시다.(마 4: 4 / 시 119: 105)

② 때를 따라 늘 기도하며 필요한 것을 간구합시다.(살전 5: 17 / 눅 11: 9~10)

③ 기회 있는 대로 구원받지 못한 사람들에게 구원의 체험을 간증합시다.(행 1: 8 / 8: 35)

④ 범사에 선한 청지기가 되어 맡은 일에 충성을 다합시다.

⑤ 성령의 감화를 소멸치 말고 영적인 성령의 아홉 가지 열매

맺읍시다.(살전 5: 19)

2) 가정생활

① 때를 따라 가족들이 한자리에 모여서 예배를 드립시다.(행 10: 2)

② 주 안에서 남편은 아내를 사랑하고 아내는 남편에게 복종합시다.(엡 5: 25 / 15: 22)

③ 주님의 말씀으로 자녀들을 훈계하고 양육합시다.(엡 6: 4 / 시 119: 9)

④ 주 안에서 부모님께 순종합시다.(출 20: 12 / 엡 6: 1)

⑤ 믿지 않는 이웃에게 본이 되는 가정이 되어 주께로 인도합시다.

3) 교회생활

① 주일예배 시간에 빠짐없이 참석하고 때를 따라 주의 만찬식에도 참예합시다.(요 4: 24 / 고전 11: 26)

② 주일학교에서 성경을 배우고 믿음을 연단합시다.(행 8: 35 / 딤후 2: 15)

③ 연령을 따라 남녀별로 조직된 교회 기관에 가입하여 봉사합시다.(고전 4: 2 / 마 25: 20~21)

④ 십일조와 헌금으로 신앙적인 물질생활로 교회 사업을 도우며 축복을 받읍시다.(말 3: 10 / 막 16: 15)

⑤ 다른 곳으로 이사하게 되면 지체 없이 구역장에게나 교회로 연락합시다.

4) 사회생활

① 세상 풍조를 좇지 말고 거듭난 생활로 세상 사람들에게 본이 됩시다.(엡 4: 22~24 / 고전 11: 1)

② 이웃을 내 몸같이 사랑하고 그들의 영적인 필요를 도웁시다.

(눅 10: 27 / 행 16: 9)

③ 국민의 한 사람으로 먼저 의무를 다하고 주어진 권리를 행사합시다.(롬 13: 7)

④ 높은 지위에 앉아서 다스리는 사람들을 위하여 기도합시다.(딤전 2: 1)

⑤ 범사에 하나님의 나라와 그의 의를 구함으로써 참된 복지사회를 이룩합시다.(마 6: 33 / 사 11: 9)

5) 힘써 전도합시다.

*** 전도자의 자격**

① 자신의 구원의 확신(롬 8: 9)

② 깨끗한 성품과 생활(딤후 2: 21~22)

③ 성경의 실제적 지식(딤후 2: 15)

④ 영혼을 사랑하는 열성(눅 19: 10)

⑤ 겸손의 인격(요 13: 14)

*** 개인의 전도**

① 대상을 찾으라.

② 기회를 만들라.

③ 상대방을 이해하라.

④ 깊은 사랑을 가지라.

⑤ 그리스도 예수의 구원을 전하라.

⑥ 상대방을 위해 기도하며 성령의 감화를 받으라.

*** 개인전도 시 주의**

① 남자는 남자에게 전도함이 좋다.

② 비판과 논쟁을 금하라.

③ 시간을 길 게 끌지 말라.
④ 너무 가볍게 작정이나 단념을 말라.
⑤ 자신의 재능이나 지식을 믿지 말고 말씀과 성령의 능력을 믿으라.
⑥ 실패함으로 실망치 말라.
⑦ 다른 사람이 전도할 때 간섭을 말라.

◎ 신앙생활 10계명

- 항상 성령 안에서 기도한다(엡 6: 18): "모든 기도와 간구로 하되 무시(無時)로 성령 안에서 기도하고 이를 위하여 깨어 구하기를 항상 힘쓰며 여러 성도를 위하여 구하고"
- 성경을 읽고 듣고 지킨다(계 1: 3): "이 예언의 말씀을 읽는 자와 듣는 자들과 그 가운데 기록한 것을 지키는 자들이 복이 있나니 때가 가까움이라"
- 찬미의 제사를 계속 드린다(히 13: 15): "이러므로 우리가 예수로 말미암아 항상 찬미의 제사를 하나님께 드리자 이는 그 이름을 증거하는 입술의 열매니라"
- 복음을 전하기에 수고한다(살전 2: 9): "형제들아 우리의 수고와 애쓴 것을 너희가 기억하리니 너희 아무에게도 누(累)를 끼치지 아니하려고 밤과 낮으로 일하면서 너희에게 하나님의 복음을 전파하였노라"
- 육체를 신뢰하지 않는다(빌 3: 4): "그러나 나도 육체를 신뢰할 만하니 만일 누구든지 다른 이가 육체를 신뢰할 것이 있는 줄로 생각하면 나는 더욱 그러하리니"
- 가정을 잘 다스린다(딤전 3: 4): "자기 집을 잘 다스려 자녀들로

모든 단정함으로 복종케 하는 자라야 할지며"

- 그리스도의 마음을 가진다(고전 2: 16): "누가 주의 마음을 알아서 주를 가르치겠느냐 그러나 우리가 그리스도의 마음을 가졌느니라"
- 이웃을 내 몸같이 사랑한다(레 19: 18): "원수를 갚지 말며 동포(同胞)를 원망하지 말며 이웃 사랑하기를 네 몸과 같이 하라 나는 여호와니라"
- 자기 몸을 쳐서 하나님 말씀에 복종시킨다(고전 9: 27): "내가 내 몸을 쳐 복종하게 함은 내가 남에게 전파한 후에 자기가 도리어 버림이 될까 두려워함이로라"
- 주일을 거룩하게 지킨다(출 20: 8): "안식일을 기억하여 거룩히 지키라"

Ⅶ. 성경에 나오는 최고의 기록들

성경에는 상식을 뛰어넘는 놀라운 기록들이 있다. 이러한 기록들을 참고로 하여 인간 구원을 위한 하나님의 오묘한 섭리를 보여주고 있음을 알 수 있다.

◎ 현대 과학으로 증명되는 성경

성경은 지구가 평평하다고 가르치고 있는가? 그렇지 않다. 성경은 한 번도 지구가 평평하다고 말하지 않았다. 그런데 어떤 비평학자들은 요한계시록 7: 1절에 나온 '네 모퉁이'를 보고 성경이 지구를 사각형이라고 말하였다고 한다. "이 일 후에 내가 네 천사가 땅 네 모퉁이에 선 것을 보니 땅의 사방의 바람을 붙잡아 바람으로 하여금 땅이나 바다에나 각종 나무에 불지 못하게 하더라(요한계시록 7: 1)" 그러나 그렇지 않다. 이 성경 절에 나오는 '네 모퉁이'는 동, 서, 남, 북을 의미하는 방향을 가리키고 있는 것이다. 비슷한 어휘가 오늘날에도 쓰이고 있다. 우리가 흔히 해가 동쪽에서 떠서 서쪽으로 진다고 말한다. 그러나 실제로는 태양이 움직이는 것이 아니라 지구가 움직이고 있다. 성경 기자들도 우리처럼 '상황적 언어'를 쓰고 있는 것이다. 만약 이러한 단순한 언어로 기술하지 않았다면 그 의미가 모든 사람들에게 확실히 전달되지 않았을 것이다. 즉, "오늘 아침에 지구가 서쪽에서 동쪽으로 돌아서 태양을 뜨게 하였다."라고 말하지 않는 것과 같은 이유 때문이다. 성경은 인간이 지구가 둥글다는 사실을 발견하기 천 년 전에 이미 지구가 둥글다는 사실을 말하였다. 욥기 26: 7절에는 지구가 우주의 공간 안에 매달려 있다고 설명하고 있다. "그는 북편 하늘을 허공에 펴시며 땅을 공간에 다시며……" 지구가 우주의 공간 안에 매달려 있으려면 이 지구를 붙잡고 있는 어떠한 힘이 존재해야만 한다. 성경에는 '매달려 있다'고 함으로써 어떠한 끈이 이 지구를 잡고 있다는 인상을 풍기지만 이 말씀은 바로 모든 항성들을 그 궤도에 잡고 있는 힘이 우주에 존재한다는 것을 말하고 있는 것이다. 또한 26: 10절에는 "그가 수면에 둥근 경계(circular horizon)를 그으셨으며……"(영문직역)라고 말씀하심으로 지구가 둥글다고 말하고 있고, 이사야 40: 22에는 "둥근 지구(circle of the earth)"라고 표현하고 있다. 또한 잠언 8: 27절에도 "궁창(circle)으로 해면을 두르실 때에"라고 말씀하고 있다. 누가복음 17장 31, 34절은 둥근 지구의 특성을 표현하고 있다. "그 날에 만일 사람이 지붕 위에 있고……. 그 밤에 두 남자가 한 자리에 누워 있으매(눅 17: 31, 34)" '그 날'과 '그 밤'이 똑같은 사건을 설명하기 위하여 쓰였다. 이 의미는 인자의 나타나는 시기가 어느 지방에서는 밤이고, 다른 지방에서는 낮이 될 것이라는 것이며, 이것은 지구가 둥글기 때문에 낮과 밤이 동시에 지구에 존재한다는 것을 말하고 있는 것이다. 만일 지구가 네모지고 평평하다면 어찌 낮과 밤이 동시에 있을 수 있겠는가! 이사야 55: 9절에는 끝없는 우주에 대하여 말하고 있다. “하늘이 땅보다 높음같이 내 길은 너희 길보다 높으며 내 생각은 너의 생각보다 높으니라” 하나님의 생각과 우주와 비교하고 있는 이 말씀은 셀 수 없는 은하계로 수놓은 우주의 끝없음을 말하고 있다. 베드로후서 3장 7절에는 “이제 하늘과 땅은 그 동일한 말씀으로 불사르기 위하여 간수하신 바 되어……”라고 하였다. 간수한다는 것은 하늘과 땅에 있는 모든 것들이 없어지지 않고 그 상태를 유지한다는 것이다. 즉, 다른 말로 말하면 이 성경 절은 땅과 하늘에 있는 모든 물질들과 에너지는 어떠한 경우에도 없어지지 않고 계속 순화되어 그 근본 상태를 유지한다는 질량보존의 법칙을 제시하고 있다는 것이다. 하늘에서 어떻게 비가 형성되는지 아직 알려지지 않았던 시대에 성경은 물이 어떻게 순환하는지도 설명하고 있다. “모든 강물은 다 바다로 흐르되 바다를 채우지 못하며 어느 곳으로 흐르든지 그리로 연하여 흐르느니라(전도서 1: 7)” 한국어 성경의 번역은 조금 이해하기 어렵게 되어 있다. 그러나 영어 성경에는 “모든 강물은 바다로 흐르지만 바다는 완전히 채워지지 않고, 이 물은 다시 그 왔던 곳으로 되돌아간다.”라고 쓰였다. 즉, 이 말씀은 바다로 흘러 들어간 물이 다시 증발되고 비가 되어 다시 강물을 만든다는 것이다. “천지는 없어지려니와 주는 영존하시겠고 그것들은 다 옷같이 낡으리니 의복같이 바꾸시면 바뀌려니와(시편 102: 25～27)” 성경은 모든 물질과 에너지의 보존법칙을 말함과 동시에 그 혼란의 상태가 증가한다는 혼란증가의 법칙도 말하고 있다. 이 법칙은 과학적으로 이미 모든 사람들에게 알려진 것으로서 이 세상의 모든 것들은 그 혼란의 상태를 증가시키고 있어서 이대로 지속될 경우에는 언젠가 완전 붕괴의 상태로 도달한다는 것이다. “육체의 생명은 피에 있음이라. 내가 이 피를 너희에게 주어 단에 뿌려 너희의 생명을 위하여 속하게 하였나니 생명이 피에 있으므로 피가 죄를 속하느니라(레위기 17: 11)” 피가 생명을 유지한다는 것은 당연히 모든 사람들이 아는 사실이다. 그러나 의학이 발달되지 못했던 고대나 중세사회에서는 이러한 사실을 이해하지 못하였다. 그러나 성경은 레위기 17: 15~16을 통하여 피를 통하여 병균이 옮긴다는 사실도 말하고 있다. 세상에 병균이 존재한다는 것을 알게 된 때는 겨우 몇 백 년 전이다. 중세시대에 의사들은 사람을 수술할 때에 손에 묻었던 피를 하나의 영광스러운 상징으로서 생각하였고, 그 피를 씻지도 않고 다른 사람을 수술함으로써 더 많은 사람들이 전염병으로 숨지게 되었다는 기록들이 있다. 성경은 이미 오래전에, 피를 묻히거나 죽은 짐승들을 만졌을 때에는 그 부위를 깨끗이 씻고 저녁까지 다른 사람들과 접촉을 피하라고 경고하고 있다. 이 말씀은 태양광선이 균을 죽인다는 의미도 포함하고 있으며, 병균이 접촉을 통하여 다른 사람들에게 전달될 수 있다는 의학적 사실을 말하고 있는 것이다. (www.sostv.net 살아남는 이들 32호)

◎ 인류 최초의 살인자

이는 가인이다. 그는 하나님께서 흙으로 만드신 최초의 사람인 아담과 그 갈비뼈로 만든 하와 사에서 태어난 아들로 농사를 지었다. 하나님께서 동생 아벨의 제사는 기쁘게 받으셨지만 그의 믿음 없는 제사는 받지 않으심으로 인하여(히 11: 4) 동생을 질투하였고 그 결과 동생을 들에서 쳐 죽였다(창 4: 8). 이로 인해 그는 땅의 저주를 받았으며 하나님의 은총을 잃어버렸다. 그러나 이러한 가인에게조차 하나님께서 보호를 약속하신 것은 하나님의 놀라운 사랑을 보여준다.

◎ 가장 오래 산 사람

므두셀라로서 그의 이름은 '창을 던지는 자' 혹은 '신을 예배하는 자'라는 뜻을 지녔다. 그는 셋 자손의 족장으로 에녹의 아들이며 라멕의 아버지로 969세까지 살았다(창 5: 22~25). 한편 성경에는 육신을 지닌 채 하늘로 올라간 사람이 3명 언급되어 있는데 그들은 에녹(창 5: 24), 엘리야(왕하 2: 11), 예수(행 1: 9)이다.

◎ 가장 큰 배

노아의 방주이다. 이 배의 재질은 부패를 잘 견디는 삼나무와 잣나무로 되어 있으며 그 재원은 길이가 300규빗(약 137m), 폭이 50규빗(약 23.5m), 높이가 30규빗(약 14m)인데(창 6: 13~14) 이 정도의 부피이면 배수량은 약 20,000t이 된다. 이 배는 약 120년간에 걸쳐서 건조되었다(창 6: 3, 13, 14).

◎ 가장 치욕스런 사건

유다가 자기의 며느리인 다말과 관계하여 베레스와 세라를 낳은 일이다(창 38장). 그러나 베레스는 그리스도의 조상이 되었다(마 1: 3). 이와 같이 메시아의 인간적 혈통이 자랑스럽지 못한 것은 부정한 인간들도 하나님의 은혜에 동참할 수 있음을 가르쳐 준다.

◎ 가장 긴 여행

이스라엘 민족이 애굽을 떠나 가나안에 도착하기까지 40년 동안의 여정이다. 십계명을 받은 시내(호렙)산에서부터 가나안까지 11일 정도 걸리는 거리(270㎞)에 불과하지만(신 1: 2) 이스라엘은 하나님을 불신한 결과 40년 동안 광야에서 공전(空轉)하게 되었다. 그로 인해 그들은 신 광야와 바란 광야를 거쳐 블레셋 사람과 에돔 사람이 거하는 땅을 지나게 되었고 그 후에야 가나안에 들어갈 수 있었다.

◎ 가장 큰 사람

르바임 족속의 바산 왕 옥과(신 3: 11) 블레셋 장수 골리앗이다(삼상 17: 4). 먼저 바산 왕 옥은 그의 침상의 장이 9규빗(410.4㎝), 광이 4규빗(182.4㎝)인 것으로 보아 그는 매우 장대했던 인물임이 틀림없다. 또한 골리앗은 그 키가 6규빗 한 뼘(293㎝)이나 되었던 엄청난 장수였다. 그러나 옥이 에드레이에서 모세에게, 골리앗이 다윗에게 죽임을 당한 것은 아무리 강한 육신과 인간의 능력으로도 하나님을 대적할 수 없다는 사실을 명확하게 보여준다.

◎ 가장 지혜로운 자: 솔로몬

그의 지혜는 특별히 하나님께로부터 받은 것으로(왕상 3: 12) 자연에 관한 지식(왕상 4: 33)뿐만 아니라 사법적인 지혜나 정치적인 지혜도 뛰어 났으며 건축에 대한 지혜도 놀라울 정도였다(왕상 3:

28, 4: 2~19, 6: 2~36, 대하 3: 1~4: 22). 이렇게 뛰어났던 그의 지혜는 그가 순수한 마음으로 하나님께 간구했기 때문이었다(약 1: 5). 이와 같이 솔로몬 왕은 가장 훌륭한 왕의 궁전을 지었고(왕상 7: 1~51) 또한 솔로몬 왕의 통치 기간 동안 가장 부유했던 시대는 없었다(왕상 10: 27). 특히 후궁 700명과 첩 300명의 부인을 거느려 가장 많은 부인을 거느린 사람으로 기록되었고(왕상 11: 3) 이 수효는 그의 부와 영광이 최고조에 달했던 노년기의 아내의 숫자였다. 이것은 하나님께서 주신 부와 영광을 잘못 사용한 결과였고 아울러 하나님의 율법을 범한 행위(출 34: 16, 신 17: 17)로 자신을 파멸로 이끄는 결과를 가져왔을 뿐만 아니라 장차 나라가 분열되는 원인으로 작용하였다(왕상 11: 9~13).

◎ 가장 잔인한 여자

아달랴이다. 그녀는 이스라엘 7대 왕인 아합의 딸이며 유다 왕 아하시야의 모친이었다. 그녀는 어미 이세벨의 파렴치 하고 못된 성격을 이어받아 자신의 아들 아하시야가 예후에게 피살되자 요아스를 제외한 모든 손자들을 죽이고 스스로 왕위에 올라 유다를 통치했다(왕하 11: 1~3, 대하 22: 10~11). 그러나 그녀는 대제사장 여호야다의 반역으로 죽임을 당하였다(옹하 11: 4~16, 대하 23: 1~21).

◎ 가장 인내심이 강한 사람

욥으로 그는 동방의 의인이었다(욥 1: 1). 그러나 사단의 시험을 받아 모든 재산과 자녀를 잃고 자신의 건강도 잃었다. 그뿐만 아니라 사랑하는 아내와 친구들의 오해와 꾸짖음을 들었으나 하나님에 대한 절대적인 신앙을 잃지 않고 인내하였다. 그 결과 그는 두 배의 축복을 받았다(욥 42: 12~15).

◎ 신 · 구약성경을 고고학적으로 증거된 내용

▶ 구 약

- **'Black Stele': "**모세 오경을 정말로 모세가 기록하였는가?" 하는 문제는 구약 비평가들이 갖고 있었던 가장 큰 이슈들 중 하나였다. 모세 당시에 글씨가 존재하지 않았었으며, 만약 있었다고 할지라도 거의 이용되지 않았었다는 이유 때문이었다. 그래서 모세 오경은 모세가 쓴 것이 아니고 그 이후에 쓰인 것이라고 생각하였다. 그러나 'Black Stele'이 발견됨으로 이러한 논리가 무너지게 되었다. 이 비석에는 쐐기 모양의 글자들로 함무라비의 법이 자세하게 적혀 있었으며, 이것은 적어도 모세가 태어나기 3세기 이전에 기록되었다고 측정되었다.
- **헷 족속 (Hittites): "**그날에 여호와께서 아브람으로 더불어 언약을 세워 가라사대 내가 이 땅을 애굽 강에서부터 그 큰 강 유브라데까지 네 자손에게 주노니 곧 겐 족속과 그니스 족속과 갓몬 족속과 헷 족속과……(창 15: 18~20)" 성경 비평가들은 아브라함 당시에는 헷 족속이 존재하지 않았었다고 주장하였다. 왜냐하면 구약성서 외에는 이 족속에 관한 기록이 없었기 때문이었다. 그러나 고고학적 발굴에 의하여 지금은 1200년의 헷 족

속의 역사가 밝혀지게 되었다.

- **Ebla:** 로마 대학의 Paolo Matthiae와 Giovanni Petinato에 의하여 시리아 북쪽 지역에서 Ebla라고 불리는 서판을 발견하였다. Tell Mardikh라고 불리는 이 지역에서 1964년부터 발굴이 시작되었는데 1968년 Ibbit-Lim 왕조의 상이 발견되었다. Ebla는 B.C. 2300년경에 세력을 펼치던 나라로서 약 260,000명의 인구를 갖고 있었으며, B.C. 2250년에 Nara-Sim에 의하여 멸망되었다. 1974년 이래로 17,000개의 Ebla와 관련된 서판들이 발견되었다. Ebla 서판이 성경학적으로 갖고 있는 의미는 아주 중요하다. 왜냐하면 모세 시대에는 쓸 수 있는 글씨가 제정되기 전이라고 성경 비판론자들이 주장하였기 때문이다. 그래서 모세가 썼다는 모세 오경이 실제로 모세의 글이 아니었다고 주장되었다. 그러나 모세가 살았었던 그 지역에 존재하였던 Ebla 나라의 서판은 모세가 나기 1000여 년 전의 법과 풍습에 대한 기록이기 때문에 이러한 주장이 단순한 가상이었음이 밝혀지게 된 것이다. 특별히 이 서판에 기록된 법률들은 신명기에 기록된 규율들과 비슷한 형태를 갖고 있기 때문에, 법률적인 구조를 갖고 있는 구약의 신명기가 다른 책들보다도 더 늦게 기록되었었다는 주장이 틀렸음이 밝혀졌다. 또한 Ebla 서판이 밝힌 중요한 또 하나의 사실은 창세기 14장을 증거한 것이다. “당시에 시날왕 아므라벨과 엘라살왕 아리옥과 엘람왕 그돌라오멜과 고임왕 디달이 소돔왕 베라와 고모라왕 비르사와 아드마왕 시납과 스보임왕 세메벨과 벨라 곧 소알왕과 싸우니라(창 14: 1, 2)” 창세기 14장은 최근까지만 해도 믿을 수 없는 이야기라고 주장되었었다. 아브라함이 그돌라오멜과 5도시의 왕들과 싸워서 이긴 이야기를 하나의 소설처럼 여겼었다. 그런데 Ebla 서판은 위에 기술된 5나라의 이름을 창세기에 기록된 그 순서대로 기록하고 있으며,

그 나라들이 있었던 지역의 풍습과 연대들도 기록하고 있어서 창세기 14장의 기록이 얼마나 정확한 것이었는지를 증거하였다.

- **Mari 서판:** 마리 서판의 발굴이 Andre Parrot의 지도 아래 1933년에 시작되었다. 유프라테스 중부에 위치한 마리는 북서쪽 지방의 셈족 부조들의 생활 중심지였다. 1936년 M. Parrot은 B.C. 1700년경의 것으로 확인되는 수천 개의 설형문자 서판들을 발견하였으며, 이 서판들은 창세기에 나온 부조들의 생활문화에 관하여 설명하고 있다. 창세기 24장 10절에 나오는 나홀성의 이야기가 하란과 같이 마리 서판에 기록되어 있다. 또한 마리의 왕이었던 Arriyuk은 실제로 창세기 14장의 아리옥과 같은 사람이었으며, 벤쟈민도 마리의 한 족속의 이름으로 기록되어 있다. (William F. Albright)
- **Nuzi 서판:** Nuzi는 이라크 북동쪽에 위치한 작은 지역인데, 이곳에서 발견된 서판들은 부조 시대의 사회적, 법적 배경을 자세하게 설명하고 있다. 성경에 나오는 부조의 이야기들 중에는 임신을 하지 못하는 부인이 시종을 남편에게 주어 아이를 낳게 하는 이야기가 나온다. 아브라함의 아내 사라도 그렇게 하였으며, 후에 야곱의 두 아내도 그렇게 하였다. 그런데 오늘날, 부조 시대 때에 행하던 이러한 풍습이 흔한 일이 아니었다고 몇 학자들에 의하여 주장되었다. 그러나 Nuzi 서판의 기록은 이러한 결혼 풍습에 관한 법이 그때 당시 있었음을 기록하고 있다. Nuzi 서판에 기록된 신랑 Shennima와 신부인 Kelim-ninu의 결혼 서약에서 아내가 임신에 실패하게 되면 시녀가 남편의 둘째 부인이 될 것이라는 계약을 한 기록이 나온다. 이러한 풍습은 다른 시대에는 찾아볼 수 없는, 오직 부조 시대에만 존재하였던 풍습이었다.
- **소돔성의 문:** 창세기 19장 7~8절에 보면 악한 사람들이 롯의

집으로 들어가려다가 문이 닫힘으로 들어가지 못한 이야기가 나온다. Keil과 Albright의 조사에 의하면 B.C. 2200~1600년경 사이에는 무겁고 강한 문을 집집마다 설치했다고 한다. B.C. 900~600년경에는 대부분의 개인집들이 커튼이나 문이 없는 둥근 게이트를 썼었으나, 롯의 시대에는 경찰의 힘이 충분하지 않아서 강한 문을 사용했었다고 한다.

- **요셉의 역사:** 창세기 37장 28절에 보면 요셉이 은 20개를 받고 팔리는 이야기가 나온다. 은 20개가 그때 당시 노예를 파는 적절한 값이었을까? K. A. Kitchen의 연구에 의하면 은 20개는 B.C. 18세기 때 노예를 파는 평균값이었다고 하며, 그 전에는 주로 은 10~15개 정도로 노예 값을 매겼다고 한다. 그러므로 은 20개에 요셉이 팔렸다고 하는 기록은 시대적 정확성을 갖고 있는 것이다. 흉년이 들어 요셉의 가족들이 이집트로 이사 갔다는 성경의 기록을 의심하는 사람들이 있다. 그런데 Beni Hasa의 무덤에 셈 족속을 방문하는 사람들의 그림이 새겨져 있는 것으로 보아 이것이 가능하였음을 알 수 있다. 또한 요셉이 노예에서 수상으로 올라가는 사건은 그때 당시 가능하지 않았던 일이었다고 믿는 사람들이 있으나 고고학적 연구에 의하여 나일 지방에서 이와 비슷한 일이 있었음을 발견하였다. "가나안 사람 Meri-Ra는 왕의 갑옷 드는 사람이 되었고, 또 다른 가나안 사람 Ben-Mat-Ana는 통역관의 높은 직위를 얻었으며, 셈 족속의 Yanhamu는 Amenhotep의 부수상 직위를 얻어 삼각주 지역의 곡창 지대를 관리하는, 흉년 때에 요셉에게 부여된 비슷한 일을 하게 되었다." (Howard Vos)
- **낙타:** 어떤 학자들은 창세기 시대에 낙타를 썼다고 기록한 것은 시대적으로 맞지 않다고 주장하였다. 그러나 고고학적 증거에 의하여 B.C. 2000년경부터 이미 낙타가 사용되고 있었음이 발

견되었다. 구바벨론 시대에 있었던 페소포타미아의 기록을 보면 낙타의 사육과 사용에 관한 기록이 발견되며, Nuppur에서 발견된 수메르의 기록에도 낙타의 사육에 관하여 말하고 있고, B.C. 25~24세기에 있었던 나라 Mari의 옛 집터에서 낙타 뼈가 발견되었으며, 그 외에도 B.C. 2000~1200년경의 것으로 판정되는 팔레스타인 집터에서도 발견되었다.

- **라기스 문서:** 예레미야 34: 6~7에 다음과 같이 말하였다. "선지자 예레미야가 이 모든 말씀을 예루살렘에서 유다왕 시드기야에게 고하니라. 때에 바벨론왕의 군대가 예루살렘과 유다의 남은 모든 성을 쳤으니 곧 라기스와 아세가라. 유다의 견고한 성읍 중에 이것들만 남았음이더라." 이스라엘은 느브갓네살에게 쓸데없는 반역을 저질렀다. 유대는 이 반역에 가담하지 않았다. 예레미야는 계속 싸우기만을 고집하는 유대인 지도자들에게 항복하라는 경고를 보냈다. 이 반역의 마지막 날이 왔다. 히브리 백성의 독립의 가능성은 예루살렘에서 35마일 떨어진 두 전초기지인 라기스와 아세가의 방어에 달려 있었다. 이때 라기스에서는 그들이 어떠한 상황에 처해 있는지를 자세히 적은 편지를 발송했다. 이 편지를 라기스 문서라고 부르며, 이 편지의 발견은 구약을 연구하는 데 큰 공헌을 하게 되었다. "라기스 문서에 적힌 언어는 완전한 고대 히브리어였다. 이 문서를 통하여 예레미야의 정확한 시대를 발견했으며, 이 안에 기술된 사회적, 정치적 상황들이 예레미야가 기술한 것과 완전히 어울리고 있다는 것을 발견하였다." (Albright)

▶ 신 약

- **누가복음:** 누가복음 2장 1~3절에 보면 예수님의 탄생 시에 "가이

사 아구스도가 영을 내려 천하를 다 호적하라 하였으니 이 호적은 구레뇨가 수리아 총독이 되었을 때에 첫 번 한 것"이라는 기록이 나온다. 그런데 비평학자들은 그때 당시 호적은 없었으며, 구레뇨도 수리아의 총독이 아니었고, 모든 사람들이 다 고향으로 돌아가서 호적을 하지도 않았었다고 주장하였다. 그러나 첫째로, 고고학적 발굴에 의하면, 로마는 정규적으로 세금 등록을 실시하였고 또한 매 14년마다 호적을 실시하였음을 발견할 수 있다. 또한 이것은 정말로 아구스도의 영으로서 시작된 것이며, 첫 번째로 시행된 때는 B.C. 23~22년 또는 B.C. 9~8년경이었다는 것이 밝혀졌다. 둘째로, 구레뇨는 B.C. 7년과 A.D. 6년경, 모두 2번 총독의 자리에 있었는데, 이러한 사실은 안디옥에서 발견된 비문과 조세푸스의 기록에 따른 것이다. 셋째로, 이집트에서 발견된 파피루스에 보면 호적에 관한 다음과 같은 기록을 발견할 수 있다. "호적할 시기가 다가옴에 따라서 어떠한 이유로든지 자신들의 고향을 떠나서 살고 있는 자들은, 호적에 상관된 가족 등록을 하고, 경작지로 사용되고 있는 땅들이 원래 주인에게 돌아갈 수 있도록 하기 위하여 고향으로 돌아가야 할 필요가 있다."

- **빌라도:** 1961년까지는 빌라도에 대한 역사적인 자료들이 충분하지 못하여 단지 성경에 나와 있다는 것 외에는 별다른 기록이 없었다. 그런데 두 이태리 고고학자들이 지중해의 항구도시 가이사랴를 발굴하여 가로 2피트, 세로 3피트 정도 되는 라틴어로 된 비석을 발견하였다. Antonio Frova가 처음 이 비석을 읽었을 때 놀라움을 금치 못했다. "유다 총독 빌라도가 티베리움을 가이사랴의 시민들에게 선사하다." 이 비석은 빌라도가 실제로 살았었다는 것을 증명하는 첫 번째 고고학적 기록이었다.
- **나사렛:** 여호수아 19장 10~15절에는 스블론 자손들이 거할 땅들의 이름들이 나온다. 그런데 나사렛은 이 이름들 중에 없다.

조세푸스는 갈릴리 지역의 45개 마을들의 이름을 기록하였지만 거기에도 나사렛은 없다. 탈무드에도 62개의 마을들이 나오지만 여기에도 나사렛은 빠져 있다. 그렇기 때문에 "정말로 나사렛이라고 하는 동네가 실존하였는가?" 하고 비평가들이 질문을 한다. 1962년 Michael Avi-Yonah가 가이사랴에서 행한 발굴 작업에서 3개의 조각난 비석들 중 2개를 발견하였는데, 이 비석을 나사렛 비석이라고 부르며 이것이 나사렛이라는 이름이 들어 있는 첫 비문이다. 이것을 통하여 나사렛이라는 동네가 A.D. 1세기에 실제로 있었다는 것이 증명되었다. 근대 나사렛의 발굴은 나사렛에 로마 시대 훨씬 이전부터 정착자들이 있었다는 것과 또한 나사렛이 아주 작은 동네였다고 밝히고 있다. 콘스탄틴 대제의 어머니인 헬레나 여왕은 그 자리에 교회를 지었고 그곳이 예수의 가족들의 거주지였다고 여겼다.

- **가버나움:** "수일 후에 예수께서 다시 가버나움에 들어가시니 집에 계신 소문이 들린지라(마 2: 1)" 그곳에서 예수께서는 지붕을 뜯고 내려온 중풍병자를 고치셨다. 위의 말씀과 마가복음 1: 29~34절을 같이 볼 때 예수님의 집은 베드로의 장모의 집에 딸려 있는 집(Insulus: 여러 개의 방이 있는 바깥채)인 것처럼 보인다. 베드로의 어업이 번영하였다면 베드로의 집은 다른 보통 집들보다 조금 커서 여러 명의 사람들이 그곳에 살 수 있었을 것이지만, 성경에 나온 이러한 집의 구조가 실제로 그때 당시 존재하였을까?

고고학자들이 가버나움의 자리를 발굴하였을 때 이렇게 생긴 Insulus가 발견되었다. 비잔티움 시대의 기독교인들은 거룩하다고 생각되는 곳 위에 팔각 교회당을 지었는데 이렇게 지어진 교회가 가버나움에서 발견되었고 그 교회 아래서 Insulus라고 불리는 바깥채의 잔여가 발굴되어 마가복음에 기술된 집의 형태가 실제였다는 것을 증명하였다.

- **베데스다 연못:** A.D. 1세기경, 구예루살렘 북동쪽 4분의 1 지점에 베데스다('새 도시')라는 도시가 있었다. 베데스다 연못이 있었던 곳이라고 생각되는 St. Annes 교회 근처를 발굴하는 작업이 오래전부터 시작되었다. F. F. Bruce는 이 발굴의 결과를 다음과 같이 설명한다. "이 발굴을 통하여 베데스다 연못이 발견되었는데, 이 연못은 쌍둥이 연못으로 남-북쪽을 향하여 자리잡고 있으며, 두 연못 사이를 바위가 막고 있고, 그 주위를 '포르티고'라고 불리는 네 현관이 둘러싸고 있다." A.D. 333년경에 이곳을 방문하였던 보르도 순례자들은 그곳에서 쌍둥이 연못을 보았다고 적고 있다. 쿠무란에서 발견된 청동 두루마기에도 히브리말로 'Beth-esh-dathain(두 개의 샘터)'라고 베데스다 연못을 설명하고 있다.
- **맷돌:** 가버나움은 화산 지역으로 화산암을 이용한 생활기구들이 많이 쓰였다. 한 좋은 예는 가버나움 발굴 시 발견된 맷돌이다. 가버나움에서는 화산암으로 맷돌을 만들었으며 다른 지역으로도 수출을 하였는데 이 맷돌은 두 사람이 같이 돌리게 되어 있다. 이 사실은 누가복음 17장 35절에 "두 여자가 함께 매를 갈고 있으매 하나는 데려감을 당하고 하나는 버려둠을 당할 것이니라"고 하신 말씀을 이해할 수 있게 한다.
- **갈릴리 배:** 1986년 1월 아마추어 고고학자 Moshe와 Yuval 형제는 Kibbutz Ginosar과 Moshava Migdal 사이 갈릴리 해변에서 B.C. 1세기부터 A.D. 1세기경에 쓰였던 갈릴리 사람의 배를 발견하였다. 이 배는 고기잡이와 사람, 화물 운송용 등 다목적으로 쓰였던 배인데, 길이가 27피트, 넓이가 7-1/2피트로서 13명을 태울 수 있는 배였다. 이 배의 구조를 통하여 그 당시 가뭄

으로 갈릴리 호수가 깊이가 낮았었음을 알 수 있었다.

- **성전:** "예수께서 성전에서 나가실 때에 제자 중 하나가 가로되 선생님이여 보소서 이 돌들이 어떠하며 이 건물들이 어떠하니이까(마가복음 13: 1)" 예수님의 제자들만이 성전의 아름다움을 찬탄한 것은 아니다. 탈무드는 "헤롯의 성전을 보지 못한 사람은 아름다운 건물을 아직 보지 못했다……"라고 어느 랍비의 말을 적고 있다. 이 성전이 있었던 곳은 25~30개의 풋볼 경기장을 합친 크기의 지역으로 고대 시대에 있었던 것 중에서 가장 크며, 벽의 높이는 주변 건물들보다 10층 이상 더 높았다. 벽을 쌓을 때 사용된 돌들 중 가장 작은 것들만 해도 2~5톤이나 되며, 큰 것들은 고대 어느 시대에도 비할 수 없을 만큼 큰데 그 길이가 40피트, 넓이가 10피트, 무게가 400톤이나 된다. 이러한 크기의 돌들로 만들어진 웅장한 성전을 보며 "네가 이 건물들을 보느냐 돌 하나도 돌 위에 남지 않고 다 무너뜨려지리라"고 하시며 예루살렘의 멸망과 세상의 마지막을 비교, 설명하시는 예수님의 말씀은 그 주변 환경과 잘 융합되어 있다.
- **빈 무덤:** "여자들이 갈세 파수꾼 중 몇이 성에 들어가 모든 된 일을 대제사장들에게 고하니 그들이 장로들과 함께 모여 의논하고 군병들에게 돈을 많이 주며 가로되 너희는 말하기를 그의 제자들이 밤에 와서 우리가 잘 때에 그를 도적질하여 갔다 하라. 만일 이 말이 총독에게 들리면 우리가 권하여 너희로 근심되지 않게 하리라 하니, 군병들이 돈을 받고 가르친 대로 하였으니 이 말이 오늘날까지 유대인 가운데 두루 퍼지니라(마태복음 28: 11~15)" 실제로 이 소문은 총독의 귀에 들어갔다. 로마 황제는 이 소문을 듣고 팔레스타인에 법령을 발포하였는데 이 포고는 라틴어로 쓰인 후 헬라어로 번역되어 유대의 모든 도시들에 붙여졌다. 1878년에 나사렛에서 흰 대리석 판에 다음과 같이 쓰인

글귀가 발견되었다. “시저의 법령이라. 모든 무덤들과 묘지들은 그들의 조상들과 어린이들, 또한 가족들의 제사를 위하여, 또한 그것들을 만든 사람들의 의지를 존중하여 어떠한 장애 없이 영원히 보존되어야 한다. 그런데 만약 어떤 자가 그것들을 무너뜨리거나 매장된 것을 빼내거나, 악의를 품고 다른 곳으로 옮기거나, 또는 무덤의 문을 바꾸면, 우리의 신들과 제사를 존중하는 의미에서 법정이 세워져 이 문제를 다루어야 한다고 선언한다. 왜냐하면 죽은 자를 존중하는 것은 꼭 필요한 것이기 때문이다. 모든 방해는 절대적으로 금지되어야 하며, 만약 이 법을 범하면 중형에 처할 것이다.” 이 비석은 1세기 초의 글씨 체제를 갖추고 있기 때문에 학자들은 이 비석이 A.D. 50년 전에 쓰인 것으로 보고 있다. 또한 로마 중앙 정부가 아그립바가 죽기 전까지는 갈릴리 정부를 관할하지 않았기 때문에 이 포고는 A.D. 44년 이후의 것으로 판정된다. 글라디우스가 A.D. 41년부터 54년까지 총독으로 있었으므로 그가 이 글을 쓴 것이 확실하다. A.D. 49년, 글라디우스는 로마로부터 모든 유대인들과 유대인 그리스도인들을 몰아내었다. 지금도 현존하는 A.D. 41년경에 쓰인 글라디우스의 편지를 보면 그가 알렉산드리아에 사는 유대인들에게 시리아로부터 바다를 통하여 오는 모든 유대인들의 방문을 금지시켰다. 만약 이 법을 어기면 “나는 그러한 자들을 세상에 퍼지고 있는 질병을 퍼뜨리는 자로서 취급하겠다.”고 하였다. 대부분의 학자들은 ‘세상에 퍼지고 있는 질병’은 바로 로마 제국 전체에 자라나고 있는 그리스도인들을 의미한다고 말한다. Blaiklock에 제공한 다른 여러 증거들을 통하여 글라디우스가 유대나 시리아의 지도자들로부터 그리스도인들의 증가에 관한 경고의 편지를 받은 것이 틀림없다. 유대 지도자들은 이 문제들을 예수의 시체가 없어진 그날부터 염려해 왔으며, 이에 영향을 받은 글라디우스가 후에 위와 같이 작은 일에 전에 없는 중형을 부과하는 포고를 내리게 된 것이다.

- **요한복음:** 복음서들 중에서 성경 비판론자들에게 가장 믿을 수 없는 책으로 비판받는 복음서가 바로 요한복음이다. 비판론자들은 요한이 쓴 글들과 복음서는 헬라의 철학을 담고 있다고 말한다. 최근에 출간된 Atlantic Monthly에서는 "적당히 적힌 일대기와 피상적으로 쓰인 헬레니즘 철학"이라고 요한복음을 비판하였다. 그러나 사해사본은 이 문제에 관하여 다른 빛을 제공한다. Allegro는 다음과 같이 말한다. "쿰람 도서관은 요한의 글들에 관한 연구와 그에 관하여 오랫동안 지속되던 잘못된 관념들이 갖고 있던 근본적인 문제점들을 교정하는 데 큰 역할을 하였다. 요한은 더 이상 헬레니즘에 가장 많이 물들었었던 전도자로서 여겨지지 않으며 그의 모든 생각들은 유대 종파주의에 직접적으로 영향을 받은 것으로 지극히 팔레스타인적인 사상이며 그가 쓴 모든 자료들은 복음주의 전통의 기본을 이루는 것으로서 인정받게 되었다."

학자들은 이제 요한을 헬레니즘 철학이나 그노시스주의에 영향을 받지 않았던 순수 유대적인 사람으로서 인정하게 되었고, 요한이 자세히 기술한 예루살렘의 지리학적 배치나 예루살렘의 멸망 전의 상황을 사실이라고 인정할 수밖에 없게 되었다. 예를 들어, 요한은 요한복음 3: 23절에 침례 "요한도 살렘 가까운 애논에서 침례를 주니 거기 물들이 많음이라……"고 적고 있는데 애논의 의미는 '샘터'이고 이곳은 실제로 살렘(Salim)에서 1마일 정도 떨어져 있는 마을이다. 요한은 또한 2장 1절에 '갈릴리 가나'라고 하여 시돈 옆 가나와 확실히 분리하였고, 4장 5~6절에 보면 예수께서 그의 제자들과 사마리아를 통해서 가셨다고 간단히 기록하지 않고 "사마리아에 있는 수가라 하는 동네에 이르시니 야곱이 그 아들 요셉에게 준 땅이 가깝고 거기 또 야곱의 우물이 있었다"고 놀랍도록 자세하게 기록하고 있다.

- **예언된 예수의 부활:** 예수께서는 자신이 돌아가신 후 3일 만에 부활하시겠다고 예언하셨다. 이러한 선언은 4복음서 전체를 통하여 나타나고 있다. 예수님께서 예루살렘으로 올라가실 때에 12제자들 모두를 데리고 가셨으며, 그들에게 말씀하시기를 "우리는 지금 예루살렘으로 간다 그곳에서 인자가 죽임을 당하리라 그들이 인자를 이방인들에게 넘겨 모욕을 주고 십자가에 못 박으리라 그리고 셋째 날에 부활하리라(마 16: 21 참고)"고 하셨다. 부활에 관한 역사적인 사실은 기독교 신앙의 가장 중요한 기반이다. 다시 말해서 예수의 부활과 기독교 신앙 자체는 같이 살든지 같이 죽는다는 것이다. 둘 중 어느 하나만 간직할 수 없다. 사도 바울은 다음과 같이 예수의 부활의 중요성을 설명하고 있다. "만일 죽은 자의 부활이 없으면 그리스도도 다시 살지 못하셨으리라 그리스도께서 만일 다시 살지 못하셨으면 우리의 전파하는 것도 헛것이요 또 너희 믿음도 헛것이며, 또 우리가 하나님의 거짓 증인으로 발견되리니 우리가 하나님이 그리스도를 다시 살리셨다고 증거하였음이라 만일 죽은 자가 다시 사는 것이 없으면 하나님이 그리스도를 다시 살리시지 아니하셨으리라 만일 죽은 자가 다시 사는 것이 없으면 그리스도도 다시 사신 것이 없었을 터이요 그리스도께서 다시 사신 것이 없으면 너희 믿음도 헛되고 너희가 여전히 죄 가운데 있을 것이요(고린도전서 15: 13~17)" 우리는 지혜로운 믿음을 갖고 있어야 한다. 어느 누구도 우리의 구세주 예수를 믿음으로 일부러 자신을 무식과 무심의 세계로 들어가게 해서는 안 된다. 우리는 어느 때, 어느 장소에서도 우리의 신앙에 대한 이유를 제시할 수 있어야

한다. 이러한 믿음을 갖기 위해서는 예수의 부활에 관한 문제를, 고대 역사를 연구하듯, 공부해야 한다. 초대 교회는 사실을 기초로 한 믿음을 갖고 있었기에 강한 신앙을 유지할 수 있었다. 예수께서도 죽음에서 부활하신 후 자신을 제자들에게 나타내심으로 그들에게 실제적인 부활에 대한 증거를 주셨다. 누가는 tekmerion라는 단어를 썼는데 '제시할 수 있는 증거'라는 의미를 갖고 있다. Wolfhart Pennenberg는 독일에 있는 Munich대학의 조직신학 교수이다. 그는 믿음과 역사의 관계에 관한 문제점을 제시하면서 다음과 같이 말하였다. "예수께서 정말로 부활하셨는지 아닌지는 피할 수 없는 역사적인 질문이다. 이 질문에 관한 대답은 역사적인 증언을 통하여 이루어져야 한다. 이 문제에 관한 모든 증거들은 모든 선입견이 제거된 정직하고 역사적으로 공평한 방법으로 제시되어야 한다."

- **6번의 재판:** 예수께서는 총독 빌라도 앞에 재판당하기 위하여 불려 나오셨다. 역사적인 증거를 통하여 총독 빌라도는 매우 잔인하고 무정한 사람이었음이 분명하다. Philo는 기록하기를 "빌라도는 예심도 없이 행한 셀 수도 없는 포악한 행동과 사형집행에 책임이 있다."라고 하였다. 예수께서 당하신 중요한 재판은 6번이었다. 대제사장 안나스 앞에서 한 번, 가이사 앞에서, 산헤드린 앞에서, 빌라도 앞에서, 헤롯 앞에서, 마지막으로 다시 빌라도 앞에서 재판을 받으셨다. 산헤드린회는 둘로 나누어져 있었다. 23명으로 구성된 회는 사형선고를 내릴 수 있는 최고의 권한이 있었고, 71명으로 구성된 다른 회는 정부 단체와, 대 제사장, 성전과 관련된 재판을 하는 기관이며, 중범죄들은 다루지 않았다. 예수의 재판을 다룬 산헤드린회는 유대 각 도시에 제정된 23명으로 구성된 그 회였을 것이다. 예수께서는 유대 법정에서 3번, 로마 법정에서 3번 재판받으시고 유대 지도자들에 의하

여 십자가형을 선언받으셨으며, 특별 보호법을 적용, 돌아가신 후에 그의 무덤을 지켜 시체가 도둑맞지 못하도록 계획되었다.

- **십자가:** 십자가형을 처음 도입한 사람은 알렉산더 대제이며, 지중해 연한 지방, 특별히 이집트와 카르타고에서 사용되었다. 로마 사람들이 십자가형을 도입한 것은 카르타고 사람들의 영향일 것이라고 여러 자료들이 제시하고 있다. 십자가에 의한 죽음은 세상에서 가장 잔인하고 비참한 고문이다. 예루살렘 포위 때 티누스의 고문이었던 역사가 조세푸스는 십자가형을 직접 목격한 후 "십자가에서의 죽음은 세상에서 가장 무참한 죽음이다."라고 적고 있다.
- **채찍:** 십자가형이 선고된 후 피고인은 법정에서 결박당하게 된다. 그리고 옷이 벗겨지고, 채찍 때리는 자에 의하여 심한 채찍을 맞게 된다. 플래그름이라고 불리는 채찍은 억센 손잡이와 가죽 끈으로 되어 있는데, 그 가죽 끈에는 날카롭고 울퉁불퉁한 뼈들과 납덩이들이 달려 있다. 유대인들은 법적으로 40번 이상 채찍질을 할 수 없게 하였다. 40번 이상은 죽음을 의미했기 때문이다. 바리세인들은 그들의 엄격한 규율준수 정신에 입각하여 39번 채찍질을 하게 하였는데, 그 이유는 혹시 실수로 한 번 더 때릴 수 있는 것을 방지하기 위해서였다. 그러나 로마인들은 그렇지 않았다. 그들은 제한됨 없이 마음대로 채찍질을 하였다. 이 채찍질은 단순히 살을 때리는 정도의 것이 아니었다. 가죽에 달려 있는 날카로운 뼈들과 납덩이들이 살을 가르고 근육을 갈라서 등 전체가 그 형태를 잃어버리게 되며, 뼈가 보이게 되는 엄청난 고통을 주었다.
- **십자가에 못 박히심:** 많은 사람들이 손과 발을 십자가에 못 박았다는 신약성서의 기록에 대하여 의문을 표명하였었다. 왜냐하면 역사적으로 그렇게 했다는 증거가 하나도 없었기 대문이다. Harvard

Theological Review에 J. W, Hewitt 박사는 다음과 같이 말하였다. "십자가형을 집행할 때에 죄인의 발에 못을 박았다는 증거는 거의 없다. 팔과 발을 십자가에 끈으로 매었을 뿐이다……. 신약성경에 기록한 대로 예수께서 십자가에 못 박혔다는 것은 옳지 않은 기록이다. 그때 당시 십자가형에 못을 썼다는 것은 전설적인 이야기다. 만약 못을 썼다면, 이 못이 살과 뼈를 갈라서 몸을 지탱할 수 없기 때문이다." 그러나 1968년 개혁적인 고고학적 발굴이 있었다. 고고학자 V. Tzaferis는 이스라엘 정부의 지원 아래 예루살렘 북쪽 스코프스 산 가까이 있는 Giv'at ha－mivtar에서 네 개의 동굴 무덤을 발견하였다. 그곳 한 무덤에서 십자가형을 받아 죽은 것이라고 믿어지는 한 시신을 발견하였는데, 그 발 뼈는 7인치의 철 뼈로 뚫린 자국이 있으며, 무릎 뼈는 부서져 있었다. 이 발견으로 십자가형에 못이 쓰였다는 신약성경의 기록이 단순한 전설이 아니었음이 밝혀졌다.

- **무릎 뼈를 꺾는 이유:** 십자가형 집행 시 보통 죄인의 무릎 뼈를 꺾었다. 그 이유를 알기 위해서는 십자가형에 대하여 연구를 해야만 한다. 군인들은 먼저 죄인의 손목 바로 앞 조금 들어간 자리에 못을 박는다. 그리고 다리를 같이 포개서 큰못을 그 위에 박는다. 무릎을 조금 굽히고 sedecula라고 부르는 의자를 십자가 뒤에 붙여서 조금 기대어 앉을 수 있도록 한다. Truman Davis 의사는 십자가형을 받는 사람의 몸이 어떻게 반응을 하는지를 다음과 같이 묘사하였다. "팔에 힘이 빠지면서 온 몸의 근육에는 큰 고통이 파도처럼 밀려온다. 이 고통은 몸을 위로 올릴 수 없을 만큼 깊고 잔혹하다. 팔에 의지하여 매달려 있으므로 흉근은 완전히 마비되고 늑간 근육은 더 이상 반응하지 않는다. 공기가 폐 안으로 들어갈 수는 있으나 내쉬지는 못한다. 예수는 몸을 들어 올려 조금의 호흡을 해 보려고 안간힘을 쓴다. 결국

에는 이산화탄소가 폐와 혈관을 가득 채우고, 고통은 부분적으로 가라앉는다. 가끔 발작을 일으키듯 몸을 위로 밀어서 숨을 내쉬고 조금의 산소를 들이마신다." 얼마 후, 피 순환의 결핍으로 뇌와 심장의 기능이 마비된다. 이것을 방지하기 위해서는 발을 밀어서 몸을 위로 들어 올려 피가 몸 위쪽으로 순환될 수 있도록 해야 한다. 형 집행자가 이러한 고통의 시간을 줄이려 할 경우에는 형을 받는 사람의 무릎을 곤봉으로 쳐서 꺾어 빨리 숨이 끊어지도록 하는데, 그 이유는 무릎을 꺾어서 몸을 들어 올려 흉근을 펴지 못하게 함으로써 질식시키기 위함이다. 예수 옆에서 십자가에 못 박힌 강도들은 모두 다리를 꺾였지만, 예수의 경우는 다리를 꺾기 전에 이미 숨지셨다.

• 피와 물이 나온 이유: "그중 한 군병이 창으로 옆구리를 찌르니 곧 피와 물이 나오더라(요한복음 19: 34)" Davis 의사는 이 현상을 심장 부근의 물 같은 액체가 터져서 나온 것이라고 설명한다. 이 사실은 예수께서 십자가형의 결과로서가 아니라 심낭에 있는 액이 심장을 압박함으로써 심장이 파열되어 숨지셨다는 것을 의학적으로 증명하는 것이다.

- **큰 돌:** 마태복음 27장 60절에 마태는 예수께서 장사된 무덤 입구를 큰 돌을 굴려 막았다고 기록하고 있다. 마가는 마가복음 16장 1~4절에 이 돌이 아주 큰 것이었다고 기록하였다. 영국 캠브리지 도서실에 소장되어 있는 Bezae 비문에 적힌 마가복음 16장 4절에 관한 삽입구에는 "예수가 무덤에 누여지니, 요셉이 무덤의 문을 20명의 남자도 굴릴 수 없는 큰 돌로 막았다."라고 기록되어 있다. 미국 조지아 공업대학 교수들이 이스라엘에 가서 직접 조사한 결과에 따르면 예수님이 당시 쓰였던 무덤의 문의 크기는 4－1 / 2에서 5피트 정도이고 이 정도의 입구를 막으려면 적어도 1－1 / 2이나 2톤 무게의 바위가 필요하다고 한

다. 그렇다면 이렇게 큰 돌을 어떻게 요셉 혼자서 옮겼을까? 이 질문의 답변은 간단하다. 요셉은 단지 돌을 한 번 밀어 굴러 내려가게 했던 것이다. 이 돌은 무덤 입구를 바라보는 조금 경사진 곳에 쐐기를 써서 고정시켜 놓았기 때문에, 단지 쐐기를 빼면 저절로 무덤 입구로 굴러 내려가게 되어 있었다.

- **로마 군인들의 경계:** 유대 지도자들은 수많은 사람들이 그리스도인이 되어 가는 것을 보고 공포에 빠지게 되었다. 정치적 문제가 일어나지 않게 하기 위하여 유대 지도자들과 로마 행정자들 모두가 예수를 영원히 무덤에 있게 하고자 하였다. "주여 저 유혹하던 자가 살았을 때에 말하되 내가 사흘 후에 다시 살아나리라 한 것을 우리가 기억하노니 그러므로 분부하여 그 무덤을 사흘까지 굳게 지키게 하소서 그의 제자들이 와서 시체를 도적질하여 가고 백성에게 말하되 그가 죽은 자 가운데서 살아났다 하면 후의 유혹이 전보다 더 될까 하나이다 하니 빌라도가 가로되 너희에게 파숫군이 있으니 가서 힘대로 굳게 하라 하거늘 저희가 파숫군과 함께 가서 돌을 인봉하고 무덤을 굳게 하니라 (마태복음 27: 63~65)" 만약 이 파수꾼들이 성전 호위병들이었다면 이들은 모두 270명이었다. 성전 호위군은 10명으로 구성된 27개의 소대로 구성되었기 때문이다. 이들은 앉아 있거나 기대어 있을 수도 없었고, 만약 근무 중 조는 경우에 발각되면 심하게 매 맞고 옷에 불을 지르는 형을 받을 정도로 성전 호위군의 규율은 엄격하였다. 헬라 학자 A. T. Robertson의 의하면 "너희에게 파숫군이 있으면"이라고 빌라도가 한 말은 오직 로마 군병들을 가리키며 성전 호위병들을 의미하지 않는다고 한다. 그 이유는 라틴어 형태를 갖고 있는 koustodia는 Oxyrhynchus 파피루스에 기록된 대로 로마 군병을 의미하기 때문이다. 로마 군병들은 우리가 보통 성경이야기 책에서 볼 수 있는 사진에서처럼

무덤 옆에 한두 명의 군인들이 치마를 입고 서 있는 정도가 아니었다. 로마 호위병들은 4명에서 16명 단위의 소대를 이루고 있으며 한 명이 6피트 지역을 방어하도록 훈련받았다. 16명 소대원이 한 쪽에 4명씩 사방을 지켜 총 36야드를 지키게 하였다.

- **인봉:** "저희가 파숫군과 함께 가서 돌을 인봉하고 무덤을 굳게 하니라(마태복음 27: 66)" 이 기록은 다니엘 6장 17절의 기록과 비슷하다. "이에 돌을 굴려다가 굴 아구를 막으매 왕이 어인과 귀인들의 인을 쳐서 봉하였으니 이는 다니엘 처치한 것을 변개함이 없게 하려함이었더라(다니엘 6: 17)" 캠브리지대학의 교수였으며 인도 최고위원회 회원인 Henry Sumner은 "인봉하는 것은 실제적으로 법적 권위를 제정하는 것"이었다고 말한다. 인봉하는 작업이 갖고 있는 또 다른 중요성은, 이 인봉하는 일이 로마 정부가 그 안에 있는 시체를 확인했다는 증거를 표시하기 때문이다.
- **빈 무덤:** 예수의 부활을 증거하는 한 사실은 바로 빈 무덤이다. 유대와 로마, 모두 빈 무덤에 관한 기록을 갖고 있다. 이 기록들은 역사가 조세푸스의 글에서와, 15세기 Toledoth Jeshu라고 불리는 유대문학에서도 발견된다. Justin Martyr의 Dialogue With Trypho에는 예루살렘 지도자들이 지중해 연한의 곳곳에 사람들을 보내어 제자들이 예수의 시체를 훔쳐갔다는 소문을 퍼뜨려 무덤이 비었다는 사실을 왜곡시키려 했었다고 적고 있다. 역사가 Ron Sider은 결론을 내리기를 "만약 기독교인들과 유대인들 모두 무덤이 비었다는 사실에 동의한다면 우리는 그 빈 무덤이 역사적인 사실이라는 것을 받아들일 수밖에 없다."고 하였다. 일요일 아침에 여인들이 향품을 갖고 무덤으로 갔다고 마가복음 16장에 기록하였다. 만약 이 여인들이 예수의 무덤을 로마 병정들이 지키고 있다는 것을 알았다면 왜 그곳에 갔을까? 그 대답은 간단하다. 이 여

인들은 금요일에 예수의 시체가 십자가에서 내려져 매장지로 옮겨진 것을 보았지만, 로마 군인들이 시체를 확인하고 무덤을 지키기 시작한 것은 토요일 오후부터이기 때문에 베다니 외각에 살았던 이 여인들은 이 사실을 알지 못하였기 때문이다.

- **부활하심:** 어떤 사건의 기록을 역사적으로 증명하기 위해 가장 중요한 요소는 그것이 기록될 당시에 그 안에 기록된 사람들이 얼마나 많이 살아 있었는가 하는 것이다. 예수께서 부활하신 후 처음 사람들에게 나타나심을 고린도전서 15장에 바울이 기록하고 있다. "내가 받은 것을 먼저 너희에게 전하였노니 이는 성경대로 그리스도께서 우리 죄를 위하여 죽으시고 장사 지낸 바 되었다가 성경대로 사흘 만에 다시 살아나사 게바에게 보이시고 후에 열두 제자에게와 그 후에 오백여 형제에게 일시에 보이셨나니 그중에 지금까지 태반이나 살아 있고 어떤 이는 잠들었으며(고전 15: 3~6)" 위 바울의 기록을 보면 예수의 부활 후 그를 본 사람들의 대부분이 위 글이 쓰일 당시 살아 있었다고 하였으므로 이 기록은 역사적 사실성을 동시에 갖고 있는 것이다. 또 다른 중요한 사실은 예수께서 여러 곳에서 여러 종류의 사람들에게 나타나셨다는 것이다. Wheaton대학의 교수 Merrill C. Tenney는 다음과 같이 설명한다. "이렇게 나타나심이 평범한 일이 아니다. 이들 중 어느 두 명도 비슷하지 않다. 막달라 마리아에게는 이른 아침에 나타나셨고, 엠마오로 가는 여행자에게는 오후에, 제자들에게는 저녁에 나타나셨다. 마리아에게는 밖에서 나타나셨으나 그때 마리아는 혼자 있었으며, 제자들에게 나타나실 때는 제자들이 한곳에 모여 있었다. 또한 바울에 의하면 예수께서는 오백여 명의 사람들에게 나타나시기도 하였다. 그 반응도 각각 달랐다. 마리아는 감정에 휩싸였으며, 제자들은 놀라움에 두려웠고, 도마는 처음에 믿지 않았으나 직접 본 후에

그를 경배하였다. 모든 경우가 각각 다른 분위기를 갖고 있으며 예수의 부활에 대한 다른 성격의 반응을 나타내었다." 이러한 사실은 부활 후 사람들에게 나타나신 사실이 단지 평범한 전설이 아님을 입증하는 것이다. 또 한 가지 중요한 사실은 예수께서 믿지 않는 사람들과 적의를 품고 있었던 사람들에게도 나타나셨다는 것이다. 많은 사람들은 예수께서 부활 후 그의 제자들과 그를 믿고 있었던 사람들에게만 자신을 나타내셨다고 말한다. 이러한 말을 함으로써 그들은 예수의 부활에 관한 증인들의 가치를 떨어뜨리려고 한다. 어느 누구도 사울이 예수를 믿게 되리라고는 생각하지 않았다. 사울은 그리스도인들을 핍박하는 사람이었다. 그런데 예수께서 그에게 나타나심으로 그는 인생을 바꾸는 일이 일어났다. 바울은 그때 예수의 제자가 아니었기 때문에 예수의 부활에 관한 힘 있는 증인이 될 수 있었다. 또 다른 흥미로운 사실이 있는데, 그것은 예수의 처음 나타나심이 여인들에게라는 사실이다. 예수의 제자들이 아니고 막달라 마리아와 또 다른 한 여인에게 먼저 나타나신 것은 아마 예수의 제자들에게 질투심을 일으켰을 것이며, 또한 유대 법으로 여인들은 법정에서 증인도 될 수 없었다. 그럼에도 불구하고 예수께서 여인들에게 먼저 나타나신 것은 이 나타나심이 부활을 꾸미기 위하여 일부러 조작된 이야기가 아니라는 것을 증명하고 있는 것이다.

- **인간의 마음을 바꾸는 힘:** 부활을 증거하는 가장 큰 증인들이 있다면 그들은 예수를 믿음으로 그들의 생활을 변화시킨 초기 기독교인들일 것이다. 그들이 어떠한 의도를 갖고, 어떠한 생각과 힘을 갖고 그토록 머나먼 지역까지 여행을 하며 그리스도를 전파하려고 하였을까? 그들에게 이렇게 함으로써 어떠한 이익이 있었을까? 그들의 노력이 그들에게 어떠한 부나 사회적 지위도

주어지지 않았을 뿐만 아니라 도리어 그들에게 돌아온 것은 무섭고 혹독한 핍박뿐이었다. 대부분의 초기 기독교인들은 정신적으로, 신체적으로 매서운 환난과 고난을 매일 통과하여만 하였다. 그러나 그들은 그들이 전에 경험한 그리스도의 부활을 생각하고 죽음의 두려움도 이겨낼 수 있었던 것이다. 예수의 가족들은 예수에 대하여 비판적이었다. 그의 형제들은 예수께서 말씀하시는 것을 믿지도 않았으며, 도리어 창피하게 생각하였다. 예수의 형제 야고보는 바리세인들의 친구였다. 그와 그의 형제들은 예수를 우습게 생각하고 조롱하였었다. 그러나 예수께서 그의 가족에게 망신을 주면서 십자가에서 돌아가시고 난 후 어떠한 일이 그의 가족에게 생겨났는가? 우리는 그들을, 사도행전 1: 13～14절에 기록한 대로, 성령을 기다리며 모여 있던 다락방에서 발견할 수 있다. 야고보는 초기 교회의 지도자가 되었으며 그의 글이 신약성경의 한 편을 이루고 있는데(야고보서) 그는 이렇게 그의 글을 시작한다. "하나님과 주 예수 그리스도의 종 야고보는 흩어져 있는 열두 지파에게 문안하노라……(야고보서 1: 1)" 후에 그는 그리스도를 위하여 돌에 맞아 순교하였다. 어떻게 이런 일이 야고보에게 일어날 수 있었을까? 그 해답은 고린도전서 15장 7절에 있다. "그 후에 야고보에게 보이셨으며……" 겁 많은 제자들에게는 어떠한 일이 일어났는가? 예수께서 겟세마네 뜰에서 군병들에게 붙잡히셨을 때 그의 모든 제자들은 도망가 버렸다. (마태복음 26: 56 참고) 예수께서 재판받으실 때에 베드로는 3번이나 그를 부인하였다. 예수께서 십자가에 못박히신 후에 제자들은 다락방에 문을 잠그고 숨어 있었다. 그러나 며칠 후 이렇게 겁 많은 제자들의 모든 성격을 변화시키는 일이 일어났다. 그들은 모두 그리스도를 위한 담대함을 갖게 되었다. 예수를 3번이나 부인했던 베드로는 십자가에 거꾸로 못

박혀 죽을 만큼 그의 인생은 변화되었다. 무엇 대문이었을까? "…… 후에 열두 제자에게 …… 보이셨나니(고린도전서 15: 5~6)"

기독교인들을 심하게 핍박하던 바울은 유대의 광신자요 그리스도인들을 혹독히 미워하던 자였다. 그는 여러 도시들을 돌아다니며 그리스도의 제자들을 잡고자 허가서를 발급받았다. 그는 기독교회들을 참혹하게 파괴하였다. 그러나 그는 살인자에서 선교사로 변화함을 받았다. 그는 가장 혹독한 핍박자에서 가장 큰 그리스도 교회의 포교자로 바뀌었다. 오늘날 그리스도인들도 초기 교회의 신자들처럼 그리스도에 대한 완전한 신뢰를 가질 수 있다. 왜냐하면 우리들의 믿음은 단지 신화와 전래되는 이야기들 위에 쌓인 것이 아니라 역사적으로 증명되는 빈 무덤과 죽음에서 부활하사 우리 모두에게 나타나신 그리스도에 의하여 시작되었기 때문이다. (www.sostv.net)

◎ 대양의 기원: 지구의 엄청난 물들은 어떻게 있게 되었는가

세속의 과학자들은 우주, 우리 태양계, 지구, 대양, 대양에 거주하는 생물체들과 같은 것들에 대한 기원(origin)에 대해서 불명확하다. 진화론자들에 의하면, 대양들은 어디에서 생겨났는가? 베이비 붐 세대는 인기가 있었던 Time-Life 책 시리즈에 기술되었던 "그랬을 것이다 이야기"를 기억할 수도 있을 것이다(거기에서는 성경적 설명을 몰아내고 자연주의적 설명으로 일관하고 있다).

"마침내 수증기들의 쉿 소리가 들리지 않고 빗방울들이 떨어지는 날이 왔다. 빗물은 벌거벗은 행성의 크레바스와 구석들을 채우기 시작하며 머물러 있었다. 그리고 바다들에 축적되기 시작했다. 물의 축적은 자주 말해져 오고 있는 것처럼 지구 역사상 가장 큰 대홍수를 통하여 발생하지 않았다(현대 지질학자들의 의견처럼). 누구라도 이야기할 수 있듯이, 오늘날의 비처럼 단순히 내렸다. 자연은 엄청난 시간을 가지고 있다. 대양들이 채워지는 데에 아마 10억 년은 걸렸을 것이다."[1]

오늘날 세속적 과학자들은 어떤 더 좋은 생각을 가지고 있는가? "대양에서 물의 기원은 불명확하다."고 뉴 사우스 웨일스 대학의 환경과학부 사람들은 말한다.[2]

수십 년간 많은 행성 과학자들은 대양의 물은 물을 가진 혜성(comets)들의 수많은 충돌로부터 왔을지도 모른다고 생각했었다. 그러나 1999년 캘리포니아 공대의 한 우주화학자와 그의 연구팀이 헤일밥 혜성(Hale-Bopp comet)에서 '중수(heavy water, HDO)'가 상당한 양으로 있음을 측정함으로써[3] 이 이론을 쓰레기통에 던져 버렸다. 이러한 타입의 물은 중수소(deuterium)를 함유하고 있다. 이 중수소는 핵에 하나의 중성자와 하나의 양성자를 가지고 있는 수소보다 더 무거운 수소의 동위원소(isotope)이다. 만약 대양의 물들이 혜성으로부터 왔다는 이론이 맞는다면, 우리의 대양들에는 중수소가 풍부해야만 한다. 그러나 그렇지 않다.

창조론자들은 대양들의 기원에 관해서 어떻게 말하고 있는가? 창조론자들은 성경적 모델을 통해서, 우리의 행성은 차갑게 시작되었고, 물로 덮여 있었다는 것이다. (창세기 1: 2절을 보라) 이 모델은 지구에 물은 없었고 뜨겁게 녹은 암석들로부터 시작했다는 세속적인 모델과 반대된다! 창조 셋째 날에 하나님은 천하의 물을 한곳으로 모으시고 그것을 바다라고 칭하셨다(창 1: 9~10). 얼마의 시기가 지난 후, 노아의 때에 하나님은 다시 땅들을 물들로 덮으셨다. 그리고 터졌던 큰 깊음의 샘들이 닫히게 되었고, 물들은 땅으로부터 점차적으로 물러갔다. 깊음의 샘들이 닫히면서, 대양저는 가라앉았다. 그리고 새로운 훨씬 더 깊은 해분(ocean basins)들을 만들었고(예로 마리아나 해구는 11,022m이다), 물이 빠져 나가면서 대륙들이 물속에서 나타났다.

오늘날의 대양들은 하나님의 창조적 권능, 홍수를 통한 심판, 그분의 섭리를 웅변적으로 증거하고 있는 것이다. —(Origin of the Oceans) Frank Sherwin, M.S. —

1. Engel, L. The Sea, Time－Life Books, 1969, p.38.
2. http://www.irbs.com/bowditch/pdf/chapt31.pd
3. http://neo.jpl.nasa.gov/news/news008.html

출처: ICR, Origins Issues, (#200503)
URL: http://www.icr.org/index.php?module=articles&action=view&ID=99
번역자: IT 사역위원회

관련 자료 링크:
1. 지구: 물의 행성(Earth: The Water Planet)
2. 지구는 녹았었는가?(Molten Earth?)
3. 홍수 후 대양의 냉각(Cooling Of The Ocean After The Flood)
4. 대양저의 침전물과 지구의 나이(Sea－Floor Sediment and the Age of the Earth)
5. 소금의 바다: 젊은 지구의 증거(Salty seas: Evidence for a young earth)
6. 젊은 지구(The Young Earth) 7장. 전세계에 걸친 물리적 작용 3 (바다의 소금, 유성진, 지표 암석, 대륙의 침식, 해양퇴적물)

◎ 무궁화는 구원역사의 향기를 뿜어내는 샤론의 장미

한국이 원산지로 알았던 무궁화. 영어로는 '샤론의 장미(Rose of Sharon)'인 무궁화는 예수를 지칭하는 성경에서 비롯된 말이다. 더불어 무궁화는 '시리아에서 온 꽃(Hibiscus Syriacus)'이라는 학명을 가지고 있다. 이 시리아는 이스라엘을 포함한 지역이다. 그렇다면 시리아에서 온 꽃인 무궁화는 우리에게 무엇을 의미하고 있는가. 무궁화가 결코 한국에만 제한된 꽃이 아니라, 전세계의 구원역사를 품고 있는 꽃임을 성경과 꽃 이름의 어원적 특성을 통해 알아본다.

- **일신지미(日新之美)**

  단군신화에 의하면 환웅은 무궁화가 핀 적성산에서 신시를 열었다 한다. 고대로부터 동이족의 꽃으로 인식되어, 신라 시대 화랑의 머리에 장식하는 꽃, 그리고 조선 시대 때는 장원 급제자에게 내리는 어사화, 그리고 오늘날 우리나라 대통령의 문장 가운데 있는 꽃도 무궁화요, 우리나라의 국화(國花)도 바로 무궁화이다. '나날이 새로워지는 아름다움'을 뜻하는 '일신지미(日新之美)'라는 말에 딱 맞는 꽃이다. 꽃송이 하나하나는 저녁에는 시들지만, 약 100일 동안(7~10월) 매일 새벽 신선한 새 꽃을 피우기 때문이다. 이는 산해경(山海經)이라는 지리서에 기록된 글에서도 동일하게 볼 수 있다. "군자의 나라에 무궁화가 많은데 아침에 피고 저녁에 지더라"(君子之國有薰華草 朝生暮死). 중국의 고전인 고금기(古今記)에도 "군자의 나라엔 지방천리에 무궁화가 많이 피었더라"는 기록이 있다. 또 신라의 최치원 선생이 중국에 보내는 國書에서 우리나라를 근화지향(槿花之鄕)이라 하여 무궁화의 나라임을 스스로 밝히고 있다. 이런 기록들은 1,400여 년 전인 4세기 중엽에도 우리나라 가는 곳곳마다 무궁화가 있었다는 것을 알려주는 기록이다. 그리고 자생력이 강해 어디에서나 잘 자라고 쉽게 볼 수 있었다는 것이다. 그러나 1910년 이후 36년간의 일제치하에선 우리민족의 상징적 꽃이라는 이유 때문에, 전국적으로 뽑아 없애 버려 큰 수난을 겪기도 했다. 우리 민족과 수난을 같이했던 이 무궁화의 용도는 주로 정원수와 나무울타리로 사용된 것 외에 매우 다양하다. 나무껍질의 섬유는 고급제지원료로, 꽃봉오리와 나무껍질 그리고 뿌리는 위장병 및 피부병 치료제로 예부터 사용되었다. 또 꽃봉오리는 요리에, 꽃은 꽃차의 재료로 애용되기도 한다. 하나도 빠짐없이 이로움만을 남기고 가는 꽃이다.

• 새 아침이라는 꽃

이처럼 모든 것을 아낌없이 다 내어 주는 무궁화는 새벽 아침에 평화를 알리는 꽃이기도 하다. 온 인류에게 생명을 주는 태양빛처럼 사랑과 구원의 평화를 알리는 꽃이라는 것이다. 이것은 태양, 빛, 영원한 사랑, 평화와 관계된 말이 많은 무궁화의 꽃말에서 엿볼 수 있다. 그 중 '새아침', '신태양', '새빛', '평화', '늘사랑', '한누리' 등은 대표적인 꽃말이라 할 수 있다. 朝鮮이라는 명칭도 여기서 유래한 것이 아닌가 생각된다. 더욱더 흥미로운 것은 '히비스쿠스 시리아쿠스'(Hibiscus Syriacus)라는 무궁화의 '학명(學名)'이다. 이것은 '시리아에서 온 꽃'이란 뜻으로, 그 근원지를 밝히는 말이다. 시리아는 알렉산더 사후(死後) 4명의 장군 중 안디오쿠스가 다스린 지역으로 이스라엘을 포함한 곳이다. 이를 뒷받침하는 것으로 바벨론과 니느웨성 등 고대 아시리아 지역에는 현재 무궁화 모양으로 장식된 고대 건축물들과 성벽들이 발견되고 있다는 점이다. 또한 이 무궁화의 영어이름(英名)이 '샤론의 장미(Rose of Sharon)'라는 것에도 시사하는 바가 크다. 왜냐하면 '샤론'이라는 곳이 이스라엘에 속한 지역이름이기 때문이다. 더불어 'shrub Althea'라는 학명도 있는데, 여기서 '알테아'(Althea)는 그리스어로 '치료한다'는 의미를 가지고 있다.

• 샤론의 장미

앞에서 언급한 샤론(Sharon)은 이스라엘의 욥바에서 갈멜산까지 이르는 길이 약 90㎞, 너비 약 18㎞의 해안평야 지대이다. 이곳은 살림벌채로 인해 대규모적인 목초지가 있을 정도로 비옥하고 경관이 좋은 곳이다. 그래서 옛날부터 성경의 속담으로 자주 언급된 장소다(대상 27: 29, 아 2: 1, 사 35: 2). 오늘날 샤론은 대대적인 관계시설을 갖춘 채 감귤류 숲과 다른 상업적인 농장을 위해 광범위하게 이용되고 있는 비옥한 땅이다. 이곳은 옛날에 아름다운 야생화로 덮여 있던 곳으로도 유명하다. 그중 대표적으로 자생하는 꽃이 수선화인 것이다. 성경에는 백합화로 대부분 기록돼 있고, 대부분 팔레스타인 전 지역에서 광범위하게 서식하며 자주색 또는 흰색 꽃을 피우는 아네모네를 가리키기도 한다. 성경에서 일반적인 '샤론'은 원래 넓은 평야와 관계가 있는 빽빽한 초원을 말한다. 샤론이 '평탄한', '곧은', '옳은', '의로운'이라는 뜻의 '야사르'에서 파생된 말과도 일맥상통한다. 이사야 선지자는 샤론을 여호와의 영광으로 새롭게 변화된 인간의 상태, 곧 구원과 영원무궁한 평화의 안식처로 기록하기도 한다(사 35: 2, 사 65: 10).

• 구원의 꽃

성경에서 샤론의 장미로 알려진 '샤론의 수선화'(KJB: the rose of sharon, NIV: a rose of sharon)는 모습과 색깔과 향기에 있어서 꽃 중의 꽃, 여왕이라 할 수 있다. 열매는 중요 식품의 재료로 사용하기도 하며 의류용으로 이용되기도 한다. 가장 아름답지만 가장 평범한 꽃이다. 어디에서나 자라기에 누구나 주인이 될 수 있기 때문이다. 별다른 고귀함이나 화사한 아름다움은 갖추지 못한 흔한 들꽃이다. 예수의 고난을 예언한 이사야 53장 2절에서 기록한 것처럼 "연한 순 같고 마른 땅에서 나온 줄기 같아서 고운 모양도 없고 풍채도 없은즉 우리의 보기에 흠모할 만한 아름다운 것이 없는 꽃"이다. 아가서 2장 1절은 '사론의 수선화'를 '신랑 되시는 예수 그리스도의 거룩하고 아름다움에 대한 찬양'으로 기록하고 있다. 영국의 대설교가인 스펄전(C. H. Spurgeon)은 아가서 2장 1절을 '예수님의 성육신 사건의 예표'로 설명하고 있다. 곧 "죄에서 우리를 구원하시기 위해 스스로 낮고 천한 인간의 몸을 입으시고 장차 이 땅에 오실 예수(빌 2: 5~6)"로 말하고 있다. 결국 이 무궁화는 시리아인 이스라엘에서 시작한 인류에 대한 사랑과 구원을 말하는 꽃이다. 무명 시인이었던 아이다 가이리(L. A. Guirey) 여사는 "샤론의 꽃 예수"(찬 89장)이라는 시로 이것을 표현하기도 했다. 그리고 무궁화가 '샤론의 장미'라고 지금까지 불리는 이유도 여기에 있을 것이다.

• 무궁화를 감싸고 있는 두 봉황

지금 한국에서 볼 수 있는 이러한 봉황새 상징의 대표적인 예는 대통령의 문장이다. 이 문장에는 두 마리의 봉황새가 그려져 있고, 그 가운데는 '무궁화'가 있다. 무궁화는 영어명이 '샤론의 장미(Rose of Sharon)'로 '예수 그리스도'를 상징한다고 앞에서 말한 바 있다. 이 대통령의 문양과 비슷한 것을 성경에서 찾아볼 수 있다. 바로 그룹이다. 성경은 이 그룹(케루빔: Cherubim)에 대하여 천상적인 존재로 묘사되고 있으며, 창세기 3장에 처음으로 언급하고 있다. 또한 에덴동산의 생명나무로 상징되는 예수, 곧 생명의 말씀을 지키는 임무도 맡고 있다(창 3: 24). 그리고 대부분은 하나님의 영광과 임재를 상징하는 언약궤를 수호하는 모습으로 나타나고 있다. 이는 '4.5m의 날개를 소유한 두 그룹 사이에 계시는 여호와'로 묘사된다.(삼상 4: 4, 삼하 6: 2, 대상 13: 6, 시 99: 1, 사 37: 16, 겔 9: 3, 겔 10: 4, 18) 결국 시베리아를 걸쳐 만주와 한반도까지 이동해 온 셈의 후손인 동방족은 이 그룹의 기억을 통해 새와의 친밀감을 갖고 있었다. 그리고 그것이 봉황이라는 새로 상징화되어 우리에게 지금까지 하나님을 섬기는 백성의 흔적으로 남은 것이다.

—김성일 장로(현재 한세대 겸임 교수, 창조사학회 부회장, 이태원 감리교회 장로) —

- **무궁화가 상징하는 것들**
  - 한반도 · 대한민국: 한반도를 옛날에는 근역(槿域)이라 불러 왔고 근래에는 '무궁화동산' 또는 '무궁화 삼천리금수강산'이라고 일컬었다. 구한말과 일제 시대에 무궁화란 말은 곧 우리나라를 가리키고 우리 민족을 상징하였다
  - 영 명: Rose of Sharon＝샤론의 장미＝샤론의 꽃＝무궁화
    무궁화 이름에는 신의 축복을 받은 땅에서 장미꽃처럼 아름답게 핀 꽃이라는 의미가 있음
    Sharon＝the Plain of Sharon＝샤론평야＝이스라엘의 텔아비브에서 하이파까지의 연안평야
  - 아가 2: 1 "나는 샤론의 장미요, 골짜기의 백합화로다 가시나무 가운데 백합화처럼 나의 사랑도 딸들 가운데 그러하도다 숲의 나무들 가운데 사과나무처럼 나의 사랑하는 이도 아들들 가운데 그러하도다 내가 큰 기쁨으로 그의 그늘 아래 앉았으니, 그의 과일은 내입에 달콤하였도다"
  - 아가 8: 5 "사랑하는 자에게 기대어 광야에서 올라오는 이 여인은 누구인가? 내가 너를 사과나무 아래에서 일으켰도다 거

기서 네 어머니가 너를 낳았고, 너를 낳은 그 여인이 거기서 너를 낳았도다”

−성경적으로는 샤론의 장미=무궁화=성령

- 예수는 포도나무, 감람나무로 비유되곤 하는데 여기서는 사과나무도 있음.
- 그녀=(예루살렘) 성벽=성령
- 계시록에 보면 성안에 성전이 없으니 어린양이 성전이라 했다. 고린도전서에서는 성령이 거하면 너희 몸이 성전(궁)이라 했다
- 고전 3: 16 “너희가 하나님의 성전인 것과 하나님의 성령이 너희 안에 거하시는 것을 알지 못하느뇨”
- 고전 3: 17 “누구든지 하나님의 성전을 더럽히면 하나님이 그 사람을 멸하시리라 하나님의 성전은 거룩하니 너희도 그러하니라”
- 아가 8: 9 “그녀가 성벽이라면 우리는 그녀 위에 은으로 궁을 지으리라” 성령이 성벽에 비유된다면 성도들은 성전으로 비유된 것이다.

◎ 팔만대장경에 이미 예언되었던 예수님

모든 만물에 하나님의 계획과 역사하심이 있었다는 사실에 더욱 감동했다. 이유는 팔만대장경에 예수라는 이름이 기록되어 있다.

팔만대장경 라마다경 38: 8 석가모니 가라사대 何時耶蘇來 吾道之無油燈也(하시야소래 오도지무유등야) (어찌하, 때시, 어조사야, 깨어날소, 올래 나오, 길도, 갈지, 없을무, 기름유, 등잔등, 어조사야) 이것을 해석하면 언젠가 예수(야소) 오시면 나의 깨달은 도는 기름없는 등과 같다.

* 한자를 사용하고 있는 중국에서는 예수를 耶蘇(야소)라 쓰고 있다(구한말 우리나라에서는 기독교를 야소교라 불렀다고 한다).

* 팔만대장경 라마다경 38: 8절에서 '석가'는 앞으로 예수님이 세상에 오실 것을 알고(약 500백 년 전, 석가의 생존시기는 B.C. 463~B.C. 383년 설과 B.C. 563~B.C. 483년 설이 있다) 있었던 것으로 보아 '석가'는 하나님께서 보낸 선지자 중 한 사람이 아닌가 생각하는 사람도 있다.

Ⅷ. 기　도

우리가 아는 위대한 기도의 사람들은 한 번에 하나님의 능력이 깃들게 하는 기도의 사람이 된 것이 아니라 꾸준한 기도의 생활이 하나님의 능력의 통로가 되었고 기도의 거장이 될 수 있었습니다. 우리 그리스도인 모두는 믿고 기도할 때 믿음의 기적이 일어난다고 합니다. “하나님이여 내 기도에 귀를 기울이시고 내가 간구할 때에 숨지 마소서(시 55: 1)”의 말씀같이 내 기도를 꼭 들어주실 줄 믿는 마음으로 기도의 용사가 되어 보기 바랍니다.

▣ 기도의 용사가 되는 단순한 비결

만일 우리가 피아노, 농구, 헬스 등의 분야에서 진보를 원한다면 규칙적으로 연습해야 한다. 정기적으로 행할 때 습관이 형성되기 때문에 규칙적인 기도 시간을 갖는 것이 중요하다. 만약 우리가 하나님의 임재 안에 살기 원한다면 규칙적인 기도 시간에, 하루 한 번, 매일, 빠짐없이 세상에 대해 닫고 하나님께 집중해야 한다. －빌 하이벨스

If we want to develop in any other area－piano, basketball, physical fitness－we practice regularly. It is important to have a regular time for prayer, because without regularity prayer will never become a habit. If we want to live in God's presence, we need to shut the world out and tune in to God once a day, everyday, without fail. −Bille Hybels

▣ 기도의 요소

기도는 하나님에 대한 인간의 의식적인 관계에 관한 모든 측면을 통칭해서 일컫는 말로, 예배 중의 공적인 기도, 명상, 개인적인 기도 등을 포함한다. 또한 금식이나 구제와 같은 종교적 의무들도 포함한다. 좀더 구체적으로 볼 때, 기도는 인간이 하나님과 갖는 관계성의 일부로 하나님과의 정신적 언어적 친교를 구성하는 관계를 말한다. 최근에는 말로 읊조리는 형태의 기도보다 덜 중요하게 여기던 명상이나 관조에 관한 관심이 고조되고 있다. 여기에서 특기할 만한 것은 세속적 관심으로부터 벗어나는 삶을 강조하는 것이 아니라, 오히려 일상의 생활에 관한 관심 안에서 하나님의 현존을 발견하는 것에 중점을 두고 있다는 점이다.

전통적으로 기도는 관상 기도 또는 찬양, 감사, 고백, 간구 또는 탄원 등으로 구분되는데, 이러한 분류는 기도의 구체적인 행위를 포함하든 하지 않던 항상 적용된다. 그 이유는 이러한 행위가 하나님께 대한 인간의 관계를 구성하는 본질적인 요소이기 때문이다. 기도는 하나님에 대한 인간의 관계의 표현이므로 그 내용은 인간이 깨달은 그 관계의 본질에 관한 것과 밀접하게 연관될 수밖에 없다.

▣ 올바른 기도 자세 100가지(성경에 나타난 기도의 바른 자세와 방법)

1. 원하는 것을 솔직하게 구하십시오.

하나님께서는 당신이 원하는 것을 들어주시기를 오히려 원하고 계십니다(요 15: 7, 16).

2. 성급한 태도를 버리십시오.

하나님은 자기 자신보다 우리를 더욱 사랑하고 계시기 때문에 꼭 필요한 하나님의 때에 응답해 주시기를 기뻐하십니다. 때로는 느린 것 같고 때로는 응답이 없으므로 불안 초조 가운데 있으나 하나님께서는 가장 좋은 때에 가장 좋은 방법으로 우리에게 응답해 주시기를 원하십니다.

3. 회개부터 하십시오.

기도는 거룩하신 하나님과의 대화이므로 우리에게 죄악이 있을 때에는 이루어지지 않습니다.

4. 하나님의 뜻대로 되기를 원하며 기도하십시오.

기도는 내 뜻대로 이루어지는 것이 아니요 하나님 아버지께서 아버지의 뜻대로 이루어 주시는 것이기 때문에 나의 욕망이 아닌 아버지의 뜻대로 하여야 합니다.

5. 하나님이 듣고 계시는 것을 믿으십시오.

기도를 들으시는 것은 하나님의 속성이요 그분의 성품의 일부분입니다. 그리고 하나님은 사랑이십니다.

6. 성령 안에서 기도하십시오.

성령님은 우리의 기도를 도우시는 분이요 우리를 위해서 친히 간구하시는 기도의 영이십니다.

7. 기도한 것을 받은 줄로 믿으십시오.

예수님께서 기도하고 구하는 것은 받은 줄로 믿으라고 친히 약속하셨습니다. 그리고 믿음은 기도의 생명입니다(막 11: 24).

8. 상한 심령으로 기도하십시오.

하나님은 거만한 자를 비웃으시되 겸손한 자에게는 은혜를 베푸신다고 하셨습니다(잠 3: 34). 그리고 상하고 통회하는 자를 멸시치 아니하신다고 하셨습니다(시 51: 17).

9. 감사함으로 기도하십시오.

사도 바울은 아무것도 염려하지 말고 오직 모든 일에 감사함으로 하나님께 아뢸 것을 강조했습니다(빌 4: 6).

10. 용서한 후에 기도하십시오.

하나님은 용서의 하나님이시기 때문에 마음에 분을 품고 기도하는 것을 경멸하십니다. 하나님이 당신을 용서해 주신 것을 기억하십시오.

11. 힘을 다하여 간절히 기도하십시오.

전심으로 기도하는 열정에 사로잡힐 때만 하나님의 능력이 깃들게 되어 있습니다(렘 29: 13).

12. 무릎 꿇고 기도하십시오.

오늘도 하나님께서는 입술의 사람이 아니라 무릎의 사람들에게 능력과 감화력을 더해 주십니다. 그리고 무릎 꿇는 자는 절대로 넘어지지 않습니다.

13. 끈질긴 기도를 하십시오.

열심히 없는 기도는 죽은 개로 벼룩을 사냥하는 것과 같고 눈먼

매로 빈대를 잡으려는 것과 같습니다(눈 18: 7).

14. 낙심하지 말고 기도하십시오.

근심, 초조, 불안, 낙심 가운데 기도하고, 기도한 후에도 계속해서 근심, 초조, 불안, 낙심 가운데 살면 영원히 기도 응답의 기쁨은 없습니다(갈 6: 9).

15. 끝까지 기도하십시오.

끝까지 기도할 때 하나님의 응답이 깃들게 되어 있고, 능력이 임하게 되어 있습니다(창 32: 36).

16. 쉬지 말고 기도하십시오.

기도의 생활화, 생활의 기도화가 되면 당신의 짧은 기도에도 하나님께서 응답해 주십니다(삼상 12: 23).

17. 순간순간마다 기도하십시오.

매 순간 매 순간마다 깨어서 기도하는 자에게는 사탄이 유혹하거나 시험할 겨를이 없습니다(창 24: 63).

18. 구체적으로 기도하십시오.

육신의 부모님께 구체적으로 나의 필요를 요청하듯이 하나님 아버지께도 구체적으로 기도해야만 합니다(눅 11: 5).

19. 믿음으로 기도하십시오.

믿음의 기도만이 당신이 전능하신 하나님을 움직일 수 있는 능력입니다(약 1: 6~8).

20. 진실하고 솔직하게 기도하십시오.

하나님은 중언부언하는 기도가 아니라 진실되고 정직한 기도를 원하십니다(마 6: 7).

21. 하나님이 기뻐하시는 기도를 하십시오.

하나님은 당신을 기쁘시게 한 자녀에게 모든 것을 채워 주시기를 기뻐하십니다(마 6: 33).

22. 하나님의 뜻에 맡기는 기도를 하십시오.

하나님의 뜻을 구하는 것은 작게 구하는 것이 아니라 더 크게 구하는 것을 뜻합니다(막 14: 36).

23. 새벽에 기도하십시오.

성경의 기사와 이적은 거의 다 새벽에 일어났습니다. 늦게 하는 기도는 버린 기도입니다(막 1: 35).

24. 금식하며 기도하십시오.

주님은 공생애 사역을 시작하시기 전에 40일 동안 금식 기도를 하셨고, 수많은 성경의 인물들이 금식 기도를 함으로써 하나님이 주시는 응답을 체험했습니다.

25. 약속의 말씀을 붙들고 기도하십시오.

구약성경에 기록된 믿음의 사람들은 자기 조상들에게 약속해 주신 하나님의 말씀을 붙들고 기도하였습니다.

26. 면벽 기도를 하십시오.

구약성경의 히스기야는 하나님의 진노 속에서 잘못을 뉘우치고 기도하였습니다. 그의 기도는 벽을 마주한 면벽 기도였습니다(역대하 32: 24~26).

27. 찬송하면서 기도하십시오.

바울과 실라는 찬송으로 옥문이 열리는 하나님의 능력을 체험했습니다. 감옥이 그를 가둔 것이 아니라, 바울과 실라가 감옥을 가두었습니다.

28. 깊은 기도를 하십시오.

하늘의 해와 달을 멈출 수 있었던 여호수아의 능력은 깊은 기도에서 비롯된 것이었습니다(출 33: 11, 수 10: 12).

29. 반복하여 기도하십시오.

반복의 기도는 물이 바위를 뚫는 것과 마찬가지입니다.

30. 씨름의 기도를 하십시오.

구약성경의 야곱은 환도뼈가 위골되는 고통을 겪으면서도 천사와 씨름하여 하나님의 응답을 체험할 수 있었습니다.

31. 하나님을 쉬지 못하게 하십시오.

하나님을 쉬지 못하게 하는 기도야말로 하나님의 보좌를 움직일 수 있는 기도입니다(사 62: 6, 7).

32. 물러서지 않는 기도를 하십시오.

뒤로 물러가는 만큼 하나님의 능력과도 거리가 멀어집니다(히 10: 38).

33. 약한 것을 없애 달라고 기도하지 말고 약한 것을 강하게 해 달

라고 기도하십시오.

하나님은 약한 것을 통하여 강한 것을 부끄럽게 하시는 분이십니다.

34. 기도와 무기를 동시에 만드십시오.

구약성경의 느헤미야는 무기를 잡은 채 기도하고 싸우면서 성벽을 쌓았습니다(느 4: 23). 기도에는 행동이 있어야 합니다.

35. 분명한 목적을 가지고 기도하십시오.

신약성경의 소경 바디메오는 눈을 뜨고자 하는 목적을 가지고 부르짖었기에 눈을 뜨는 기적을 체험할 수 있었습니다(마 9: 27~31).

36. 믿음의 밑그림을 먼저 그리십시오.

그리고 그것을 붙들고 기도하십시오. 밑그림이 없는 기도는 무정란과 같습니다.

37. 모호한 기도는 하지 마십시오.

모호한 기도는 모호하게 응답받게 되어 있고 구체적인 기도는 구체적으로 응답받게 되어 있습니다.

38. 자기를 부인하는 기도를 하십시오.

주님을 높이고, 자신의 공로를 내세우지 않는 기도는 기도 중의 최고 기도입니다.

39. 기도의 동역자를 만드십시오.

모세는 산꼭대기에 아론과 홀을 데리고 갔습니다. 기도의 동역자가 있으면 넘어지더라도 힘이 됩니다.

40. 점잔을 떨지 마십시오.
하나님은 끝장 보는 신앙을 갖기를 원하십니다.

41. 교회 일을 앞장서서 하며 기도하십시오.
하나님은 일하는 만큼 능력을 부어 주십니다.

42. 취할 정도로 기도하십시오.
구약성경의 한나는 취할 정도로 기도했기에 사무엘을 얻는 하나님의 응답을 맛볼 수 있었습니다.

43. 시간을 정하여 규칙적으로 기도하십시오.
예수님도 규칙적인 기도생활에 힘쓰셨고 제자들도 시간을 정하여 놓고 규칙적인 기도생활을 하였습니다(눅 22: 39, 행 3: 1).

44. 마음의 우상을 버리십시오.
우상이란 하나님 외에 우리가 사랑하는 것을 말합니다. 우리가 능력 있는 기도를 하려면 "주님께서 절대적으로 내게 첫째인가?" 하는 것입니다.

45. 인색한 마음을 갖지 마십시오.
우물물은 퍼서 써야만 새로운 물로 채워지게 됩니다.
기도의 새로운 능력을 날마다 체험하려면 퍼 주는 것이 습관화되어 있어야만 합니다(마 7: 2).

46. 의심하는 마음을 갖지 마십시오.
의심하는 것은 곧 하나님을 거짓말하는 자로 만드는 것입니다(야고보서 1: 6, 7).

47. 분노심을 없애 버리고 기도하십시오.

타인에게 분노심을 품고 있으면 하나님의 귀를 막아 자기의 간구를 못 듣게 하는 것이나 마찬가지입니다. 저주의 마음은 기도의 가장 무서운 적입니다(막 11: 25).

48. 열정적으로 기도하십시오.

냉랭한 마음으로 기도하는 것은 하나님의 능력의 불꽃에 물을 끼얹는 것이나 마찬가지입니다.

49. 겸비한 마음으로 기도하십시오.

하나님께서는 겸비하게 자신을 낮춘 자의 기도를 잘 들으십니다(눅 18: 9～14).

50. 뜻을 세운 기도를 하십시오.

구약성경의 다니엘은 단지 기도만 열심히 한 사람이 아니었습니다. 하나님의 영광을 드러내기 위한 뜻을 세운 기도였기에 하나님의 능력이 그와 함께하셨습니다(단 6).

51. 환경을 초월하여 기도하십시오.

기도할 환경이 조성되었기에 기도하는 것은 기도가 아닙니다. 주님의 기도생활은 환경을 초월한 기도생활이셨습니다(막 1: 35).

52. 기도하기 싫으면 예수님도 만날 생각을 하지 마십시오.

예수님이 기도하지 않는 사람을 본다는 것은 그분에게 고문이지 즐거움이 아닙니다.

53. 절망하지 마십시오.

절망은 기도의 불꽃에 찬물을 끼얹는 것과도 같습니다.

54. 내가 원하는 방식대로 응답을 주셔야만 기도 응답이라고 생각하지 마십시오.

우리의 기도를 들으시는 하나님은 우리에게 모든 것이 합력하여 선을 이루시는 하나님이십니다(롬 8: 28).

55. 기도의 바른 내용을 가지고 기도하십시오.

기도의 내용이 바르면 열렬한 기도가 가능해지고 힘 있는 기도를 할 수 있습니다.

56. 하나님의 나라와 그 의를 구하는 기도를 하십시오.

그리하면 하나님께서 모든 것을 더해 주십니다(마 6: 38).

57. 삶이 묻어나는 기도를 하십시오.

하나님께서는 기도의 무성한 말보다 삶을 먼저 보십니다.

58. 영혼이 잘되기 위하여 기도하십시오.

영혼이 건강해야 범사가 잘되는 하나님의 인도를 받을 수 있습니다(요삼 1: 2).

59. 깨달음이 있게 해 달라고 기도하십시오.

깨달을 때에 기도의 향로에 불이 당겨지고 그 향연으로 하나님의 보좌 앞에 이르게 할 수 있습니다.

60. 말씀의 깨달음이 먼저 있게 해 달라고 기도하십시오.

말씀의 깨달음이 있어야 마음을 쏟고 영혼을 쏟는 기도를 할 수 있습니다.

61. 끈기 있는 기도를 하십시오.

어떤 것은 한 번 기도했는데도 하나님이 이루어 주시지만 어떤 것은 일평생 기도해야만 이루어 주시는 경우도 있습니다.

62. 목숨을 건 기도를 하십시오.

성경의 한나는 고상한 기도 제목은 아니었지만 타는 목마름으로 기도했기에 하나님의 응답을 맛볼 수 있었습니다.

63. 항복하는 마음으로 기도하십시오.

하나님 앞에서 어떤 태도로 간구하는가 하는 것은 무엇을 위하여 간구하는가보다 중요합니다.

64. 기도의 응답을 사랑하기보다 하나님을 더 사랑하십시오.

기도를 통해서 얻어내려는 것에만 집착하면 마음을 쏟는 기도를 해도 하나님은 안 들어주실 수 있습니다. 하나님은 우리와 바른 관계를 즐거워하십니다.

65. 하나님의 주권을 의지하는 기도를 하십시오.

구약성경의 다윗이 골리앗을 이기는 하나님의 능력을 맛볼 수 있었던 것은 하나님의 주권을 전적으로 의지했기 때문입니다(삼상 17: 34, 35).

66. 비인격적인 기도를 하지 마십시오.

그것은 하나님의 인격과 성품에 대한 모독입니다.

67. 조금이라도 더 젊을 때에 기도하십시오.

기도는 세상에서 할 일 없고 기력이 쇠한 사람이 심심풀이로 하는 것이 아닙니다.

68. 주일을 잘 지키십시오.

하나님은 그분의 시간을 도적질하는 사람의 기도를 듣지 않으십니다.

69. 의롭고 거룩한 삶을 살기에 힘쓰십시오.

하나님은 목소리 큰 사람의 기도에 주목하시는 것이 아니라 의롭고 거룩한 삶을 사는 사람의 기도에 귀를 기울이십니다.

70. 달변의 기도보다 진실한 마음이 담겨 있는 기도를 하십시오.

하나님은 청산유수로 말하는 달변의 기도보다 하나님 자신을 갈망하는 마음으로 자신의 죄를 인식하고 참회하며 겸비해진 마음이 가득한 기도에 응답하시기를 원하십니다.

71. 기도의 회상자가 되기보다는 기도의 실행자가 되십시오.

현재의 기도생활이 없으면 과거의 기도생활은 꺼진 향불과 같은 것입니다.

72. 기도로 매일 매일 하나님과 사랑의 터치를 하십시오.

이것이 기도의 은혜로 사는 비결입니다.

73. 언제나 기도할 수 있게 해 달라는 것을 기도의 제목으로 삼으십시오.

시냇가에 심은 나무가 시절을 찾아 과실을 풍성히 맺을 수 있습니다(시 1편).

74. 기도는 숙달되지 않습니다.

어제까지만 해도 폭포수와 같은 열렬하게 쏟아지는 기도의 세계를 지녔다 하더라도 오늘 그 세계가 저절로 유지되는 법은 없습니다. 따라서 우리의 영혼을 잘못 관리하면 오늘은 완전히 절벽 앞에 선 느낌을 받으며 거의 기도하지 못할 수도 있습니다.

75. 눈물로 기도하십시오.

하나님의 은혜를 체험한 자의 특징은 눈물이 많아진다는 것입니다.

76. 기도는 심는 것입니다.

기도를 많이 심어야 많은 열매를 거둘 수 있습니다.

77. 하나님은 홀로 일하지 아니하시고 성도들의 기도를 통하여 위대한 일을 이루어 가기를 기뻐하십니다.

78. 승리를 확신하여 기도하십시오.

구약성경의 갈렙은 열세인데도 불구하고 승리를 확신하였기 때문에 가나안 땅에 들어가는 하나님의 축복을 누릴 수 있었습니다.

79. 기도는 하나님의 뜻을 추적하는 과정이고 하나님의 뜻을 듣는 과정입니다.

그러므로 기도가 충만해져야 하나님의 뜻을 명확하게 이해하게 되고 방황하지 않는 삶을 살 수 있습니다.

80. 기도는 물 대는(watering) 작업입니다.

물 댄 곳에서 왕성한 생명의 현상이 나타나듯 기도하는 자가 새롭게 하시는 하나님의 능력을 체험할 수 있습니다.

81. 영적인 침체에 놓여 있습니까?

기도의 물을 주면 영혼이 살아날 수 있습니다.

82. 기도를 비상 낙하산식으로 사용하지 마십시오.

기도는 낙하산이 아니라 공격용 무기입니다. 기도에 매달려야만 하늘과 땅을 움직이는 기도의 능력을 활용할 수 있습니다.

83. 썩어지는 기도를 하십시오.

한 알의 밀이 땅에 떨어져야만 많은 열매를 더 거둘 수 있듯이 자기의 생각과 의견을 온전히 죽여야만 기도의 많은 열매를 얻습니다.

84. 영적인 건강을 위하여 기도하십시오.

아무리 좋은 나무도 병이 들면 열매를 맺을 수 없듯이 영적으로 병들어 있으면 기도의 열매를 맺을 수 없습니다.

85. 기도는 말을 많이 쏟아 놓는 것이 아니라 마음을 많이 쏟아 놓는 것입니다.

그러므로 마음을 쏟는 기도를 하십시오. 그것이 응답받는 기도의 원칙입니다.

86. 성전에 나와서 기도하십시오.

하나님은 어디에서나 함께하시지만 특별히 성전을 통하여 함께하시기를 원하십니다.

87. 어린아이와 같은 단순한 마음을 가지고 기도하십시오.

기도는 무엇인가를 주고받는 거래가 아닙니다. 주님이 우리를 아시듯이 우리가 주님을 알고 하나님과의 관계 자체를 좋아하면서 어린아이처럼 기도할 수 있다면 거기에 하나님의 응답이 깃들게 되어 있습니다.

88. 자신을 쏟아 붓는 절박한 마음으로 기도하십시오.
하나님은 기도에 헌신을 투자하는 사람에게 응답의 아름다움을 주십니다.

89. 언제나 기도하십시오.
좋은 환경이나 여건이 우리의 신앙을 붙들어 주는 것이 아니라 기도할 수 있는 하나님과의 관계가 우리를 붙들어 줍니다.

90. 말씀에 대한 순종의 생활을 하십시오.
순종의 생활이 뒷받침되면 기도에는 저절로 힘이 붙게 되어 있습니다.

91. 비장한 각오를 가지고 기도하십시오.
구약성경의 다니엘은 비장한 각오를 가지고 기도했기에 하나님의 능력이 그와 함께하셨습니다.

92. 부흥을 구하는 기도를 드리십시오.
우리 심령의 부흥이 하나님의 능력이 깃들게 하는 데 가장 필요한 기도의 열쇠이기 때문입니다.

93. 말씀과 기도를 늘 균형 있게 하십시오.
기도하지 않고 말씀의 은혜 속에서 살아가려는 사람은 씨앗을 심고 물을 주지 않는 것과 같고, 단지 기도하려고 애를 쓸 뿐 하나님의 말씀을 통한 은혜 없이 살아가려는 사람은 마치 씨앗 대신

구슬을 심고 물을 주는 것과 같습니다.

94. 경건한 성도가 되기 위하여 힘쓰십시오.

하나님은 경건한 성도의 기도를 잘 들어주십니다.

95. 가정을 행복하게 만드십시오.

건강한 가정 없이 경건한 기도의 영성은 있을 수 없습니다.

96. 남편이나 아내에게 인정받지 못하는 삶은 하나님에게도 인정받지 못하는 삶이 될 수 있습니다. 그러므로 당신의 기도를 하나님이 인정하시게 만드시려면 먼저 남편이나 아내에게 인정받으십시오.

97. 매력 있는 기도가 되게 하십시오.

우리도 매력 있는 사람에게 눈길이 가고 호감이 가듯, 하나님도 흐트러진 기도보다는 매력 있는 기도에 관심을 보이십니다.

98. 기도의 제목을 분명히 하십시오.

어수선한 기도는 하나님의 응답이 주어지지 않을 뿐만 아니라 하나님 나라에서 잡동사니 취급을 받습니다.

99. 우리는 우리의 간절한 필요 때문에 하나님께 기도하지만 궁극적인 목적은 하나님을 닮아 가는 것입니다. 그분의 인격과 성품을 닮기에 마음을 쏟는다면 당신의 기도는 이미 응답이 주어진 기도입니다.

100. 기도의 탱크로리를 만드십시오.

가끔씩 기도하는 사람은 경차 용량밖에 되지 않지만 늘 많은 시간을 하나님 앞에 쏟아 부으며 사는 삶은 탱크로리의 용량을 가진 기도의 사람입니다.

▣ 성경 속 인물들의 새벽 기도

• 아브라함의 새벽 기도

아브라함은 위대한 신앙의 사람이었고(히 11: 6), 순종의 사람이었으며(창 12: 1~4), 평화와 정의의 사람이었습니다(창 13: 8~9, 창세기 14: 13~16). 또한 아브라함은 기도의 사람이었습니다. 아브라함은 아침 일찍 일어나 기도한 사람이었습니다. 아브라함은 하나님의 명령에 순종하기 위해 아들을 제단에 바치고자 아침 일찍 일어나서 기도하고 모리아산으로 출발하였습니다(창 22: 3).

• 야곱의 새벽 기도

야곱은 이삭의 아들로서, 새벽에 날이 밝기 전에 천사와 씨름하며 간구함으로써 이스라엘의 조상이 되는 변화의 축복을 받았습니다(창 32: 31). 과거의 야곱은 없어지고 새로운 이름을 가진 이스라엘이 되었습니다. 지난밤만 해도 물질주의자요, 인본주의자요, 세속주의자요, 간교하던 자요, 비인격적인 자요, 비겁했던 자요, 육에 속한 자요, 허영심에 사로잡혔던 자요, 거짓된 자였으나 새벽에 천사와 더불어 씨름하며 목숨을 걸고 간구할 때 그는 완전히 새로운 사람으로 변화를 받았습니다.

• 모세의 새벽 기도

모세는 늘 자기 민족을 위하여 중보 기도를 한 사람입니다. 아말렉족과의 전쟁 중에 산꼭대기에 올라가 두 손을 들고 기도했고(출 17: 11), 광야에서 이스라엘 백성들을 인도할 때 기도를 통해서 쓴물을 단물로 바꾸었으며(출 15: 23~25), 기도를 통해서 홍해를 가르는 기적이 있게 했습니다(출 14: 15). 또한 모세는 아침 일찍부터 기도하여 기적을 일으킨 사람입니다(출 14: 27).

• 기드온의 새벽 기도

하나님께서 기드온에게 이스라엘을 미디안의 수중에서 구원해 내라고 하실 때, 기드온은 새벽부터 하나님을 의지하여 기도하며 이스라엘을 미디안으로부터 구원해 주실 징표를 구했습니다(삿 6: 38~39). 기드온이 새벽에 드린 기도는 신앙적 기도이며(사사기 6: 13), 승리의 기도였습니다(삿 7: 14). 그는 기도를 한 후 길르앗 산에서 3만 2천 명의 군인 중에서 3백 명을 선발하고, 그 군인을 3대로 나누어 각 손에 나팔과 빈 항아리를 들게 했습니다. 기드온은 기도의 사람이었습니다. 특별히 아침 일찍이 일어나 기도함으로써 하나님의 능력에 힘입었고, 하나님으로부터 지혜를 얻었으며, 하나님의 도우시는 은혜로 크게 승리하였습니다. 또한 이러한 놀라운 체험을 통해 그의 신앙은 더욱 충만했습니다.

• 다윗의 새벽 기도

다윗은 새벽부터 일어나 기도했고(시 57: 8), 새벽부터 선한 싸움을 싸웠으며(삼상 30: 17), 새벽부터 찬송하였습니다(시 119: 147). 이렇게 기도하면서 하나님의 지시대로 움직였던(삼하 2: 1) 다윗의 생애는 형통하였으며, 어디로 가든지 승리하였습니다(삼하 8: 6~14). 다윗은 기도와 찬양뿐만 아니라, 그의 선한 싸움도 새벽부터 시작했던 새벽의 사람이었습니다(삼상 29: 10~11). 그 외의 다윗의 새벽 기도 관련 말씀…… (시 108: 2, 시 119: 147~148)

• 한나의 새벽 기도

한나는 아이를 낳지 못하는 슬픔에 하나님께 간절히 기도했습니다. 그 결과 사무엘(기도로 받은 아들이란 뜻)이라는 아들을 얻었습니다. 한나의 기도는 신앙적 기도였고, 통곡하는 기도였고(삼상 1: 16), 서원의 기도였으며(삼상 1: 11), 많은 시간을 바쳤던 기도였습니다(삼상 1: 12). 또한 매우 간절한 기도였고(삼상 1: 13), 성령에 감동을 받은 기도였고(삼상 1: 15), 헌신적 기도였으며(삼상 1: 25), 응답을 받은 기도였습니다(삼상 1: 17). 한나는 한밤중부터 하나님 앞에 기도하고 아침 일찍 일어나 기도하면서 하나님을 경배하였습니다(삼상 1: 19).

- **베드로의 새벽 기도**

베드로는 예수님의 제자로, 예수님께서 잡혀 가시자 공회 마당에서 세 번이나 주님을 모른다고 부인한 사람이었습니다. 그러다 새벽에 닭이 세 번 울자 예수님의 말씀을 기억하고 밖으로 뛰어나가 심히 통곡하였다고 했습니다(눅 22: 55～62). 베드로는 새벽에 회개 기도로 통곡하고, 마가의 다락방에서 열심히 기도한 결과 오순절에 성령의 충만함을 받았습니다(행 1: 13～14). 성령의 충만함을 받은 그는 무능했던 과거의 모습에서 벗어나 하나님의 능력으로 기도함으로써 3천 명을 회개시킬 수 있었던 위대한 전도자가 되었습니다.

- **사도 바울의 새벽 기도**

사도 바울은 기도의 사람이었습니다. 사도 바울은 로마 사람을 위하여 끊임없이 기도하였습니다(롬 1: 9). 또한 그는 쉬지 않고 기도했고(골 1: 9), 주야로 심히 간구했으며(살전 3: 10～13), 밤에도 기도하는 사람이었습니다(딤후 1: 3). 사도 바울의 사역은 기도로 일관된 것이었습니다. 기도의 사람 사도 바울은 확신에 찬 신앙의 사람이었고, 사명감에 불타는 사람이었고, 겸손과 눈물의 사람이었으며, 순교적인 각오를 가진 사람으로 성령이 충만한 사람이었습니다.

• **여호수아의 새벽 기도**

여호수아와 이스라엘 백성이 가나안 땅으로 들어가는 도중에 거대한 여리고 성 앞에 도착하게 됩니다. 그때 그들은 주님의 명령으로 여리고 성의 함락을 작정하고 7일간 성을 돌게 됩니다. 6일째까지는 하루에 한 바퀴씩만 돌고, 제7일이 되는 날엔 새벽에 성을 일곱 번 돌며 "여호와께서 이 성을 주셨다."라고 외치자 여리고 성이 무너졌습니다(수 6: 15~16).

• **예수님의 새벽 기도**

예수님은 하나님의 일꾼을 택하실 때도 밤을 새워 기도하시고, 열두 제자를 택하실 때도 기도하셨습니다(눅 6: 12~16). 특별히 주님은 새벽에 일어나 한적한 곳에 가시어 하루의 삶을 기도로 시작하셨습니다(막 1: 35).

▣ 기도에 관한 교훈

첫째, 기도의 대상이 하나님이라는 사실이다.

그래서 하나님 이외의 우상들에게 기도하는 것은 반드시 하나님의 진노를 받게 된다. 성서에 우상숭배자 처벌에 대해서 신명기 17장 2절에서 5절까지에 "네 하나님 여호와께서 네게 주시는 어느 성중에서든지 너희 가운데 혹시 어떤 남자나 여자가 네 하나님 여호와의 목전에 악을 행하여 그 언약을 어기고, 가서 다른 신들을 섬겨 그것에게 절하며 내가 명하지 아니한 일월성신에게 절한다 하자, 혹이 그 일을 네게 고하므로 네가 듣거든 자세히 사실하여 볼지니 만일 그 일과 말이 확실하여 이스라엘 중에 이런 가증한 일을 행함이 있으면, 너는 그 악을 행한 남자나 여자를 네 성문으로 끌어내고 돌로 그 남자나 여자를 네 성문으로 끌어내고 돌로 그 남자나 여자를 쳐 죽이되"라고 기록되어 있습니다.

둘째, 기도의 응답은 전적으로 하나님께 속해 있다.

우리가 바르지 못한 간구를 할 때 하나님은 결코 들어주시지 않지만"내가 내 마음에 죄악을 품으면 주께서 듣지 아니하시리라(시편 66: 18)" "귀를 막아 가난한 자의 부르짖는 소리를 듣지 아니하면 자기의 부르짖을 때에도 들을 자가 없으리라(잠 21: 13)" "사람이 귀를 돌이키고 율법을 듣지 아니하면 그의 기도도 가증하니라(잠 28: 9)" "바리세인은 서서 따로 기도하여 가로되 하나님이여 나는 다른 사람들 곧 토색(討索), 불의, 간음을 하는 자들과 같지 아니하고 이 세라와도 같지 아니함을 감사하나이다 나는 이레에 두 번씩 금식하고 또 소득의 십일조를 드리나이다 하고, 네가 너희에게 이르노니 이 사람이 저보다 의롭다 하심을 받고 집에 내려갔느니라 무릇 자기를 높이는 자는 낮아지고 자기를 낮추는 자는 높아지리라 하시니라(눅 18: 11, 12, 14)" "너희 중에 누구든지 지혜가 부족하거든 모든 사람에게 후히 주시고 꾸짖지 아니하시는 하나님께 구하라 그리하면 주시리라 오직 믿음으로 구하고 조금도 의심하지 말라 의심하는 자는 마치 바람에 밀려 요동(搖動)하는 바다 물결 같으니, 이런 사람은 무엇이든지 주께 얻기를 생각하지 말라(약 1: 5~7)" "구하여도 받지 못함은 정욕(情慾)으로 쓰려고 잘못 구함이니라(약 4: 3)" 그 외의 기도는 모두 응답해 주신다. "내 이름으로 일컫는 내 백성이 그 악한 길에서 떠나 스스로 겸비하고 기도하여 내 얼굴을 구하면 내가 하늘에서 듣고 그 죄를 사하고 그 땅을 고칠지라(대하 7: 14)" "무엇이든지 구하는 바를 그에게 받나니 이는 우리가 그의 계명들을 지키고 그 앞에서 기뻐하시는 것을 행함이라(요일 3: 22)"

셋째, 기도는 인간이 해결할 수 없는 문제들을 해결하는 방편이다. 살면서 접하게 되는 숱한 난제들을 하나님께 기도하는 것이야말로 가장 지혜로운 해결 방법이 된다(출 15: 24, 25, 삼상 1: 27, 왕하 19: 19, 20). 따라서 우리는 기도하는 생활을 게을리 하지 말아야 한다. 기도야말로 우리 생활의 최우선적인 습관이 되어야만 한다. 그렇지 않을 때 우리는 시험에 들게 된다. "시험에 들지 않게 깨어 있어 기도하라 마음에는 원이로되 육신이 약하도다 하시고(마 26: 41)" 한편 바울 사도가 데살로니가 교회에 보내는 편지에서 "쉬지 말고 기도하라(살전 5: 17)"는 단호한 권면을 했는데 이는 우리의 기도하는 것이 곧 하나님의 명령이며 뜻이라는 사실을 깨달아야 함을 뜻한다. "여호와와 그 능력을 구할지어다 그 얼굴을 항상 구할지어다(대상 16: 11), 너는 말씀을 가지고 여호와께로 돌아와서 아뢰기를 모든 불의를 제하시고 선한 바를 받으소서 우리가 입술로 수송아지를 대신하여 주께 드리리다(호 14: 2), 사람의 계명으로 교훈을 삼아 가르치니 나를 헛되이 경배하는도다 하였느니라(마 7: 7)"

▣ 매일 기도해야 할 15가지 이유

- 주님의 얼굴을 구하고 그분을 더 잘 알기 위해(시 27: 8)
- 문젯거리에서 눈을 들어 주님을 바라보기 위해(시 121: 1)
- 하나님께 말씀드리기 위해(벧전 3: 12)
- 마음의 짐을 벗기 위해(시 142: 1～2)
- 하나님께 간구하기 위해(마 21: 22)
- 하나님의 말씀을 듣기 위해(잠 8: 34)
- 고난에서 벗어나기 위해(약 5: 13)
- 유혹에 빠지지 않기 위해(마 26: 41)
- 고통에서 구원받기 위해(시 107: 19)
- 하나님이 갚아 주시기 때문에(마 6: 6)

- 악에 대항하기 위해(엡 6: 13)
- 기쁨을 누리기 위해(요 16: 24)
- 하나님께 가까이 가기 위해(사 64: 7)
- 마음의 상처를 치유받기 위해(약 5: 13)
- 평강을 얻기 위해(빌 4: 6~7)

▣ 인내의 기도

다니엘의 기도와 헬라인 보니게 여인의 기도처럼 하나님을 감동시키면 열린다. 아브라함은 아들을 얻기 위해 25년을 기다렸고, 요셉은 지도자가 되기 위해 13년, 야곱은 부자가 되기 위해 20년의 기도 기간이 있었다고 한다. 나그네 인생 중에 갖춰야 할 것은 범사에 감사하고 믿음, 소망, 사랑이라고 또한 살면서 누군가 날 위해 기도해 주고 있다는 것 이것만큼 커다란 힘이 되는 것은 없다.

▣ 나 자신을 위한 기도는 이렇게 하자

나를 더 가난한 마음이 되게 하셔서 많이 겸손하게 하소서. 소중한 오늘을 교만한 눈으로 뜨지 않게 하시고 오만스런 말을 하지 않게 하시며 거만한 행동이 되지 않게 하셔서 나로 하여금 상처받는 사람이 없게 하소서.

나를 더 순수한 마음이 되게 하셔서 많이 온유하게 하소서. 사람을 대할 땐 언제나 미소로 시작하게 하시고 상대방을 항상 존중하게 하시며 감사한 마음을 표현하게 하셔서 나로 하여금 기뻐하는 사람이 많게 하소서.

나를 더 용감한 믿음을 갖게 하셔서 많이 승리하게 하소서. 세상에 살면서 불의한 일들을 좇지 않게 하시고 돕는 일엔 먼저 앞장서게 하시며 나보다 남들을 칭찬받게 하셔서 나로 하여금 소금 같은 사람이 되게 하소서.

▣ 중보기도란? (우리를 위한 중보자, 예수 그리스도)

중보의 사전적인 의미는 '사이로 들어가거나 통과하다, 서로 다르거나 다투는 사람들을 화해시킬 목적으로 당사자들 사이에서 활동하다, 중재하다, 조정하거나 중재하다, 조정'의 의미를 가지고 있습니다. 즉, 양자의 가운데 입장에 서서 모두의 입장을 전하며 중재하는 역할을 합니다. 즉, 어느 한쪽의 입장만을 고수하는 것이 아니라 서로의 입장을 모두 고려합니다. 앞에서 아담의 역할에 대해 설명했듯이 아담은 이 땅에서 하나님을 대신하여 경영하고 다스리고 통치함으로써 그분을 대표했습니다. 하나님께서는 아담을 통하여 하나님의 뜻을 나타내셨으며 원하는 것을 말씀하셨고, 아담은 그분의 대언자로서 이 땅의 모든 피조물에게 그분의 존재를 다시 나타내 보여주었습니다.

아담은 하나님을 대신하는 중재자였습니다. 말 그대로 아담은 이 땅에서 하나님의 중보자 혹은 중재자였습니다. 그러나 아담은 하나님께 불순종함으로 모든 권위를 박탈당했습니다. 한마디로 하나님의 중재자였던 모든 권위가 완전히 무너져버린 것입니다. 하나님께서는 그분의 일을 온전히 행하시기 위해 실패한 아담을 대신할 다른 중재자를 세우셔야 했습니다. 그분이 바로 예수 그리스도이십니다. 예수님은 이 땅에 사람의 모습으로 우리에게 오셨고 아담의 권세를 다시 찾고 하나님과 우리들과의 관계를 다시 회복시키시기 위해 죽음에까지 순종하셨습니다. 예수님은 중보자 혹은 중재자가 되셔서 인간에게 하나님을 다시 보여주시고, 하나님과 인간의 사이를 중재하셨습니다. 그리고 지금 이 시간에도 예수님께서는 우리가 하나님과 교제하고 하나님께 기도할 수 있도록 우리를 위해 중보하고 계십니다. 즉, 하나님과 인간의 가운데에 서서 우리를 대언하고 계시며 우리는 늘 '예수님의 이름으로' 하나님께 기도를 드립니다.

— 자료제공: Mahanaim Ministries International —

▣ 기도 수첩 활용하는 방법

- 기도 수첩을 따로 마련하여 기도 목록 작성 가족의 중대한 기도 구원 질병 친척 친구 주의 사역자 능력 은사 얻기 위하여
- 기도 수첩을 가지고 다니면서 제목이 떠오르면 무조건 수첩에 기록한다.
- 여러 가지 기록한 것들을 가지고 기도 날짜와 제목을 정한다. 더 급하고 소중한 것은 앞부분에 큰 글씨로 구분하여 남겨둔다.
- 이제부터 그 기도의 제목들을 놓고 매일매일 하나님께 기도드린다. 나의 욕심에서 일어난 모든 잘못된 기도 제목은 발견 즉시 수정하거나 삭제한다.
- 기도를 진행할 때 기도 제목 한쪽 여백에 약속의 말씀 성구를 기록해 두고 그 말씀을 굳게 붙잡고 기도한다. 지혜라면/약1: 5 말씀을 붙잡고 기도한다.
- 그 기도의 제목을 가지고 기도할 때 기도의 제목을 점검하고 어떻게 변화가 일어나고 있는가를 유심히 살펴본다.
- 하나님이 응답해 주신 것은 반드시 기도 목록 옆에 응답의 표시를 하고 응답된 것들에 대하여 하나님 앞에 분명하게 감사 표시를 표현한다. 이는 앞으로도 계속 풍성한 응답을 받을 수 있게 하는 소중한 열쇠가 되기 때문이다.
- 기도의 동기가 나의 욕구만을 채우는 데 급급하지 않도록 오직 하나님의 영광을 높이는 것임을 잊지 말도록
- 작은 체험 하나라도 잊지 않고 감사와 영광을 하나님께 돌리려 한다면 주님께서 여러분의 기도에 대하여 많은 은총을 예비하실 것입니다. ―뮬러의 응답받은 기도 중에서―

▣ 기도를 체험한 사람만이 그 위력을 알 수 있다.

얼마나 기도가 능력이 있는지 또, 어떤 영향을 끼칠 수 있는지 경

험으로 체험한 사람이 아니면 아무도 모른다. 이것은 기도를 해야 할 매우 극한 상황일 때 아주 중요하다.

내가 진정으로 기도할 때마다 내 기도를 충분히 들으셨고 난 기도한 것 이상으로 받게 되었다. 실제로 하나님께서는 가끔 지체하시기도 했지만, 마침내 오셨다.

None can believe how powerful prayer is, and what it is able to effect, but those who have learned it by experience. It is a great matter when in extreme need to take hold on prayer. I know, whenever I have prayed earnestly, that I have been amply heard, and have obtained more than I prayed for. God indeed sometimes delayed, but at last He came.

—Martin Luther—

—기도의 능력과 깊이 위로와 그 기쁨은 기도를 한 사람만이 체험할 수 있습니다. 아픔과 고통이 강할수록 내가 초라하고 무능하게 느껴질수록 하나님은 오셔서 역사하십니다.—

▣ 주기철 목사님의 5중 기도

일제의 신사참배 요구에 대하여 결연히 항쟁했던 주기철 목사님은 세 차례의 검속, 투옥 끝에 승리했으나 기어이 마지막 검속이 다가와 순교의 영광을 맞을 날도 머지않았음을 깨닫고 있었습니다. 대구경찰서에서 풀려 나와 시무하던 평양 산정현 교회에 되돌아온 주기철 목사님은 곧 강단에서 마태복음 5장 18절, 로마서 8장 18절, 31~39절을 봉독하고 “5중의 나의 기도”라는 설교를 했습니다. 이 설교에 나타난 기도의 다섯 가지는 이러했습니다.

첫 번째, 죽음의 권세를 이기게 하옵소서.

두 번째, 장기간 고난을 견디게 하여 주소서.
세 번째, 노모와 처자를 주님께 부탁합니다.
네 번째, 의에 살고 의에 죽게 하소서.
다섯 번째. 내 영혼을 주님께 부탁합니다.

이 가운데 네 번째 요지는 이렇게 전개되고 있습니다. "못합니다. 못합니다. 그리스도의 신부는 다른 신에게 정절을 깨뜨리지 못합니다. 그리스도의 신부는 신사에 절하지 못합니다. 이 몸이 어려서부터 예수 안에서 자랐고 예수께 헌신하기로 열 번 백 번 맹세했습니다. 예수의 이름으로 밥 얻어먹고 영광을 받다가 하나님의 계명이 깨어지고 예수의 이름이 땅에 떨어지게 된 오늘, 이 몸의 구구도생이 어찌 말이 됩니까? 아 내 주 예수의 이름이 땅에 떨어지는구나! 평양아! 평양아! 예의동방 내 예루살렘아! 대동강아! 천백세에 흘러가며 나와 함께 울자 드리리다 드리리다 이 목숨이나마 주님께 드리리라!!!!!!!!!"

글을 마치면서 나의 기도

세상의 과학자들도 하나님의 하시는 일만은 도저히 알 수가 없다고 하였습니다. 그러므로 성경이 가르치는 하나님의 명령과 그의 말씀대로 살아가야 하겠습니다. 하나님은 우리의 갈 길을 주신다고 성경은 말하고 있습니다. "나는 범사에 그를 인정하라 그리하면 네 길을 지도하시리라(잠 3: 6)" "내가 너의 갈 길을 가르쳐 보이고 너를 주목하여 훈계하리로다(시 32: 8)"

하나님께서 나를 세상에 지으시고 지금 하늘에서 나를 보시고 후회하시고 한탄하시고 계시지 않는지 두렵고 떨리는 마음으로 기도하고자 합니다.

- 기도 1.

사랑과 능력이 많으신 하나님 아버지!

그 능력과 사랑으로 이 죄인을 지금까지도 보호하심과 인도하심을 감사하나이다.

주의 사랑을 받은 저와 저의 가족 모두 마땅히 주님을 사랑하고 경배했어야 할 터인데도 순간의 어려움만 탓하면서 아울러 하나님을 원망하면서 살아왔습니다. 용서하여 주옵소서.

저의 어리석은 마음과 갈피 못 잡고 뒤숭숭한 마음으로 방황하면서 가정의 근심, 직장과 사업상의 고통, 교회의 사건들로 오랫동안 방황하였습니다.

이제는 하나님의 사랑과 은총으로 저와 저의 가족 모두의 연약한 마음을 주님의 능력으로 붙들어 주시기를 간구합니다.

하나님 아버지!

인생의 연약함을 주께서는 아십니다. 순간의 잘못된 판단으로 하나님과 멀어져 불신자보다도 더 악마의 힘에 억눌려 지내온 세월을 되돌려 받기를 원합니다.

주님 안에 참생명이 있고 소망이 있음을 깨닫고 새로운 삶과 믿음을 가지고 새 출발하게 도와주소서. 이제는 저희 인생의 생사화복을 임으로 주관하여 주심을 믿고 감사와 찬송을 드릴 수 있도록 용기를 주옵소서. 진실을 행하는 길이 비록 괴롭고 험난한 길이 될지라도 그 길이 주님 가신 길이요 승리의 길인 것을 알고 흔들리지 않게 하옵시고 항상 주님 앞에 진실된 삶을 살게 하옵소서. 같이 믿음, 생활하던 저의 모든 주위 사람들에게 따뜻한 이웃이 되어 주지 못했으나 하나님의 사랑의 품속에서 그들에게 사랑을 나누는 교제가 이루어지게 하옵소서.

사랑과 긍휼이 많으신 하나님 아버지!

저에게 주님을 더욱더 사랑하게 하여 주님의 발자취를 따르게 하옵소서. 주님의 일이라면 앞장서게 하옵소서. 그리하여 옛날과 같이 주님의 복음을 전파, 전도의 능력을 주옵시고 일반 성도의 수준에서 말씀을 실생활과 비교하여 작성한 이 글이 주님의 사역을 하는 데 큰 힘이 되게 하여 주옵소서. 주님의 말씀 속에 믿음의 뿌리를 깊이 내리고서 말씀을 의지하는 바른 신앙을 갖도록 하여 주시고 용기 있는 전도자로서 부족함이 없도록 삶의 현장에서 그리스도와 더불어 사는 삶을 주옵소서. 그리하여 세상의 많은 유혹을 이겨 말씀에 대한 이해를 충분하게 전달할 수 있는 용기와 지혜를 주시면 하나님 영광을 위해 살아가겠나이다.

우리를 죄악 가운데서 구원하여 생명의 길로 이끄시는 예수 그리스도의 이름으로 기도드리옵니다. 아멘

** 【그러므로 내일의 일을 위해 염려하지 말라. 내일의 일은 내일 염려할 것이요, 한 날 괴로움은 그날에 족하니라(마태복음 제6장 34절)】

• 기도 2.

별 의미 없이 행하는 눈짓 하나, 말 한 마디, 행동 하나가 때로는 남에게 커다란 상처를 줄 수 있으니 나의 말과 행동을 주관하소서.

나만을 위해 삶을 사는 것은 도리어 나 자신을 울안에 스스로 가두는 것이니 남에게 뼈아픈 상처를 주지 않고 마음이 깊은 상처까지 감싸 안을 수 있는 넉넉한 사랑을 갖게 하소서.

삶이 분주하고 바쁘다며 차곡차곡 쌓이는 스트레스로 인하여 무의식중에 나타나는 신경질적인 반응과 순간순간 분출되는 혈기를 가라앉히게 하소서.

예상치 못한 돌발적인 행동 하나하나가 무심히 내뱉은 말 한 마디가 남의 가슴에 날카롭게 꽂혀진다면 그 상처로 인해 아파하는 고통이 크니 남에게 상처를 입히지 않게 하소서. 모든 삶에 오직 주님의 마음을 본받으며 사랑을 이루게 하소서. 예수님의 이름으로 기도드립니다. 아멘

• 기도 3.

전능하신 하나님 아버지 오늘도 주님의 문을 두드리오니 홍해 앞에 모세처럼, 골리앗 앞에 다윗처럼, 사자 굴 속에 다니엘처럼, 하만

앞에 에스더처럼 담대한 길을 걷는 자가 되게 허옵소서.

어두운 밤에 새어나오는 작은 불빛도 감사한 마음으로만 생각하게 하시고 들리지 않는다고 보이지 않는다고 당신의 존재를 부정하지 않게 하옵소서. 어떠한 시련 속에서도 이때를 위한 믿음이라는 당신의 말씀을 기억케 하시고 모두가 될 수 없다고, 불가능하다고 말할 때에 내게 능력 주시는 자 안에서 난 모든 걸 할 수 있다고, 난 불가능하지만 당신 한 분만이 가능하다고 믿음의 열쇠를 갖게 하옵소서. 예수님의 이름으로 기도드리옵나이다. 아멘

• 아름다운 기도

우리의 삶이 분주하고 여유가 없을지라도 사랑을 위하여 기도하게 하소서. 자신의 일에 취하여 자기 이익만을 추구하거나 세상이란 벽에 자신을 걸어 놓고 불안에 빠져 있지 않게 하소서. 수많은 일들로 마음에 여유가 없을 때에도 사랑을 위하여 기도하게 하소서. 시간을 내어 대화를 나누고 서로의 마음을 나누며 멀어졌던 발길을 한 걸음씩 더 다가가게 하소서. 막연한 이해를 바라기보다 함께하는 시간을 통하여 건강한 사랑을 만들게 하소서.

서로에 대하여 무관심의 소외가 얼마나 마음을 슬프게 하고 아프게 하는지 알게 하소서. 삶에서 일어나는 갖가지 일들을 함께 나누는 시간을 통하여 서로가 서로에게 필요한 존재임을 더 깊이 깨닫게 하소서. 사랑하는 사람이 서로 마음을 같이하지 못하면 모든 것을 다 갖추어도 절망이 보이니 서로의 만남을 감사하게 하소서. 삶의 세세한 생활들을 주고받으므로 서로가 믿고 신뢰하며 살아감의 중요함을 알게 하소서. 사랑하는 사람들이 함께할 수 있는 시간이 늘 준비되어 있지 않으니 서로가 관심을 갖고 사랑의 통로를 만들게 하소서. 우리가 서로 사랑으로 늘 건강하게 하소서. 우리가 서로 사랑으

로 늘 행복하게 하소서. 우리의 사랑이 힘 있고 아름답게 피게 하소서. 예수님의 이름으로 기도드리옵나이다. 아멘

* 노(no)를 거꾸로 쓰면 전진을 의미하는 온(on)이 된다. 모든 문제에는 반드시 문제를 푸는 열쇠가 있다. 끊임없이 생각하고 찾아내어라. —노먼 빈 센트필—

* 자기 자신을 싸구려 취급 하는 사람은 타인에게도 역시 싸구려 취급을 받을 것이다. —윌리엄 헤즐릿—

李光默博士의 略曆 및 硏究內容

略 歷

군경력: ROTC#5기 육군 소령 예편

학 위: 농학박사(영양학전공)

전 근무지: 동의대학교. 동의공업대학, 경북전문대학 교수역임

현 근무지: 한농식품 대표

著 書

『식양법에 대한 지식』(경인문화사, 1995년)

『청소년기의 식행동과 건강』(1997, 현대연구소)

『노년기의 식행동과 건강』(1997, 현대연구소)

『식이섬유의 기능과 영양』(1997, 현대연구소)

『영양의 보고 우리 민족수 소나무』(2000, 한농식품)

『소나무효소생즙과 프로폴리스』(2000, 한농식품)

『식이요소에 대한 일반 상식과 소나무 가치』(2006, 한농식품)

『말과 행동』(2006, 한농식품)

『소나무의 신비』(2005. 한농식품)

『아름다운 살결 보존과 소나무』(2006. 한농식품)

論 文

1. 석사학위 논문 명

   「Urease 특성과 저해물질(沮害物質)에 관한 연구」

2. 박사학위 논문 명

   「곡류(穀類)의 가공방법(加工方法)이 전분(澱粉)의 특성 및 이용효율에 미치는 영향」

3. 기타 논문(180편)

「혼합배양이 유산균의 생육에 미치는 영향」 1988

「Microcomputer를 이용한 양파건조 특성」 1991

「곡류의 가공방법이 전분 분해속도에 미치는 영향」 1990

「Effect of intake level and particle size on starch digestion in steer animal」 1991

「X-선 회절도에 의한 곡류의 호화도 측정에 관한 연구」 1991

「효소이용 가스 생성법에 의한 곡류사료 가치 평가방법에 관한 연구」 1993

「Cellulase-amyloglucosidase와 효모의 가스생성법에 의한 사료의 에너지가 측정에 관한 연구」 1993

「견육(犬肉) 식용(食用)의 역사와 개소주의 영양성분에 관한 연구」 1995

「식품위생 접객업소의 경쟁력 향상을 위한 방안」 1995

「모발과 피부관리」 1996

「피부관리와 식행동」 1997

「꿀벌의 진위 판별에 관한 연구」 1997

「소나무 추출물을 함유한 기능성 식품의 개발에 대한 연구」 2001

「소나무를 이용한 식초산 발효에 관한 연구」 2001

「소나무효소생즙의 Free-redical 소거작용에 관한 고찰」 2002

「소나무 추출물의 첨가가 김치의 발효숙성에 미치는 영향」 2002

特許 및 開發

◎ 특 허

⊙ 특허출원번호 제37956호

⊙ 발명특허 번호 제0198506호

⊙ 발명 명: 소나무의 송절을 이용한 과일음료 가공방법

◎ 개 발(산학연 공동기술개발)

⊙ 개발명: 청송음료 제조 폐기물의 사료자원화 기술개발

일상생활 속에서 성경의 진리

• 초판 인쇄 2007년 8월 30일
• 초판 발행 2007년 8월 30일

• 지 은 이 이광묵
• 펴 낸 이 채종준
• 펴 낸 곳 한국학술정보㈜
경기도 파주시 교하읍 문발리 526-2
파주출판문화정보산업단지
전화 031) 908-3181(대표) · 팩스 031) 908-3189
홈페이지 http://www.kstudy.com
e-mail(출판사업팀사업부) publish@kstudy.com
• 등 록 제일산-115호(2000. 6. 19)
• 가 격 37,000원

ISBN 978-89-534-7423-9 93230 (Paper Book)
978-89-534-7424-6 98230 (e-Book)